KB068767

보정판

정책과 법

-원리·판례-

표시열 지음

박영사

PUBLIC
POLICY&
LAW
:Legal Principles and Cases

"이 저서는 2011년도 정부(교육과학기술부)의 재원으로 한국연구재단의 지원을 받아 연구되었음(NRF-2011-812-B00103)"

"This work was supported by the National Research Foundation of Korea Grant funded by the Korean Government(NRF-2011-812-B00103)"

머 리 말

Ⅰ. '정책과 법'은 국가의 중요 정책에 대한 법적인 측면을 분석 연구하는 정도로 학문적인 체계화에는 아직 미흡한 분야이다. 그러나 최근 들어서 정책에 대한 법적 분석이 활발해지고 있는 바, 무엇보다도 1988년 이후 민주화가 확립되고 헌법재판소가 중요 정책에 대하여 많은 위헌결정을 한 것이 가장 큰 원인이라 할 수 있다. 그동안 대한민국에서 이루어진 행정이나 정책에 대한 학문적 연구는 주로 관리적 또는 정치적 접근방법을 택하였다. 이제는 행정이나 정책의 학문적 연구는 물론 실무 영역에서도 정책에 대한 법적 접근방법이 불가피하며 강조되어야 할 시점에 와 있다고 할 수 있다. 그러나 이에 관한 체계적인 연구서가 없어 본서를 구상하게 되었다.

Ⅱ. 본서는 3부로 구성되어 있다. 제1부에서는 정책과 법에 관련되는 원리와 쟁점을 체계적으로 다루었고, 제2부와 제3부는 제1부에서 다룬 원리가 적용되는 관련 판례를 분석하였다. 제1부는 5개의 장으로 나누어진다. 제1장에서 정책과 법의 개념과 연구방법을 언급하고, 정책과 법의 접점과 관계를 체계화하여 본서의 분석틀로 사용하였다. 제2장에서는 정책과 법이 추구하는 헌법가치를 분석하였다. 이들이 공통적으로 추구하는 기본적인 헌법가치는 '인간의 존엄과 가치'라 할 수 있다. 그리고 이를 구현하기 위한 핵심적 기본권인 평등권, 신체의 자유와 적법절차, 표현의 자유에 관하여 언급하였다. 국민의 권리와 의무에 관련되는 중요정책은 의회주의 원리와 권력분립 원리에 따른다. 중요 정책은 최종적으로는 입법부에서 법률의 형식으로 결정되고, 대통령을 수반으로 한 행정부에서 집행하며, 당사자 간에 분쟁이 생긴 경우 법원이나 헌법재판소에서 법적인 판단과 평가를 하게 된다. 이러한 맥락에서 제3장은 정부수립 이후의 국회의

석 분포와 입법과정 등 입법부와 행정부와의 관계를 거시적 차원에서 분석하였고, 국회의 입법과정 관련 쟁점들과 행정부의 정책집행을 견제하는 수단들을 살펴보았다. 제4장에서는 정책 집행자인 대통령을 수반으로 한 행정부가 정책집행 과정에서 유의하여야 할 주요 법적인 쟁점들을 다루었다. 특히 정책집행 시 행정작용과 행정처분 과정에 주목하여 행정입법, '재량행위'의 기준과 통제, 행정절차와 정보 공개문제에 대해 다루었다. 제5장에서는 행정부의 정책집행에 대한 사법적 평가를 분석하였다. 공정한 재판의 핵심 요소인 법관의 독립과 재판의 독립 그리고 위헌법률심판에 관하여 정부수립 이후의 동향을 분석하며, 정책에 대한 사법부 관여의 한계에 관하여서도 언급하였다.

Ⅲ. '정책과 법'에 관한 제1부의 이론적 체계 속에서 구체적인 관련 판례들을 제2부와 제3부에서 분석하였다. 제1부에서 언급된 법 원리가 정부의 중요 정책에서 현실적으로 어떻게 적용되었고 어떤 쟁점들이 제기되었으며 어떤 논거에 의하여 최종적인 판단이 이루어졌는가를 분석하였다. 법적인 판단만 하는 것이 아니라 행정부의 정책추진 배경과 과정도 살펴보며 판례분석에서 얻을 수 있는 시사점도 함께 언급하였다. 판례분석 방법은 헌법재판소의 판례 원본을 이해하기 쉽도록 사건개요와 심판대상, 위헌심판 제청이유 또는 청구인의 주장과 관계기관의 의견, 쟁점과 판단, 반대의견 형식으로 편집·요약하였다. 법전문가가 아닌 독자들의 이해를 돕기 위하여 부분적으로 편집하였으나 가급적 결정문 원문을 그대로 인용하였다. 가능한 한 헌법재판소의 결정 원문을 읽어 논리적 사고를 키울 것을 권장한다.

제2부에서 분석한 정책분야와 분석대상 판례는 다음과 같다. 제1장에서는 안보 및 통일 관련정책으로 북한과의 관계를 법적으로 어떻게 설정하고 있는지, 「국가보안법」과 「남북교류협력에 관한 법률」의 갈등관계가 어떻게 조정되고 있는지 등을 다루었다. 제2장에서는 국방 및 병역 관련정책으로 헌법상의 평등권 문제와 관련되는 제대군인 가산점제도를 분석하였다. 이것은 다양한 형태로 존재하는 우대조치의 문제점을 다룬 대표적인 판례이다. 제3장에서는 노무현 참여정부가 추진하였던 국가균형발전의 일환인 '신행정수도' 건설 정책의 기본적

인 내용과 추진과정 및 쟁점을 분석하였다. 특히 「신행정수도의 건설에 관한 특별법」에 대한 헌법재판소의 위헌결정에 대한 쟁점을 다루었다. 이를 통해서 사법적 판단의 한계를 살펴볼 수 있으며, 중요 정책은 대통령, 입법부, 사법부의 공동노력이 필요함을 잘 보여주는 판례이다. 제4장에서는 경제 및 산업 관련 정책으로 토지거래 허가제의 문제점을 분석하였다. 재산권의 보장은 자본주의 경제체제의 핵심이지만 어느 정도의 정부규제는 불가피하다. 개인의 재산권 보장에 대한 정부 관여의 한계와 그 정도를 알아보는 판결이 된다. 제5장에서는 환경보호 정책과 개발정책 간의 갈등 문제를 다루었다. 새만금사업에 관한 오랜 사회적 찬·반 논쟁을 대법원은 어떻게 판단하였는지를 알아보는 판례가 된다.

제3부의 판례분석도 제2부의 판례분석과 같다. 제2부는 일반 행정 영역이었고 제3부는 교육·문화정책 영역이다. 교육·문화정책 영역을 따로 분리한 것은 교육·문화 정책은 모든 국민이 이해관계인이므로 관심이 많고 그 영향력이 개인 성장과 국가 발전에 크게 미치며, 일반 행정과는 다른 비권력성이라는 특성을 갖고 있기 때문이다. 제3부에서 분석한 정책과 대상 판례는 다음과 같다. 제1장에서 학생의 권리와 학생생활지도 정책을 다루었다. 그동안 소홀히 다루어진 학생의 권리를 살펴보고, 학생생활지도 정책에서 학생체벌에 관한 헌법재판소의 판결을 분석하였다. 제2장에서는 교육의 기회균등과 관련한 정책으로 의무교육과 무상급식, 거주지 기준의 학교 배정과 학교선택권 문제 그리고 아동·학생에 대한 부당한 차별사례를 분석하였다. 교육 분야의 기회균등은 개인 성장과 성공적인 사회생활의 밑바탕이 되므로 국민 모두의 관심영역이고 중요하다. 제3장에서는 지나친 사교육의 부작용을 억제하기 위한 과외금지 정책에 관한 헌법재판소의 판례를 분석하였다. 판례분석을 통하여 사교육에 관한 정부 관여의 한계를 알 수 있다. 제4장에서는 교육위원회의 지방의회에로의 통합에 관한 헌법소원을 분석하였고, 현안이 되어있는 교육자치와 일반자치 간의 연계 통합방안을 분석하였다. 제5장은 문화정책 영역으로 국산영화 의무상영제와 영상물 등급제 등의 위헌성 문제를 다루었다. 예술 활동의 자유는 문화정책의 핵심이며 영화 내지 영상물은 표현의 자유와도 관련되는 중요 문화매체이다. 제6장에서는 오랫동안 당연하게 받아들여진 호주제도가 위헌 결정된 헌법재판소의

심판내용을 분석하였다.

Ⅳ. 본서는 행정학을 공부하는 학부 고학년과 대학원생의 '정책 세미나', '정책 연습' 또는 '공법연습' 과목의 교재, 공무원 연수과정에서의 연수교재, 헌법과 행정법의 법 원리를 정책 실무에 응용하는 데 유용한 지침서 등으로 활용될 수 있을 것이다. 이 책은 모든 장의 끝부분에 토론 주제를 예시해 놓았다. 그리고 제2부와 제3부의 판례 분석 분야에서는 토론 주제 이외에도 종합평가라는 주제하에서 제1부의 체계에 맞추어 사건의 역사적 배경과 정치·경제적 환경, 추구하는 기본가치, 입법부의 역할, 정책집행 과정상의 법적 쟁점, 사법적 판단 및 사회적 영향을 언급하였다. 종합평가는 저자의 주관적 평가로 하나의 예시에 불과하므로 독자들이 나름대로 종합평가를 할 수 있는 토론의 주제로 활용할 수 있을 것이다.

'정책과 법'의 연구는 행정학 내지 정책학, 그리고 헌법과 행정법에 대한 폭넓은 지식과 이해가 전제되어야 한다. 저자는 학부시절 법과대학에서 행정학과 법학, 석사과정에서 행정학과 비교법학, 그리고 국비유학의 기회를 얻어 미국에서 박사과정으로 교육행정법을 공부하였지만 타고난 재능이 부족하고 게을러서 본 연구에 미흡함이 많음을 고백하지 않을 수 없다. 본서의 발간을 계기로 이 분야의 연구가 더욱 활성화되기를 기대한다.

Ⅴ. 본서가 출판되기까지에는 많은 분들의 도움이 있었다. 정책과 법(특히 헌법, 행정법)이 긴밀히 연계되어야 한다는 생각은 저자의 오랜 생각이었지만 체계적인 저서로 결실을 맺을 수 있게 된 직접적인 계기는 한국연구재단의 인문사회분야 '저술출판지원' 사업이다. 동 사업에서 '정책과 법' 분야를 선정해준 심사위원들께 감사의 마음을 표하고 싶다. 본서는 주로 행정학도 내지 공무원을 위한 저서이므로 특히 법 원리를 소개하는데 어느 수준에서 하여야 하는지 어려움이 있었다. 가급적 쉽게 소개하려고 노력하였고, 좀 더 깊이 있는 내용 분석은 각 주에 관련 논문을 참고하도록 언급하였다. 이 과정에는 미국 에모리(Emory)법학전문 대학원 박사과정에서 공부할 유철희 군과 고려대 법과대학 박사과정에 있

는 손민호 군의 도움이 많았다. 개별 정책영역, 특히 교육정책 분야는 교육부의 신익현 국장이, 그리고 국방 및 병역 정책 분야는 한국국방연구원의 안석기 박사가 수정작업을 도와주었다. 세종포럼의 다른 자랑스러운 제자들의 조언에도 감사한다. 문장을 잘 다듬어 준 고려대 박사과정 배진아 극작가에게도 감사한다. 출판을 기꺼이 허락하신 박영사 안종만 대표님과 이구만 부장님, 최상욱 과장님, 꼼꼼하고 정확하게 교정 작업을 해준 배근하님을 비롯한 편집부 직원들께 고마움을 표한다. 저자의 오랜 생각을 마무리한 작품이라는 점에서 오늘의 나를 있게 한 가족과 많은 은사님들, 특히 고인이 되신 이문영 선생님께 삼가 이 작품을 올린다!

2014. 7
세종시 원수산과 전월산을 바라보며
연구실에서 **표 시 열**

차   례

제 1 부 정책과 법 : 원리와 쟁점

제1장 정책과 법의 관계

1. 정책과 법의 개념 ···3
   1) 정책의 개념과 연구방법 | 3
   2) 법의 개념과 이념 | 7
2. 통치구조의 원리와 정책에 대한 법적 접근방법 ·······················11
   1) 통치구조의 원리 | 11
   2) 행정국가의 등장과 정책에 대한 법적 접근 | 14
3. 정책과 법의 관계 ···18
   1) 정책학과 인접학문 | 18
   2) 법정책학 | 19
   3) 정책과 법의 접점과 본서의 체계 | 20
   4) 국내·외의 연구동향 | 23
4. 한국의 법문화 ···25
   1) 한국 법문화의 일반적 특징 | 25
   2) 한국 법문화의 변화 방향 : 법치주의의 확립 | 29

제2장　정책과 법이 추구하는 헌법가치

1. 인간의 존엄과 가치 ·· 33
   1) 인간의 존엄과 가치의 내용 | 34
   2) 인간의 존엄과 가치에 관련된 주요 쟁점 | 36
2. 한국헌법의 기본원리 ·· 38
   1) 한국헌법의 기본원리 | 38
   2) 공무원의 국민전체에 대한 봉사와 책임 | 41
3. 헌법상의 핵심 기본권 내용 ·· 43
   1) 평등권 | 43
   2) 신체의 자유와 적법절차 원리 | 46
   3) 표현의 자유 | 50
   4) 기타의 주요 기본권 | 53
4. 가치 간의 상충과 조정 ·· 54
   1) 정책이 추구하는 가치 | 54
   2) 가치 간의 상충과 조정 : 기본권 제한의 법 원리 | 55
   3) 가치 간의 상충에 관한 사례 분석 | 57

제3장　입법부의 역할과 정책통제 수단

1. 통치의 형태 및 법제적 기반 ··· 63
   1) 대통령제와 내각책임제 | 63
   2) 분점정부와 단점정부 | 65
   3) 국회의 권한과 운영 | 66
2. 정부수립 이후의 입법부와 행정부의 관계 ··· 68
   1) 제1공화국(제1·2·3·4대 국회)-제2공화국(제5대 국회) | 68
   2) 제3공화국(제6·7·8대 국회)-제4공화국(제9·10대 국회)-제5공화국
      (제11·12대 국회) | 69

3) 제6공화국 이후(제13·14·15·16·17대 국회) | 70

4) 입법부와 행정부의 바람직한 관계 : 균형의회 | 72

3. 입법과정과 쟁점 ·· 73

1) 국회입법의 원칙과 입법과정 | 73

2) 입법 과정상의 쟁점 | 76

3) 입법평가 | 82

4. 예산안 심의·의결권과 쟁점 ··· 84

1) 재정에 관한 헌법원칙 | 84

2) 예산안 심의·확정권 | 85

3) 결산심사권 | 88

5.행정부의 정책결정 및 집행에 대한 입법부의 통제 ··········· 90

1) 국정감사·조사권 | 90

2) 탄핵 소추권 | 93

3) 공직자 임명 동의권 등 | 94

제4장 행정부의 정책집행 수단과 쟁점

1. 정책결정 및 정책집행권자 ·· 100

1) 대통령과 행정부 | 100

2) 행정조직의 원리와 지방자치 | 103

2. 행정법의 기본원리와 행정작용의 내용 ······························ 108

1) 행정법의 기본원리 | 108

2) 행정입법 | 109

3) 행정행위 | 112

4) 행정 강제와 행정벌 | 116

3. 행정과정상의 주요 쟁점 ··· 117

1) 행정절차의 법적 규율 | 117

2) 공공기관의 정보공개와 개인 정보의 보호 | 122

4. 공법영역에서의 권리구제 ··· 126

1) 고충민원 처리 | 126

2) 행정상 손해전보(塡補) | 127

3) 행정쟁송 | 128

5. 행정부의 자체 평가와 감사원의 결산·회계검사 ··· 130

1) 행정부의 자체 평가 | 131

2) 감사원의 결산·회계 감사와 직무감찰 | 132

제5 장 사법부의 정책관여와 한계

1. 법원과 헌법재판소 개관 ·· 137

1) 사법권의 독립과 법원의 권한 | 138

2) 헌법재판소의 조직·운영과 권한 | 139

2. 사법적극주의와 사법소극주의 ·· 142

1) 미국연방대법원의 사법적극주의 | 142

2) 한국의 사법소극주의와 최근의 변화 | 147

3. 정부수립이후 행정부와 사법부 관계 : 쟁점과 과제 ··· 148

1) 법관의 독립 | 149

2) 재판의 독립 : 행정부 가치와의 충돌 | 150

3) 위헌법률심판 및 헌법소원 | 152

4) 행정부와 사법부 관계의 향후 과제 | 153

4. 사법부의 정책 관여의 한계 ··· 154

1) 사법권의 일반적인 한계 | 155

2) 통치행위 | 155

3) 사법자제론의 논거 | 158

5. 정책동반자로서의 행정부와 사법부 ·· 159

1) 행정부 정책결정자의 법적 시야확대 | 159

2) 사법부의 적극적 역할과 법관의 전문성 확대 | 160

3) 정책 동반자로서 헌법 가치의 구현 | 161

제 2 부   정책 일반 분야 판례 분석

제1장 안보·통일 정책

1. 통일 정책 개관 ·· 167

   1) 국가안전보장과 통일의 필요성 | 167
   2) 통일 정책에 관한 헌법규정 : 평화통일 원칙 | 168

2. 통일 정책의 변천과 평가 ··· 169

   1) 통일 정책의 변천 | 169
   2) 통일 정책에 대한 평가와 과제 | 171

3. 국가보안법 위반에 관한 헌법재판소 결정 ·························· 172

   1) 「국가보안법」에 대한 위헌심판 결정 | 172
   2) 신 「국가보안법」 관련 헌법소원 심판 | 177

4. 남북교류협력법에 관한 헌법재판소 결정 ·························· 183

   1) 남북한 왕래에 관한 판례 | 183
   2) 북한주민 접촉시 통일부장관의 사전승인 요구에 관한 헌법 소원 | 187

5. 종합 평가 ··· 191

   1) 역사적 배경과 정치·경제적 환경 | 191
   2) 추구하는 기본가치 | 192
   3) 입법부의 역할 | 193
   4) 정책집행 과정상의 법적 쟁점 | 193
   5) 사법적 판단 및 사회적 영향 | 194

제2장 국방·병역 정책

1. 국방의무와 병역 제도 개관 ··· 197

   1) 한국의 병역 제도 | 197
   2) 병역 환경의 변화와 국방개혁 기본계획 | 198

3) 복무기간 단축 논쟁 | 200

4) 병역 의무자에 대한 차별금지 규정과 병역공개제도 | 201

2. 제대군인 가산점 제도에 관한 헌법재판소 결정 ·······································202

1) 사건 개요와 심판 대상 | 203

2) 청구인들의 주장과 관계기관의 의견 | 204

3) 쟁점과 판단 | 205

4) 제대군인 가산점 제도의 대안 모색 | 211

5) 국가유공자와 그 유족 등에 대한 10%가산점 제도와의 비교 | 212

3. 양심적 병역거부에 관한 헌법재판소 결정 ·······································214

1) 사건 개요와 심판 대상 | 214

2) 제청법원의 제청이유와 관계기관의 의견 | 215

3) 쟁점과 판단 | 217

4) 재판관 김영일과 재판관 전효숙의 반대의견 | 220

4. 공직자의 병역사항 신고 및 공개에 관한 헌법재판소 결정 ·····················221

1) 사건 개요와 심판 대상 | 222

2) 청구인의 주장과 관계기관의 의견 | 222

3) 쟁점과 판단 | 223

5. 종합 평가 ···227

1) 역사적 배경과 정치·경제적 환경 | 227

2) 추구하는 기본가치 | 228

3) 입법부의 역할 | 229

4) 정책집행 과정상의 법적 쟁점 | 229

5) 사법적 판단 및 사회적 영향 | 229

제 3 장   국가균형발전 정책

1. 신행정수도 건설의 구상과 「신행정수도의 건설을 위한 특별조치법」의 내용 ··· 234

1) 행정수도 건설의 추진 | 234

2) 참여정부의 신행정수도 건설의 기본 구상 | 235

3) 입지선정 및 건설의 파급효과 | 236

4)「신행정수도의 건설을 위한 특별조치법」의 제정 배경과 내용 | 237

2. 신행정수도 건설에 관한 헌법재판소 결정 ·· 238

　1) 사건 개요와 심판 대상 | 239

　2) 청구인들의 주장과 관계기관의 의견 | 239

　3) 쟁점과 판단 | 241

　4) 재판관 전효숙의 반대의견 | 245

3. 행정중심복합도시 건설에 관한 헌법재판소 결정 ···························· 247

　1) 제정 배경과 경과 | 247

　2) 법률의 주요 내용 | 247

　3)「신행정수도 후속대책을 위한 연기·공주지역 행정중심복합도시 건설을
　　위한 특별법」에 대한 헌법소원심판 | 249

4. 과학교육중심도시로의 변경 무산과 세종특별자치시특별법 제정 ·············· 256

　1) 이명박 정부에로의 정권교체 | 256

　2) 행정중심복합도시 건설의 문제점 제기 | 257

　3) 새로운 발전모델(과학비즈니스벨트) 제시 | 258

　4) 행정도시특별법의 개정시도와 무산 | 259

　5)「세종특별자치시설치 등에 관한 특별법」제정 | 260

5. 종합 평가 ··· 261

　1) 역사적 배경과 정치·경제적 환경 | 261

　2) 추구하는 기본가치 | 262

　3) 입법부의 역할 | 262

　4) 정책집행 과정상의 법적 쟁점 | 263

　5) 사법적 판단 및 사회적 영향 | 263

제4장　경제·산업 정책

1. 재산권의 보장과 제한에 관한 헌법규정 ·· 267

　1) 헌법상의 재산권 보장 | 267

　2) 재산권의 특징과 제한 | 268

2. 토지거래허가제에 관한 헌법재판소 결정 ··· 270

1) 사건 개요와 심판 대상 | 270

2) 제청이유와 관계기관의 의견 | 271

3) 쟁점과 판단 | 272

4) 결 론 | 276

5) 재판관 한병채, 재판관 최병률, 재판관 김문희, 재판관 김진우의 반대의견 | 276

3. 택지소유상한제에 관한 헌법재판소 결정 ·················· 277

1) 사건 개요와 심판 대상 | 278

2) 청구인들의 주장과 제청신청기각 이유 | 278

3) 쟁점과 판단 | 280

4) 결 론 | 281

5) 재판관 이영모의 반대의견 | 282

4. 개발제한구역(그린벨트) 지정에 관한 헌법재판소 결정 ·················· 282

1) 사건 개요와 심판 대상 | 283

2) 청구인들의 주장과 제청신청기각 이유 | 284

3) 쟁점과 판단 | 285

4) 결 론 | 287

5) 재판관 이영모의 반대의견 | 287

5. 종합 평가 ·················· 288

1) 역사적 배경과 정치·경제적 환경 | 288

2) 추구하는 기본가치 | 288

3) 입법부의 역할 | 289

4) 정책집행 과정상의 법적 쟁점 | 290

5) 사법적 판단 및 사회적 영향 | 290

제5장 환경보호 정책

1. 개발과 환경권 ·················· 293

1) 지속가능한 개발 | 293

2) 환경권의 보장 | 294

3) 국제환경법의 등장 | 295

4) 환경영향평가의 중요성 | 296

2. 새만금사업 추진 현황 및 과제 ··· 298

   1) 새만금사업의 구상 및 착수 배경 | 298

   2) 새만금사업의 주요 내용 및 추진과정 | 299

   3) 새만금사업의 과제와 전략 | 302

3. 새만금사업에 관한 대법원 판결 ·· 305

   1) 사건 개요 및 관련 법령 | 305

   2) 상고 이유 | 306

   3) 쟁점과 판단 | 306

   4) 대법관 김영란과 대법관 박시환의 사정변경 판단에 관한 반대의견 | 312

4. '한강살리기사업' 실시계획승인에 대한 효력정지가처분 사례 ······················· 315

   1) 서울행정법원의 결정 | 315

   2) 위 사건에 대한 대법원의 재항고 결정 | 319

5. 종합 평가 ··· 322

   1) 역사적 배경과 정치·경제적 환경 | 322

   2) 추구하는 기본가치 | 322

   3) 입법부의 역할 | 322

   4) 정책집행 과정상의 법적 쟁점 | 323

   5) 사법적 판단 및 사회적 영향 | 323

제 3 부   교육·문화 정책 분야 판례 분석

제 1 장   학생의 권리와 생활지도 정책

1. 학교환경의 변화 ··· 329

2. 학생의 법적 지위와 주요 권리 ··· 332

   1) 학생의 법적 지위 | 332

   2) 학생인권조례 | 333

   3) 학생의 주요 권리 | 335

3. 체벌에 관한 헌법재판소 결정 ·· 339
   1) 체벌의 개념과 현행법령 | 339
   2) 체벌에 대한 찬반 논거 | 340
   3) 체벌 관련 대법원 판례와 체벌허용의 기준 | 341
   4) 체벌 관련 헌법재판소 판례 | 342

4. 학생생활지도 정책 현안과 기본 방향 ······························ 351
   1) 정부의 학생생활지도 정책 | 351
   2) 정책 현안 : 체벌금지 이후 학교문화의 변화 | 352
   3) 학생생활지도의 기본 방향 및 지침 | 355

5. 종합 평가 ··· 359
   1) 역사적 배경과 정치·경제적 환경 | 359
   2) 추구하는 기본가치 | 359
   3) 입법부의 역할 | 360
   4) 정책집행 과정상의 법적 쟁점 | 360
   5) 사법적 판단 및 사회적 영향 | 360

제2장 교육의 기회균등 정책

1. 교육의 중요성과 교육의 기회균등 법 원리 ······················ 363
   1) 교육의 중요성 | 363
   2) 교육에 관한 헌법규정 및 의의 | 364
   3) 교육의 기회균등 법 원리 | 365

2. 의무교육과 주요 쟁점 ··· 367
   1) 의무교육의 범위 및 내용 | 367
   2) 의무교육 관련 주요 쟁점 | 369

3. 학교선택권에 관한 헌법재판소 결정 ······························· 375
   1) 거주지 중심의 중·고등학교 배정의 위헌성 여부 | 375
   2) 고교평준화지역에서 학교군별 추첨배정의 위헌성 여부 | 378

4. 아동과 학생에 대한 부당한 차별 사례 ···························· 382

   1) 차별사유와 구체적 사례 | 382
   2) 아동·학생의 부당한 차별 방지 대책 | 387
5. 종합 평가 ·· 389
   1) 역사적 배경과 정치·경제적 환경 | 389
   2) 추구하는 기본가치 | 389
   3) 입법부의 역할 | 390
   4) 정책집행 과정상의 법적 쟁점 | 391
   5) 사법적 판단 및 사회적 영향 | 391

제3장 사교육 억제 정책

1. 평생교육의 중요성과 「평생교육법」의 제정취지 ······························· 394
   1) 평생교육의 중요성과 법적 근거 | 394
   2) 「평생교육법」의 제정 취지와 체계 | 395
   3) 평생교육의 평가인정체제 | 396
2. 사교육 실태와 대책 ··· 397
   1) 사교육 실태 | 397
   2) 2009년의 사교육비 경감 대책 | 397
   3) 2012년 선행학습 대책 | 400
   4) 2014년 사교육·입시부담 완화 정책 | 400
3. 과외금지에 관한 헌법재판소 결정 ··· 401
   1) 사건 개요와 심판 대상 | 402
   2) 청구인들의 주장과 관계기관의 의견 | 403
   3) 쟁점과 판단 | 404
   4) 재판관 이영모의 반대의견 | 412
4. 심야교습 금지에 관한 헌법재판소 결정 ··· 415
   1) 사건 개요 및 심판 대상 | 415
   2) 쟁점과 판단 | 415
   3) 재판관 조대현, 재판관 김희옥, 재판관 이동흡, 재판관 송두환의
      반대 의견 | 416

5. 종합 평가 ·· 418

    1) 역사적 배경과 정치·경제적 환경 | 418

    2) 추구하는 기본가치 | 419

    3) 입법부의 역할 | 419

    4) 정책집행 과정상의 법적 쟁점 | 420

    5) 사법적 판단 및 사회적 영향 | 421

제4장 지방교육자치 정책

1. 지방자치와 교육자치 ·· 424

    1) 지방자치와 교육자치의 개념과 연혁 | 424

    2) 지방자치와 교육자치의 관계 | 426

    3) 정책 환경의 변화와 미국 워싱턴 디시 사례가 주는 시사점 | 428

2. 지방교육자치의 기본가치와 교육권한의 분권화 문제 ··············· 431

    1) 교육자치의 기본가치 : 교육의 자주성, 중립성, 전문성 | 431

    2) 헌법재판소의 입장 : 민주주의, 지방자치, 교육자주의 조화 | 434

    3) 교육권한의 분권화 문제 | 435

3. 교육위원회의 지방의회에의 통합에 관한 헌법재판소 결정 ··········· 437

    1) 교육위원회의 지방의회에의 통합에 대한 학계의 논쟁 | 438

    2) 교육위원회의 지방의회 통합에 관련된 헌법소원 | 440

4. 교육자치와 지방자치의 연계 방안 ······································· 446

    1) 인사조직 및 재정상의 연계방안 | 447

    2) 교육거버넌스상의 연계방안 | 449

5. 종합 평가 ·· 453

    1) 역사적 배경과 정치·경제적 환경 | 453

    2) 추구하는 기본가치 | 454

    3) 입법부의 역할 | 455

    4) 정책집행 과정상의 법적 쟁점 | 456

    5) 사법적 판단 및 사회적 영향 | 456

제5장 문화 정책

1. 문화주의와 영화 ·· 459
   1) 헌법 원리로서의 문화주의 | 459
   2) 표현의 자유의 중요성과 사전검열의 금지 | 460
   3) 영화의 중요성과 영상물 등급제 | 461
2. 국산영화 의무상영제에 관한 헌법재판소 결정 ······························· 462
   1) 사건 개요와 심판 대상 | 463
   2) 청구인들의 주장과 관계기관의 의견 | 463
   3) 쟁점과 판단 | 465
   4) 결 론 | 468
3. 영화 사전심의제에 관한 헌법재판소 결정 ······································· 469
   1) 사건 개요와 심판 대상 | 469
   2) 위헌법률심판 제청 이유와 관계기관의 의견 | 470
   3) 쟁점과 판단 | 471
4. 영상물 등급제에 관한 헌법재판소 결정 ··· 473
   1) 사건 개요와 심판 대상 | 473
   2) 위헌법률심판제청이유 및 관계기관의 의견 | 475
   3) 쟁점과 판단 | 476
   4) 재판관 송인준, 재판관 주선희의 반대의견 | 479
5. 종합 평가 ··· 481
   1) 역사적 배경과 정치·경제적 환경 | 481
   2) 추구하는 기본가치 | 481
   3) 입법부의 역할 | 482
   4) 정책집행 과정상의 법적 쟁점 | 482
   5) 사법적 판단 및 사회적 영향 | 482

제6장 성평등 가족 정책

1. 성평등 가족 정책의 중요성과 헌법적 근거 ··· 485
2. 성평등 정책의 현황 ··· 487
   1) 성평등 정책의 추진 내용 | 487
   2) 한국의 성평등 수준 | 490
3. 호주제 개관 ··· 491
   1) 호주제 개관 | 491
   2) 헌법상의 전통과 민주적 가족제도의 관계 | 494
4. 호주제에 관한 헌법재판소 결정 ··· 495
   1) 사건 개요와 심판 대상 | 495
   2) 위헌법률심판 제청이유와 관계기관의 의견 | 497
   3) 쟁점과 판단 | 498
   4) 재판관 김영일, 재판관 권성, 재판관 김효종의 반대의견 | 503
5. 종합 평가 ·· 508
   1) 역사적 배경과 정치·경제적 환경 | 508
   2) 추구하는 기본가치 | 509
   3) 입법부의 역할 | 510
   4) 정책집행 과정상의 법적 쟁점 | 510
   5) 사법적 판단 및 사회적 영향 | 511

참고문헌 및 판례 ·· 513

찾아보기 ·· 533

제1부
정책과 법 : 원리와 쟁점

제1장 정책과 법의 관계

제2장 정책과 법이 추구하는 헌법가치

제3장 입법부의 역할과 정책통제 수단

제4장 행정부의 정책집행 수단과 쟁점

제5장 사법부의 정책관여와 한계

정책과 법의 관계

제1장

　정책과 법은 불가분의 관계에 있는데 여기에 관한 체계적인 연구는 미흡하다. 본장에서는 첫째, 정책과 법의 개념에 관하여 언급한다. 둘째, 정책과 법이 운영되고 있는 제도적 틀로써 통치구조의 원리인 권력분립주의를 간략히 살펴본다. 그리고 행정국가화 경향과 정책에 대한 관리적·정치적·법적 접근방법을 비교·설명한다. 셋째, 정책과 법의 관계를 분석한다. 정책과 법의 접점을 찾아내 모형화하고 본서의 분석틀로 사용한다. 정책과 법의 관계에 관한 국내·외의 연구동향도 살펴본다. 넷째, 법과 정책의 환경을 이해하는 차원에서 한국 법문화의 특징을 언급한다.

1 정책과 법의 개념

1) 정책의 개념과 연구방법

가. 정책의 개념과 구성요소

　정책에 대한 개념은 다양한 바, 라스웰과 카플란(Lasswell & Kaplan)은 '정책이란 목적, 가치, 전략을 포함한 큰 규모의 계획'이라고 정의하였다. 다이(Dye)는

'정책이란 정부가 하기로 혹은 하지 않기로 결정한 모든 것'이라고 하였으며, 이
스턴(Easton)은 '정책이란 희소한 사회적 가치의 권위적 배분'이라고 정의하였
다.1) 정정길은 '정책이란 바람직한 사회 상태를 이루려는 정책목표와 이를 달성
하기 위한 정책수단에 대해 권위 있는 정부기관이 공식적으로 결정한 기본 방
침'이라고 정의하고 있다.2) 정책이란 쉽게 말하면 사회의 중요한 문제를 해결하
기 위한 정부의 공식적인 의사결정이라 할 수 있다.

　　정책의 개념을 구성하는 요소에는 감추어진 의제문제인 정책의도, 문서로
표출된 정책인 정책목표, 정책제안 내지 정책대안, 정책목표를 성취하기 위한
프로그램이나 프로젝트인 정책수단, 구체적인 대안의 최종선택인 의사결정, 정
책효과 내지 영향, 특정 정책에 의해 영향을 받는 집단인 정책대상 집단이 있
다.3) 정책은 바람직한 미래사회를 위한 목표지향적인 것으로 '가치 지향적'인
규범성을, 그리고 문제해결을 위한 구체적 전략인 정책수단을 선택 내지 결정한
다는 점에서 수단성을 핵심적인 구성요소로 한다고 할 수 있다.

　　정책의 가장 기본적인 유형은 정책의 내용에 따라 교육정책, 외교정책, 경
제정책, 복지정책 등과 같이 기능별로 분류할 수 있다. 행정부 조직이나 국회상
임위원회의 구성이 이와 같은 기능별 분류에 따르고 있다. 정책유형의 대표적인
분류로 로위(Lowi)는 강제의 가능성이 직근(直近)적인가 원격(遠隔)적인가, 그리고
강제가 개인행위에 적용되는가 아니면 행위의 환경에 적용되는가에 따라 분배
정책, 규제정책, 구성정책, 재분배정책으로 분류하고 있다.4)

나. 정책과정과 정책의 필요성

　　정책은 복잡하고 동태적인 일련의 과정으로 파악된다. 정책이 이루어지는 과정

---

1) Harold D. Lasswell, & Abraham Kaplan, *Power and Society*, New Haven: Yale University Press, 1970: p. 71. Thomas R. Dye, *Understanding Public Policy*, Englewood Cliffs, Prentice Hall 1978: p. 3. David Easton, *System Analysis of Political Life*, N.Y. Wiley, 1965, p. 358. 류지성, 「정책학」, 대영문화사, 2008, 39면 재인용.
2) 정정길, 「정책학원론」, 대명출판사, 2001, 52면.
3) 류지성, 전게서, 39-44면.
4) 분배정책의 예는 관세보조금, 규제정책의 예는 불공정거래 시정, 구성정책의 예는 새로운 기관 창설, 재분배정책의 예는 누진소득세를 들 수 있다. 백승기, 「정책학원론」, 대영문화사, 2010, 38-44면.

을 앤더슨(Anderson)은 문제형성(problem formulation) → 정책형성(policy formation) → 대안선택(alternative adoption) → 정책집행(policy implementation) → 정책평가(policy evaluation)로 분류하고 있다. 문제형성은 정부로부터 정책적으로 개입이 필요한 문제로 인식되는 과정이며, 정책형성은 문제해결을 위한 대안을 찾고 대안을 비교·평가하는 과정이다. 대안 선택은 대안 가운데 최종적인 것으로 선택되는 과정인데, 국민의 권리와 의무에 관련되는 주요 정책은 국회에 의하여 입법화되거나 수정·보완된다. 정책집행은 구체적인 정책수단을 실현시키는 과정이다. 정책평가는 정책집행결과가 의도한 목표를 성취하였는가를 측정하는 과정이다.[5] 존스(Jones)는 정책이 이루어지는 과정을 11개로 나누고 있다.[6] 정책이 이루어지는 과정은 크게 분류해보면 정책결정 → 정책집행 → 정책평가라는 세 단계라 할 수 있다.

자본주의 체제에서는 사회의 제 문제들이 자유경쟁에 의하여 또는 사인들 간의 자유로운 계약에 의하여 해결된다. 그러나 시장 기구에 의한 자원배분이 비효율적인 시장의 실패(marker failure)가 있을 때 정부의 관여인 '정책'이 필요하게 된다. 공공재의 비배타성, 외부효과의 존재, 정보의 비대칭성, 불완전 경쟁이 시장실패의 원인이 된다.[7] 시장실패를 교정하기 위하여 정부의 개입이 이루어지지만, 정부 역시 정부의 실패(government failure)라는 결함을 가지고 있다. 주요 정책이 국민들로부터 선출된 대표들이 아닌 전문 관료들에 의하여 결정되어 정부의 대표성 내지 민주성에 큰 문제가 있고, 경제논리가 아닌 정치논리에 따라 결정될 경우 효율성에 문제가 생긴다. 정부의 비효율성은 독점적 공급에 기인하기도 하며, 정부산출물에 대한 질적인 경쟁력이 떨어져서 발생하기도 한다. 이

---

5) James E. Anderson, *Public Policy Making*, N.Y. Holt, Renert and Winston: 1979. 류지성, 전게서, 70-75면 재인용.

6) 존스의 11단계는 문제의 인지와 정의 → 집결 → 조직화 → 주장 → 의제설정 → 정책형성 → 합법화 → 예산편성 → 정책집행 → 정책평가 → 정책조정과 종결이다. Charles O. Jones, *An Introduction to the Study of Public Policy*, C.A. Brooks/Cole Publishing, Co. 류지성, 전게서, 70-75면 재인용.

7) 공공재의 비배타성은 서비스가 한 개인이나 집단에 공급되었을 때 그 혜택을 타인이나 다른 집단으로부터 배제시킬 수 없다는 속성이며, 외부효과란 어떤 사람의 행동이 비의도적으로 또 그것에 대한 대가의 교환 없이 다른 사람에게 이득이나 손해를 가져다주는 것이다. 정보의 비대칭성이란 시장정보가 불완전하여 인적 물적 자원의 배분이 왜곡되는 것을 말하며, 불완전경쟁은 독점의 존재를 말한다. 백승기, 전게서, 45-58면.

러한 정부실패를 극복하기 위하여 제도 개혁, 인센티브 제공, 시장원리인 경쟁체제의 도입 등의 방안이 모색된다.[8]

다. 정책의 연구방법

정책에 대한 연구는 1950년대에 실용주의를 중시한 미국에서 시작되었으며, 우리나라에는 1970년대 후반 들어 도입되었다고 할 수 있다. 정책학에 대한 연구는 국가의 본질과 역할을 다루는 다양한 권력구조이론에 바탕을 두고 있다. 권력구조이론이란 사회의 다양한 집단이 상호작용을 통해 만들어내는 정치적 균형을 설명한 것으로 다원주의 이론, 엘리트 이론, 마르크스주의 이론, 조합주의 이론이 있다.[9]

그 밖에 정책연구의 기본적인 이론에 제도주의와 기능주의 관점이 있으며, 정책연구의 큰 틀을 이해하는데 유용한 체제이론이 있다. 제도주의란 입법부, 행정부, 사법부 같은 정부의 공식적인 기구와 제도에 연구의 초점을 두고, 정책을 법에 근거하여 제도적으로 집행되는 것으로 간주한다. 정책결정과 정책집행을 담당하는 정부의 구조, 권한, 법적 지위, 정책의 적법성, 업무수행의 절차적 합법성 등에 연구의 관심이 있다. 한편 기능주의는 정치체제를 유지하는 기능과 정책을 만들고 집행하는 기능을 중심으로 정치체제를 연구하는 관점이다.[10] 체제(system)이론은 조직을 동일 목표를 달성하기 위하여 상호 긴밀히 작용하는 여러 부분들의 집합체로 분석하는 방법이다. 이스턴(Easton)의 투입 → 전환과정 → 산출 → 환류 모형이 대표적인 체제분석 모형이다.[11]

---

8) 백승기, 전게서, 58-65면.

9) 다원주의는 사회는 다양한 집단으로 구성되어 있으며, 그들의 상호작용 결과가 정책이라고 본다. 엘리트이론은 소수의 정치 엘리트들이 그들의 이해관계를 극대화하기 위해 정치력을 행사하며 그들의 이익을 보호하기 위하여 결정되기도 하고, 어떤 것은 '무결정'되기도 한다는 이론이다. 마르크스주의는 자본주의 국가를 지배계급을 유지하기 위한 수단으로 간주한다. 조합주의는 이해관계를 대표하는 단위로 구성된 체제를 뜻하며, 고용주조합과 노동조합은 국가와 함께 지배기구로 편입되어 국가정책을 만드는 데 큰 영향을 미친다. 류지성, 전게서, 111-151면.

10) 상게서, 115-117면.

11) Easton, David, *A Framework for Political Analysis*, Englewood Cliffs, N.J. Prentice-Hall. 1978.

2) 법의 개념과 이념

가. 법의 개념

인간은 사회적 동물로서 타인과 관계를 맺고 살아가게 된다. 타인과의 공동생활을 위하여서는 지켜야 할 일정한 사회규범이 있게 된다. 예컨대 관습, 종교 의식, 예(禮), 도덕, 법[12] 등이다. 법의 개념을 간단히 정의하면 "질서(秩序)와 정의(正義)를 추구하는 강제성을 띤 하나의 문화규범"이라고 할 수 있다. 법의 개념요소를 상술하면 다음과 같다.

첫째, 법은 질서와 정의를 추구한다. 법이 존재하는 목적 내지 법이 추구하는 궁극적인 이념은 일반적으로 법적 안정성 내지 질서유지 그리고 정의라 할 수 있다. 둘째, 법은 스스로를 관철시키기 위하여 강제하는 수단을 갖고 있는 규범이다. 강제는 법의 본질적 속성이라고 할 수 있다. 법이란 한번 제정되면 좋으나 싫으나 따를 수밖에 없고, 여기에 법규범의 강력함과 권위, 그에 대한 책임이 생기게 된다. 법의 강제성은 다른 사회규범, 특히 도덕과 구별되는 특성이기도 하다.[13] 셋째, 법은 문화규범이다. 인간은 현실에 발을 딛고 살면서도

[12) 우선 법의 어원을 살펴본다. 법(法)은 해태 치(氵＋廌＋去)의 약자로, 물과 해태가 간다라는 뜻인데, 해태라는 전설적인 동물이 죄인에게 다가가 뿔을 댄다는 의미에서 유래하였다고 한다. 따라서 동양에서의 법은 형벌, 곡직(曲直)의 판단, 공정 내지 정의의 판단이 내포되어 있다. 서양에서는 법(law)의 어원이 '옳은' 또는 '바른'의 뜻이 내포되어 있으며 개인의 권리를 의미하기도 한다. 우리나라에서는 본받을 법으로 해석하여 말본, 셈본, 본보기 등의 예에서 쓰이는 '본'의 뜻도 있다. 법과 동일한 뜻으로 쓰이는 용어에 법률(法律)이란 말이 있다. 엄격히 구분하면 법률은 형식에 있어 국회의 의결을 거쳐 대통령이 서명·공포한 법을 의미하고, 법은 보다 추상적·포괄적 개념으로 사용된다. 최종고, 「법학통론」, 박영사, 2009, 19-20면.

13) 법과 도덕의 관계는 명확히 구별되는 쉬운 개념이 아니다. 자연법주의자들은 법은 도덕에 기초하고 도덕에 합치되어야 법으로서의 효력을 갖는다는 입장이고, 법실증주의자들은 법의 내용이 도덕에 반하더라도 법은 법이라는 입장에서 법과 도덕을 이원적으로 구분한다. 일반적으로 법은 타인을 지향한 타율적 규범이며 관심방향이 외부형태에 있다면, 도덕은 자기 자신에 관한 자율적 규범으로 관심방향이 내면적 형태에 있다고 구분한다. 그러나 일상생활에서 발생하는 많은 문제들이 도덕적 판단에 맡겨놓아야 하는지, 아니면 국가권력이 개입하여 법의 영역으로 편입시켜 강제하여야 하는지의 도덕과 법의 미묘한 경계선에 놓여있다고 할 수 있다. 또한 윤리적으로 비난받지 않는다고 법적 책임을 모면할 수 없는 안타까운 문제도 있다. 예컨대, 자기가 위험에 빠지지 않음에도 위난에 처한 사람을 구조하지 않을 경우 처벌할 것인가?(The Good Samaritan Clause). 배우자가 있는 자가 간통한 때에는 2년 이하의 징역에 처한다는 형법 제241조는 꼭 필요한 규정인가? 안락사를 인정할 것인가? 의사가 환자의 안정을 위하여 거짓말을 할 수 있는가? 다수생명을 구하기 위하여 소수의 희생을 강요한 경우 법으로 처벌할 것인가? 등이 그러한 문제이다. 상게서, 28-34면.

그것에 만족하지 아니하고 더 나은 미래를 향하여 끊임없이 노력하는 존재이다. 미래의 가치를 향하여 노력하는 가운데 생성된 업적을 문화라고 할 수 있다. 법은 정의 그 자체는 아니지만 정의라는 법 가치를 향하여 노력하고 있는 문화개념이다. 자연의 왕국이 가치 맹목적 현실(sein)의 세계라면, 가치의 왕국은 의미를 대상으로 하는 이상의 세계다. 현실의 세계를 이상 내지 당위(sollen)의 세계로 연결하는 데는 가치 평가적인 '문화'라는 다리와 가치 초월적인 종교의 세계가 있다. 요컨대, 법은 현실 세계의 질서를 유지하면서, 다른 한편으로는 이상세계의 정의라는 가치를 추구하는 하나의 '문화'규범이라 할 수 있다.14)

나. 법의 이념 : 질서와 정의

법이 궁극적으로 추구하는 가치는 '인간의 존엄과 가치'이지만, 그 하위 개념인 법의 이념 내지 목적은 질서의 유지와 정의의 실현이라고 할 수 있다. 하버드 대학의 법철학자 보덴하이머(Bodenheimer)가 질서와 정의에 관하여 깊이 있게 분석한 내용을 아래에 소개한다.15)

질서(order)는 법체계의 공식적 구조로 일반적 규칙이나 기준을 통하여 인간의 법률행위를 규제하는 것이다. 이러한 질서의 특징은 통일성(uniformity), 계속성(continuity), 그리고 일관성(consistency) 내지 반복성(repetition)이다. 인간이 사회조직을 형성하거나 정치를 하는 곳에서는 늘 규제받지 않는 무질서를 피하고 생동력 있는 질서를 형성하려고 노력하여 왔다.

인간이 질서를 선호하게 된 근본적인 배경을 살펴보면 다음과 같다. 첫째, 인간의 생활에 영향을 주는 외부 자연세계를 보면 무질서보다는 질서가, 비정규성보다는 정규성(正規性)이 지배한다.16) 자연 현상에서 보이고 있는 정규성과 질서적인 움직임은 인간의 생활 활동에 유익한 영향을 미쳤고, 질서를 선호하는 배경이 된다. 둘째, 자연 질서와 마찬가지로 인간의 사회생활에서도 질서는 선

---

14) 최종고, 전게서, 17면.

15) Edgar Bodenheimer, *Jurisprudence: The Philosophy and Method of Law*, Cambridge. Harvard University, 1974, 표시열, 「생활과 법률」, 청목출판사, 2011, 30~33면 재인용.

16) 예컨대, 우주천체의 움직임, 인간을 비롯한 생명체의 구조나 움직임(인간 계놈의 구조), 물리·화학의 제 법칙 등이 그러하다. 수학적으로 계산이 가능한 일정한 특성의 자연법칙이 존재하므로 인간은 그것을 찾아내 오늘날의 문명을 이룬 것이다.

호되는데 그 대표적인 예가 규칙적인 생활이다. 습관의 중요성이 강조되는 것도 인간이 반복적인 규칙적 생활을 선호하기 때문이다. 사회의 조직설계도 매우 체계적으로 질서 있게 구성된다. 산업사회가 될수록 전문적인 활동영역에서 전문화가 이루어지고 분업구조로 분화되며 조직분석도 체계적으로 이루어진다.[17] 셋째, 인간의 질서선호는 인간의 심리와 신경조직과도 관련된다. 인간은 과거에 만족스러웠던 경험을 반복하려는 성향이 있으며 심리적으로 새로운 긴장을 피하려는 속성이 있다. 또한 인간은 자의적인 또는 변덕스러운 것보다는 합리적이고 안정적인 것을 선호한다.[18]

상술한 질서 개념은 조직구조 또는 인간 행태의 유형과 관련된다. 이러한 질서는 인간생활에서 임의성과 불예측성을 막아주어 안정을 가져오지만, 내용적으로 만족할 만한 생활양식을 제공해 주는 것은 아니다. 이에 반하여 정의의 개념은 사회의 규칙이나 기준의 내용이 공정하고 합리적인가를 다루는 문제이다. 정의는 법의 내용과 인간의 행복에 미치는 영향 내지 가치의 문제에 초점을 둔다.

무엇이 정의인가에 관한 개념 논의는 오랫동안 매우 다양하게 다루어지고 있다. 플라톤(Platon)은 모든 시민이 각자의 의무를 다하는 사회가 정의로운 사회라 하였고, 아리스토텔레스(Aristoteles)는 '평등한 것은 평등하게 불평등한 것은 불평등하게'(equal to equal, unequal to unequal)의 개념으로 비례적 평등을 정의의 요소로 보았다. 이때 평등의 궁극적인 기준은 실적 내지 문화에 대한 기여도가 된다. 워드(Ward)는 기회균등이 보장되는 사회가 정의로운 사회라고 주장한 바 있다. 특히 교육의 기회균등이 사회정의 실현에 중요하다고 주장하였다. 스펜서(Spencer)는 자유를 정의의 핵심요소로 보았다. 소레리(Sorely)는 사회 속에서 자

---

17) 사회생활에서 인간의 질서선호는 법 위반, 전쟁 등으로 자주 방해받기도 한다. 또 인간 생활에서 질서 선호가 개인적으로 또는 사회적으로 바람직한 가치라고 확신할 수는 없다. 군인처럼 획일화된 제복과 머리스타일이 창의력과는 비례하지 않는다. 훌륭한 문학·예술가들이 자유분방한 무질서한 생활을 하는 경우도 많다. 그러나 역사적으로 보면, 인간의 사회생활에서 무질서보다는 질서가 더 지배적 현상이었다. 습관과 전통, 그리고 제 사회규범들이 공동생활의 근거를 이루어왔다.

18) 매슬로(Maslow)의 욕구의 계층이론에서도 인간의 안전선호 본능이 지적되고 있다. 물론 영화 '빠삐용'처럼 위험이 따르는 결단이 있어야 자유로운 삶을 쟁취할 수도 있지만 일반적인 평균인들은 위험과 도박보다는 안전을 선호한다고 할 수 있다.

유와 평등의 조화로 정의가 달성된다고 주장하였다.

롤즈(Rawls)는 정의를 기본적인 자유와 사회적·경제적 가치의 배분에 관한 문제로 보았다. 즉, 개인은 다른 사람들과 양립될 수 있는 광범위한 기본적 자유에 관하여 동등한 권리를 가져야 한다. 사회적·경제적 불평등은 다음 조건이 충족되도록 조정되어야 한다. 그 불평등이 모든 사람을 위하여 이익이 되리라는 것을 합리적으로 기대할 수 있어야 하며, 그 불균형의 모체가 되는 지위와 직무가 모든 사람에게 공개되어야 한다. 홉스(Hobbes)는 생명·재산의 안전을 보호하는 것이 법질서의 최우선 과제이고 평화유지가 정의라고 하였다.

최근에 샌달(Sandel)은 정의로운 사회는 단순히 공리(功利)를 극대화하거나 선택의 자유를 확보하는 것만으로 구현될 수 없다며, 좋은 삶의 의미를 함께 고민하는 공동선(共同善)을 추구하여야 정의가 실현된다고 주장한다. 공동선을 추구한다는 것은 상호존중을 바탕으로 한 시민의식, 희생, 봉사 같은 공동체 의식을 향상시키는 것이다.19)

정의에 관하여 이렇게 다양한 주장을 하는 것을 보면 정의에 관한 판단은 의심할 수 없는 확실한 지식에 근거하거나 모든 사실적 측면을 완전히 고려한 합리적 판단을 하기가 어렵기 때문이 아닌가 한다. 정의의 기준에 관한 판단에는 감정, 종교적 신념 등 비합리적 요소도 작용한다. 정의의 기준에 관하여 의견이 갈리는 경우 현실적인 해결책은 경험적 증거자료, 역사적 경험, 문화적 전통, 미래의 효과예측, 인간 공통의 심성 내지 통찰력에 의존하게 된다.

정의의 기준에 관하여서 다양한 견해가 예시되었지만, 정의의 구체적 내용에 관하여 많은 학자들의 공통적 견해는 자격 있는 사람에게 '자기 몫을 주는

---

19) 제러미 벤담 같은 공리주의자들은 최대다수의 최대행복을 추구하는 행복의 극대화를 주장한다. 프리드리히 하이에크 같은 자유주의자들은 개인의 자유, 특히 자유 시장에서의 개인의 선택의 자유를 정의의 요소로 보고 있다. 칸트도 자유를 정의의 요소로 보지만 자유란 천성이나 관습에 따른 것이 아니라 내가 나에게 부여된 법칙에 따라 하는 자율적인 행동을 말한다. 자율성이란 이성을 조건으로 활용하는 가언(假言)명령이 아니라 조건 없이 예상되는 결과와 관계없는 정언명령이라는 도덕적 명령의 준수를 의미한다. 모순 없이 보편화 될 수 있는 원칙에 따라 행동하여야 한다든지, 인간을 목적으로 대하라 등이 정언명령이다. 존 롤스는 규제 없는 시장은 공정하지도 자유롭지도 않다고 주장하며, 정의를 구현하려면 사회적·경제적 불이익을 바로잡고 모든 이들에게 성공할 기회를 공평하게 나눠주는 정책을 펴야 한다고 주장한다. Sandel, Michael J, *JUSTICE: What's the right thing to do?*, 2009, 이창신 옮김, 「정의란 무엇인가?」, 김영사, 2010.

것'(to each, his own)이다. 시쎄로(Cicero)는 모든 사람에게 자기 몫을 주려는 의지를 정의의 주관적 요소라고 하였다. 이 주관적 요소는 자기 종업원 또는 남에 대한 관심을 의미한다. 현실적으로 정의로운 사회가 되기 위하여서는 주관적인 의지만으로는 부족하고 실질적인 제도화가 필요하다. 예컨대 몫을 나누는 관습, 「남녀고용평등법」 등이다. 아리스토텔레스의 배분적 정의 개념도 이에 해당한다. 즉, 문화발전에 대한 기여도와 능력에 따라 공직의 권리와 의무가 배분되어야 한다는 것이다. 구체적인 입법행위와 사법부의 해석으로 그러한 정의가 실현된다. 이러한 내용의 정의는 법체계에 있어서 불합리한 입법과 불합리한 차별을 억제하고, 기본적 인권을 보장하였으며 생존과 발전에 필요한 기회를 제공하고, 정부의 기능을 효율적으로 수행하게 하였으며, 보상과 벌과금 부과에 있어 공정한 체계의 수립을 가능하게 하였다.

2 통치구조의 원리와 정책에 대한 법적 접근방법

1) 통치구조의 원리

통치구조의 기본이념과 법 원리를 살펴본다.[20]

가. 통치구조의 기본이념

자유민주주의 통치구조의 기본이념은 국민의 기본권 실현과 국가권력의 구성과 행사에 있어서 민주적 정당성의 확보 그리고 그 권력행사에 대한 통제라고 할 수 있다. 이는 국가권력이 국민의 기본권을 실현하기 위한 수단임을 전제로 하는 것으로 모든 국가권력은 국민적 합의에 의하여 성립되어야 하고 그 행사방법과 과정 역시 일정한 절차적 정당성을 확보해야 함을 의미한다. 민주적 정당성을 확보하는 방법에는 일반적으로 선거나 투표를 통하여 주권자인 국민의 직접적인 의사에 따라 대표를 선출하거나 국가의사를 결정하는 방법과 국민에 의하여 직접 선출된 대표인 대의기관이 다른 국가기관을 구성하는 경우와

---

20) 표시열, 「생활과 법률」, 청목출판사, 165-168면.

같이 간접적으로 확보하는 방법이 있다.

나. 통치구조의 원리

오늘날의 자유민주주의 통치구조는 전제군주와의 오랜 항쟁의 결과 획득한 입헌주의 원리에 근거한다. 그 구체적 조직 원리는 기본권 존중주의, 국민주권주의와 대의제 원리,[21] 법치주의, 책임정치, 그리고 권력분립주의이다. 이 중 권력분립주의에 관하여 살펴본다.

가) 권력분립주의(Separation of Power)의 의의

권력분립은 국민의 자유와 권리를 보장하기 위하여, 국가의 통치기능을 기능면에서 입법권·집행권·사법권으로 분리하고, 각각의 국가작용을 각각 독립된 국가기관인 입법부·집행부·사법부에 배분함으로써, 이들 기관 상호 간의 견제와 균형을 통하여 어떤 기관도 국가권력을 독점할 수 없게끔 하는 제도이다.

권력분립주의는 권력을 행사하는 인간에 대한 불신과 회의에서 기초한 것으로 의회에 입법과 재정에 관한 권한을 부여함으로써 전제군주의 권한을 일정 부분 제한하기 위한 수단으로서 출발하였다. 몽테스키외에 의하여 완성된 고전적 권력분립주의는 시민 혁명기를 거치면서 각국으로 전파되어 근대 헌법의 필수적인 조직 원리로 자리 잡았다.

오랜 전제 군주제를 타파하고 시민계층이 주체가 되어 국민주권 원리를 수립한 것을 근대 입헌주의라 한다. 근대 입헌주의는 국민의 기본권 보장을 기본 목적으로 하며 국가권력의 집중과 남용을 방지하기 위하여 권력분립의 원리를 통치의 기본수단으로 한다. 국가권력을 입법부·사법부·행정부에 분할하여 상호 견제와 균형(check and balance)에 따라 운영하도록 하는 권력분립의 원리는 민주주의를 실현하기 위한 기본원리이다.

---

21) 대의제는 주권자인 국민이 국가의사나 국가정책을 직접 결정하지 않고 대표자를 선출하여 이들로 하여금 국민을 대신하여 국가의사나 국가정책을 결정하게 하는 조직 원리이다. 대의제를 구현하기 위해서는 대의기관의 민주적 구성과 활동을 위한 선거제도, 이성적 토론과 다수결제도가 정비되어 있어야 하며, 대의기관의 통제를 위한 장치로서 권력분립, 책임정치, 여론형성의 자유, 헌법재판 등이 실현될 필요가 있다. 현행헌법에서는 대의제를 원칙으로 하되(헌법 제40조, 제41조, 제66조 제4항, 제67조), 헌법 개정과 중요정책에 대한 국민투표(헌법 제130조 제2항, 제72조), 지방자치 차원에서의 국민소환제(지방자치법 제13조의2)와 같은 직접민주주의적 요소를 부분적으로 채택하고 있다.

나) 한국헌법과 권력분립주의

현행 한국헌법 역시 권력분립제를 채택하고 있으나, 집행부의 권한이 상대적으로 비대하다고 할 수 있다. 권력의 수평적 분할로서, 먼저 입법권은 국회에(헌법 제40조), 행정권은 대통령을 수반으로 하는 정부에(헌법 제66조 제4항), 사법권은 법관으로 구성된 법원에(헌법 제101조 제1항) 부여하고 있다. 그리고 권력의 수직적 분할에는 중앙과 지방정부의 권한 배분, 기관내부의 권한배분, 권력담당자의 임기제 등이 있다.

입법권이라 함은 국가기관이 일반적이고 추상적인 성문법규를 정립하는 작용을 말한다. 일반적 법규란 불특정 다수인에게 적용된다는 것을 의미하고 추상적 법규란 불특정의 경우에 적용된다는 의미이다. 헌법상 국회에 부여된 입법권의 구체적인 내용으로는 헌법 개정의 발의·의결, 법률안 의결, 조약체결·비준, 국회의 규칙제정 등을 들 수 있다. 행정권이란 성질설에 따르면 법 아래에서 법의 규제를 받으며 현실적으로 국가목적 또는 공익을 실현하기 위하여 하는 능동적이고 적극적인 형성적 국가작용이다. 사법권이란 성질설에 따르면 구체적 법적 분쟁이 발생한 경우 당사자로부터 쟁송의 제기를 기다려 독립적 지위를 가진 기관이 제3자적 입장에서 무엇이 법인가를 판단하고 선언하는 작용으로 민사재판권, 형사재판권, 행정재판권이 그 내용이다.

다) 권력상호 간의 견제 장치

권력분립원리는 국가기관 간의 상호 견제를 통한 권력의 균형을 추구한다. 국회와 행정부의 관계에서 국회는 국무총리와 국무위원의 국회출석·답변 요구권, 해임건의권, 정부예산 심의권, 정부재정행위 의결권, 국무총리 및 감사원장 임명동의권, 국회의장의 법률안 공포권, 고위공무원 탄핵소추권, 국정감사·조사권, 계엄해제 요구권, 일반사면 동의권을 통하여 행정부를 견제한다. 반면에 행정부가 국회에 대하여 갖는 견제수단에는 임시국회소집 요구권, 법률안 제출·공포권, 예산안의 편성·제출권, 국회에서 의견표시권, 행정입법권, 헌법 개정의 국민투표 부의권, 긴급재정·경제처분권, 법률안 거부권, 중요정책의 국민투표 부의권이 있다.

국회는 사법부와의 관계에서 법원의 설치·조직에 관한 법률 제정권, 대법원장과 대법관 임명동의권, 법원예산심의권, 국정감사·조사권, 법관에 대한 탄핵소추의결권을 통해 사법부를 견제한다. 반면에 사법부는 위헌법률심사제청권을, 헌법재판소는 위헌법률심사권을 통하여 국회의 입법권을 견제한다. 행정부와 사법부의 관계에서 사법부는 명령·규칙·처분의 위헌위법심사권을 통하여 행정부를 견제하며, 행정부는 사면·감형·복권을 통하여 사법부를 견제한다.

2) 행정국가의 등장과 정책에 대한 법적 접근

가. 행정국가화 경향

전통적인 권력분립론이 최근에는 행정부에의 권력집중으로 크게 도전을 받고 있다. 행정부가 사실상의 입법기능을 하고 있으며 국회는 '통법부'(通法部)로 전락된 셈이다. 또한 행정부는 행정과정에서 발생하는 많은 사법적 분쟁에 대하여 재결활동을 통하여 사실상의 사법적 기능도 행사하고 있다. 이러한 현상을 '행정국가화' 경향이라 한다. 정당국가화에 따른 입법부와 행정부의 융화현상, 국가비상사태와 경제위기의 극복 및 사회복지이념의 실현 등을 이유로 한 행정부의 권한 강화, 공무원의 전문성 등이 행정국가화 현상의 원인이다.[22]

우리나라의 경우 전통적으로 대통령에게 권력이 집중되어 있어 행정부 위주의 정부라고 할 수 있다. 입법부와 사법부가 헌법상의 제 기능을 제대로 하지 못하면 행정국가화 현상은 더욱 가속화된다고 할 수 있다. 이런 점에서 우리나라도 행정에 대한 새로운 내용의 법적 접근, 즉 국민의 기본권 보장을 위한 행정부의 권력남용 견제가 행정의 중심과제가 되어야 한다.

---

22) 행정국가(行政國家: administrative state)는 광범위한 역할을 수행하는 행정체제(정부관료제)가 공공부문의 운영에서 주도적인 역할을 수행하는 국가이다. 행정국가에서는 거대한 정부관료제가 국정을 주도하며 국민생활에 심대한 영향을 미친다. 행정국가의 주요 특징으로 행정체제의 주도적 역할, 행정기능과 행정 관여의 확대, 행정체제의 기구·인력·권력의 팽창, 국민의 높은 행정의존도, 산업화과정의 산물을 들 수 있다. 행정국가가 성립하고 존속해온 이유는 행정확대에 대한 요청과 합의가 있었기 때문인데 구체적으로 공공문제의 복잡성 증대, 행정수요의 증대, 시장실패의 시정, 거대기업의 규율, 위기관리 등이 행정국가화 경향의 동인이라 할 수 있다. 오석홍, 「행정학」, 박영사, 2011, 125-128면.

나. 정책에 대한 법적 접근방법의 확대

로젠블름(Rosenbloom)은 행정 내지 공공정책에 대한 법적 접근방법을 강조하면서, 행정이 추구하고 있는 궁극적인 목표는 헌법에 규정된 개인의 기본권, 특히 표현의 자유, 적법절차, 그리고 평등권을 보호하는 것이라고 주장한다. 미국의 경우도 공공정책에 대한 법적 접근방법은 관리적 접근방법과 정치적 접근방법에 가려져 최근까지 빛을 보지 못하다가, 1946년 행정절차법(The Administrative Procedure Act)의 제정으로 인한 행정의 사법화 경향과 1950년대 이후 사법부의 적극적인 개인권리 보호조치를 배경으로 1960년대에 와서 강조되었다.[23]

공공정책에 대한 법적 접근방법은 행정조직에 있어서 상대방에게 법적 시비를 다툴 수 있도록 하는 반대변론 절차를 최대한 보장한다. 이 접근방법은 개인을 특별한 상황 속에 있는 구체적인 사람으로 고려하여 반대변론 절차에서 자기의 특수한 상황과 동기 등을 설명할 수 있도록 하며, 분쟁해결의 수단으로 재결을 강조한다.

공공정책에 대한 관리적 접근방법은 공행정과 사행정의 구별을 극소화하는 입장이다. 즉, 행정은 본질적으로 사기업체의 경영관리와 같으며 경영원리나 가치에 따라 운영되어야 한다는 것이다. 따라서 행정이 추구하는 기본가치는 효율성 내지 경제성이다. 이 접근방법은 효율성을 극대화하기 위하여 조직구조를 분업과 전문화를 내용으로 하는 관료제로 발전시키며, 개인에 대한 시각이 몰개인적이어서 개인 근로자는 거대한 조직의 한 톱니바퀴로 취급된다. 이 접근방법에서는 과학적 방법을 강조한다.

공공정책에 대한 정치적 접근방법은 행정을 궁극적으로 정치이론의 문제로 보는 입장이다. 이 접근방법은 시민과 선거직 공무원에 대한 행정부 관료들의 대표성, 반응성, 그리고 책임성을 중요가치로 강조한다. 이 접근방법은 행정조직 내부의 정치적 다원주의를 강조한다. 이 접근방법은 개인을 집단의 부품으로 취급하여 개개인의 이익을 소속집단의 이익과 동일시하며 여론조사, 시민청원

---

23) David Rosenbloom, *Public Administration: Understanding Management, Politics, and Law in the Public Sector*, 2nd ed., New York. McGraw_Hill, 1989, pp. 14-27. 오석홍 외, 「행정학의 주요이론」, 2005, 44-56면.

의 분석 등의 기법을 활용한다.

　행정에 대한 관리적, 정치적, 법적 접근방법의 기본이념과 특성은 권력분립의 원리와 깊은 관련이 있다고 보고 있다. 즉, 관리적 접근방법은 법률의 효율적 집행을 주된 역할로 하고 있는 집행부와 관련되고, 정치적 접근방법은 국민의 대표성 내지 반응성을 강조하는 입법부와 관련되며, 법적 접근방법은 개인의 권리보호와 형평에 관심을 갖고 있는 사법부와 긴밀히 관련된다. 최근에는 행정국가화 현상으로 행정부가 실질적인 입법과 사법기능을 행사하므로 권력분립의 원리를 행정부 내의 행정기능에도 적용시켜 볼 필요가 있다. 즉 단순한 집행사무에는 관리적 접근방법, 준 입법적 기능에는 정치적 접근방법, 준 사법적 기능에는 법적 접근방법을 특히 강조할 필요가 있다. 공무원이 행정의 대상인 국민을 대하는 태도도 상술한 세 가지 접근방법과 관련이 있다. 국민의 헌법상 권리를 중요시하는 태도는 행정의 중심과제가 되어야 하며, 최근 미국 행정학계의 새로운 변화라 할 수 있다.

　롤(Rohr)은 행정국가의 정당성을 헌법가치의 준수에서 찾고 있다. 그는 공무원들이 좁게 자기조직의 생존문제에만 몰두하여 행정이 추구해야 할 좀 더 본질적인 이념인 헌법적인 원리나 가치에는 눈을 감고 있다고 지적한다. 따라서 공무원은 정책을 결정할 경우에 헌법운영자라는 자각과 넓은 시야를 갖고 헌법원리를 바탕으로 공익을 판단할 수 있어야 한다고 주장하고 있다. 롤은 공무원이 재량권을 행사할 경우 사법부를 중요한 경쟁자로 고려하여야 한다고 한다. 많은 개인의 기본권들이 행정부에서 다루어지고 행정부에서 종결되기 때문에 공무원들은 법원의 판결에 소극적으로 따르는 것만으로는 불충분하고, 법원의 판결이유에 나타난 사법적 가치를 신중히 고려하여야 한다는 것이다.[24] 공무원은 집행관이며 실질적인 입법관일 뿐만 아니라, 재판관처럼 생각하고 행동해야 한다는 롤의 주장은 공무원이 헌법해석의 변호사로 불려야 한다는 로젠블룸의 지적과 같다.

　이러한 행정에 대한 종합적인 시각, 특히 법적 시각을 뒷받침하는 제도적,

---

24) John A. Rohr, *To Run A Constitution: The Legitimacy of the Administrative State*, Lawrence: University of Kansas, 1986, pp. 181-183.

문화적 개혁은 미래행정의 과제이다. 예컨대, 공무원의 책무성 확보수단으로 위헌명령에 대한 불복종 내지 호각불기(whistle blowing)가 보장되어 내부 정보 폭로에 대하여 보호 장치가 마련되어야 하고, 단체교섭을 통한 참여를 실질화하기 위하여 관리자는 감독자 내지 상급자라기보다는 조정자 내지 동료로 인식되어야 하며, 행정부의 중요 정보를 공개하여 시민의 알 권리를 충족시키는 등의 변화가 있어야 한다.

이러한 접근방법이 한국행정에 주는 시사점은 크게 두 가지로 생각된다. 우선 효율성 추구의 관리적 접근방법을 주된 내용으로 하는 한국행정학 연구방법에 대하여 반성의 계기를 준다. 물론, 해방 후 행정학이 소개된 초기에는 행정학 고유의 체계적 연구 영역이 확립되지 못하고 주로 공법학의 내용을 강조하였다. 그러나 이는 형식적 법치주의이었기에 개인의 권리보호를 핵심으로 하는 실질적 의미의 법적 접근방법이라고 말할 수는 없다. 우리나라 정치체계가 전통적으로 행정부 우위였고 최근에 가속화되는 행정국가화의 현상을 생각하면, 1960년대 이후 행정학 연구의 주된 방법인 관리적 시각을 보완하는 의미에서 법적 접근방법의 중요성을 인식하고 그 주요 내용을 한국행정의 연구방법에도 응용하여야 한다.

이러한 접근방법은 또한 한국의 행정실무 분야에도 중요한 시사점을 던져 주고 있다. 그동안 한국 공무원들의 습관화된 능률위주의 사고방식을 지양하게 하고 민주주의 헌법의 기본가치를 실현하게 함으로써 입헌주의를 조속히 정착시키게 하는 시각을 제시하고 있기 때문이다. 구체적 실천과제로「행정절차법」과「공공기관의 정보공개에 관한 법률」을 행정과정에서 정착시키고, 헌법재판소의 판례에 나타난 법 원리를 행정 내지 정책에 반영하며, 헌법은 물론 자기업무와 관련된 법률의 내용을 숙지하여 실현하는 것이다. 공무원 스스로에게 이러한 개혁을 하도록 기대하기보다는 외부의 압력, 특히 사법부의 적극적인 헌법가치의 준수요구가 미국의 경우 결정적인 역할을 하였음은 우리에게 주는 시사점이 크다 하겠다.

요컨대, 정책결정 과정에서 법적 분석 내지 판례분석의 중요성이 대두되었고, 그에 따라 일반 행정 및 정책영역에서 법적 시각이 강조되어야 한다. 그동안 당연하게 받아들여진 많은 중요 정책이 헌법 원리와 관계 법률에 상치되는 경우가 없는지 점검해보고 앞으로의 정책 수립 시 항상 법적 시각에서 검토할 필요가 있다. 이러한 맥락에서 본서 제2부와 제3부는 헌법재판소가 최근에 위헌 또는 합헌 판결한 중요 정책들을 분석·소개한다. 판례분석의 초점은 쟁점의 논거를 분석하는 것이다. 그리고 제1부에서 제시된 정책과 법의 관계에 관한 분석모델, 즉 배경이 되는 환경, 추구하는 가치, 입법부의 역할, 정책집행 과정에서의 문제점, 사법부 역할과 관여의 한계 등을 종합적으로 평가한다.

3 정책과 법의 관계

1) 정책학과 인접학문

정책학은 현실문제 해결을 위한 학문이므로 학제(學制) 간의 연구를 필요로 한다. 정책학의 인접학문에는 행정학, 정치학, 경제학, 법학 등이 있다. 정책학은 행정학과 불가분의 관계를 갖고 있다. 행정학은 정치학으로부터 분리되어 행정원리에 입각한 조직, 재무, 인사 같은 공공관리에 초점을 두고 있다. 반면에 정책학은 문제해결을 위한 합리적 방법을 포괄적으로 고려하는 실용성에 초점을 두고 있다. 골렘뷰스키(Golembiewski)는 정책학을 정치와 행정을 연계하는 중간영역으로 설명하고 있다.[25] 사이먼(Simon)은 정책학을 정치학, 행정학 등 모든 사회과학을 포함한 초학문으로 간주하였다. 그는 정책환경과 정책과정에 초점을 두면 정치학이 되고, 정책이 결정되고 집행되는 내부의 흐름에 초점을 두면 행정학이 된다고 지적하였다.[26]

정책학은 정치학과 밀접한 관계에 있는 바, 이는 정책과정과 정치과정을 엄격히 구분하기 어렵기 때문이다. 정책은 지속적인 의사결정 과정이므로 그 과

---

25) Robert T. Golembiewski, *Public Administration as a Developing Discipline, Part I: Perspective on Past and Present*, N.Y. Marcel Dekker. 1977. 류지성, 전게서, 33-34면 재인용.

26) Herbet Simon, *Administrative Behavior*, Glencoe, Ill: Free Press. 류지성, 전게서, 33-34면 재인용.

정에 영향을 미칠 수 있는 정치적 영향력은 정책학의 주요 논제가 된다. 정책학은 실질적 문제해결에 특징을 두고 있다. 정책학은 경제학과도 긴밀한 관계에 있다. 정책학에서 큰 비중을 차지하고 있는 합리적 의사결정론이나 공공선택이론 등은 경제학 논리에서 응용한 것이다.[27]

2) 법정책학

법정책학은 법과 정책(law and policy)의 합성어로 학제적 연구를 필요로 하는 학문 분야로 정책과 법의 관계를 체계적으로 분석하려는 새로운 시도의 학문 분야라고 할 수 있다. 법정책학은 법에 초점을 둔 '정책학적 법학'(policy oriented approach to legal study)과 정책에 초점을 둔 '법정책학'(legal policy science)으로 나누어 볼 수 있다.

정책학적 법학은 법현상의 정책적 배경과 원인, 결과 등을 인식하고 설명하는 학문적 접근으로 법학의 한 분야로 본다. 정책학적 법학은 전통적인 법학처럼 가치중립적인 것이 아니라, 적극적으로 가치를 고려하여 법해석에서도 사회적·정책적 의미와 결과를 고려하게 된다. 한편 법적 정책학은 정책의 형성, 정책결정, 정책집행 등 정책과정에 있어 법의 역할을 인식하고, 정책과제에 대한 법적 처방을 모색·제시하는 학문적 접근으로 정책학의 한 분야로 본다.[28]

법정책학은 정책학의 한 분야라는 측면도 있지만, 문제 중심적 사고, 방법론적 다원주의, 법에 대한 통합 과학적·제도론적 접근이라는 특징 때문에 독자성을 가진다고 할 수 있다.[29] 법정책학은 법규범의 해석·적용이라는 전통적 법학방법을 뛰어넘어 법규범이 추구하였던 목적을 달성하지 못한 경우 그 원인을 규명하고 대책을 찾아 나서기도 한다. 법정책학은 객관적 법사실의 연구에 머물지 않고, 문제를 실천적으로 해결하려는 처방적 학문이라는 특성을 갖고 있다. 법정책학은 법현상의 경제학적 설명에만 의존하지 않고 전통적인 법학, 법사회학, 법심리학, 입법학 등 다학문적 접근을 필요로 한다. 법정책학은 입법학과 공

---

27) 류지성, 전게서, 33-34면.
28) 홍준형, 「법정책의 이론과 실제」, 법문사, 2008, 4-19면.
29) 상게서, 22-23면.

통부분을 가지고 있지만, 전체로서 법의 정책적 효과, 사회적 법현상의 이론적 규명 등 훨씬 다양한 과제들을 인식과 처방의 대상으로 한다는 점에서 입법학과 차이가 있다.[30]

3) 정책과 법의 접점과 본서의 체계

정책은 사회의 중요문제 해결을 위한 정부의 의사결정 과정으로 보고, 정책결정 → 정책집행 → 정책평가 과정으로 이루어진다고 할 수 있다. 이 세 과정에서 적용되는 법 원리나 쟁점이 무엇인가를 체계적으로 살펴보는 것이 본서의 목적이 된다.

정책과 법이 만나는 첫 번째 접점은 환경변수로 법문화 내지 법치주의이다. 정책은 특정한 시·공(時空)의 환경적 제약 속에서 이루어진다. 폐쇄체제가 아닌 오늘날의 개방체제에서는 환경의 영향을 민감하게 받게 된다. 정책이 이루어지는 과정도 외부환경, 특히 법문화 내지 법치주의 확립 정도에 따라 많은 영향을 받게 된다. 제1장에서 정책과 법의 관계를 개관하는데, 특히 정책이 이루어지는 환경변수로서 한국 통치구조의 이해와 함께 한국 법문화의 특징과 법치주의 확립 문제를 다룬다.

정책과 법이 만나는 두 번째 접점은 지향하는 가치이다. 정책은 사회문제 해결을 목적으로 한다는 점에서 일정한 가치를 지향하는 규범적 성격이 하나의 특징이라고 할 수 있다. 법도 현실을 규제하지만 이상 사회를 지향하는 가치 규범이라 할 수 있다. 요컨대, 정책과 법 모두 공통으로 추구하는 근본적인 가치는 헌법가치로 '인간의 존엄과 가치'이어야 하며, 구체적으로는 헌법에 보장된 핵심적인 인간의 기본권이라 할 수 있다. 본서의 제2장 정책과 법이 추구하는 헌법가치에서 이들 문제를 다룬다.

정책과 법이 만나는 세 번째 접점은 핵심적인 정책결정 과정인 입법과정이다. 국민의 권리와 의무에 관련되는 중요 정책은 국민의 대표자인 국회가 법률의 형식으로 결정하게 된다. 정책학의 주요 주제 중 하나가 정책결정의 참여자이다. 정책결정은 행정부 공무원들이 전문성을 이유로 주도하지만 국민의 권리

---

30) 홍준형, 전게서, 26-37면.

와 의무에 관련되는 주요 정책은 종국적으로 국회에 법률안을 제출하여 심의·의결되어야 하므로 입법부가 핵심적인 정책결정의 참여자가 된다. 입법과정은 '정치' 과정이므로 여·야 정당의 의석분포에 따라 상당한 영향을 받게 된다. 제3장 입법부의 역할과 정책통제 수단에서 국회의 여·야 의석분포와 입법과정의 주요 쟁점들을 다룬다. 국회는 입법기능뿐 아니라 행정부의 정책집행에 대한 다양한 견제 수단도 갖고 있는 바, 재정에 관한 권한, 인사청문회, 국정감사·조사권, 탄핵소추권 등도 제3장에서 다룬다.

정책과 법의 네 번째 접점은 정책집행 과정에서 준수하여야 하는 법 원리이다. 정책집행은 대통령을 수반으로 하는 행정부의 몫이지만 외부의 견제를 받으며, 내부적으로도 준수하여야 하는 일정한 법 원리가 있다. 특히 행정입법의 한계 문제, 그리고 행정처분에서의 재량권 통제문제가 제4장 행정부의 정책집행 수단과 쟁점에서 다루어진다. 공정한 정책집행을 위한 행정절차법의 내용과 문제점, 행정의 투명성을 위한 정보공개의 필요성과 그 문제점들도 분석된다. 그리고 행정작용으로 인한 권익 침해에 대한 행정구제 장치도 언급한다.

정책과 법의 다섯 번째 접점은 정책평가의 성격을 갖는 정책에 대한 사법부의 개입 내지 판단이다. 정책평가는 행정부 내부에서 자체적으로 이루어지기도 하고, 감사원의 회계감사 및 정책감사를 통하여 이루어진다. 그러나 어떤 정책의 집행으로 개인의 권리가 침해된 경우에는 사법부인 법원과 헌법재판소의 심판을 받게 된다. 이런 점에서 사법부도 정책의 동반자라 할 수 있다. 사법부가 정책판단에 관여하는 정도는 사법적극주의와 사법소극주의에 따라 정도가 다르다. 행정부와 사법부의 관계에서 쟁점이 되는 주제는 법관의 독립 내지 재판의 독립, 그리고 위헌법률심판이라 할 수 있다. 이들 문제를 제5장 사법부의 정책관여에서 다룬다. 사법부의 정책관여에 대한 한계 문제도 함께 언급한다.

지금까지 언급한 정책과 법의 접점 다섯 가지를 도식화하면 다음 〈그림 1-1〉과 같다. 이 다섯 가지 접점 주제를 체계적으로 다루는 것이 본서의 제1부이다.

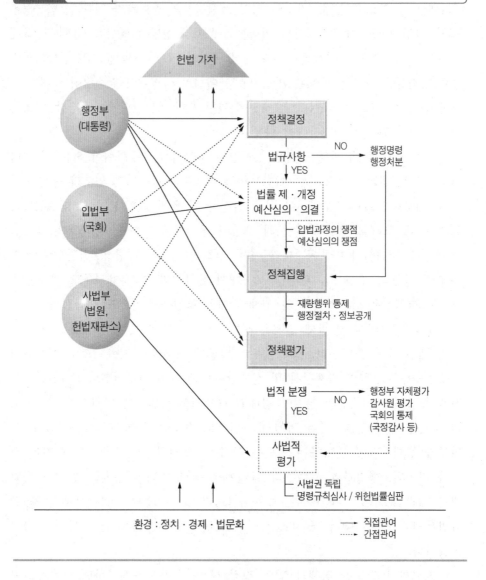

그림 1-1 ○ 정책과 법의 관계도

4) 국내·외의 연구동향

한국의 경우 형식적 의미의 법치주의는 오랜 역사를 갖고 있어 행정에서 법령의 근거가 강조되어 왔으나, 실질적 의미의 법치주의 확립은 최근의 일이므로 이 분야의 관련 연구는 매우 미흡하다. 행정학 분야는 대부분 관리위주의 연구였고 행정법 분야에서는 형식적인 법이론 위주의 연구가 대부분이었다. 서원우와 김남진은 1990년대부터 행정학과 행정법 간의 학제 간 연구가 필요함을 강조한 대표적 초창기 학자였다. 서원우는 '행정학과 행정법학의 대화'를 강조하였고, 김남진은 '관리행정법학의 모색'을 주장하였다.[31] 행정학과 행정법학 간의 학제 간 연구는 큰 진전이 없었지만 최근에 홍준형이 이 분야에 많은 논문을 발표하였고 「법정책의 이론과 실제」라는 학술서도 발행하였다.[32] 그 밖에도 김광선, 김항규도 행정법 연구에서 행정학과의 관계를 강조한 학자이다. 표시열은 행정에서 법적 접근을 소개하면서 행정 내지 정책에서 헌법의 중요성을 강조하였다.[33]

일본의 경우 법정책학이라는 용어가 20여년 전부터 일반적으로 사용되어 왔는데, 히라이 요시오(平井宜雄)는 법정책학을 세 가지 유형으로 개념 정의하고 있다. 하나는 사회정책이나 경제정책처럼 국가가 달성해야 하는 이념과 역할을 제시하고 이를 달성하는 수단을 밝히는 학문으로 정책이라는 특수성보다 개별 정책에 관심을 기울이는 분야이다. 둘째는 미국에서 창시된 정책과학의 학문분야로 정책학을 통일적인 과학으로 발전시키는 학문 분야이다. 경제학이나 관리

---

31) 서원우, "행정법과 행정법학의 대화", 「고시연구」 1997. 4. 고시연구사, 31-46면; 김남진, "관리행정법학의 모색", 「고시연구」 1997. 2. 고시연구사, 12-13면.

32) 홍준형, "공공정책에 대한 사법적 결정의 법이론적 한계(1): 대법원의 새만금사건 판결을 중심으로", 「법제」 제580호, 2006; 같은이, "정책과정에 있어 사법의 역할", 서울행정학회 동계학술대회 발표논문집, 서울행정학회, 2008; 같은이, 「법정책의 이론과 실제」, 법문사, 2008.

33) 표시열, "행정의 효율성 편향에 대한 헌법상의 제한: 행정가치에 대한 관리적 접근에서 헌법적 접근으로", 「한국행정학보」 제28권 제4호, 한국행정학회, 1995, 1141-1155면; 같은이, "행정학과 공법학의 가교를 위한 실천적 과제: 행정과정에서의 적법절차와 정보공개를 중심으로", 「한국행정연구」 제8권 제1호, 한국행정연구원, 1999, 158-178면; 같은이, "행정부의 정책결정 주도에 따른 사법부의 역할 변화와 그 한계: 헌법재판소의 위헌심판을 중심으로", 「헌법학연구」 제11권 제3호, 한국헌법학회, 2005, 571-612면; 같은이, "행정부와 사법부의 관계", 「한국행정60년」 제1권, 법문사, 2008, 424-451면.

학 계보는 정책결정자에 대하여 정책목표와 의거하여야 할 가치를 규명하는 분
야가 있고, 정치학 계보는 정책의 형성과정을 연구하는 데 주된 관심을 갖고 있
다. 셋째는 입법학을 의미한다.[34]

　미국의 경우 행정학과 헌법 내지 행정법이 연계되어 학제적으로 교류되고
연구논문이 발표되는 경우는 많지 않았으나 최근에는 많은 변화가 있다. 행정
내지 정책에 대한 법적 시각을 강조한 대표적인 학자는 미국행정학회 회장을 역
임한 로젠블름(Rosenbloom)교수이다. 그는 「Public Administration: Understanding
Management, Politics, and Law in the Public Sector」[35]에서 행정 내지 정책에
대한 관리적·정치적·법적 시각을 비교 설명하며, 특히 법적 시각을 강조하였다.
로젠블름은 공무원을 위한 헌법 교과서인 「Toward Constitutional Competence:
A Casebook for Public Administrators」[36]를 발행하였으며, 공무원을 위한 쉬운
행정법 교재인 「Administrative Law for Public Managers」[37]도 발행하였다. 그
는 행정 내지 정책에 대한 법적 접근을 구체적으로 체계화한 이 분야의 선도자
라 할 수 있다.

　그 밖에도 최근에 미국행정학회가 발행한 「Public Administration and Law」[38]
는 행정 내지 정책의 법적 측면을 광범위하게 다루고 있다. 정책과 입법부의 관계
에 관한 이론은 David Kozak와 John Macartney가 편집한 「Congress and Public
Policy」[39]에서 다양한 관련 논문을 담고 있다. Michael L. Mezey의 「Congress,
the President, and Public Policy」[40]도 입법부와 대통령의 관계를 잘 분석하고
있다.

---

34) 히라이 요시오(平井宜雄), 「법정책학(法政策學)」, 유비각(有斐閣), 1995: 1-3면. 홍준형, 전게
　서 4-5면. 재인용.

35) David Rosenbloom, *Public Administration: Understanding Management, Politics, and Law
　in the Public Sector*, 2nd ed., New York, McGraw-Hill, 1989.

36) David Rosenbloom, *Toward Constitutional Competence: A Casebook for Public Adminis-
　trators*, Prentice-Hall, Inc., 1990.

37) David Rosenbloom, *Administrative Law for Public Managers*, Westview Press, 2003.

38) Julia Beckett and Hedi Koenig ed., *Public Administration and Law*, M. E. Sharpe, 2005.

39) John Macartney ed. *Congress and Public Policy*, The Dorsey Press, 1982.

40) Michael L. Mezey, *Congress, the President, and Public Policy*, Westview Press, Boulder,
　1989.

4 한국의 법문화

1) 한국 법문화의 일반적 특징

개방체제에서는 환경이 중요시된다. 모든 정책이 효과적으로 집행되기 위하여서는 환경의 영향을 고려하여야 한다. 법, 정치, 경제, 사회 환경 등 많은 환경 중에서 정책은 법문화 환경의 영향을 크게 받는다. 아래에서는 한국 법문화의 특징을 살펴본다.[41] 한국 법문화의 특징은 다음과 같은 네 가지를 들 수 있다. 오랜 유교의 전통으로 법보다는 도덕에 국민들이 친숙하다. 정의나 권리보다 질서와 의무가 더 강조되어 왔다. 형식적 법치주의가 강조되었으며 행정부의 능률을 중시하여 왔다. 억압적인 법체계의 속성이 아직도 많이 남아있다.

첫째, 사람들이 공동생활을 하는데 지켜야 할 대표적인 행위규범이 도덕과 법인 바, 한국사회에서는 법보다는 도덕의 준수가 더 강조되었다. 한국국민이 법보다 도덕에 더 관심을 갖고 있는 배경은 유교문화에 그 근거를 두고 있는 것 같다. 유교에서는 국가가 수치심을 피하려는 개인의 도덕성에 기반을 두고 유지될 수 있다고 보았다. 따라서 유교사회에서는 도덕성이 행위의 제1차적 규범이고, 법은 도덕성을 기대할 수 없는 서민들이나 준수하여야 하는 행위의 제2차적 규범으로 보았다. 이러한 전통은 인(仁)을 강조한 왕도정치 내지는 인치주의(人治主義)로 표현되기도 한다. 그러나 인치주의의 한계는 인간의 자의성 내지 변덕성에 있다. 조선시대의 이러한 도덕 우선 관례는 해방 후 법규범 우선을 내용으로 하는 법치주의를 생활화하는 데 장애요소로 되고 있다고 생각된다. 이러한 지적이 도덕을 경시하자는 것은 아니다. 도덕과 윤리는 법의 밑바탕이 되므로 법문화 발전에서 중요한 역할을 한다. 그러나 법은 도덕의 최소한이므로 우선 법적 의무를 잘 지킬 것이 요구되어야 한다. 사회구성원, 특히 공무원들이 헌법이나 법령만 잘 준수하면 성숙한 민주주의를 구현시킬 수 있을 것이다.

둘째, 한국사회에서는 정의와 개인의 권리보다는 질서와 의무가 더 강조되

---

41) 표시열, 「생활과 법률」, 청목출판사, 2011, 47-56면 참고.

어 왔다. 어느 시대를 막론하고 질서와 정의는 법이 추구하는 양대 이념이다. 그러나 한국사회에서는 그동안 정의보다 질서가 더 강조되어온 것 같다. 유교에서는 개인의 역할에 혼돈이 생길 때 사회에 문제가 생긴다고 보았고 삼강오륜을 통하여 개인의 역할 내지 의무를 강조하였다. 자기가 속한 계층 내에서 자기 역할을 다하라는 강조는 권위주의적 정치풍토를 가져왔고 아직도 의무와 복종이 중요한 덕목으로 여겨지고 있다. 한국사회에서 안정성 내지 안보의 강조는 끊임없는 강대국들의 침략과 남북한의 대립이라는 환경적 영향도 크다 하겠다. 생존이 수시로 위협받는 상황에서 개인은 혈통유지를 위해 남아를 선호하게 되고 국가는 안보와 질서를 강조하게 되었다. 동양에서 질서와 의무가 더 강조된 배경을 자연법칙에의 순응으로 설명하기도 한다.[42]

셋째, 한국에서는 법치주의가 형식적 의미의 법률의 지배로 운영되어 사법부의 인권보장보다 행정부의 능률이 더 강조되고 있다. 또한 한국에서는 법이 빈번히 개정되어 법에 대한 신뢰성이 낮다. 법문화는 법계(legal family)와 밀접한 관련이 있다. 세계의 법계는 대륙법계, 영미법계, 사회주의법계로[43] 분류된다. 대륙법계는 로마·게르만법을 기초로 발전하였으며, 가장 광범위하게 분포되었고 성문법주의를 특징으로 하며 추상적 일반 법규범을 해석하는 법학자들의 역할이 중요시된다. 대륙법계 특히 독일에서는 법치주의가 '법률'에 의한 지배를 의미하였다. 형식적으로 의회에서 제정된 법률이기만 하면 그 내용의 타당성 여부를 묻지 않았으므로 기본권 보장은 장식적이었고 법에 의한 독재도 가능하였다.

반면에 영미법계는 영국에서 형성·발전된 보통법(common law)이 영국식민

---

42) 동양사회에서는 자연 질서에서 발견되는 자연법칙을 그대로 인간관계의 윤리법칙으로 옮겨 놓는 데 그쳤으나, 서양사회에서는 인간의 이성에서 자연법사상의 근거를 찾고 시민혁명을 통하여 천부인권, 자연권, 사회계약론, 법치주의 등의 개념을 확립하였다. 장경학, 「법률춘향전」, 을유문고, 1986, 218면. 반면에 미국에서는 자연권의 개념이 미국독립선언의 철학적 근거였으며 '권리'를 중요시하는 계기가 되었으며 미국인 사고방식의 근원이 되고 있다고 한다. Michael J. Lacey and K. Haakonsen ed. *A Culture of Right,* New York: Cambridge University Press, 1992.
43) 사회주의법계는 원래 로마·게르만법계에 속하며 러시아를 위시하여 공산국가들에 전파된 체계이다. 사회주의법계는 생산수단의 공유화를 내용으로 하므로 사법이 위축되고 공법이 주가 된다. 법규범이 지배계급의 지배수단으로 이용되고 있다. 사회주의 체제의 최근 변화는 실정 법규에도 자본주의적 요소들이 가미되고 있는 것이다.

지 국가들에게 전수된 체계이다. 영미법계는 구체적인 분쟁소송의 해결책을 찾는데 중점을 두고 소송절차·증거절차 등 절차법규를 중요시하였고, 불문법주의를 특징으로 하며 법관의 역할이 중요시된다. 영미법계에서는 법치주의가 법의 지배(rule of law)를 의미하였고, 판례법을 통하여 개인의 인권보장과 자연적 정의에 합당하여야 하는 실질적 법치주의를 일찍부터 확립하였다. 최근에는 대륙법계에서도 실질적 법치주의의 내용인 법의 지배를 강조하고 있으며, 영미법계에서도 형식적 법치주의의 내용인 법률의 지배 내지 성문법 제정을 강화하고 있어 상호 수렴되는 경향이다.

한국의 법계는 대륙법계에 속한다. 독일의 법체계가 일본을 경유하여 한국에 전수되었다. 독일법의 계수는 법치주의의 의미를 '법률의 지배'라는 형식적 이해로 만들었다. 특히 행정부는 법령에 근거를 두기만 하면 법치주의에 충실하다고 생각하였기에 해당 법령의 내용이 상위법령, 특히 헌법가치에 일치하는지 여부의 내용상의 타당성은 검토하지 않았기 때문에 기본권 보장은 허구에 불과하였다. 물론 위헌법률심사제를 도입하여 헌법이념에 적합한 실질적 의미의 법치주의가 확립될 법적 근거는 있었지만 제대로 구현하지 못했다.[44] 이는 독재 정치권력의 영향도 있었지만 형식적 법치주의 전통도 한 요인이라고 생각된다. 대륙법계는 행정부의 능률을 강조하는 행정국가 형태이고, 영미법계는 국가의 능률도 중요하지만 개인의 기본권 보장과 공무원의 봉사정신을 강조하는 사법국가 형태라 할 수 있다. 한국은 전통적인 중앙집권적 정치체제였는데 대륙법계의 영향, 그리고 해방 후 정부주도의 경제발전 추구로 더욱 능률을 강조하는 행정국가 형태를 유지하고 있다.

한국법계는 대륙법계로 성문법주의이다. 성문법은 법의 내용을 비교적 명확하게 하여주고 법체계의 통일성과 법질서의 안정성을 확보해주는 장점이 있으나, 법의 내용이 법조문 형식으로 고정되어 있으므로 사회현실과 거리가 멀어 법 집행에 어려움이 있다. 이러한 이유로 많은 한국의 법령들은 빈번한 개정을 하게 된다. 주로 정치적 이유였지만 한국헌법의 제정 역사가 불과 65년인데 9차

---

44) 건국헌법의 헌법위원회에서 위헌결정이 2건에 불과하였고 1972년의 헌법위원회와 1980년의 헌법위원회는 단 한 건의 위헌법률심사도 하지 않았다.

례나 개정되었으니 하위 법령들의 개정 빈도는 더 말할 필요도 없다. 한국에서
는 법령의 해석을 통한 합리적인 운영보다 문제만 있으면 법령의 개정부터 생
각하는 경향이 있다. 조령모개(朝令暮改)란 말이 생길 정도로 법령의 빈번한 개
정은 성문법의 장점인 법질서의 안정성과 국민의 법에 대한 신뢰감을 실추시키
는 한 요인이 된다.

　　한국에서 성문법령들이 자주 개정되는 것은 법규범의 내용이 현실과 거리
가 먼 이상적인 내용이어서 그 실효성이 없기 때문이기도 하다. 근대 법체계가
완비되지 못한 상태에서 짧은 시일 안에 근대 법체계를 수용할 경우 성문법주
의를 취하게 되는데, 전통적인 법문화 내지 법 인식과 거리가 있게 되고 국가의
재정 상태나 현실은 무시한 이상적인 법 내용이 되어 실효성을 잃게 되며 국민
들은 법, 특히 헌법상의 많은 기본권 보장을 하나의 장식으로 생각하게 된다.
이러한 특징은 법 집행의 엄정성과 형평성의 문제이기도 하지만 법을 위반하고
도 잘못했다고 생각하기보다는 재수가 없어 억울하게 처벌받는다고 생각하게
된다.

　　성문법은 일반·추상적인 표현을 하게 되어 법을 집행하는 공무원들이 해
석에 있어 많은 재량권을 갖게 된다. 특히 오늘날 같이 행정기능이 확대·전문
화됨에 따라 법률이 모든 경우를 예상하여 일의적·확정적으로 규정할 수 없기
때문에 재량권은 불가피하다고 할 것이다. 이러한 재량권이 한계를 일탈하거나
남용되는 경우가 많으며 공무원의 부정부패와 연계될 가능성이 크다는 것이 문
제이다. 재량행위에 대한 통제방안이 법치국가적 요청과 행정국가적인 요청 간
의 조화 차원에서 강구되어야 할 것이다.

　　넷째, 한국법령에는 아직도 억압적인 요소가 남아 있다. 근대 자유민주주의
의 특징 중 하나는 한 나라의 법체계가 억압적인 법체계(repressive law)에서 자율
적인 법체계(autonomous law)로 발전하는 것이다.[45] 억압적인 법체계에서는 법이
피치자의 이해를 무시하는 관리본위의 통치수단으로 쓰인다. 그러나 자율적인
법체계에서는 법이 정치로부터 분리되는 엄격한 '법의 지배'를 특징으로 하며,

---

45) Phillippe Nonet and Phillip Selznick, *Law and Society in Transition: Toward Responsive Law*, New York: Harper and Row Publishers.

특히 법의 핵심을 절차에 두고 절차의 공정성을 강조한다. 영미법계에서는 일찍이 적법절차(due process of law)의 원리를 통하여 이러한 절차적 공정성을 법적으로 제도화하였다.

　한국의 법은 억압적인 법체계의 요소를 아직 많이 가지고 있다. 억압적인 법의 특징은 법의 정치권력에의 종속현상이다. 법은 권력을 강화하고 그에 권위를 부여한다. 그동안 한국의 법은 정치권력, 특히 대통령의 권력에 직접적인 영향을 받아왔다. 사법부 내지 법관의 독립을 통하여 법이 권력에 대립하여 국민의 자유와 권리를 수호하지 못한 것이다. 이러한 현상은 국민들이 법을 자기의 권리를 지켜주는 수단으로 보기보다는 탄압의 수단으로 생각하는 '법에 대한 불신'으로 나타난다. 이러한 법에 대한 불신은 일본제국주의의 식민지 지배를 경험하면서 더욱 커졌다.[46]

　억압적인 법체계는 관리본위의 법을 특징으로 한다. 행정부 공무원들에게 전문능력을 이유로 폭넓은 재량권을 부여하는 법률은 행정부 공무원들의 실질적인 입법을 가능하게 한다. 국민들의 법에 대한 접근이나 요구는 정부의 과중한 부담이나 불필요한 자원낭비방지 등의 이유로 제한된다. 관존민비(官尊民卑)라는 오랜 악습이 법 제정에서 운영과정까지 국민들의 참여와 접근을 막아 왔다. 관존민비의 악습과 1960년 이후의 정부주도의 개발행정은 한국을 행정규제의 왕국으로 만들었다. 민간부문에 대한 공공부문의 통제를 의미하는 행정규제는 국제경쟁력 강화가 당면과제인 오늘날의 국제화시대에서는 최소화되어야 한다. 새로운 정책 방향으로 '탈규제'가 강조되고 있다.

2) 한국 법문화의 변화 방향 : 법치주의의 확립

　민주주의는 법적 측면에서 볼 때 법치주의의 확립이라 할 수 있다. 보다 나은 법제도의 설계와 운영은 민주주의의 발전 내지 성숙을 촉진한다. 법제도의 설계와 운영은 직·간접적으로 그 나라의 오랜 법문화의 영향을 받는다. 우리나라는 해방 후 서구의 법치주의 도입으로 전통적인 법문화와 많은 갈등을 겪었

---

46) 령목경부, 「법을 통한 조선식민지 지배: 식민지통치법에 의한 민족교육과 독립사상의 탄압」, 고려대학교 박사학위논문, 1988.

다. 이제는 성숙한 실질적 법치주의를 구현할 때라고 할 수 있다.[47]

앞에서 지적된 한국 법문화의 일반적 특징에서 다음과 같은 법문화 변화의 방향을 도출할 수 있다. 첫째, 도덕도 중요시되어야 하지만 국민들에게 특히 공무원에게는 도덕의 최소 요구인 법적 의무를 철저히 준수하도록 하여 법의 실효성을 높여야 한다. 둘째, 질서 내지 의무도 중요한 법의 목적이지만, 정의와 권리가 강조되고 존중되어야 한다. 민주주의는 권리와 의무의 쌍무적 관계를 특징으로 한다. 셋째, 형식적 법치주의를 지양하여 실질적 법치주의 내지 법의 지배를 구현하여야 한다. 사법부의 실질적 독립과 진보적 판결이 요구된다. 지금까지 추구해 온 능률위주의 행정국가보다는 개인의 권리를 보호하는 사법국가를 지향하여야 한다. 또한 법령 제정 시 현실과 거리가 먼 실효성 없는 법을 만들지 말고, 일단 제정되었으면 반드시 준수하도록 집행하고, 불가피한 경우가 아니면 가능한 한 빈번한 법령 개정을 억제하여야 한다. 넷째, 억압적인 법체제를 청산하고 자율적인 또는 응답적(應答的)인 법체계를 지향하여야 한다. 법이 정치 내지 권력으로부터 분리되어야 하는 바 사법부의 독립이 필수적이다. 준칙 (rule)에 따라 공무원의 권한범위와 권한행사의 기준이 명확하여야 하고, 적어도 적법절차의 원리가 행정과정에서 적극 활용되어야 한다. 행정편의 위주의 많은 행정규제가 대폭 축소되어야 하며, 법제정 및 운영과정에 국민의 접근이 용이하도록 행정과정이 개방되어야 한다. 정보공개법의 정착은 물론 회의공개법도 제정되어 행정의 투명성이 보장되어야 한다.

법문화의 변화는 한 나라의 언어와 마찬가지로 오랜 시간을 요구한다. 법치국가의 실현을 가능하게 하기 위한 전제조건으로 정치적·사회적 평화가 구축되어야 하고, 경제여건이 어느 정도 충족되어야 한다. 이러한 조건의 충족을 위하여 국가의 적극적인 활동이 필요하다. 국민의 기본권보장을 위한 적극적인 입법의무, 국민의 복지를 위한 적극적인 행정의무, 국민의 권리보호를 위한 사법제도의 구축의무 등은 법치국가실현을 위하여 국가가 해야 할 헌법상의 책무이다. 물론 국가의 의무이행을 감시하고 스스로 법을 준수하는 국민의 준법의지는

---

47) 김효전, "법치주의와 민주주의", 「공법연구」 제29집 제4호, 한국공법학회, 2011; 김동희, "한국의 법치주의에 대한 일고", 「공법연구」 제29집 제4호, 한국공법학회, 2011.

가장 중요한 법치국가실현의 기초이다.[48] 법 영역에 종사하는 법 전문가들의 개혁노력은 물론 국민 모두가 앞서 지적된 내용 등을 가정, 학교, 사회, 정부 모든 영역에서 작은 일부터 실천하는 것이 그 출발점이다. 예컨대 아이들과 길 건널 때 신호등을 지키는 등 모든 부문에서 준법교육이 강조되어야 한다.[49]

한국의 법문화에 대하여 부정적인 면이 강조된 측면이 있으나, 한국의 전통적인 법문화에는 긍정적인 측면도 많이 있다. 조선시대의 사간원의 역할과 독대 제도는 중요 정책결정에 있어서 이견을 존중하는 전통이었고, 정치지도자들에 대한 높은 수준의 도덕률 기대는 법 준수의 바탕이 된다. 전통적으로 강조해 온 '충·효'의 의미는 맹목적이고 권위주의적인 복종이 아니라 '충'은 헌법가치에 대한 충성으로 '효'는 바른 삶에 대한 조상의 기대에 반하지 않는 행위를 하는 것으로 해석할 때 민주주의에 긍정적인 전통문화가 된다. 특히 우리의 전통문화에 대한 새로운 민주주의적 시각의 연구가 필요하다. 서구의 개인주의가 오늘날 '가정의 파괴' 조짐으로 나타나 사회적 쟁점이 되고 있으며, 지나치게 소송에 의존하는 미국인들의 법적 다툼도 사회적 문제가 되고 있음은 우리에게 서구문화에 대한 맹목적인 수용을 경고하고 있다. 동·서양의 법률문화와 제도를 합목적적으로 조화시키는 지혜가 필요한 시점이다.

---

48) 김상겸, "법치국가실현을 위한 국가의 적극적 의무",「공법연구」제38집 제1-1호, 한국공법학회, 2009.

49) 우리나라 대학생들에게 만약 네가 경찰관인데 아주 친한 친구가 현상 수배범임을 알았을 때 어떻게 할 것이냐고 질문한다면 즉시 체포한다는 응답은 소수이고, 상당수가 자수하도록 권유하거나 범인이라는 것을 모르는 척 한다고 한다. 이는 한국의 문화가 정(情)의 문화임을 암시하는 것이다. 아무리 친한 친구라도 범인이면 일단 체포하고 사적으로 도울 수 있는 것은 최대한 돕는다는 공선사후(公先私後)의 준법교육이 시급하다.

토론 주제

1. 정책의 개념요소는 무엇이며, 어떤 연구방법이 있는가?

2. 법이란 무엇인가? 법이 추구하는 질서 선호의 철학적 배경은 무엇이며, 정의의 구체적 내용은 무엇인가? 한국의 행정에서 질서와 정의는 어떻게 구현되고 있는가?

3. 정책과 법의 공통적인 접점 내지 연결고리는 무엇인가?

4. 행정 또는 정책연구에서 관리적, 정치적, 법적 접근방법은 추구하는 이념, 조직 형태, 개인에 대한 태도, 학문 인식수단에서 어떤 차이가 있는가? 한국행정 또는 정책과정에서는 주로 어떤 접근방법이 강조되고 있는가?

5. 한국 법문화의 특징은 무엇이며, 법치주의 확립의 과제는 무엇인가? 한국의 행정 내지 정책과정에서 공선사후(公先私後)의 준법정신을 실천할 수 있는 구체적 방안에는 어떤 것이 있는가?

정책과 법이 추구하는 헌법가치 ≪≪ 제2장

정책과 법은 모두 규범이라는 성질 때문에 일정한 가치를 지향한다고 할 수 있다. 본장에서는 첫째, 정책과 법이 추구하는 공통가치로 헌법의 핵심가치인 '인간의 존엄과 가치'의 구체적인 내용을 분석한다. 둘째, 한국헌법의 기본원리를 소개한다. 그리고 공무원에게 특별히 요청되는 '국민 전체에 대한 봉사와 책임'원리도 언급한다. 셋째, 인간의 존엄과 가치를 구체화한 핵심 기본권의 내용을 다룬다. 기본권은 종류가 매우 다양하고 많아 이곳에서는 가장 핵심적인 기본권으로 평등권, 신체의 자유와 적법절차, 표현의 자유만 다룬다. 넷째, 행정부가 정책을 통하여 추구하는 효율성과 헌법가치가 충돌되는 경우 어떻게 조정되는가 하는 문제를 기본권 제한의 원리로 설명하고 구체적인 판례도 예시한다.

1 인간의 존엄과 가치

인간의 존엄과 가치의 구체적인 내용과 관련 판례를 살펴본다.[1]

---

1) 표시열, 「교육법: 이론·정책·판례」, 박영사, 2008, 3-6면.

1) 인간의 존엄과 가치의 내용

민주주의는 모든 국민으로 하여금 인간으로서의 존엄과 가치를 누리며, 각자의 행복을 추구할 수 있도록 하는 제도이다. 우리나라는 해방 직후 법치주의를 표방하고 나라의 기본법인 헌법을 제정하였다. 이는 단순히 법규에 의하여 나라를 통치한다는 형식적 의미의 법치주의가 아니고, 인간의 존엄과 가치의 실현을 목적으로 하는 실질적 의미의 법치주의를 의미한다. 따라서 한국헌법은 "모든 국민은 인간으로서의 존엄과 가치를 가지며, 행복을 추구할 권리를 가진다."고 규정하고 있다(동법 제10조).

공무원은 물론 국민 모두가 인간의 존엄과 가치는 무슨 의미이며, 왜 헌법의 가장 핵심적인 기본가치인가를 이해하고 생활화하여야 한다. 인간의 존엄과 가치는 인간이 고유한 가치의 주체로서 인정되는 존귀함, 즉 하나의 인격주체성을 갖는다는 의미로 해석된다. 인격주체성이란 인간을 비인격체인 자연과 구별하여 자기 자신을 의식하고 자기 자신의 결단에 의하여 스스로를 규정하며 자신과 주변세계를 형성할 수 있는 능력을 뜻한다.[2]

칸트(Kant)에 의하면 각 인간이 지니는 인간의 존엄성으로부터 자기 자신에 대한 존중의무와 타인에 대한 존중의무가 도출되고, 그것이 개인윤리와 사회윤리의 바탕이 된다고 한다. 자기 자신에 대한 존중의무는 자기보존 의무와 자기발전 의무를 내용으로 한다. 자기보존 의무는 "너 자신을 자연이 창조한대로 완전하게 보존하라."는 것이고, 자기발전 의무는 "너 자신을 자연이 창조한 것보다 더 완전하게 만들라."는 것이다.

오늘날 같이 안전사고가 빈발하는 사회구조와 오염된 환경 속에서 자신의 건강을 온전히 보존하고 발전시켜 나간다는 것은 쉬운 일이 아니다. 자기보존 의무는 헌법에 신체의 자유, 재산권 보장, 직업선택의 자유 등으로 보장된다. 또한 자기발전 의무는 헌법에 양심의 자유, 학문·예술의 자유, 표현의 자유, 교육을 받을 권리 등으로 보장된다.

---

2) Maunz-Dürig-Herzog-Scholz, aao., Rdnr. 18zu Art. 1: Wintri·J., Grundrechte, ss. 6.15. 권영성, 「헌법학원론」, 법문사, 2007, 324면 재인용.

한편 인간은 자기 자신의 권리를 존중해야 하는 것과 같이, 타인의 권리도 존중해야 한다. 타인의 인권을 존중하는 것은 동시에 그 타인으로부터 자기의 인권을 존중받는다는 것을 뜻하기 때문이다. 따라서 인간은 결코 타인의 목적을 위한 단순한 수단으로 전락되어서는 안 되고, 인간 상호관계에 있어서 항상 목적 자체로서 존중되어야 한다는 것이다. 이러한 '상호존중의 원칙'이 인간질서에서 있어야 할 제1의 존재양식이 된다.[3] 밀(Mill)도 진정한 의미의 자유란 타인의 권리와 타인이 행복해지려는 노력을 방해하지 않는 한도 내에서, 자기가 하고 싶은 대로 자기 행복을 추구하는 것으로 정의하여 타인에 대한 존중의무를 지적하고 있다.[4]

민주주의가 궁극적인 목표로 하고 있는 인간의 존엄과 가치는 개개 인간이 하나의 인격적 주체로서 자기보존과 자기발전 의무를 지는 것을 내용으로 한다. 또한 인간의 존엄과 가치는 타인에 대한 의무로서 타인의 자기완성을 방해하여서는 안 된다는 의무도 동시에 내포하게 된다. 따라서 인간의 존엄과 가치는 국가윤리의 기본 바탕이며 헌법정신의 핵심을 이룬다.

최근에 독일의 요나스(Jonas)는 환경파괴 위험과 관련하여 자연환경 보존의무를 강조하고 있다. 요나스는 윤리의 대상을 인간과 인간의 관계에서 자연으로 확장시켜 환경윤리를 확립하였다. 즉, 인간이 과학기술을 통하여 자연을 지배하고 이용하되 자연을 파괴하여서는 안 된다는 것이다. 자연은 우리 인간에게 단순한 도구가 아니라 인간과 공생·공존 관계에 있어야 할 존재이다. 자연과 인간은 분리되어 있는 존재가 아니라 불가분리의 생태학적 유기체로 묶여있다. 자연은 인간 없이도 살아남겠지만 인간은 자연 없이는 살아남을 수 없으므로 유기체적 관계의 종속성은 오히려 인간 쪽에 있다. 자연은 인간이 마음대로 처분할 수 있는 대상적 존재가 아니라 더불어 사는 존재이다. 자연을 파괴할 경우에는 환경윤리 위반에서 나오는 책임, 즉 후손들의 삶의 가능성에 대한 책임을 져야한다. 따라서 행위의 결과가 지구상의 미래의 후손들의 삶에 대한 가능성을 파괴하지 않도록 행위하여야 하며, 국가는 미래세대의 후손들을 위한 입법을 통

3) 심재우, "인간존엄의 법리와 국가윤리", 「현대사회와 전통윤리」, 고려대학교 민족 문제연구소, 352-355면.
4) J. Mill, C. Shilelds ed. *On Liberty*, Indianapolis: Bobbs-Merill, 1956, p. 16.

하여 자연적 삶의 터전을 보호할 책임이 있다.[5]

2) 인간의 존엄과 가치에 관련된 주요 쟁점

인간의 존엄과 가치에 직접 관련되는 가장 대표적인 쟁점은 사형제도이다.[6] 헌법재판소는 생명권의 절대적 가치를 인정하면서도, 생명권의 완전한 박탈인 사형제도는 비례의 원칙에 따라 최소한 동등한 가치가 있는 다른 생명 또는 그와 같은 비중의 공공의 이익을 보호하기 위해 불가피성이 충족되는 예외적인 경우에만 적용되는 한, 그것이 비록 생명을 빼앗는 형벌이라 하더라도 헌법 제10조 인간의 존엄과 가치, 헌법 제37조 제2항 단서인 기본권의 본질적인 내용에 대한 침해에 위반되는 것으로 볼 수 없다고 합헌 결정한 바 있다.[7]

반대의견을 낸 김진우 재판관은 입법자가 인간의 존엄성을 유린한 악법을 제정하여 국민의 생명과 자유를 박탈 내지 제한하는 것이나, 사형과 같은 잔인하고 비인간적인 형벌제도를 채택하는 것은 헌법 제10조 인간의 존엄과 가치에 반한다는 의견을 제시하였다. 또 그는 사형제도가 법률규정에 따라 사형을 언도하여야 하는 법관과 직무상 어쩔 수 없이 사형을 집행하는 자의 양심의 자유도 침해한다고 주장하였다. 조승형 재판관도 사형제도가 생명권의 본질적 내용을 침해하는 생명권의 제한이므로 헌법 제37조 제2항 단서에 위반된다고 반대의견을 제시하였다. 그는 사형은 형벌의 목적인 범죄의 예방과 범죄인의 개선이라는 목적달성에 필요한 정도를 넘은 것으로 목적의 정당성, 수단의 적정성, 피해의 최소성 등 기본권 제한의 제 원칙에도 반한다고 주장하였다.[8]

헌법상의 인간의 존엄과 가치에 직접 관련되는 주요 쟁점에는 사형제도 이

---

5) 심재우, "환경윤리와 책임의 원칙." 고대법대소식 제23호, 2001. 7.

6) 사형제도의 찬반과 관련된 논문에는 김상겸, "생명권과 사형제도 — 사형제도 존치론을 중심으로 —", (「헌법학연구」 제10권 제2호, 한국헌법학회, 2004, 221−261면); 김선택, "사형제도의 헌법적 문제점−사형의 위헌성과 대체형벌", (「고려법학」 제44호, 고려대학교 법학연구원, 2005, 141−172면) 등이 있다.

7) 헌법재판소는 최근 헌재 2010. 2. 25. 2007헌바34 결정을 통해 다시 한 번 사형제도가 헌법에 위배되지 아니한다고 판결하였다.

8) 이상의 헌법재판소의 입장과 반대의견은 헌재 1996. 11. 28. 95헌바1.

외에도 낙태,9) 안락사,10) 학살, 고문, 인간의 생체실험, 잔인하고 가혹한 형벌, 유전자 정보의 악용, 인간의 복제,11) 성적 착취 등이 있다. 「생명 윤리 및 안전에 관한 법률」은 인간을 복제하기 위하여 체세포복제배아를 자궁에 착상·유지 또는 출산하는 행위를 금지하고 있으며, 희귀·난치병 등의 질병치료를 위한 연구목적 외에는 체세포 핵의 이식행위를 금지하고 있다(동법 제11조, 제22조). 헌법재판소는 성적 착취를 목적으로 인간의 자유의지에 반하여 인간의 몸을 상품화하여 매매하는 것은 한 인간의 인격적 가치를 파괴하는 것으로 어떠한 경우에도 허용될 수 없는 인간의 존엄과 가치에 반하는 행위라는 점에서 그 죄질이 매우 무겁고, 그 근절을 위하여 엄벌할 필요성이 인정되며, 따라서 「특정범죄 가중처벌 등에 관한 법률」 제5조의2 제4항(형법 제288조 제2항의 추행 등 목적 약취, 유인죄)의 법정형이 범죄의 죄질 및 행위자의 책임에 비하여 지나치게 가혹하다고 보기 어렵다고 판결한 바 있다.12)

---

9) 낙태와 관련된 논문에는 김형남, "미국 헌법상 낙태 및 태아의 생명권에 대한 논의와 판례 분석", (「미국헌법연구」 제16권 제1호, 미국헌법학회, 2005, 201-228면); 도회근, "낙태에 관한 헌법이론적 연구 ─ 미국 헌법학계의 논의를 중심으로", (「헌법학연구」 제3권, 한국헌법학회, 1997, 535-553면); 임웅, "낙태죄의 비범죄화에 관한 연구", (「성균관법학」 제17권 제2호, 성균관대학교 비교법연구소, 2005, 371-391면); 지규철, "미국과 독일의 낙태판결에 관한 비교법적 고찰", (「공법학연구」 제9권 제1호, 한국비교공법학회, 2008, 85-109면); 최희경, "낙태절차규제의 위헌성여부에 관한 연구", (「헌법학연구」 제13권 제3호, 한국헌법학회, 2007, 581-611면) 등이 있다. 한편 법여성학의 관점에서 낙태 문제를 다루고 있는 문헌으로는 양현아, "여성 낙태권의 필요성과 그 함의", (「한국여성학」 제21권 제1호, 한국여성학회, 2005, 5-39면)가 있다.

10) 지난 2009년 이른바 '김할머니 사건'과 이에 대한 대법원의 결정으로 안락사에 관한 논의가 법학계는 물론 시민사회에서 활발하게 이루어진 바 있다. 이 대법원 결정에 대한 판례평석으로는 이준일, "대법원의 존엄사 인정(대판 2009다17417)과 인간의 존엄 및 생명권", (「고시계」 통권 제629호(2009년 7월호), 고시계사, 2009, 92-102면)이 있다.

11) 인간복제와 관련된 논문에는 김명제, "인간복제와 존엄성", (「공법연구」 제30집 제1호, 한국공법학회, 2001, 73-97면); 같은이, "배아연구의 법적 규제의 헌법적 문제", (「공법연구」 제34집 제3호, 한국공법학회, 2006, 203-223면); 김형성, "생명공학의 헌법적 가능성과 한계", (「공법연구」 제32집 제1호, 한국공법학회, 2003, 263-291면); 민병로, "인간의 존엄과 미출생 생명의 헌법상 지위", (「공법연구」 제35집 제3호, 한국공법학회, 2007, 57-80면); 박선영, "생명과학기술의 발전과 인간의 존엄", (「미국헌법연구」 제17권 제2호, 미국헌법학회, 2006, 165-213면); 서계원, "생명윤리법상 생명권과 인간배아복제의 문제", (「세계헌법연구」 제10호, 국제헌법학회 한국학회, 2004, 113-144면); 이준일, "생명복제와 기본권", (「고려법학」 제42호, 고려대학교 법학연구원, 2004, 123-141면); 조홍석, "생명복제와 인간의 존엄", (「공법연구」 제30집 제1호, 한국공법학회, 2001, 23-45면); 이부하, "인간의 존엄에 관한 논의와 개별적 문제로의 적용", (헌법학연구 제15권 제2호, 한국헌법학회, 2009. 9, 378-389면) 등이 있다.

12) 헌재 2006. 5. 25. 2005헌바4.

독일의 경우에는 교도소에서의 과밀수용, 은밀한 녹음, 타인의 성명도용, 명예훼손, 수형자의 인물과 죄상(罪狀) 및 그 사생활의 공개까지도 인간의 존엄성을 침해한 것이라고 판결한 바 있다.[13)

2 한국헌법의 기본원리

한국헌법의 기본원리와 민주적 공무원제도의 핵심인 공무원의 국민전체에 대한 봉사와 책임을 살펴본다.[14)

1) 한국헌법의 기본원리

헌법의 기본원리란 헌법의 이념적 기초로 헌법을 총체적으로 지배하는 지도 원리이다. 헌법의 기본원리는 헌법과 모든 법령의 해석기준이 되며, 입법권의 한계가 된다. 또 국민과 국가기관이 준수해야 할 최고의 가치규범으로 헌법개정의 한계도 된다. 한국헌법의 기본원리라 할 수 있는 민주주의, 사회적 시장경제주의, 문화주의, 그리고 평화주의에 관하여 간단히 살펴본다.[15)

가. 민주주의

민주주의 어원은 평민(demos) + 지배하다(cratia)로 평민이 지배하는 정치체제이다. 민주주의 내지 민주적 기본질서는 인간의 존엄과 가치를 구현하기 위하여 자유와 평등을 핵심이념으로 한다. 자유를 강조할 때 자유민주주의, 평등을 강

---

13) 권영성, 전게서, 378면.
14) 표시열, 전게서, 52-63면, 일부 보완한 것임.
15) 헌법학계에서 헌법의 원리로서 논의되는 것들에는 보충성의 원리, 비례의 원칙, 헌법의 통일성, 실제적 조화의 원칙, 기능적 적정성의 원칙, 합헌적 법률해석의 원칙, 이중기준의 원칙, 명백하고 현존하는 위험의 원칙, 막연하기 때문에 무효의 원칙, 이익형량의 원칙, 권력분립의 원리, 조세법률주의, 행정의 합법률성원칙, 사법부 독립의 요청 등이 있다. 그러나 이러한 헌법 원리들은 특정의 개별영역에 국한되어 논의되는 측면이 크다. 따라서 헌법의 여러 영역에 작용하여 헌법전체의 구조와 성격에 커다란 영향을 미치면서 이러한 헌법원리들을 개념상 포섭할 수 있는 헌법원리들을 상정하여 헌법의 기본원리라 일컬으며 민주주의, 사회적 시장경제주의, 문화주의, 평화주의 등이 대체로 공통적으로 논의되고 있다. 장영수, 「헌법학」, 홍문사, 2006, 140-143면.

조할 때 사회민주주의라고 한다.[16] 민주주의의 실천정도를 알 수 있는 주요지표는 개개인의 다양성 인정, 자유 내지 자율 또는 자기표현과 자기주장의 보장, 의사결정에의 참여,[17] 갈등의 조정과 타협, 다수결 원리의 실천 등이다.

민주주의는 제도적으로 확립되는 바, 국민주권의 원리, 기본권 보장과 권력분립주의, 법치주의, 사법권의 독립 등이 민주주의의 주요제도이다. 국민주권주의는 의회주의와 지방자치제, 그리고 정당의 발전을 통하여 구현되고 있다. 법치주의는 법률의 지배를 강조하는 형식적 법치주의와 법의 지배를 강조하는 실질적 법치주의가 있다. 위헌법률심사제도가 실질적 법치주의를 확립하는 중요 수단이 된다.

나. 사회적 시장경제주의[18]

민주주의가 정치적 공동체로서의 한국헌법의 원리라면 사회적 시장경제주의 또는 복지국가의 원리는 경제적 공동체로서의 한국헌법의 원리이다. 근대 시민적 법치국가에서는 자본주의의 발전과 함께 국민의 자유와 권리를 보장하기 위하여 자유 시장경제질서를 기반으로 하였다. 자유 시장경제주의는 계약자유를 내용으로 한 사적자치의 원리와 개인의 재산권 보장이 중심내용이었다. 그러나 자본주의의 발전과 더불어 부의 편재와 경쟁위주의 황금만능주의 등의 부작용이 생겨 경제에 대한 국가의 규제와 조정이 불가피하게 되었다. 헌법 제119조에서 사회적 시장경제원칙을 선언하고 있다.[19]

헌법 제23조의 재산권 보장과 제15조의 직업선택의 자유가 시장경제주의 실천의 핵심 내용이고, 제120조에서 제127조까지가 국가의 규제와 조정을 내용

---

16) Demos의 어원이 분배(daio)에서 유래한 바, 민주주의 개념에 평등도 포함된다.
17) 루소(Rousseau)는 참여적 민주주의라는 저서에서 정치과정에 국민의 참여는 직접적인 경험이 되어 정치능력을 키우는 핵심수단이라고 지적하여 참여를 강조하였다.
18) 사회적 시장경제질서에 관한 논문에는 이부하, "헌법상 경제질서와 재산권 보장", (「공법학연구」 제7권 제3호, 한국비교공법학회, 2006, 23-46면); 김문현, "헌법상 경제질서의 성격", (「고시연구」 통권 제311호, 고시연구사, 2000. 2., 84-95면); 한수웅, "한국헌법상의 경제질서", (「공법학의 현대적 지평」, 박영사, 1995, 173-196면) 등이 있다.
19) 헌법 제119조 ① 대한민국의 경제질서는 개인과 기업의 경제상의 자유와 창의를 존중함을 기본으로 한다. ② 국가는 균형있는 국민경제의 성장 및 안정과 적정한 소득의 분배를 유지하고, 시장의 지배와 경제력의 남용을 방지하며, 경제주체 간의 조화를 통한 경제의 민주화를 위하여 경제에 관한 규제와 조정을 할 수 있다.

으로 하는 사회주의 경제 원리의 실천규범이다.

다. 문화주의

문화주의 내지 문화국가주의라 함은 국가로부터 문화 활동의 자유가 보장되고 문화가 국가로부터 보호·지원되는 원리이다.[20] 20세기에 들어와 문화가 경제에 종속되며, 계층 간의 문화에 불평등이 생기고, 제3세계의 문화가 선진국 문화에 종속되는 현상이 나타나자 문화주의의 중요성이 강조되고 있다.[21]

문화국가의 원리는 1966년에 유엔의 「경제적·사회적 및 문화적 권리에 관한 국제규약」을 통하여 문화적 권리의 보편성이 선언되었으며, 각국의 헌법에서 명문화되었다. 우리 헌법에서도 전문(前文)에 전통문화의 계승, 민족문화의 창달, 평생교육의 진흥을 명기하고 있다. 헌법 제34조의 '인간다운 생활'의 보장 규정이 문화주의의 이념적 규정이며, 학문과 예술의 자유를 포함한 헌법상의 제 정신적 자유권과 교육을 받을 권리가 그 구체적 내용이다.

백범은 「백범일지」의 '내가 원하는 우리나라'에서 다음과 같이 문화를 강조하고 있다.

"나는 우리나라가 세계에서 가장 아름다운 나라가 되기를 원한다. 가장 부강한 나라가 되기를 원하는 것은 아니다. 우리의 부력은 우리의 생활을 풍족히 할 만하고, 우리의 강력은 남의 침략을 막을만하면 족하다. 오직 한없이 가지고 싶은 것은 높은 문화의 힘이다. 문화의 힘은 우리자신을 행복하게 하고 나아가서 남에게 행복을 주겠기 때문이다. 인류가 현재에 불행한 근본이유는 인의가 부족하고 사랑이 부족하기 때문이다. 이 정신을 배양하는 것은 오직 문화뿐이다. 나는 우리나라가 이러한 높고 새로운 문화의 근원이 되고 목표가 되고 모범

---

20) 다른 헌법의 기본원리에 비해 상대적으로 최근에 조명을 받기 시작한 문화국가의 개념에 대한 학문적 논의는 Huber가 언급한 문화국가 개념으로부터 지대한 영향을 받은 것으로 평가되고 있다. Huber는 문화와 국가의 상호관계를 중심으로 문화국가 개념의 의미를 분석하여, 1) 문화의 국가적 자유, 2) 문화에의 국가적 기여, 3)국가의 문화형성력, 4)문화현상으로서의 국가 등으로 나누어 설명하고 있다. 오세탁·김수갑, "문화국가의 개념과 과제", 「법학연구」 제4권 제1호, 충북대학교 법과대학 법학연구소, 1992, 17-23면. 문화국가주의에 대한 논문에는 김수갑, "한국헌법에서의 '문화국가' 조항의 법적 성격과 의의", (「공법연구」 제32집 제3호, 한국공법학회, 2004, 179-197면)이 있다.

21) 문화와 국가의 관계에 관한 논문에는 전광석, "헌법과 문화", (「공법연구」 제17집, 한국공법학회, 1990, 161-178면)이 있다.

이 되기를 원한다. 홍익인간이라는 우리 국조 단군의 이상이 바로 이것이라고 믿는다."[22]

칠십 평생을 한결같은 마음으로 나라사랑에 모든 것을 바쳤던 민족주의자 백범 김구, 그는 우리 민족 모두가 인의와 사랑을 나누는 참다운 문화민족으로서 세계의 모범이 되기를 열망하였던 것이다.

라. 평화주의

평화주의 내지 국제질서 존중주의는 우리나라 대외정책의 기본원리이다. 양차 세계대전을 경험하고 또 오늘날의 지구촌 시대를 맞아 대부분의 나라에서 헌법에 평화주의 내지 국제질서 존중주의를 선언하고 있다.

우리 헌법도 제5조에서 국제평화유지에 노력하며 침략전쟁을 부인하는 평화주의를 천명하고 있는 바, 이 원리는 한반도의 통일에도 적용된다. 또 헌법 제6조 제1항에서는 헌법에 의하여 체결·공포된 조약과 일반적으로 승인된 국제법규는 국내 법률과 동일한 효력을 가진다고 국제질서 존중주의를 선언하고 있다. 조약이 유효하게 성립하기 위하여서는 문서에 의한 국가 간의 진정한 합의가 이루어지고, 일정한 절차를 거쳐 체결되어야 한다. 헌법 제60조 제1항에 규정된 국민의 권리·의무에 관련되는 일정한 사항은 조약의 체결·비준 전에 국회의 동의를 요한다. 외국인의 법적 지위에 관하여서 우리 헌법 제6조 제2항은 상호주의 원칙을 채택하고 있다.

2) 공무원의 국민전체에 대한 봉사와 책임

우리나라 헌법은 민주적 공무원제도의 원칙규범으로 '공무원은 국민 전체에 대한 봉사자'임을 명시하고 있다(헌법 제7조 제1항 전단). 국민 전체에 대한 봉사자란 특정인이나 특정 정당·종교·지역·계층 등의 부분적 이익을 지양하고 공공복리를 추구해야 한다는 의미이다. 공공이익 또는 공공복리 개념을 어떻게 정의하고 추구하는가 하는 문제는 매우 어려운 과제이다. 공공이익 또는 공공복리의 개념을 일의적으로 정의하기는 어렵다. 스탈(Stahl)은 다음과 같이 공무원의

---

22) 김구, 「백범일지」, 김신 편, 백범김구선생기념사업회, 1971.

공익 추구 자세를 설명하고 있다. 첫째, 공무원은 자기 앞에 나타난 특정인 또는 특정 단체만을 만족시켜 주려는 유혹을 벗어나 자기 앞에 나타나지 않은 반대적인 이해관계인, 나아가 국민 전체의 이익과 장기적 효과를 생각하여야 한다. 어떤 정책결정을 최종적으로 하기 전에 "내가 만약 공개적으로 비평을 받더라도 지금과 같은 방법으로 지금과 같은 내용의 결정을 했어야 했다고 생각하는가?"를 자문해봄도 도움이 된다. 둘째, 공무원은 민주적 동의절차를 존중해야 한다. 공무원들은 일단 자리를 차지하고 나면 자기권한을 지키는 데 급급하여 자기가 하는 일에 입법자나 시민이 어떤 이해관계를 갖는지 제대로 살펴보지를 못한다. 따라서 공무원은 자기가 집행하려는 법의 의미와 정신에 관하여 다른 사람들의 견해를 신중히 듣고 고려하여야 한다. 셋째, 정부조직의 내부행정에서 공무원들이 자기가 하는 일에 긍지를 갖고 목표를 내면화하며, 자기능력을 최대한 발휘할 수 있도록 참여의 기회가 열려 있어야 한다. 공무원은 공직을 일생직업으로 선택할 때 공직이란 권력수단이나 영리수단이 아니라 국민과 국가를 위하여 봉사하는 것이라는 믿음이 있어야 한다. 알소프(Allsopp)는 "정부는 권력이 아니라 봉사다."라는 지적을 하고 있다. 그렇기 때문에 정부의 제일차적 의무는 정부가 국민에게 봉사의무를 다하지 못할 때 그 정부는 교체될 수 있다는 것을 국민에게 확신시키는 것이다. 공무원은 사경제적 생활에 있어서와 같이 영리를 위하여 일하는 것이 아니라 국민과 국가를 위하여 봉사하는 것이 특징이므로 공무원은 타인을 돕는 것을 자랑과 명예로 여기는 인물이 적합하다. 그러나 타인을 돕는다는 것, 봉사(service)한다는 것은 무척 힘든 일이다. 봉사라는 것은 맡은 일을 잘 할 경우 칭찬을 별로 받지 못하지만, 잘못할 경우에는 늘 비난을 받는 어려운 일임을 알아야 한다. 공무원이 국민전체의 봉사자로서 공공이익에 충실하여야 한다는 헌법 원리는 「국가공무원법」 내지 「지방공무원법」에 성실의 의무, 법령준수의 의무, 청렴의 의무, 친절·공정의 의무 등으로 규정되어 공무원의 법적 의무로 구체화되고 있다.

③ 헌법상의 핵심 기본권 내용

롤(Rohr)은 관료들이 헌법정신을 생각하고 그에 일치하는 노선으로 자기들의 재량권을 행사할 것을 강조하며, 미국 공무원들이 준수해야 할 헌법가치로 평등권, 자유권, 그리고 재산권을 들고 있다.[23] 로젠블룸(Rosenbloom)도 헌법은 한 나라의 정치문화, 사회적 공동체의 성격, 그리고 역사에 내재된 가치의 함축적인 표현이므로 행정은 이러한 헌법정신에 기초하여야 한다고 주장한다. 그는 공무원들이 준수해야 할 헌법가치로 정당성, 다양성, 자유, 적법절차, 개인주의, 그리고 형평성을 들고 있다.[24]

이러한 주장을 고려하고 한국의 실정 헌법을 분석할 때 필자는 민주행정을 위하여 공무원들에게 요구되는 헌법가치는 민주주의의 궁극적인 이념인 '인간의 존엄과 가치', 공무원의 국민에 대한 기본자세인 '공무원의 국민전체에 대한 봉사와 책임', 그리고 헌법에 보장된 국민의 기본권을 존중하는 것이라고 생각한다. 인간의 존엄과 가치를 실현하는데 필수불가결한 핵심적 기본권으로 평등권, 신체의 자유와 적법절차, 표현의 자유에 관한 핵심원리를 살펴본다.

1) 평등권

우리나라 헌법은 전문에서 모든 영역에 있어서 각인의 기회를 균등히 보장하고 있으며 제11조 제1항에서 모든 국민에게 법 앞에 평등을 보장하고 있다. 헌법 원리로서의 평등권은 '법 앞에 평등'이다. '법 앞에 평등'이란 행정부와 사법부가 모든 법령을 집행할 때는 물론이고, 입법부가 법률을 제정할 때에도 그 내용에 있어 합리적 근거 없이는 차별대우를 하여서는 아니 된다는 의미이다.

다시 말하면 평등권이란 본질적으로 같은 것은 같게, 다른 것은 다르게 대

---

23) John A. Rohr, *To Run a Constitution: The Legitimacy of the Administrative State*, Lawrence: University of Kansas, 1989, pp. 59-279.

24) David H. Rosenbloom, *Public Administration: Understanding Management, Politics and Law in the Public Sector,* New York: Harper & Row, 1983, pp. 385-388.

우하는 것이다. 평등권의 중심내용은 실질적인 기회의 평등 또는 자의적 차별의 금지이다. 따라서 평등권의 핵심원리는 어떤 것이 합리적 차별이고, 어떤 것이 자의적 차별이냐에 있다.[25] 평등권의 침해 여부에 대한 심사기준은 완화된 심사척도인 자의심사와 엄격한 심사척도인 비례심사가 있다.[26] 완화된 심사척도는 차별을 정당화하는 합리적 이유가 있는지 만을 심사하기 때문에 입법목적 또는 차별목적의 발견·확인에 그친다. 그러나 엄격한 심사척도는 차별하고 있는 입법목적의 비중과 차별의 정도에 적정한 균형관계가 이루어져 있는가를 심사한다. 엄격한 심사척도는 차별하고 있는 입법목적의 합리적 이유의 유무만 심사하는 것이 아니라 차별취급의 목적과 수단 간의 엄격한 비례관계가 성립하는지를 심사하는 것이다.

미국의 경우 엄격한 심사의 기준은 다음 두 가지 요건을 충족하는 것이다. 첫째로 차별을 하는 목적 또는 이유가 국가의 중요이익이어야 한다. 둘째로 차별하는 방법 내지 수단이 그러한 중요이익을 실현하는데 사회통념상 불가분의 관계에 있어야 한다. 즉, 그러한 중요이익을 달성할 수 있는 다른 덜 제한적인 또는 덜 차별적인 수단이 있는 경우에는 그러한 방법에 의존해야 한다. 평등권은 입법목적만 중요시하는 것이 아니라 그러한 목적달성을 위한 수단도 중요시하고 있다. 공무원들은 어떤 정책을 추진할 경우 목적만 정당하다고 그것을 달성하는 모든 수단이 합리화되는 것이 아니라는 것을 유념할 필요가 있다.[27]

한국의 헌법재판소는 평등심사에 있어서 원칙적으로 완화된 심사척도인 자의금지 원칙을 기준으로 삼고 있으나 다음 두 가지 경우에는 엄격한 심사를 한다. 첫째, 헌법에서 특별히 평등을 요구하고 있는 경우, 즉 헌법이 스스로 차별

---

25) 이렇듯 우리 헌법상의 평등권은 절대적 평등이 아닌 상대적 평등으로 이해된다. 이준일, "평등원칙",「안암법학」제8호, 안암법학회, 1998, 3면 참고.

26) 이러한 심사척도구분이론은 미국 연방대법원의 판결을 통해 발전된 이론이며, 우리 헌법재판소는 지난 1999년의 이른바 '군가산점제도' 판결(헌재 1999. 12. 23. 98헌마363)에서 처음으로 이 이론을 수용하였다고 평가된다. 미국의 심사척도구분이론에 관한 논문에는 김현철, "미국 연방대법원의 평등심사에 대한 방법론적 기초와 심사기준의 변화", (「공법연구」제37집 제3호, 한국공법학회, 2009, 137-164면); 조홍석, "평등심사에 관한 미국연방대법원의 현대적 경향", (「헌법학연구」제6권 제2호, 한국헌법학회, 2000, 87-112면) 등이 있다.

27) Donald P. Warwick, "The Ethics of Administrative Discretion", *Public Duties of Government Officials*, Cambridge: Harvard University Press, 1981, p. 123.

의 근거로 삼아서는 안 되는 기준을 제시하거나 차별을 특히 금지하고 있는 영역을 제시하고 있는 경우이다. 둘째, 차별적 취급으로 인하여 관련 기본권에 대한 중대한 제한을 초래하게 되는 경우이다.

헌법재판소는 제대군인이 공무원 채용시험에 응시한 때에 과목별 득점에 과목별 만점의 5%(2년 이상의 군복무자) 또는 3%(2년 미만의 군복무자)을 가산해 준 제대군인 가산점제도를 여성과 신체장애자 등에 대한 평등권 침해라고 판결한 사건에서 엄격한 심사기준을 사용하였다.[28] 한편 헌법재판소는 국가유공자와 그 유족 등 취업보호대상자가 국가기관이 실시하는 채용시험에 응시하는 경우에 10%의 가산점을 주도록 한 「국가유공자 예우 및 지원에 관한 법률」 제34조 제1항의 위헌확인소송에서는 완화된 심사기준을 적용하였고 합헌을 선언하였다. 즉, 국가유공자와 그 유족 등에 대한 가산점제도는 국가유공자 등에게 우선적으로 근로의 기회를 제공하도록 규정하고 있는 헌법 제32조 제6항에[29] 근거를 두고 있는 제도임을 고려하여 평등권 심사에서 완화된 기준을 적용하였고, 입법목적의 합리성과 차별대우의 필요성 내지 정책수단으로서의 적합성을 충족하였다고 합헌임을 결정하였다.[30] 여기에 관한 구체적인 분석은 제2부 제2장에서 분석된다.

평등권의 실질적 의미는 사회를 움직이고 있는 실질적인 힘을 가진 경제적 강자들이 약자를 억압하고 착취하는 것을 막아주고 건강과 문명의 외면적 조건들을 공유하게 하는 적극적 조치를 취하는 것이다. 토니(Tawney)는 실질적 평등을 확보하기 위해서는 기회가 열려 있는 것만으로는 부족하고 동일한 출발이 되어야 한다고 강조한다.[31] 출발이 이미 늦어버린 경우 또는 그동안 많은 차별을 받아 온 경우 형식적인 기회의 평등을 넘어선 적극적인 우대조치(affirmative action)가 필요하다. 미국정부는 고용기회평등위원회(EEOC, The Equal Employment Opportunity Commission)에 의하여 여성, 흑인, 장애자에 대한 우대조치를 적극 추

---

28) 헌재 1999. 12. 23. 98헌마363.

29) 헌법 제32조 제6항: 국가유공자·상이군경 및 전몰군경의 유가족은 법률이 정하는 바에 의하여 우선적으로 근로의 기회를 부여받는다.

30) 헌재 2001. 2. 22. 2000헌마25.

31) Tawney, *Equality*, London: Unwin Books, 1931, p. 106.

진하고 있다.

　우리나라의 경우도 공무원 채용시험에서 여성채용목표제가 실시되었고,[32] 장애인과 과학기술공무원에 대한 우대조치도 이루어지고 있다. 열악한 환경 속의 지방대학 졸업자에 대한 정부의 적극적인 우대조치로 지방인재채용목표제[33]도 시행되고 있다. 최근에 여성교수의 채용을 위한 우대조치 제도도 정책이슈화되고 있다.

2) 신체의 자유와 적법절차 원리

가. 신체의 자유

　신체의 자유는 사상의 자유와 함께 인간의 자유권 중 가장 근본적인 자유이다. 한국헌법은 제12조에서[34] 신체의 자유에 관하여 자세한 규정을 두고 있

---

32) 여성채용목표제는 2003년부터 양성평등채용목표제로 명칭이 바뀌어 운영되고 있다. 현재 우리나라에서 실시되고 있는 양성평등채용목표제는 행정고등고시, 외무고등고시, 7급·9급 공개경쟁채용시험 중 선발예정인원이 5명 이상인 시험단위를 대상으로 한다. 시험실시단위별 채용목표인원은 시험실시 단계별 합격예정인원에 30%를 곱한 인원수로 설정하며 검찰사무직렬의 경우에만 20%가 적용되어 운영되고 있다. 유민봉·박성민, 「한국인사행정론」, 박영사, 2013, 428면.

33) 지방인재의 공무원 임용기회를 확대하기 위하여 5급 또는 5등급 공무원 공개경쟁채용시험에서 서울특별시를 제외한 지방에 있는 학교의 재학생이나 졸업생이 선발예정인원의 20% 이상이 될 수 있도록 선발예정인원을 초과하여 지방인재를 합격시키는 제도로 국가균형발전특별법 제12조(지역인력 양성과 과학기술 진흥) 제1항 제2호 "지방대학 졸업생에 대한 채용장려제의 도입에 관한 사항", 공무원임용령 제20조의2(지방인재의 선발예정인원 초과합격)에 근거하여 실시되고 있다.

34) ① 모든 국민은 신체의 자유를 가진다. 누구든지 법률에 의하지 아니하고는 체포·구속·압수·수색 또는 심문을 받지 아니하며, 법률과 적법한 절차에 의하지 아니하고는 처벌·보안처분 또는 강제노역을 받지 아니한다. ② 모든 국민은 고문을 받지 아니하며, 형사상 자기에게 불리한 진술을 강요당하지 아니한다. ③ 체포·구속·압수 또는 수색을 할 때에는 적법한 절차에 따라 검사의 신청에 의하여 법관이 발부한 영장을 제시하여야 한다. 다만, 현행범인인 경우와 장기 3년이상의 형에 해당하는 죄를 범하고 도피 또는 증거인멸의 염려가 있을 때에는 사후에 영장을 청구할 수 있다. ④ 누구든지 체포 또는 구속을 당한 때에는 즉시 변호인의 조력을 받을 권리를 가진다. 다만, 형사피고인이 스스로 변호인을 구할 수 없을 때에는 법률이 정하는 바에 의하여 국가가 변호인을 붙인다. ⑤ 누구든지 체포 또는 구속의 이유와 변호인의 조력을 받을 권리가 있음을 고지받지 아니하고는 체포 또는 구속을 당하지 아니한다. 체포 또는 구속을 당한 자의 가족 등 법률이 정하는 자에게는 그 이유와 일시·장소가 지체 없이 통지되어야 한다. ⑥ 누구든지 체포 또는 구속을 당한 때에는 적부의 심사를 법원에 청구할 권리를 가진다. ⑦ 피고인의 자백이 고문·폭행·협박·구속의 부당한 장기화 또는 기망 기타의 방법에 의하여 자의로 진술된 것이 아니라고 인정될 때 또는 정식재판에 있어서 피고인의 자백이 그에게 불리한 유일한 증거일 때에는 이를 유죄의 증거로 삼거나 이를 이유로 처벌할 수 없다.

다. 신체의 자유의 보장원리로 죄형법정주의, 일사부재리의 원칙, 연좌제 금지, 무죄추정의 원리가 있다. 죄형법정주의는 어떤 행위가 범죄가 되고, 그 범죄에 관하여 어떤 형벌을 과하느냐는 미리 성문의 법률로서 규정해 두어야 한다는 원칙이다. 파생원칙으로 관습형벌의 배제, 형벌법규의 불소급(헌법 제13조1항 전단), 유추해석의 금지,[35] 법규내용의 명확성, 절대적 부정기(不定期)선고형금지가 있다.

일사부재리(一事不再理)의 원칙은 동일한 범죄에 대하여 거듭 처벌받지 아니한다는 내용으로 유무죄의 판결 또는 면소의 판결 후 동일사건에 관하여 재차 공소를 제기하여 심판을 구하는 것이 허용되지 아니한다(헌법 제13조 제1항). 연좌제(緣坐制)금지는 자기의 행위가 아닌 친족의 행위로 인하여 불이익한 처우를 받지 아니한다는 내용이다. 무죄추정의 원칙이란 형사피고인은 유죄판결의 확정 때까지 무죄로 추정된다는 내용으로 형사재판에서 유죄입증은 국가에게 있다. 무죄추정의 원칙에 반한다는 위헌판결의 예로 확정판결이 있을 때까지 변호사 업무를 정지한 변호사법[36]과 형사사건 공소 제기 시 확정판결 있기 전에 직위를 해제하도록 한 사립학교법[37]이 있다.

신체의 자유에 관하여서는 절차적 보장이 철저하다. 적법절차의 원칙 이외에 영장제도, 변호인의 조력을 받을 권리 등을 살펴본다. 영장(令狀)제도는 체포, 구속, 압수 수색할 경우에는 검사의 신청에 의하여 법관이 발부한 영장(written order)을 사전에 제시해야 한다는 것이다.[38] 영장에는 피의자나 피고인의 성명, 주소, 죄명, 공소사실의 요지, 구금 장소, 발행 연월일, 유효기간이 명시되어야 한다. 일반영장은 금지된다. 변호인의 조력을 받을 권리는 누구든지 체포·구속

---

35) 어떤 사항을 직접 규정한 법규가 없는 경우 그와 비슷한 사항을 규정한 법규를 적용하는 것으로 사법영역에서는 가능하다.

36) 헌재 1990. 11. 19. 90헌가49.

37) 헌재 1994. 7. 29. 93헌가3.

38) 영장주의의 예외로 다음의 경우엔 사후영장이 가능하다. 현행범인(범죄 실행 중에 있거나, 실행직후에 있는 자), 또는 준현행범인(범인으로 추적되고 있는 자, 현저한 흔적이 있거나, 누구냐는 질문에 도망가는 자, 범행에 사용된 무기 휴대자). 경미한 죄의 현행범인은 주거가 불분명한 경우만 체포 영장 없이 체포가능(형소법214조). 48시간 내 영장청구. 장기 3년 이상의 형에 해당하는 죄를 범하고 도피 또는 증거인멸의 염려가 있을 때 사후에 영장을 청구할 수 있음(제12조3항, 형소법 제211조).

을 당한 때에는 즉시 변호인의 조력을 받을 권리를 가진다는 내용이다(헌법 제12조4항). 체포·구속 시 변호인의 조력을 받을 권리가 있음을 고지하여야 하며, 피고인과 자유로운 접견 및 교통(交通)을 내용으로 한다. 형사피고인 스스로 변호인을 구할 수 없을 때에는 일정한 경우39) 국선변호인의 조력을 받을 권리가 있다.

그 밖에 고문을 받지 아니할 권리, 불리한 진술 거부권(묵비권), 피고인의 자백 증거능력 및 증명력의 제한, 구속이유 등의 고지 등이 보장되어 있다. 피의자가 진술거부권을 가지고 있다는 사실, 피의자의 진술이 그에게 불리한 증거로 사용될 수 있다는 사실, 그리고 변호인의 조력을 받을 수 있다는 사실을 피의자에게 고지하지 아니하고 구금한 상태에서 심문하여 얻은 진술은 증거로 채택할 수 없다는 원칙을 Miranda 원칙이라 한다.40)

신체의 자유가 침해된 경우 사후 구제방법으로 구속적부심사제도가 있다. 누구든지 체포 또는 구속을 당한 때에는 그 적부(適否)의 심사를 법원에 청구할 권리를 가진다(헌법 제12조 제6항). 구속적부심 청구주체는 체포·구속된 피의자, 그 변호인, 법정 대리인, 배우자, 직계친족, 형제자매, 고용주이다. 심사청구 사유에는 제한이 없다. 법원은 지체 없이 피의자와 변호인이 출석한 공개법정에서 체포 또는 구속의 이유를 밝히도록 하고, 피의자를 심문하고 수사 관계 서류와 증거물을 조사하여 이유가 있다고 인정할 때에는 법원결정으로 석방을 명하며, 체포구속영장을 발부한 법관은 구속적부심사에 관여하지 못한다.

나. 적법절차 원리(due process of law)

근대 자유민주주의의 특징 중 하나는 한 나라의 법체계가 억압적인 법체계에서 자율적인 법체계로 발전한 것이다. 억압적인 법체계에서는 법이 피치자의 이해를 무시하는 관리본위의 통치수단으로 쓰인다. 그러나 자율적인 법체계에서는 법이 정치로부터 분리되는 엄격한 '법의 지배'를 특징으로 하며, 특히 법의 핵심을 절차에 두고, 절차의 공정성을 강조한다. 영미법계에서는 일찍이 적법절

---

39) 피고인 이미 성년자나 70 이상이거나 농아자 또는 심신장애인 경우 빈곤이유로 변호인 선임할 수 없을 때(형소법 제23조)/사형·무기 또는 단기 3년 이상의 징역이나 금고사건에서 변호인이 없을 때(형소법 제282조).
40) Miranda v. Arizona 383 U.S. 436, 1966.

차(due process of law)의 원리를 통하여 이러한 절차적 공정성을 법적으로 제도화하였다.[41]

적법절차란 개인의 기본권을 보호하고 실현하기 위하여 오랫동안 영국의 법원에서 재판을 통하여 수립되어 온 사법적 절차에 관한 규칙이다. 이를 '자연적 정의'(natural justice)라고 한다. 자연적 정의는 다음의 두 가지 원칙을 담고 있다. 하나는 편견 배제원칙이고, 다른 하나는 공정성의 원칙이다. 편견 배제원칙이란 "누구든지 자기 자신이 관련된 사건에 재판관이 될 수 없다."라는 것으로 공평무사한 재판관의 구성에 관한 요구이다. 편견배제의 원칙은 사건의 당사자는 물론이고 당사자 또는 증인과 개인적 친분관계나 재정적 이해관계에 있을 때에 적용된다. 공무원이 어떤 정책을 결정하거나 집행할 경우 또는 재결을 할 경우에 편견을 가질 수 있는 이해관계인은 엄격히 배제되어야 한다. 공정성의 원칙은 당사자에게 청문의 기회를 부여하는 것이다. "쌍방 측으로부터 듣지 않으면 아니 된다." 또는 "누구든지 의견진술의 기회를 부여받지 아니하고는 비난받지 않는다."는 원칙은 공정한 판결의 기본전제가 된다.

미국 헌법하의 적법절차 원리도 영국에서 발전되어 온 자연적 정의의 정신을 기본으로 하고 있으나 그 적용대상이 신체의 자유에 대한 침해는 물론이고 그 밖의 자유권과 재산권을 침해하는 경우까지 확대 적용되고 있다. 자유권이나 재산권의 침해가 있게 되면 최소한의 절차적 보호 장치가 헌법상 보장된다. 구체적으로 어떤 장치가 보장되느냐 하는 것은 일반적으로 침해받은 개인이익의 중요성, 그러한 개인이익을 침해할 위험도, 보호절차의 재정·행정적 부담을 고려하여 신축적으로 운용되고 있다. 절차적 보호 장치가 오판의 위험성을 최소화하기 위한 것이므로 적어도 사전통지와 청문의 기회제공은 필수적 내용이다.

우리나라도 그동안의 오랜 억압적인 법체계를 벗어나 자율적인 법체계로 변천되어야 하겠다. 헌법에서는 신체의 자유를 규정한 제12조에서 적법절차개

---

41) 영미법에서 발전된 적법절차원리와 우리 헌법해석에의 적용에 관한 논문에는 조지형, "적법절차의 발전과 대서양 세계의 법문화", (「세계헌법연구」 제14권 제2호, 세계헌법학회 한국학회, 2008, 283-314면); 임지봉, "적법절차조항의 우리 헌법에의 도입과 그 운용", (「헌법학연구」 제11권 제3호, 한국헌법학회, 2005: 263-301면) 등이 있다.

념을 도입하고 있다.[42] 적법절차 원리가 신체의 자유를 제한하는 경우에 적용됨은 물론이고 그 밖의 기본권 제한의 경우에도 적용된다는 것이 헌법재판소의 입장이다.[43] 헌법 제12조의 '처벌·보안처분·강제노역'은 예시적인 것에 불과하며, 본인에게 신체적·정신적 그리고 재산상 불이익이 되는 일체의 제재를 당하지 않는다는 의미로 해석한다. 행정영역에서는 「행정절차법」이 1996년에 제정, 1998년에 시행되었다. 공무원은 절차적 정의의 중요성을 인식하고 적법절차 원리를 직무수행의 지침으로 삼아야 한다. 특히 한국행정의 경우 기정사실화(fait accompli)하는 관례, 업적과 능률위주의 서두르는 행정풍토, 오랜 지배·복종관계의 수직적 관민관계 등을 고려하면 공무원들의 적법절차 준수는 시급한 과제이다.

3) 표현의 자유

사람들은 다양한 방법으로 자기 자신의 이상, 양심, 지식, 경험 등을 표현하면서 산다. 표현의 수단이 대화·연설·토론 같은 구두의 형식인 경우 언론의 자유라 하고, 서책·간행물·서화와 같은 문서에 의한 표현인 경우 출판의 자유라 한다. 사람들은 또한 자기표현을 위하여 단체를 구성하거나 집회를 통하여 행동하기도 한다. 이를 집회·결사의 자유라 한다. 이러한 표현의 자유는 자유민주주의의 기본원리가 된다. 우리나라 헌법도 제21조 제1항에서 모든 국민에게 언론 출판의 자유와 집회·결사의 자유를 보장하고 있다.

표현의 자유의 중요성에 관하여 에머슨(Emerson)은 다음과 같이 네 가지로 요약하고 있다. 첫째, 표현의 자유는 개인의 자기완성을 위한 필수적 수단이다. 누구든지 자기 잠재력을 발전시킴에 있어 자기 자신의 믿음과 의견을 확인할 수 있어야 하며, 정신적 탐구를 거쳐야 한다. 둘째, 표현의 자유는 진리발견의 필수적 과정이다. 인간은 누구나 감정과 편견을 갖고 있으며 정보의 부족으로 판단에 실수가 있기 마련이다. 따라서 의사결정 시 가능한 한 많은 이견들을 대안으로 고려하며, 특히 반대의견을 통하여 자기생각이나 판단을 테스트하는 것

---

42) 헌법 제12조 "모든 국민은 신체의 자유를 가진다. 누구든지 법률에 의하지 아니하고 체포·구속·압수·수색 또는 심문을 받지 아니하며, 법률과 적법한 절차에 의하지 아니하고는 처벌·보안처분 또는 강제노역을 받지 아니한다."
43) 헌재 1992. 12. 24. 92헌가8.

이 중요하다. 셋째, 표현의 자유는 사회구성원 간의 공개적인 토론을 통하여 정책수립에 참여의 기회를 제공한다. 이는 민주사회의 기초가 된다. 마지막으로, 표현의 자유는 사회의 안정과 변혁을 조화시키는 역할을 한다. 표현의 자유가 탄압될 경우 새로운 아이디어를 통한 변혁을 막음으로써 사회의 불안이 누적되고 언젠가는 폭발하는 위험이 있다. 표현의 자유는 이러한 위험을 미리 예방하는 역할을 한다.[44] 이러한 네 가지 근거는 최근에 경영학이나 행정학에서 중요시되고 있는 생산적 갈등이론(productive conflict)과 맥을 같이하고 있다. 새로운 대안 제시, 참여의식 제고 등의 갈등의 순기능은 바로 이견 존중의 논리적 근거이기도 하다.

이와 같은 중요성 때문에 표현의 자유에 대한 제한은 사법부에서 엄격히 심사하는 바, 표현의 자유 제한에 대한 다음 몇 가지 중요 법 이론을 알 필요가 있다. 우선, 표현의 자유를 제한할 경우에는 다른 경제적 기본권을 제한할 때보다 더 엄격한 기준을 따라야 한다. 다시 말하면 어떠한 표현행위를 제한할 때는 제한을 하여야 하는 중요한 국가적 이익이 있음을 정부 측에서 증빙하여야 하며, 다른 덜 제한적인 대안이나 수단이 없어야 한다. 둘째, 불법적인 주장이나 선동을 할 경우에도 명백하고 현존하는 위험원칙이 적용된다. 명백하고 현존하는 위험(a clear and present danger)원칙이란 표현행위와 발생하는 공공이익에 대한 위협 내지 해악 사이에 긴밀한 인과관계가 있고 해악의 발생이 시간적으로 근접하여 목전에 급박했을 경우에만 관련 표현행위를 제한할 수 있다는 주장이다.[45] 미국연방대법원의 '명백하고 현존하는 위험' 원리는 1951년의 데니스(Dennis)사건에서 위험경향의 원칙으로 바뀌었다. '명백하고 현존하는 위험' 원리는 정부를 폭력으로 전복하려는 경우처럼 해악이 중대한 것이면, 위험이 절박한 것이 아니더라도 억제할 수 있다는 논리이다.[46] 셋째, 표현의 자유를 제한하는 법령의 규정이 무엇을 뜻하는지 애매모호하거나 너무 추상적이고 광범위한 뜻을 갖고 있는 경우에는 그러한 규정은 명확성이 없어 무효가 된다. 이를 명확성

---

44) T. Emerson, *Toward a General Theory of the First Amendment*, New York: Random House, 1966, pp. 3-15.
45) Schenck, v. U.S. 249 U.S. 47. 1919.
46) Dennis v. U.S., 341 U.S. 494.

의 원칙이라 한다. 표현의 자유를 제한하는 법령의 언어는 한정적 의미로 명확하여야 한다. 왜냐하면 애매모호한 또는 너무 광범위한 의미를 갖는 규정은 표현의 자유를 사전에 억제하는 결과를 가져오기 때문이다. 최근에는 사이버공간에서의 표현의 자유에 대한 제한, 불법정보와 청소년 유해 정보의 규제, 스팸메일의 규제 등의 문제가 제기되고 있다.47)

그밖에도 표현의 자유 특히 출판의 경우에는 사전검열이 금지된다. 음란한 표현, 명예훼손 등 표현의 자유로 보호받지 못하는 영역의 경우에는 사전검열이 인정되나 이 경우에도 이의신청 등 절차적 보호 장치가 마련되어야 한다. 음란한 표현의 판단 기준에 관하여 헌법재판소는 '음란'이란 인간의 존엄 내지 인간성을 왜곡하는 노골적이고 적나라한 성적인 표현으로서 오로지 성적 흥미에만 호소할 뿐 전체적으로 보아 하등의 문학적·예술적·과학적 또는 정치적 가치를 지니지 않은 것으로 판시하고 있다.48)

미국의 경우 양차 세계대전과 월남 전쟁 중에 확립된 많은 진보적 판결을 계기로 헌법상의 표현의 자유가 실질적 의미를 갖게 되었다. 우리나라도 남북분단으로 인한 전쟁위협이 표현의 자유를 제한하는 핑계가 되어선 안 되고, 오히려 그럴수록 이견의 중요성을 깨달아야 한다. 일사불란한 질서만 강조할 것이 아니고, 위험한 경향이 없는 한 다소의 소란행위는 무시해버리는 용기도 필요하다. 이견을 존중하는 훈련은 학교생활에서부터 실습시켜야 한다. 이견의 존중은 시민의 다양성 존중이기도 하다. 백범 김구가 꿈꾼 다음의 "자유의 나라"도 바로 이러한 이견의 허용을 강조한 것이다. "산에 한 가지 나무만 나지 아니하고 들에 한 가지 꽃만 피지 아니한다. 여러 가지 나무가 어우러져 위대한 산림의 아름다움을 이루고 백 가지 꽃이 섞여 피어서 봄들의 풍성한 경치를 이루는 것이다."49)

---

47) 권영성, 「헌법학원론」, 2007, 514~524면.
48) 헌재 1998. 4. 30. 95헌가16.
49) 김구, 전게서, 10면.

4) 기타의 주요 기본권

기타의 중요 기본권으로 정신 활동의 자유인 종교의 자유,[50] 양심의 자유,[51] 학문·예술의 자유가 있고, 사회 경제적 자유로 사생활 비밀유지의 자유,[52] 통신의 자유, 주거·이전의 자유, 직업선택 자유, 재산권, 소비자 보호가 있다. 사회적 기본권으로 인간다운 생활을 할 권리, 근로의 권리, 노동 3권, 교육을 받을 권리, 환경권, 보건에 관한 권리가 있으며, 수익권으로 청원권, 재판청구권, 형사보상청구권, 손실보상청구권, 국가배상청구권이 있다. 참정권으로 선거권, 피선거권, 공무담임권, 국민투표권이 있다.

---

[50] 종교의 자유와 관련하여 최근 우리 사회에서 이슈가 되었던 법적 사안으로 초중등학교 종교교육의 문제가 있다. 이와 관련된 논문에는 김유환, "초·중등학교 종교교육의 문제점과 해결방향", (「공법학연구」 제9권 제1호, 한국비교공법학회, 2008, 305-322면); 송기춘, "종교학교에서의 종교교육과 학생의 종교의 자유 — 평준화지역의 중등학교를 중심으로", (「공법연구」 제33집 제1호, 한국공법학회, 2004, 329-347면); 윤영미, "학생의 기본권에 관한 몇 가지 문제", (「헌법학연구」 제14권 제3호, 한국헌법학회, 2008, 471-496면); 임지봉, "사립 고등학교에서의 종교교육과 학생의 인권", (「세계헌법연구」 제17권 제2호, 세계헌법학회 한국학회, 2011, 110-130면) 등이 있다. 한편 대법원은 지난 2010년 이른바 '강의석군 사건' 판결에서 종교교육의 강제로 인한 학교의 손해배상책임을 인정하였다. 대판 2010. 4. 22. 2008다38288.
[51] 양심의 자유와 관련하여 최근 우리 사회에서 이슈가 되었던 법적 사안으로 양심적 병역거부의 문제가 있다. 이와 관련된 논문에는 김병록, "양심적 병역거부의 헌법 이론적 검토", (「헌법학연구」 제9권 제1호, 한국헌법학회, 2003, 39-58면); 이상명, "양심적 병역거부와 양심의 자유", (「고려법학」 제49호, 고려대학교 법학연구원, 2007, 911-933면) 등이 있다.
[52] 사생활비밀유지의 자유와 관련하여 최근 우리 사회에서 이슈가 되었던 법적 사안으로 성범죄자의 신상공개와 전자발찌의 문제가 있다. 이와 관련된 논문에는 강태수, "성범죄자의 신상공개제도에 관한 헌법적 고찰", (「공법학연구」 제7권 제2호, 한국비교공법학회, 2006, 131-162면); 김경제, "청소년의 성 관련 범죄자 신상공개의 위헌성", (「토지공법연구」 제16집 제2호, 한국토지공법학회, 2002, 133-162면); 김상겸, "청소년의 성보호와 신상공개제도: 청소년성범죄자 신상공개의 헌법합치여부를 중심으로", (「헌법학연구」 제9권 제4호, 한국헌법학회, 2003, 175-203면); 문재완, "성범죄자 신상공개제도 위헌성 재검토 — 미국 메간법 판결과의 비교를 중심으로 —", (「헌법학연구」 제9권 제2호, 한국헌법학회, 2003, 343-369면); 박선영, "신상공개제도 합헌결정에 대한 비판적 검토: 2002헌가14를 중심으로", (「헌법학연구」 제9권 제4호, 한국헌법학회, 2003, 139-174면) 등이 있다.

4 가치 간의 상충과 조정

1) 정책이 추구하는 가치

행정이 추구하는 가치는 일반적으로 능률성, 효과성, 민주성, 합법성이라 할 수 있다. 이들 개념의 의미는 일정하지는 않으나 대체로 능률성은 투입과 산출의 비율을, 효과성은 행정이 추구하는 목표의 달성도를, 민주성은 행정과정 내지 정치과정에서의 대표성 내지 반응성을, 그리고 합법성은 법률에 의한 행정을 의미한다고 할 수 있다. 그동안 한국행정에서는 이 네 가지 가치 중 민주성이나 합법성보다는 능률성과 효과성을 더 강조해 왔다고 할 수 있다.

합법성도 행정현장에서 강조된 가치이지만 행정이 법률에 근거하여야 한다는 형식적 의미의 법치주의였지, 행정행위의 근거인 법률의 내용이 헌법에 합치하여야 한다는 실질적 의미의 법치주의 내용은 아니었다. 물론 1998년 문민정부 이후 실질적 의미의 법치주의가 확립되어 합법성은 물론 민주성도 행정현장에서 강조되고 있다고 할 수 있다.

정책이 추구하는 가치도 행정이 추구하는 가치와 크게 다르지 않다. 정책은 사회의 문제해결을 위한 의사결정이라는 점에서 가치와 직결되는 문제인데도 대부분의 정책학에서 이 주제를 구체적으로 다루지 않고 있다. 정책대안의 비교·평가 영역에서 정책목표의 달성도를 강조하므로 효과성을 강조하고 있다고 할 수 있다.

정책의 비교·평가 기준으로 공익, 효과성·능률성·형평성을 내용으로 하는 소망성, 실현가능성이 제시된다. 이들 개념을 구체적으로 살펴본다.[53] 공익의 개념은 실체설과 과정설로 나뉘는 바, 실체설은 공익을 사익을 초월한 이상적인 규범으로 본다. 과정설은 공익을 다수 이해관계자의 타협의 산물로 보며 민주적 과정을 통해서 얻게 된다. 공익의 개념은 헌법상의 기본권제한 논거인 국가안보, 질서유지, 공공복리 개념과 유사하며 다의적이고 추상적이어서 정책 기준으

---

53) 백승기, 「정책학원론」, 대영문화사, 2010, 217-221면.

로 활용하는 데 한계가 있다.

이러한 한계 때문에 정책기준으로 소망성의 세 가지 기준이 주로 사용된다. 소망성의 세 가지 기준인 **효과성**(effectiveness)은 정책목표의 달성 정도를 의미하는 바, 목표와 수단 간의 인과관계가 분명한 경우 효과적인 대안이 된다. 효과성은 비용을 고려하지 않아 한계가 있다. **능률성**(efficiency)은 투입과 산출의 비율을 나타내는 개념이다. 이 기준은 정책효과 뿐 아니라 정책비용까지 고려하게 되는 장점이 있다. **형평성**(equity)은 정책효과나 정책비용이 누구한테 얼마나 돌아가느냐를 고려한 기준이다.[54]

정책대안이 소망성 기준에서 타당성을 가지면 다음으로 실현가능성을 검토하여야 한다. 실현가능성에는 정치적 실현가능성, 재정적 실현가능성, 행정적 실현가능성, 법적 실현가능성, 기술적 실현가능성이 있다. 정치적 실현가능성이란 정책대안의 채택과 집행과정에서 정치적 지원을 받을 가능성을 말하며, 재정적 실현가능성이란 재원으로 예산의 확보 가능성을 말한다. 행정적 실현가능성은 집행에 필요한 조직, 집행요원 및 전문 인력의 이용가능성 등을 말하며, 법적 실현가능성은 다른 법률의 내용과 모순되지 말아야 하며 실현과정에서 법적 제약을 받지 않을 가능성을 말한다. 그 밖에 현재 이용가능한 기술로서 그 실현이 가능하여야 한다.

2) 가치 간의 상충과 조정 : 기본권 제한의 법 원리

헌법에서 보장하고 있는 개인의 기본권은 타인의 권리를 침해해서는 아니 되며, 헌법질서에 위배할 수 없는 내재적 한계가 있다. 또한 헌법이 명문의 규정으로 직접 기본권을 제한하는 경우도 있다. 공무원의 노동 3권을 제한한 헌법 제33조 2항이[55] 그러한 예이다. 이를 헌법유보라고 한다.

대부분의 기본권은 법률에 의하여 제한된다. 특정 개별적 기본권을 법률이

---

54) 형평성은 수평적 형평성과 수직적 형평성이 있는 바, 전자는 '동등한 여건에 있는 사람을 동등하게 취급하는 것'이며, 후자는 '대등하지 아니한 상황에 있는 사람을 서로 다르게 취급'하는 것으로 좀 더 동등하게 만들려는 목적을 갖고 있다. 노화준, 「정책분석론」, 박영사, 2003, 156~157면.

55) 헌법 제33조 제2항: 공무원인 근로자는 법률이 정하는 자에 한하여 단결권·단체교섭권 및 단체행동권을 가진다.

정하는 바에 따라 제한할 수 있음을 명시한 경우를 개별적 법률유보라 한다.[56) 기본권 제한의 목적이나 방법 등을 일괄적으로 규정한 '일반적 법률유보조항'이라고 하는 헌법 제37조 제2항의 내용은 다음과 같다. "국민의 모든 자유와 권리는 국가안전보장·질서유지 또는 공공복리를 위하여 필요한 경우에 한하여 법률로써 제한할 수 있으며, 제한하는 경우에도 자유와 권리의 본질적인 내용을 침해할 수 없다."

일반적 법률유보에 의한 기본권 제한의 형식은 '법률'이어야 하는바, 형식적 의미의 법률로서 일반성과 구체성을 가져야 한다. 불명확한 규정은 '막연하기 때문에 무효'이론에 따라 무효이다.[57) 기본권 제한의 대상이 되는 기본권은 국민의 모든 자유와 권리이며, 기본권 제한의 목적은 국가안전보장, 질서유지, 공공복리를 위하여 필요한 경우이다. 국가안전보장은 국가의 독립과 영토보전, 헌법질서유지 내지 헌법기관의 보호 등을 말한다. 질서유지는 광의로는 헌법질서의 유지, 협의로는 사회적 경찰상의 안녕질서유지이다. 공공복리는 다의(多義)적 불확정개념으로 소극적인 질서유지를 넘어 국가구성원 다수의 실질적 이익을 의미한다. 인권제한의 규제 이념이라기보다는 인권 상호 간의 모순 충돌을 조정하기 위한 인권보장의 조정원리라 할 수 있다. 즉, 기본권을 제한하므로 얻는 국민 다수의 실질적 이익이 제한하지 않을 경우 얻을 개인의 이익보다 클 때 공공복리가 있다고 할 수 있다.

기본권 제한의 방법은 과잉금지원칙에 따라야 한다.[58) 즉, 기본권 제한의

---

56) 헌법 제23조 1항이 이에 해당한다. 모든 국민의 재산권은 보장된다. 그러나 그 내용과 한계는 법률로 정한다.

57) 헌재 1990. 4. 2. 89헌가113.

58) 기본권 제한의 도구로서 비례성원칙 또는 과잉금지원칙에 관한 논문에는 김대환, "우리나라 헌법상 과잉금지원칙 — 특히 기본권의 본질적 내용 침해금지원칙과의 관계를 포함하여 —", (「공법학연구」 제6권 제3호, 한국비교공법학회, 2005, 91-223면); 같은이, "헌법상 비례성원칙의 운용과 과제", (「경성법학」 제14집 제1호, 경성대학교 법학연구소, 2005, 1-17면); 같은이, "헌법재판의 심사기준의 다양화 가능성과 과잉금지원칙의 헌법적 근거", (「세계헌법연구」 제12권 제2호, 국제헌법학회 한국학회, 2006, 25-46면); 이준일, "기본권제한에 관한 결정에서 헌법재판소의 논증도구", (「헌법학연구」 제4권 제3호, 한국헌법학회, 1998, 264-292면); 같은이, "비례성원칙의 개념과 구조 및 구체화", (「고시연구」 통권 371호(2005년 3월호), 고시연구사, 2005, 24-35면); 최갑선, "비례의 원칙에 따른 법률의 위헌심사", (「공법연구」 제25집 제4호, 한국공법학회, 1997, 652-671면); 한수웅, "헌법 제37조 제2항의 과잉금지원칙의 의미와 적용범위", (「저스티스」 통권 제95호, 한국법학원, 2006, 5-28면); 황치연, "과잉금지원칙

요건을 충족한 경우에도 과잉금지 원칙에 어긋나는 방법으로 기본권을 제한할 수 없다. 입법권의 한계를 의미하는 과잉입법금지원칙은 다음 네 가지 부분원칙을 내용으로 한다. 첫째, 목적의 정당성으로 기본권을 제한하는 입법목적이 정당하여야 한다. 둘째, 방법의 적정성 내지 수단의 상당성으로 기본권 제한의 방법이 입법목적을 달성하기 위하여 적절한 것이어야 한다. 입법자는 방법의 적정성 판단에서 광범위한 입법형성의 자유를 가진다. 셋째, 제한 내지 피해의 최소성으로 제한이 필요 최소한에 그쳐야 한다. 넷째, 법익비례성 내지 법익균형성의 준수로 제한하여 얻는 정치·경제·사회적 유용성과 제한으로 야기되는 국민적·사회적 손실 사이에 합리적인 균형이 유지되어야 한다.

과잉금지원칙을 적용하는 경우 기본권의 성격에 따라 심사의 정도를 달리한다. 즉, 표현의 자유와 같은 본질적 기본권 내지 정신적 자유권은 경제적 자유권에 비해 더 엄격하게 과잉금지원칙이 적용되는데 이를 이중기준의 원칙이라 한다.

기본권을 제한하는 경우에도 자유와 권리의 본질적인 내용을 침해할 수 없는 바(헌법 제37조 2항 후단), '본질적인 내용의 침해'라 함은 그 침해로 말미암아 당해 자유나 권리가 유명무실하게 되어버리는 정도의 침해이다. 헌법재판소는 "근로3권의 본질적인 내용을 침해하는 경우란 그 침해로 인하여 근로3권이 유명무실해지고 근로3권이 형해화(形骸化) 되어 헌법이 근로3권을 보장하는 궁극적인 목적을 달성할 수 없게 되는 지경에 이르는 경우"라고 판결한 바 있다.[59]

3) 가치 간의 상충에 관한 사례 분석

앞에서 다룬 헌법적 가치 내지 개인의 기본권 보호는 행정에서 강조하는 능률성 내지 효과성과 자주 충돌하게 된다. 한국의 구체적인 판례 분석은 제2부와 제3부에서 상세하게 다루어진다. 이곳에서는 미국의 판례만 간략히 살펴본다.[60] 행정부의 효율성 추구와 표현의 자유 간의 상충 판례로 맥퍼슨(McPherson)

의 내용", (「공법연구」 제24집 제3호, 한국공법학회, 1996, 277-314면) 등이 있다.

59) 헌재 1990. 9. 3. 89헌가95.

60) 표시열, "행정의 효율성 편향에 대한 헌법상의 제한", 「한국행정학보」, 1994, 1141-1155면.

사건을, 효율성 추구와 적법절차 원리 간의 상충 판례로 라우더밀(Loudermill)사건을, 효과성 추구와 평등권 간의 갈등 판례로 배키(Bakke) 사건을 소개한다.

가. 표현의 자유 관련 맥퍼슨 사건[61]

피고 맥퍼슨은 1981년 1월 텍사스주 해리스 카운티의 순경대리로 임명되었다. 그녀의 직책은 순수사무직으로 재판에 관련되는 서류를 타자하는 것이었다. 그녀는 제복도 안 입었고 권총휴대도 안 했으며 책상에 전화도 없었다. 1981년 3월 그녀는 대통령 암살시도가 있었다는 라디오 뉴스를 듣고 동료 남자친구와 다음과 같은 대화를 나누었다. "누가 왜 이런 짓을 했을까? 의료보조비를 받는 흑인이 그런 짓을 하였을 것이야." "그래, 대통령이 의료보조비를 삭감하고 있어." "다시 한 번 시도하여 맞추었으면 좋겠어." 그녀의 마지막 말을 다른 동료가 듣고 상사에게 보고하였으며 그 말을 이유로 그녀는 해고되었다. 그녀는 헌법상의 표현의 자유에 대한 침해라고 소송을 제기하였다. 맥퍼슨의 상기대화는 공공정책에 관한 표현행위로 조직목적을 '효율적'으로 달성하려는 정부의 이익과 비교형량할 때 어느 쪽이 더 보호되어야 하는가 하는 것이 법적 쟁점이었다.

연방대법원은 다음과 같은 이유로 조직의 효율성보다 개인의 표현의 자유를 더 보호하였다. 첫째, 상기대화는 대통령의 정책에 관한 언급이었으며, 비록 실언이었지만 대통령의 생명에 영향을 줄 수 있는 명백하고 현존하는 위협이 없었다. 둘째, 상기대화가 정부이익을 중대하게 침해하였다는 것을 정부가 입증하지 못하였다. 정부이익을 침해한다는 것은 감독자 그리고 동료들과의 근무관계에 아주 나쁜 영향을 미치고 있다든지, 그런 말을 한 피고용인이 자기의 일상적인 의무를 정상적으로 이행하지 못한다든지, 정규적인 조직운영에 부당한 간섭을 하는 등이다. 상기대화는 일반시민의 접근이 없는 장소에서 이루어진 사적인 대화로 근무수행과 직접적인 관련이 없다. 셋째, 조직에서 피고용인의 책임은 그 사람의 권한과 역할에 따라 다르다. 본 사건에서 피고는 대외비 업무나 정책결정 또는 대민 업무를 담당하지 않고 있어 그녀의 사적인 대화가 조직의 효율적인 기능수행에 위협을 미칠 가능성은 최소한에 지나지 않는다.

---

61) Rankin. v. McPherson, 107 S. Ct. 2891, 1987.

이 사건은 공무원의 표현의 자유가 조직의 효율성 추구보다 더 중요하게 보장받은 판례이다. 그러나 상기사건의 경우에도 피고인이 정책결정의 참여자이었거나 또는 상기대화가 일반시민들이 있는 장소에서 행하여진 경우에는 결과가 다를 수 있다. 또한 공공정책에 관한 표현일지라도 정부의 중대한 이익을 침해하는 경우에는 그 제한이 가능하다. 예컨대 상기표현에 대하여 다른 동료가 거칠게 비판하고 싸움을 걸어 정상적인 근무관계를 기대하기 어려운 경우에는 정부이익과의 비교형량에 있어 정부이익이 더 보호받을 수 있음을 판례는 암시하고 있다.

나. 적법절차 관련 라우더밀 사건[62]

클리블랜드 교육위원회의 보안관으로 채용된 라우더밀은 채용서류에 어떤 중죄도 범한 적이 없다고 작성하였다. 그러나 채용 후 그의 절도죄 전과가 발견되어 동 교육위원회는 그를 채용서류 작성에 있어 정직하지 못하였다는 이유로 사전통지 없이 해고시켰다. 당시의 오하이오 주법에서는 피고용인의 해고 시 사후청문만 규정하였지 사전통지 및 청문에 관한 보장은 없었다. 라우더밀은 자기의 전과가 단순한 절도죄로 중죄가 아니었고, 해고 시 사전통지를 하지 않은 오하이오 주법이 적법절차를 규정한 연방헌법에 반한다고 소송을 제기하였다. 해고에 정당한 이유가 있는 경우에도 사전통지를 하지 않은 이유만으로 그러한 해고는 적법절차 원리에 반하는 위헌행위가 되는가 하는 것이 법적 쟁점이었다.

연방대법원은 다음과 같은 이유로 개인의 권리 침해 시 사전통지를 규정하지 않은 오하이오 주법이 연방헌법상의 적법절차 원리에 반한다고 판결하였다. 첫째, 라우더밀은 '고용관계의 계속'이라는 재산권의 법적 이익을 갖는다. 재산권의 법익이 인정되는 한, 그러한 재산권을 침해할 경우에는 연방헌법상의 적법절차 규정이 적용된다. 물론 이 경우에도 중대한 국가적 이익이 있고 덜 제한적인 수단이나 대안이 없는 경우에는 적법절차의 적용을 피할 수 있다. 그러나 '거짓말을 한 공무원의 신속한 제거'라는 국가이익은 개인의 생계수단을 빼앗는 해고보다 더 중요한 것이 아니며, 청문의 기회를 주는 것이 큰 행정적 부담도

---

62) Cleveland Board of Education v. Loudermill, 470 U.S. 532, 1985.

아니므로 적법절차가 적용된다. 둘째, 적법절차가 적용되면 구체적으로 어떤 내용인가 하는 것은 상황에 따라 신축적으로 해석된다. 최소한의 내용은 사전통지이며, 여기에 이의가 있으면 청문의 기회를 제공하는 것이다.

이 사건은 신속하고 '효율적'인 행정결정보다 개인의 법익을 침해할 때는 반드시 본인에게 자기 측 이야기를 충분히 설명할 수 있는 기회를 주어야 한다는 민주행정의 기본원리를 확인시켜 준 판례라 할 수 있다.

다. 평등권 관련 배키 사건[63]

배키(Bakke)라는 백인이 캘리포니아 주립대학 의과대학에 두 번이나 응시하였다가 낙방하고, 동 대학의 입학에 관한 소수집단 우대조치 프로그램(affirmative program)을 위헌이라고 소송하였다. 동 대학은 정규입학 프로그램과 별도의 특별입학 프로그램을 만들어 특별위원회에서 소수집단에 해당하는 응시자를 면담하여 정규입학보다 점수가 낮아도 일정수의 학생(16/100)을 입학시켰다. 이러한 적극적 우대조치로 백인 응시자가 불합격한 경우 연방헌법상의 평등권에 반하는가 하는 것이 법적 쟁점이었다.

연방대법원은 다음과 같은 이유로 동 대학의 할당제 우대조치는 역차별 조치로 헌법상의 평등권 원리에 반한다고 판결하였다. 캘리포니아 대학이 의과대학 입학에 소수민족을 할당제로 우대한 이유는 학생집단의 인종적 다양화를 확보하고, 그동안 사회적으로 차별 받아온 소수민족의 구성원을 충원하여 흑인이 거주하는 미개발지역의 의료혜택을 증가시키려는 것이 목적이었다. 교육에서 인종적 다양화가 정부의 중요이익인가에 관하여 논란은 있었지만 이러한 학교의 '목적'은 국가의 중대한 이익으로 인정되었다. 그러나 이러한 국가이익을 달성하기 위한 수단이 가장 덜 제한적인 방법이 아니므로 흑인에게 우대조치 한 방법에 위헌성이 있다고 지적되었다. 즉, 동 대학의 특별입학 프로그램은 오직 인종만을 기준으로 하고 있기 때문에 미국 연방헌법 수정 제14조의 인종에 의한 차별금지 규정에 정면으로 반한다. 동 대학의 특별입학 프로그램에는 인종 이외에 다른 경쟁적인 요소들, 예컨대 응시자 개인의 교육경험·리더십·역경을

---

63) Regents of the University of California v. Bakke, 438 U.S. 265, 1978.

이겨낸 경험·가난한 자와의 대화능력 등도 고려했어야 했다.

　이 판례는 과거에 차별을 받아온 소수민족에게 적극적인 우대조치를 하려는 정부의 정책에 제동을 가한 결과를 가져왔다. 그러나 이 판결에서도 오직 인종만을 기준으로 한 명백한 수적 할당제가 위헌이지, 그 밖의 다른 요소들을 고려할 경우에는 그러하지 않다는 언급을 하고 있다. 정부의 '정책목적'이 아무리 정당하더라도 그 목표달성을 위한 정책수단이 개인의 기본권을 침해할 경우에는 헌법상의 제한이 따른다는 것을 지적한 판례가 된다. 소수의견에서 동 대학의 특별입학 프로그램이 그동안의 명백한 차별을 시정하기 위한 구제 내지 교정정책으로서의 성격을 가지므로 합헌이라는 의견이 제시된 것을 유의할 필요가 있다.

토론 주제

1. 정책과 법이 공통적으로 추구하는 이념은 헌법 제10조에 규정된 '인간의 존엄과 가치'라고 할 수 있다. 인간의 존엄과 가치의 구체적 내용은 무엇인가? 어떻게 자기의 존엄과 가치를, 나아가 타인의 존엄과 가치를 인식할 수 있는가?

2. 인간의 존엄과 가치에 관련되는 사형, 안락사, 낙태, 인간 복제의 찬·반 논거는 무엇인가?

3. 한국헌법의 기본원리인 민주주의의 구체적 구성요소는 무엇이며, 민주주의가 어떻게 제도화되어 구현되고 있는가?

4. 기업과 개인의 경쟁과 창의를 내용으로 하는 시장경제주의의 문제점은 무엇이며, 어떻게 극복할 수 있는가?

5. 핵심기본권인 평등권, 적법절차 원리, 신체의 자유, 표현의 자유의 핵심적인 법 원리는 무엇인가?

6. 정책에서 강조되는 효과성 내지 능률성이 헌법상의 가치와 상충될 경우 어떻게 조정되는가? 과잉금지의 원칙 내지 비례의 원칙을 구체적인 사례를 통하여 설명할 수 있는가?

입법부의 역할과 정책통제 수단 ≪≪ 제3장

정책결정 과정에서 행정부와 입법부의 협력관계가 중요하다. 본장에서는 첫째, 행정부와 입법부 관계의 바탕이 되는 통치형태와 국회의 권한에 관하여 간략히 약술한다. 통치형태에 따라 행정부와 입법부의 관계는 상당히 다르기 때문이다. 그리고 헌법에서 규정하고 있는 의회주의와 국회의 권한을 살펴본다. 둘째, 정부수립이후 입법부와 행정부, 특히 대통령과의 관계를 살펴본다. 셋째, 정책이 입법화되는 입법과정을 소개하고, 입법과정에서의 문제점 내지 쟁점을 분석한다. 넷째, 예산 심의·의결 과정과 관련 쟁점사항을 살펴본다. 다섯째, 행정부의 정책과정에 대한 입법부의 견제 내지 통제 수단에 관하여 분석한다.

1 통치의 형태 및 법제적 기반

1) 대통령제와 내각책임제

통치의 형태는 입법부와 행정부의 관계에 따라 대통령제와 내각책임제로 크게 분류된다. 대통령제의 본질적 요소 내지 기본적 특징은 엄격한 3권 분립이며, 대통령이 독립하여 행정권을 행사하는 정부이다. 대통령이 국가원수이자 행정부의 수반으로 행정부의 일원적 구조를 특징으로 하며 입법권과 집행권이 상호 독립하여 견제한다. 미국이 대표적인 고전적 대통령제 국가로 5불 원칙이 적용된다. 5불 원칙은 의원의 장관 겸직, 의회의 불신임권, 국회해산권, 내각의 법률안제출권, 국회출석발언권이 없는 것이다.

의원내각제의 본질적 요소 내지 기본적인 특징은 행정부가 의회에서 선출되고 의회에 책임을 지는 내각중심의 정부형태로 집행부와 입행부의 권력융화라는 의존성 원리에 기초한다. 행정부가 상징적 원수와 내각으로 구성된 이원적 구조이며, 의회에 대한 정부의 책임 내지 불신임과 정부의 의회해산권이 특징이다. 영국이 대표적인 의원내각제 국가이며, 5가 원칙이 적용된다. 5가 원칙이란 의원과 각료의 겸직허용, 의회의 내각불신임권, 내각의 의회해산권, 내각의 법률안 제출권, 각료의 국회출석·발언권이 있음을 말한다.

대통령제와 의원내각제는 서로 장·단점을 갖고 있다. 대통령제의 장점은 행정부의 안정으로 정책의 계속성과 신속성을 가질 수 있으며, 의회의 졸속 입법을 거부권으로 억제할 수 있다. 반면에 독재의 우려가 있고 의회와 행정부가 정면으로 충돌할 때 그 조정이 어려운 단점이 있다. 내각책임제는 연대 책임으로 책임정치를 구현할 수 있으며, 다수결 원리로 독재정치를 억제하는 장점이 있다. 반면에 단점은 의회 다수당의 횡포가 가능하며, 빈번한 내각불신임의 경우에는 정국이 불안할 수 있다는 점이다.

제3유형의 정부형태로 이원정부제가 있다. 이원정부제의 본질적 요소는 다음과 같다. 첫째, 이원정부제는 집행권이 대통령제와는 달리 대통령과 수상을 중심으로 하는 좁은 의미의 정부로 이원화되어 있다. 둘째, 이원정부제에서 대통령이 실질적 권한을 갖기 위하여서는 국민적 정당성을 확보하여야 하므로 국민의 보통선거를 통하여 사실상 직선되어야 한다. 이에 따라 이원정부제에서는 대통령제와 마찬가지로 대통령과 의회라는 두 개의 국민적 정당성의 축이 병존한다. 셋째, 대통령제와는 달리 정부와 의회는 일정한 연계를 구축하고 있다. 그것은 국민적 정당성을 확보하고 있는 대통령의 정치적 무책임에 비추어 수상을 중심으로 하는 정부가 의회 앞에 정치적 책임을 지는 이른바 의회의 정부불신임권의 제도화이다. 한국에서도 순수한 미국식 대통령제로의 헌법개정을 하지 않는 한 이원정부제적인 운용이나 개헌이 불가피하다는 주장도 있다.[1]

한국정부의 형태는 1948년 제헌 헌법은 의원내각제 요소를 가미한 변형된 대통령제였고, 1960년 헌법은 고전적 의원내각제였다. 1962년 헌법은 부통령 없는 국무총리제와 정부의 법률안 제출권을 인정한 변형된 대통령제였다. 1972년 헌법은 통일주체국민회의에서 6년 임기의 대통령을 선출한 '영도적' 대통령제였고, 1980년 헌법은 선거인단에 의한 7년 임기의 간선제로 신대통령제였다. 영도적 대통령제 내지 신대통령제는 일인독재 내지 군부독재 정권의 산물이었다. 1987년에 개정된 현행 헌법은 5년 단임의 대통령직선제와 내각제 요소를 가미한 변형된 대통령제이다.[2]

2) 분점정부와 단점정부

행정부와 입법부의 관계를 설명하는 과정에서 입법부의 구성이 어떻게 되어 있느냐 하는 문제도 중요한 한 변수가 된다. 입법부의 구성이 여소야대로 되어있는 경우를 분점정부라고 하고 여대야소로 되어있는 경우를 단점정부라고 한다. 정부도 법률안을 제출할 수 있고, 대통령이 제왕적인 권력을 행사해온 행정부 우위의 경우 국회구성이 분점이냐 단점이냐 하는 것은 행정부와 입법부의 관계에서 중요한 요인이 아닐 수 없다. 견제와 균형원리에 비추어 보면 대통령제에서 분점정부는 자연스러운 일이라 할 수 있다.[3] 분점정부는 한국의 경우

---

1) 절충형 정부형태는 전통적인 (일원적) 의원내각제와 미국식 대통령제의 중간적인 모델을 총칭하는 개념으로 이해되고 있다. 이원정부제는 의원내각제적인 전통이 강한 유럽에서 형식적·명목적 지위의 대통령이 국민적 정당성 확보를 통해서 실질적 권한을 가짐으로써 정부에 대통령과 국무총리라는 양두 체제가 형성된다는 의미에서 이원정부제라고 칭하기도 하고, 대통령이 실질적 권한을 가진다는 점에서 반대통령제 내지 준대통령제라 칭하기도 한다. 성낙인, "이원정부제(반대통령제)의 구체화를 통한 권력분점의 구현", 「공법연구」 제38집 제1-1호, 한국공법학회, 2009.

2) 이와 같이 변화해 온 우리의 정부형태는 국민주권의 원리와 법치국가의 원리가 정치논리와 현실 속에 함몰되어 그 의미를 상실한 가운데 오랫동안 권력집중형 대통령제에 매달리는 양상을 보여왔다는 헌법적 평가가 존재한다. 김상겸, "권력분립과 정부형태에 관한 연구", 「헌법학연구」 제12권 제4호, 한국헌법학회, 2006, 474면.

3) 대통령제의 기본구조 그 자체에 분점정부의 가능성이 항상 내포되어 있다고 할 수 있다. 정만희, "대통령제에 있어서 분열정부의 헌법문제", 「헌법학연구」 제14권 제2호, 한국헌법학회, 2008, 393면.

민주화 이후 제13대 국회부터 등장하였다. 분점정부 상황에서는 중요법안에 대한 의회의 논쟁이 활성화되는 장점이 있으나, 국회와 행정부 간에 협력이 안될 때에는 갈등관계가 악화되어 국정운영의 효율성을 저해할 우려가 있다.[4]

3) 국회의 권한과 운영

가. 의회주의

의회는 국민의 다양한 의사와 이해관계를 통합·조정하며, 집행부의 활동을 감시·통제·비판하는 정치적 기능을 한다. 의회주의는 국민대표의 원리에 기초하며 공개와 이성적 토론, 다수결의 원리, 정권교체의 원리를 기본원리로 한다. 국회의 헌법상 지위는 국민 대표기관, 입법기관, 국정통제기관으로서의 지위를 가진다.

나. 국회의 권한

국회의 권한은 입법, 재정, 헌법기관 구성, 국정통제, 자율권으로 분류된다. 국회의 입법에 관한 권한에는 헌법 개정에 관한 권한, 법률 제정에 관한 권한, 조약의 체결·비준에 대한 동의권,[5] 국회규칙 제정에 관한 권한이 있다.

국회의 재정에 관한 권한에는 예산 심의·확정권, 결산심사권, 그 밖의 정부재정행위에 대한 권한이 있다. 그 밖의 정부재정행위에는 긴급 재정 경제처분·명령에 대한 승인권, 예비비 지출에 대한 승인권, 기채 동의권, 예산 외에 국가의 부담이 될 계약결정에 대한 동의권, 재정적 부담을 지우는 조약의 체결·비준에 대한 동의권, 세입세출예산외의 기금에 대한 국회 동의권이 있다. 헌법기관 구성에 관한 권한에는 최고득표자가 2인 이상인 경우 대통령선거권, 헌재 재판관 9인 중 3인, 중앙선거관리위원회 9인 중 3인을 선정하는 헌법기관 선출권, 국무총리·대법원장과 대법관·헌재소장·감사원장 같은 헌법기관구성에

---

4) 박찬욱·원시연, "입법부와 행정부의 관계", 「한국행정60년. 1. 배경과 맥락」, 법문사, 2008, 379면.

5) 최근 한미 FTA 논의를 거치면서 국회의 조약 체결·비준에 대한 동의권을 실질화해야 한다는 주장이 헌법학계를 중심으로 제기되고 있다. 임지봉, "조약체결에 관한 국회의 통제권", 「헌법학연구」 제14권 제3호, 한국헌법학회, 2008, 131-154면.

대한 동의권이 있다.

국정통제에 관한 권한에는 탄핵소추 대상자(헌법 제65조 제1항)에 대한 탄핵소추의결권과 국정감사·조사권이 있다. 탄핵소추 사유는 직무집행에서 헌법이나 법률의 위배이다.[6] 국회는 국정을 감사하거나 특정한 국정사안에 대하여 조사할 수 있으며, 이에 필요한 서류의 제출 또는 증인의 출석과 증언이나 의견의 진술을 요구할 수 있다(헌법 제61조 제1항). 국정감사·조사 대상기관과 사안의 범위가 쟁점이 되고 있다. 그 밖에도 긴급명령과 긴급 재정 경제 처분·명령에 대한 승인권, 계엄해제 요구권 등이 있다. 국회의 자율권에는 집회 등에 관한 자율권, 내부조직에 관한 자율권, 국회규칙의 자율적 제정권, 의사에 관한 자율권, 질서유지에 관한 자율권이 있다.

다. 국회의 구성과 운영

현행 헌법상의 국회의 구성은 단원제로 되어 있고 국회의원의 정수는 법률로 정하되 200인 이상으로 하도록 되었다. 현행제도는 국회의원 지역구 246명과 비례대표 54명으로 구성되어 있다. 국회의원의 선거권자는 선거일 현재 만19세 이상으로 공직선거법 제18조에 규정된 결격사유가 없는 자이며, 국회의원 피선거권자는 만25세 이상이다. 국회 내부는 의장, 부의장, 위원회로 구성되며 위원회는 상임위원회, 특별위원회, 전원위원회, 인사청문특별위원회가 있다.

국회는 정기회와 임시회로 운영되며, 정기회기는 100일, 임시회의 회기는 30일을 초과할 수 없다. 국회의 의사절차에 관한 원칙으로 의사공개의 원칙, 회기계속(會期繼續)의 원칙, 부결된 의안은 동일회기 중 다시 발의 심의하지 못하는 일사부재의(一事不再議)의 원칙이 있다.

---

6) 선거에서의 중립의무 위반, 재신임 국민투표 제안행위, 정국의 혼란과 경제파탄의 이유로 노무현 대통령에 대한 탄핵소추 의결이 있었다.

2 정부수립 이후의 입법부와 행정부의 관계

정부수립 이후의 입법부와 행정부의 관계를 개관하여 본다.[7] 한국은 단명의 제2공화국을 제외하고는 대통령제 정부형태를 유지해오고 있다. 대통령제에서는 국회가 행정부로부터 자율성을 유지하고 행정부와 경쟁하면서 협력하여 '견제와 균형'을 유지하는 것이다. 정부수립 이후 지금까지의 한국헌정사를 보면 국회는 행정부를 견제하기에 취약하였다. 대부분의 역대 대통령들은 집권당의 수뇌로서 강한 통제력을 바탕으로 국회의 자율성을 제약하고 지배해 왔다고 할 수 있다.[8]

국회의 핵심기능인 법률안 심의, 행정부 인사 통제와 예산 및 결산 심사, 그리고 국정감사 등의 행정부 견제와 감독을 중심으로 정부수립 이후의 입법부와 행정부의 관계를 제1-2공화국, 군부 권위주의 시대인 제3-5공화국, 민주화 이행 및 공고화 시기인 제6공화국으로 구분하여 살펴본다.

한국 입법부의 구성과정과 운영은 정당제도 및 선거제도와 긴밀히 연관되어 있는 복잡한 정치과정이다. 정당의 경우 잦은 정당의 이합집산, 정당의 불법 선거자금 조성, 그리고 불합리한 공천제도와 국고보조금의 배분 등이 문제가 되어왔다. 선거의 경우에는 1994년의 통합선거법이 대통령, 국회의원, 광역지방자치단체장 및 의원, 기초자치단체장 및 의원의 선거제도를 기관의 성격이 다른데도 무리하게 통합하여 단일 법률화함으로써 선거운동 기간과 선거운동 방법의 지나친 제한, 선거범죄 소송의 증가 등의 부작용이 발생하고 있다.[9]

1) 제1공화국(제1·2·3·4대 국회) - 제2공화국(제5대 국회)

제헌 국회(85/200)와 제2대 국회(126/210)는 무소속이 다수였고, 제3대 국회(114/203)와 제4대 국회(126/233)는 여당인 자유당이 압도적으로 다수를 차지한

---

7) 박찬욱·원시연, 전게논문, 379-380면을 요약·편집한 것임.

8) 정만희, 전게논문, 377면.

9) 권영설, "주요쟁점으로 본 우리 정치과정의 헌법문제", 「헌법학연구」 제13권 제2호, 한국헌법학회, 2007. 6. 1-52면.

의석분포였다. 제헌 국회에서 지금까지 대부분의 경우 법률안 심의에서 보인 특징은 정부제출안의 가결률이 의원발의안의 가결률보다 높은 것이다. 그러나 제3대와 제4대 국회에서 정부제출안 가결률(34.7%, 21.4%)보다 의원발의안의 가결률(41.5%, 25.8%)이 높았는데, 그 이유는 본래 정부안을 수적으로 우세한 자유당의 힘을 빌어 의원입법 형식으로 한 것으로 해석된다. 제헌 국회는 21건의 국무총리 및 국무의원 임명승인안 중 총 5건을 부결시켰다. 무소속 비율(85/200명)이 높은 제헌 국회에서 야당인 한민당이 주축이 되어 행정부를 견제한 것이다. 제5대 국회에서 국무총리 임명안이 부결된 사례도 있으나 행정부에 대한 인사통제라기보다는 정파 간 실력행사의 성격으로 해석될 수 있다. 제1공화국 중에 대통령의 법률안 거부권이 가장 많이 행사된 것(총 45회)도 한 특징이다.

　　제헌 국회부터 제5대 국회까지는 대의민주제도의 도입초기로 경험부족에 의한 민주주의의 시련기라 할 수 있다. 제헌 국회에서 제2대 국회 전반기까지는 국회가 대통령과 행정부를 견제할 정도의 자율성을 지키고 있었다. 그러나 이승만 대통령이 1951년부터 자유당을 탄생시키고 직선제개헌을 관철시키면서 대통령의 전단(專斷)주의가 시작되었고, 집권세력인 자유당이 국회를 장악하여 국회의 자율성이 심각하게 훼손되었다. 1960년 4월 혁명으로 내각책임제가 채택되었으나 여당내의 내부적 분열로 정치적 불안이 지속되는 가운데 1961년 5월 군부쿠데타를 맞게 된 것이다.

2) 제3공화국(제6·7·8대 국회) – 제4공화국(제9·10대 국회) – 제5공화국(제11·12대 국회)

　　제3공화국인 제6대 국회(110/175), 제7대 국회(129/175), 제8대 국회(113/204)까지는 여당인 민주공화당이 다수당을 차지하였고, 유신 독재인 제4공화국의 제9대 국회(146/219)와 제10대 국회(145/231)도 여당인 민주공화당과 유신정우회가 압도적 다수를 차지하였고, 전두환 군사정권인 제5공화국의 제11대 국회와 제12대 국회 역시 여당인 민주정의당이 다수를 차지한 의석 분포였다. 특히 제7대, 제9대, 제11대를 제외한 나머지 국회의 경우에는 헌법 개정으로 국회의원의 임기가 세차례나 단축되기도 하였고, 국회가 해산된 경우도 한차례 있었다.

이 시기의 법률안 심의를 보면 정부제출안의 가결률이 의원발의안보다 높아 무려 90%에 달하였다. 행정관료의 전문화에 따른 행정국가화 현상도 한 원인이 되겠지만 대통령이 막강한 권력을 행사하던 시기의 단점정부였기에 당정협의체제 같은 사전조율도 가능했을 것이다. 정부의 법률안 제출이 정기국회에 편중하여 질의와 토론이 생략된 채 회기 막바지에 싹쓸이 또는 날치기 처리가 빈번하였다. 집권여당이 다수당이었으므로 국무위원의 해임건의안이 가결될 확률은 거의 없었으나, 제7대 국회와 제8대 국회에서 항명파동이나 당과 내각 간의 갈등 같은 내부 요인으로 한두 건의 국무위원 해임건의안이 가결되기도 하였다. 제8대 국회에서 제12대 국회까지는 행정부 견제의 핵심수단인 국회의 국정감사권이 폐지되었다.

1963년에 출범한 제3공화국에서는 대통령제가 복원되고 국회는 단원제로 조직되었다. 제6대 국회에서는 대통령과 행정부의 독주가 두드러지지 않았으나 제7대 국회에서 3선 개헌을 한 후 국회 위상이 침몰하게 되었으며, 특히 1972년의 유신체제는 국회를 행정부의 예속체제로 만들었다. 대통령에게 국회 해산권을 부여하였으며, 국정감사권도 폐지시킨 것이다. 1979년 박대통령의 시해사건을 배경으로 등장한 제5공화국은 선거인단에 의한 7년 단임의 전제정권이었으며, 이 시기의 제11대 국회와 제12대 국회도 정치적 위상이 매우 취약하였다. 국회의원의 원내발언에서조차 대통령과 그 친인척에 대한 비판이 금지될 정도였다.

3) 제6공화국 이후(제13·14·15·16·17대 국회)

민주화의 출발점인 1987년 6.29 선언 직후 김영삼과 김대중은 후보단일화에 실패하고 통일민주당은 영호남으로 분열되었으며, 김대중은 평화민주당을 창당하고 대통령선거에 임했으니 민정당 노태우가 36.6%로 당선되었다. 1988년에 시행된 제13대 국회에서 민정당은 33.9%의 득표율로 지역구 87석, 비례대표 38석으로 125석(125/299)을 차지하여 역사상 최초로 여소야대 현상이 나타났다.10) 이러한 4당 구도는 결국 1990년에 민정, 통일민주, 신민주공화당이 민주

---

10) 민주정의당 125석, 김대중의 평화민주당 70석, 김영삼의 통일민주당 59석, 김종필의 신민주공

자유당(민자당)으로 합당하였다. 1992년의 제14대 총선에서는 민자당이 149/299
석을 얻었으나 무소속 등을 영입하여 과반수를 넘긴 158석을 만들어 개원하였
다. 김영삼 정부하의 제15대 총선에서도 신한국당은 34.5%인 139/299석을 차지
하여 여소야대가 되었으나 무소속 당선자의 영입으로 과반수가 넘는 151명으로
출발하였다. 1997년에 김종필과의 연합으로 김대중이 대통령에 당선되었고, 국
민회의와 자민련은 야당의원을 영입하여 122석에서 158석으로 늘렸다. 내각책
임제를 위한 개헌약속이 이행되지 않았고, 국민회의는 2000년에 새천년민주당
(민주당)을 창당하였다. 제16대 총선에서 민주당과 자민련의 공조가 파괴되어 한
나라당이 133석을 차지하여 여소야대가 되었다. 2002년 12월의 대통령선거에서
노무현이 당선되고 2003년에 열린우리당을 창당하였다. 47석의 열린우리당은
2004년 대통령 탄핵후 치러진 제17대국회의원 선거에서 152/299석을 얻어 거
대여당이 되었다. 2007년에 한나라당 이명박 후보가 48.7%로 대통령에 당선되
고 제18대 국회의원 선거에서 한나라당이 과반수인 153/299석을 차지하였다.
요컨대, 제13대 국회부터 분점정부를 이루었으나, 인위적인 정계개편으로 제
13대부터 제15대는 단점정부로 변하였고, 제16대 후반부터 제17대는 정당 간
이합집산이 두드러졌다. 그리고 제18대는 한나라당이 단점정부를 구성하게 되
었다.

  이 시대의 국회와 행정부의 관계를 보면, 법률안 심의에서 제15대 국회부
터 의원발의안이 급증하기 시작하였으나,[11] 가결률은 정부제출안이 높았다. 행
정부에 대한 인사통제는 더욱 강화되었다. 대법원장 임명동의안이 1988년에 부
결되기도 하였다. 제16대와 제17대 국회에서는 인사청문회가 각각 25회, 60회가
될 정도로 활발하였다. 제13대 국회에서 대통령의 법률안 거부권이 7건 행사되
었으나 한건도 국회 재의과정에서 가결되지 못하였다. 제16대 국회에서 대통령

  화당 35석, 무소속 9석이었다.
11) 제17대 국회의 경우 정부안이 358건인데, 의원 발의안이 5218건으로 (2007년 6월 8일 현재)
    급증하였다. 그 원인은 초선의원(189명/299)이 많아 의욕이 높은 점도 있었겠지만 국회차원의
    사전준비 없는 의원입법안 제기의 중복과 남발현상으로 볼 수 있다. 입법발의 요건을 10명으
    로 너무 낮춘 것도 한 요인이 되겠다. 의원입법안의 남발은 전문성 부족으로 질적인 문제가
    있으며, 회의진행의 효율성 문제도 야기한다. 권영설, "주요쟁점으로 본 우리 정치과정의 헌
    법문제", 「헌법학연구」 제13권 제2호, 한국헌법학회, 2007. 6, 6-10면.

탄핵소추안이 의결되었는바 헌정초유의 사건이 되었다. 1997년에는 김대중이, 2007년에는 이명박이 선거를 통한 여·야 간의 정권교체를 이루었다. 이 시기도 역시 대통령의 집권당 장악과 독주는 여전하여 국회의 견제를 물리치고 독주한 면이 있다. 노무현 정부에서 국회는 대통령을 탄핵할 정도까지 견제하기도 하였지만, 여야 모두 권력투쟁에 몰입하여 대통령과 협력하여 국정의 동반자 역할은 못하였다고 평가된다.

4) 입법부와 행정부의 바람직한 관계 : 균형의회

한국의 정치는 최근 20년 동안 크게 성장하여 왔다고 할 수 있다. 선거를 통한 정권교체를 경험하였고, 여론을 통한 권력에 대한 효과적인 견제가 가능하였으며, 지방자치의 구현 등이 그러한 증거이다. 그러나 아직도 입법부에 대한 평가는 낮은 것 같다. 특히 국회가 대통령과의 상호관계에서 적절한 견제를 하면서 국정의 파트너로서 협력하는 모습이 아쉽다고 할 수 있다. 국회가 대통령 내지 행정부와 견제하면서 협력하는 모습을 '균형의회'라 할 수 있다.

균형의회는 법률을 비롯한 국가의 기본정책의 형성과정에서 심의를 충실히 하고 정책의 집행과정에서는 감독을 철저히 하여 정책역량을 효과적으로 발휘하는 의회이다. 균형의회는 다양한 정치세력을 상호수용하고 조정하며 갈등을 원만히 해소하는 공론장이다. 균형의회에서는 다수파가 고정되어 있지 아니하고 정책사안별로 다수가 유연하게 형성될 수 있는 가능성이 열려 있다. 정책의 일관성과 국민에 대한 책임성을 견지하려면 어느 정도의 정당규율이 요구되나 국회에서의 정당규율이 지나치게 경직되어 있지는 않다. 원내 정당은 의원총회를 통한 토론절차를 중시하여야 하며, 정당 간의 상호작용은 절제, 협조, 합의라는 세 가지 원리를 존중하여야 한다.[12]

입법부와 행정부의 관계에서 중요한 것은 대통령의 국회에 대한 태도이다. 종래 대통령은 국회를 대화의 파트너로 충분히 인정하지 않았고 국회를 지배하려고 했거나 무시하는 태도를 가졌다. 대통령은 국회의 자율성을 존중하면서 국정운영에 대화와 설득의 정치를 펼쳐야 한다. 대통령이 소속된 집권당도 대통령

---

12) 박찬욱·원시연, 전게논문, 422-423면.

제3장 입법부의 역할과 정책통제 수단

에 예속되어서는 아니 되며, 정책적 협조는 필요하지만 견제기능을 포기해서는
안 된다.[13]

3 입법과정과 쟁점

1) 국회입법의 원칙과 입법과정

가. 국회입법의 원칙

국민의 권리의무에 관한 중요사항은 국민의 대표기관인 국회에서 법률로
정한다. 대한민국 헌법 제40조에서 국회입법의 원칙을 규정하고 있다. 대통령은
법률에서 구체적으로 범위를 정하여 위임받은 사항과 법률을 집행하기 위해서
필요한 사항에 관하여 대통령령을 발할 수 있다(동법 제75조). 의원입법안은 10인
이상의 의원찬성으로 가능하다(국회법 제79조). 국무총리와 행정각부의 장은 소관
사무에 관하여 법률이나 대통령령의 위임에 의하여 또는 직권으로 총리령 또는
부령을 발할 수 있다(동법 제95조). 지방자치단체도 법령의 범위 안에서 자치에
관한 규정(조례 및 규칙)을 제정할 수 있다(동법 제117조).

국회의원과 정부가 모두 법률안을 제출할 수 있다(헌법 제52조). 의원입법안
은 10인 이상의 의원찬성으로 가능하다(국회법 제79조). 많은 입법이 행정부 공무
원들에 의하여 제출된다. 행정부 공무원들의 전문성에 의한 행정국가화의 현상
이며, 상대적으로 입법권에 대한 국회의 고유기능이 약화되고 있다. 최근에는
전술한 바와 같이 의원입법안이 증가하고 있다. 어떤 통로를 거치던 입법이 필
요한 정부의 중요정책은 국회의 의결을 거쳐야 하므로 국회의 입법권은 행정부
견제에 아주 유효한 수단이 된다 하겠다.

나. 정부의 입법과정

입법과정은 매우 동태적(動態的)인 과정으로 이해관계인들의 정치적 영향력
이 크게 작용한다. 입법과정은 크게 세 과정으로 나눌 수 있는 바, 첫째는 투입

---

13) 상계논문, 423면.

과정인 정부 또는 의원의 법률안 제출, 둘째는 전환과정인 국회에서의 심의와 의결, 그리고 셋째는 산출물인 대통령의 법률안 공포이다.

가) 법률안 제출

정부의 법률안 준비과정을 살펴본다. 정부의 입법계획 수립은 국무총리 훈령 제237호인 「정부입법계획 운영규정」에 의하여 법률안, 대통령안 등에 대한 입법계획의 수립 및 정책 결정과 입안, 심의 및 공포 등 입법활동의 전 과정에 대한 협조체제를 구성하여 효율적인 입법을 하도록 되어 있다.14) 각 원(院)·부(部)·처(處)·청(廳)의 장은 매년 초에 주요업무계획 등 업무 계획에 따라 당해 연도 중에 제정 또는 개정할 법률안 및 하위 법령안을 상정하여 자체 연간 입법계획을 수립한다. 동 계획에는 법령의 명칭, 입법의 필요성, 입법의 요지, 입법 추진일정, 입법에 따라 예상되는 문제점, 관련 법령 또는 하위 법령의 제정 또는 개정 계획을 포함하도록 규정하고 있다(동규정 제6조, 제7조 제1항). 각 원·부·처·청의 장이 마련한 자체 연간 입법계획은 매년 2월말까지 법제처에 이를 제출하며, 법제처장은 제출된 입법계획을 종합하고 이를 입법정책협의회에 부의하여 해당 각 원·부·처·청의 장의 의견을 들은 후 필요한 조정을 거친 다음 정부 입법계획을 작성하여 국무회의에 보고한다(동규정 제8조). 보고된 입법 계획에 따라 정부는 입법을 추진하여야 한다.15)

정부제출 법률안은 주로 정부 고위 당국자나 정당, 특히 여당의 정책적 지시에 의하여 입안된다. 법률안의 개정은 감사원이나 각 부처의 요청 또는 관련 단체, 이해 관계인의 건의, 실무자나 일선 기관의 건의에 의하여 이루어지는 경우가 많다. 때로는 법원의 판결이나 헌법재판소의 결정에 의해서 이루어지는 경우도 있으며, 헌법상 규정된 청원권 행사에 의해서 입안되는 경우도 있다. 이러한 여러 경로를 통하여 발생한 정책의제는 당해 사항에 관하여 입법정보를 가장 많이 확보하고 있는 소관 부처의 주무부서가 실무자 회의를 통하여 입안 여

---

14) 박영도, 「입법과정의 이론과 실제」, 한국법제연구원, 1994.

15) 각 원·부·처·청의 장은 법제처장에게 법령안의 심사를 의뢰할 때 입법계획대로의 이행 여부 및 정부, 정당 간의 협의에 관한 사항을 첨부하여야 하며 법제처장은 매 분기 말 현재의 입법 추진 상황을 종합하여 이를 입법정책협의회에 부의하고, 국무회의에 보고하도록 하고 있다(동규정 제9조 제3항).

부를 결정한다.16)

정부제출 법률안의 경우에는 여당과 당정협의회의 협의 과정을 거쳐 의견 조정을 기한다. 당정협의는 정부와 여당 간의 입법 정책 및 활동 방향의 사전 협의를 의미하며, 정부 각 부처와 여당 정책부서의 소관분과별로 이루어지는 실무 당정협의회와 정부의 내각 및 여당 대표자 및 정책부서 책임자 단위로 이루어지는 고위 당정협의회 등이 있다.17)

위와 같은 제 단계를 거치면서 법률안의 초안을 보완하여 주무부처가 법률안의 원안을 확정하게 되며, 주무부처에서 확정된 법률안은 정부의 법제 기구인 법제처에 심사를 의뢰한다. 법제처의 심사가 완료된 법률안은 차관회의에 상정한다. 차관회의에서 가결된 의안은 그 의결결과를 첨부하여 국무회의에 상정하고 국무회의를 통과한 법률안은 국무총리와 관계 국무위원의 부서를 받아 대통령의 결재를 받는다. 법률안에 대한 대통령의 서명이 있으면 법제처에서는 법률안을 지체 없이 국회에 제출한다.18)

나) 국회의 심의·의결

국회에 제출된 법률안은 국회법에 따라 심의·의결된다. 해당 상임위원회에서 심의하기 전에 통상 소위원회에서 사전 심사한다. 소위원회의 역할이 매우 크다 하겠다.19) 상임위원회에서 통과되면 본회의에서 의결하게 된다. 국회에서

16) 이 단계에서 법률안이 고도의 전문성, 기술성을 요하는 경우에는 관련 연구 기관이나 단체에 용역을 주거나 위촉을 하는 수가 있으며, 전문가들로 팀을 구성하여 입안하기도 한다. 특히 여기에는 외국의 입법 사례의 조사, 관계인 및 전문가의 의견 수렴, 실무자의 작업과 국, 과장의 검토가 이루어지며 각 부처의 법무담당관이 최소한의 법 기술적 사항을 점검한다. 이와 같은 검토를 거친 후 당해 법률안의 구체적인 원안 작성을 위하여 법률안에 수록하여야 할 조문 전체에 대하여 요강과 분석서를 작성한다. 법률안의 요강 및 분석서에는 제정, 개정 및 폐지 이유, 주요 골자, 입법 효과, 주요 검토 과제(찬성, 반대의견 등), 관련 부처와 기관 및 단체, 관련 부처와의 협의가 필요한 사항, 예산 조치 등을 기재한다.

17) 주관 부서에서 작성한 법안이 경제 안건인 경우에는 경제관계 부처의 장관 또는 차관 등으로 구성되는 경제차관회의 및 경제장관회의를 차례로 거쳐야 하며 이 과정에서 경제 정책에 관한 관련 부처 사이의 협의를 도모한다.

18) 대통령령의 제정과정도 앞서 살펴본 법률의 입법과정과 기본적으로 동일하다. 즉, 성안 → 관계부처와의 협의 → 입법예고 → 경제 장·차관회의 → 법제처심사 → 국무회의 심의 → 국무총리 및 관계 국무위원의 부서 → 대통령의 재가 → 관보게재 → 대통령령 성립 순이다.

19) 오늘날 의회내 위원회의 심사는 소위원회의 심사라 일컬어질 정도로 각 국 의회에서 소위원회는 중요한 역할을 담당하고 있다. 이는 현대사회의 전문화·고도화 및 복잡화·다기화 추세로 인해 의회에서 심의할 안건이 질적·양적으로 확대된 결과에 기인한다. 이한규, "입법과정 개선에

의 법률안 심의 의결과정은 매우 정치적이므로 이익집단의 로비가 중요한 역할을 하게 된다.

다) 대통령의 법률안 공포

국회에서 의결된 법률안은 정부에 이송되어 15일 이내에 국무회의의 심의를 거친 후 대통령이 공포한다. 법률안에 이의(異議)가 있을 때에는 대통령은 15일 기간 내에 이의서를 붙여 국회로 환부(還付)하고, 그 재의를 요구할 수 있다. 국회의 폐회 중에도 또한 같다. 대통령은 법률안의 일부에 대하여 또는 법률안을 수정하여 재의를 요구할 수 없다. 재의 요구가 있을 때에는 국회는 재의에 붙이고, 재적의원과반수의 출석과 출석의원 3분의 2이상의 찬성으로 전과 같은 의결을 하면 그 법률안은 법률로서 확정되며, 대통령이 15일의 기간 내에 공포나 재의 요구를 하지 아니한 때에도 그 법률안은 법률로서 확정된다.

대통령은 확정된 법률을 지체 없이 공포하여야 한다. 공포나 재의 요구를 하지 아니하여 법률이 확정된 후 또는 국회의 재의 의결로 확정법률이 정부에 이송된 후 5일 이내에 대통령이 공포하지 아니할 때에는 국회의장이 이를 공포한다. 법률은 특별한 규정이 없는 한 공포한 날로부터 20일을 경과함으로써 효력을 발생한다(헌법 제53조).

2) 입법 과정상의 쟁점

가. 법률안 심의 과정상의 문제

법률안이 국회에 제출되면 소관 상임위원회에서 일차적으로 심의하게 되는데, 기술적이고 복잡한 법률안의 경우 관련되는 상임위원회가 복수로 되지만 상호 협력이 쉽지 않다. 소위원회에 우선적으로 심의하는데 소위원회는 소위원회의 의결로 비공개로 할 수 있어 충분한 심의 없이 비공개로 하는 경우도 많다.

관한 헌법적 고찰", 고려대학교 대학원 법학과 박사학위논문, 2001, 163-177면. 특히 미국 의회의 경우 1970년대 후반에 이르러서는 '소위원회정부'(Subcommittee Government)라는 표현이 생길 정도로 위원회 위원장에서 소위원회 위원장으로 권한이 이동하고 입법과정에서 소위원회의 역할과 비중이 증대하였다. W. E. West, "Oversight Subcommittees in the House of Representatives", in J. H. Silbey ed., *Encyclopedia of the American Legislative System: Studies of the Principal Structures, Processes, and Policies of Congress and the State Legislatures since the Colonial Era*, New York: Scribner Book Company, 1994, pp. 147~157.

상임위원회에서 통과된 법률안이 체계심사와 자구심사를 위하여 법제사법위원회에 회부되는데 당리당략으로 여·야 간에 자주 비생산적인 갈등의 모습을 보였다.[20] 위원회와 본회의에서 충분한 질의와 토론 없이 원색적인 물리적 힘 싸움이 자주 발생한 바, 이에 관한 헌법재판소 판결을 다음에서 살펴본다.

나. 입법심의·의결 과정에서의 날치기 통과 문제

국회의 입법심의·의결 과정에서 문제되는 악습 중 하나가 토론에 의한 합의 내지 다수결 원리에 의한 합리적 의사결정을 못하고 여·야 간의 몸싸움과 날치기 통과 문제이다. 2009년 헌법재판소는 「신문 등의 자유와 기능보장에 관한 법률」(신문법)과 방송법 등의 법률 일부개정 과정에서 발생한 의사진행 및 의사결정 과정상의 여러가지 하자 문제에 관하여 심판한 바 있다.[21] 이 사건의 개요와 쟁점, 그리고 헌법재판소의 심판 논거를 다음에서 살펴본다.[22]

가) 사건의 개요

2009년 7월에 국회의장은 신문법과 방송법 등의 법률안 개정안을 본회의에 직권 상정하겠다고 발표하였으나, 야당인 민주당의원들이 출입문을 봉쇄하여 본회의장 진입을 하지 못하였다. 국회의장으로부터 의사진행을 위임받은 국회부의장은 신문법과 방송법을 일괄 상정한다고 선언하고 심사보고나 제안 설명은 단말기 회의록과 회의 자료로 대체하고 질의와 토론을 실시하지 않겠다고 하였다. 신문법은 재적 294인, 재석 162인, 찬성 152인, 반대 0인, 기권 10인으로 가결이 선포되었다. 방송법은 투표종료가 선언되었고 재적 294인, 재석 145인, 찬성 142인, 반대 0인, 기권 3인으로 전자투표 전광판에 표시되었다. 국회부의장은 '재석의원이 부족해서 표결이 불성립하였으니 다시 투표해주시기 바랍니다.'라고 말하였고 그 후 투표전광표에 재적 294인, 재석 153인, 찬성 150인, 반대 0인, 기권 3인으로 표시되었고 방송법 수정안의 통과가 선포되었다. 본회의 진행당시 곳곳에서 여야당 국회의원들은 몸싸움을 하고 있었다. 88명의 야당

20) 권영설, 전게논문, 12-17면.
21) 이에 대한 판례평석으로 박경철, "입법절차의 위법과 법률안가결선포행위의 효력", (「공법연구」 제38집 제2호, 한국공법학회, 2009, 285-319면)이 있다.
22) 2009. 10. 29. 2009헌라8.

의원들은 위 각 선포행위가 국회의원인 청구인들의 법률안 심의·표결권을 침해하였다는 확인결정을, 그리고 그러한 가결선포행위에 대한 무효확인을 청구하는 권한쟁의심판을 헌법재판소에 청구하였다.

나) 쟁점과 판단

첫 번째 쟁점은 법안 제안취지의 설명 절차를 생략한 것이 위법인가이다. 즉 신문법 수정안이 회의진행시스템이 아닌 e-의안시스템에 입력된 것만으로 제안취지를 대체할 수 있는지가 쟁점이었다. 제안취지 설명은 의안에 대한 질의 토론 및 표결을 위한 의사결정에 불가결의 요소로 위법하다는 의견(2인)도 있었으나, 다수는 수정안을 표결할 당시 수정안의 취지와 내용을 알 수 있었으므로 적법하다고 판단하였다.

두 번째 쟁점은 신문법과 방송법안을 상정한 후 질의와 토론을 실시하지 아니한다고 공언하고 표결한 바, 국회법 제93조에 규정된 심의·표결권을 침해하였는가였다. 이에 대하여 3인의 소수 의견은 국회법 제10조에서 회의진행 전반에 관하여 국회의장에게 폭넓은 권한을 부여하고 있어 국회의 의사진행에 관하여 원칙적으로 의장에게 권한과 책임이 있으며, 헌법이나 법률에 명백히 위배되는 것으로 인정되지 않는 한 다른 국가기관은 이를 존중하여야 하므로 적법하다고 하였다. 그러나 다수 의견(6인)은 국회법 제93조에서 심의절차를 특별한 사유가 없는 한 반드시 지켜야 할 절차로 규정하고 있으며 특히 위원회의 심사를 거치지 아니한 안건은 본회의에서 질의토론 절차를 생략할 수 없도록 하고 있는 바, 신문지법은 위원회 심사 없이 본회의에 상정된 안건으로 질의와 토론 절차를 생략할 수 없는 것으로 의장의 자율적 의사진행 권한의 한계를 넘어 위법하다고 심판하였다.

세 번째 쟁점은 표결과정이 무질서한 상황에서 이루어졌고, 다른 의원의 투표단말기를 이용한 3건의 대리투표가(확인은 1건) 있었는바, 이는 다수결 원리에 반하여 청구인들의 법률안 심의표결권을 침해하였는지였다. 4인의 소수 의견은 실제표결 결과에 영향을 미쳐 청구인들의 투표가치를 훼손하였다고 인정할 수 없다는 심판을 하였고, 5인은 표결권은 일신전속적인 권한으로 타인에게 양도나 위임할 수 없으므로 자신에게 사용권한이 없는 투표단말기를 사용하여 투표하였다면 그 동기나 경위가 무엇이든 국회법에 위반되고 다른 국회의원의 표결권을 침해한 것으로 위법하다고 심판하였다. 신문법의 가결선포행위가 청구인들의 심의표결권을 침해하였다는 의견이 7인으로 과반수를 충족하므로 위법함이 인용되었고, 방송법의 경우에도 질의토론 절차부분의 국회법 위반이 있었으며, 표결결과 부결이 확정되었음에도 부결을 선포하지 아니한 채, 재표결을 실시하고 재표결 결과에 따라 가결을 선포한 것은 청구인들의 표결권을 침해한 것이라는 의견이 추가되어 6인이 위법함을 인용하였다.

네 번째 쟁점은 이러한 심의표결권 침해를 확인하였다면, 헌법재판소는 그러한 가결선포행위의 무효를 확인하거나 취소하는 심판을 하여야 하는가의 문제이다. 신문법이나 방송법 모두 그러한 주장은 기각되었는바, 그 논거는 다음과 같다. 권한쟁의심판 결과 드러난 위헌·위법 상태를 제거함에 있어 피청구인에게 정치적 형성의 여지가 있는 경우 헌법재판소는 피청구인의 정치적 형성권을 가급적 존중하여야 하므로, 재량적 판단에 의한 무효 확인 또는 취소를 통하여 피청구인의 처분의 효력을 직접 결정하는 것은 권한질서의 회복을 위하여 헌법적으로 요청되는 예외적인 경우에 한정되어야 한다. 이 사건에 있어서도 기능적 권력분립과 국회의 자율권을 존중하는 의미에서 헌법재판소는 원칙적으로 처분의 권한 침해만 확인하고, 권한 침해로 야기된 위헌·위법상태의 시정은 피청구인에게 맡기는 것이 바람직하므로, 이 부분 청구는 기각되어야 한다.

한편 3인의 재판관은 소수의견에서 질의와 토론 절차가 생략되고, 표결과정이 극도로 무질서하게 진행되어 표결절차의 공정성을 의심하지 않을 수 없는바, 이는 중대한 무효사유가 된다고 하였다. 또한 가결선포행위의 심의·표결권한의 침해를 확인하면서 그 위헌성·위법성의 시정을 국회에 맡기는 것은 모든 국가작용이 헌법질서에 맞추어 행사되도록 통제하여야 하는 헌법재판소의 사명을 포기한 것이라는 주장도 있었다.

다) 결 론

헌법재판소는 권한침해 확인소송에 대하여 신문법의 경우에는 7 : 2로, 방송법의 경우에는 6 : 3으로 인용하는 결정을 하였다. 그러나 가결 선포행위에 대한 무효확인 소송 또는 취소 소송은 신문법의 경우 6 : 3으로 방송법의 경우 7:2로 기각하여 잘못된 선포행위의 시정은 국회의 자율권에 맡겼다.

라) 헌법재판소 심판에 대한 평가

헌법재판소는 1997년에 국회의원과 국회의장 간의 권한쟁의 사건에서 국회의장이 야당의원들에게 본회의 개의일시를 국회법에 규정된 대로 적법하게 통지하지 않음으로써 그들이 본회의에 출석할 기회를 잃게 되었고, 그 결과 법률안의 심의·표결과정에 참여하지 못하게 한 상태에서 본회의를 개의하고 법률안을 상정하여 가결선포함으로써 야당 소속 국회의원인 청구인들의 법률안 심의·표결권을 침해한 것이라는 결정을 내린 바 있다.[23]

이번 2009년 결정도 헌법재판소가 국회에서의 입법절차의 하자와 관련하여 질의·토론절차를 거치지 아니한 점, 표결절차에서 공정성에 흠결이 있다는 점, 일사부재의 원칙에 위배한 점 등을 이유로 그러한 하자 있는 심의·표결절차에 터 잡아 이루어진 법률안 가결선포행위가 국회의원인 청구인들의 법률안 심의·표결권을 침해하였다는 점을 확인한 심판이다. 한국 국회의 오랜 악습이었던 국회의 법률안 심의 과정에서의 몸싸움과 각종 편법적 표결과정에 제동을 건 중요한 결정이라 할 수 있다. 그러나 위법한 가결선포행위에 대하여 무효 확인 내지 취소 결정을 못하고, 위법한 행위를 한 국회에게 그러한 시정을 스스로 하도록 한 결정은 아쉬움이 남는 판결이 아닐 수 없다.

다. 입법 전문성의 보완책으로 입법조사처의 역량 강화

입법 과정에서의 중요 쟁점은 법률의 제정권이 국회의 핵심 권한인데, 앞에서 살펴본 바와 같이 정부수립이후 지금까지 거의 행정부의 법률안 가결률이 높고, 실질적으로 행정부에서 법률안을 입안한다는 점이다. 전문화에 기인한 행정국가화 현상이 큰 원인이므로 어쩔 수 없는 측면이 있으나, 그 개선안이 모색되어야 할 것이다. 국회내 입법조사처의 기능을 확대하여 국회의원들의 입법과정에서의 전문성을 보완해 주는 역할을 하게 하는 것도 하나의 개선안이 될 수

---

23) 1997. 7. 16. 96헌라2.

있을 것이다.[24)]

국회 입법조사처는 입법 및 정책과 관련된 사항을 전문적으로 조사·연구하여 그 결과를 다양한 방식으로 국회의 위원회와 국회의원에게 제공함으로써 국회의 입법 및 정책 개발 역량을 강화하기 위해 설립된 국회의 독자적인 입법정책 조사·분석 기관이다. 국회 입법조사처의 주요업무는 다음과 같다.

국회의 위원회와 국회의원이 요구하는 사항에 대해 조사 분석하여 그 결과를 제공한다. 다양한 입법 및 정책 현안을 조사·연구하여 제공함으로써 국회의원의 입법 및 정책개발 활동을 지원한다. 입법 및 정책과 관련된 다양한 자료를 수집하여 적시에 국회의원 및 위원회에 제공한다. 국회의원연구단체에 대해 연구주제 개발, 전문가 및 자료원에 대한 정보제공 등 다양한 방식으로 지원한다. 세계적인 입법 트렌드, 주요국의 최신 입법 동향, 외국의 입법례 등을 수집하고 분석하여 제공한다(국회입법조사처법 제3조).

행정부의 법률안 발의권이 없는 미국의 경우 하원에서 최초로 발의된 법안은 하원내 위원회의 철저한 심사를 거치게 된다. 특히 상임위원회의 법안심사 과정에는 정책 사안에 대한 기초조사, 법안의 예상효과 분석, 법안의 예상비용 분석 등 입법평가와 관련된 다양한 서비스를 지원받고 있다. 이러한 지원을 하는 기관은 의회도서관 조사국(Congressional Research Service), 의회 예산처(Congressional Budget Office), 회계검사원(General Accountability Office)이다. 의회도서관 조사국은 특정 공공정책 사안에 대한 기초조사, 다양한 입법사안에 대한 교육 세미나 제공 및 보고서 작성 등의 업무를 지원한다. 의회 예산처는 법안의 예상비용 산정 업무를 수행하며 법안이 정부의 향후 재정에 미치는 영향을 평가한다. 회계검사원은 감시기관으로 정책의 성과를 평가하며 행정부의 재정 및 관리 상태를 조사하고 개선 방안을 수행한다.[25)]

---

24) 입법조사처 이외의 국회 법제기구의 범주에는 국회사무처 법제실, 각 위원회공무원, 의원보좌직원, 정당의 정책연구위원 등이 포함된다. 이러한 국회 입법지원기구의 기능과 역할에 관한 내용을 다룬 논문에는 김승환, "의원입법의 개선·발전방안 모색", (「공법연구」 제33집 제3호, 한국공법학회, 2005, 36-40면)이 있다.

25) Brudnick, Ida A., *Support Office in the House of Represenatives: Roles and Authorities*, CRS. 2006, pp. 2-6. 홍준형, 「법정책의 이론과 실제」, 법문사, 2008, 165-168면 재인용.

3) 입법평가

가. 입법평가의 필요성

입법평가란 입법과정의 사전 및 사후에 입법의 목표, 실시과정, 결과나 성과 등을 명확히 하기 위한 체계적인 사회조사활동이라고 할 수 있다.[26] 단계별로 입법준비단계에 대한 평가, 입법과정단계에 관한 평가, 법률제정이후 단계에 대한 평가로 나누어 볼 수 있다.

입법권자가 입법을 제·개정하면 일단락되고 그 후에는 정책통제의 일환으로 거론되는 경우를 제외하고는 법률의 성과측정에 별 관심을 기울이지 않는다. 그러나 오늘날의 입법과정은 입법권자가 입법과정에서 자신이 추진하는 입법의 구체적인 목표가 무엇이고, 그러한 목표가 언제 어떤 양상으로 실현될 수 있는가를 설명하고, 소요비용과 기대효과 그리고 성과의 측정 및 평가방법을 국민에게 제시하고 그 결과에 책임을 지도록 요구되고 있다. 특히 입법자의 즉흥적인 졸속입법과 사전에 부처 간의 조정을 거치지 않은 질 낮은 의원입법의 증대, 그리고 환경변화에 따른 대응 부족 등의 문제를 해결하기 위하여 입법평가의 필요성이 증대하고 있다.[27]

나. 입법평가의 기준 및 방법

입법평가의 기준에는 효과성, 효율성, 영향, 법경제성, 친숙성, 적용적합성, 법합치성, 계획합치성이 있다. 이중 대표적인 기준은 효과성, 효율성, 영향이라 할 수 있다. 효과성은 목표의 달성도로 법규범이 실제 현실에서 적용되고 있는가의 질문으로 현실에서 입법의 목표가 얼마나 달성되었는가를 측정하는 것이다. 효율성은 목적과 수단관계를 묻는 것으로 협의로는 투입비용 대비 산출, 광의로는 투입대비 효과로 표현된다. 입법비용은 입법의 추진으로 인하여 희생되는 사회적 가치로서 자원에 해당한다. 영향은 입법의 시행으로 대상인구나 사회상황에 개선효과가 얼마나 있었는가를 묻는 것으로 부수적 효과에 해당한다. 입

---

26) 박영도, "입법평가제도에 관한 연구", 「법제」 2002. 3, 18-35면.
27) 홍준형, 「법정책의 이론과 실제」, 법문사, 2008, 139-146면.

법평가의 방법에는 비용편익분석, 비용효과분석, 통계분석 방법이 있다.[28]

다. 한국의 입법평가 현황과 법제화 방안

현재 한국에는 제도화된 입법평가가 없다고 할 수 있다.[29] 그러나 사전평가는 다양하게 입법화되어 시행되고 있다. 국회의 예산정책처에서 법률안 비용추계를 하고 있으며, 「행정규제기본법」에 따라 정부 제출 규제 법률안이 규제개혁위원회의 규제영향심사를 거쳐 국회에 제출되고 있다. 그 밖에도 환경·교통·재해 등에 관한 영향평가법에 의한 영향평가, 「정부업무평가기본법」에 의한 정책평가 등이 사전평가이다. 입법평가연구센터가 정부나 국회의 요청을 받아 관련 연구를 진행하지만 의무 사항은 아니다. 2007년에야 입법평가를 도입한 프랑스는 연간 50건 이상을 평가하지만, 한국의 입법평가연구센터의 활동은 아직 미약한 편이다.

한국에서 입법평가를 본격적으로 법제화하는 방안이 제시되고 있다. 예컨대, 입법평가에 관한 기본 법률을 제정하자는 제안, 입법평가 전담 중앙독립부서를 신설하자는 제안, 각 부서 내에 평가전담 부서를 설치하는 안, 의회 내에 법률평가 전담부서를 설치하는 안 등이다. 입법평가를 법제화하는 기본방향은 사후평가에 초점을 두어야 하며, 「정부업무평가기본법」에서 하고 있는 정부업무평가와 중복문제를 방지하여야 한다. 입법평가를 법제화할 경우 평가절차를 필수로 할 것인지 임의 절차로 할 것인지, 평가의 최종결정에 구속력을 부여할

---

28) 홍준형, 전게서, 152-160면.

29) 입법 또는 규제를 개혁하기 위한 방안의 하나로 영미법계 국가에서는 규제영향분석제도(Regulatory Impact Assessment)를 일반적으로 실시하고 있고, 대륙법계 국가(스위스, 독일)에서는 입법평가제도를 실시하고 있다. 영미법계 국가에서 실시하고 있는 규제영향분석제도와 대륙법계 국가에서 실시하고 있는 입법평가제도는 개념이나 대상을 어떻게 하느냐에 따라서 다소 차이가 있긴 하지만 거의 유사한 제도이다. 그런데 우리나라에서는 영미법계 국가에서 일반적으로 실시하고 있는 행정규제영향분석제도를 1997년 「행정규제기본법」의 제정을 통하여 실시하고 있으며, 법제처나 국회사무처 법제실의 법령입안심사, 국회입법조사처의 입법과 정책에 대한 조사·연구, 헌법재판소의 위헌법률심판, 교수나 입법전문가들에 의한 입법에 관한 논의 등이 모두 입법평가에 해당될 수 있다. 지금까지의 논의에서처럼 우리나라에 존재하지 않는 새로운 제도의 하나로 접근할 것이 아니라 우리나라에 존재하고 있는 다양한 입법관련 평가제도의 문제점이나 입법과정의 문제점을 개선하기 위한 방안의 하나로써 논의될 필요가 있다고 생각한다. 김수용, "우리나라 입법과정의 문제점과 입법평가제도의 활용방안 검토", 「공법연구」 제39집 제4호, 한국공법학회, 2011.

것인지 등의 문제가 있다. 필수적 절차로 법제화할 경우 그 대상은 우선 정부발의 법률과 법률하위명령으로 하여야 할 것이며, 입법평가 절차를 개방하여 입법평가과정에 일반 국민이나 이해관계인의 참여가 이루어져야 할 것이다.[30]

한국에서 입법평가의 정착을 위해서는 입법평가에 관한 본격적인 이론적 연구가 무엇보다도 선행되어야 하고, 이것이 전제되는 경우 제도화를 위한 법적 규율과 조직론적 문제가 필요하다. 아울러 입법학을 통해 행정에 있어 입법방법론, 입법기술학 및 법률평가에 관한 지식과 그 적용경험이 강화되어야 할 것이다.[31]

4 예산안 심의·의결권과 쟁점

정부의 중요 정책결정은 법규사항인 경우 국회가 법률을 제정 내지 개정하는 과정을 거친다. 또한 주요 정책은 많은 경우 그 집행에 관련되는 비용, 즉 예산을 필요로 한다. 행정부에서 요구하는 예산도 결국 국회에서 심의·의결하게 되는 바 국회의 예산 심의·의결권을 중심으로 국회의 재정에 관한 권한을 간략히 살펴본다.[32]

1) 재정에 관한 헌법원칙

가. 재정의 의회의결주의와 재정에 관한 주요 권한

재정이란 국가나 지방자치단체 등 공권력의 주체가 공공의 수요를 충족하기 위하여 필요한 재원을 조달하고 재산을 관리·사용·처분하는 일체의 행위를 말한다. 재정작용은 성질상 집행 작용이지만 국민의 재산권 등 권리의무에 미치는 영향 때문에 현대 민주국가에서는 재정에 관한 중요사항은 의회의 의결을 거치도록 하는 의회의결주의를 채택하고 있다. 국회는 재정에 관한 광범위한 권한을 갖고 있는 바, 조세법률주의(헌법 제59조), 예산안 심의·확정권(헌법 제54조

---

30) 홍준형, 전게서, 216-235면.
31) 박영도, "한국에서의 입법평가 제도화 방안", 「공법연구」 제38권 제1-1호, 한국공법학회, 2009.
32) 권영성, 「헌법학원론」, 법문사, 2009, 891-902면.

제1항), 결산심사권(헌법 제99조), 예비비지출 승인권(헌법 제55조 제2항), 국채 동의권(헌법 제58조), 국민에게 부담을 지우는 조약의 체결·비준에 대한 동의권(헌법 제60조), 긴급재정경제처분·명령에 대한 승인권(헌법 제76조)이 헌법상 보장되어 있다.

나. 조세평등주의와 조세법률주의

국가나 지방자치단체가 재원조달을 목적으로 과세권을 발동하여 반대급부 없이 국민으로부터 강제 부과하는 조세는 개인의 담세능력에 상응하여 공정하고 평등하게 부과되어야 하는 바, 이를 조세평등주의라 한다. 또한 조세는 국민의 재산권을 침해하는 것이기 때문에 조세의 종목과 세율은 법률로 정하여야 한다(헌법 제59조). 이를 조세법률주의라 하는 바, 납세의무자·과세물건·과세표준·과세기간·세율 등의 과세요건과 조세의 징수절차는 국민의 대표기관인 국회가 제정한 법률로써 규정하여야 한다. 이밖에도 과세요건은 규정내용이 명확하여야 하며 소급과세가 금지된다.

2) 예산안 심의·확정권

국회가 가진 재정에 관한 권한은 광범위하나 그 핵심은 예산안 심의·확정권이다. 예산은 국민의 조세를 전제로 하고 있으며 규모가 방대하고 다양하여 국민경제에 미치는 영향이 크기 때문에 예산안 심의·확정권을 국회의 권한으로 하고 있다(헌법 제54조 제1항). 국회가 예산결정과정에 참여하여 국민의 의사를 반영하고, 국가의 중대한 재정작용을 적절히 통제하여 그 효율성을 제고시키기 위한 것으로 국회의 재정에 관한 권한 중 가장 중요하다고 할 수 있다.

가. 예산의 성질(비법률주의)

예산이란 1회계년도에 있어서 국가의 세입·세출의 예정계획을 국회가 승인한 법규범의 일종이다.[33] 예산을 '법률'의 형식으로 의결하는 국가도 있지만

---

[33] 이러한 우리나라 예산의 존재형식을 예산비법률주의라 한다. 이와 관련하여 의회가 중심이 되는 예산제도로의 변화를 위해 헌법 개정을 통한 예산법률주의의 도입이 주장되기도 한다. 이에 관한 찬반 논의를 다룬 논문에는 장용근, "예산법률주의로의 헌법 개정의 타당성과 통제에 대한 검토", (「헌법학연구」 제12권 제3호, 한국헌법학회, 2006, 215-255면)가 있다.

한국은 법률과 다른 특수한 '예산'의 형식으로 의결하고 있다. 이러한 예산의 성질에 관하여 법규범이 아닌 세출승인행위라는 견해도 있지만 정부를 구속한다는 점에서 법규범이라는 것이 통설이다. 예산과 법률이 형식을 달리하므로 법률집행에 필요한 예산의 뒷받침이 없거나 예산에는 지출이 계상되어 있는데 법률의 규정이 없는 경우처럼 예산과 법률이 불일치하는 경우가 있다. 이러한 불일치가 없도록 사전에 조정을 잘하여야 하지만 불일치가 발생하는 경우에는 예비비와 추가경정 예산제도에 의하거나 법률의 시행기일을 일시유예하는 방법이 있다.

나. 예산의 심의·의결

예산은 편성 → 제출 → 심의 → 의결의 과정을 거쳐 성립한다. 예산의 편성과 제출은 행정부의 권한이고, 심의와 의결은 국회의 권한이다. 예산안의 편성은 국가 활동에 필요한 경비를 정부가 추계하는 것으로 회계연도 개시 90일전까지 국회에 제출하여야 한다(헌법 제54조 제2항).

예산안의 심의는 회계년도 개시 90일전인 매년 10월2일까지[34] 예산안이 국회에 제출되면 본회의에 보고되고, 정부의 시정연설을 청취한 후 상임위원회의 예비심사를 받는다. 예비심사에는 위원들의 질의와 정부의 답변이 있고 예산안을 조정한다. 그 다음에 예산결산특별위원회의 종합심사가 있게 되는 바, 종합정책질의와 부별심사를 한다. 예산안 조정소위원회 심사를 거친 후 토론 표결한다. 마지막으로 예결위의 본회의 보고가 있으며 토론 후 표결로 예산이 확정되면 정부에 이송한다.

국회의 예산심의권에는 다음과 같은 헌법상의 제한이 있다. 국회는 예산안에 대하여 폐지나 삭제 또는 감액은 할 수 있지만, 금액을 증가하거나 새 비목(費目)을 설치하려 할 경우에는 정부의 동의를 얻어야 한다(헌법 제57조). 예산이 수반되는 국가적 사업을 규정한 법률이 존재하고 정부가 이를 위한 예산안을 제출한 때에는 국회의 예산심의권은 이에 구속된다. 국회는 회계연도 개시 30일 전까지 예산안을 의결하여야 한다(헌법 제54조 제2항).

---

34) 국가재정법 부칙 개정으로 2014년부터 10일씩 당겨 국회에 제출토록 되어 있다.

다. 예산심의·의결 과정에서의 쟁점

예산심의·의결 과정에서의 주요 쟁점은 다음과 같다.[35] 첫째로 국회는 예·결산을 종합적으로 심사하기 위해서 예산·결산위원회를 두고 있는데, 실질적으로 예산안과 결산이 동 위원회에서 심의·의결된 대로 본회의에서 의결되는 경우가 대부분이므로 예산·결산위원회가 핵심적인 역할을 담당하고 있다. 국회법 제45조[36]의 규정에 의해 다른 상임위 소속의 위원이 예결위의 위원을 겸임하는 바, 다른 상임위 활동 때문에 예결위에 충실히 전념하기 어렵고, 소속 상임위의 압력에서 자유롭지 못하다. 또한 임기가 1년에 불과하여 전문성과 연속성의 확보가 어려운 실정이다.

둘째로 예산심의방식에서 국회는 예산의 총액, 기능별·부처별 상한액 등 예산안의 총괄사항에 대한 심의와 세부내역에 대한 심의를 구분하지 않고 일괄 진행하고 있다. 예산심의과정을 상임위 예비심사와 예결위 종합 심사의 2단계로 구분하고 있지만 각 단계의 기능과 권한이 명확하게 분담되어 있지 않기 때문이다. 따라서 개별 의원들은 나라 전반에 걸친 거시적이고 장기적인 재정기조보다 지역구나 이익단체의 이해와 밀접하게 관련되는 세부사업에 관심을 가지게 되고, 예산심의는 미시적 항목의 조정에 치중하게 된다.

셋째로 예산과 결산의 심의 기간이 2개월 정도가 되지만, 대정부질의와 국정감사 등의 절차를 거친 후 심의가 본격적으로 진행되기 때문에 실제로는 예산심의에 소요된 기간이 보통 10여 일에 불과하다. 그리고 복잡한 예산체계로

---

35) 계준호, "우리나라 예·결산심의과정의 개선에 관한 연구: 선진외국과의 비교를 중심으로", 명지대학교, 2005, 39-51면.

36) 국회법 제45조(예산결산특별위원회) ① 예산안·기금운용계획안 및 결산(세입세출결산 및 기금결산을 말한다. 이하 같다)을 심사하기 위하여 예산결산특별위원회를 둔다. ② 예산결산특별위원회의 위원수는 50인으로 한다. 이 경우 그 선임은 교섭단체소속의원수의 비율과 상임위원회의 위원수의 비율에 의하여 각 교섭단체대표의원의 요청으로 의장이 행한다. ③ 예산결산특별위원회의 위원의 임기는 1년으로 한다. 다만, 국회의원 총선거후 처음 선임된 위원의 임기는 그 선임된 날부터 개시하여 의원의 임기 개시후 1년이 되는 날까지로 하며, 보임 또는 개선된 위원의 임기는 전임자의 잔임 기간으로 한다. ④ 예산결산특별위원회의 위원장은 예산결산특별위원회의 위원 중에서 임시의장 선거의 예에 준하여 본회의에서 선거한다. ⑤ 제44조 제2항 및 제3항의 규정은 예산결산특별위원회에 적용되지 아니한다. ⑥ 제41조 제3항 내지 제5항, 제48조 제1항 후단 및 제2항의 규정은 예산결산특별위원회의 위원장의 선거 및 임기등과 위원의 선임에 관하여 이를 준용한다.

인해 정부예산에 대한 예·결산 심의 시에 결산서나 예산서를 보고 정부활동의 내용을 제대로 파악하기 어려워 예산이 어느 정도 낭비되는지, 정부의 주요 사업이나 특정사업에 경비가 얼마나 투입되었는지, 성과가 어느 정도인지 파악하기가 어렵다. 또 사업의 타당성에 대한 전문적인 판단도 어렵다. 사업 중심의 예·결산서가 없기 때문에 특정 사업에 대한 심도 있는 논의는 사실상 불가능하다.

넷째로 국회의 행정부에 대한 재정 통제를 강화하기 위하여 2003년에 「국회예산정책처법」(법률 제6931호)을 제정하였다. 예산정책처는 예산안·결산·기금운용계획안 및 기금결산에 대한 연구 및 분석, 예산 또는 기금상의 조치가 수반되는 법률안 등 의안에 대한 소요비용의 추계, 국가재정운용 및 거시경제동향의 분석 및 전망, 국가의 주요 사업에 대한 분석·평가 및 중·장기재정소요 분석, 국회의 위원회 또는 국회의원이 요구하는 사항의 조사 및 분석 업무를 수행한다(동법 제2조). 예산정책처가 이와 같은 중요한 업무를 원활히 수행하려면 전문인력의 보강이 필요하다.

3) 결산심사권

예산심의가 국회의 사전감독이라면 결산은 예산에 대한 사후감독이라 할 수 있다. 감사원은 매년 세입·세출의 결산을 검사하고 그 결과를 대통령과 차년도의 국회에 보고하여야 한다(헌법 제99조). 예산집행의 결과인 결산의 검사결과를 감사원으로 하여금 국회에 보고하게 하여 국회의 재정 감독권의 실효성을 확보하는 장치이다.

국회법에 따르면 국회는 감사원의 감사를 받은 결산을 다음 회계년도 5월 31일까지 국회에 제출하도록 정부에 요구하고 결산에 대한 심의의결을 정기회 개시 전까지 하도록 되어 있다(동법 제128조의2, 부칙 제1조 단서). 국회는 결산심사 결과 정부 또는 해당기관의 위법 부당한 사유가 있음을 발견한 경우에는 본회의 의결 후 정부에 변상 및 징계조치 등의 시정을 요구하고, 그 처리결과를 국회에 보고하도록 하고 있다(동법 제84조의2 후단).

국회의 결산심사권은 헌법에 명시적으로 규정되어 있는 것이 아니다. 단지 헌법 제99조에서 감사원의 회계검사보고서의 국회제출을 규정하고 있고 정부의 결산보고서 제출은 「국가재정법」 제58조에[37] 의하여 행해지며 국회에서의 결산처리절차는 국회법 제84조[38]에서 정하고 있는 등 그 규정체계가 산만하여 예산심사에 비해 소홀한 측면이 있다. 결산은 재정민주주의 실현을 위한 최종적 재정 통제단계에 해당한다. 결산과정에서 잘못된 예산 집행이 있었는지를 살피고, 당초 예산편성안과 집행 사이에 차이가 있을 경우 이에 대한 적합한 검증을 행정부에 요구하여야 한다.

---

37) 국가재정법 제58조(중앙관서결산보고서의 작성 및 제출) ① 각 중앙관서의 장은 「국가회계법」에서 정하는 바에 따라 회계연도마다 작성한 결산보고서(이하 "중앙관서결산보고서"라 한다)를 다음 연도 2월 말일까지 기획재정부장관에게 제출하여야 한다. ② 국회의 사무총장, 법원행정처장, 헌법재판소의 사무처장 및 중앙선거관리위원회의 사무총장은 회계연도마다 예비금사용명세서를 작성하여 다음 연도 2월말까지 기획재정부장관에게 제출하여야 한다.

38) 국회법 제84조(예산안·결산의 회부 및 심사) ① 예산안과 결산은 소관상임위원회에 회부하고, 소관상임위원회는 예비심사를 하여 그 결과를 의장에게 보고한다. 이 경우 예산안에 대하여는 본회의에서 정부의 시정연설을 듣는다. ② 의장은 예산안과 결산에 제1항의 보고서를 첨부하여 이를 예산결산특별위원회에 회부하고 그 심사가 끝난 후 본회의에 부의한다. 결산의 심사결과 위법 또는 부당한 사항이 있는 때에 국회는 본회의 의결 후 정부 또는 해당기관에 변상 및 징계조치 등 그 시정을 요구하고, 정부 또는 해당기관은 시정요구를 받은 사항을 지체 없이 처리하여 그 결과를 국회에 보고하여야 한다. ③ 예산결산특별위원회의 예산안 및 결산의 심사는 제안 설명과 전문위원의 검토보고를 듣고 종합정책질의, 부별심사 또는 분과위원회심사 및 찬반토론을 거쳐 표결한다. 이 경우 위원장은 종합정책질의를 함에 있어서 간사와 협의하여 각 교섭단체별 대표질의 또는 교섭단체별 질의시간 할당 등의 방법으로 그 기간을 정한다. ④ 정보위원회는 제1항 및 제2항의 규정에 불구하고 국가정보원소관예산안과 결산, 국가정보원법 제3조 제1항 제5호에 규정된 정보 및 보안업무의 기획·조정 대상부처소관의 정보예산안과 결산에 대한 심사를 하여 그 결과를 해당 부처별 총액으로 하여 의장에게 보고하고, 의장은 정보위원회에서 심사한 예산안과 결산에 대하여 총액으로 예산결산특별위원회에 통보한다. 이 경우 정보위원회의 심사는 예산결산특별위원회의 심사로 본다. ⑤ 예산결산특별위원회는 소관상임위원회의 예비심사내용을 존중하여야 하며, 소관상임위원회에서 삭감한 세출예산 각항의 금액을 증가하게 하거나 새 비목을 설치할 경우에는 소관상임위원회의 동의를 얻어야 한다. 다만, 새 비목의 설치에 대한 동의요청이 소관상임위원회에 회부되어 그 회부된 때부터 72시간 이내에 동의여부가 예산결산특별위원회에 통지되지 아니한 경우에는 소관상임위원회의 동의가 있는 것으로 본다. ⑥ 의장은 예산안과 결산을 소관상임위원회에 회부할 때에는 심사기간을 정할 수 있으며, 상임위원회가 이유없이 그 기간 내에 심사를 마치지 아니한 때에는 이를 바로 예산결산특별위원회에 회부할 수 있다. ⑧ 위원회는 세목 또는 세율과 관계있는 법률의 제정 또는 개정을 전제로 하여 미리 제출된 세입예산안은 이를 심사할 수 없다.

5 행정부의 정책결정 및 집행에 대한 입법부의 통제

정부형태에 따라 차이는 있지만 일반적으로 대부분의 국가에서 행정국가화 현상으로 국회가 종래의 입법기관으로서 지위는 약화되고 집행부의 권력남용을 방지하기 위한 감시 내지 견제기관으로서의 지위는 강화되고 있다고 할 수 있다. 한국의 입법부는 행정부의 정책결정 및 집행에 대하여 광범위한 견제수단을 갖고 있다. 국회는 국정감사·조사권과 탄핵소추권을 갖고 있다. 그리고 사람에 대한 통제로 주요 공직자 임명에 대한 동의권을 인사청문회를 통해 행사한다. 국무총리 및 국무위원에 대한 해임건의권과 국회출석 요구권 및 질문권도 사람을 통한 중요한 정책통제 수단이 된다. 국방 및 외교정책에 대한 동의권도 국회가 가진 중요한 정책통제 수단 중 하나이다. 그 밖의 국정통제수단에 긴급명령과 긴급재정처분·명령에 대한 승인권, 계엄해제 요구권, 일반사면에 대한 동의권 등이 있다. 정책결정 및 집행에 관련되는 국정감사·조사권, 탄핵소추권, 공직자 임명동의권 등을 살펴 본다.

1) 국정감사·조사권

가. 헌법규정 및 의의

헌법 제61조는 "국회는 국정을 감시하거나 특정한 국정사안에 대하여 조사할 수 있으며, 이에 필요한 서류의 제출 또는 증인의 출석과 발언이나 의견의 진술을 요구할 수 있다."고 규정하고 있다. 국정감사 및 조사에 관한 절차 기타 필요한 사항은 법률로 정하도록 한 바, 이에 관한 법률이 「국정감사 및 조사에 관한 법률」과 「국회의 증언감정 등에 관한 법률」이다.

한국헌법에 특유한 국정감사권은 국회가 매년 정기적으로 국정전반에 대하여 감사할 수 있는 권한이다. 국정조사권이란 의회가 입법 등에 관한 권한을 유효적절하게 행사하기 위하여 특정한 국정사안에 관하여 부정기적으로 조사를 할 수 있는 권한을 말한다. 국정감사권과 국정조사권은 그 본질, 주체, 방법과

절차, 한계, 효과 등에서는 대동소이하고, 다만 그 시기와 기간·대상을 달리할 뿐이다.

국정감사는 감사원감사와 다음과 같이 구별된다. 목적에 있어 국정감사는 정보수집과 국정통제인데, 감사원감사는 재원이 법률에 정한 대로 정당히 집행되었는지 구체적으로 파악하고 개선방안을 제시하는 것이다. 기능에 있어 국정감사는 집행부에 대한 견제인데 감사원감사는 행정 내부적 통제기능을 한다. 내용에 있어 국정감사는 중요정책결정이나 국정운영방향에 주안점을 두는 것이라면 감사원감사는 회계검사와 직무감찰을 주된 내용으로 한다. 그 대상도 국정감사는 모든 분야라면, 감사원감사는 예산의 집행 등 회계사항과 공무원의 직무상 비위감찰에 있다.[39]

나. 실시 시기와 방법, 대상기관

국정감사는 소관 상임위원회 별로 매년 9월 10일부터 20일간 실시한다. 국정조사는 국회 재적의원 4분의 1이상의 요구가 있을 때 특별위원회 또는 상임위원회가 행한다. 국정조사위원회는 전문위원이나 소속직원으로 하여금 예비조사를 하게 할 수 있으며, 의결로써 관련 보고나 서류제출을 관계기관에 요구하고 증인 등의 출석을 요구할 수 있다. 필요한 경우에는 증인 등을 출석시켜 청문회를 개최할 수도 있으며, 증인이 정당한 이유 없이 출석하지 아니할 때는 동행명령도 할 수 있고, 국회모독죄나 위증죄로 고발도 할 수 있다(국회의 증언감정 등에 관한 법률 제10조 제1·3항, 제6조 제2·3항, 제12조−14조).

국정감사를 받는 대상 기관은 「국정감사 및 조사에 관한 법률」에서 구체적으로 규정하고 있는 바, 「정부조직법」 등에 의한 국가기관, 지방자치단체, 정부투자기관(동법 제7조)이다. 이들 중 상임위원회가 자체적으로 선정할 수 있도록 하고 있다. 특별히 필요한 경우에는 위원회의 선정대상기관 이외의 지방행정기관이나 지방자치단체 그리고 감사원법에 의한 감사원의 감사대상기관 중 국회 본회의에서 국정감사가 필요하다고 의결한 기관에 대해 국정감사를 실시할 수 있다.

---

39) 권영성, 전게서, 914-915면.

다. 쟁점 : 국정감사·조사권의 한계

국정감사는 국정전반을 대상으로 하고, 국정조사는 특정의 국정사안을 대상으로 한다. 국정감사·조사권의 범위가 쟁점이 되는 바, 국정감사 및 조사권에는 일반적으로 다음과 같은 한계가 있다.[40]

첫째로 권력분립원칙상 국회는 행정처분을 명하거나 행정처분의 취소를 명할 수는 없다. 그리고 사법권의 독립과 관련하여 진행 중인 재판에 관여할 목적으로 국정감사·조사를 행사할 수 없다. 판결의 내용이나 소송절차의 당·부당에 대해 감사·조사를 할 수 없다는 것이 통설이다. 검찰사무는 감사·조사의 대상이 되지만, 진행 중인 수사를 방해하거나 소추에 간섭하는 감사·조사는 할 수 없다. 소추의 대상이 되어있는 범죄수사라도 형사목적이 아닌 탄핵소추나 해임건의 등의 정치적 목적을 위한 감사·조사는 할 수 있다. 지방자치단체의 고유사무는 국회의 감사·조사권에서 제외된다. 감사원의 업무도 국회의 감사·조사권의 대상이지만 변상책임의 판정이나 징계처분의 문책요구 같은 준사법적 판단은 감사원이 독립기관인 점에 비추어 감사·조사에서 제외되어야 할 것이다.

둘째로 기본권보장상의 한계로 국정과 관계없는 개인의 생활사항에 관하여서는 감사·조사할 수 없다. 다만 사생활사항도 국가작용과 관련되는 범위 내에서는 감사·조사할 수 있다. 이 경우에도 조사로 알게 된 비밀을 정당한 이유 없이 누설하여서는 아니 되며, 질문사항은 감사의 목적과 관련하여 특정되어야 하며, 불리한 진술을 강요하여서는 아니 된다.

셋째로 공무원이 국회로부터 증언의 요구를 받거나 서류의 제출요구를 받았을 때, 그 내용이 직무상의 비밀에 속한다는 이유로 거부할 수 없다. 다만 군사·외교·남북관계의 국가기밀에 관한 사항으로 그 발표가 국가안위에 중대한 영향을 미친다는 주무장관의 소명이 있으면 이를 거부할 수 있다(국정감사 및 조사에 관한 법률 제4조).

---

40) 권영성, 전게서, 921-923면.

2) 탄핵 소추권

가. 탄핵 제도의 의의

탄핵 제도는 사법절차에 의하여 책임을 추궁하기 어려운 고위공무원의 직무상 위헌·위법행위를 의회가 소추하여 처벌하거나 파면시키는 제도이다. 탄핵 소추는 자주 행사되지는 않지만 집행부와 사법부에 대한 견제기능을 하는 중요 제도라 할 수 있다.[41] 우리 헌법상 탄핵 소추권은 국회의 권한으로 하고 탄핵심판권은 헌법재판소의 권한으로 하고 있다.

나. 탄핵 대상자 및 탄핵 사유

탄핵 대상자는 대통령, 국무총리, 국무위원, 행정각부의 장, 헌법재판소 재판관과 사법부의 법관, 중앙선거관리위원회 위원, 감사원장, 감사위원 기타 법률이 정한 공무원이다(헌법 제65조 제1항). 기타 법률로 정한 공무원은 검찰총장을 비롯하여 검사, 각처장, 정부위원, 각군 참모총장, 고위외교관 등이 포함된다.

탄핵 사유는 공무원이 직무집행에 있어서 헌법이나 법률을 위배한 경우이다. 첫째로 탄핵 소추는 직무집행과 관련된 것이어야 하므로 직무집행과 관련이 없는 사생활의 행위는 물론, 취임전이나 퇴직 후의 행위는 이에 해당하지 아니한다. 둘째로 헌법이나 법률을 위반했어야 한다. 헌법은 형식적 의미의 헌법뿐만 아니라 헌법적 관행까지도 포함하며 법률은 형식적 의미의 법률뿐만 아니라 법률의 효력이 있는 국제법규와 국제조약 등을 포함한다. 따라서 단순한 정치적 무능력이나 정책결정상 과오 등은 해임건의 사유는 될지라도 탄핵 사유는 아니다. 헌법이나 법률에 위반된 행위는 고의나 과실에 의한 경우는 물론 법의 무지로 인한 경우도 포함된다.[42]

---

41) 박종보, "국회의 대정부 통제권 ― 대통령 탄핵을 중심으로 ―", 「공법연구」 제32집 제5호, 한국공법학회, 2004, 79-111면.
42) 권영성, 전게서, 910면.

다. 탄핵 소추의 절차 및 효과

탄핵 소추의결은 국회의원 재적 3분의1 이상의 발의가 있어야 하고 의결은 재적의원 과반수의 찬성이 있어야 한다. 다만 대통령에 대한 탄핵 소추는 국회 재적의원 과반수의 발의와 재적의원 3분의2 이상의 찬성이 있어야 한다. 탄핵 소추의결을 받은 자는 탄핵 결정이 있을 때까지 권한행사가 정지된다. 소추의결 서가 송달되면 임명권자는 피소추자의 사직원을 접수하거나 해임할 수 없다(국 회법 제134조 제2항).

탄핵 소추가 의결되면 국회법제사법위원회 위원장이 소추의결서 정본을 헌 법재판소에 제출한다. 헌법재판소는 전원재판부(9인)에서 탄핵 사건을 심판하며, 탄핵 결정은 6인 이상의 찬성을 요한다(헌법 제113조 제1항). 탄핵결정은 공직으로 부터 파면에 그친다. 그러나 탄핵의 결정으로 민사상의 책임이나 형사상의 책임 이 면책되는 것은 아니다(헌법 제65조 제4항).

라. 탄핵 소추 사례

국회는 2004년 3월에 157인이 발의한 '대통령(노무현)탄핵소추안'을 상정하 여 재적위원 271인중 193인의 찬성으로 재적의원 3분의2인 181명을 초과하여 가결하였다. 국회가 대통령을 탄핵한 것은 헌정사상 초유의 일이었다. 헌법재판 소는 동년 5월에 노무현 대통령의 위헌적인 행위를 인정하였지만 그러한 위헌 적인 행위가 대통령직에서 파면해야 할 정도로 중대한 것이 아님을 이유로 기 각결정을 하였다.[43]

3) 공직자 임명 동의권 등

가. 헌법기관 선출권 및 구성에 관한 동의권

국회는 대통령선거에서 최고득표자가 2인 이상인 경우 대통령을 최종선출 하며(헌법 제67조 제1, 2항), 헌법재판소 재판관 9인 중 3인을, 중앙선거관리위원회

---

43) 헌재 2004. 5. 14. 2004헌나1. 이에 관한 판례평석으로 김종철, "노무현대통령탄핵심판사건에 서 헌법재판소의 주요논지에 대한 비판적 검토", (「세계헌법연구」 제9호, 세계헌법학회 한국 학회, 2004)가 있다.

위원 9인 중 3인을 선출하는 권한을 갖고 있다. 국회는 국무총리, 대법원장과 대법관, 헌법재판소장, 감사원장의 임명에 대하여 동의권을 갖고 있다. 국회는 헌법에 의하여 그 임명에 국회의 동의를 요하도록 한 경우 그 심의를 위하여 인사청문위원회를 구성하여 운영한다(국회법 제46조의3). 뿐만 아니라 모든 국무위원과 대통령이 직접 임명하거나 대법원장이 지명하는 헌법재판소 재판관 및 중앙선거관리위원에 대해서도 소관상임위원회의 인사청문을 거치도록 하고 있다. 대통령이 다른 법률에 의하여 국가정보원장, 국세청장, 검찰총장 또는 경찰청장의 후보자에 대한 인사청문을 요청한 경우에는 소관상임위원회별로 인사청문회를 연다(국회법 제65조의 2).

나. 국방외교 정책에 대한 동의권

국회는 헌법 제60조 제1항에 열거된 조약에 대한 동의권은 물론 제2항에 열거된 선전포고와 국군의 외국에의 파견 또는 외국군대의 대한민국 영역 안에서의 주류에 대해서도 동의권을 가진다. 집행부의 국방, 외교정책, 특히 대통령의 국군통수권행사를 통제하기 위한 것이다.

다. 국무총리, 국무위원의 해임건의권

헌법 제63조는 "국회는 국무총리 또는 국무위원의 해임을 대통령에게 건의할 수 있다. 해임 건의는 국회재적의원 3분의1 이상의 발의에 의하여 국회 재적의원과반수의 찬성이 있어야 한다."고 규정하고 있다. 해임건의권은 의원내각제하의 해임의결권과는 달리 대통령을 구속할 수 없으며 해임여부는 대통령의 재량사항이라고 해석된다. 대통령의 해임안 수용여부는 정치적 판단의 문제라고 할 수 있다. 해임건의안이 발의된 경우 본회의에 보고된 때로부터 24시간 이후 72시간 이내에 무기명 투표로 표결한다. 이 기간 내에 표결되지 아니한 때에는 폐기된 것으로 본다(국회법 제105조). 해임건의 사유로는 직무집행에 있어서 위헌·위법한 경우와 정책의 수립과 집행에 있어서 중대한 과오가 있는 경우와 기타 정치적 책임을 물을 수 있는 경우 등이다.

라. 국무총리, 국무위원 등의 국회출석 요구권 및 질문권

헌법 제62조 제2항은 "국회나 그 위원회의 요구가 있을 때에는 국무총리·국무위원 또는 정부위원은 출석·답변하여야 하며, 국무총리 또는 국무위원이 출석요구를 받은 때에는 국무위원 또는 정부위원으로 하여금 출석·답변하게 할 수 있다."고 규정하고 있다. 국회 본회의에 출석을 요구하기 위해서는 의원 20인 이상이 이유를 명시한 서면으로 하여야 한다. 본회의뿐만 아니라 위원회에서도 출석요구를 할 수 있다. 이 경우 위원장은 의장에게 보고하여야 한다. 출석요구의 대상으로는 헌법에서는 국무총리, 국무위원, 정부위원에 대해서만 규정하고 있다. 국회법에서는 대법원장, 헌법재판소 소장, 중앙선거관리위원회 위원장, 감사원장 및 그 대리인도 규정하고 있다. 국회의 출석요구를 받은 국무총리와 국무위원이 국무위원이나 정부위원으로 하여금 대리하여 출석·답변하게 하기 위해서는 국회의장 또는 위원장의 승인을 얻어야 한다. 헌법 제62조 제1항은 국무총리 및 국무위원이 국회나 위원회에 출석하여 국정처리사항을 보고하거나 의견을 진술하고 질문에 응답할 수 있도록 규정하고 있다. 국회의 질문권에는 대정부 질문권과 긴급현안 질문권이 있다.

1. 입법부의 주요 권한에는 어떤 것이 있는가? 입법부가 행정의 전문화 때문에 사실상 입법권을 행정부에 빼앗기고 있다는 비판에 대한 대책은 무엇인가?

2. 최근에는 국회의원들의 의원입법안이 많이 늘고 있지만 가결된 법률안의 비율은 매우 낮다. 의원입법이 늘어나는 이유는 무엇이며 어떤 부작용이 있는가?

3. 한국의 경우 다른 분야에 비하여 상대적으로 정치, 특히 입법부의 발전이 가장 안 되고 있다는 비판에 대하여 그 원인은 무엇이며 어떤 변화가 있어야 하는가?

4. 바람직한 여·야 의석 분포는 어떤 모습이며 행정부와의 관계는 어떠하여야 하는가?

5. 국회의 입법과정상의 문제는 무엇이며, 어떤 보완책이 필요한가? 신문법과 방송법수정안에 대한 국회의 날치기 통과에 대한 헌법재판소의 판결 논거에 동의하는가?

6. 국회의 행정부 예산과 인사에 관한 견제수단의 문제점은 무엇인가? 국정감사·조사권의 문제점은 무엇이며, 어떻게 개선하여야 하는가?

행정부의 정책집행 수단과 쟁점

제**4**장

정책결정 및 정책집행 과정에서 중추적인 역할을 하는 주체는 행정부이다. 본장에서는 첫째, 정책결정과 집행에서 주도적인 역할을 하는 대통령과 행정부, 그리고 지방자치단체에 관하여 개관하여 본다. 둘째, 행정이 법에 근거하여야 하는 행정의 법률적합성 원리 등 행정법의 기본원리를 지적한다. 그리고 정책집행의 기본적인 수단이 되는 행정작용인 행정입법, 행정처분, 행정강제와 행정벌에 관하여 주요 쟁점들을 살펴본다. 셋째, 행정과정의 핵심 내용인 행정절차와 정보공개의 주요 쟁점들을 다룬다. 넷째, 행정상의 권리구제 장치인 행정상 손해전보와 행정쟁송에 관하여 언급한다. 다섯째, 정책에 대한 행정부의 자체평가와 감사원의 결산·회계감사 및 직무감찰에 관하여 살펴본다.

1 정책결정 및 정책집행권자

1) 대통령과 행정부

가. 대통령의 헌법상 지위와 선거

대통령의 헌법상 지위는 정부형태에 따라 다르다. 현행 헌법상 대통령은 국가원수로서의 지위와 행정부 수반으로서의 지위를 갖는다. 대통령의 국가원수로서의 지위는 "대통령은 국가의 원수이며 외국에 대하여 국가를 대표한다."는 헌법 제66조 제1항에 근거한다. 대내적으로 국민을 대표한다는 규정은 없으나, 국민이 직접 선출하는 집행부의 수반이므로 국회와 더불어 국민 대표 기관이라 할 수 있다. 국가원수로서의 지위는 대내·외적인 국가 대표권, 국가와 헌법의 수호권, 국정의 통합·조정권, 헌법기관 구성권을 내용으로 한다. 행정부 수반으로서의 지위는 "행정권은 대통령을 수반으로 하는 정부에 속한다."는 헌법 제66조 제4항에 근거한다. 이러한 지위에서 대통령은 집행에 관한 실질적인 최고지휘권과 최종결정권을 가지며, 국무회의의 의장이 된다. 대통령은 또한 집행부의 조직권자로 국무총리, 국무위원, 헌법과 법률이 정한 고급 공무원을 임명한다.

대통령은 국민의 직접선거에 의하여 선임되며 임기는 5년으로 단임제이다.[1] 대통령 선거는 임기만료일 70일−40일전에 실시된다. 대통령은 내란, 외환의 죄를 범한 경우를 제외하고, 재직 중 형사상의 소추를 받지 아니한다. 그러나 헌법과 법률에 위배된 행위를 하면 탄핵 소추의 대상이 된다. 대통령이 궐위되거나 사고로 인하여 직무를 수행할 수 없을 때에는 국무총리가 그 권한을 대행한다.[2]

---

[1] 개헌 논의에서 빠지지 않고 등장하는 쟁점이 현행 5년 단임제의 4년 중임제로의 변경이다. 중임제의 긍정적 효과로는 민주주의의 질적 발전 유발, 대통령의 책임성과 신뢰성 제고, 정당정치의 정상화와 발전 유도, 국정수행의 안정성·효율성 제고, 레임덕 완화, 장기적 안목에서의 정책결정 및 발전 유도 등이 거론된다. 반면 중임제의 부정적 효과로는 장기독재의 우려, 대중주의적 선심정책의 남발로 인한 정부 효율성 저하, 선거운동의 과열과 관권 선거의 우려 등이 언급된다. 정태호, "대통령 임기제 개헌의 필요성과 정당성", 「헌법학연구」 제13권 제1호, 한국헌법학회, 2007, 22−31면.

[2] 궐위(闕位)란 사망, 탄핵 결정으로 파면, 판결로 인한 자격 상실, 사임 등으로 자리가 비워있

궐위 시에는 60일내 후임자를 선출하여야 한다(헌법 제68조2항). 궐위나 사고를 확인하고 선언할 국가기관이 법으로 규정되어 있지는 않다.

나. 대통령의 권한과 권한행사의 절차

대통령의 권한은 실질적 성질에 따라 비상적 권한, 행정부·입법부·사법부에 관한 권한, 타 헌법기관 구성권(대법원, 헌법재판소, 중앙선거관리위원회, 감사원)으로 분류된다.

대통령의 비상적 권한에는 긴급재정경제처분과 긴급재정경제명령권(헌법 제76조 제1항), 긴급명령권(헌법 제76조 제2항), 계엄권(헌법 제77조)이 있다. 행정부에 관한 권한은 "행정권은 대통령을 수반으로 하는 정부에 속한다."는 헌법 제66조 제4항에 근거한다. 구체적인 내용에는 법률 집행권(위임명령, 집행명령), 국가 대표 및 외교에 관한 권한, 정부구성 공무원 임명권, 국군통수권(군정권과 군령권), 재정권(예산안 편성, 추경예산, 계속비, 예비비), 영전수여권이 있다. 국회에 관한 권한은 임시회 소집 요구, 국회 출석발언권, 헌법개정안 제안권, 법률안 제출권, 법률안 거부권, 법률안 공포권, 행정입법에 관한 권한이 있다. 사법부에 대한 권한으로는 위헌정당 해산 제소권, 사면·감형·복권, 대법원장과 대법관 임명권, 법원의 예산·심의권이 있다.

대통령의 이러한 많은 권한은 삼권분립원리에 따라 입법부와 사법부로부터 많은 견제를 받으며 행사된다. 대통령의 권한행사는 견제와 균형이라는 삼권분립원리 이외에도 행정부 내부적으로 준수하여야 하는 헌법상의 제한이 있다. 즉 대통령의 권한행사는 문서로 하여야 하며, 국무총리, 관계국무위원의 부서가 있어야 한다. 그리고 헌법 제89조에서 규정하고 있는 국무회의 심의사항3)은 반드

는 경우이다. 사고란 탄핵 소추의결로 탄핵 결정까지 권한 행사가 정지된 경우와 신병, 장기여행 등으로 직무수행을 할 수 없는 경우이다.

3) 헌법 제89조: 다음 사항은 국무회의의 심의를 거쳐야 한다.
  1. 국정의 기본계획과 정부의 일반정책 2. 선전·강화 기타 중요한 대외정책 3. 헌법개정안·국민투표안·조약안·법률안 및 대통령령안 4. 예산안·결산·국유재산처분의 기본계획·국가의 부담이 될 계약 기타 재정에 관한 중요사항 5. 대통령의 긴급명령·긴급재정경제처분 및 명령 또는 계엄과 그 해제 6. 군사에 관한 중요사항 7. 국회의 임시회 집회의 요구 8. 영전수여 9. 사면·감형과 복권 10. 행정각부간의 권한의 획정 11. 정부안의 권한의 위임 또는 배정에 관한 기본계획 12. 국정처리상황의 평가·분석 13. 행정각부의 중요한 정책의 수립과 조정 14. 정당해산의 제소 15. 정부에 제출 또는 회부된 정부의 정책에 관계되는 청원의 심사 16.

시 국무회의 심의를 받아 행사되어야 한다.

다. 국무회의

행정부의 최고심의기관은 국무회의이다. 국무회의는 헌법상의 필수기관이며, 행정부의 중요정책에 대하여 심의하는 최고심의기관이다. 국무회의는 대통령, 국무총리, 15인 이상 30인 이하의 국무위원으로 구성한다. 국무총리는 국회의 동의를 얻어 대통령이 임명하며,[4] 국무위원 임면제청권과 대통령권한대행권 등을 갖는다. 대통령의 행정에 관한 권한을 집행하는 기관이 행정각부이다. 행정각부의 장은 국무위원이어야 한다. 행정각부의 조직과 직무범위는 「정부조직법」에서 정하고 있으며, 행정각부의 장은 소관 사무에 대하여 법률이나 대통령령의 위임 또는 직권으로 부령을 발할 수 있다(헌법 제95조).

라. 공무원 : 직업공무원제도와 공무원의 권리·의무

정책을 집행하는 사람은 공무를 담당하고 있는 공무원[5]이다. 공무원의 전문성과 의지 내지 태도가 성공적인 정책 수립 및 집행의 중요 요소라 할 수 있다. 헌법은 "공무원의 신분과 정치적 중립성은 법률이 정하는 바에 의하여 보장된다."(헌법 제7조 제2항)고 규정하고 있는 바, 이는 직업공무원 제도의 보장이다. 「국가공무원법」에서는 "공무원은 형의 선고, 징계처분 또는 이 법에서 정하는 사유에 따르지 아니하고는 본인의 의사에 반하여 휴직·강임 또는 면직을 당하지 아니한다."(동법 제68조)고 규정하고 있다. 「국가공무원법」에서는 공무원의 임용, 보수, 복무, 교육훈련, 징계와 소청, 연금 등에 관하여 규정하고 있다.

공무원은 신분보장권, 직무수행·직명사용·제복착용에 관한 권리, 고충심

검찰총장·합동참모의장·각 군 참모총장·국립 대학교 총장·대사 기타 법률이 정한 공무원과 국영기업체관리자의 임명 17. 기타 대통령·국무총리 또는 국무위원이 제출한 사항

4) 대통령이 국무총리를 임명할 때는 국회의 동의를 얻어야 하지만, 해임할 때는 시기·사유의 제한 없이 자유롭게 할 수 있다는 점에서 국무총리의 헌법적 권한이 실질화되지 못한다는 규범적 비판이 존재한다. 김승환, "대통령선거제도와 헌법개정", 「헌법학연구」 제7권 제2호, 한국헌법학회, 2001, 182면.

5) 공무원은 국가공무원과 지방공무원으로 분류되며, 경력직 공무원과 특수경력직 공무원으로 구분된다. 경력직 공무원은 실적과 자격에 따라 임용되고 그 신분이 보장되며 평생을 공무원으로 근무할 것이 예정되는 공무원으로 일반직 공무원, 특정직 공무원(경찰·법관·교육공무원·군인 등), 기능직 공무원이다.

사 및 행정구제에 관한 권리를 갖는다. 공무원은 재산상의 권리로 보수청구권, 연금청구권, 실비변상청구권, 사회보장을 위한 급여청구권을 갖는다. 또한 「공무원의 노동조합 설립 및 운영 등에 관한 법률」은 노동법상의 권리로 공무원 노동조합 설립·가입 및 단체교섭에 관한 권리를 보장하고 있다.

한편 「국가공무원법」에서는 공무원에게 선서의무(동법 제55조), 성실의무 및 법령준수의무(동법 제56조), 복종의무(동법 제57조), 직무전념 의무(동법 제58조 제1항), 비밀엄수의 의무(동법 제60조), 품위유지 의무 및 청렴의무(동법 제63조), 정치운동 금지의무(동법 제65조), 집단행동 금지의무(동법 제66조)를 부과하고 있다.[6] 「공직자윤리법」에서는 재산등록 및 공개(동법 제3조 제1항), 선물신고제도(동법 제16조 제2항), 퇴직공직자의 취업제한(동법 제17조 제1항) 등도 규정하고 있으며, 「부패방지 및 국민권익위원회의 설치와 운영에 관한 법률」에서도 부패행위와 품위를 손상하는 행위를 금지하고 있다(동법 제7조의 2).

공무원이 위와 같은 의무를 위반할 경우에는 징계책임을 지는 바, 징계에는 견책, 감봉, 정직, 강등, 해임, 파면이 있다. 공무원은 「국가배상법」에 의한 변상책임(동법 제2조 1, 2항)도 있으며, 민사상 손해배상책임과 형사상 책임도 질수 있다.

2) 행정조직의 원리와 지방자치

가. 행정조직의 특성과 원리

행정조직은 국회나 사법부와 달리 계층성을 형성하여 행정의 통일성과 구성원 간의 협동과 조정을 특징으로 한다. 행정조직은 신속한 사무 처리와 책임을 명확히 하기 위하여 한 사람의 장이 권한을 가지는 독임형이 일반적이다. 행정기능의 확대는 행정조직에 있어서 전문성을 요구하고 있다. 이러한 특성에 비추어 한국 행정조직의 기본원리는 행정조직의 민주화, 법정성,[7] 능률성, 분권성, 전문성이라 할 수 있다.

---

6) 홍준형, 「행정법」, 법문사, 2011, 1085-1145면.
7) 행정조직의 법정성이란 행정각부의 설치·조직과 직무범위를 법률로 정하도록 한 것이다(헌법 제96조). 김남진, 「행정법 Ⅱ」, 법문사, 2001, 5-9면.

나. 행정기관의 종류와 행정청 상호 간의 관계

행정의 주체는 국가 또는 지방자치단체이다. 국가 또는 지방자치단체는 일정한 권한을 가진 행정기관을[8] 통하여 활동하게 되나 그 효과는 궁극적으로 국가 또는 지방자치단체에 귀속하게 된다. 대표적인 행정기관은 행정청인 바, 국가를 위하여 의사를 결정하고 그것을 외부에 표시할 수 있는 권한을 행사할 수 있는 기관을 말한다.

상·하(上下) 행정청 간의 관계에서 자기권한의 일부를 위임하여 그의 이름과 책임하에 처리하게 하는 경우를 권한의 위임이라 한다. 상급행정청은 하급행정청의 권한 행사에 대하여 다양한 감독수단을 통하여 행정의 적법성 내지 타당성을 보장한다. 감독수단에는 감시권, 인가권, 훈령(訓令)권, 취소·정지권, 주관쟁의조정권이 있다. 대등한 행정청 간의 관계에서는 그 권한을 상호존중하고 협조하여야 하며, 행정청 간의 협의, 사무위탁, 행정응원이 있다.

다. 중앙행정조직 및 지방행정조직

중앙행정조직은 대통령을 정점으로 행정각부로 피라미드를 형성하고 있다. 행정각부의 설치조직과 직무범위는 법률로 정하도록 되어 있는데(헌법 제96조), 그 기본법이 「정부조직법」이다.

지방행정을 관장하는 보통지방행정기관은 따로 두지 아니하며, 시도와 시군 및 자치구에서 시행하는 국가사무는 지방자치단체의 장인 시장, 도지사와 시장군수 자치구 구청장에게 위임하여 행한다(지방자치법 제93조). 그러나 특정한 중앙행정기관의 소관업무만을 관장하는 특별지방행정기관(세무서, 경찰서, 우체국, 역)은 전국에 산재하고 있다.

라. 지방자치단체

가) 지방자치의 기능, 법적 근거 및 종류

민주주의는 국민주권을 핵심내용으로 하는 바, 국민이 주권을 행사하는 대

---

8) 행정기관은 행정관청 내지 행정청(행정기관, 또는 행정기관의 장), 보조기관(차관, 국장, 과장 등), 자문기관(각종위원회), 의결기관(징계위원회, 경찰위원회), 집행기관(경찰공무원이나 세무공무원 등)으로 분류된다.

표적인 방법이 지방자치이다. 지방자치는 하위단위에서 쉽게 정치경험을 할 수 있는 제도이고 그러한 경험이 정치적 능력을 키우는 수단이 되므로 지방자치를 민주주의의 풀뿌리라고 한다. 이러한 중요한 기능 때문에 헌법에서는 "지방자치단체는 주민의 복리에 관한 사무를 처리하고 재산을 관리하며, 법령의 범위 안에서 자치에 관한 규정을 제정할 수 있다."(헌법 제117조 제1항)고 하여 지방자치를 보장하고 있다.

자치와 분권화는 국가경쟁력의 핵심이며 지방자치는 헌법이 보장해 온 국가 구성의 초석이지만, 국가의 입법 및 정책결정과정에 있어 중앙집권적 타성이 지배해 왔기 때문에 지방자치단체의 국정 참여는 크게 미흡하다.[9] 실효적인 지방자치의 구현을 위해서는 지방자치단체에 대한 적절한 입법, 사무권한 및 재원에 대한 배분은 필수적인 전제요건이며, 이러한 조건이 충족되지 않는 지방자치는 명목상에 불과한 것이 될 수밖에 없다.[10]

최근 국가권위의 약화, 신공공관리에 따른 민간위탁, 정책결정과 집행의 분리, 다양한 민간기관과 준공공기관의 등장, 시민사회의 참여증대, 정책결정의 복잡성 등 정책 환경의 변화는 수직적 권위에 입각한 정부중심의 접근보다는 수평적 협력과 네트워크에 의한 문제해결을 필요로 하게 되어 민관협치(民官協治)의 거버넌스(governance) 개념이 대두되고 있다.[11]

지방자치단체의 종류는 법률로 정하도록 되어 있다(헌법 제117조2항). 「지방자치법」에 따르면 광역지방자치단체로 특별시, 광역시, 특별자치시, 도, 특별자치도가 있으며, 기초자치단체로 시, 군, 구가 있다(지방자치법 제2조1항). 지방자치단체는 정책결정 및 정책집행에서 중요한 참여자로서 역할을 한다. 특히 고유 업무인 경우에는 정책결정 및 집행이 스스로 이루어지므로 지방의회와 지

---

9) 지방자치단체의 입법·정책에 대한 참여 문제, 그 현황과 문제점, 대안과 실천방안에 관한 논문에는 홍준형, "국가 입법·정책결정에 대한 지방자치단체의 참여", (「공법연구」제36집 제2호, 한국공법학회)가 있다.

10) 조성규, "국가와 지방자치단체 간 입법, 사무권한 및 재원의 배분", 「공법연구」제36집 제2호, 한국공법학회 2007.

11) 거버넌스의 역사적 발전과정과 각 거버넌스의 장단점, 거버넌스를 법치국가 체제에 수용할 때 발생하는 문제점과 그러한 문제점의 개선방안에 대한 논문에는 강재규, "New Governance 구현 과제와 전망 ― 지방정부 차원에서의 문제점과 과제를 중심으로", (「공법연구」제36집 제2호, 한국공법학회, 2007)가 있다.

방자치단체장 간의 관계 등이 중요하다.

나) 지방자치단체의 사무 및 권한

「지방자치법」에 의하면 지방자치단체는 그 관할구역의 자치사무와 법령에 의하여 지방자치단체에 속하는 사무를 처리한다(동법 제9조). 관할구역의 자치사무를 '자치사무', 또는 '고유사무'라 하고, 법령에 의하여 지방자치단체에 속하는 사무를 단체위임사무라고 한다. 지방자치단체는 단체위임사무를 자기책임하에 처리하고 관련 조례도 제정할 수 있어 자치사무와 구별할 실익이 별로 없다. 법령에 근거하여 지방자치단체의 '집행기관'에 위임된 사무를 기관위임사무라 한다. 지방자치단체의 장에게 위임된 국가기관위임사무를 처리하는 기관은 일단 국가기관이 되며, 위임자와 수임자는 상급행정기관과 하급행정기관의 관계를 형성함이 보통이다.[12]

지방자치단체는 자치사무에 관한 한 개별적 법률의 수권 없이도 법령의 범위 안에서 자주적으로 규율할 수 있다(헌법 제117조 제1항). 실정법에 구체화된 주요 권한에 자치입법권(조례 및 규칙제정권), 자주조직권, 자주인사권, 자주경영 및 관리권, 자주재정권이 있다.

다) 지방자치단체의 기관

지방자치단체는 기관을 통하여 활동을 하게 되는 바, 대표적인 기관은 지방의회와 집행기관인 지방자치단체의 장이다. 그리고 교육과 과학 및 체육을 관장하는 기관은 별도로 설치되었다. 지방의회는 주민의 대표기관으로 반드시 설치하여야 한다(헌법 제118조1항). 지방자치단체의 장에 특별시장, 광역시장, 도지사, 시장, 군수, 구청장이 있으며(지방자치법 제85조), 국가사무를 위임받아 처리하는 한도에서 국가기관으로서의 지위도 아울러 가진다.

지방자치단체의 교육, 과학 및 체육에 관한 사무는 별도의 기관을 두어 운영하는 바, 「지방교육자치에 관한 법률」에서 구체적인 내용을 규정하고 있다. 교육 및 학예에 관한 중요사항을 심의 의결하는 기관으로 교육위원회를 설치 운영하였으나, 2010년부터는 지방의회의 상임위원회에 통합운영하고 있다. 교

---

12) 김남진, 전게서, 97-99면.

육·학예에 관한 사무의 집행기관으로 시·도 교육감이 있다. 교육감은 주민이 직접 선출하며, 4년의 임기로 1차에 한하여 중임할 수 있다. 교육감은 교육과 학예에 관한 상당한 권한을 갖고 있으며 법령과 조례의 범위 안에서 그 권한에 속하는 사무에 대하여 교육규칙을 제정할 수 있다. 일반지방자치와 교육지방자치의 이원적 조직과 분리운영에 관하여 비효율적인 낭비라는 비판이 제기되면서 통합 논의가 활발하다.13)

라) 국가와 지방자치단체의 관계

헌법 제117조와 제118조에서 지방자치의 보장과 동시에 지방자치의 법률유보를 규정하고 있는 바, 이는 지방자치에 대한 국가관여의 근거규정이 된다.14) 「지방자치법」에 따르면 국가사무와 시·도 사무에 관하여서는 국가 또는 시·도가 지도·감독권을 갖고 있지만(동법 제167조), 자치사무에 관한 한 상하급기관 간의 계서적 관계가 아니라 대등한 지위의 협력관계라 할 수 있다. 자치사무의 경우 안전행정부 장관이나 시·도지사는 법령위반 사항에 대한 감사를 할 수 있고(동법 제171조), 감독 수단으로 시정명령권과 취소·정지권을 인정하고 있을 뿐이다(동법 제169조).15)

마) 자치단체 상호 간의 관계 및 분쟁조정

지방자치단체 상호 간의 관계는 독립·대등한 협력관계라 할 수 있다. 지방자치단체는 다른 지방자치단체로부터 사무의 공동처리에 관한 요청이나 사무처리에 관한 협의·조정·승인 또는 지원 요청을 받으면 법령의 범위 안에서 협력하여야 한다(지방자치법 제147조). 협력 방식은 사무위탁처럼 개별 사안에 관한 협력 방식과 행정협의회나 지방자치단체조합을 구성하여 협력하는 방식이 있다.

자치단체 상호 간 또는 단체장 상호 간에 사무 분쟁이 발생할 경우 다른 법률에 특별한 규정이 없으면 안전행정부 장관이나 시·도지사가 당사자의 신청 또는 직권으로 조정할 수 있다(동법 제148조 제1항 단서). 이를 위해 안전행정부에 지방자치단체 중앙분쟁조정위원회가, 시·도에 지방자치단체 지방분쟁조정위원

---

13) 표시열 외, 「교육자치와 지방자치 연계통합방안」, 고려대학교 공공정책연구소, 2012. 12.

14) 이기우·하승수, 「지방자치법」, 대영문화사, 2007, 180-181면.

15) 홍준형, 전게서, 1244-1245면.

회가 설치되었다(동법 제149조 제1항). 지방자치단체의 장은 조정결정사항을 이행
하여야 한다(동법 제148조 제4항).

2 행정법의 기본원리와 행정작용의 내용

행정법은 헌법의 집행법으로 민주주의 원리와 같은 헌법의 기본원리가 적
용됨은 물론이다. 이곳에서는 법치국가의 원리와 행정법의 일반원칙 몇 가지를
살펴본다.[16] 그리고 행정기관이 수행하는 행정활동 내지 행정작용의 세 가지
기본 형태, 즉 행정입법, 행정행위, 행정강제와 행정벌에 관하여 간략히 살펴
본다.[17]

1) 행정법의 기본원리

행정은 헌법과 법률에 의하여 집행되어야 하는 바, 이를 행정의 법률적합
성 원리라 한다. 행정의 법률적합성 원리는 법률의 법규창조력, 법률우위의 원
칙, 법률유보의 원칙을 내용으로 한다.[18] 법률우위의 원칙은 모든 행정영역에
적용되지만, 법률유보의 원칙이 적용되는 범위에 관하여서는 학설이 나뉘어져
있다.[19] 국민의 자유와 권리에 대한 침해의 경우에 한정하여 법률의 수권을 필

---

16) 김남진·김연태,「행정법 I」제15판, 법문사, 2011, 30-57면의 내용을 요약 편집하였다.

17) 그 밖의 행정행위 형식에 행정계획, 행정지도(指導), 공법상 계약, 경고·권고·정보제공 같은
비공식적 행정작용, 행정상의 자동결정(自動決定) 등이 있다.

18) 법률의 법규 창조력이란 국민의 권리·의무 관계에 구속력을 가지는 법규범을 창조하는 것은
의회의 전속권이라는 '국회입법의 원칙'을 말한다. 의회가 제정한 법률만이 법규로서의 구속
력을 갖으며, 행정부는 법률의 구체적 수권이 있는 경우에만 법규명령을 제정할 수 있다. 법
률우위의 원칙이란 헌법과 국회에서 제정한 법률이 행정 및 행정에 관한 그 밖의 규율인 명
령 등에 우선한다는 것이다. 즉, 행정은 헌법과 법률에 위반하여서는 안 된다는 의미이다. 법
률유보의 원칙은 행정이 법률에 근거하여, 또는 법률의 수권에 의해 행해져야 함을 의미한다.
행정에 있어서 법치행정이 강조되지만, 현실적으로 행정의 창의성이나 능률성 등의 요구로
행정 명령과 재량권을 인정하여 법에 의한 엄격한 기속을 완화하는 경향이 있다.

19) 행정의 모든 영역에서 법률유보의 원칙이 적용된다는 전부유보설, 침해행정 이외의 수익행정
까지를 포함하는 사회급부행정유보설, 국가구성원에게 기본적이고 중요한 사항으로 특히 기
본권실현과 관련된 영역은 입법자 스스로 그 본질적 사항을 결정하여야 한다는 본질사항유보
설, 권력적 행정작용에는 법률의 근거가 필요하다는 권력행정유보설, 침해행정 이외의 영역에
서 법률유보가 필수적인 것은 아니며 특별권력관계 내 구성원의 권리와 자유를 제한할 경우

요로 한다는 침해유보설이 가장 전통적인 입장이다.

　행정법의 일반원칙에 과잉금지의 원칙, 신뢰보호의 원칙 등이 있다. 과잉금지의 원칙이란 행정주체가 구체적인 행정목적을 실현함에 있어서 그 목적 실현과 수단 사이에 합리적인 비례관계가 유지되어야 한다는 것이다. 과잉금지 원칙은 원래 경찰법영역에서 활용되었으나, 오늘날에는 행정의 모든 영역에서 통용되고 있다. 과잉금지의 원칙은 적합성의 원칙, 필요성의 원칙, 상당(相當)성의 원칙을 내용으로 한다.[20] 신뢰보호의 원칙이란 개인이 행정기관의 어떤 선행행위의 정당성과 존속성을 신뢰한 경우 그 신뢰가 보호할 가치가 있는 한 그 신뢰를 보호해 주어야 한다는 것이다.[21] 그 밖에도 평등의 원칙과 부당결부 금지의 원칙이 있다.[22]

2) 행정입법

가. 행정입법의 필요성과 종류

　행정입법은 행정권이 일반적이고 추상적인 규율을 제정하는 작용 내지 그 명령이다. 일반적이란 불특정다수인에게 적용되는 것이고, 추상적이란 불특정 경우에 적용된다는 의미이다. 입법권은 국회에 속하나, 행정기능의 확대 내지 전문화로 행정입법이 불가피해졌다.

　행정입법에는 법규성을 가지느냐 여부에 따라 법규명령과 행정규칙으로 나누어진다. 법규명령이란 행정기관이 법령에 근거하여 정립한 일반적·추상적 규

　엔 법률의 근거를 요한다는 신침해유보설 등이 주장되고 있다. 그러나 실정법규정을 중시하여, 개개 기본권의 성질과 행정의 구체적 사정에 비추어 개별적·구체적으로 검토되어야 한다. 김남진, 전게서, 37-40면.

20) 적합성의 원칙이란 행정조치가 목적 달성에 적합하여야 한다는 것이며, 필요성의 원칙은 여러 수단이 있는 경우에 가장 적은 부담을 주는 수단을 택하여야 한다는 최소 침해의 원칙이다. 상당성 원칙은 어떤 행정조치에 따른 이익(공익)이 그로 인한 개인의 불이익보다 큰 경우에 이루어져야 한다는 것으로 협의의 비례원칙이라 한다.

21) 「행정절차법」에서 "행정청은 법령 등의 해석 또는 행정청의 관행이 일반적으로 국민에게 받아들여진 때에는 공익 또는 제3자의 정당한 이익을 현저히 해할 우려가 있는 경우를 제외하고는 새로운 해석 또는 관행에 의하여 소급하여 불리하게 처리하여서는 아니 된다."(동법 제4조2항)고 규정하여 행정상의 신뢰보호의 원칙을 실정법에 반영하고 있다.

22) 행정권한의 부당결부금지의 원칙이란 행정기관이 행정을 할 경우 실체적인 관련이 없는 반대급부와 결부시켜서는 안 된다는 것이다. 건축법상의 의무를 강제하기 위하여 수도나 전기의 공급을 중단하는 것이 허용될 수 있는가의 논의가 그러한 예이다.

율 중에서 법규의 성질을 가지는 것을 말한다.[23] 법규란 행정주체 내부에서만이 아니라 일반국민과의 관계에서 직접구속력을 가지며, 재판규범이 되는 규율을 의미한다. 따라서 법규명령의 제정에는 법령상의 근거가 필요하다. 법규명령의 제정범위와 관련하여 위임명령은 상위법령으로부터 구체적으로 범위를 정하여 위임받은 사항에 대해서만 정할 수 있다. 입법권자는 포괄적인 위임을 할 수 없으며 국회전속사항을 위임할 수 없다. 행정규칙은 행정기관이 법률의 수권 없이도 그의 권한 내에서 하급행정기관에 대하여 발하는 일반·추상적인 규율이다.[24]

나. 쟁점 : 행정입법에 대한 국회의 통제 필요성과 통제방법

현대행정국가의 특징 중 하나는 행정입법의 확대현상이라 할 수 있다. 행정입법의 확대는 행정의 전문화에 따른 위임입법을 통하여 진행되었다. 위임입법의 확대는 권력분립에 의한 법치주의와 민주주의를 위협하는 문제가 있다. 위임입법의 허용한계가 어디인지, 그 남용을 어떻게 통제하여야 하는지는 공법분야의 중요한 과제가 아닐 수 없다. 우리 헌법은 명령이나 규칙이 헌법이나 법률에 위반되는 여부가 재판의 전제가 된 경우 이를 최종적으로 심사할 권한을 대법원에 부여하고 있다(헌법 제197조 제2항). 헌법재판소도 위헌법률심사와 헌법소원을 통하여 수권법률의 위헌여부를 통제할 수 있다. 이러한 사법적 통제는 매우 제한적이므로 입법부에 의한 행정입법의 통제가 필요하다.

행정입법에 대한 사법적 통제의 헌법적 기준은 대통령의 경우 '법률에서 구체적으로 범위를 정하여 위임받은 사항'에 관하여 대통령령을 발할 수 있고, 국무총리와 행정각부의 장에게는 '소관 사무에 관하여 법률이나 대통령령의 위

---

23) 법규명령에는 수권의 범위 내지 효력을 기준으로 법률과 대등한 효력을 갖는 긴급·재정경제명령과 긴급명령이 있으며, 법률종속명령으로 위임명령과 집행명령이 있다. 법규명령에는 권한의 소재 내지 법 형식을 기준으로 대통령령, 총리령, 부령(시행규칙), 중앙선거관리위원회규칙, 감사원규칙이 있다.

24) 행정규칙에는 내용을 기준으로 조직규칙, 근무규칙, 영조물 규칙이 있다. 행정규칙에는 형식을 기준으로 훈령과 예규가 있다. 훈령(訓令)은 상급기관이 하급기관에 대하여 장기간에 걸쳐 그 권한의 행사를 지휘 감독하기 위하여 발하는 명령이고, 예규(例規)는 반복적인 행정사무의 기준을 제시하는 명령이다. 행정기관의 일반·추상적인 규율이라는 점에서 법규명령과 같으나, 법령의 수권 없이 발할 수 있으며 원칙적으로 행정조직 내부 또는 특별신분관계 내부에서만 구속력을 가지는 점에서 법규명령과 다르다. 행정입법에 관한 구체적인 내용은 김남진·김연태, 전게서, 153-188면 참고.

임'에 의하여 총리령 또는 부령을 발할 수 있도록 되어 있다. 헌법재판소는 '구
체적으로 범위를 정하여'라 함은 법률에 대통령령 등 하위법규에 규정될 내용
및 범위의 기본사항이 가능한 한 구체적이고도 명확하게 규정되어 있어서 누구
라도 당해 법률 그 자체로부터 대통령령 등에 규정될 내용의 대강을 예측할 수
있어야 함을 의미한다고 할 것이고, 그 예측가능성의 유무는 당해 특정조항 하
나만을 가지고 판단할 것은 아니고 관련 법조항 전체를 유기적·체계적으로 종
합 판단하여야 한다."고 판시한 바 있다.[25] 특히 처벌법규나 조세법규와 같이
국민의 기본권을 직접적으로 제한하거나 침해의 소지가 있는 법규에서는 위임
의 구체성과 명확성 요구가 강화된다.[26]

　　행정입법에 대한 사법적 통제는 사후적인 통제이므로 한계가 있다. 바람직
한 것은 입법권자이면서 위임자인 국회가 입법권자의 기준에 맞게 행정부가 세
부적인 사항을 보충하였는지를 확인하는 장치이다. 국회의 행정입법 통제수단에
는 의회제출제, 협의제, 의회 위원회 심사제, 간접적 정치적 통제수단이 있다.[27]
한국의 경우 행정입법에 대한 통제수단은 거의 간접적 정치적 통제수단에 의존
해왔다. 현행 「행정절차법」에서는 입법예고를 하는 경우 대통령령을 국회 소관
상임위원회에 제출토록 하고 있다(동법 제42조 제2항). 아직은 국회의 행정입법
통제는 미흡한 수준이라 할 수 있다.[28]

　　법률이나 법률의 위임에 의한 명령이 국민의 권리의무에 관한 사항을 '고
시'로 정하도록 위임한 경우 그 법령의 위임규정이 헌법상 금지되는 포괄위임에

---

25) 헌재 1997. 10. 30. 96헌바92 등.

26) 헌재 1998. 2. 27. 95헌바59.

27) 의회 제출제는 위임명령을 시행 전에 의회에 제출하는 것으로 단순한 제출 방안과 의회의 승
　　인이 있어야 발효되는 방안이 있다. 위원회심사제는 국회에 상임위원회를 만들어 행정입법을
　　심사하고 본회의에 보고토록 하는 방안이다. 협의는 행정부와 입법부의 협의를 제도화하는
　　방안이다. 간접적 정치적 통제는 예산심의, 국정감사 등을 통하여 행정입법을 간접적으로 통
　　제하는 것이다. 홍준형, 「법정책의 이론과 실제」, 법문사, 2008, 481-488면.

28) 행정입법에 대한 통제는 행정부 내부적인 문제로 다루어져 왔다. 1999년에 법제예산실에서
　　상위법의 근거 없이 국민의 권리를 제한하거나 의무를 부과하는 경우, 상위법의 취지나 위임
　　범위를 일탈한 경우, 상위법령과 모순이나 저촉되는 경우, 하위법령에 포괄적으로 재위임한
　　경우, 시행령이나 하위법령이 미비된 경우, 체계상의 문제, 행정편의적인 입법례, 타당성 문제
　　등 8가지 기준에 의하여 행정입법을 분석하고 개선방안을 제시해왔다. 법제예산실, 「행정입법
　　의 분석 검토」, 1999. 10. 법제현안 99-7호(통권92호), 상게서, 489면.

해당되는지의 문제가 있다. 제정형식이 행정규칙이더라도 상위법령의 위임한계를 벗어나지 않는 한 상위법령과 결합하여 대외적인 구속력을 갖는 법규명령으로서 기능하게 된다고 볼 경우에는 헌법상의 위임입법 한계 원리를 유추적용할 수 있다고 본다.[29] 이와 관련 「행정규제기본법」 제4조 제2항 단서에 따르면 "규제는 법률에서 직접 규정하되, 규제의 세부적 내용은 법률 또는 상위법령이 구체적으로 범위를 정하여 위임한 바에 따라 대통령령, 총리령, 부령, 또는 조례규칙으로 정할 수 있다. 다만, 전문적 기술적 사항이나 경미한 사항으로서 업무의 성질상 위임이 불가피한 사항에 관하여 구체적으로 범위를 정하여 위임한 경우에는 고시 등으로 정할 수 있다."고 예외를 인정하고 있다.

그러나 최근에는 법령에서 고시 등 행정규칙으로 규율할 수 있도록 한 수권(授權)근거가 존재하는 경우에도 그 위임의 내적·외적 한계를 벗어나 행정의 수범자인 국민 및 관련 기업들의 권익을 침해하는 경우가 적지 아니하다. 또한 행정규칙의 제정, 개정의 정도가 매우 빈번하여 일반 국민뿐 아니라, 전문가의 입장에서조차도 그 내용을 제대로 파악하는 것이 쉽지 아니하다.[30]

3) 행정행위

가. 행정행위의 특성과 종류

행정행위란 좁은 의미에서 행정청의 구체적인 사실에 대한 법집행행위로 행정처분이라고도 한다. 행정행위는 법적합성, 공정성(公定性), 실효성, 확정성, 쟁송절차의 특수성이라는 특징이 있다.[31] 행정행위는 법률행위적 행정행위와

---

29) 상게서, 495-497면.

30) 이러한 행정규칙의 문제인식을 바탕으로 현행법상 행정규칙으로의 위임 현황을 분석하고, 법률상 수권 근거가 없는 행정규칙, 국민의 권리·의무에 중요한 영향을 미치는 사항을 규율하여 법령의 형식을 요하는 행정규칙, 포괄적·일반적 위임(재위임) 금지의 원칙이나 명확성의 원칙에 반하는 행정규칙, 수권 법령 및 위임취지를 벗어난 행정규칙 등으로 분류하여 개선방안을 모색한 내용에 관하여서는 이세정, "선진법치주의 실현을 위한 행정규칙 정비방안", 법제연구원 연구보고 2011-06 참고.

31) 행정행위는 법에 근거하고 법에 적합하여야 한다. 당연 무효인 경우를 제외하고는 권한 있는 기관에 의하여 취소될 때까지는 적법한 것으로 추정되는 것을 공정성이라 한다. 행정행위는 행정적 의무를 이행하지 않는 경우 강제로 이행시킬 수단을 갖고 있는데 이를 실효성이라 한다. 쟁송기간이 지난 경우엔 더 이상 다툴 수 없는 불가쟁력과 처분청도 임의로 취소 변경할 수 없는 불가변력을 갖는 바, 불가쟁력과 불가변력을 확정성이라 한다. 또한 권리구제에 있어

준법률행위적 행정행위로 나누어진다. 법률행위적 행정행위는 의사표시를 구성요소로 하고 그 내용에 따라 법적 효과가 발생하는 행정행위이다. 여기에는 명령적 행정행위와 형성적 행정행위가 있는 바, 전자에는 하명·허가·면제가 있으며 후자에는 특허·인가·공법상 대리가 있다. 준법률적 행정행위는 의사표시 이외에 인식과 관념 등 정신작용 등을 표시요소로 하고 일정한 정신작용의 표현에 법적 효과가 발생하는 행정행위이다. 여기에는 확인, 공증, 통지, 수리가 있다.

나. 행정행위의 성립 및 효력요건 등

행정행위가 성립되려면 정당한 권한을 가진 행정기관이 객관적으로 명확하고 적법·타당한 내용을 정해진 절차에 따라 일정한 형식을 갖추어 행하여야 한다. 상대방 있는 행정행위는 특별한 규정이 없는 한 외부에 표시되어 상대방이 알 수 있는 상태에 도달됨으로써 효력을 가진다.

행정행위가 위에서 언급한 성립 및 효력요건을 충족하지 못하면 위법한 또는 하자(瑕疵)있는 행정행위가 된다. 하자 있는 행정행위는 무효 또는 취소할 수 있는 행위가 된다. 행정행위의 무효란 행정행위로서의 외형은 갖추고 있으나 행정행위로서의 효력이 전혀 없는 경우이고, 취소할 수 있는 행정행위란 흠이 있으나 권한 있는 행정기관이 취소함으로써 비로소 효력을 상실하게 되는 행정행위이다.[32]

서도 행정심판과 손실보상제도 등의 특수성을 갖고 있다.
32) 무효와 취소의 구별기준은 중대하고 명백한 흠을 무효원인으로 보고, 그에 이르지 않은 흠을 취소원인으로 보는 것이 일반적이다. 무효원인의 구체적 예시로 주체에 관한 흠으로 무권한(無權限)의 행위나 적법하게 조직되지 않은 합의제 행정기관의 행위가 있으며, 절차에 관한 흠으로 상대방의 신청 또는 동의를 결한 행위나 필요한 공고나 통지를 하지 않은 행위가 있다. 형식에 관한 흠으로 이유제시를 결한 행위나 서명날인을 결한 행위가 있고, 내용에 관한 흠으로 내용이 실현불능인 행위나 공서양속에 반하는 행위가 있다. 행정행위의 성립당시에는 하자가 있었으나 흠의 원인을 사후에 추완(追完) 또는 보완한 경우에 성립당시의 흠에도 불구하고 효력을 유지시키는 것을 흠의 치유(治癒)라 한다.

다. 쟁점: 재량행위에 대한 기준과 통제

가) 정책집행과 재량행위

정책을 성공적으로 집행하기 위해 일선 집행관료들에게 폭넓은 재량권을 인정하는 현지 적응적 집행(adaptive implementation)이 필요하다. 그 이유는 끊임없이 변화하는 현장에서 적응하여야 하며, 정책내용을 구체화할 필요가 있고, 집행 관련자들의 협조를 얻기 위한 타협이 현실적으로 필요하기 때문이다.

반면에 성공적인 집행을 위해 중앙정부가 집행내용, 방법, 절차 등에 관하여 사전에 세밀하게 규정하고 일선 관료는 그것을 충실히 집행하여야 하는 중앙통제적 내지 하향적 집행론자도 있다. 그 이유는 재량권이 지나치게 인정되면 관료의 횡포가 가능하고, 행정 편의적으로 집행되며 이익집단에 관료가 포획되어 부정으로 연결되기가 쉽기 때문이다. 이러한 상반적 전략은 결국 상황에 따라 다르다고 말할 수 있다.[33]

나) 재량행위의 유형과 구별기준

행정행위는 기속(覊束)행위와 재량(裁量)행위로 구분할 수 있다.[34] 기속행위는 법이 정한 일정한 요건이 충족되었을 때에 일정한 행위를 하거나 해서는 안 되는 경우의 행정행위이다. 재량행위란 어떤 행위를 할 수도 안할 수도 있거나 다수의 행위 중 어느 것을 해도 괜찮은 경우의 행정행위이다. 전자를 결정재량이라 하고 후자를 선택재량이라 한다.

기속행위와 재량행위의 구별기준에 관하여 요건재량설과 효과재량설이 있다. 요건재량설에 따르면 행정법규가 처분을 할 수 있다는 수권규정만 두고 처분

---

33) 백승기, 전게서, 404-406면.

34) 행정학자 버크(Burke)는 집행과정에서 관료의 재량권 행사 근거와 그에 수반되는 책임성(조직적 통제)의 확보 정도에 따라 형식적·기술적 재량, 전문가적 재량, 문제있는 재량, 위법한 재량으로 분류하였다. Burke, 1987, 백승기, 「정책학원론」, 대영문화사, 2010, 403면 재인용. 한편 행정행위는 수익적 행정행위와 부담적 행정행위(침해적 행정행위)로 분류하기도 한다. 수익적 행정행위는 건축허가의 발급처럼 권리를 설정하고 이익을 부여하는 행위이며, 부담적 행정행위는 하명이나 금지처럼 권리를 침해하거나 수익적 행위를 거부하는 행위이다. 수익적 행정행위는 원칙적으로 취소·철회가 제한되나, 부담적 행정행위는 취소·철회가 가능하다. 그 밖에도 수익적 행정행위에는 부관이 허용되나 부담적 행정행위에는 통설에 따르면 부관이 부정된다. 양 행정행위의 비교에 관한 자세한 내용은 홍준형, 「행정법」, 법문사, 2011, 143-144면 참고.

요건에 관하여 아무런 규정을 두지 않고 있는 경우와 공익상의 필요만 요구하고 있는 경우에 자유재량이고, 중간적인 직접목적을 처분의 요건으로 한 경우가 기속재량이다. 효과재량설에 따르면 법률효과의 선택의 여지가 없으면 기속행위이고, 선택의 여지가 있으면 재량행위라 한다. 개인의 자유나 권리를 침해하거나 의무를 부과하는 침익적 행위는 기속행위이고, 권리나 의무에 영향을 미치지 아니하는 또는 개인에게 권리를 인정하는 수익적 행위는 재량행위라는 것이다. 요건재량설은 종국목적과 중간목적을 구분하기가 애매하다는 문제가 있고, 효과재량설은 수익행위경우에 요건이 일률적으로 규정된 경우에는 기속행위로 봐야 할 경우가 많다는 문제가 있다. 따라서 구별 기준은 개개 법규의 문언상의 표현, 그 취지나 목적, 행위의 성질을 합리적으로 고려해서 결정하여야 할 것이다.[35]

다) 재량행위에 대한 통제

종래 기속행위와 재량행위를 구별하는 실익은 행정소송의 대상여부에 있다고 설명되었다. 즉 기속행위의 흠은 '위법'의 문제로 행정소송의 대상이 되나, 재량행위의 흠은 '부당'의 문제이므로 행정소송의 대상이 되지 않았다. 그러나 현행 「행정소송법」은 "행정청의 재량에 속하는 처분이더라도 재량권의 한계를 넘거나 그 남용이 있을 때에는 법원은 이를 취소할 수 있다."(동법 제27조)고 규정하고 있다. 결국 어떤 행위가 기속행위인지 재량행위인지는 본안심리에서 밝혀질 수 있으므로 행정소송 대상 여부는 중요하지 않다. 오히려 기속행위와 재량행위의 구별 실익은 재량권이 내적·외적 한계를 넘지 않는 한, 설령 그 재량행사가 타당하지 못한 경우에도 위법의 문제가 발생하지 아니한다는 법적 효과의 차이에 있다고 할 수 있다.[36]

재량규범의 범위 밖에 있는 법효과를 선택한 경우를 재량의 일탈(逸脫) 또

---

35) 행정법규가 불확정개념을 사용하여 행정청에게 '판단의 여지', 즉 법원에 의하여 심사될 수 없는 독자적인 평가 내지 결정의 영역을 확보해준 경우엔 그 영역의 한계가 준수되었는지만을 심사할 수 있고, 영역의 한계를 벗어나지 않는 한 행정청의 결정을 받아들여야 한다는 주장이 있다. 시험성적의 평가처럼 학술적 전문적인 판단은 시험관의 판단이 종국적이어야 하며, 법원은 사실오인에 의한 판단은 아닌지, 절차는 준수하였는지, 일반적인 평가원칙에 따랐는지, 사안과 무관한 고려에 의하여 판정하였는지만을 심사할 수 있다는 것이다. 행정에 대한 사법통제의 현실적 한계를 인정한 주장이라 할 수 있다. 홍준형, 전게서, 129-130면, 138-140면.

36) 상게서, 126면.

는 재량의 유월(逾越)이라 한다. 재량권의 남용은 재량의 범위 내이더라도 수권
한 법률상의 목적, 평등원칙, 비례원칙, 부당결부금지원칙 등 법원칙에 위배하
여 행사하는 경우로 재량행위가 위법으로 판단되는 대부분의 사례가 이에 해
당한다. 예컨대, 징계처분 시 비행의 정도에 비하여 균형을 잃은 과중한 징계
처분을 선택한 경우 비례의 원칙에 위반하여 재량권의 남용이 된다. 이러한 사
법적 통제 이외에도 입법부에 의한 국정감사 등에 의한 정치적 통제가 가능하
고, 상급청의 직무감독과 「행정절차법」에 의한 절차적 통제 등의 행정적 통제
도 가능하다.37)

　재량권 일탈과 남용에 대한 통제는 주로 사법부에 의한 사후적인 통제였으
나, 사후적인 공무원에 대한 제재만으로는 그 효과에 한계가 있으므로 입법단계
에서부터 행정청에 과다한 재량을 부여하지 않도록 하거나 재량을 부여하더라
도 그 행사를 투명하게 할 필요가 있다. 법제처는 재량권이 남용될 가능성이 있
는 부분을 검토하고 정비기준을 마련하여 법령, 훈령, 예규 등이 객관적인 기준
에 따라 행사될 수 있도록 재량행위의 투명화사업을 추진한 바 있다.38)

4) 행정 강제와 행정벌

　행정 내지 정책집행의 실효성 확보수단으로 행정 강제와 행정벌이 있다.
행정 강제란 행정목적을 실현하기 위하여 사람의 신체 또는 재산에 실력을 가
하여 행정상 필요한 상태를 실현하는 행정권의 사실상의 작용이다. 행정 강제에
는 행정상의 강제집행과 행정상의 즉시강제가 있다. 행정상 강제집행의 일반적
인 수단에는 대집행(代執行)과 강제징수가 있다.

---

37) 김남진·김연태, 전게서, 214-218면.
38) 재량행위의 투명화를 위한 중심적 과제인 요건규정은 요건규정의 불명확성 경우와 요건규
정의 위임의 경우로 나누어진다. 현행법령상 처분의 요건이 불확정개념으로 규정된 사례는
셀 수 없을 정도로 많은바, 재량권행사의 요건·기준이 지나치게 다의적이고 추상적인 개념
(예컨대, 국가 이익, 선량한 풍속, 중대한 사유 등)으로 표현된 경우에는 행정에 대한 예측
가능성이 떨어지고 법령의 해석·적용과정에서 담당공무원의 자의적인 판단이 개입될 소지
가 크다. 요건규정의 불확정개념을 구체화하는 것이 과제이다. 요건규정의 위임에서 문제가
되는 것은 위임의 범위와 위임의 구체성·명확성의 정도이다. 헌법재판소는 위임입법에 있어
서 위임의 구체성·명확성의 요구정도는 규율대상의 종류와 성격에 따라서 다소 다른 것으로
해석하고 있다(헌재 97. 12. 24. 95헌마390). 김재광, 「재량행위 투명화를 위한 법령정비 지침
수립」 2004년도 정책연구개발사업 보고서.

행정벌이란 행정법상의 의무위반에 대하여 제재로서 벌을 과하는 것이다. 죄형법정주의가 행정벌에도 적용된다. 행정벌에는 행정형벌(行政刑罰)과 행정질서벌이 있다. 행정형벌은 형법에 정해진 사형, 징역, 금고, 자격정지, 벌금, 과료 및 몰수를 과하는 것이다. 행정질서벌은 과태료의 부과로 형법총칙이 적용되지 않는다.

행정의 실효성을 확보하는 새로운 수단으로 가산금부과와 같은 금전상의 제재, 의무 불이행자에 대하여 전기나 수도 등의 서비스 공급을 거부하는 공급거부, 의무 불이행자의 성명이나 위반사실을 일반인에게 공개하는 명단의 공개, 국외여행의 금지, 취업의 제한, 세무조사 등이 있다.

③ 행정과정상의 주요 쟁점

우리나라 행정 및 행정법은 대륙법계의 전통에 따라 실체법적인 측면, 즉 내용과 결과로서의 행정결정만을 중요시하여 행정작용이 이루어지는 과정에 대하여는 소홀히 한 측면이 있다. 최근에는 기본권의 실효적 보장을 위하여서도 행정의 동태적 과정을 종합적으로 고려하고, 무엇이 최선의 결정인가에 대한 법적 판단보다는 어떤 논의 과정을 거쳐 해결책을 찾을 것인가에 대한 법적 보장이 더 중시되고 있다. 행정과정에 대한 이러한 법적 규율은 행정절차, 공공기관의 정보공개와 개인정보의 보호라는 새로운 제도로 탄생하게 되었다. 행정절차와 정보공개는 행정과정에의 참여와 행정의 투명성을 위한 전제조건이 된다. 정보공개의 필요성은 개인정보에 대한 프라이버시 보호라는 요청과 조화가 필요하다.[39]

1) 행정절차의 법적 규율

가. 행정절차의 기능과 법원(法源)

행정절차란 광의로는 행정의사의 결정과 집행에 관련되는 일체의 과정을

---

39) 홍준형, 「행정법」, 법문사, 2011, 352면.

말하고, 협의로는 행정처분과 행정입법 등의 각종 행정작용의 사전절차를 의미하며, 최협의로는 행정처분의 사전절차만을 의미한다.[40] 행정절차법의 기능은 행정의 민주화에 있다. 특히 행정의 투명성, 예측가능성과 접근가능성의 확보, 이를 바탕으로 한 이익대변의 기회 및 참가의 보장, 절차를 통한 정당성 및 행정능률에서 찾을 수 있다. 행정절차법의 법원(法源)은 헌법,[41] 「행정절차법」, 각종 단행법에 산재된 행정절차에 관한 규정이다.

나. 「행정절차법」의 내용

행정절차의 구체적 내용은 행정작용의 성질에 따라 일정하지 않지만 정식절차의 경우 일반적 내용은 사전통지, 청문이나 공청회를 통한 의견청취, 결정 및 결정이유의 명시이다. 사전통지는 어떤 행정결정을 하기 전에 이해관계인에게 당해 행정작용의 내용 및 청문일시나 장소 등을 미리 알려주는 것이다. 청문은 행정작용을 하기 전에 자기에게 유리한 증거를 제출하고 의견을 진술하게 하여 사실심사를 하는 절차이다. 청문에는 변론이나 반박의 기회를 부여하는 사실심형 청문과 증거 및 참고자료를 제출할 기회만 주는 진술형 청문이 있다. 결정 및 결정이유의 제시는 행정청이 결정을 한 경우 결정내용과 결정이유를 명기하여 통지하므로 사후 행정구제절차에 대처하게 하는 것이다.

한국은 1996년 12월에 행정의 투명성·공정성 및 신뢰성을 확보하기 위하여 「행정절차법」(법률 제5241호)을 제정하였다. 행정절차에 관한 일반법으로 처분, 신고, 행정상 입법예고, 행정예고, 행정지도의 절차에 대하여 다른 법률에 특별한 규정이 없는 한 이법이 적용되도록 하였다(동법 제3조 제1항). 그러나 광범위한 적용배제 규정을 두어 일반법으로서의 성격을 약화시키고 있다.

가) 「행정절차법」의 적용배제 사항

「행정절차법」은 '국회 또는 지방의회의 의결을 거치거나 동의 또는 승인을

---

40) 김남진·김연태, 전게서, 407면.

41) 헌법의 경우 헌법 제12조 제1항에서 '적법한 절차'를 규정하고 있는 바, 직접적으로는 형사 사법권의 발동에 관한 조항이나 행정절차에도 유추 적용된다는 견해, 헌법 제10조의 인간의 존엄과 가치나 제37조의 기본권의 포괄성 규정에서 적법절차의 근거를 찾는 견해, 불이익 처분시 절차적 참가권은 헌법상 법치국가 원리에 포함된다는 견해 등 다양하다. 홍준형, 전게서, 355~356면.

얻어 행하는 사항' 등 적용배제 사항을 광범위하게 규정하고 있다.[42]

나) 사전통지 내용

「행정절차법」은 사전통지, 청문과 공청회에 관하여 다음과 같이 규정하고 있다. 행정청은 당사자에게 의무를 과하거나 권익을 제한하는 처분을 하는 경우에는 미리 처분의 제목, 당사자의 성명 또는 명칭과 주소, 처분하고자 하는 원인이 되는 사실과 처분의 내용 및 법적 근거, 의견을 제출할 수 있다는 뜻과 의견을 제출하지 아니하는 경우의 처리방법, 의견 제출기관의 명칭과 주소, 의견 제출기한, 기타 필요한 사항을 당사자 등에게 통지하여야 한다(동법 제21조 제1항).[43]

행정청이 처분을 함에 있어서 다른 법령 등에서 청문을 실시하도록 규정하고 있는 경우 또는 행정청이 필요하다고 인정하는 경우에 청문을 실시한다(동법 제22조1항). 다른 법령 등에서 공청회를 개최하도록 규정하고 있는 경우나 당해 처분의 영향이 광범위하여 널리 의견을 수렴할 필요가 있다고 행정청이 인정하는 경우에는 공청회를 개최한다(동법 제22조 제2항).

다) 부담적 처분에서의 의견 제출

행정청이 당사자에게 의무를 과하거나 권익을 제한하는 처분을 함에 있어서 「행정절차법」 제22조에 의한 청문이나 공청회가 주어진 경우 외에는 당사자 등에게 의견 제출의 기회를 주어야 한다(동법 제22조 제4항). 당사자 등은 처분 전

---

42) 「행정절차법」제3조 제2항: 1. 국회 또는 지방의회의 의결을 거치거나 동의 또는 승인을 얻어 행하는 사항. 2. 법원 또는 군사법원의 재판에 의하거나 그 집행으로 행하는 사항. 3. 헌법재판소의 심판을 거쳐 행하는 사항. 4. 각급 선거관리위원회의 의결을 거쳐 행하는 사항. 5. 감사원이 감사위원회의 결정을 거쳐 행하는 사항. 6. 형사·행형 및 보안처분 관계법령에 의하여 행하는 사항. 7. 국가안전보장·국방·외교 또는 통일에 관한 사항 중 행정절차를 거칠 경우 국가의 중대한 이익을 현저히 해할 우려가 있는 사항. 8. 심사청구·해양안전심판·조세심판·특허심판·행정심판 기타 불복절차에 의한 사항. 9. 병역법에 의한 징집·소집, 외국인의 출입국·난민인정·귀화, 공무원 인사 관계 법령에 의한 징계 기타 처분 또는 이해 조정을 목적으로 법령에 의한 알선·조정·중재·재정 기타 처분 등 당해 행정작용의 성질상 행정절차를 거치기 곤란하거나 불필요하다고 인정되는 사항과 행정절차에 준하는 절차를 거친 사항으로서 대통령령으로 정하는 사항.

43) 다음 각 호의 1에 해당하는 경우에는 제1항의 규정에 의한 통지를 아니 할 수 있다(행정절차법 제21조4항). 1. 공공의 안전 또는 복리를 위하여 긴급히 처분을 할 필요가 있는 경우 2. 법령 등에서 요구된 자격이 없거나 없어지게 되면 반드시 일정한 처분을 하여야 하는 경우에 그 자격이 없거나 없어지게 된 사실이 법원의 재판 등에 의하여 객관적으로 증명된 때 3. 당해 처분의 성질상 의견청취가 현저히 곤란하거나 명백히 불필요하다고 인정될 만한 상당한 이유가 있는 경우.

에 그 처분의 관할행정청에 서면·구술로 또는 정보통신망을 이용하여 의견 제출을 할 수 있다. 당사자 등은 의견 제출을 하는 경우 그 주장을 입증하기 위한 증거자료 등을 첨부할 수 있다. 행정청은 당사자 등이 구술로 의견 제출을 한 때에는 서면으로 그 진술의 요지와 진술자를 기록하여야 한다. 당사자 등이 정당한 이유 없이 의견 제출기한 내에 의견 제출을 하지 아니한 경우에는 의견이 없는 것으로 본다(동법 제27조).

라) 처분 이유의 제시

행정청은 처분을 하는 때에는 당사자에게 그 근거와 이유를 제시하여야 한다. 다만 신청내용을 모두 그대로 인정하는 처분인 경우나, 단순·반복적인 처분 또는 경미한 처분으로서 당사자가 그 이유를 명백히 알 수 있는 경우, 그리고 긴급을 요하는 경우에는 그러하지 아니하다(「행정절차법」 제23조).

마) 입법예고 및 행정예고 절차

「행정절차법」은 법령과 지방자치법령을 제정·개정 또는 폐지하고자 할 때에는 입법안을 마련한 행정청이 반드시 이를 예고하도록 하고 있다(동법 제41조 제1항).[44] 입법예고기간은 예고할 때 정하되, 특별한 사정이 없는 한 40일(자치법규는 20일) 이상으로 한다(동법 제43조). 누구든지 예고된 입법안에 대하여 그 의견을 제출할 수 있다. 행정청은 의견접수기관·의견제출 기간·기타 필요한 사항을 당해 입법안을 예고할 때 함께 공고하여야 한다. 행정청은 당해 입법안에 대한 의견이 제출된 경우 특별한 사유가 없는 한 이를 존중하여 처리하여야 한다. 행정청은 의견을 제출한 자에게 그 제출된 의견의 처리결과를 통지하여야 한다(동법 제44조).

다. 「행정절차법」의 쟁점

「행정절차법」은 행정의 공정성과 행정의 투명성을 확보하여 행정에 대한

---

44) 다만 다음 각 호의 하나에 해당하는 경우에는 예고를 하지 않을 수 있다. 1. 입법내용이 국민의 권리·의무 또는 일상생활과 관련이 없는 경우 2. 입법이 긴급을 요하는 경우 3. 상위 법령 등의 단순한 집행을 위한 경우 4. 예고함이 공익에 현저히 불리한 영향을 미치는 경우 5. 입법내용의 성질 그 밖의 사유로 예고의 필요가 없거나 곤란하다고 판단되는 경우(행정절차법 제41조1항).

국민들의 신뢰를 확보하기 위한 것이다. 「행정절차법」을 제정하여 실시하고 있다는 것은 민주행정이 발전하고 있다는 징표라 할 수 있다. 그러나 한국의 경우 능률과 목표달성이 강조되는 오랜 문화 때문에 행정절차법에 친숙하지 않아 그 운영에는 많은 문제를 안고 있다고 할 수 있다.

「행정절차법」의 가장 큰 문제는 적용범위에서 광범위한 예외규정을 두고 있는 점이다. 특히 "당해 행정작용의 성질상 행정절차를 거치기 곤란하거나 불필요하다고 인정되는 경우로서 대통령령으로 정하는 사항"을 예외규정으로 한 것은 대통령령으로 법률의 적용을 배제한 것으로 위임 입법의 한계를 넘은 것으로 위헌성의 문제가 있다.

또 「행정절차법」의 핵심요소인 의견청문이 부담적 처분에 한정되어 있어 수익적 처분의 행정행위는 제외되어 있다. 의견청취의 유형도 약식절차인 의견 제출을 일반적인 의견 청취방식으로 하고 있는 것도 문제이다. 청문의 실시요건이 법령에서 규정하고 있는 경우와 '행정청이 필요하다고 인정한 경우'로 한정하고 있어 이해당사자의 신청에 의한 청문의 기회는 배제되어 있다. 그 밖에도 공무원들과 국민들이 행정절차법에 대한 인식이 소극적이며, 전문지식이 있는 청문주재자의 선정과 청문의 충실한 운영이 과제이다. 그 밖에도 「행정절차법」의 헌법적 근거가 명확하지 않은 점, 행정절차 조례 제정 근거가 필요한 점 등의 쟁점도 있다.[45]

라. 행정절차상 하자의 효과

행정처분의 내용에는 하자가 없으나 절차에 하자가 있는 경우 당해 행정처분이 위법한지, 위법하다면 취소사유인지 아니면 무효사유인지 살펴본다. 절차하자가 처분을 위법하게 만드는지에 관하여 소극설은 내용상 하자가 없으면 절차나 형식상의 하자만을 이유로 취소를 주장할 수 없다고 한다. 다시 절차를 시정하여 동일한 내용의 처분을 할 것이므로 행정경제의 요청에 반한다는 것이 논거이다. 반면 적극설은 절차상의 위반은 내용상의 위반과 마찬가지로 위법하다고 한다. 그렇지 않으면 절차적 규정이 유명무실해지고 적법한 절차를 거칠

---

45) 신봉기, "한국의 행정절차와 행정정보에 대한 자유로운 접근", 「공법연구」제35집 제4호, 한국 공법학회, 2007.

경우 동일한 처분을 반복한다고 볼 수 없다는 것이 논거이다. 판례는 법률에 정해진 청문을 결여한 행정처분은 위법한 처분으로 취소해 왔다.[46] 법률이 명문으로 일정한 행정절차를 거칠 것을 강제한 경우, 또는 명문규정이 없어도 일정한 행정절차가 헌법상 기본권이나 적법절차의 요청으로부터 도출될 수 있는 경우에는 이를 거치지 않은 행정처분은 위법하다고 보아야 한다.[47] 절차하자를 위법사유로 보는 경우 취소사유인지 무효사유인지 견해가 갈리나 통설은 절차의 하자가 중대하고 동시에 명백한 때에는 무효이고 그렇지 않은 경우에는 취소사유에 불과하다고 한다.[48]

2) 공공기관의 정보공개와 개인 정보의 보호

컴퓨터를 중심으로 한 정보처리 및 통신기술의 비약적인 발전으로 정보에 대한 유통 내지 접근이 중요해졌으며 정보화에 대한 법적 규율이 불가피하게 되었다. 행정 정보의 공개와 개인 정보에 대한 보호에 관하여 살펴본다.

가. 행정의 투명성과 행정 정보의 공개

정보의 공개는 국민의 '알 권리'를 실현시키기 위한 핵심적 수단이다. 알권리 내지 정보공개청구권은 헌법상 명문규정은 없지만 헌법 제10조의 인간의 존엄과 가치 내지 행복추구권, 또는 헌법 제21조의 언론의 자유에 내포된 개념으로 해석된다. 행정 정보의 공개는 행정절차와도 상호보완적 관계에 있다. 행정정보의 공개는 행정 절차적 통제 및 참여의 전제조건이 되기 때문이다. 「행정절차법」에서도 문서의 열람 등에 관한 권리를 보장하고 있다(동법 제37조).[49]

---

46) 대법원 1969. 3. 31. 선고 68누179 판결 등.

47) 홍준형, 전게서, 407-410면.

48) 판례도 법률에서 정한 입지선정위원회가 시행령의 구성방법에 위반하여 구성되어 의결하였다면 중대하나 객관적으로 명백한 하자로 무효사유에 해당한다고 판결한 바 있다. 대법원 1007. 4. 12. 선고 2006두20150 판결(폐기물처리시설 설치승인처분무효확인 등). 상게서, 412-413면.

49) 행정절차에서의 정보공개는 일반 공개가 아니고 이해관계인에게 한정된다는 상대적 차이가 있다. 상게서, 423면.

나. 「공공기관의 정보공개에 관한 법률」의 내용과 문제점

가) 정보공개법의 주요 내용

「공공기관의 정보공개에 관한 법률」(이하 정보공개법이라 한다)이 1996년에 제정되었으며, 1998년부터 시행되었다. 정보공개법의 목적은 '공공기관이 보유·관리하는 정보에 대한 국민의 공개청구 및 공공기관의 공개의무에 관하여 필요한 사항을 정함으로써 국민의 알권리를 보장하고 국정에 대한 국민의 참여와 국정운영의 투명성을 확보함을 목적으로'하고 있다(동법 제1조). 모든 국민은 정보의 공개를 청구할 권리를 가진다(동법 제5조). 공공기관은 국민생활에 매우 큰 영향을 미치는 정책에 관한 정보, 국가의 시책으로 시행하는 공사(工事) 등 대규모의 예산이 투입되는 사업에 관한 정보, 예산집행의 내용과 사업평가 결과 등 행정 감시를 위하여 필요한 정보, 그 밖에 공공기관의 장이 정하는 정보에 대하여는 공개의 구체적 범위, 공개의 주기·시기 및 방법 등을 미리 정하여 공표하고, 이에 따라 정기적으로 공개하여야 한다(동법 제7조). 공공기관은 당해 기관이 보유·관리하는 정보에 대하여 국민이 쉽게 알 수 있도록 정보목록을 작성·비치하고, 그 목록을 정보통신망을 활용한 정보공개시스템 등을 통하여 공개하여야 한다(제8조).

공공기관이 보유·관리하는 정보는 공개대상이 된다. 그러나 '다른 법률 또는 법률이 위임한 명령에 의하여 비밀 또는 비공개 사항으로 규정된 정보' 등 공개대상에서 제외되는 많은 예외규정을 두고 있다.[50)]

---

50) 「공공기관의 정보공개에 관한 법률」 제9조: 1. 다른 법률 또는 법률이 위임한 명령(국회규칙·대법원규칙·헌법재판소규칙·중앙선거관리위원회 규칙·대통령령 및 조례에 한한다)에 의하여 비밀 또는 비공개 사항으로 규정된 정보. 2. 국가안전보장·국방·통일·외교관계 등에 관한 사항으로서 공개될 경우 국가의 중대한 이익을 현저히 해할 우려가 있다고 인정되는 정보. 3. 공개될 경우 국민의 생명·신체 및 재산의 보호에 현저한 지장을 초래할 우려가 있다고 인정되는 정보. 4. 진행 중인 재판에 관련된 정보와 범죄의 예방, 수사, 공소의 제기 및 유지, 형의 집행, 교정, 보안처분에 관한 사항으로서 공개될 경우 그 직무수행을 현저히 곤란하게 하거나 형사피고인의 공정한 재판을 받을 권리를 침해한다고 인정할 만한 상당한 이유가 있는 정보. 5. 감사·감독·검사·시험·규제·입찰계약·기술개발·인사관리·의사결정과정 또는 내부검토과정에 있는 사항 등으로서 공개될 경우 업무의 공정한 수행이나 연구·개발에 현저한 지장을 초래한다고 인정할 만한 상당한 이유가 있는 정보. 6. 당해 정보에 포함되어 있는 이름·주민등록번호 등 개인에 관한 사항으로서 공개될 경우 개인의 사생활의 비밀 또는 자유를 침해할 우려가 있다고 인정되는 정보. 다만, 다음에 열거한 개인에 관한 정보는 제외한다. 7.

공공기관은 정보공개심의회를 운영하여야 하며(동법 제12조), 정보공개의 청구가 있는 때에는 청구를 받은 날부터 10일 이내에 공개여부를 결정하여야 한다(동법 제11조). 정보공개의 청구가 거부되었거나 무응답의 상태에 있거나 또는 불충분하게 공개된 경우에는 행정청에 일정 기간 안에 이의신청과 행정심판을 청구할 수 있으며, 법원에 행정소송을 제기할 수 있다(동법 제18조).

나) 정보공개법의 문제점

정보공개법은 알권리를 실현시켜 국정에 대한 실질적인 참여를 보장하는 수단으로 국정운영의 투명성을 제고하여 민주주의를 확립하는데 중요한 역할을 하고 있다. 가장 큰 문제점은 비공개 사유의 범위가 지나치게 넓고 포괄적으로 설정되었다는 점이다. 정보공개법 제9조 1항에서 ' … 할 우려', '상당한 이유', '정당한 이익'과 같은 불확정개념을 너무 많이 사용하고 있다. 그 결과 행정기관이 자의적으로 정보공개를 거부하는 '빌미'가 될 수 있다. 그 밖에도 공공기관의 정보공개의 중요성에 대한 인식부족, 정보공개 심의회의 독립성 부족, 불복구제 절차제도의 개선 등의 문제가 있다.[51]

다. 개인정보의 보호

가) 「공공기관의 개인정보 보호에 관한 법률」의 주요내용

공공기관이 전국적 행정전산망을 구축하면서 개인 정보가 부당하게 수집·사용 또는 무단 유출되어 사생활의 침해가 발생하게 되자, 1994년에 「공공기관의 개인정보 보호에 관한 법률」(이하 개인정보보호법이라 한다)을 제정하였는바, 그 주요내용을 간략히 살펴본다.

개인정보보호법은 개인정보의 수집·유출·오용·남용으로부터 사생활의 비밀 등을 보호함으로써 국민의 권리와 이익을 증진하고, 나아가 개인의 존엄과 가치를 구현하기 위하여 개인정보 처리에 관한 사항을 규정함을 목적으로 한다(동법

법인·단체 또는 개인의 경영·영업상 비밀에 관한 사항으로서 공개될 경우 법인 등의 정당한 이익을 현저히 해할 우려가 있다고 인정되는 정보. 다만, 다음에 열거한 정보를 제외한다. 8. 공개될 경우 부동산 투기·매점매석 등으로 특정인에게 이익 또는 불이익을 줄 우려가 있다고 인정되는 정보.

51) 신봉기, 전게논문.

제1조). 개인정보 처리자인 "공공기관"은 국회, 법원, 헌법재판소, 중앙선거관리위원회의 행정사무를 처리하는 기관, 중앙행정기관 및 그 소속 기관, 지방자치단체 그리고, 그 밖의 국가기관 및 공공단체 중 대통령령으로 정하는 기관이다(동법 제2조).

개인정보 보호의 원칙으로 개인정보 처리자는 개인정보의 처리 목적을 명확하게 하여야 하고 그 목적에 필요한 범위에서 최소한의 개인정보만을 적법하고 정당하게 수집하여야 하며, 처리 목적에 필요한 범위에서 적합하게 개인정보를 처리하여야 하며, 그 목적 외의 용도로 활용하여서는 아니 된다. 개인정보 처리자는 개인정보의 처리 방법 및 종류 등에 따라 정보주체의 권리가 침해받을 가능성과 그 위험 정도를 고려하여 개인정보를 안전하게 관리하여야 한다. 개인정보 처리자는 개인정보 처리방침 등 개인정보의 처리에 관한 사항을 공개하여야 하며, 열람청구권 등 정보주체의 권리를 보장하여야 한다. 개인정보 처리자는 정보주체의 사생활 침해를 최소화하는 방법으로 개인정보를 처리하여야 한다. 개인정보 처리자는 개인정보의 익명처리가 가능한 경우에는 익명에 의하여 처리될 수 있도록 하여야 한다(동법 제3조).

정보주체는 자신의 개인정보 처리와 관련하여 개인정보의 처리에 관한 정보를 제공받을 권리, 개인정보의 처리에 관한 동의 여부, 동의 범위 등을 선택하고 결정할 권리, 개인정보의 처리 여부를 확인하고 개인정보에 대하여 열람을 요구할 권리, 개인정보의 처리 정지, 정정·삭제 및 파기를 요구할 권리, 개인정보의 처리로 인하여 발생한 피해를 신속하고 공정한 절차에 따라 구제받을 권리를 가진다(동법 제4조). 개인정보 처리자는 정보주체의 동의를 받은 경우, 법률에 특별한 규정이 있거나 법령상 의무를 준수하기 위하여 불가피한 경우, 공공기관이 법령 등에서 정하는 소관 업무의 수행을 위하여 불가피한 경우 등의 경우에 개인정보를 수집할 수 있으며 그 수집 목적의 범위에서 이용할 수 있다(동법 제15조). 개인정보 처리자는 개인정보를 수집하는 경우에는 그 목적에 필요한 최소한의 개인정보를 수집하여야 한다. 이 경우 최소한의 개인정보 수집이라는 입증책임은 개인정보 처리자가 부담한다(동법 제16조 1항).

나) 개인정보보호법의 문제점

개인정보보호법의 문제점은 보호대상이 컴퓨터 등 정보의 처리 또는 송수신 기능을 가진 장치로 처리되는 정보에 국한되어 수기로 처리된 정보에 대하여서는 배제되어 있다. 또한 공공기관 외의 개인이나 단체의 경우는 개인정보보호를 위한 의견제시나 권고만 할 수 있도록 되어 있다. 그 밖에도 정보처리의 본인 열람을 제한하는 사유가 지나치게 광범위하다.[52] 최근에는 CCTV(Closed Circuit TV)에 의한 범죄활동의 예방이 광범위하게 활용되는 경향에 따라 CCTV의 확산에 대한 프라이버시의 침해 우려가 높아지고 있다. 그러한 감시에 대한 규제의 필요성이 증가하고 있다.[53]

4 공법영역에서의 권리구제

행정법은 행정의 조직·작용 및 그 구제에 관한 국내공법이다. 정책집행 내지 행정의 작용과정에서 개인의 권리가 침해당한 경우엔 그 구제 제도가 마련되어야 한다. 국민권익위원회의 고충민원(苦衷民願) 처리에 관하여 언급하고, 행정 구제제도인 행정상 손해전보와 행정쟁송제도를 간략히 살펴본다.

1) 고충민원 처리

고충민원에 대한 행정기관의 처리는 2008년 2월에 제정된 「부패방지 및 국민권익위원회의 설치 및 운영에 관한 법률」에 따라 국민권익위원회에서 처리하고 있다. 국민권익위원회는 고충민원의 처리와 이에 관련된 불합리한 행정제도를 개선하고, 부패의 발생을 예방하며 부패행위를 효율적으로 규제함으로써 국민의 기본적 권익을 보호하고 행정의 적정성을 확보하며 청렴한 공직 및 사회풍토의 확립에 이바지함을 목적으로 하며 국무총리 소속으로 되어 있

---

52) 홍준형, 전게서, 493면.

53) CCTV 감시의 헌법적 근거와 문제점 및 개선방안에 관한 논문으로 정태호, "CCTV 감시에 대한 개인정보보호법의 규율에 대한 대안과 헌법적 평가", (「헌법학연구」 제14권 제1호, 한국헌법학회, 2009. 2, 167-196면)가 있다.

다(동법 제11조). 국민권익위원회는 고충민원 처리, 공무원의 부정부패 예방 및 규제, 그리고 중앙행정심판위원회를 운영하는 다양한 기능을 수행한다(동법 제12조).

2) 행정상 손해전보(塡補)

행정작용으로 타인이 손해를 입은 경우에 그것을 전보해주는 제도에 행정상 손해배상(국가배상)과 행정상 손실보상(공용침해)이 있다.

가. 행정상의 손해배상

행정상의 손해배상에 관한 근거규정은 "공무원의 직무상 불법행위로 손해를 받은 국민은 법률이 정하는 바에 의하여 국가 또는 공공단체에 정당한 배상을 청구할 수 있다. 이 경우 공무원 자신의 책임은 면제되지 아니한다."고 규정한 헌법 제29조이다. 이에 근거한 일반법이 「국가배상법」이다. 행정상의 손해배상은 공무원의 직무상 불법행위로 인한 손해배상과54) 영조물의 설치·관리상 하자로 인한 손해배상이 있다.55)

나. 행정상 손실보상

행정상 손실보상이란 적법한 공권력 행사에 의해 가해진 재산상의 특별한 희생에 대하여 사유재산권의 보장과 공평부담의 견지에서 이루어지는 조절적인 재산상의 전보를 의미한다. 손실보상의 근거는 "공공필요에 의한 재산권의 수용·사용 또는 제한 및 그에 대한 보상은 법률로 하되, 정당한 보상을 지급하여야 한다."고 규정한 헌법 제23조 제3항이다.

손실보상은 공공의 필요에 의하여 재산권에 대한 적법한 공권적 침해를 하고, 그러한 침해로 인하여 특별한 희생이 발생한 경우 성립한다. 여기에서 '특별한 희생'이란 사회적 제약을 넘어서는 손실이라고 할 수 있다. 그 구체적인 기

---

54) 「국가배상법」 제2조는 "국가 또는 지방자치단체는 공무원이 그 직무를 집행함에 당하여 고의 또는 과실로 법령에 위반하여 타인에게 손해를 가하거나, 자동차손해배상보장법의 규정에 의하여 책임이 있는 때에는 그 손해를 배상하여야 한다."고 규정하고 있다.

55) 「국가배상법」 제5조는 "도로·하천 기타 공공의 영조물의 설치 또는 관리에 하자가 있기 때문에 타인에게 손해를 발생하게 하였을 때에는 국가 또는 지방자치단체는 그 손해를 배상하여야 한다."고 규정하고 있다.

준에 관하여 형식적 기준설과 실질적 기준설로 나뉜다.[56] 재산권의 침해에 대하여 어느 정도로 손실을 보상할 것인가에 관하여 완전보상설과 상당보상설이 대립되고 있다. 완전보상설은 피침해 재산이 가지는 완전한 가치를 보상하여야 한다는 것이고, 상당보상설은 재산권의 사회적 구속성에 비추어 적정한 보상이면 된다는 입장이다. 헌법에서는 '정당한 보상'을 하도록(동법 제23조 제3항) 규정하고 있는 바, 원칙적으로 완전보상이지만 경우에 따라서는 완전보상을 하회할 수 있는 것으로 해석되어야 할 것이다. 보상기준의 책정에 있어서 「개발이익환수에 관한 법률」에서 개발이익을 배제시키고 있다(동법 제3조).

3) 행정쟁송

행정쟁송이란 행정상의 법률관계에 관하여 분쟁이 있는 경우, 이해관계인이 쟁송을 제기하면 일정한 판단기관이 이를 심판하는 절차를 의미한다. 광의의 행정쟁송은 행정기관이 심리·재결하는 행정심판과 법원에 의하여 심리·판결되는 행정소송을 포괄하는 개념이나, 협의의 행정쟁송은 행정심판만을 의미한다. 행정쟁송은 위법·부당한 행정작용으로부터 국민의 권리·이익을 구제하고 행정작용의 적법성과 타당성을 확보하는 기능을 가진다.

가. 행정심판

행정심판이란 행정조직 내부에서 법률관계 분쟁을 처리하는 제도이다. 실질적 의미의 행정심판은 행정기관이 재결청이 되는 행정쟁송절차로 행정심판, 이의신청,[57] 재결신청, 심사청구 등의 이름으로 불리고 있다. 형식적 의미의 행정심판은 「행정심판법」의 적용을 받는 행정심판만을 의미한다. 행정심판은 법원에 의한 사법적 판단수단인 행정소송보다 간편하고 신속한 처리가 가능하며, 행정기관의 자기반성을 통한 분쟁해결을 도모할 수 있다는 장점이 있다.

행정심판의 대상은 행정청의 처분 또는 부작위이다(행정심판법 제3조). 행정청

---

56) 형식적 기준설은 재산권에 대한 침해가 특정인 또는 특정집단에게 가해져 일반인에게 예상되지 않는 희생이 과해진 경우를 특별한 희생이라고 한다. 실질적 가치설에는 보호가치설, 수인한도성설, 중대성설 등이 있다. 김남진, 전게서, 551∼552면.

57) 이의신청은 토지수용법 등 개별법에서 규정하고 있는 일정한 처분에 한하여 인정되며, 처분청 자신에 대하여 재심사를 구하는 행정쟁송이다. 김남진, 전게서, 588면.

의 위법 또는 부당한 처분 그 밖에 공권력의 행사·불행사 등으로 국민의 권리 또는 이익의 침해를 구제하는 것이 행정심판의 목적이다(동법 제1조). 행정심판의 종류에는 취소심판, 무효등확인심판, 의무이행심판(부작위 위법확인소송)이 있다.

행정심판을 수리하여 재결할 권한을 가진 행정청을 재결청이라 한다.[58] 행정심판은 각 재결청에 소속되어 있는 행정심판위원회에서 심리·의결한다. 재결청은 재결시 행정심판위원회의 결정에 기속된다(행정심판법 제31조 제2항). 국무총리 또는 중앙행정기관의 장이 재결청이 되는 심판청구사건을 심리·의결하기 위하여 국무총리산하에 행정심판위원회를 둔다. 행정심판청구는 원칙적으로 처분이 있음을 안 날로부터 90일 이내, 처분이 있는 날로부터 180일 이내에 제기하여야 한다.

나. 행정소송

행정소송이란 법원이 행정사건에 대하여 정식의 소송절차에 따라 행하는 재판이다. 행정소송은 위법한 행정작용으로 인한 개인의 권리 침해를 구제하는 것을 주된 목적으로 한다. 행정소송의 종류에는 항고(抗告)소송과 당사자소송이 있다.[59] 항고소송은 공권력 행사인 작위 또는 부작위를 대상으로 하지만, 당사자소송은 공법상 법률관계를 대상으로 한다. 공법상의 채권관계나 봉급, 재해보상금 등의 금전급부청구소송, 공무원 신분확인 소송 등이 구체적인 당사자 소송의 예이다. 행정소송은 사법작용이므로 구체적인 법률상의 분쟁이 있어야 하는 등 사법본질상의 한계가 있다. 또한 재량행위가 재량의 한계를 넘지 않고 부당에 그치는 경우나 고도의 정치성을 띤 통치행위의 경우에는 권력분립상의 한계로 사법심사에서 배제된다.

행정소송은 위법한 공권력 행사로 인한 개인의 권리침해에 대한 권리구제

---

58) 재결청은 원칙적으로 처분청의 직근(直近)상급행정기관이나, 예외적으로 처분청(국무총리, 행정각부장관, 대통령직속기관의 장), 소속감독 행정기관(서울특별시장, 광역시장, 도지사, 교육감) 및 제3기관(소청심사위원회, 국세심판소)이 되기도 한다.

59) 항고소송은 행정청의 위법한 처분이나 재결 또는 부작위로 인하여 권익을 침해당한 자가 그 위법을 다투기 위하여 제기하는 소송을 말한다(행정소송법 제3조1호). 항고소송에는 취소소송, 무효등확인소송, 부작위법확인소송이 있다. 당사자소송은 행정청의 처분 등을 원인으로 하는 법률관계에 관한 소송 및 그 밖에 공법상의 법률관계에 관한 소송으로서 그 법률관계의 한쪽 당사자를 피고로 하는 소송을 말한다(행정소송법 제3조2호).

수단이며, 행정부의 정책결정주도에 대한 사후적인 중요한 견제수단이 된다. 2002년에 대법원은 행정소송법개정위원회를 설치하여 의무이행소송을 신설하여 항고소송의 종류를 확대하고, 항고소송의 원고적격을 '법률상의 이익 있는 자'에서 '법적으로 정당한 이익 있는 자'로 확대하는 행정소송법개정안을 추진하였으나 아직 실현되지 않고 있다.[60]

행정청이 일정한 행위를 해야 할 의무가 있음에도 불구하고 이행하지 않을 경우 의무이행소송을 인정할 수 있는가에 관하여 행정소송법상의 명문규정이 없어 적극설과 소극설이 대립되어 있다.[61]

5 행정부의 자체 평가와 감사원의 결산·회계검사

정책이 집행되면 의도한 성과가 달성되었는지를 평가하고, 그 결과가 다시 정책의제 형성에 환류된다. 정책평가는 1960년 중반에 미국에서 빈곤퇴치를 위한 사회복지정책에서 투자가 어떤 효과를 가져왔는지, 비용을 어떻게 절감하여야 하는지에서 시작되었다. 한국의 경우에는 1980년에 정책평가가 도입되었다고 할 수 있다. 정책평가의 목적은 책무성의 확보, 정책정보의 환류, 정책연구의 이론 축적이라고 할 수 있다.[62] 정책결정자 및 집행자가 자신의 의무를 충실히

---

60) 행정소송의 개정안에 관하여 한국행정학회는 2002년 동계학술대회에서 「행정학과 행정법의 대화: 행정통제와 행정소송」을 다룬 바 있다. 박정훈, "행정소송법 개정의 기본 방향"; 이원우, "시민과 NGO에 의한 행정통치 활성화와 행정소송"; 선정원, "행정학 논의의 발제를 위한 행정소송법 개정의 의의" 주제가 발표·토론 되었다(한국행정학회 2002년 동계학술대회 발표논문집).

61) 이행소송을 허용하는 적극설은 행정소송법 제1조에서 '공권력의 행사 또는 불행사 등으로 인한 국민의 권리 또는 이익의 침해를 구제하려고'라는 표현을 하고 있으며, 동법 제4조에서도 '변경'하는 소송이라는 표현을 하고 있다.[1] 이러한 규정을 적극적으로 해석하여 법원은 위법행위를 취소할 수 있을 뿐만 아니라, 적극적인 이행판결을 통하여 행위 의무의 이행을 명할 수 있다고 주장한다. 한편, 소극설에서는 권력분립원칙상 행정에 관한 판단권은 행정부에 귀속되고, 현행 「행정소송법」은 「행정심판법」과는 달리 부작위위법확인소송만 인정하므로 이행소송은 인정할 수 없다고 한다. 「행정소송법」 제4조의 '변경'은 소극적인 변경, 즉 일부취소의 의미로 해석한다. 판례는 소극설의 입장이다. 대판 1997. 9. 30. 97누3200, 대판 1994. 12. 22. 93누21026. 홍준형, 「행정법」, 법문사, 2011, 826-831면.

62) 남궁근, 「정책학: 이론과 경험적 연구」, 법문사, 2010, 526-540면.

이행하였는지, 권한을 적절히 행사하였는지에 관하여 국민에게 책임을 지는 책무성(accountability)은 행정적 책무성, 법적·회계적 책무성, 정치적 책무성으로 분류된다. 법적 책무성 중 사법부에 의한 심판은 제5장에서 분석되며, 정치적 책무성은 제3장 입법부에서 다루어졌으므로, 이곳에서는 행정적 책무성과 감사원의 정책감사에 관하여서만 간략히 살펴본다.

1) 행정부의 자체 평가

가. 「정부업무평가기본법」의 주요 내용

행정적 평가는 정책집행자가 효율적으로 정책과 프로그램을 관리했는지, 즉 최소비용으로 설정된 목표를 달성하였는지를 분석하는 것이다. 정부부문에서의 정책평가가 본격적으로 이루어진 것은 1998년 중앙정부에 기관평가 제도가 도입된 시점부터라 할 수 있다. 현재 수행중인 국무총리실의 정책평가업무는 2006년 4월 1일부터 시행하고 있는 「정부업무평가기본법」에 근거하고 있다. 동법의 목적은 정부업무평가에 관한 기본적인 사항을 정함으로써 중앙행정기관·지방자치단체·공공기관 등의 통합적인 성과관리체제의 구축과 자율적인 평가역량의 강화를 통하여 국정운영의 능률성·효과성 및 책임성을 향상시키는 것을 목적으로 한다(동법 제1조).

정부업무평가의 실시와 평가기반의 구축을 체계적·효율적으로 추진하기 위하여 국무총리 소속하에 정부업무평가위원회를 둔다. 국무총리는 위원회의 심의·의결을 거쳐 정부업무의 성과관리[63] 및 정부업무평가에 관한 정책목표와 방향을 설정한 정부업무평가기본계획을 수립하고(동법 제8조), 이에 기초하여 매년 3월말까지 당해 연도의 정책 등에 대한 성과관리 및 정부업무평가의 기본방향, 자체평가에 관한 사항, 특정평가에 관한 사항[64] 등을 포함한 '정부업무평가 시행계획'을 수립하고, 이를 평가대상기관에 통지하여야 한다(동법 제8조). 중앙

---

[63] '성과관리'라 함은 정부업무를 추진함에 있어서 기관의 임무, 중·장기 목표, 연도별 목표 및 성과지표를 수립하고, 그 집행과정 및 결과를 경제성·능률성·효과성 등의 관점에서 관리하는 일련의 활동을 말한다(정부업무평가기본법 제2조).

[64] '자체평가'라 함은 중앙행정기관 또는 지방자치단체가 소관 정책 등을 스스로 평가하는 것을 말한다. '특정평가'라 함은 국무총리가 중앙행정기관을 대상으로 국정을 통합적으로 관리하기 위하여 필요한 정책 등을 평가하는 것을 말한다(정부업무평가기본법 제2조).

행정기관의 장은 그 소속기관의 정책 등을 포함하여 자체평가를 실시하여야 하며, 자체평가조직 및 자체평가위원회를 구성·운영하여야 한다(동법 제14조). 중앙행정기관의 장은 평가결과를 조직·예산·인사 및 보수체계에 연계·반영하여야 하며, 평가결과를 다음 연도의 예산요구시 반영하여야 한다. 기획재정부장관은 평가결과를 예산편성시 반영하여야 한다(동법 제28조).

나. 정부업무평가의 쟁점

행정적 평가가 제대로 이루어지려면 비용과 산출을 시계열적으로 또는 서로 다른 영역에서 비교할 수 있어야 한다.[65] 이런 점에서 '봉사'라는 행정의 성격 때문에 행정평가에 어려움이 많다. 정부는 최근에 공무원의 성과 평가를 강조하고 있는 바, 특히 4급 이상 공무원에게는 성과계약평가와 역량평가(competency evaluation)를 시행하고 있다. 성과계약평가는 근무성적평가로 전략계획-목표설정-중간점검-최종평가 절차로 이루어진다. 역량평가는 조직의 목표달성 및 성과창출을 위한 자질에 초점을 둔 평가로 고위공무원단에 적용되고 있다. 역량평가는 사고(thinking)에서 문제인식과 전략적 사고, 업무(working)에서 성과지향과 변화관리, 관계(relating)에서 고객만족과 조정·통합 항목을 평가한다.[66] 역량평가를 정착시키는 것이 중요한 과제이다.

2) 감사원의 결산·회계 감사와 직무감찰

가. 감사원의 구성 및 유형

헌법은 국가의 세입·세출의 결산, 국가 및 법률이 정한 단체의 회계검사와 행정기관 및 공무원의 직무에 관한 감찰을 하기 위하여 대통령 소속하에 감사원을 두도록 규정하고 있다(동법 제97조). 감사원은 원장을 포함한 5인 이상 11인 이하의 감사위원으로 구성한다. 원장은 국회의 동의를 얻어 대통령이 임명하고, 그 임기는 4년으로 하며, 1차에 한하여 중임할 수 있다(동법 제98조). 감사원은

---

65) 남궁근, 전게서, 532면.

66) 역량평가와 유사한 평가방법에 BSC(Balanced Scored Card)가 있다. BSC는 기업에서 많이 활용되고 있으며, 성과지표관점, 재무관점, 고객관점, 내부프로세스관점, 학습과 성과관점으로 균형적인 평가를 하는 것이다. 유민봉·박성민, 「한국인사행정론」, 박영사, 2013, 571-579면.

세입·세출의 결산을 매년 검사하여 대통령과 차년도 국회에 그 결과를 보고하여야 한다(동법 제99조). 감사원의 조직·직무범위·감사위원의 자격·감사대상공무원의 범위 등은 감사원법에 규정되어 있다. 감사기구는 그 소속을 기준으로 입법부 소속하에 두는 입법부형, 집행부에 소속시키는 집행부형, 입법부·집행부·사법부의 어느 쪽에도 예속시키지 아니하는 독립형으로 나뉜다. 입법부형은 미국의 회계검사원, 집행부형은 우리나라, 독립형은 독일·프랑스·일본이 해당된다.

나. 헌법상의 지위

감사원은 대통령소속하의 중앙행정기관이다. 감사원은 조직상으로는 대통령에 소속하지만 기능면에서는 독립하여 활동하는 헌법상 필수적 기관이다. 「감사원법」은 감사원의 독립성과 정치적 중립성을 유지하기 위하여 감사위원의 신분을 보장하고 일정직의 겸직을 금지하고 있으며, 정당에 가입하거나 정치운동에 관여할 수 없게 하고 있다(동법 제8조-제10조). 또한 감사원은 감사원장과 감사위원들로 구성되는 감사위원회의에서 업무를 처리하는 합의제 기관이다. 따라서 감사업무의 합의에 관한 한 감사원장과 감사위원은 법적으로 동등한 지위에 있다. 감사원을 합의제 기관으로 한 것은 감사원의 기능에 관한 한 직무의 신중성·공정성이 더 강하게 요구되기 때문이다.

다. 감사원의 권한

감사원은 국가의 결산검사권과 회계검사권, 법률이 정한 단체의 회계검사권을 가진다. 헌법은 국가의 세입·세출의 결산을 감사원이 매년 검사하여 대통령과 차년도 국회에 결과 보고하도록 하고 있다(동법 제99조). 이 보고에 따라 대통령은 집행부에 대한 감독을 철저히 할 수 있고, 국회도 집행부의 재정행위에 대한 실효성 있는 감사를 할 수 있다. 감사원의 회계검사의 범위에 관해서는 「감사원법」 제22조와 제23조에 규정되어 있다.

감사원은 행정기관과 공무원의 직무에 관한 감찰을 행할 권한을 가진다. 행정기관과 공무원의 직무에 관한 감찰사항은 「감사원법」 제24조에 규정되어 있다. 직무에 관한 감찰권에는 공무원(국회·법원·헌법재판소 소속 공무원 제외)의 비위적발에 관한 비위감찰권 뿐만 아니라 공무원의 근무평정 또는 행정관리의 적부심사 분석과 그 개선 등에 관한 행정감찰권까지 포함된다. 감사원은 결산·회계검사 및 보고권과 직무감찰권 외에 감사 결과와 관련하여 변상책임 유무의 판정권(동법 제31조), 징계·문책의 요구권(동법 제32조-제32조의2), 시정·주의 등의 요구권(동법 제33조), 법령·제도·행정의 개선 요구권(동법 제34조), 수사기관에의 고발권(동법 제35조) 등을 갖는다. 그 밖에 감사원은 감사에 관한 절차·감사원의 내부규율과 감사사무처리에 관한 규칙을 제정할 수 있다(동법 제52조).[67]

라. 감사원 관련 쟁점

감사원과 관련되는 핵심적인 쟁점은 감사원의 소속 문제와 감사활동의 중립성확보라 할 수 있다.[68] 현행 「감사원법」은 제2조 제1항에서 감사원이 대통령 소속기관이지만 직무상 독립성을 갖는 것으로 규정하고 있다. 그러나 현실적으로 감사원이 대통령의 영향권하에 있다는 점이 감사원의 독립성 확보에 어려움으로 작용하고 있다. 감사원의 소속 문제에 대하여 현행처럼 행정부 내 존치방안, 독립기관화 방안, 회계검사기능의 국회 이관 방안이 논의되고 있다. 이 세 가지 방안의 논거를 살펴본다.

첫째, 행정부 내 존치방안은 감사원이 대통령 소속으로 있으면서 회계검사기능과 직무감찰기능을 통합적으로 활용할 수 있을 때에 국가 행정의 효율성과 적절성의 확보에 기여할 수 있다는 점을 논거로 한다. 따라서 감사원의 국회 이관에 대해서는 감사원이 여·야 간의 정쟁의 소용돌이에 휘말릴 가능성이 있고 행정부와 국회의 대립이 있을 경우 행정부로부터 감사에 필요한 정보나 자료의 수집에 어려움이 있을 수 있으며, 감사결과 등 제반조치가 행정부에 의해 받아들여지지 않을 가능성이 있어 바람직하지 않다는 입장을 취한다.

---

67) 권영성, 「헌법학원론」, 법문사, 2010, 1055-1058면.

68) 감사원의 소속 문제와 관련한 감사원의 위상과 기능에 대한 논문에는 차진아, "감사원의 독립기관화에 대한 헌법적 검토", 고려법학 제54권, 고려대학교 법학연구원, 2009; 강경근, "감사원의 위상과 감사기능에 대한 헌법적 고찰," 헌법학연구 제9권 제2호, 한국헌법학회, 2006. 2; 함인선, "감사원의 위상 및 기능의 재정립에 대한 검토 — 최근의 회계검사 기능에 대한 국회 이관론과 관련하여 —," (헌법학연구 제9권 제2호, 한국헌법학회, 2006. 2) 등이 있다.

둘째, 독립기관화 방안은 현재의 대통령 소속하에서도 독립성 훼손 논란이 야기되고 국회로 이관될 경우에는 정치적 중립성 논란이 야기될 수 있으므로 중앙선거관리위원회처럼 제3의 독립형 감사기관으로 나아가는 것을 고려할 필요가 있다는 주장이다. 이러한 주장은 유럽의 옴부즈만 제도와 같은 제3의 독립기관화 방법을 채택하는 것이 바람직하다고 한다.

셋째, 회계검사기능을 국회로 이관하는 방안은 감사원의 회계검사기능을 국회로 이관하여 국회의 재정통제 기능을 강화하자는 주장으로 감사원의 회계검사기능과 국회의 재정관련 권한행사가 기능적으로 연계되어 시너지효과를 낼 수 있어 재정국회중심주의를 구현하는 측면에서 중요한 의미가 있다고 한다. 또한 감사원의 감사대상이 주로 행정부가 될 것이므로 행정부 소속이 아닌 입법부 소속의 기관으로서 감사원이 감사기능의 독립성과 객관성을 확보하는 데 도움이 될 수 있다고 한다.[69]

---

69) 헌법연구 자문위원회, 「헌법연구자문위원회 결과보고서」, 2009. 8, 153-154면.

토론 주제

1. 정책결정과 집행과정에서 핵심적인 역할을 하는 대통령의 주요 권한에는 어떤 것이 있으며 대통령의 권한행사는 어떻게 견제되고 있는가?

2. 행정부 조직의 특성은 무엇이며, 현행 정부부처 조직체계는 적절한가? 지방자치단체운영의 문제점은 무엇인가?

3. 행정작용 과정에서 적용되는 법치국가의 원리는 무엇인가? 모든 행정은 법령에 근거가 있어야 하는가?

4. 행정 입법의 증가 원인은 무엇이고 어떤 문제가 있으며 그 해결방안은 무엇인가?

5. 재량권의 한계는 무엇이며 재량권에 대한 통제 방안은 어떤 것이 있는가?

6. 행정절차는 왜 중요한가? 행정절차법의 문제점은 무엇인가? 행정의 투명성 확보를 위한 공공기관의 정보 공개의 문제점은 무엇이며 어떻게 개선하여야 하는가?

7. 행정상의 손실보상과 손해배상의 요건은 무엇이며 구체적인 사례에는 어떤 것이 있는가? 행정소송에서 이행소송을 인정하여야 하는가?

8. 행정부 자체감사의 문제점은 무엇인가? 감사원은 어떤 기능을 하고 있는가? 정책감사는 누가 어떻게 하고 있는가?

사법부의
정책관여와 한계 《《《 제5장

국민의 권리·의무와 관계되는 주요정책은 사법부, 특히 헌법재판소의 법적
인 판결이 수반된다. 본장에서는 첫째, 사법기관인 법원과 헌법재판소의 조직·운
영과 권한에 관하여 개관한다. 둘째, 사법부가 정책에 관여하는 기본적인 입장
이 적극적인지 아니면 소극적인지 미국과 한국의 경험을 소개한다. 셋째, 한국
의 정부수립 이후 지금까지 사법부와 행정부의 관계에서 주로 쟁점이 되어온
법관의 독립과 재판의 독립, 위헌법률심판의 빈도 내지 주제를 분석한다. 넷째,
행정국가화 경향에 따른 행정부의 역할 확대를 견제하기 위해 사법부의 적극적
인 관여가 필요하지만 사법부의 정책관여에 일정한 한계가 있음을 지적한다.

1 법원과 헌법재판소 개관

사법부란 법원을 의미하지만 넓은 의미로는 헌법재판소도 포함할 수 있
다.[1] 정책과 많이 관련되는 분야는 명령·규칙심사권과 헌법재판소의 위헌법률

---

[1] 이와 관련하여 헌법재판소의 법적 지위, 즉 헌법재판작용의 법적 성격을 사법작용으로 보아야
하는지 아니면 제4의 국가작용으로 보아야 하는지에 대한 헌법학계의 견해대립이 있다. 전자

심판이다. 법원과 헌법재판소에 관하여 개관하여 본다.[2]

1) 사법권의 독립과 법원의 권한

가. 법원사법의 원칙과 사법권의 독립

사법권은 법관으로 구성된 법원에 속한다(헌법 제101조 제1항). 이를 법원사법의 원칙이라 하며 민·형사재판과 행정재판을 법원이 담당한다. 법원은 최고법원인 대법원과 각급법원으로 구성된다(헌법 제101조 제2항). 대법원은 대법원장과 대법관 13인으로 구성된다. 대법원장은 국회의 동의를 얻어 대통령이 임명하며, 40세 이상으로 15년 이상의 법관경력이 있어야 하고, 6년 임기의 단임제로 정년은 70세이다. 대법관은 대법원장의 제청으로 국회의 동의를 얻어 대통령이 임명한다. 40세 이상으로 법관경력이 15년 이상이어야 하며, 임기는 6년이고 연임이 가능하다. 각급법원에 고등법원(민사부, 형사부, 특별부), 지방법원(본원/지원, 소년부지원, 시군 법원), 가정법원(본원/지원), 행정법원, 특허법원, 군사법원이 있다.

공정한 재판을 위하여 필수적으로 요청되는 것이 사법권의 독립이다. 법원의 자율적 운영을 위한 법원의 독립과 재판의 독립을 위한 법관의 독립으로 나누어 볼 수 있다. 법원은 그 조직과 운영에 있어서 행정부로부터 독립해야 한다. 법원의 조직은 법률로 정하도록 되어 있다(헌법 102조 제3항). 한편, 법관은 헌법과 법률에 의하여 그 양심(법해석상 객관적 양심)에 따라 독립하여 심판한다(헌법 제103조). 이를 재판상의 독립 또는 직무상 독립이라 하며 사법권의 독립에서 가장 중요한 부분이다. 이러한 법관의 재판상 독립을 보장하기 위한 전제로 법관의 신분상 독립이 요구된다. 법관인사의 독립과 법관 자격의 법정주의, 그리고 법관의 신분보장을 내용으로 한다. 대법원장과 대법관이 아닌 법관은 대법관회의를 거쳐 대법원장이 임명한다(헌법 제104조 제3항). 일반법관의 임기는 10년이지만 법률이 정하는 바에 따라 연임할 수 있다(헌법 제105조). 법관은 탄

의 입장은 헌법재판을 합법성의 관점에서 파악하여 법치주의 원리의 시각을 강조하는 것이고, 후자의 입장은 합목적성의 관점에서 민주주의 원리의 시각에서 헌법재판의 본질을 파악한 것이라고 설명되기도 한다. 김종철, "헌법재판소 구성방법의 개혁론", 「헌법학연구」 제11권 제2호, 한국헌법학회, 2005, 16면.

2) 표시열, 「생활과 법률」, 청목출판사, 2011, 76-184면.

핵 또는 금고 이상의 형의 선고에 의하지 아니하고는 파면되지 아니하며, 징계 처분에 의하지 아니하고는 정직·감봉·기타 불리한 처분을 받지 아니한다(헌법 제 106조1).

나. 법원의 권한

법원의 기본적인 권한은 법적 쟁송에 관한 재판권으로 민사·형사·행정·선거쟁송에 관한 재판권한을 갖는다. 법원은 그 밖에도 명령·규칙심사권과 위헌법률심판제청권, 그리고 대법원의 규칙제정권과 법정질서유지권이 있다.

명령·규칙심사권이란 재판의 대상이 되고 있는 구체적 사건에 적용할 명령이나 규칙의 효력이 위헌 또는 위법인가를 심사하여, 무효로 판단될 경우 적용을 거부하는 것을 말한다. 구체적 사건과 관련되어 재판의 전제가 되는 경우에만 적용된다. 이를 구체적 규범통제라 한다. 명령·규칙심사권은 최종적으로 대법관 3인으로 구성되는 합의부에서 행하나, 위헌이나 위법을 인정할 경우에는 대법관 전원의 2/3이상이 출석하고 출석 법관의 과반수의 찬성이 있어야 한다. 위헌 또는 위법한 명령·규칙은 당해 사건에 적용함을 거부한다. 법원의 임무는 구체적 사건의 심판이지, 명령·규칙의 자체심사가 아니므로 일반적 효력의 부인이 아니다.

위헌법률심판제청권은 법률의 위헌 여부가 재판의 전제가 된 경우, 법원이 직권으로 또는 당사자의 신청에 따른 법원의 결정으로 헌법재판소에 위헌법률심판을 제청하는 것이다. 위헌법률심판을 제청하면 위헌여부의 결정이 나올 때까지 재판은 정지된다. 위헌결정이 되면 당해 법률을 적용하지 아니한다.

2) 헌법재판소의 조직·운영과 권한

가. 헌법재판소의 조직·운영

헌법재판이란 헌법규범의 내용에 다툼이 생긴 경우에 이를 유권 해석하여 헌법 질서를 유지하는 작용으로 협의로는 위헌법률심판을 말하고 광의로는 탄핵심판, 권한쟁의심판, 헌법소원심판, 위헌정당해산심판, 선거소송심판을 포함한다. 헌법재판소와 대법원의 관계는 넓은 의미의 사법권을 행사하는 수평적 관계이나, 대법원은 일반사건 재판을 헌법재판소는 위헌법률심판 등 헌법에서 규

정하고 있는 권한만을 행사하는 영역의 구분이 있다고 할 수 있다.[3]

　헌법재판소는 9인의 재판관으로 구성된다. 국회에서 선출한 3인, 대법원장이 지명한 3인, 대통령이 지명한 3인을 대통령이 임명한다. 헌법재판관의 임기는 6년으로 연임이 가능하고, 정년은 65세이며, 탄핵이나 금고이상의 형의 선고에 의하지 아니하고는 파면되지 않는다(헌법 제112조 제3항). 헌법재판관은 정당에 가입하거나 정치에 관여하지 못한다(헌법 제112조 제2항). 재판소 소장은 국회의 동의를 얻어 헌법재판관 중에서 대통령이 임명하며, 정년은 70세이다. 심판은 전원재판부에서 하며 7인 이상의 출석으로 심리하고 출석 재판관의 과반수로 결정한다. 법률의 위헌 결정, 탄핵 결정, 정당해산 결정은 6인 이상의 찬성을 요한다. 결정 형식은 청구가 부적법한 경우 각하(却下), 청구는 적법하지만 이유가 없는 경우 기각(棄却), 이유가 있는 경우 인용(認容)한다.

나. 헌법재판소의 권한

　헌법재판소의 핵심적인 권한은 위헌법률심판권과 헌법소원심판권이다. 그밖에 헌법재판소는 탄핵심판권,[4] 정당해산심판권,[5] 권한쟁의심판권[6]을 갖고

---

3) 법원이 위헌법률심판을 제청한다는 점에서 대법원과 헌법재판소는 유기적 관계에 있으며, 조직·인사·예산 등에서는 상호 독립되어 있다. 헌법재판소의 위헌결정은 대법원도 기속하며, 당사자의 위헌심판 청구를 법원이 기각한 경우 헌법재판소에 헌법소원이 가능하다. 대법원규칙이 기본권을 침해한 경우 그 위헌성을 헌법재판소가 심판할 수 있다. 반면에 대법원장도 헌법재판관 3인을 임명하며, 대법원은 헌법재판소의 규칙을 심사할 수 있다는 점에서 상호 견제 관계에 있는 측면도 있다. 그러나 이원적인 사법체계로 헌법해석에 의견대립이 발생할 수 있다. 그 중 하나가 명령·규칙에 대한 위헌심사권이다. 대법원은 헌법 제107조 제2항과 제111조 제1항의 의미는 법률의 위헌 여부는 헌법재판소가 심사하고, 명령·규칙의 위헌 여부는 법원이 심사한다는 의미로 법원의 전속적 권한이라고 한다. 그러나 헌법재판소는 명령·규칙이 직접 기본권을 침해한 경우에는 통일적 헌법해석과 규범통제를 위하여 헌법재판소에서 명령·규칙에 대한 위헌 심사를 할 수 있다고 한다. 그 밖에도 위헌 결정의 소급효 범위, 법원의 합헌 결정의 유무 등에 관하여서도 대법원과 헌법재판소의 의견 대립이 있다.

4) 탄핵제도는 일반사법절차로 소추나 징계가 곤란한 고위직 공무원을 징계하기 위한 제도이다. 국회는 대통령, 국무총리, 국무위원, 장관, 헌법재판소 재판관, 사법부 법관, 중앙선거위 위원, 감사원장, 감사위원, 기타법률이 정하는 공무원(검찰총장, 검사, 처장, 정부위원, 참모총장, 외교관)이 직무집행에서 헌법이나 법률을 위배한 경우 탄핵을 소추할 수 있다. 탄핵이 의결되면 당사자는 탄핵심판까지 권한행사가 정지된다. 헌법재판소는 6인 이사의 찬성으로 탄핵을 결정한다. 탄핵결정의 효과는 공직으로부터의 파면에 그친다. 그렇다고 민사나 형사 책임이 면제되는 것은 아니다.

5) 정부는 정당의 목적이나 행동이 민주적 기본질서에 위배될 때 국무회의 심의를 거처 헌법재판소에 해산을 제소할 수 있다. 정당해산 결정에는 6명 이상의 찬성을 요하며, 정당의 특권을 상실하며 대체정당을 창설하지 못한다.

6) 권한쟁의심판은 국가기관 상호 간, 국가와 지방자치단체 간, 지방자치단체 상호 간에 권한 존

있다.

가) 위헌법률심판권

위헌법률심판은 법률이 헌법에 위반하는가 여부를 판단하는 것으로 개인의 권리를 보장하고 헌법질서를 유지하여 실질적 법치주의를 구현하는 장치이다. 위헌법률심판의 형식적 요건은 재판의 전제가 되어야 하고, 법원의 제청이 있어야 하며(헌법 제107조 제1항) 서면으로 한다. 하급법원의 경우는 대법원을 경유하여야 하며, 법원 직권으로 또는 당사자 신청으로 법원이 제청여부를 결정한다. 위헌법률심판을 제청하면 당해사건은 헌법재판소의 결정시까지 중지된다.

위헌결정에는 6인 이상의 찬성을 요한다(헌법 제113조 제1항). 법률의 일부무효를 선언할 수 있다. 입법부의 입법권을 존중하고 법적 안전성을 위하여 변형결정을 하기도 한다.[7] 위헌 결정은 각급법원은 물론, 모든 국가기관과 지방자치단체를 기속한다. 구체적 규범통제는 당해사건에 적용이 배제되는 개별적 효력의 부인이어야 하는데, 헌법재판소법은 위헌법률 또는 위헌조항은 "효력이 상실된다."고 하여 일반적 효력까지 부인하고 있다(동법 제47조2항).

나) 헌법소원심판권

헌법소원심판은 헌법에 위반되는 공권력의 행사 또는 불행사로 헌법상의 기본권을 직접 그리고 현실적으로 침해당한 자가 당해 공권력의 위헌여부를 심사 청구하여 기본권을 구제 받는 제도이다. 권리구제형 헌법소원과 위헌심사형 헌법소원이 있다. 위헌심사형 헌법소원을 통상 '위헌소원'이라고 하며, 위헌법률심판의 제청을 신청하였으나 법원이 기각한 경우 당사자가 한 헌법소원이다.

헌법소원심판의 형식적 요건은 공권력의 행사 또는 불행사가 있고, 헌법상의 자신의 기본권이 직접적이며 현실적으로 침해당했고, 다른 법률의 구제장치가 있는 경우 그 절차를 모두 마친 후이어야 하며, 권리 보호의 필요성이 있어야 한다. 또한 청구형식이 서면이어야 하며, 청구 이유 등 일정사항을 기재하여

부 범위에 관하여 분쟁이 발생하여 당사자의 심판청구가 있을 때 헌법재판소가 권한의 존부, 범위, 침해 시 취소 또는 무효 확인을 심판하는 것이다. 7인의 참석과 참석자의 과반수로 결정한다.

7) 실질적 위헌이나 일정기간 동안 효력을 인정하는 헌법불합치 결정, 위헌요소의 법령의미를 헌법에 맞도록 한정적으로 해석하는 한정합헌결정, " …… 로 해석하는 한 헌법에 위반 된다."는 한정위헌결정이 그러하다.

야 하며, 변호사를 선임하고, 일정한 청구기간, 즉 기본권 침해 사유 발생을 안 날부터 90일, 사유 발생일로부터 1년 내에 행사하여야 한다. 3인으로 구성된 지정재판부는 사전심사를 하여 전원일치로 각하결정을 할 수 있다. 전원재판부로 회부된 헌법소원은 6인 이상의 찬성이 있어야 인용된다(헌법 제113조 제1항).

2 사법적극주의와 사법소극주의

사법부가 행정부의 정책집행에 관하여 어느 정도 개입하느냐의 문제는 그 나라의 법제도와 오랜 법률문화에 따라 차이가 있다. 일반적으로 사법적극주의와 사법소극주의로 구분된다. 사법적극주의의 대표적인 나라는 미국이라 할 수 있다. 미국 연방대법원의 사법적극주의[8]를 소개하고, 한국의 전통적인 사법소극주의와 최근의 변화를 살펴본다.

1) 미국연방대법원의 사법적극주의

가. 브라운(Brown) 판결

미국은 연방대법원에서 헌법재판을 담당하는 사법국가이다. 미국 연방헌법에 위헌법률심사에 관한 규정은 없으나 1803년의 말버리(Marbury)사건에서 마샬(Marshall) 대법원장이 구체적 사건을 재판함에 있어 특정 법률이 헌법에 위반되는가의 문제가 제기된 경우에는 법원이 독자적으로 위헌여부를 심사할 수 있다고 판결하여 위헌법률심판권이 확립되었다.[9] 당시 미국인들은 사법부보다 집행부와 입법부에 의한 권력남용을 더욱 경계한 것이 그 배경이 되었다. 이렇게 확립된 위헌법률심사제도는 그 후 미국 행정부 내지 입법부에 대한 강력한 견제수단으로 활용되고 있으며, 미국의 사회적 주요 쟁점에 관하여 상당한 영향력을 미쳐왔다.

---

8) 표시열, "행정부의 정책결정 주도에 따른 사법부의 역할 변화와 그 한계: 헌법재판소의 위헌심판을 중심으로", 「헌법학연구」 제22권 제3호, 한국헌법학회, 2005, 582-586면.

9) Marbury v. Madison, 5 U.S. 137(1803).

미국 연방대법원은 근대 입헌주의 헌법의 핵심 내용인 평등권 원리의 구현을 위하여 적극적인 태도를 취하여 왔다. 특히 교육영역에서의 평등권 보장을 강조한 바, 그것은 교육의 중요성 때문이다. 교육을 받을 권리 또는 교육의 기회균등은 자기 잠재능력을 계발시켜 주는 중요수단이 되며, 민주정치 실현에 필요한 시민의 자질을 배양시켜 주는 기초가 되고, 오늘날 같은 산업사회에서는 전문적인 직업훈련의 역할을 하여 개인에게 생존수단을 제공해준다. 따라서 오늘날 누구도 교육의 기회균등이 부정된다면 자기인생을 성공적으로 살 수가 없을 것이다.10)

이와 같은 교육의 중요성에 대한 주장은 1950년대 흑인들의 민권운동에서도 나타난다. 흑인들이 백인들의 지배를 벗어나는 것은 자기들의 지위향상인데, 그것은 결국 백인과 균등한 교육을 받아야 가능하다고 생각하였다. 따라서 1950년대 흑인들의 민권운동은 그동안 당연히 여겨졌던 흑인과 백인학교의 분리정책을 타파하는 것이었다. 그 결과 학교영역에서의 인종차별 금지에 관한 획기적인 브라운(Brown)판결이 선고될 수 있었다.

미국의 브라운 판례를 살펴본다.11) 흑인과 백인학교의 분리정책에 관하여 미국 법원의 초기 입장은 '분리하지만 동등한(separate but equal)조건'이면 합헌이라는 원칙을 고수하여 왔다.12) 이러한 흑인·백인학교의 분리정책이 법적으로 최초로 부인된 것은 1954년의 브라운 판결이다. 이 사건은 동일한 법률문제를 소송사유로 한 다른 세 사건과 함께 연방대법원에서 다루어졌다. 이들 사건의

---

10) 표시열, "교육의 기회균등에 관한 연구", 「공법이론의 현대적 과제」, 1991, 285-286면 참조.
11) 교육에서의 인종차별은 평등권의 법 원리에서 엄격한 테스트를 받게 된다. 엄격한 테스트에 의하면 자유를 제한하거나 차별을 분류하고 있는 법률은 그 목적이 불가피하여야 하며, 그 목적달성을 위한 제한 또는 차별의 수단도 다른 덜 제한적인 대안이 없는 필요불가결의 관계에 있어야, 비로소 그러한 법률은 합헌성이 인정된다(Strander v. West Virginia, 100 U.S. 303, 1880). 이 엄격한 테스트는 주로 의심스러운 차별분류의 경우와 본질적인 기본권의 제한시 적용된다. 의심스러운 차별분류는 인종에 의한 차별분류이다. 정부가 명시적인 문서 또는 구두로 인종에 의한 차별을 한 경우는 물론이고, 비록 외견상 인종에 대하여 중립적인 정책을 표방하고 있어도 의도적으로 인종에 의한 차별을 한 경우에는 엄격한 테스트가 적용된다. Washington v. Davis, 426 U.S. 229(1976). 이 경우 차별을 받은 자는 해당 법률의 집행과 현격한 인종적 불비례 결과를 가져왔음을 거증하면 된다. 그러한 인종적 불비례의 결과가 정부의 고의가 아니라는 거증책임은 정부 측에 있다. Snowden v. Hughes, 321 U.S. 1(1944)). 표시열, 전게논문, 1991, 287-290면.
12) Plessy v. Ferguson, 163 U.S. 537(1896).

법률문제는 물리적인 학교시설이나 교사의 자격 등이 동등한 경우 흑인·백인 인종차이에 따른 학교의 분리운영이 연방헌법 수정 제14조의 평등권에 위반하느냐였다. 연방대법원은 오직 인종을 근거로 하여 흑인아동을 다른 아동과 분리하여 학교를 운영하는 것은 그들의 지위에 관하여 열등감을 갖게 된다는 전문가들의 증언을 고려하여 분리된 교육시설은 본질적으로 불평등하다고 원고 승소 판결을 내렸다.13)

이 판결은 구체적으로 어떤 범위에서 언제부터 시행되는가에 관하여 언급이 없었다. 따라서 다음해인 1955년에 브라운 사건Ⅱ를 통하여 모든 공립학교 및 교육위원회는 교통체제, 물리적 환경, 인사 등 모든 관련요소를 고려하여 계획적이고 빠른 속도로 학교제도의 이중구조를 없애야 할 책임이 있다고 지적하였다.14) 브라운 판결은 학교의 영역을 넘어 그 동안의 여러 형태로 정부가 지원 내지 방조한 흑인차별 정책을 재검토하는 촉매제 역할을 하게 되었다. 1954년의 브라운 판결 이후 통합에 대한 백인들의 거센 반발과 회피는 1970년까지 계속되었다. 대법원은 일관성 있게 통합의 원칙을 강력히 천명하였고, 지방법원도 종전의 차별정책을 제거하기 위한 여러 가지 처방적 계획을 명령하였다. 특히 흑인 또는 백인만이 다니는 학교를 없애기 위하여 학군 내에 통학버스를 운행하라는 처방적 명령에 대하여서는 과연 법원에 그런 헌법상의 권한이 있는지에 관하여 상당한 논쟁이 되었다.15)

흑인·백인학생의 분리학교를 통합하려는 법원의 강력하고 지속적인 판결은 일정한 한계가 있었다. 즉 그러한 조치는 학구조정 등과 같은 정부가 어떤 차별적인 정책을 취하므로 발생한 '법률상의 차별'(de jure discrimination)에만 적용되는 것이지, 원래의 인구형태나 취업기회의 불균형 등과 같이 정부책임이 아닌 '사실상의 차별'(de facto discrimination)에는 적용할 수 없었다. 그러나 법률상의 차

---

13) Brown v. Board of Topeka, 347 U.S. 483(1954).

14) Brown v. Board of Topeka, 349 U.S. 294(1955).

15) 스완 사건에서 연방고등법원은 통학버스운행 명령은 지역교육위원회나 학생에게 불합리한 재정적·교육적 부담을 준다는 이유로 지방법원의 흑백통합 통학버스 운행 명령을 파기하였다. 그러나 연방최고법원에서 통학버스 운행 명령은 과거의 법률상 차별로 인하여 야기된 위헌적인 문제들을 구제하기 위한 합법적 수단이라고 판결하였다. Swann v. Charlotte-Mecklenburg Board of Education, 402 U.S.1(1971).

별이냐 사실상의 차별이냐의 구분은 명확하지 않으므로 대부분의 법원에서는
법률상의 차별개념을 확장 해석하는 경향이다. 또한 사실상의 차별인 경우에는
차별이 아니라는 거증책임이 학교 측에 있으므로 학교당국은 흑인·백인 학생에
중립적인 정책을 단순히 따랐다는 변명보다는 흑인·백인의 불균형적인 모든 결
과를 설명할 수 있어야 했다.16)

미국의 인종차별에 관한 사법부의 양심적인 오랜 투쟁은 한국의 사법부에
많은 시사점을 준다. 많은 사람들의 편견과 사회적 저항이 완강하였지만 사법부
는 1954년 브라운 판결 이후 약자인 흑인편에서 강력하게 흑·백차별제도와 정
책에 관하여 위헌 판결을 하였다. 한국의 경우에도 자유민주주의가 조속히 확립
되기 위하여서는 브라운 판결 같은 사법부의 정의롭고 진보적인 판결이 필수적
요소라 하겠다. 다이(Dye)는 미국에서 흑인민권운동의 성공에 직접적인 역할을
한 것은 일반대중이나 국민의 대표기관인 의회가 아니었고, 사법부였음을 강조
하고 있다.17)

나. 행정부의 정책결정 주도에 대한 미국 사법부의 다양한 견제 방법

미국의 경우 사법부의 위헌법률심사권18) 이외에도 행정부의 권력집중에 대
한 강력한 견제수단은 1946년에 제정된 「행정절차법」(The Administrative Procedure
Act: APA)이다. 「행정절차법」은 정책 내지 행정과정에서 행정부의 자의적인 권한
행사를 견제하여 민주적 책무성을 높이기 위한 입법적 내지 사법적 견제장치라
할 수 있다. 행정절차법은 공무원으로 하여금 제안된 절차와 활동을 공개하도록
하고 있으며, 행정규칙이나 명령의 이해관계인에게 자기방어를 할 수 있도록 보
장하고 있다.19)

---

16) Gordon Gee & David Sperry, *Education Law and The Public Schools: A Compendium*, Allyn
   & Bacon, 1978, pp. 38-40.

17) Thomas R, Dye, *Understanding Public Policy*, Prentice Hall, 1984, p. 45.

18) 미국의 위헌법률심사에 관한 논문에는 석인선 "미국의 의회 입법권과 위헌법률심사의 상호관
   계"「헌법학연구」, 제10권 제3호, 한국헌법학회, 2004. 9, 511-551면; 강승식, "미국연방대법
   원의 권한과 그 한계 — 사법심사권을 중심으로"(「헌법학연구」, 제10권 제4호, 한국헌법학회,
   2004. 12, 533-588면) 등이 있다.

19) 미국 행정절차법의 자세한 내용에 관하여서는 Kenneth Warren, *Administrative Law in the
   Political System*, (West Publishing, 1998, pp. 199-202)이 있다.

행정국가화에 따른 행정부의 정책결정 주도에 대하여 미국의 사법부는 1950년대 이후 다음과 같은 네 가지 방법으로 대응하여 왔다.[20] 첫째, 연방법원은 개인의 헌법상 권리를 새롭게 해석하여 보다 넓게 헌법상의 보호 장치를 마련하였다. 대표적으로 평등권, 절차적·실체적 헌법상의 적법절차(due process) 권리를 넓게 적용하였고, 공무원의 정치적 기본권도 보장하였다. 미국은 국민의 알권리와 행정의 투명성 보장을 위하여 1966년에 「정보자유법」(The Freedom of Information Act)을 제정하여 공공 기관의 정보에 대하여 서류의 열람과 복사권을 보장하고 누구나 연방정부의 행위방식을 알 수 있게 하였으며, 연방정부의 낭비·부정·남용을 감시하는 역할을 하여 왔다.

둘째, 연방사법부는 공무원으로 하여금 정책결정의 근거를 좀 더 정확히 설명하도록 요구하였다. 1930년대에서 1970년대까지만 해도 법원은 공무원의 전문성을 존중하여 기술적이거나 정책적인 결정에 대하여 절차문제에만 관심을 갖고 실질적 내용에 관해서는 구체적으로 다투지 않았다. 그러나 최근에는 공무원의 정책결정에 대하여 허용할 수 없는 요소가 고려된 경우나 다른 중요 요소가 정책결정 과정에서 누락된 경우에는 공무원의 정책결정을 배척하는 경향이 있다. 점차로 정책결정의 근거들을 설명하도록 법원이 요구하고 있다.

셋째, 최근에 미국은 당사자 적격을 넓게 인정하여 행정소송을 용이하게 하였다. 또한 헌법상의 기준을 충족시키도록 구체적 처방까지 법원이 내리며 결과적으로 법원의 판결이 정부예산을 팽창시키는 효과를 가져왔다. 행정소송이 종전에는 잘못된 것을 교정시키는데 주로 한정되었지만 최근에는 국민생활에 직접영향을 미치는 일반적인 문제도 적극 해결해 주는 경향이다. 행정소송법에서의 이러한 변화는 입법부나 행정부에 의하여 이루어진 것이 아니고 공무원들의 강력한 힘에 대응하여 사법부 스스로 폭 넓은 관심을 갖고 적극적으로 개입하여 이루어졌다는 점이 매우 중요하다.

넷째, 공무원의 절대적인 면책특권이 상대적인 면책특권으로 바뀌면서 공무원 스스로 불법행위에 대한 책임위험이 증가하였다. 1970년대에 연방대법원

---

20) David H. Rosenbloom, *Public Administration: Understanding Management, Politics, and Law in Public Sector*, McGraw Hill Book Co. 1989, pp. 67-72.

은 그 동안 유지되어온 공무원의 절대적 면책특권을 인정하지 않고, 헌법상 또는 법률상의 타인 권리를 침해한다는 것을 합리적으로 알 수 있었을 경우에는 개인적 책임을 지는 상대적인 면책특권을 채택하였다. 따라서 공무원들은 폭넓은 헌법가치나 법원의 판결내용을 알아야 개인의 법적 책임을 면할 수 있고 사법부의 영향력도 그 만큼 커진 셈이다. 특히, 1969-1986년 기간 동안의 와렌 버거(Warren Burger)대법원장 시기는 사법부와 행정부의 동반자(partnership) 시대라 할 정도로 공무원들의 정책결정이 헌법 원리와 일치하도록 요구되었다.

2) 한국의 사법소극주의와 최근의 변화

한국은 미국에 비하여 근대 입헌주의의 역사가 짧다. 헌법보장의 핵심수단인 위헌법률심사제가 건국헌법에서부터 존재해 왔으나 유명무실할 정도로 운영되어왔다.[21] 건국헌법의 헌법위원회에서는 7건의 위헌법률심사에서 2건의 위헌결정이 있었고, 1960년 헌법에서는 헌법재판소법이 제정되고 1개월 후 5·16 군사쿠데타로 실제 설치도 못하였다. 1962년 대통령제 헌법은 위헌법률심사를 법원의 권한으로 하였지만 위헌판결은 드물었다. 1972년 유신헌법의 헌법위원회에서는 단 한건도 위헌법률심사가 다루어지지 않았다. 1980년 헌법의 헌법위원회에서도 단 1건의 위헌법률심사도 이루어지지 않았다. 그러나 6·29 민주화선언으로 대통령직선제가 수용된 1987년의 현행헌법은 헌법재판소 제도를 채택하였고, 1988년 9월에 발족한 현행 헌법재판소는 위헌법률심판과 헌법소원심판을 통하여 적극적으로 헌법보장 역할을 하고 있다고 할 수 있다.[22] 요컨대, 한국의 경우에도 1988년 이래 헌법재판소의 활발한 위헌법률심판과 헌법소원심판이 입법부 내지 행정부의 일방적 정책결정에 중요한 견제 역할을 하고 있다고 할 수 있다.

---

21) 헌법위원회의 형성과정에 관한 논문에는 이영록, "제1공화국 헌법위원회 제도의 형성 ─ 사법제도형성의한 단면", (「헌법학연구」제11권 제2호, 2005. 6, 307-336면)이 있다.

22) 헌법재판소가 2003년 11월 30일까지 처리한 위헌법률심판사건은 432건인데, 그 내용을 보면 위헌 결정 82건, 헌법불합치결정 25건, 한정위헌결정 15건, 한정합헌결정 7건, 합헌결정 185건, 각하 15건, 취하 99건, 미제 38건이다. 헌법소원심판사건의 경우 8407건이 처리되었는데, 그 내용을 보면 인용결정 194건, 위헌결정 166건, 헌법불합치결정 47건, 한정위헌결정 27건, 한정합헌결정 21건, 합헌결정 561건, 기각 2,909건, 각하 4,210건, 취하 268건, 기타 4건, 미제 540건이다(헌법재판소 공보 제87호, 2003. 12).

정부수립이후 지금까지 한국 행정부와 사법부의 관계를 일반적으로 말하면 아래 〈표 5-1〉과 같다. 정부수립이후 이승만 정부에서는 초기에는 탐색·견제기, 후반기는 사법소극주의 내지 행정부 우위의 시기라 할 수 있다. 초기에 사법부가 대통령과 날카로운 대립을 할 수 있었던 것은 김병로 초대 대법원장의 강직한 대응이 있었기에 가능했을 것이다. 박정희 정부와 전두환 정부에서는 사법부의 암흑기로 사법부가 대통령에 예속된 시대라고 할 수 있다. 1987년 6월 항쟁 후 최근 20년간은 사법부와 행정부간의 관계가 정상화된 시기인데, 특히 헌법재판소의 역할이 활발해져 상대적으로 사법적극주의라고 할 수 있으며, 행정부 정책결정자들로 하여금 헌법의 중요성을 일깨운 시기라 할 수 있다.[23]

표 5-1 행정부와 사법부의 관계

	민주주의 실험기(12년 7월)		민주주의 시련기(27년 9월)			민주주의 발전기(20년)			
	이승만	장면	박정희	유신	전두환	노태우	김영삼	김대중	노무현
사법부와 행정부의 관계	견제/사법소극주의	미완	사법소극주의	사법예속기		사법적극주의			

3 정부수립이후 행정부와 사법부 관계 : 쟁점과 과제

사법부와 행정부의 관계에서 쟁점이 되는 주제는 법관의 독립 내지 재판의 독립과 위헌법률심판 및 헌법소원이라 할 수 있다. 이 주제에 관하여 한국 정부 수립 이후 60년간의 주요 내용을 분석하고, 향후 과제를 언급한다.[24]

---

23) 표시열, "행정부와 사법부의 관계", 「한국행정 60년(1948-2008) 1. 배경과 맥락」, 한국행정연구원, 법문사, 2008, 446면.
24) 상게논문, 446-449면 요약.

1) 법관의 독립

법관의 독립에서 자주 쟁점이 된 것은 아래 〈표 5-2〉에서 보듯이 대법원장, 대법관, 일반법관 등의 임명에 대통령이 관여하는 것이었다. 이승만 정부에서 법관회의의 추천을 위헌이라고 관련 법률을 환부 거부한 사건이 대표적인 예이다. 대통령이 국가의 원수로서 형식적으로 사법부의 수장을 임명하는 것이 아니라 자기 말을 잘 들을 사람을 임명하려는 여러 번의 사건들이 있었다. 이런 역사적 경험에 비추어 사법부의 수장과 헌법재판관 및 대법관의 대통령 임명방식은 고쳐져야 한다고 생각한다.

표 5-2 ● 법관의 임명방법과 관련사건

	민주주의 실험기		민주주의 시련기			민주주의 발전기			
	이승만	장 면	박정희	(유신)	전두환	노태우	김영삼	김대중	노무현
대법원장	법관회의-국회동의-대통령임명	선거(미실시)	법관추천회의-대통령임명	국회동의-대통령임명	국회동의-대통령임명	국회동의-대통령임명			
대법관	법관회의-대통령임명		법관추천회의-대법원장제청-대통령임명	대법원장제청-대통령임명	대법원장제청-대통령임명	대법원장-국회동의-대통령임명			
일반법관	대법관회의-대법원장제청-대통령임명	대법관결의-대법원장임명	대법원판사회의-대법원장임명	대법원장제청-대통령임명	대법원장	대법관회의-대법원장임명			
헌재소장						국회동의-재판관 중 대통령임명			
헌재재판관						대통령임명(3인은 국회선출, 3인대법원장지명)			
관련주요사건[25]	법관추천회의 환부거부 2대대법원장 임명파동 연임발령 거부		4대대법원장 임명논란	무죄판결판사전보	대법원장탄핵발의	대법원장사임인준부결	사법개혁법	법관정년다툼	전효숙헌재소장임명건

25) 법원행정처, 「법원사」(法院史), 1995.

법관의 독립에서 자주 쟁점이 되었던 또 하나의 분야는 법관의 임기제한과 연임제도, 그리고 인사좌천이었다. 행정부의 가치와 상반되는 재판을 한 판사는 전보발령하거나 연임시키지 않는 방법을 자주 사용하였다. 임기제한과 연임제도는 대학교수의 재임용과 같은 논리의 장·단점이 있다. 그러나 최소한 자의적으로 운영되지 않도록 연임을 원칙으로 하고 연임시킬 수 없는 경우는 구체적인 기준과 이의신청 등 재임용의 최소한의 장치는 마련되어야 한다. 이런 점에서 사립대학의 교수 재임용제도에 대한 헌법재판소의 종전입장의 번복은 높이 평가된다.[26] 법관의 정년제도가 법적으로 다투어져 합헌으로 판정되었지만 대법원장과 헌법재판소장의 경우는 사법의 독립을 위해서 종신제로 하는 것을 검토할 필요도 있다.

2) 재판의 독립 : 행정부 가치와의 충돌

재판의 독립은 공정한 재판의 전제조건이다. 사법부의 재판에 대한 행정부의 간섭은 대통령의 철학 내지 행정부의 가치를 재판과정에 반영하려는 데서 발생하여 왔다. 행정부의 주된 가치는 다음 〈표 5-3〉에서 보는 바와 같이 정부수립이후 적어도 1997년 6월 민주화 운동에 의한 문민정부수립 이전까지는 반공 내지 국가안전보장이 절대적이었다. 남북이 군사적으로 대치된 현실적 반영이라고도 할 수 있지만 그것이 정권쟁취와 권력의 연장수단으로 악용되어온 점도 부인할 수 없다. 노태우 정부까지 합하여 군부 정권이 30년을 넘도록 장기집권 할 수 있었던 것도 '반공' 명분이 있었기에 가능했다고 생각된다. 유신체제에서 중앙정보부의 조작으로 밝혀진 인혁당재건위 사건은 반공이념을 악용한 사법예속의 대표적인 예이다. 전두환 군사정부에서도 '용공좌익'세력 명분으로 민주화운동을 한 학생들에 대하여 가혹행위를 하여 급기야 권인숙 사건과 박종철 사건을 발생케 하였다. 이 과정에서 일선 판사들의 용기 있는 재판을 간과할 수 없다. 학생들의 민주화시위에 대한 무죄판결은 물론, 동백림 사건, 권인숙 사건, 특히 인혁당재건위 사건에 대한 재심결정 등은 사법부의 용기 있는 판결로 평

---

26) 대학교수 기간제 임용의 합헌결정 사건은 헌재 1998. 7. 16. 96헌바33이고, 헌법불합치 결정은 헌재 2003. 2. 27. 2000헌바26이다.

가된다.

한편 박정희 정부에서는 경제성장 제일주의를 추구하여 경제개발을 중요 정책 목표로 삼고, 국민의 기본권 보장보다는 국정운영의 효율성을 더 강조하였 다. 그 과정에서 국민의 재산권보장과 자주 충돌되었는바, 징발법과 국가배상법 의 위헌판결은 국가의 큰 재정적 부담보다 국민의 권리보호를 더 고려한 것으 로 평가된다. 김영삼 정부의 경우 반부패와 5공화국 청산, 금융실명제 같은 경 제정의 실현이 강조되었다. 김대중 정부와 노무현 정부에서는 남북관계의 변화 에 따른 국가보안법의 개폐 논쟁이 사회적 쟁점이 되었으며, 행정수도 사건의 배경인 지역균형발전, 그리고 새만금 사건의 배경인 환경보전 등이 새로운 가치 로 부각되었다. 행정수도 이전에 관한 헌법재판소의 위헌결정이 행정에 미친 영 향은 매우 컸으며, 정책결정을 하는 행정부와 사법부의 관계가 중요함을 일깨워 주는 대표적인 사례라고 생각된다. 이 사건은 제2부에서 다루어진다.

표 5-3 ○ 행정부의 중요 가치와 관련 주요 사건

	민주주의 실험기		민주주의 시련기			민주주의 발전기			
	이승만	장 면	박정희	(유신)	전두환	노태우	김영삼	김대중	노무현
행정부의 가치	반공/ 질서 유지	민주 (반민주 처벌)	반공/ 경제 개발	반공	반공	질서 유지/ 5공 청산	반부패/ 5공 청산/ 경제 정의	평화 통일/ 분배	평화 통일/ 균형 발전/ 환경 보전
관련 주요사건[27]	• 서민호총격 사건 • 매일신문주 필사건판결 에 대통령 비판 • 조봉암 진보당 사건	• 헌법개정 부칙: 소급 입법 (반민주· 부정선거)	• 무장군인 법원 난입 • 인혁당 동백림 • 1971 사법파동	• 긴급조 치 위반 • 인혁당 재건위	• 10. 26 계 엄령사법 심사 • 삼민주의 사건 • 좌경용공 사건 가혹 행위	• 법정 질서 문란	• 사법 불신 재산 공개 대법원장 사임	• 법조 비리 (의정부· 대전)	• 송두율 강 정구 사건 • 환경/새만 금 사건 • 균형발전 과 행정 수도이전 기타

---

27) 법원행정처, 전게서, 1995.

행정부가 강조하는 효율성 가치는 사법부가 추구하는 헌법에 보장된 개인의 기본권보장 가치와 자주 충돌하게 된다. 어떤 가치가 더 보호되어야 하는가는 어려운 문제이나 구체적 상황에 따라 결정될 수밖에 없다.[28]

3) 위헌법률심판 및 헌법소원

마지막 세부 주제인 위헌법률심판은 실질적 법치주의의 구현 여부에 관한 구체적인 지표가 된다. 다음 〈표 5-4〉에서 보듯이 이승만 정부에서는 독립적 기관으로 헌법위원회를 설치·운영하였는데 2건의 위헌법률심판이 있었다. 기존의 법률들에 대한 위헌논의가 많이 있을 수 있었음에도 불구하고 헌법재판은

표 5-4 ▸ 위헌법률심판기관과 심판건수 및 주요 사건

	민주주의 실험기		민주주의 시련기			민주주의 발전기			
	이승만	장면	박정희	(유신)	전두환	노태우	김영삼	김대중	노무현
헌법재판기관	헌법위원회	헌법재판소 (불구성)	대법원	헌법위원회		헌법재판소			
구성	11	9	16	9		9			
의결정족수	2/3	6	1/2 (2/3출석)	6		6			
위헌법률 심판건수 (헌법소원)	2/6	0	2/다수	0	0	24/259 (17/1221)	39/82 (69/2213)	52/107 (138/4496)	58/119 (64/7172)
관련 주요사건[29]	• 농지 개혁법 • 6.25 특별 조치령		• 징발법 • 국가 배상법			• 국가 보안법 • 검사 불기소 처분 • 법무사법 시행규칙	• 5.18 특별법 • 토지 초과 이득 세법	• 김종필 총리 서리 임명 • 사립학 교법(재 임용)	• 대통령 신임 투표 • 대통령 탄핵 • 대통령의 헌법소원 기타

---

28) 가치의 상충이 어떻게 조정되고 있는가를 분석한 논문에는 표시열, "행정의 효율성편향에 대한 헌법상의 제한", (「한국행정학보」, 제28권 제4호 한국행정학회, 1994, 1141-1152면)이 있다.
29) 법원행정처, 전게서, 1995.

활성화되지 못하였다.[30) 박정희 정부에서는 법원에서 위헌법률심판을 하였는데 소수의 경제관련 위헌심판이 있었다. 유신체제와 전두환 군사정부에서는 위헌법률심판을 기대할 수가 없었다. 1987년 6월 민주화운동 이후에는 헌법재판소가 독립적으로 개원되어 활발한 위헌법률심판과 헌법소원을 다루었다. 특히 노무현 대통령은 최초의 법조인 출신이어서 그런지 많은 헌법적 다툼의 주체가 되었다. 최초로 대통령이 헌법소원도 직접 제기하였고, 대통령탄핵 소추로 직무가 정지되기도 하였다.

4) 행정부와 사법부 관계의 향후 과제[31)

정부수립이후 행정부와 사법부 관계의 주요 쟁점을 분석한 결과 얻을 수 있는 몇 가지 과제는 다음과 같다.

첫째, 대통령의 준법정신과 사법부 존중 인식이 강조되어야 한다. 행정부와 사법부의 관계에서 갈등이 생긴 주된 원인은 대통령이 사법부에 관여하려는데 있었다. 대통령이 자기 권력의 연장을 위해서든 반공, 경제개발, 평화통일, 균형발전 등과 같은 행정부의 가치를 관철하기 위해서든 사법부의 재판에 부당히 관여하여서는 아니 된다. 대통령이 헌법을 준수한다는 취임선서를 할 때 헌법재판소장 앞에서 취임 선서하는 것도 바람직하다고 생각한다. 또한 대통령을 단순히 행정부의 수반정도로 생각하지 않고 제왕처럼 생각하는 국민들의 인식도 달라져야 한다.

둘째, 사법부의 독립을 위하여 대법원장 내지 헌법재판소장의 역할이 중요하다. 대통령의 부당한 사법관여가 있을 경우 이를 막아내야 하는 것은 일차적으로 사법부의 수장이다. 역대 대법원장의 역할을 보면 대통령에 대등하게 맞서 사법부의 독립을 위하여 꼿꼿이 다툰 사람이 몇 명이나 되었는지 반성해 볼 필요가 있다. 김병로 초대 대법원장과 이일규 제10대 대법원장 정도가 사법부의

---

30) 그러나 오랜 봉건주의 국가제도와 일본의 침략주의 그리고 독재주의 체제에서 위헌입법이라는 개념은 성립될 수 없었는데 건국 후 헌법위원회가 2건이지만 위헌결정을 한 것은 위헌법률은 교정된다는 관념을 일반에게 주시시켜 주었고, 국가기관에 견제작용을 하였다는 점에 큰 의의가 있다는 긍정적인 평가도 있다(헌법재판소, 「헌법재판소 10년사」, 1998, 26면).

31) 표시열, 전게논문, 449-450면.

독립을 위하여 소신껏 역할을 다하였다고 평가되고 있다. 사법부의 수장이면 적어도 권력에 영합하여 연임에 연연하지는 말아야 한다. 이를 위한 제도적 개선으로 사법부 수장의 임명은 형식적으로라도 대통령이 할 것이 아니라 사법부 스스로 결정하도록 하여야 할 것이다.

셋째, 공정한 재판을 위하여 법관의 인적독립이 전제되어야 한다. 법관의 임기가 안정적으로 보장되고, 승진과 보직 같은 인사행정이 투명하고 공정하게 이루어져 한다. 근무평정제도의 개선과 충분한 보수 등으로 법관이 긍지를 갖고 평생을 법관으로 근무할 수 있도록 하여야 한다.

넷째, 재판의 공정성 확보를 통해 사법부에 대한 국민들의 신뢰를 회복하는 것이 시급하다. 사법부의 핵심기능은 투명하고 공정한 재판을 하는 것이다. 공정한 재판을 위하여 법관들이 청렴하고 엄격한 윤리강령을 준수하여야 한다. 법조비리 사건이 자주 발생하였고 그러한 약점이 내부적으로 있으므로 대통령이나 외부의 부당한 압력에 취약했다고 본다. '전관예우' 또는 '유전무죄, 무전유죄' 같은 사법부에 대한 사회적 불신은 양심껏 재판하는 '고독한' 다수의 법관들에게 자긍심을 손상시키는 일이다. 국민들의 재판 참여를 내용으로 하는 새로운 배심제도가 국민들의 재판에 대한 신뢰를 확보할 수 있는 한 방법일 수 있다.

4 사법부의 정책 관여의 한계

행정국가화 경향 때문에 국가의 중요정책에 사법부의 적극적인 개입이 불가피하며, 미국 연방대법원의 사법적극주의를 브라운 판결 과정을 통하여 살펴보았다. 한국 헌법재판소도 최근에는 적극적인 위헌판결을 내리는 많은 변화를 보이고 있다. 그러나 사법부가 행정부나 입법부의 정책결정에 개입하여 위헌결정을 할 경우에는 일정한 한계가 있음을 유의하여야 한다. 사법부 정책 관여의 한계와 관련되는 쟁점인 사법권의 일반적인 한계, 통치행위의 개념, 사법자제(自制)론의 논거를 살펴본다.[32)]

---

32) 표시열, "행정부의 정책결정 주도에 따른 사법부의 역할 변화와 그 한계: 헌법재판소의 위헌

1) 사법권의 일반적인 한계

헌법 제101조 제1항은 "사법권은 법관으로 구성된 법원에 속한다."라고 규정하고 있다. 사법(司法)이란 "구체적 분쟁이 발생한 경우에 당사자로부터 쟁송의 제기를 기다려 독립적 지위를 가진 기관이 무엇이 법인가를 판단하고 선언하는 작용"이라 할 수 있다. 이러한 사법권의 본질상 법원과 헌법재판소는 다음과 같은 네 가지 요건을 충족하지 못하면 사법권을 행사할 수 없다.[33] 첫째, 구체적 사건성으로 구체적인 권리·의무 관계에 관한 분쟁, 즉 법적분쟁이 있어야 한다. 둘째, 당사자 적격성으로 재판을 청구할 수 있는 자는 자신의 권리나 이익을 침해당한 자이거나 그 쟁송사건에 관하여 법적이해관계를 가진 자이어야 한다. 셋째, 소의 이익으로 당사자가 그 청구에 관하여 소송을 수행할 실질적 이익이 있어야 한다. 넷째, 사건의 성숙성으로 현재의 사건으로 성숙되어 있어야 한다. 장래의 문제는 사법권 발효의 대상이 아니다.

사법권의 실정법상의 한계로 헌법이 다른 국가기관의 권한으로 규정하고 있거나 사법심사의 대상에서 제외하고 있는 사항은 사법권이 미치지 못한다. 예컨대 국회의원의 자격심사·징계·제명(헌법 제64조 제2항, 제3항), 비상계엄하의 군사재판(헌법 제110조 제2항)이다. 국제법상의 한계로 외교특권을 누리는 자에게는 사법권이 미치지 아니한다.[34] 권력분립상의 한계로 통치행위, 국회의 자율적 사항, 행정부의 자유재량행위, 특별권력관계에서의 처분, 행정소송상의 이행판결을 들 수 있다.[35]

2) 통치행위

이러한 여러 가지 한계 중에서 헌법재판소의 위헌법률심사시 주로 문제가

심판을 중심으로", 「헌법학연구」 제22권 제3호, 한국헌법학회, 2005, 591-596면.

33) 권영성,「헌법학원론」, 법문사, 2009, 848-849면. 허영, 「한국헌법론」, 박영사, 2004, 961-962면 참조. 헌법재판의 법적성격에 관하여 사법작용설, 정치작용설, 입법작용설, 제4국가작용설이 있으나 기본적으로 헌법규범의 해석을 본질로 하는 사법작용이라 하겠다.

34) 1998. 12. 17. 대판97다39216.

35) 권영성, 상계서, 835-847면. 허영, 상계서, 960-966면.

되는 통치행위 개념에 관하여 살펴본다.36) 통치행위란 고도의 정치적 성격을 띤 집행부의 행위로서 사법적 심사의 대상으로 하기에 부적합하며, 그에 관한 판결이 있는 경우에도 그 집행이 곤란한 성질의 행위이다.37) 통치행위 내지 정치적 문제(political question)는 미국에서도 사법심사 제외시 사용되는 개념이다. 1946년의 코리그로부(Colegrove) 사건에서 미국 연방대법원은 도시와 농촌 투표자의 투표가치에 통계적으로 상당한 차이가 있지만, 선거구역의 확정문제는 정치적 문제로 사법부가 개입하여서는 안 된다고 판결한바 있다.38)

그러나 1962년의 Baker 사건에서 미국 연방대법원은 도시지역이 농촌지역보다 거의 4배에 가까운 선거 인구를 갖는 테네시주의 선거구역 획정에 관하여 사법심사가 가능하다고 판결하였다. 연방고등법원은 코리그로부 선례에 따라 정치적 문제라고 판단하고 사법부의 개입을 거절하였지만, 미국 연방대법원은 정치적 문제라고 모두가 사법심사에서 제외되는 것은 아니며 개별 사안별로 다루어야 한다고 연방고등법원의 판결을 뒤집었다. 이 사건에서 투표가치의 현격한 차이는 미국연방헌법 수정 제14조의 평등권에 위반됨이 지적되었다. 이 판결에서 크라크(Clark) 대법관은 테네시 주민들에게 악의적인 차별을 교정할 수 있는 정치적 수단인 국민발안제나 국민소환제 같은 다른 구제 수단이 있었다면 사법부가 민감한 정치적 문제에 개입하지 않았을 것이라는 지적도 하였다.39)

정치적 문제가 사법심사에서 제외되는 논거는 권력분립의 원리에 있다. 브렌난(Brennan)대법관은 '정치적 문제'의 판단기준으로 헌법 스스로가 특정한 사건의 해결을 입법부나 행정부에 위임한 경우, 사건을 해결함에 있어서 적절한 사법적 기준이 결여되어 있는 경우, 일차적으로 비사법적 재량행위로 결정되지

---

36) 이에 관한 헌법학계의 문헌으로는 박승호, "이른바 통치행위(정치행위)에 대한 헌법재판", 「헌법학연구」 제16권 제3호, 한국헌법학회, 2010, 653~694면 참고. 저자는 이 글에서 '긴급재정명령 등 위헌확인사건', '일반사병 이라크파병 위헌확인사건', '신행정수도의건설을 위한 특별조치법 위헌확인사건', 이른바 '미디어법 사건' 등에 대한 헌법재판소의 판결을 분석하고 있다.

37) 통치행위의 개념을 정치문제와 구별해서 통치행위는 행위의 주체를 국가의 원수 내지 국정의 최고책임자로 국한하고, 정치문제는 행위의 주체보다는 그 행위의 내용을 강조하는 주장이 있다. 이러한 구별의 실익은 국정의 최고책임자가 행하는 고도의 정치적 결단인 국정행위만을 통치행위로 평가하여서 그 범위를 좁히는데 있다. 허영, 전게서, 962면.

38) Colegrove v. Green. 328 U.S. 549(1946).

39) Baker v. Carr. 369 U.S. 186(1962).

않으면 해결될 수 없는 경우, 사법부가 판단함으로써 의회나 행정부의 권위가 손상되는 경우, 이미 내려진 의회나 행정부의 정책결정에 사법부가 무조건적으로 따라야 할 특별한 필요성이 있는 경우, 특정 문제에 대해 입법부·행정부·사법부가 서로 다른 판단을 함으로써 정책적 혼란이 야기될 가능성이 있는 경우라고 제시하였다.[40]

한국의 경우에도 대법원이나 헌법재판소에서 통치행위의 개념을 인정하고 있다. 대법원은 비상계엄의 선포를 당연 무효가 아닌 한 사법기관이 계엄선포 요건의 구비여부나 선포의 당·부당을 심사하는 것은 사법권의 한계를 넘는 것으로 적절하지 못하다고 판결한 바 있다.[41] 헌법재판소도 국가안전보장회의의 자문을 거쳐 국무회의의 심의·의결을 거쳐 국회의 동의까지 얻은 대통령의 파병결정은 국방·외교에 관한 고도의 정치적 결정을 요하는 문제로서 헌법재판소가 사법적 기준안으로 이를 심판하는 것은 자제되어야 한다고 심판한 바 있다.[42]

그러나 통치행위의 개념을 확대하면 사법권의 약화와 집행부의 독재화 우려가 있으므로 매우 제한적으로 해석하여야 한다. 고도의 정치적 성격을 띤 집행부의 행위일지라도 헌법이 국회의 승인이나 동의를 얻도록 하고 있거나(선전포고, 강화조약의 체결 등), 사면·계엄의 선포·국군의 통수처럼 헌법 또는 법률에 그 행사절차와 요건이 구체적으로 규정되어 있거나, 대통령의 긴급재정명령[43]처럼 국민의 기본권에 중대한 영향을 미치는 경우에는 상대적 통치권으로 당연히 사법권 심사의 대상이 된다 하겠다.[44]

---

40) Lee Epstein and Thomas G. Walker, *Constitutional Law for a Changing America: Institutional Power and Constraints* (Congressional Quarterly Press, 2004), p. 104. Baker v. Carr, 369 U.S. 217(1962).

41) 1979. 12. 7. 대판79초70.

42) 헌재 2004. 4. 29. 2003헌아814.

43) 헌재 1996. 2. 29. 93헌마186.

44) 권영성, 전게서, 835-836면. 학자들이 일반적으로 들고 있는 통치행위로 국회의 자율에 관한 사항, 국무위원의 임명 등 행정내부사항, 대통령의 국가승인 등 외교행위, 선전포고와 계엄령의 선포와 해제 시기, 대통령의 영전수여·일반사면·국민투표회부 등이다. 김철수, 전게서, 945-946면.

3) 사법자제론의 논거

행정부의 정책결정 주도에 대한 가장 강력한 견제수단은 위헌법률심판과 헌법소원심판이다. 헌법재판은 본질적으로 사법작용이므로 위에서 언급한 사법권의 한계를 지켜야 한다. 그러나 구체적 사건에서 어느 한계까지 개입할 수 있는지에 관하여는 사법소극주의와 사법적극주의[45]라는 철학적 관점에 따라 차이가 생긴다. 사법소극주의는 사법자제론(judicial self-restraint)이라고도 하며, 입법부와 행정부의 의사결정에 관하여 명백히 헌법이 정한 한계를 넘어서거나 기존의 판례에 위반되는 것이 아니면 그들의 결정을 우선 존중하고 사법부의 판단을 자제하자는 입장이다. 사법소극주의의 주요 논거는 다음과 같다. 첫째, 사법부의 구성에 있어 선거로 선출되지 않은 사법부가 국민의 대표기관인 국회가 제정한 법률을 무효로 하는 것은 비민주적이다. 둘째, 전문지식을 소유하지 못한 사법부가 전문적 판단을 요하는 정책문제에 관하여 판단하는 것은 적절하지 못하다. 셋째, 고전적 권력분립론에 따라 고도의 정치성을 띤 타 국가기관의 행위에 사법부가 개입하면 사법부의 정치화 내지 독립적 지위마저 위협 당한다. 이러한 세 가지 이유로 입법부와 행정부의 정책결정은 합헌성이 강력히 추정되어야 한다. 이러한 합헌성 추정 원리는 독일의 경우 "헌법합치적 법률해석"으로 구체화되어 왔다. 또한 법관에게 제공되는 정보에 제한이 있는 단점이 지적되나 소송당사자들이 상당한 정보를 제공하므로 큰 문제는 없다고 생각된다. 교섭과 타협이 바람직한 정책이슈에서도 한쪽의 승리를 결정하는 사법적 정책결정은 바람직하지 않다는 비판도 있다.[46]

---

45) 사법적극주의(judicial activism)는 사법부도 진보적인 사회정책형성에 기여하여야 하는 바, 헌법을 시대변화에 맞게 탄력적으로 해석하고, 입법부와 행정부의 행위를 적극적으로 판단하여야 한다는 입장이다. 사법적극주의의 주요 논거는 다음과 같다. 첫째, 국민의 직접선거에 의한 입법부와 행정부가 항상 진정한 민의를 대변하는 것은 아니다. 둘째, 입법부와 행정부의 유착 그리고 행정 국가화 현상은 그에 대한 견제세력으로 사법부의 적극적 기능을 요구한다. 셋째, 사법부는 역사적으로 헌법질서를 수호하는 양심적 역할을 다하여 왔으며 국민의 일반의사를 대변해 왔다. 요컨대, 사법적극주의는 입법부와 행정부의 권한남용을 경계하고 합헌성 추정원칙을 거부한다. 헌법해석의 기준으로 헌법제정자의 의도보다 헌법의 시대상황적 변천성을 강조한다. 권영성, 전게서, 1099-1100면.

46) Smith, *Courts and Public Policy*. Nelson-Hall Publishers, 1991, p. 244.

생각건대, 사법부의 개입에는 본질적인 한계가 있지만, 한국의 경우에는 행정국가화 현상, 입법부와 행정부의 밀착화 현상, 그리고 정당국가화 경향을 생각하면 사법적극주의 입장에서 국민의 기본권을 보장할 필요가 있다고 본다.[47) 우리나라 헌법재판소는 과거에 비하여 많은 위헌 판결을 하므로 사법적극주의 입장을 보이고 있다고 할 수 있으나, 아직 기본적인 입장은 사법소극주의 입장인 것 같다. 헌법재판소는 "헌법재판소가 행하는 규범에 대한 심사는 그것이 가장 합리적이고 타당한 수단인가에 있지 아니하고, 단지 입법자의 정치적 형성이 헌법적 한계 내에 머물고 있는가 하는 것에 국한시켜야 하며, 그럼으로써 입법자의 형성의 자유와 민주국가의 권력분립적 기능질서가 보장될 수 있다."는 입장을 표시하고 있다.[48) 그러나 제2부 제3장에서 다루는 「신행정수도건설을 위한 특별조치법」의 위헌 심판은 이러한 사법소극주의 입장과는 달리 '지나친' 사법적 관여로 사법권 한계의 일탈 문제를 생각하게 하는 사건이었다.

5 정책동반자로서의 행정부와 사법부

1) 행정부 정책결정자의 법적 시야확대

중요 정책결정자들은 헌법의 원리와 주요 판결 동향을 파악해야 한다. 위헌법률심사와 헌법소원심판 사건의 분석에서 보았듯이 많은 중요 정책들은 입법화되어 시행되는 바, 헌법상의 다른 가치들과 상충되는 경우 최종적으로 헌법재판에 의하여 결정된다. 따라서 행정 공무원, 특히 고급 정책결정자들은 관련

---

47) 사법소수주의와 사법적극주의는 각국 헌법의 태도에 달려있는 바, 우리나라에서는 사법에 대한 아직 소극적인 태도를 유지하고 있는 것 같으나, 앞으로 사법권의 실질적 우위가 인정되는 방향으로 개선되어야 한다는 지적이 있다. 김철수, 전게서, 946면. 사법적극주의가 실현되려면 구체적 규범통제뿐만 아니라 구체적 소송사건과 관계없이 법률자체의 위헌여부를 추정적으로 심사하고 위헌이면 법률의 효력을 상실시키는 추상적 규범통제까지 인정되어야 할 것이다.

48) 헌재 1997. 1. 16. 90헌사110등 병합. 「신행정수도의건설을 위한 특별조치법」의 위헌결정에 대한 헌법적 문제점 분석에 관한 논문에는 김경제, "신행정수도의건설을 위한 특별조치법 위헌결정의 헌법적 문제점, 적법성 요건 판단과 관련하여", (「헌법학연구」 제11권 제1호, 2005. 3. 511-551면)가 있다.

정책에 대한 법적 쟁점을 인식하고 법적 검토를 중요시하여야 제대로 정책을 추진할 수 있다는 것을 인식하여야 한다. 정책결정자들이 특히 알아야하는 법지식에는 헌법상의 제반 기본권과 그 제한원리이다. 예컨대 제대군인 가산점 정책에서 평등권 원리, 국가안보에서 표현의 자유에 대한 제한원리, 경제 개발에서 재산권 보장 원리, 경제영역에서 자유경쟁과 정부규제의 한계 등이다.

공무원들의 전문성 때문에 행정국가화 현상을 피할 수 없으며 행정부의 준입법적, 준사법적 기능은 확대되고 있다. 이러한 맥락에서 특히 행정부 고급 공무원들은 정책결정 과정에서 관리적·정치적 접근방법도 중요하지만, 법적 내지 헌법적 접근이 필요하다. 헌법적 접근을 하기 위하여서는 헌법 내지 행정법의 원리를 잘 알아야 한다. 관리과목 위주의 우리나라 행정학과 교과과정에 헌법과 행정법을 필수과목으로 하여야 한다.

2) 사법부의 적극적 역할과 법관의 전문성 확대

헌법재판소를 포함한 사법부의 적극적 역할이 민주주의 발전에 가장 근본적인 요소라 할 수 있다. 미국의 경우 정치·사회적으로 당연히 받아들여진 흑인에 대한 차별대우가 국민의 대표기관인 의회가 아닌 연방대법원 9인의 양심적 판단으로 변화되는 결정적 계기가 되었다는 것은 우리에게 많은 시사점을 던져준다. 대법원과 헌법재판소는 국민의 기본권을 지켜주는 최후의 보루로 행정부 주도의 중요 정책결정에 합리적인 견제를 하여야 한다.

사법부의 적극적 역할이 민주주의 발전에 필수적으로 요청되며, 우리나라의 경우 문민정부 이후에 특히 헌법재판소가 그러한 역할을 하여 왔다고 평가된다. 그러나 한편으로 사법부의 적극적 역할이 남용될 경우 그것을 견제할 수단이 없고, 사회적 갈등이 심화되는 부작용도 매우 크다. 미국의 경우 낙태금지 같은 국가적인 중요 정책적 쟁점주제에 관하여 미국연방대법원의 판결이 결정적인 영향력을 갖고 있어 미국은 지금 연방대법원이 통치한다는 말이 나올 정도이다. 사법부가 행정부의 재정상황을 고려하지 않고 정부재정 재분배 정책에 관여하거나 공공정책에 대한 지나치게 간섭하여 사법부를 독재자(imperial judiciary)로 부르기도 한다.[49]

49) Aryeh Neier, *Only Judgement: the Limits of Litigation in Social Change*, Wesleyan University

사법부의 적극적 역할 과정에서 가장 큰 쟁점은 사법부의 정당성(legitimacy)과 능력(capacity)문제이다. 정책결정 과정에 사법부가 어느 정도 개입하고 영향을 미치는 것은 불가피하고 '정당성'을 인정받는다. 그러나 정당성을 인정받아도 얼마나 깊이 관여할 수 있는지는 복잡한 문제이다.[50] 위에서 언급된 사법본질상·실정법상·국제법상·권력분립상의 사법권의 한계가 적절히 준수되어야 할 것이다.

사법부 개입의 정당성이 인정되어도 사법부가 유능하게 그러한 일을 할 수 있느냐의 능력문제가 또 있다. 사법부는 신분이 보장된 독립성을 갖는 기구로 중립적인 입장에서 공정한 결정을 한다는 인식이 되어 있다. 그러나 복잡한 정책이슈를 법률문제로만 좁혀 생각하는 단점이 있다. 그러므로 고도의 '정치적 문제'에 관하여서는 사법부가 그 개입을 자제하여야 한다. '통치행위' 내지 '정치적 문제'의 구체적인 기준으로 제시된 브렌난(Brennan) 미연방대법관의 판단기준을 염두에 둘 필요가 있다. 특히, 사법부가 분배적 정의나 정책적 정의 문제를 다룰 때는 왜 통상의 정치적 과정으로 해당 문제를 해결할 수 없는가? 또는 왜 법원에 의존하여야 하는가? 라는 질문에 설명할 수 있어야 한다는 지적도 매우 유용한 기준이 된다.[51]

3) 정책 동반자로서 헌법 가치의 구현

법관들의 전문성 향상과 시야의 확대가 필요하다. 우리 사회는 날로 변화하고 전문화 되어가는 경향이므로 법관들도 견문을 넓혀 시야를 확대하여야 한다. 재판은 구체적 사건에 적용할 법령을 해석하는 미시적 접근을 강조하므로 업무의 성격상 시야가 좁고 형식논리에 빠지기 쉽다. 제2부에서 다루는 새만금 사업 관련 재판에서 보듯이 법관들은 관련 정책의 타당성 검토보다는 관련 법리의 해석과 적용에 관심을 갖는 것이 일반적인 태도라 할 수 있다. 법학전문대학원 체제가 법관의 전문성을 높이는 데 기여를 할 수 있을 것이다.

Press, 1982, p. 3.

50) Christopher E. Smith, *Courts and Public Policy*, Nelson-Hall Publishers, 1991, pp. 20-37.

51) Aryeh Neier, op. cit., p. 244.

우리나라는 1960-1970년대 이룩한 비약적인 경제발전에 비하여 정치발전은 부진하였다는 비평을 들어 왔으나, 문민정부가 들어선 1990년대 이후에는 민주주의에 필수적인 행정절차법 등 많은 법적 장치가 보완되어 법형식이나 제도는 충분한 정도로 갖추어졌다고 생각한다. 앞으로의 과제는 이러한 민주적 개혁입법을 어떻게 구체적으로 실천하느냐이다. 우리나라 행정부 공무원들도 이제는 국가의 중요 정책을 결정하는 과정에서 입법부뿐 아니라 사법부도 동반자라는 생각을 하여야 할 때가 되었다.

행정부와 사법부는 헌법에 보장된 개인의 기본권을 실현 내지 보장하기 위하여 존재한다는 공통적인 목표를 갖고 있다. 물론 행정부는 제반 관련 정책을 적극적으로 추진하기 위하여 어느 정도 재량권을 가져야 하지만 그 재량권은 법적인 한계 내에서 이루어져야 한다. 사법부는 법적 문제가 제기된 경우에 소극적으로 권리를 보호 내지 보장해주는 역할을 하지만 사법부의 판결은 정책추진에 결정적인 영향을 미치므로 정책결정자들은 사법부의 판단을 예측할 수 있을 정도로 법적 마인드가 필요하고, 법관들은 행정부가 추구하는 정책의 내용을 제대로 파악할 정도의 전문성이 요청된다. 요컨대 행정부와 사법부는 중요 정책의 동반자라는 생각을 하여야 한다.

법관과 정책결정자는 궁극적으로는 제반 상반된 가치에 대한 균형 잡힌 시각(視角) 내지 판단 능력이 중요하다. 행정부가 강조하는 국가 안전보장, 사회질서유지, 경제성장 등의 가치와 헌법 및 법률에 보장된 개인의 주요 기본권 간에는 자주 충돌이 생긴다. 따라서 행정부와 사법부의 관계는 기본적으로 피할 수 없는 긴장관계에 있다고 할 수 있다. 그러나 생산적인 갈등은 자연스럽고 오히려 바람직하다고 할 수 있다. 중요한 것은 갈등을 잘 조정 내지 해결하는 지혜이다. 쿠퍼(Cooper)는 공무원 특히 정책결정자들은 자기 권한의 근거 등 행정의 법적 측면을 잘 알아야 하며, 위헌·위법결정시 입게 될 시간과 노력의 손실을 막기 위하여 최근의 판결동향을 잘 파악해야 한다고 하였다. 나아가 자기 정책결정에 대한 사법부의 반응까지 예측할 수 있어야 하며, 자기들 정책결정의 정당성(legitimacy)에 대한 법적 지지를 얻을 것을 강조하였다.52)

---

52) Cooper, Phillip J. "Conflict or Constructive Tension: The Changing Relationship of Judges

한국은 빠른 경제성장뿐 아니라 최근 20년간은 정치적으로도 괄목할 정도의 발전을 하였다. 이러한 민주주의 경험을 바탕으로 선진국의 핵심지표 중 하나인 법치주의 내지 준법정신을 정착화하여야 한다. 대통령 스스로는 물론이고 적어도 참모들이 관리적 시각뿐만 아니라 정치적 그리고 법적 시각을 함께 가져야 한다. 특히 중요한 정책결정시 헌법가치들이 고려되도록 유의하여야 한다. 민주정부란 효율을 극대화하는 정부가 아니라 헌법에 보장된 개인의 자유를 보장하는 것이 우선이라는 것이 강조되어야 한다.[53]

---

and Administrators," *Public Administration and Law*, Julia and Hiedi Koening Beckett (ed). New York: M. E Sharpe, 2005, p. 106.

53) David H. Rosenbloom, "Retrofitting the Administrative State to the Constitution: Congress and Judiciary's Twentieth Century Progress," *Public Administration and Law*, Julia and Hiedi Koening Beckett(ed). New York: M. E Sharpe, 2005, p. 58.

토론 주제

1. 사법권 독립의 요체는 무엇인가? 한국의 경우 사법권의 독립 내지 사법부의 역할에 대한 평가는 어떠한가? 사법권 독립을 침해하는 주된 요소에는 어떤 것이 있는가?

2. 정부수립이후 행정부와 사법부의 관계에서 쟁점이 된 법관의 독립, 재판의 독립, 위헌법률심판에 관하여 어떤 큰 사건들이 있었으며, 어떤 평가를 할 수 있는가?

3. 사법소극주의와 사법적극주의의 논거를 제시하고 행정국가화에 따른 환경의 변화와 관련하여 사법관여의 한계는 어디까지 인정되어야 하는가?

4. 행정부 공무원과 사법부 재판관이 정책의 동반자가 되려면 어떤 변화가 필요한가?

제 2 부
정책 일반 분야 판례 분석

제 1 장 안보 · 통일 정책
　　　　국가보안법 (헌재 1990. 4. 2. 89헌가113)

제 2 장 국방 · 병역 정책
　　　　제대군인 가산점 (헌재 1999. 12. 23. 98헌마363)

제 3 장 국가균형발전 정책
　　　　신행정수도 건설 (헌재 2004. 10. 21. 2004헌마554)

제 4 장 경제 · 산업 정책
　　　　토지거래 허가제 (헌재 1989. 12. 22. 88헌가13)

제 5 장 환경보호 정책
　　　　새만금 사업 (대판 2006. 3. 16. 06두330)

안보 · 통일 정책 <<< 제1장

국가의 안전보장은 가장 근본적인 정책 과제이다. 이와 관련되는 핵심적인 정책 현안은 통일 문제라 할 수 있다. 본장에서는 첫째, 통일의 필요성을 언급하고 통일 정책에 관한 헌법상의 원리를 살펴본다. 둘째, 해방 이후의 통일 정책에 관하여 어떤 변화가 있었고 현 정부는 어떤 입장인가도 살펴본다. 셋째, 표현의 자유 제한과 국가안보에 관한 「국가보안법」의 쟁점을 다룬 헌법재판소의 판례를 분석한다. 넷째, 「남북교류협력에 관한 법률」의 쟁점을 다룬 헌법재판소의 두 판례를 분석한다. 다섯째, 정책 및 판례에 대한 종합적인 평가를 한다.

1 통일 정책 개관

1) 국가안전보장과 통일의 필요성

국가의 안전보장은 국가존립의 기반이다. 헌법은 제37조 제2항에서 "국민의 모든 자유와 권리는 국가안전보장·질서유지, 또는 공공복리를 위하여 필요한 경우에 한하여 법률로서 제한할 수 있으며"라고 규정하고 있다. 국가안전보장이라 함은 국가의 독립과 영토의 보전 그리고 헌법에 의하여 설치된 국가기관의 유지를 의미한다고 할 수 있다.[1] 국가안전보장을 위하여 기본권을 제한하고 있는 법률로 형법과 「국가보안법」, 「군사기밀보호법」 등이 있다.

국가안전보장의 핵심은 영토의 보존인 바, 우리나라는 북한으로부터 끊임없는 위협을 받고 있으며 각각의 체제가 이제는 상당히 이질화되어 있고 그 대립도 증폭되고 있어 국가안전보장에 우려가 크다. 통치이념과 정치체제에 있어 남한은 자유민주주의를 통치이념으로 하며 의회주의와 법치주의를 지향하는 민주공화국인데 반하여, 북한은 마르크스 레닌주의의 변형인 북한식 수령론과 주체사상에 기반한 독재 세습체제이다. 경제체제에서도 남한은 사유재산제를 인정하는 사회적 시장경제질서인데, 북한은 사유재산제를 부인하는 사회주의적 계획경제질서이다. 또한 사회문화체제에서도 남한은 개인을 존중하는 개방적인 자율체제인데, 북한은 전체를 중시하고 통제와 획일성을 강조하는 폐쇄체제이다.[2]

이러한 이질화가 고착 내지 가속화되어가고 있으며, 군사적 대립과 위협도 날로 악화되어가고 있어 남북한의 통일은 가장 시급하고 중요한 최우선의 정책과제라 할 수 있다. 남북한 통일의 당위성을 요약하면 다음과 같다. 첫째, 민족사적 측면에서 오랫동안 단일 민족으로 생활하여 왔는바, 이질화의 심화를 막고 동질성 회복이 필요하다. 둘째, 인도주의적 차원에서 이산가족의 인간적 고통을 해소하고 동족상잔의 전쟁위협으로부터 벗어나야 한다. 셋째, 국가 발전적 차원에서 협소한 국토 면적과 적은 인구수를 늘리고 자원을 효율적으로 관리하여 민족역량을 최대한 발휘하여야 한다. 넷째, 국제정치적 측면에서 남북한의 통일은 동북아시아와 세계평화에 크게 기여할 것이다.[3]

2) 통일 정책에 관한 헌법규정 : 평화통일 원칙

건국헌법은 대한민국의 영토를 한반도 전역으로 규정하고, 남북통일에 관한 특별규정을 두지 아니하였다. 1972년 7·4 남북공동선언 직후에 채택된 유신

---

1) 헌재 1992. 2. 25. 89헌가104.
2) 권영성, 「헌법학원론」, 법문사, 2009, 178-179면.
3) 상게서, 179면.

헌법에서 평화통일 조항을 신설한 바 있다.[4] 군사정권이 종결된 1987년에 전면 개정된 현행 헌법에서는 헌법전문에서 '평화적 통일의 사명에 입각하여'라고 규정하였고, 제4조에서 "대한민국은 통일을 지향하며, 자유민주적 기본질서에 입각한 평화적 통일 정책을 수립하고 이를 추진한다."라고 규정하고 있다. 그 밖에도 현행 헌법에서는 "대통령은 조국의 평화적 통일을 위한 성실한 의무를 진다."고(동법 제66조 제3항)하고 있으며, 취임선서에서 평화통일 노력을 하도록 의무지우고 있고(동법 제69조), 통일 정책에 관한 자문을 위한 민주평화통일자문회의를 둘 수 있으며(동법 제92조 제1항), 통일에 관한 중요정책을 직접 국민투표에 붙여 결정할 수 있도록 하였다(동법 제72조).

이러한 헌법의 제 규정으로 볼 때, 남북한 통일추진의 기본원칙은 평화통일 원칙이다. 남북한 통일은 무력통일이 아니라 국민의 합의를 바탕으로 하여야 하며 자유민주주의 이념에 기초한 것이어야 한다. 남북한 통일 정책의 수립과 집행은 대통령의 권한과 책무이나, 전체 국민의 의사를 수렴하여 민주적이고 공개적인 방법으로 결정하여야 한다. 또한 민주평화통일자문회의의 자문과 국무회의의 심의를 거쳐야 하며, 가급적 국민투표에 붙여 결정하여야 한다.[5]

2 통일 정책의 변천과 평가

1) 통일 정책의 변천

가. 김대중 정부 이전 역대정부의 통일 정책

1948년 정부수립 이후 이승만 정부는 남한에 의한 흡수통일이나 북진통일을 주장하였다. 4·19혁명후의 장면 정부는 'UN 감시하의 남북자유총선거'를 통

---

4) 유신헌법은 독재정부를 정당화시키려는 가식적 헌법이므로 남북평화통일의 진정성을 평가받기 어렵다.
5) 권영성, 전게서, 180-182면. 통일헌법 관련 논문으로는 도회근, "통일헌법의 권력구조", (「공법연구」 제40집 제2호, 한국공법학회, 2011, 35-55면); 전종익, "통일헌법의 기본권체계", (「법조」 제61권 제2호, 법조협회, 2012, 152-184면); 성낙인, "통일헌법의 기본원리 소고", (「서울대학교 법학」 제53권 제1호, 서울대학교 법학연구소, 415-446면) 등이 있다.

일정책의 기조로 주장하였다. 5·16 군사쿠데타 이후 박정희 정부는 반공체제를 강화하며 '선 건설, 후 통일'을 주장하였다. 1970년대의 국제적 화해분위기에 부응하여 박정희 정부는 1974년에 평화통일 3대 기본원칙을 발표하였는데, 남북은 상호불가침협정을 체결하고, 다각적인 교류와 협력을 하며, 인구비례에 의한 자유총선거로 통일을 이룩한다는 내용이었다. 또한 자주, 평화, 민족적 대단결을 통일원칙으로 하는 '7·4 공동성명'을 남북이 처음으로 합의하여 발표하였다. 1980년에 집권한 전두환 정부는 1982년에 '민족화합민주통일' 방안을 발표하였다. 노태우 정부는 1988년에 '민족자존과 통일번영을 위한 특별선언'(7·7선언)을, 1989년에 '한민족공동체통일방안'을 제시하였다. 7·7선언은 북한을 선의의 동반자로 간주하고 봉쇄정책에서 포용정책으로, 대결정책에서 화해와 협력정책으로 전환한 변화를 보였다. '한민족공동체통일방안'은 통일과정을 화해협력, 남북연합, 통일국가의 3단계로 설정하였다. 1993년에 출범한 김영삼 정부는 '한민족공동체 건설을 위한 3단계 통일방안'(민족공동체통일방안)을 발표하여 자주, 평화, 민족의 통일원칙을 제시하였다.[6]

나. 김대중·노무현 정부의 통일 정책

1998년에 출범한 김대중 정부는 대북포용정책(햇볕정책)의 3대원칙으로 무력도발을 허용하지 않으며, 흡수통일을 배제하고, 남북한 화해협력 추진을 제시하였다. 2000년 남북정상회담을 기점으로 사회문화 분야에서 방북 교류가 증가하였다. 2003년에 출범한 노무현 정부는 김대중 정부의 6·15 남북공동선언[7]과 대북화해협력정책을 승계하여 '평화번영정책'을 제시하였다.

다. 이명박·박근혜 정부의 통일 정책

2008년에 출범한 이명박 정부는 북한의 비핵화를 유도·촉진하기 위해 '비핵·개방·3000'[8]을 제시하였고, 이를 바탕으로 '한반도 신평화구상', 「Grand Bargain」

---

6) 박광기, "통일·대북정책", 「한국행정 60년」, 한국행정연구원, 19-28면.

7) 2000년 6월 15일에 김대중 대통령과 김정일 국방위원장이 합의하여 발표한 공동선언으로 통일문제의 자주적 해결, 1국가 2체제의 통일방안 협의, 이산가족 문제의 조속한 해결, 경제협력 등을 비롯한 남북 교류의 활성화, 합의사항을 실천에 옮기기 위한 실무회담의 개최라는 5개항의 내용을 담고 있다.

8) '비핵·개방·3000'은 북한의 핵 폐기 결단을 촉진하는 환경을 조성하는 동시에 남북한 공동번

등을 제안하였으며, 상호 존중을 바탕으로 한 호혜적인 남북관계를 구축하여 '지속가능한 발전'을 추구하였다. 그러나 북한은 이명박 정부 출범 직후부터 일방적으로 남북대화를 중단하고 비방 중상하며 위협하는 등 대남 강경정책을 지속하여 왔다. 2008년의 금강산 관광객 피격사망 사건, 2009년의 장거리 로켓발사와 2차 핵실험 실시 및 대청해전, 그리고 2010년의 천안함 피격사건과 연평도 포격도발이 대표적인 사건이다. 이명박 정부는 북한의 천안함 폭침, 연평도 포격 등 북한의 잘못된 행동에 대하여 사과와 책임자 처벌 등 책임 있는 조치를 요구하고 남북교류협력을 중단하였다. 김대중 정부와 노무현 정부에서 채택한 햇볕정책은 이명박 정부에서는 위와 같은 사건들로 인하여 중지되었다.

2013년에 출범한 박근혜 정부는 신뢰와 비핵화의 진전에 따라 한반도 평화공동체를 건설하는 것이 대북정책의 기조이다. 그 구체적인 내용은 '비젼 코리아 프로젝트'의 추진인 바, 북한의 교통과 통신 등 인프라를 구축하고, 경제특구 진출 등 국제 투자를 유치하며, 남·북·중 또는 남·북·러 3각 협력을 강화하는 것이다. 또한 남북한 간 호혜적인 경제협력과 사회문화 교류를 확대하여 보건·의료·녹색경제 분야에서 교류하며, 개성공단을 국제화하고, 서울과 평양에 남북교류협력사무소를 설치한다는 것 등이다.[9]

2) 통일 정책에 대한 평가와 과제

통일 정책에 대한 종합적인 평가와 향후 발전 방향을 언급하면 다음과 같다. 첫째, 대부분의 정권에서 남북한 모두가 구체적인 실천보다 서로 주도권을 선점하기 위한 정치적 수사(修辭)의 성격을 띠었다. 즉 통일 정책의 지향점이 궁극적인 '통일'이라기보다 '적대적 분단' 관리를 통한 정치적 목표 구현에 실질적인 관심이 두어졌다. 둘째, 정권이 교체될 때마다 대북통일정책이 변화되었는

영의 길을 모색하고자 하는 일대 프로젝트이다. 한반도의 비핵화를 위해 북한이 핵 폐기의 결단을 내린다면 한국은 국제사회와 함께 10년 내에 북한의 1인당 국민소득이 3,000달러 수준으로 도약할 수 있도록 적극 지원한다는 것이다. 이를 위해 북한의 핵 폐기 진전 상황에 따라서 국제사회와 협력하여 북한의 경제재건 및 주민생활 개선을 위한 5대 분야(경제·교육·재정·인프라·생활향상)에 걸친 '포괄적 패키지 형태의 지원'을 제공한다는 계획이다. http://www.ilbe.com/786941168.

9) 제18대 대통령선거 새누리당 정책공약, 「세상을 바꾸는 약속, 책임 있는 변화」.

바, 이는 국민적 합의 도출이 미흡함을 뜻한다.[10] 국민적 합의가 미흡한 이유는 대북정책이 권력투쟁의 도구로 전락하고, 포용과 중도입장을 인정하지 않고 흑백 논리로 대응하였기 때문이다. 셋째, 통일 정책이 주로 정치구조와 체제의 이념 차원에서 이야기되었지, 사회·문화적 내지 생활세계 차원의 문제로 확대되지 못하였다.

통일 정책에 대한 향후 방향으로 첫째, 통일 정책이 정치와 이념위주에서 남북한 인적자원 개발·농업·생태·환경·정보통신 등 생활세계영역으로 확대될 필요가 있다. 둘째, 한반도 문제에 있어 자국의 이익을 위하여 사안에 따라 협력과 경쟁관계를 병행하고 있는 한반도 주변 4대국을 설득해나가는 노력과 공조체제의 구축이 필요하다. 셋째, 대북정책에 대한 보수와 진보 간의 남한 내부의 갈등이 심화되고 있는 만큼 내부적인 신뢰 확보와 극단적인 흑백논리에서 벗어나 중도에 대한 이해를 확산시켜야 한다. 넷째, 남북 간의 경제적 격차를 해소하고 경제공동체를 이룩하기 위하여 필요한 것은 남북교류 협력의 증진 이외에도 북한의 정치적 민주화와 인권문제의 개선이다. 인권문제를 간과하고서는 국제사회의 일원으로 지역 내 공조의 틀에 진입하기에는 한계가 있기 때문이다.[11]

③ 국가보안법 위반에 관한 헌법재판소 결정

1) 「국가보안법」에 대한 위헌심판 결정

「국가보안법」 제7조 제1항(반국가단체 찬양·고무죄)관련 위헌심판 결정을 살펴본다.[12]

---

10) 이러한 관점에서 현행 남북관계 발전에 관한 법률의 정비를 통해 국민적 합의를 도출할 수 있는 제도적 기반을 마련해야 한다는 견해는 많은 시사점을 제공한다. 장영수, "대북정책의 제도적 기초와 국민적 합의 도출을 위한 전제 — '남북관계 발전에 관한 법률'의 정비를 중심으로", 「고려법학」 제59호, 고려대학교 법학연구원, 2010, 113-140면.

11) 박광기, 전게논문, 28-38면.

12) 이하의 내용은 헌재 1990. 4. 2. 89헌가113(국가보안법 제7조 제1항에 대한 위헌신청) 결정 원문을 이해하기 쉽도록 편집·구성하였다.

가. 사건 개요와 심판 대상

제청신청인들은 1989. 10. 10. 마산지방법원 충무지원에 반국가단체를 이롭게 할 목적으로 도서 및 표현물을 소지하고 이를 반포하여「국가보안법」을 위반하였다고 기소되었다. 제청법원은 신청인들의 제청신청에 따라 재판의 전제가 되는「국가보안법」제7조 제1항 및 제5항의 위헌여부의 심판을 제청하였다.

「국가보안법」(1980. 12. 31. 법률 제3318호로 전문개정된 것)

제7조 ① 반국가단체나 그 구성원 또는 그 지령을 받은 자의 활동을 찬양·고무 또는 이에 동조하거나 기타의 방법으로 반국가단체를 이롭게 한 자는 7년 이하의 징역에 처한다. ⑤ 제1항 내지 제4항의 행위를 할 목적으로 문서·도화 기타의 표현물을 제작·수입·복사·소지·운반·반포·판매 또는 취득한 자는 그 각 항에 정한 형에 처한다.[13]

나. 제청법원의 제청이유와 관계기관의 의견

제청법원의 제청이유는「국가보안법」제7조 제1항 및 제5항은 반국가단체를 어떠한 방법으로든지 이롭게 한 자를 모두 처벌할 수 있다는 것인데, 이는 지나치게 포괄적이고 막연한 규정이므로 헌법 제12조 제1항의 죄형법정주의와 제37조 제2항의 기본권제한의 일반원칙에 위반된다는 의문이 있다는 것이다.

이에 대한 법무부장관의 의견은 다음과 같다. 형사처벌 법규에 있어서 구성요건이 구체적이어야 한다는 의미는 사회평균인의 입장에서 합리적으로 판단할 때 그 구성요건이 무엇을 금지하고 있는지를 알 수 있을 정도로 특정되어 있으면 족할 것으로 외견상 용어가 추상적인 것처럼 보이더라도 헌법정신에 맞도록 해석되는 경우에는 그것을 가지고 구체성과 명확성을 결여하였다고 할 수는 없다.

다. 쟁점과 판단

가) 명확성 원칙 위배 여부

「국가보안법」제7조 제1항(찬양·고무죄)에서 규정하고 있는 '구성원', '활동',

---

13) 제5항은 부수적 쟁점이므로 여기에 관한 결정 내용은 본장에서 생략한다.

'동조', '기타의 방법', '이롭게 한' 등 용어가 지나치게 다의적이고 그 적용범위가 광범위하다. 이와 같은 문언을 그대로 해석·운영한다면 첫째로 헌법상의 언론·출판, 학문·예술의 자유를 위축시킬 염려가 있다. 둘째로 적용범위가 과도하게 광범위하고 다의적인 것이 되면 법운영 당국에 의한 자의적(恣意的) 집행을 허용할 소지가 생길 것이다. 셋째로 제7조 제1항의 찬양·고무죄를 문언 그대로 해석한다면 헌법 전문의 "평화적 통일의 사명에 입각하여 정의·인도와 동포애로써 민족의 단결을 공고히 하고"의 부분과 헌법 제4조의 평화적 통일지향의 규정에 양립하기 어려운 문제점이 생길 수도 있다.

그러나 제7조 제1항 법문의 다의성과 적용범위의 광범성 때문에 위헌문제가 생길 수 있다고 해서 전면위헌으로 완전 폐기되어야 할 규정으로는 보지 않는다. 남·북 간에 일찍이 전쟁이 있었고 아직도 휴전상태에서 남북이 막강한 군사력으로 대치하며 긴장상태가 계속되고 있는 마당에서는 완전 폐기함에서 오는 국가적 불이익이 폐기함으로써 오는 이익보다는 이익형량상 더 클 것이다.

어떤 법률의 개념이 다의적이고 그 어의의 테두리 안에서 여러 가지 해석이 가능할 때 헌법을 그 최고 법규로 하는 통일적인 법질서의 형성을 위하여 헌법에 합치되는 해석 즉 합헌적인 해석을 택하여야 하며, 이에 의하여 위헌적인 결과가 될 해석을 배제하면서 합헌적이고 긍정적인 면은 살려야 한다는 것이 헌법의 일반 법리이다. 「국가보안법」 제7조 제1항 소정의 '찬양·고무·동조' 그리고 '이롭게 하는 행위' 모두가 곧바로 국가의 존립·안전을 위태롭게 하거나 또는 자유민주적 기본질서에 위해(危害)를 줄 위험이 있는 것이 아니므로 그 가운데서 국가의 존립·안전이나 자유민주적 기본질서에 무해한 행위는 처벌에서 배제하고, 이에 실질적 해악을 미칠 명백한 위험성이 있는 경우로 처벌을 축소 제한하는 것이 헌법 전문·제4조·제8조 제4항·제37조 제2항에 합치되는 해석일 것이다.

여기에서 '국가의 존립·안전을 위태롭게 하거나' 이라함은 대한민국의 독립을 위협 침해하고 영토를 침략하여 헌법과 법률의 기능 및 헌법기관을 파괴 마비시키는 것으로 외형적인 적화공작 등일 것이다. '자유민주적 기본질서에 위해를 줄' 이라함은 모든 폭력적 지배와 자의적 지배 즉 반국가단체의 일인독재 내지 일당독재를 배제하고 다수의 의사에 의한 국민의 자치, 자유·평등의 기본원칙에 의한 법치주의적 통치질서의 유지를 어렵게 만드는 것이다. 이를 보다 구체적으로 말하면 기본적 인권의 존중, 권력분립, 의회제도, 복수정당제도, 선거제도, 사유재산과 시장경제를 골간으로 한 경제질서 및 사법권의 독립 등 우리의 내부 체제를 파괴·변혁시키려는 것으로 풀이할 수 있을 것이다.[14)]

나) 결 론

「국가보안법」 제7조 제1항은 각 그 소정행위가 국가의 존립·안전을 위태롭게 하거나 자유민주적 기본질서에 위해를 줄 명백한 위험성이 있는 경우에 적용된다고 할 것이므로 이와 같은 해석하에서는 헌법에 위반되지 아니한다고 할 것이다.[15)]

라. 재판관 변정수의 반대의견

첫째, 「국가보안법」 제7조 제1항은 형벌규정이므로 죄형법정주의에 의하여 그 구성요건은 명확해야 할 것이며, 더구나 위 규정은 민주주의의 제도적 토대라고 할 수 있는 표현의 자유에 대한 제한을 수반하는 법률이므로 다른 형벌규정보다 그 명확성이 더욱 강하게 요구되는 것이다. 그런데 위 법률조항은 그 구

---

14) 이 판결과 같이 법률에 대한 다양한 해석의 가능성이 존재하는 경우에 위헌적인 해석가능성을 배제하고 합헌적인 해석가능성을 유지시키기 위하여 선택하는 결정형식을 '변형결정'이라고 한다. 이것은 민주적 정당성에 기초하고 있는 입법자를 존중하고, 법규범을 위헌으로 선언함으로써 발생할 수 있는 법적 공백을 막아 법적 안정성을 확보하기 위한 목적에 근거한다. 구체적으로 이 판결과 같은 '한정합헌결정', '한정위헌결정', '헌법불합치결정' 등이 있다. 이준일, 「헌법학강의」, 홍문사, 2013, 995-1014면.

15) 이러한 다수의견에 대하여 다음과 같은 비판이 존재한다. 첫째, 다수의견이 적절하게 지적한 대로 문제된 법조문의 내용에 많은 위헌적인 요소가 내포되어 있어 기본권 보호의 관점에서나 평화통일을 지향하는 헌법정신에 비추어 필요성이 있고 불완전한 법규정이라면, 법적 안정성과 명확성을 요구하는 법치국가의 정신에 따라 입법권자의 입법개선의무를 일깨워주는 의미에서도 위헌결정을 했어야 했다. 둘째, 다수의견의 논거에 있어 우선 위헌결정에 따른 법의 공백상태 우려와 관련하여 다수의견은 법조문의 합헌적인 해석방향을 제시하는 일에 그칠 것이 아니고 그러한 방향으로 입법개선을 입법권자에게 동시에 촉구하는 결정을 내렸어야 한다. 또 법규정을 폐기함으로써 생기는 '국가적 불이익'의 구체적인 내용으로 '휴전상태'와 '군사력의 대치에 의한 긴장상태'를 언급하나 이는 상황설명에 불과할 뿐이며, 당장 우리나라가 적화되는 것도 아니어서 이익형량 방법론상에 있어 잘못을 범하고 있다. 셋째, 다수의견이 선택한 합헌적 법률해석은 논리필연적인 결과라기보다는 그러한 합헌적 법률해석에 의해서 규범통제의 당위적인 결론을 회피하기 위한 하나의 정치적인 고려의 산물에 불과하며, 이는 규범통제에서 허용되는 합목적적인 고려의 테두리를 벗어난 것이다. 허영, "「국가보안법」 제7조의 위헌여부", 「헌법재판자료집」 4집, 헌법재판소, 337-338면.

성요건이 너무 막연하고 불명확한 규정들로 이루어져 있다. '반국가단체나 그 구성원 또는 그 지령을 받은 자의 활동'이라는 규정도 불명확하고 '찬양, 고무, 동조'라는 각각의 의미도 불명확하다. 「국가보안법」 제7조 제1항은 신체의 자유를 제한하는 형벌규정이면서도 그 구성요건의 명확성을 결여하여 죄형법정주의에 위배되므로 그 점에 있어 신체의 자유의 본질적 내용을 침해하는 법률이다. 또한 위 법률조항은 표현의 자유를 제한하는 법률이면서도 명확성의 결여뿐만 아니라 표현행위가 대한민국의 안전보장이나 질서유지 또는 공공복리에 명백한 현실적인 위험이 있거나 없거나를 가리지 아니하고 다만 반국가단체에 이로울 수 있다는 이유만으로 무조건 표현행위를 제한하고 처벌대상으로 삼고 있다는 점에서 표현의 자유의 본질적 내용을 침해하는 법률이다.

둘째, 헌법은 평화통일을 헌법이념의 하나로 선언하고 있다. 북한을 정부로 참칭하거나 국가를 변란할 것을 목적으로 하는 범죄단체임을 전제로 하는 「국가보안법」의 여러 규정은 헌법의 평화통일조항과 상충된다. 특히 「국가보안법」 제7조 제1항 및 제5항은 반국가단체인 북한에게 이로운 것은 곧 대한민국에 해롭다는 상호배타적인 적대관계의 논리를 강요하고 있어 더욱 평화통일조항에 위반된다.

셋째, 다수의견은 「국가보안법」 제7조 제1항 및 제5항의 불명확성, 광범위성과 표현의 자유의 과도한 침해 및 평화통일이념과의 모순 등 위헌성을 지적하면서도 위 법률조항들은 각 그 소정행위가 대한민국의 안전·존립을 위태롭게 하거나 자유민주적 기본질서에 위해를 줄 경우에 한하여 적용되는 것으로 해석할 수 있다고 보고 그러한 해석하에 합헌이라는 것이다. 그러나 대한민국의 안전·존립을 위태롭게 하는 행위냐 아니냐, 또는 자유민주적 기본질서에 위해를 주는 행위냐, 아니냐 역시 객관적으로 뚜렷한 기준 내지 그 한계를 정할 수 없는 매우 애매모호하고 불명확한 것이어서 결국 수사기관이나 법관의 주관적 해석에 맡길 수밖에 없는 구성요건이므로 이것 또한 죄형법정주의에 반한다. 위 법률조항들의 위헌성을 인정하였으면 헌법재판소로서는 마땅히 위헌을 선언하는 것이 국민에 대한 책무이다. 위 법률조항들처럼 그 위헌성이 너무도 뚜렷한 법률을 아무리 주문과 같이 한정적으로 제한 해석하여 합헌결정을 내린다 하더

라도 그 위헌성이 치유되는 것이 아니다.[16]

2) 신 「국가보안법」 관련 헌법소원 심판

신 「국가보안법」 관련 헌법소원 심판을 살펴본다.[17]

가. 사건 개요와 심판 대상

청구인 김O식은 「국가보안법」위반 등 피고사건의 피고인으로서 개정 전의 「국가보안법」 제7조 제1항·제3항·제5항, 제8조 제1항 및 개정 후의 「국가보안법」(신「국가보안법」이라 함) 제6조 제1항, 제7조 제1항·제3항·제5항, 제8조 제1항이 각 헌법에 위반된다는 이유로 서울형사지방법원에 그 위헌여부심판의 제청신청을 하였으나, 그 신청이 기각되자 헌법소원 심판을 청구하였다.

신 「국가보안법」(1991. 5. 31. 법률 제4373호로 전문개정된 것)

제 4 조 ① 반국가단체의 구성원 또는 그 지령을 받은 자가 그 목적수행을 위한 행위를 한 때에는 다음의 구별에 따라 처벌한다. 2. 형법 제98조에 규정된 행위를 하거나 국가기밀을 탐지·수집·누설·전달하거나 중개한 때에는 다음의 구별에 따라 처벌한다. 가. 군사상 기밀 또는 국가기밀이 국가안전에 대한 중대한 불이익을 회피하기 위하여 한정된 사람에게만 지득이 허용되고 적국 또는 반국가단체에 비밀로 하여야 할 사실, 물건 또는 지식인 경우에는 사형 또는 무기징역에 처한다. 나. 가목 외의 군사상 기밀 또는 국가기밀의 경우에는 사형·무기 또는 7년 이상의 징역에 처한다.

제 6 조 ① 국가의 존립·안전이나 자유민주적 기본질서를 위태롭게 한다는 정을 알면서 반국가단체의 지배하에 있는 지역으로부터 잠입하거나 그 지역으로 탈출한 자는 10년 이하의 징역에 처한다.

제 7 조 ① 국가의 존립·안전이나 자유민주적 기본질서를 위태롭게 한다는 정을 알면서 반국가단체나 그 구성원 또는 그 지령을 받은 자의 활동을 찬양·고무·선전 또는 이에 동조하거나 국가변란을 선전·선동한 자는 7년 이하의 징역에 처한다. ③ 제1항의 행위를 목적으로 하는 단체를 구성하거나 이에 가입한 자는 1년 이상의 유기징역에 처한다. ⑤ 제1항·제3항 또는 제4항의 행위를 할 목적으로 문서·도화 기타의 표현물을 제작·수

---

16) 이러한 반대의견에 대하여 문제된 법규정에 대하여 위헌결정의 불가피성을 강조한 점에 동의하면서도 헌법재판소의 결정유형으로 합헌 또는 위헌 두 가지 방법만이 허용된다는 설명에 대해 이는 지나치게 법실증주의적인 경향을 보이는 미시적인 해석법학의 산물이라는 비판도 있다. 허영, 「국가보안법」 제7조의 위헌여부, 「헌법재판자료집」 4집, 헌법재판소, 339면.

17) 이하의 내용은 헌재 1997. 1. 16. 92헌바6, 26; 93헌바 34, 35, 36(병합)(국가보안법 제6조 제1항 등의 위헌신청) 결정 원문을 이해하기 쉽도록 편집·구성하였다. 병합 처리된 92헌바 26, 93헌바 34, 35, 36 사건은 생략한다.

입·복사·소지·운반·반포·판매 또는 취득한 자는 그 각 항에 정한 형에 처한다.
제8조 ① 국가의 존립·안전이나 자유민주적 기본질서를 위태롭게 한다는 정을 알면서 반국가단체의 구성원 또는 그 지령을 받은 자와 회합·통신 기타의 방법으로 연락을 한 자는 10년 이하의 징역에 처한다.

나. 청구인들의 주장과 위헌제청신청 기각이유

청구인들의 주장은 다음과 같다.[18] 첫째, 북한을 반국가단체로 규정한 것은 위헌이다. 구법과 신법은 모두 북한을 '반국가단체'로 규정하고 북한과의 모든 접촉·연락·대화 등을 처벌하고 있는바, 이는 헌법에서 천명한 평화통일의 원칙에도 위반된다. 더욱이 남·북한이 1991. 9. 17. 동시에 유엔에 가입하고, 남·북한의 정부당국자가 같은 해 12. 13. '남북사이의 화해와 불가침 및 교류·협력에 관한 합의서'에 서명하여 이것이 발효된 이상 북한을 국가보안법상의 '반국가단체'로 볼 수 없게 되었으므로 북한이 반국가단체임을 전제로 제정된 「국가보안법」은 더 이상 효력을 유지할 수 없다. 둘째, 신법 제6조 제1항, 제7조 제1항·제3항·제5항 및 제8조 제1항은 위헌이다. 위 조항들은 그 구성요건으로 '국가의 존립·안전이나 자유민주적 기본질서를 위태롭게 한다는 정을 알면서'라는 문구를 삽입하였으나, 위 헌법재판소의 결정은 위와 같이 '정을 안다'는 것을 요구하는 것이 아니라 '실질적 해악을 미칠 명백한 위험성이 있는 경우'로 처벌을 축소·제한하자는 취지이므로, 개정된 위 조항들은 헌법재판소의 위 결정을 무시한 위헌 규정들이다. 셋째, 신법 제4조 제1항 제2호 '나'목은 위헌이다. '가'목 외의 국가기밀'이라는 규정은, '가'목에서 한정적으로 정하고 있는 국가기밀을 제외한 그 나머지 모든 국가기밀을 의미하는 것으로 되어, 국가기밀의 개념이 확대되고 남용될 위험성이 원시적으로 예비되어 있다. 따라서 언론·출판의 자유의 본질적인 내용을 침해하는 것일 뿐만 아니라 헌법 제37조 제2항에 규정된 과잉금지의 원칙에도 위배된다.

법원의 위헌제청신청 기각 이유는 다음과 같다. 첫째, 「국가보안법」은 구법

---

18) 「국가보안법」의 제·개정 절차에 하자가 있어 구 「국가보안법」은 무효라는 주장이 있었으나 본장에서는 이 문제는 생략한다.

이건 신법이건 북한을 반국가단체로 직접 규정한 바 없으므로 남·북한 간의 관계에 어떠한 변화가 있다는 사정만으로는 「국가보안법」상의 위 법률조항들을 위헌이라고 볼 수는 없다. 남·북한의 유엔 동시가입이 상호 간에 국가승인의 효력을 발생시킨다고는 볼 수 없고 남북합의서의 서명과 발효로써 북한이 대남 적화혁명 노선을 명백히 포기하였다고 볼 수도 없으므로, 헌법재판소가 한정합헌결정을 한 후에 그 논리적 근거로 제시한 사실에 근본적인 변화가 있었다고는 볼 수 없다. 둘째, 신법 제6조 제1항, 제7조 제1항·제3항·제5항, 제8조 제1항의 규정들은 구법보다 그 구성요건을 명확히 한정하여 규정하였으므로 이와 같이 구성요건을 한정하여 규정하기 이전의 구법 조항에 대한 헌법재판소의 위 한정합헌결정의 취지에 위반된다고 할 수 없다. 셋째, 신법 제4조 제1항 제2호 '나'목의 '국가기밀'은 다른 나라에 알려지는 것이 대한민국에 불리한 모든 정보를 포괄하는 개념으로서 가장 넓은 의미의 국가기밀 개념인바, 현실적인 남북분단상황을 고려하면 '국가기밀'을 넓은 의미로 파악할 필요가 있다. 동 조항의 목적과 연혁에 조화되는 해석을 한다면 무엇이 형벌에 의하여 금지되는 '반국가단체의 구성원 또는 그 지령을 받은 자'인지를 충분히 알 수 있도록 되어 있으므로 위 조항은 죄형법정주의에 위배되지 아니한다.

다. 쟁점과 판단

가)「국가보안법」의 위헌성 여부(북한의 반국가단체성(反國家團體性))

비록 남·북한이 유엔에 동시 가입하였다고 하더라도, 이는 "유엔헌장"이라는 다변조약(多邊條約)에의 가입을 의미하는 것으로서 유엔헌장 제4조 제1항의 해석상 신규가맹국이 유엔이라는 국제기구에 의하여 국가로 승인받는 효과가 발생하는 것은 별론으로 하고, 그것만으로 곧 다른 가맹국과의 관계에 있어서도 당연히 상호 간에 국가승인이 있었다고는 볼 수 없다는 것이 현실 국제정치상의 관례이고 국제법상의 통설적인 입장이다.

남북합의서는 남북관계를 '나라와 나라 사이의 관계가 아닌 통일을 지향하는 과정에서 잠정적으로 형성되는 특수관계'임을 전제로 하여 이루어진 합의문서인바, 이는 한민족공동체 내부의 특수관계를 바탕으로 한 당국 간의 합의로서 남북당국의 성의 있는 이행을 상호 약속하는 일종의 공동성명 또는 신사협정에 준하는 성격을 가짐에 불과하다. 따라서 남북합의서의 채택·발효 후에도 북한이 여전히 적화통일의 목표를 버리지 않고 각종 도발을 자행하고 있으며 남·북한의 정치, 군사적 대결이나 긴장관계가 조금도 해소되지 않고 있음이 엄연한 현실인 이상, 북한의 반국가단체성이나 「국가보안법」의 필요성에 관하여는 아무런 상황변화가 있었다고 할 수 없다.

「남북교류협력에관한법률」은 남·북한간의 상호교류와 협력을 촉진하기 위하여 필요한 사항을 규정할 목적으로 제정된 것인데(제1조) 남·북한 간의 왕래·교역·협력사업 및 통신역무의 제공 등 남북교류와 협력을 목적으로 하는 행위에 관하여는 정당하다고 인정되는 범위 안에서 다른 법률에 우선하여 이 법을 적용하도록 되어 있어(제3조) 이 요건을 충족하지 아니하는 경우에는 이 법률의 적용은 배제된다고 할 것이므로 「국가보안법」이 이 법률과 상충되는 것이라고는 볼 수 없다.

요컨대, 현 단계에 있어서의 북한은 조국의 평화적 통일을 위한 대화와 협력의 동반자임과 동시에 대남적화노선을 고수하면서 우리 자유민주주의체제의 전복을 획책하고 있는 반국가단체라는 성격도 함께 갖고 있음이 엄연한 현실이다. 헌법의 전문과 제4조가 천명하는 자유민주적 기본질서에 입각한 평화적 통일 정책을 수립하고 이를 추진하는 법적 장치로서 「남북교류협력에관한법률」 등을 제정·시행하는 한편, 국가의 안전을 위태롭게 하는 반국가활동을 규제하기 위한 법적 장치로서 「국가보안법」을 제정·시행하고 있는 것으로서, 위 두 법률은 상호 그 입법목적과 규제대상을 달리하고 있는 것이므로 「남북교류협력에관한법률」 등이 공포·시행되었다 하여 「국가보안법」의 필요성이 소멸되었다거나 북한의 반국가단체성이 소멸되었다고는 할 수 없다.[19] 그러므로 국가의 존립·안전과 국민의 생존 및 자유를 수호하기 위하여 「국가보안법」의 해석·적용상 북한을 반국가단체로 보고 이에 동조하는 반국가활동을 규제하는 것 자체가 헌법이 규정하는 국제평화주의나 평화통일의 원칙에 위반된다고 할 수 없다.

---

19) 헌재 1993. 7. 29. 92헌바48.

나) 신「국가보안법」제6조(잠입·탈출) 제1항, 제7조(찬양·고무) 제1항·제3항·제5항 및 제8조(회합·통신) 제1항의 위헌 여부

신「국가보안법」제7조 제1항·제3항 및 제5항에 관하여서는 이미 동 조항이 표현의 자유의 본질적 내용을 침해하거나 이를 필요 이상으로 지나치게 제한할 위험성이 있다고 할 수 없고 또 죄형법정주의에 위배된다고 할 수 없다고 하여 헌법에 위반되지 아니한다고 판시하였는바,[20] 지금 위 결정을 변경해야 할 아무런 사정변경도 없으므로 이를 그대로 유지하기로 한다. 신「국가보안법」제6조 제1항 및 제8조 제1항은 구「국가보안법」에 비하여 각 '국가의 존립·안전이나 자유민주적 기본질서를 위태롭게 한다는 정을 알면서'라는 주관적 구성요건을 추가함으로써 구법규정의 위헌적 요소는 제거되었다고 할 것이므로 헌법에 위반되지 아니한다.

다) 신법 제4조 제1항 제2호(국가기밀) '나'목의 위헌 여부

신법 제4조 제1항 제2호 '나'목은 그 소정의 '군사상 기밀 또는 국가기밀'의 내용에 관하여 적극적으로 규정하지 아니하고 '가목 외의 군사상 기밀 또는 국가기밀'이라는 소극적 방식의 표현을 하고 있다. 그렇다면 위 '가'목과 '나'목에서 공통적으로 쓰인 '군사상 기밀 또는 국가기밀'의 일반적 의미는 어떤 것인가, 또 '가'목 소정의 국가기밀은 그 일반적 의미 중 어느 범위까지를 말하고, 이를 제외한 '나'목의 국가기밀은 어떤 것을 말하는가 하는 점 등이 문제로 된다.

일반적으로 국가기밀은 일반인에게 알려지지 아니한 것, 즉 비공지(非公知)의 사실로서 국가의 안전에 대한 불이익의 발생을 방지하기 위하여 그것이 적국 또는 반국가단체에 알려지지 아니하도록 할 필요성 즉 '요비닉성(要秘匿性)'이 있는 동시에, 그것이 누설되는 경우 국가의 안전에 명백한 위험을 초래한다고 볼 만큼의 실질적 가치가 있는 것 즉 '실질비성(實質秘性)'을 갖춘 것이어야 한다.

신「국가보안법」제4조 제1항 제2호의 '가'목과 '나'목에 공통적인 '국가기밀'의 의미는, 결국 일반인에게 알려지지 아니한 것으로서 그 내용이 누설되는 경우 국가의 안전에 명백한 위험을 초래한다고 볼 만큼의 실질가치를 지닌 사

---

20) 헌재 1990. 4. 2. 89헌가113.

실, 물건 또는 지식이라고 한정 해석해야 한다. 그 중 '가'목 소정의 국가기밀은 그 중요성과 가치의 정도에 있어서 '한정된 사람에게만 지득이 허용되고' 또 '보다 고도의' 국가기밀을 의미하며, 그 이외의 것은 '나'목 소정의 국가기밀에 해당한다고 이해할 수 있다. 그리고 구체적으로 어떤 경우가 위 '나'목 소정의 국가기밀에 해당하는가의 판단은 결국 법적용 당국이 위에서 제시한 해석기준에 비추어 한정된 사람에게만 지득이 허용되고 있는지의 여부와 당해 기밀사항이 국가안전보장에 미치는 기능 등을 합리적으로 판단하여 결정할 수밖에 없다.

따라서 <u>같은 법 제4조 제1항 제2호 '나'목은 그 소정의 '군사상 기밀 또는 국가기밀'을 일반인에게 알려지지 아니한 것으로서 그 내용이 누설되는 경우 국가의 안전에 명백한 위험을 초래한다고 볼 만큼의 실질가치를 지닌 사실, 물건 또는 지식이라고 해석하는 한 헌법에 위반되지 아니한다고 할 것이다.</u> 다만, 범죄의 유형 및 그 경중(輕重)의 개별화·구체화·명확화라는 관점에서 볼 때에는 위 '나'목의 규정은 바람직하지 못한 입법형태로서 조속히 개정되어야 할 것이다.

라) 결 론

이상과 같은 이유로 구「국가보안법」제7조 제1항·제3항·제5항 및 제8조 제1항은 각 그 소정의 행위가 국가의 존립·안전이나 자유민주적 기본질서에 해악을 끼칠 명백한 위험이 있는 경우에 적용된다 할 것이므로 그러한 해석하에 헌법에 위반되지 아니한다. <u>신「국가보안법」제6조 제1항, 제7조 제1항·제3항·제5항 및 제8조 제1항도 모두 헌법에 위반되지 아니하며, 신「국가보안법」제4조 제1항 제2호 '나'목은 그 소정의 '군사상 기밀 또는 국가기밀'을 일반인에게 알려지지 아니한 것으로서 그 내용이 누설되는 경우 국가의 안전에 명백한 위험을 초래한다고 볼 만큼의 실질가치를 지닌 사실, 물건 또는 지식이라고 해석하는 한 헌법에 위반되지 아니한다.</u>

라. 재판관 조승형의 반대의견

첫째, <u>신「국가보안법」 제7조 제1항·제3항·제5항은, 구「국가보안법」제7조 제1항상의 문언 중 '기타의 방법', '이롭게 한자'에 대하여서만 개정하였을 뿐, '구성원', '활동', '동조' 등의 문언을 여전히 존치시키고 있으므로 법률명확성</u>

의 원칙에 위배되는 위헌성이 있다.

둘째, 신「국가보안법」규정에 "국가의 존립·안전이나 자유민주적 기본질서를 위태롭게 한다는 정(情)을 알면서"라는 주관적 구성 요건이 추가됨으로써 확대해석의 위험이 거의 제거되었다고도 주장하나, 알고 있는 위태성이 명백하지도 않으며 그 행위가 실질적으로 해악을 끼치지 아니하는 경우나 반국가단체에 아무런 이득을 주지 못하는 경우에도 위태롭게 할 수도 있다는 막연한 생각을 가지고, 찬양·고무·선전 또는 동조하거나 국가변란을 선전 선동만 하면 처벌위험은 여전히 상존한다.

셋째, 따라서 위 신법조항들이 여전히 위헌성을 모면할 수 없고, 종전결정21)이 지적하고 있는, 헌법상의 언론·출판·학문·예술 및 양심의 자유를 위축시킬 염려, 형벌과잉을 초래할 염려, 국가안전보장이나 자유민주적 기본질서의 수호와는 관계가 없는 경우까지 확대 적용될 만큼 불투명하고 구체성이 결여되어 헌법 제37조 제2항의 한계를 넘은 제한인 점, 법집행자에 의한 자의적 집행을 허용할 소지가 있는 점, 죄형법정주의에 위배된다는 취지의 종전 판시내용은 여전히 이 사건의 경우에도 타당하다.

④ 남북교류협력법에 관한 헌법재판소 결정

1) 남북한 왕래에 관한 판례

남북한 왕래에서 발생하는 「남북교류협력에관한법률」과 「국가보안법」의 관계에 관한 결정을 살펴본다.22)

가. 사건 개요와 심판 대상

청구인은 천주교정의구현전국사제단의 한 사람인데, 천주교정의구현전국사제단이 1989. 7.경 미국의 영주권자로서 재외국민인 문○○ 신부를 북한에 파견

---

21) 헌재 1990. 4. 2. 89헌가113.
22) 이하의 내용은 헌재 1993. 7. 29. 92헌바48(남북교류협력에관한법률 제3조의 위헌신청)판결 원문을 이해하기 쉽도록 편집·구성하였다.

한 것이 문제가 되어 「국가보안법」 제6조(잠입·탈출) 위반(공동정범)으로 입건되어 서울형사지방법원에서 유죄판결(징역 2년, 자격정지 2년, 집행유예 3년)을 선고받았다. 청구인은 항소하여 재판의 계속 중 「남북교류협력에관한법률」이 공포·시행되자 동 법률 제3조에 관하여 위헌여부신청을 하였으나 그것이 기각되자, 1992. 12. 7. 이 사건 헌법소원의 심판 청구를 하였다.

> 「남북교류협력에관한법률」(1990. 8. 1. 법률 제4239호로 제정된 것)
> 제3조 남한과 북한과의 왕래·교역·협력사업 및 통신역무(通信役務)의 제공 등 남북교류와 협력을 목적으로 하는 행위에 관하여는 정당하다고 인정되는 범위 안에서 다른 법률에 우선하여 이 법을 적용한다.

나. 청구인의 주장과 위헌제청신청 기각이유

청구인의 주장은 다음과 같다. 첫째, 남북한을 왕래한 재외국민의 경우 「남북교류협력에관한법률」이 시행된 이후는 「국가보안법」 제6조 소정의 잠입·탈출죄가 적용될 수 없고 「남북교류협력에관한법률」 제27조 제2항23)에 의하여서만 처벌여부가 정하여져야 하며 청구인이 재판을 받고 있는 당해 사건의 경우 청구인의 행위가 「국가보안법」 제6조 위반이 된다 하더라도 범죄 후 법률의 변경에 의하여 그 행위가 범죄를 구성하지 아니하거나(신고가 유효한 경우) 형이 구법보다 경한 경우(신고가 효력이 없는 경우)에 해당되므로 형법 제1조 제2항에 의하여 당연히 「남북교류협력에관한법률」에 의하여 의율되어야 한다. 둘째, 심판청구대상법률인 「남북교류협력에관한법률」 제3조는 남·북한을 왕래한 남·북한 주민이나 재외국민에 대하여 전면적 적용원칙을 일부 배제하고 '정당하다고 인정되는 범위 안에서'만 적용하도록 하였는데, '정당하다고 인정되는 범위'라는 개념은 매우 애매하여 죄형법정주의에서 요구되는 형벌법규의 명확성의 원칙에 반한다.

---

23) 「남북교류협력에관한법률」 제27조(벌칙) ② 다음 각 호의 어느 하나에 해당하는 자는 1년 이하의 징역 또는 500만원 이하의 벌금에 처한다. 1. 제15조 제1항에 따른 조정명령을 따르지 아니한 자 2. 제17조의2 제1항에 따른 신고를 하지 아니하고 협력사업을 시행한 자 3. 거짓이나 그 밖의 부정한 방법으로 제17조의2 제1항에 따른 신고를 한 자 4. 제18조 제1항에 따른 조정명령을 따르지 아니한 자 ③ 제1항 각 호의 미수범은 처벌한다.

서울형사지방법원의 위헌제청신청 기각 이유는 다음과 같다. 첫째, 「남북교류협력에관한법률」 제3조의 위헌여부는 재판의 전제성이 없다. 만약 이 사건 위헌심판제청의 대상이 된 「남북교류협력에관한법률」 제3조가 청구인 주장과 같이 위헌법률이어서 무효라고 한다면 「남북교류협력에관한법률」은 적용될 여지가 없게 되어 당연히 종전과 같이 「국가보안법」 제6조 제1항의 잠입·탈출 죄가 적용되어야 할 것이다. 둘째, 위헌심판제청신청이 적법하다 하더라도 「남북교류협력에관한법률」이 위헌법률이라고 볼 수 없다. 재외국민의 북한왕래라고 하는 객관적 행위가 「남북교류협력에관한법률」 제3조 소정의 정당하다고 인정되는 범위 안인지의 여부는 북한왕래의 목적 및 방북기간 중의 구체적 행위내용 등에 의하여 통상의 판단능력을 가진 일반인이 충분히 식별할 수 있으므로 「남북교류협력에관한법률」 제3조는 불명확하다고 볼 수 없다.

다. 쟁점과 판단

「남북교류협력에관한법률」 제3조의 위헌여부를 다투기 전에, 동법률이 「국가보안법」 위반사건인 당해 사건 재판의 전제성을 충족하는가를 먼저 살펴본다. 첫째, 「국가보안법」은 국가의 안정을 위태롭게 하는 반국가활동을 규제함으로써 국가의 안전과 국민의 생존 및 자유를 확보함을 목적으로 하여(동법 제1조) 제정된 법률이고, 「남북교류협력에관한법률」은 남한과 북한과의 상호교류와 협력을 촉진하기 위하여 필요한 사항을 규정함을 목적으로 하여(동법 제1조) 제정된 법률로서 상호 그 입법취지와 규제대상을 달리하고 있다. 또한 구「국가보안법」 제6조 제1항의 잠입·탈출죄는 국가의 존립·안전을 위태롭게 하거나 자유민주적 기본질서에 위해를 준다는 정을 알면서 반국가단체의 지배하에 있는 지역으로부터 '잠입'하거나 그 지역으로 '탈출'하는 경우에 성립한다고 해석되고, 「남북교류협력에관한법률」 제27조 제2항 제1호의 죄는 재외국민이 재외공관의 장에게 신고하지 아니하고 외국에서 북한을 '왕래'한 경우에 성립하므로 양자는 그 구성요건을 달리한다. 따라서 형법 제1조 제2항이 적용될 수 없다.

둘째, 청구인에 대한 공소장기재의 공소사실을 보면 청구인의 행위에 관하여는 「남북교류협력에관한법률」은 적용될 여지가 없다고 할 것이므로 그 법

률 제3조의 위헌 여부가 당해 형사사건에 관한 재판의 전제가 된 경우라고 할
수 없다. 따라서 이 사건 심판청구를 각하하기로 결정한다.

라. 반대의견

가) 재판관 이시윤, 재판관 김양균의 반대의견

「남북교류협력에관한법률」과 「국가보안법」은 법체계상 특별법과 일반법의
관계에 있다고 할 것으로, 만일 「남북교류협력에관한법률」 제3조 중의 '정당하
다고 인정하는 범위 안에서'의 부분이 위헌이 되어 위 규정의 구성요건이 단순
화된다면 당해 사건에 있어서 범죄 후 법률의 변경이 있는 경우에 해당되어 형
법 제1조 제2항에 의하여 법원은 피고인에게 보다 유리한 「남북교류협력에관한
법률」의 적용을 고려하여야 할 것이다. 다수의견처럼 재판의 전제성을 지나치
게 좁히면 국민의 헌법재판에 대한 접근권을 형해화시킨다는 점에서 바람직하
지 않다. 따라서 우리는 이 사건 심판대상인 「남북교류협력에관한법률」 제3조
의 위헌성 여부에 관하여 본안심리에 들어가 이 중요한 헌법문제를 해명하여야
한다고 본다.

나) 재판관 변정수의 반대의견

「남북교류협력에관한법률」에 의하여 처벌되지 않거나 또는 「국가보안법」
보다도 훨씬 가볍게 처벌하도록 되어 있는 남북교류 및 협력행위는 동시에 「국
가보안법」상의 처벌규정(제5조 내지 제9조)에도 해당될 수 있는 행위이다. 위헌여
부심판의 제청신청이 된 당해 형사사건에서 청구인에게 적용된 「국가보안법」
제6조 제1항 소정의 잠입·탈출죄와 「남북교류협력에관한법률」 제27조 제2항
소정의 죄도 다같이 북한왕래행위를 구성요건으로 삼고 있어 규제대상을 같이
하고 있다. 그러므로 「국가보안법」과 「남북교류협력에관한법률」의 규제대상이
다르다는 다수의견은 위 두 개 법률의 관계를 잘못 이해하고 있는데 연유한다.

「남북교류협력에관한법률」 제3조는 동법 제9조 내지 제22조에 규정된 남·
북한 왕래·교역·협력사업 등 남북교류협력을 목적으로 하는 행위라도 '정당하
다고 인정되는' 행위에 한하여 처벌대상에서 제외하고 있어, 그렇지 아니하는
한 「국가보안법」 소정의 처벌규정(금품수수죄, 잠입·탈출죄, 회합·통신죄, 편의제공

죄)에 의하여 처벌할 수 있도록 하였다. 위 규정은 남북한왕래 등 남북교류협력을 목적으로 하는 행위에 대하여 「남북교류협력에관한법률」 소정의 남북교류협력행위로 보아 처벌하지 아니하거나 처벌하더라도 가볍게 처벌토록 되어 있는 동법 소정의 벌칙규정을 적용할 것이냐 아니면 「국가보안법」 소정의 처벌규정을 적용할 것이냐를 가려내는 준거규정이 된다. 결국 위 규정은 처벌법규의 구성요건적인 성질의 규정이라 할 것이므로 거기에는 죄형법정주의의 원리가 준수될 것이 요구된다. 그런데 법 제3조 소정의 '정당하다고 인정되는 범위 안에서'라는 말은 그 의미를 구체적으로 한정할 수 있는 아무런 기준도 없는 매우 애매모호하고 추상적 개념이다. 이러한 결과는 범죄구성요건을 명확히 정해야 한다는 죄형법정주의에 반할뿐더러 똑같은 행위일지라도 사람에 따라 차별대우할 수 있게 하는 것이어서 평등의 원칙에도 위반된다.

이상과 같이 「남북교류협력에관한법률」 제3조의 위헌 여부는 청구인이 법원에 대하여 위헌여부심판의 제청신청을 한 당해 형사사건의 재판의 전제가 될 뿐더러 위 법률조항의 위헌성도 현저하므로 헌법재판소로서는 마땅히 청구인의 심판청구를 받아들여 위헌 선언하여야 하는 것이다.

2) 북한주민 접촉시 통일부장관의 사전승인 요구에 관한 헌법 소원

「남북교류협력에관한법률」 제9조 제3항(북한주민 접촉시 통일부장관의 사전승인)의 위헌여부에 관한 소원을 살펴본다.[24]

가. 사건 개요와 심판 대상

청구인은 북한주민의 기아 해결을 돕기 위하여 북한에 쌀 또는 현금을 보내고자 1996. 8. 23. 통일부에 「남북교류협력에관한법률」 제9조에 따라 북한주민 접촉신청을 하였으나, 통일부장관은 같은 해 9. 10. 위 신청이 민간차원의 대북지원에 관한 정부방침에 어긋난다는 이유로 이를 불허하였다. 이에 청구인은 서울고등법원에 위 불허처분의 취소를 구하는 행정소송을 제기한 후, 그 소송계속 중이던 1998. 2. 19. 위 불허처분의 근거 법률인 「남북교류협력에관한법률」 제9

24) 이하의 내용은 헌재 2000. 7. 20. 98헌바63(북한주민 접촉시 통일부장관의 사전승인 위헌제청) 판결 원문을 이해하기 쉽도록 편집·구성하였다.

조 제3항에 대하여 위헌심판제청신청을 하였다. 법원이 취소청구 및 위헌심판 제청신청을 모두 기각하자, 청구인은 이에 불복하여 1998. 7. 29. 헌법재판소에 이 사건 헌법소원심판을 청구하였다.

「남북교류협력에관한법률」(1990. 8. 1. 법률 제4239호로 제정된 것)

제9조 ③ 남한의 주민이 북한의 주민등과 회합·통신 기타의 방법으로 접촉하고자 할 때 에는 통일부장관의 승인을 얻어야 한다.

나. 청구인의 주장 및 관계기관의 의견

청구인의 주장은 다음과 같다. 첫째, '평화적 통일'을 민족적 사명으로 규정한 헌법 전문, 자유민주적 기본질서에 입각한 평화적 통일 정책을 수립·추진하도록 규정한 헌법 제4조, 대통령의 평화적 통일을 위한 성실의무를 규정한 헌법 제66조 제3항, 대통령의 취임선서 중 평화적 통일직무를 규정한 헌법 제69조, 통일에 관한 중요정책을 국민투표에 붙일 수 있도록 규정한 헌법 제72조 등을 종합하면, 정부는 통일을 위하여 노력할 의무가 있고, 국민들은 통일에 대한 기본권을 가진다. 평화적 통일을 이루기 위하여서는 남북 간의 대화, 협조, 교류와 협력이 중요한 수단이며, 이러한 남북 간의 대화, 협조, 교류와 협력은 정부 간뿐만 아니라 민간차원에서도 이루어져야 한다. 그런데 이 사건 법률조항은 조국의 평화적 통일을 위하여 필수적인 남북한의 자유로운 교류·협력을 지나치게 제한함으로써 정의·인도와 동포애로서 민족의 단결을 공고히 한다는 헌법 전문에 반하므로 위헌이다. 둘째, 1992. 2. 19. 발효된 '남북사이의화해와불가침및교류협력에관한합의서'(남북합의서)는 헌법상 조국의 평화적 통일조항을 가장 이상적으로 표현하고 있는 법규범으로서 단순한 조약의 효력을 가지는 것을 넘어서 남북관계를 규율하는 법률 중 헌법 다음으로 최상의 법률이며, 이 사건 법률조항보다 후에 체결된 것이어서 신법우선의 원칙이 적용되므로, 남북합의서의 자유로운 남북교류협력조항에 반하는 이 사건 법률조항은 헌법에 위반된다. 그 밖에 이 사건 법률조항은 헌법 제10조의 일반적 행동의 자유, 제14조 거주·이전의 자유, 제18조 통신의 자유 등을 침해한다. 셋째, 그리고 이 사건 법률조항은 북한주민 등과의 접촉에 관한 승인의 기준을 명시하지 아니한 채 포괄적으로 통일부장관의 일방적인 판단에 위임하고 있어 헌법 제75조 포괄위임금지원칙에 위반된다.

통일부장관 및 법무부장관 의견의 요지는 다음과 같다. 첫째, 통일의 대상인 북한이 우리의 체제존립을 위협하는 정치적 실체로서 존재하고 있는 만큼 정부가 국가안전보장과 평화, 그리고 통일의 측면을 종합적으로 판단하여 통일 정책을 수립·추진하여야 하며, 그러한 한도 내에서 정부의 역할은 합법적이고 정당하다. 따라서 국민은 정부정책의 틀 속에서 질서 있게 남북교류협력을 추진하여야할 법적 의무를 지고 있으므로, 이 사건 법률조항은 자유민주적 기본질서에 입각한 평화적 통일 정책의 수립·추진을 선언한 헌법 제4조에 위반되지 아니한다. 둘째, 남북합의서는 법률이 아니고, 조약으로서의 성격을 가지고 있는 것도 아니므로, 남북합의서의 내용과 상반되어 이 사건 법률조항의 효력이 상실되었다는 청구인의 주장은 부당하다. 청구인이 주장하는 일반적 행동의 자유, 거주·이전의 자유, 통신의 자유 등의 기본권과 국민의 남북교류협력권을 인정한다고 하더라도, 이러한 권리는 국가안전보장, 질서유지 또는 공공복리를 위하여 필요한 범위 내에서 합리적, 합목적적으로 규제될 수 있는데, 이 사건 법률조항에 의한 기본권제한은 합리적이며 국민의 자유와 권리의 본질적인 내용을 침해하는 것이 아니다. 셋째, 북한주민의 접촉에 대하여 통일부장관의 승인을 얻도록 하여 재량권을 인정한 것은 남북관계의 특수한 법현실로 인하여 그 요건을 구체적이고 명확하게 규정하는 것이 곤란하다는 점과 행정청의 정책적인 고려나 전문적·기술적 판단이 일정범위 내에서 우선되어야 한다는 점을 참작한 것이고, 실제 운용 면에서도 남북관계의 진전 상황에 따라 점진적 확대방향으로 운영되고 있으며, 대북접촉교류허용기준 등 일정한 처리기준에 따르고 있으므로, 헌법 제75조의 포괄위임금지원칙에 위반되지 아니한다.

다. 쟁점과 판단

첫째, 「남북교류협력에관한법률」은 기본적으로 북한을 평화적 통일을 위한 대화와 협력의 동반자로 인정하면서 남북대결을 지양하고, 자유왕래를 위한 문호개방의 단계로 나아가기 위하여 종전에 원칙적으로 금지되었던 대북한 접촉을 허용하며, 이를 법률적으로 지원하기 위하여 제정된 것으로서, 그 입법목적은 평화적 통일을 지향하는 헌법의 제반규정에 부합하는 것이다

그러나 북한과의 접촉이나 교류가 일정한 원칙이나 제한 없이 방만하게 이루어진다면, 국가의 안전보장과 자유민주적 기본질서의 유지에 어려움을 가져올 수 있을 뿐만 아니라, 평화적 통일을 이루어 나가는 데에 지장을 초래할 수 있다. 따라서 <u>정부가 북한과의 접촉과 대화, 교류·협력의 기본방향을 정하고, 그에 따라 각 분야에서 필요한 민간부문의 교류·협력을 지속적으로 지원하고 보장하기 위하여 북한주민 등과의 접촉에 대하여 일정한 조정과 규제를 하는 것은 헌법상의 평화통일의 원칙과 국가안전보장 및 자유민주주의질서의 유지, 그리고 국민의 기본권보장이라는 원리들을 조화롭게 실현하기 위한 방편이 될 것이다. 통일부장관이 북한주민 등과의 접촉을 원하는 자로부터 승인신청을 받아 그 접촉의 시기와 장소, 대상과 목적 등 구체적인 내용을 검토하여 승인 여부를 결정하는 절차는 현 단계에서는 불가피하다고 할 것이다.</u>

그렇다면 국가의 안전과 자유민주적 기본질서를 보장하고 국민의 안전을 확보하는 가운데 평화적 통일을 이루기 위한 기반을 조성하기 위하여 북한주민 등과의 접촉에 관하여 남북관계의 전문기관인 통일부장관에게 그 승인권을 준 이 사건 법률조항은 평화통일의 사명을 천명한 헌법 전문이나 평화통일원칙을 규정한 헌법 제4조, 대통령의 평화통일의무에 관하여 규정한 헌법 제66조 제3항의 규정 및 기타 헌법상의 통일관련 조항에 위반된다고 볼 수 없다.

둘째, 청구인은 또 이 사건 법률조항이 남북합의서의 자유로운 남북교류협력조항에 반하여 헌법에 위반된다고 주장하고 있으나, 헌법재판소는 "<u>남북합의서는 남북관계를 '나라와 나라 사이의 관계가 아닌 통일을 지향하는 과정에서 잠정적으로 형성되는 특수관계'임을 전제로 하여 이루어진 합의문서인바, 이는 한민족공동체 내부의 특수관계를 바탕으로 한 당국 간의 합의로서 남북당국의 성의 있는 이행을 상호 약속하는 일종의 공동성명 또는 신사협정에 준하는 성격을 가짐에 불과하다.</u>"고 판시하였다.[25] 남북합의서가 법률이 아님은 물론 국

___
25) 헌재 1997. 1. 16. 92헌바6등.

내법과 동일한 효력이 있는 조약이나 이에 준하는 것으로 볼 수 없다는 것을 명백히 하였다. 따라서 설사 이 사건 법률조항이 남북합의서의 내용과 배치되는 점을 포함하고 있다고 하더라도, 그것은 이 사건 법률조항이 헌법에 위반되는지의 여부를 판단하는 데에 아무런 관련이 없다고 할 것이다.

셋째, 그 밖에 청구인은 이 사건 법률조항이 포괄위임금지의 원칙에 위반한다고 주장하고 있으나, 헌법 제75조에서 규정하고 있는 포괄위임입법금지의 원칙이란 법률이 대통령령 등의 하위법규에 입법을 위임할 경우에는 법률로써 그 위임의 범위를 구체적으로 정하여야 하며 일반적이고 포괄적인 입법위임은 허용되지 아니한다는 것을 뜻하는 것이므로, 통일부장관의 승인권에 관한 기준이나 구체적 내용 등을 대통령령 등에 위임하지 아니하고 있는 이 사건 법률조항에 관하여 포괄위임금지의 원칙이 적용될 여지는 없다고 할 것이다.

라. 결 론

관여재판관 전원의 일치된 의견으로 「남북교류협력에관한법률」 제9조 제3항은 헌법에 위반되지 아니한다고 결정한다.

5 종합 평가

1) 역사적 배경과 정치·경제적 환경

우리나라는 일본 식민지 지배로부터 해방되어 새로운 민주주의 국가를 탄생시키기도 전에 강대국의 이해관계와 정치 지도자 간의 갈등으로 남북이 분단되고, 6·25라는 비극적인 내전을 겪었다. 지금까지 남북의 분단은 지속되어 간단없는 대립과 반목으로 한민족의 오랜 역사에 큰 오점을 남기고도 있다. 이러한 냉엄한 현실 속에서 한국 정부의 최대 정책과제는 국가 안보 내지 통일 정책이다. 한국 헌법은 평화통일을 통일에 관한 기본원리로 삼고 있다. 역대 정권의 통일 정책은 대부분이 적대시 정책이었고, 김대중과 노무현 정부에서 '햇볕정책'이라는 협력 내지 동반자 정책을 추진하였다. 적대 정책의 상징적인 법제

도가 「국가보안법」이고, 햇볕 정책의 상징적인 법제도가 「남북교류협력에관한
법률」이라 할 수 있다.

2) 추구하는 기본가치

국가안보 및 통일 정책에서 추구하는 기본가치는 국가안전보장이라 할 수
있다. 국가안전보장을 특히 강조하고 있는 「국가보안법」은 한편으로 표현의 자
유 내지 알권리를 부당하게 제한할 수 있는 문제가 있다. 「국가보안법」 제7조
제1항 "반국가단체나 그 구성원 또는 그 지령을 받은 자의 활동을 찬양·고무
또는 이에 동조하거나 기타의 방법으로 반국가단체를 이롭게 한 자는 7년 이하
의 징역에 처한다."는 규정이 그러하다. 헌법재판소에서는 동규정의 위헌성을
인정하면서도 그 소정행위에 의하여 국가의 존립·안전이나 자유민주적 기본질
서에 실질적 해악을 줄 명백한 위험성이 있는 경우에만 적용되는 것으로 제한
해석하여야 한다고 하여 위헌이 아니라고 심판하였고, 사후에 관련 규정도 그러
한 취지로 개정되었다.

통일 방법에서의 기본가치는 평화주의라고 할 수 있다. 이는 무력 침공을
배제하는 개념이며, 남북이 상호 교류와 왕래로 협력하여 신뢰를 구축하는 과정
을 수반하게 된다. 이를 구체화한 법률이 「남북교류협력에관한법률」이다. 1988.
7. 7. 남북한 간의 인사교류를 적극적으로 추진하고 남북한 교역의 문호를 개방
하면서 남북한 간의 화해를 위한 6개항의 대북한 제의인 이른바 '7. 7. 선언'을
발표하였으며, 이 선언에 따라 그 동안 원칙적으로 금지되었던 북한주민과의 접
촉, 왕래 및 교류 등을 허용·지원하고, 국민들의 북한 방문 및 남북한 왕래·교
류에 대한 요구를 적절히 수용하기 위한 법률적 후속조치로서 「남북교류협력에
관한법률」이 제정된 것이다. 「국가보안법」에서 강조하는 국가안보와 「남북교류
협력에관한법률」에서 강조하는 남북협력문제는 상호 대립되는 가치 간의 상충
문제가 잠재되어 있다.[26]

---

26) 이러한 문제점은 각각의 법률의 근거가 되는 헌법 조문에서 기인한다. 헌법 제3조에 따르면
   대한민국의 영토는 한반도와 그 부속도서이며, 따라서 북한지역도 대한민국의 영토가 된다.
   그러므로 북한은 반국가단체이고, 북한주민은 반국가단체의 구성원이며, 북한지역은 반국가
   단체가 불법적으로 점유하고 있는 미수복지역이 된다. 결국 헌법 제3조에 따르면 북한은 하

3) 입법부의 역할

통일 정책에 관하여 정권이 교체될 때마다 새로운 선언이나 정책이 나오는 것은 바람직하지 못하다. 통일 정책은 장기적 안목에서 일관성 있게 추진되어야 하므로 국회에서 국민의 여론을 수렴하고 현실상황을 감안하여 확고한 정책을 입법화하여 정권 교체에 영향을 받지 아니하고 추진될 수 있도록 하여야 할 것이다. 「국가보안법」과 「남북교류협력에관한법률」 간에 잠재되어 있는 상충문제도 입법적으로 최대한 조정하여 정교한 법률이 되도록 하여야 할 것이다.

4) 정책집행 과정상의 법적 쟁점

「국가보안법」의 집행 과정에 있어서 과거 독재정권에서는 '찬양, 고무' 같은 애매모호하고 광범성 있는 규정을 악용하여 자의적으로 적용해온 아픈 역사적 경험을 가지고 있다. 헌법재판소의 제한적 해석이 있고, 관련 규정이 일부 개정은 되었지만 아직도 남용될 여지는 남아있다. 「국가보안법」에 보완된 "국가의 존립·안전이나 자유민주적 기본질서를 위태롭게 한다는 정을 알면서"라는 구성요건도 그러하고, 국가기밀의 범위 등이 그러한 예이다.

「남북교류협력에관한법률」에서 다루어진 "남한과 북한과의 왕래·교역·협력사업 및 통신역무(通信役務)의 제공 등 남북교류와 협력을 목적으로 하는 행위에 관하여는 정당하다고 인정되는 범위 안에서 다른 법률에 우선하여 이 법을

나의 '국가'로서의 실체는 인정되지 않고, 반국가활동을 하는 불법적 '단체'에 지나지 않게 된다. 이에 반해 헌법 제4에 따르면 대한민국은 통일을 지향하며, 자유민주적 기본질서에 입각한 평화적 통일정책을 수립하고 추진한다. 이것은 북한을 '민족통일을 위한 동반자'로서 인정한다는 뜻이며, 나아가 북한에 대해 하나의 '국가'로서의 실체를 인정하는 것으로 해석될 수 있다. 이준일, 「인권법」(제4판), 홍문사, 2012, 188면. 영토조항(제3조)은 현행헌법의 평화통일 지향조항(제4조)과 상충될 뿐만 아니라 통일정책의 실제와도 괴리되어 있다는 지적이 있다. 즉, '7·7선언', '민족공동체통일방안', 남북한 UN 동시가입, 그리고 '남북기본합의서'의 채택이란 남북관계의 변화된 현실과 논리적으로 모순되고 있다. 이런 점에서 영토조항의 정비문제도 거론되어 왔다. 이를 해결하는 방안으로 가장 분명한 것은 헌법 개정을 통한 입법론적 해결방법이라 할 수 있지만 이와 같은 입법론적인 방법에 의한 해결은 현실적으로 매우 힘든 과제이다. 영토조항을 삭제하거나 수정하는 헌법개정은 현실적인 논의과정에서 쉽게 국민적 합의를 도출하기는 매우 어려울 것이기 때문이다. 이를 고려하면 영토조항과 관련된 헌법문제의 해결은 결국 헌법해석의 방법에서 모색되는 것이 바람직하다. 박정원, 「통일과정과 통일 이후의 헌법재판소의 기능과 역할」, 헌법재판소, 2011, 42면.

적용한다."는 제3조 규정에서 '정당하다고 인정하는 범위 안에서'의 해석 운영도
남용의 소지가 있다 할 것이다.

5) 사법적 판단 및 사회적 영향

국가안전 보장 내지 통일 정책은 거시적인 국가 정책이므로 일반 국민들의
일상생활과는 거리가 있는 문제처럼 보인다. 그러나「국가보안법」은 국민의 표
현의 자유와 직결되며 남북교류문제는 이산가족은 물론 통일을 염원하는 국민
들의 강한 의지가 내재된 민감한 문제이다. 헌법재판소는 국가보안법 심판에서
헌법상의 영토조항과 평화통일 조항, 북한의 반국가단체성과 남북 간의 교류협
력이라는 모순적 관계를 '통일을 지향하는 과정에서 잠정적으로 형성된 특수한
관계'라고 규범적인 해석을 하였다.「국가보안법」과「남북교류협력에관한법률」
간의 가치갈등 문제를 헌법재판소는 한정해석 내지 제한적인 해석으로 잘 절충
하는 입장을 취하였다.「국가보안법」의 찬양·고무죄는 이상적으로는 반대의견
처럼 위헌임을 명확히 선언하여야 하겠지만, 북한과의 첨예한 군사대결이라는
현실적 상황을 고려한 불가피한 선택으로 이해가 된다. 헌법재판소는「국가보
안법」심판에서 '국가의 존립안전을 위태롭게 하거나 자유민주적 기본질서에 위
해를 줄 명백한 위험이 있을 경우에' 적용된다고 해석하는 한 헌법에 위반되지
아니한다고 하였고, 신「국가보안법」심판에서도 '가목 이외의 군사상 기밀 또는
국가기밀'(국가보안법 제4조)의 해석은 '일반인에게 알려지지 아니한 것으로서 그
내용이 누설되는 경우 국가의 안전보장에 명백한 위험을 초래한다고 볼 만큼의
실질가치를 지닌 사실, 물건 또는 지식이라고 해석하는 한' 헌법에 위반되지 않
는다고 하였다. 그러나 이러한 결정은 여전히 추상적인 불확정 개념이 사용되어
엄격한 의미에서의 한정합헌으로 보기 어렵다는 지적에[27] 유의할 필요가 있다.

---

27) 전광석, "국가보안법상 '국가기밀'의 개념과 범위", 대법원 헌법연구회,「헌법판례해설 I」2012
436면.

토론 주제

1. 우리나라의 통일 정책은 어떻게 변천되어 왔으며, 박근혜 정부의 통일 정책은 무엇인가? 통일의 장애요인은 무엇인가? 주변 4대 강국, 특히 미국과 중국의 갈등 속에서 한국은 어떻게 양국과 관계를 맺어야 하는가?

2. 구 「국가보안법」상의 찬양·고무죄는 무엇이 법적인 문제였는가? 헌법재판소는 어떻게 이 문제를 해결하였는가? 구 「국가보안법」과 신 「국가보안법」의 차이는 무엇인가?

3. 신 「국가보안법」에서 국가기밀은 어떻게 분류되며 어떤 문제가 있는가?

4. 「남북교류협력에관한법률」의 기본 취지와 목적은 무엇인가? 「국가보안법」과의 상충되는 문제는 무엇인가? 헌법재판소는 이 문제를 어떻게 해결하고 있는가?

5. 북한주민과의 접촉 및 교류시 통일부장관의 사전승인의 기준은 무엇인가? 구체적인 운영 사례에서 어떤 문제가 제기되는가?

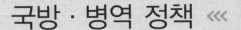

국방·병역 정책 《《 제2장

국방 정책도 국가의 안전보장과 관련되는 기본적인 정책이다. 국방 정책에서 병역자원을 어떻게 관리하느냐가 핵심적인 과제이다. 본장에서는 병역자원 관리와 관련된 사회적 쟁점들을 분석한다. 첫째, 국방의무와 병역 정책에 관하여 개관하여 본다. 둘째, 병역 정책에서 사회적 쟁점이 되고 있는 공무원 채용시험에서의 제대군인 가산점 제도를 헌법재판소의 결정을 중심으로 분석한다. 셋째, 양심적 병역거부에 대한 헌법재판소의 결정과 대체복무제를 살펴본다. 넷째, 공직자 등의 병역사항 공개가 위헌인지의 문제도 언급한다. 다섯째, 정책과 헌법재판소의 결정에 대한 종합적인 평가를 한다.

1 국방의무와 병역 제도 개관

1) 한국의 병역 제도

한국헌법 제39조 제1항은 "모든 국민은 법률이 정하는 바에 의하여 국방의 의무를 진다."고 국방의 의무를 규정하고 있다. 이에 관한 기본 법률이 「병역법」

이다. 국방의 의무는 직접·간접의 병력제공 의무를 그 내용으로 한다. 직접적인 병력제공 의무는 「병역법」에 의한 징집대상자인 대한민국 남성만이 부담한다. 간접적인 병력제공 의무는 「향토예비군 설치법」에 의한 예비군복무의무, 「민방위기본법」에 의한 민방위응소의무, 「비상대비자원관리법」에 의한 훈련에 응할 의무 등을 말하는데 남녀를 가리지 않고 모든 국민이 부담한다.1) 병역의무는 자국의 국민, 영토, 주권을 수호한다는 점에서 일반 노무제공과 달리 윤리적 숭고성과 충성심을 바탕으로 하는 특성이 있다. 또한 병역 자원의 관리는 형평성과 효율성을 중요한 가치로 추구한다.

병역제도는 의무병제도와 지원병제도로 구분되며, 지원병제도에는 직업군인제, 모병제, 용병제가 있다. 우리나라는 헌법 제39조 제1항과 「병역법」 제3조 제1항(병역의무)에 의하여 징집연령에 달한 자는 누구든지 병역을 치러야하는 의무병 제도이며, 국민개병(皆兵)의 원칙을 채택하고 있다. 엄격히 말하면 장교 등 장기복무를 원하는 자에게는 직업군인제를 허용하고 있으므로 지원병제도를 병행한 의무병제(징병제)라고 할 수 있다. 병역자원은 18세부터 관리하고 19세가 되는 해에 징병검사를 받는다. 병역의 종류에는 현역, 예비역, 보충역, 제1국민역, 제2국민역이 있다. 징병검사에서 군복무 적격자로 판정받은 사람은 현역 복무를 하든지 병역 대체복무를 하게 된다. 병역 대체복무에는 전환복무(전투경찰, 교정시설경비교도, 의무소방원), 전문연구요원, 산업기능요원, 사회복무요원(보충역 판정 받은 자를 지방자치단체나 공공단체의 사회복무요원으로 일정기간 근무하는 것), 기타(공중보건의사, 공익법무관, 공중방역 수의사, 국제협력의사 등)가 있다.2)

2) 병역 환경의 변화와 국방개혁 기본계획

병역의무의 형평성과 관리의 효율성을 고려한 적정한 병역 수를 어떻게 산출 관리하는가 하는 문제는 국가가 처한 구체적인 상황과 환경의 변화에 따라 다르다. 우리나라의 경우 병력 규모 및 복무기간 산출에 있어서 고려할 병역환경은 한반도의 안보 상황, 경제 상황과 국방예산 증액의 한계, 청소년의 가치관

---

1) 권영성, 「헌법학원론」, 법문사, 2009, 714-715면.
2) 김종철, "병역정책의 형평성과 효율성 제고방안에 관한 연구", 고려대 행정대학원 석사논문, 2011.

및 사회교육환경의 변화 등이다.3)

노무현 정부에서는 국방개혁의 주요 내용을 국민에게 공개하여 국방정책에 대한 국민의 참여를 확보하고, 국방개혁을 일관성 있게 지속적으로 추진하기 위한 제도적 근거를 마련하기 위해 2006년에 국방개혁에 관한 기본법률을 제정하였다. 2006년 12월에 제정된 「국방개혁에 관한 법률」의 주요 내용을 살펴보면 다음과 같다. 첫째, 국방부장관이 국방개혁을 효율적으로 추진하기 위하여 국방운영체제의 혁신, 군구조개편 및 병영문화의 개선 등에 관한 국방개혁기본계획을 대통령의 승인을 얻어 수립하도록 하고 국방개혁기본계획을 추진하기 위하여 5년 단위로 국방개혁추진계획을 수립·시행하되, 매 5년의 중간 및 기간 만료시점에 한미동맹 발전, 남북군사관계 변화추이 등 국내외 안보정세 및 국방개혁 추진 실적을 분석·평가하여 그 결과를 국방개혁기본계획에 반영하도록 하였다. 둘째, 지속적이고 일관된 국방개혁을 추진하고 국방개혁과 관련된 중요 정책사항을 심의하기 위하여 국방부장관 소속하에 국방개혁위원회를 설치하고, 국방부장관을 위원장으로, 관계중앙행정기관의 차관급 이상 공무원을 위원으로 하되, 필요한 때에는 위원에 국방·안보 관련 전문가를 포함할 수 있도록 하였다. 셋째, 현역군인의 전문성이 반드시 필요한 직위를 제외한 국방부 직위에 군인이 아닌 공무원의 비율을 연차적으로 확대하도록 하고, 합동참모의장을 임명하는 때에는 국회의 인사청문을 거치도록 하였다. 넷째, 기술집약형 군 구조의 개편과 전투력의 강화를 위하여 우수한 군 인력을 확보하고, 유급지원병제도 및 군 책임운영기관제도를 도입하는 한편, 여군 인력을 확대하여 활용할 수 있는 방안을 마련하였다. 다섯째, 국방부장관은 합동참모본부의 방위기획 및 작전수행 능력을 배양하고 합동성을 향상시킬 수 있도록 그 기능 및 조직을 보강하고, 각군 참모총장을 각군 고유의 전문성을 유지·발전시키되 합동성의 강화를 위하여 합동참모본부와의 원활한 협조가 이루어질 수 있도록 그 기능 및 조직을 정비하고, 중간 지휘제대의 단계를 점진적으로 축소·조정하도록 하였다. 여섯째, 국군의 상비병력 규모는 군 구조 개편과 연계하여 2020년까지 50만명 수준을 목표로 하고, 각군의 구성비율은 합동성을 극대화할 수 있는 적정수준을 유지하

---

3) 상게논문 43-48면.

도록 하였다. 일곱째, 국방부장관은 장병의 기본권이 보장될 수 있도록 군 복무
와 관련된 제반 환경을 개선·발전시키고, 장병이 자기계발의 기회를 향유함으
로써 군 복무에 대한 사회적 명예를 고양시킬 수 있는 제반 정책을 수립하여 시
행하도록 하였다.

노무현 정부에서 제정된 「국방개혁에 관한 법률」은 국방개혁에 대한 법적,
제도적 근거로서 박근혜 정부에 이르기까지 동 법률에 의해 국방개혁기본계획
이 수정 발표되고 있다. 2009년에 글로벌 경제위기로 국방계획이 수정된바, '국
방개혁기본계획 2009-2020'은 동 기간 중의 예산이 2005년 621조에서 2009년
수정안에서는 599조로 22조나 크게 삭감되었다. 이명박 정부는 천안함 피격사
건을 계기로 국방개혁안을 전면 수정하여 단기(2011-12년) 37과제, 중기(2013-15
년) 20과제, 장기(2016-30년) 16과제로 구성된 '국방계획 307'을 2011년 3일 8일
발표하였다.[4]

2012년 8월에 수립된 국방개혁 기본계획('12~'30)은 한반도 작전환경에 부합
하는 맞춤형 군구조로 전환하기 위해 우리 안보환경에 맞는 상부지휘 구조로의
개편, 정보·기술 집약형 군구조로 전환, 상비 병력의 감축 및 간부의 정예화,
네트워크 기반하에 통합작전 수행 가능한 육군, 수상·수중·공중 입체전력 통합
운용에 적합한 구조의 해군, 항공우주작전 수행능력을 극대화하는 구조의 공군
등의 내용을 담고 있다. 고효율의 선진 국방운영체제 구축을 위해 국방인력의
전문화, 국방정보화 환경 구축, 군수지원체제 선진화, 국방 전 분야의 경영효율
성 제고, 군 복지향상 및 장병 복무여건 개선 등도 포함되어 있다.[5]

3) 복무기간 단축 논쟁

군 복무기간은 병역관리에 있어서 중요한 요소이며 대통령 선거시 자주 등
장하는 사회적·정치적 쟁점이다. 1980년대까지는 군 복무기간이 약 30개월 정
도였으나, 2011년에는 육군·해병은 21개월, 해군은 23개월, 공군은 24개월로 단
축되었다. 「병역법」 제19조는 "국무회의의 심의를 거쳐 대통령의 승인을 얻는

---

4) 상계논문, 48-50면.
5) http://www.mnd.go.kr/mnd_book/mnd2020/mndpaper_2012_2030/JBook.htm

경우 현역의 복무기간을 6개월 이내에서 조정할 수 있다."고 규정하고 있다. '국방개혁 2020'에서 현역병의 복무기간을 육군의 경우 18개월로 발표한 바 있으나 천안함 사건, 연평도 포격사건 등으로 2010년 12월에 국방부는 육군의 복무기간을 21개월로 발표하였다.

　　최근 미혼 여성의 증가, 만혼여성과 맞벌이 부부의 증가 등으로 출산율이 급격히 감소하여 미래 병력자원의 감소가 예측되므로 복무기간 단축에 어려움이 예상된다. 2009년 한나라당 김학송 의원이 발의한 「병역법」 수정안은 제19조의 '6개월'을 '3개월'로, 유승민 의원의 발의안은 '6개월'을 '2개월'로 제한하고 있다. 복무기간 단축의 찬성 논거는 여건이 허락하는 한 국민의 병역의무를 완화하는 것이 당연하다는 것이고, 반대 논거는 기간 단축은 숙련병의 활용기간이 짧아 전투력이 약화된다는 것이다.[6] 복무기간 단축 논의는 직면한 안보상황을 고려하여야 하며, 적어도 선거 전략으로 복무기간의 단축공약은 지양되어야 한다. 그러나 2012년 대통령 선거에서도 여·야 모두 복무기간 단축을 공약하였다.

4) 병역 의무자에 대한 차별금지 규정과 병역공개제도

　　헌법 제39조 제2항은 "누구든지 병역의무의 이행으로 인하여 불이익한 처우를 받지 아니한다."라고 규정하고 있다. 아래에서 살펴 볼 제대군인 가산점 제도의 위헌심판에서 헌법재판소는 헌법 제39조 제2항의 '불이익한 처우'란 사실상, 경제상의 불이익을 모두 포함하는 것이 아니라 법적인 불이익을 말하는 것이라고 좁게 해석하였다.[7]

　　1998년 7월 군과 검찰의 수사로 드러난 병무비리 실태는 국민들에게 충격을 주었는데, 병무비리 청탁자의 대부분은 사회지도층 인사들이었다. 이에 공직자 및 공직후보자와 그 직계비속의 병역사항 신고 및 공개를 제도화하여 공직을 이용한 부정한 병역면탈을 방지하고 공직사회의 투명성을 제고함으로써 병

---

6) 김종철, 전게논문, 72-75면.
7) 헌법 제39조 제2항이 법적인 불이익만이 아니라 사실상의 불이익도 포함하는 것으로 해석할 경우 이는 군가산점제 합헌론의 논거가 되며, 이를 법적인 불이익만을 의미하는 것으로 해석할 경우 이는 군가산점제 위헌론의 논거가 된다. 유은정·이영민, "제대군인 가산점제"(헌법이론과 실무 2011-A-3), 헌법재판소 헌법재판연구원, 2011, 47-51면.

역의무를 자진 이행하는 사회분위기를 조성하기 위하여 의원입법으로 1999. 5. 24.「공직자등의 병역사항 신고 및 공개에 관한 법률」이 공포되어 동 일자로 시행되었다.

현행 병역공개제도의 주요 내용을 보면, 4급 이상 공무원 등이 신고의무자(동법 제2조)로서 이들은 본인과 18세 이상인 직계비속에 대한 병역사항을 신고하여야 한다(동법 제3조 본문). 신고대상자가 병역면제자, 제2국민역에 편입된 자 등에 해당하는 경우에는 신고대상자의 질병명 또는 처분사유를 신고하여야 한다(동법 제3조 제5호). 병무청장은 신고사항을 관보와 인터넷에 게재하여 공개하여야 한다(동법 제8조 제1항). 신고의무자는 그 직계비속의 병역사항에 관하여는 대통령령으로 정하는 일정한 질병명 또는 심신장애내용의 비공개를 요구할 수 있고, 이 경우에는 공개가 금지된다(동법 제8조 제3항). 국가안전보장 및 국방 분야 등에 종사하는 일정한 사람들에 대해서는 그 병역사항을 공개하지 않을 수 있다(동법 제8조의2). 신고의무를 이행하지 않은 사람에 대해서는 1년 이하의 징역 또는 1천만원 이하의 벌금이 부과된다(동법 제17조).

2 제대군인 가산점 제도에 관한 헌법재판소 결정

제대군인 가산점 제도란「제대군인지원에관한법률」제8조 제1항 및 제3항, 동법시행령 제9조에 의하여 취업보호실시기관이 직원을 채용하기 위하여 시험을 실시할 경우에 제대군인이 응시하면 과목별 득점에 과목별 만점의 5% 또는 3%를 가산하는 제도를 말한다. '제대군인'이라 함은「병역법」또는「군인사법」에 의한 군복무를 마치고 전역한 자를 말하며, '장기복무제대군인'이라 함은 장교·준사관·하사관으로 임용되어 10년 이상 현역으로 복무하고 전역한 자를 말한다(동법 제2조). '취업보호실시기관'이란 국가기관·지방자치단체 및「초·중등교육법」제2조 및「고등교육법」제2조의 규정에 의한 학교와 일상적으로 1일 20인 이상을 고용하는 공·사기업체 또는 공·사단체를 말한다(동법 제30조).

가점비율은 2년 이상의 복무기간을 마치고 전역한 제대군인의 경우 5%, 2년 미만의 복무기간을 마치고 전역한 제대군인의 경우 3%이다(동법 시행령 제9조 제1항). 가점대상 직급은 「국가공무원법」 제2조 및 「지방공무원법」 제2조에 규정된 공무원 중 6급 이하 공무원 및 기능직공무원의 모든 직급, 그리고 「국가유공자 등예우및지원에관한법률」 제30조 제2호에 규정된 취업보호실시기관의 신규채용 사원의 모든 직급이다(「제대군인지원에관한법률」 시행령 제9조 제2항).

제대군인 가산점 제도에 관한 헌법재판소의 위헌결정[8]을 분석하고, 논의되고 있는 대안들을 살펴보며, 국가유공자 등에 대한 10% 가산점 제도와 비교해 본다.

1) 사건 개요와 심판 대상

청구인 이○진은 1998. 2. 이화여자대학교를 졸업한, 청구인 조○옥, 박○주, 김○원, 김○정은 같은 대학교 4학년에 재학 중이던 여성들로서 모두 7급 또는 9급 국가공무원 공개경쟁채용시험에 응시하기 위하여 준비 중에 있다. 청구인 김○수는 연세대학교 4학년에 재학 중이던 신체장애가 있는 남성으로서 역시 7급 국가공무원 공개경쟁채용시험에 응시하기 위하여 준비 중에 있다. 청구인들은 제대군인이 6급 이하의 공무원 또는 공·사기업체의 채용시험에 응시한 때에 필기시험의 각 과목별 득점에 각 과목별 만점의 5퍼센트 또는 3퍼센트를 가산하도록 규정하고 있는 「제대군인지원에관한법률」 제8조 제1항, 제3항 및 동법시행령 제9조가 자신들의 헌법상 보장된 평등권, 공무담임권, 직업선택의 자유를 침해하고 있다고 주장하면서 1998. 10. 19. 이 사건 헌법소원심판을 청구하였다.

---

8) 이하의 내용은 헌재 1999. 12. 23. 98헌마363. (「제대군인 지원에 관한 법률」제8조 제1항등 위헌확인.) 결정 원문을 이해하기 쉽도록 편집·구성하였다. 이 결정은 사안의 민감함에 더해 법리적으로도 중요한 함의들을 다수 포함하고 있어 다양한 문헌에 의해 평석되었다. 대표적인 논문으로는 김하열, "군가산점제도에 대한 헌법적 평가", (「젠더법학」 제1권 제1호, 한국젠더법학회, 2009, 95-126면); 박경신, "평등의 원초적 해석과 실질적 평등의 논리적 전개 — 제대군인가산점 위헌결정 평석 —", (「헌법실무연구」 제2권, 2001, 67-90면); 이욱한, "공무원임용에 있어서 제대군인에 대한 가산점제도의 문제점", (「사법행정」 제40권 제3호, 한국사법행정학회, 1999, 5-23면); 이준일, "법적 평등과 사실적 평등 —'제대군인 가산점 제도'에 관한 헌법재판소의 결정을 중심으로—", (「안암법학」 제12호, 안암법학회, 2001, 1-28면); 한수웅, "엄격한 기준에 의한 평등원칙 위반여부의 심사: 헌법재판소 "제대군인 가산점 결정"(헌재 1999. 12. 23. 98헌마363)에 대한 판례평석을 겸하여", (「법학연구」 제6호, 홍익대학교 법학연구소, 2004, 149-185면) 등이 있다.

「제대군인지원에관한법률」(1997. 12. 31. 법률 제5482호로 제정된 것)
제8조(채용시험의 가점) ① 제7조 제2항의 규정에 의한 취업보호실시기관이 그 직원을 채
 용하기 위한 시험을 실시할 경우에 제대군인이 그 채용시험에 응시한 때에는 필기시험
 의 각 과목별 득점에 각 과목별 만점의 5퍼센트의 범위 안에서 대통령령이 정하는 바에
 따라 가산한다. 이 경우 취업보호실시기관이 필기시험을 실시하지 아니한 때에는 그에
 갈음하여 실시하는 실기시험·서류전형 또는 면접시험의 득점에 이를 가산한다. ② 생략.
 ③ 취업보호실시기관이 실시하는 채용시험의 가점대상 직급은 대통령령으로 정한다.
「제대군인지원에관한법률시행령」(1998. 8. 21. 대통령령 제15870호로 제정된 것)
제9조(채용시험의 가점비율 등) ① 법 제8조 제1항의 규정에 의하여 제대군인이 채용시험에
 응시하는 경우의 시험만점에 대한 가점비율은 다음 각 호의 1과 같다. 1. 2년 이상의 복
 무기간을 마치고 전역한 제대군인: 5퍼센트. 2. 2년 미만의 복무기간을 마치고 전역한 제
 대군인: 3퍼센트. ② 법 제8조 제3항의 규정에 의한 채용시험의 가점대상직급은 다음 각
 호와 같다. 1.「국가공무원법」제2조 및「지방공무원법」제2조에 규정된 공무원 중 6급
 이하 공무원 및 기능직공무원의 모든 직급. 2.「국가유공자등예우및지원에관한법률」제
 30조 제2호에 규정된 취업보호실시기관의 신규채용 사원의 모든 직급.

2) 청구인들의 주장과 관계기관의 의견

청구인들의 주장은 다음과 같다. 첫째, 제대군인에 대한 보상은 금전적 또
는 다른 합리적인 범위내의 처우이어야 하지 제대군인들에게 특혜를 부여함으
로써 다른 기본권주체의 기본권을 침해하는 방법으로 하여서는 아니 된다. 둘
째, 7·9급 공무원 채용시험의 경우 합격점이 평균 80점을 훨씬 상회하고 있고
불과 영점 몇 점차로 합격여부가 좌우되는 상황에서 제대군인에 대하여 시험과
목별로 3점 또는 5점을 가산하는 것은 당락에 결정적으로 영향을 미치는바, 가
산점 혜택을 받지 못하는 자는 응시기회를 사실상 박탈하는 것과 같은 가혹한
결과를 초래하므로 피해의 최소성의 원칙에 어긋난다. 셋째, 여성과 장애인은
유형·무형의 성적 차별 내지 사회적 편견·냉대로 능력에 맞는 직업을 구하기
가 지극히 어려운 것이 현실이며, 제대군인 가산점 제도는 상대적으로 사회적
약자인 여성과 장애인을 그들이 이행할 수도 없는 병역의무를 이행하지 않았다
는 이유로 직업의 세계에서 몰아냄으로써 그들의 생존을 어렵게 하고 있다. 넷
째, 제대군인 가산점 제도는 직무수행능력이 아니라 병역의무이행 여부를 공무

원선발의 기준으로 삼고 있다는 점에서 헌법 제25조에서 보장하고 있는 국민의 공무담임권을 침해하고 있다. 또한 제대군인 가산점 제도는 여성이나 장애인이 공·사기업체에 취업하는 것을 사실상 차단하고 있으므로 이들의 직업선택의 자유를 침해하는 것이다. 따라서 제대군인 가산점 제도는 과잉금지원칙에 반하여 청구인들의 헌법상 보장된 평등권, 공무담임권, 직업선택의 자유를 침해하고 있다.

이에 대한 국가보훈처장의 의견은 다음과 같다. 첫째, 여성에 대하여는 공무원시험에서 '여성채용목표제'가 시행되고 있어 합격선에 미달하더라도 추가로 합격처리될 수 있는바, 이러한 특혜를 부여받는 여성이 제대군인 가산점 제도로 인한 피해자라고 할 수 없으므로 청구인들 중 여성들은 헌법소원청구의 적격이 없다. 둘째, 제대군인 가산점 제도는 군 복무로 인하여 제한된 개인의 권익을 보전해 주는 한편, 현역장병들의 사기가 저하되지 않도록 함으로써 안정된 국방력을 확보하기 위하여 시행되는 제도이다. 군 복무 중에는 학업 또는 생업을 포기하여야 하고 취업할 기회와 취업을 준비하는 기회도 상실하게 되는 개인적 희생을 감수하여야 하므로 이러한 손실을 최소한도나마 보전해 줌으로써 전역 후 빠른 기간 내에 일반사회로 복귀할 수 있도록 해 주는 것이 군 복무를 하지 않고 일반 사회생활을 한 사람들과의 형평에 부합한다. 셋째, 군 복무자와 비복무자를 기계적으로 동등하게 취급하여 경쟁하도록 하는 것은 대부분의 군복무자들의 공무담임권과 직업선택의 자유를 원천적으로 제한하는 결과가 되고, 실질적 평등의 원칙에도 어긋난다.

3) 쟁점과 판단

가. 적법성에 관한 판단

여성채용목표제의 혜택을 받는 여성들은 가산점 제도의 피해자라 볼 수 없어 헌법소원청구의 적격이 없다고 주장하나, 여성채용목표제는 가산점제도와는 목적과 취지가 다른 별개의 제도이다. 여성채용목표제는 종래부터 차별을 받아왔고, 그 결과 현재 불리한 처지에 있는 여성을 남성과 동등한 처지에까지 끌어

올리는 것을 목적으로 하는 제도이다. 이에 반하여 가산점 제도는 공직사회에서의 남녀비율에 관계없이 무제한적으로 적용되는 것으로서, 우월한 처지에 있는 남성의 기득권을 직·간접적으로 유지·고착하는 결과를 낳을 수 있는 제도이다. 여성채용목표제의 효과는 매우 제한적이며, 한시적, 잠정적 제도이다.

심판청구 당시 청구인들은 국가공무원 채용시험에 응시하기 위하여 준비하고 있는 단계에 있었으므로 이 사건 심판대상조항으로 인한 기본권침해를 현실적으로 받았던 것은 아니다. 그러나 청구인들은 심판청구 당시 국가공무원 채용시험에 응시하기 위한 준비를 하고 있었고, 이들이 응시할 경우 장차 그 합격여부를 가리는 데 있어 가산점 제도가 적용될 것임은 심판청구 당시에 이미 확실히 예측되는 것이었다. 따라서 기본권침해의 현재관련성이 인정된다.[9]

나. 가산점 제도의 근거 : 헌법 제39조 제2항의 의미

헌법 제39조 제2항은 "누구든지 병역의무의 이행으로 인하여 불이익한 처우를 받지 아니한다."고 규정하고 있는데, 이 조항은 병역의무를 이행한 사람에게 보상조치를 취하거나 특혜를 부여할 의무를 국가에게 지우는 것이 아니라, 법문 그대로 병역의무의 이행을 이유로 불이익한 처우를 하는 것을 금지하고 있을 뿐이다. 그리고 이 조항에서 금지하는 "불이익한 처우"라 함은 단순한 사실상, 경제상의 불이익을 모두 포함하는 것이 아니라 법적인 불이익을 의미하는 것으로 보아야 한다.[10] 그런데 가산점 제도는 이러한 헌법 제39조 제2항의 범위를 넘어 제대군인에게 일종의 적극적 보상조치를 취하는 제도라고 할 것이므로 이를 헌법 제39조 제2항에 근거한 제도라고 할 수 없다.

---

9) 헌재 1992. 10. 1. 92헌마68.

10) 연혁적 근거, 문리적 근거, 체계적 근거 등을 제시하며 이러한 헌법재판소의 견해를 지지하고 있는 문헌으로는 김선택, "군가산점제 부활, 헌법적·정책적으로 타당한가?", 한국공법학회 공법제도개선 토론회 발표문, 한국공법학회 공법제도개선위원회, 2010. 10. 26, 7-11면이 있다. 그러나 이처럼 헌법 제39조 제2항의 병역의무 이행으로 인한 불이익을 법적 불이익으로만 제한하는 해석을 비판하면서, 동 조항이 군가산점제의 헌법적 근거가 된다고 보는 견해로는 이준일, "법적 평등과 사실적 평등―'제대군인 가산점 제도'에 관한 헌법재판소의 결정을 중심으로―", (「안암법학」 제12호, 안암법학회, 2001, 1-28면)이 있다.

다. 평등권 침해여부

가) 차별의 대상

가산점 제도는 실질적으로 남성에 비하여 여성을 차별하는 제도이다. 제대 군인 중 지원에 의한 현역복무를 마치고 퇴역한 여자는 전체 여성 중의 극히 일 부분만이 해당될 수 있으므로 실제 거의 모든 여성은 제대군인에 해당하지 아니 한다. 그리고 남자의 대부분(80%)은 제대군인에 해당한다.[11] 가산점 제도는 현역 복무나 상근예비역 소집근무를 할 수 있는 신체 건장한 남자와 질병이나 심신장 애로 병역을 감당할 수 없는 남자 즉 병역면제자를 차별하는 제도이다. 가산점 제 도는 보충역으로 편입되어 군복무를 마친 자를 차별하는 제도이기도 하다. 보충 역 판정여부는 신체등위, 학력 등을 감안하고 또 병역수급의 사정에 따라 정해지 는 것으로서(「병역법」 제5조 제1항 제3호, 제14조) 이 또한 본인의 의사와는 무관하다.

나) 심사의 척도

평등위반 여부를 심사함에 있어 엄격한 심사척도에 의할 것인지, 완화된 심사척도에 의할 것인지는 입법자에게 인정되는 입법형성권의 정도에 따라 달 라지게 될 것이다. 먼저 헌법에서 특별히 평등을 요구하고 있는 경우 엄격한 심 사척도가 적용될 수 있다. 헌법이 스스로 차별의 근거로 삼아서는 아니 되는 기 준을 제시하거나 차별을 특히 금지하고 있는 영역을 제시하고 있다면 그러한 기준을 근거로 한 차별이나 그러한 영역에서의 차별에 대하여 엄격하게 심사하 는 것이 정당화된다. 다음으로 차별적 취급으로 인하여 관련 기본권에 대한 중 대한 제한을 초래하게 된다면 입법형성권은 축소되어 보다 엄격한 심사척도가 적용되어야 할 것이다.

그런데 가산점 제도는 엄격한 심사척도를 적용하여야 하는 위 두 경우에 모 두 해당한다. 헌법 제32조 제4항은 "여자의 근로는 특별한 보호를 받으며, 고용·

---

11) 이처럼 제대군인 대 비제대군인이라는 비교집단을 남성 대 여성으로 치환한 논리에 대해 비 판하면서, 남성이라고 해서 당연히 가산점을 부여받는 것이 아니고 병역의무를 이행하여야 권리를 취득할 수 있는 것이므로, 제대군인 가산점제는 제대군인과 비제대군인 사이의 차별 문제라는 견해도 있다. 정연주, "가산점제도의 헌법적 문제점", 헌법판례연구 제2호, 한국헌법 판례연구학회, 2000, 180면.

임금 및 근로조건에 있어서 부당한 차별을 받지 아니한다."고 규정하여 '근로' 내지 '고용'의 영역에 있어서 특별히 남녀평등을 요구하고 있는데, 가산점 제도는 바로 이 영역에서 남성과 여성을 달리 취급하는 제도이기 때문이다. 또한 가산점 제도는 헌법 제25조에 의하여 보장된 공무담임권이라는 기본권의 행사에 중대한 제약을 초래하는 것이기 때문이다. 이와 같이 가산점 제도에 대하여는 엄격한 심사척도, 즉 차별취급의 목적과 수단 간에 엄격한 비례관계가 성립하는지를 기준으로 한 심사를 하여야 한다.

다) 입법목적의 정당성

가산점 제도의 주된 목적은 군복무 중 취업할 기회와 취업을 준비하는 기회를 상실하게 되는 불이익을 보전해 줌으로써 제대군인이 군복무를 마친 후 빠른 기간 내에 일반사회로 복귀할 수 있도록 해 주는 데에 있다. 이러한 입법목적은 매우 필요하다고 할 수 있으므로 정당하다.

라) 차별취급(정책수단)의 적합성 여부

제대군인에 대한 사회복귀의 지원은 합리적이고 적절한 방법을 통하여 이루어져야 한다. 먼저 제대군인이 비(非)제대군인에 비하여 어떤 법적인 불이익을 받는 것이 있다면 이를 시정하는 것은 허용된다. 또한 군복무기간을 호봉산정이나 연금법 적용 등에 있어 적절히 고려하는 조치도 가능할 것인데, 현행법은 이미 이러한 제도를 두고 있다. 다음으로 제대군인에 대하여 여러 가지 사회정책적·재정적 지원을 강구하는 것이 가능할 것이다. 그러한 지원책으로는 취업알선, 직업훈련이나 재교육 실시, 교육비에 대한 감면 또는 대부, 의료보호 등을 들 수 있다.

그런데 가산점 제도는 이러한 합리적 방법에 의한 지원책에 해당한다고 할 수 없다. 가산점 제도는 공무원 채용시험의 필기시험의 각 과목별 만점의 5% 또는 3%를 제대군인에게 가산토록 함으로써 제대군인의 취업기회를 특혜적으로 보장하고, 그만큼 제대군인이 아닌 사람의 취업의 기회를 박탈·잠식하는 제도이다. 그런데 제대군인이 아닌 사람들이란 다름 아니라 절대다수의 여성들과 상당수의 남성들(심신장애가 있어 군복무를 할 수 없는 남자, 보충역에 편입되어 복무를 마친 남자)로서 이들은 제대군인이 될 수 없는 사람들이고, 특히 여성과 장애인은 이른바 우리 사회의 약자들이다. 헌법은 실질적 평등, 사회적 법치국가의 원리에 입각하여 이들의 권익을 국가가 적극적으로 보호하여야 함을 여러 곳에서 천명하고 있다.[12]

요컨대, <u>제대군인에 대하여 여러 가지 사회 정책적 지원을 강구하는 것이 필요하다 할지라도, 그것이 사회공동체의 다른 집단에게 동등하게 보장되어야 할 균등한 기회 자체를 박탈하는 것이어서는 아니 되는데, 가산점 제도는 공직수행능력과는 아무런 합리적 관련성을 인정할 수 없는 성별 등을 기준으로 여성과 장애인 등의 사회진출기회를 박탈하는 것이므로 정책수단으로서의 적합성과 합리성을 상실한 것이라 하지 아니할 수 없다.</u>

마) 차별취급의 비례성 여부

차별취급을 통하여 달성하려는 입법목적의 비중에 비하여 차별로 인한 불평등의 효과가 극심하므로 가산점 제도는 차별취급의 비례성을 상실하고 있다. 가산점 제도는 우선 양적으로 수많은 여성들의 공무담임권을 제약하는 것이다. 또 공무원 채용시험의 합격여부에 미치는 효과가 너무나 크다. <u>각 과목별 득점에 각 과목별 만점의 5% 또는 3%를 가산한다는 것은 합격여부를 결정적으로 좌우하는 요인이 된다.</u>[13] 뿐만 아니라 가산점 제도는 제대군인에 대한 이러한 혜택을 몇 번이고 아무런 제한 없이 부여하고 있다. 가산점 제도는 승진, 봉급 등 공직내부에서의 차별이 아니라 공직에의 진입 자체를 어렵게 함으로써 공직

---

12) 성별에 의한 차별을 금지하고 있는 헌법 제11조, 인간다운 생활을 할 권리를 보장하고 있는 헌법 제34조 제1항 외에도, 위에서 본 헌법 제32조 제4항, "국가는 여자의 복지와 권익의 향상을 위하여 노력하여야 한다."고 규정하고 있는 헌법 제34조 제3항, "신체장애자 및 질병·노령 기타의 사유로 생활능력이 없는 국민은 법률이 정하는 바에 의하여 국가의 보호를 받는다."고 규정하고 있는 헌법 제34조 제5항, "국가는 모성의 보호를 위하여 노력하여야 한다."고 규정하고 있는 헌법 제36조 제2항 등이 여기에 해당한다(헌재 1999. 12. 23. 98헌마363).

13) 가산점 제도의 영향력은 통계상으로도 여실히 드러난다. 심판기록에 편철된 「합격자의 과목별 성적표」에 의하여 1998년도 7급 국가공무원 일반행정직 채용시험의 경우를 분석하여 보면, 합격자 99명 중 제대군인 가산점을 받은 제대군인이 72명으로 72.7%를 차지하고 있는데 반하여, 가산점을 전혀 받지 못한 응시자로서 합격한 사람은 6명뿐으로 합격자의 6.4%에 불과하며, 특히 그 중 3명은 합격선 86.42점에 미달하였음에도 이른바 여성채용목표제에 의하여 합격한 여성응시자이다. 그러므로 가산점의 장벽을 순전히 극복한 비제대군인은 통틀어 3명으로서 합격자의 3.3%에 불과함을 알 수 있다. 한편, 1998년도 7급 국가공무원 검찰사무직의 경우 합격자 15명 중 가산점을 전혀 받지 못한 응시자로서 합격한 사람은 단 1명 뿐이다(헌재 1999. 12. 23. 98헌마363).

선택의 기회를 원천적으로 박탈하는 것이기 때문에 공무담임권에 대한 더욱 중
대한 제약으로서 작용하고 있다.

요컨대, 가산점 제도가 추구하는 공익은 입법 정책적 법익에 불과한데, 가
산점 제도로 인하여 침해되는 것은 헌법이 강도 높게 보호하고자 하는 고용상
의 남녀평등, 장애인에 대한 차별금지라는 헌법적 가치이다. 그러므로 법익의
일반적, 추상적 비교의 차원에서 보거나, 차별취급 및 이로 인한 부작용의 결과
가 위와 같이 심각한 점을 보거나 가산점 제도는 법익균형성을 현저히 상실한
제도라는 결론에 이르지 아니할 수 없다.

라. 공무담임권의 침해여부

가) 공무담임권과 능력주의

헌법 제25조의 공무담임권 조항은 모든 국민이 누구나 그 능력과 적성에 따
라 공직에 취임할 수 있는 균등한 기회를 보장함을 내용으로 한다.[14] 따라서
공직자선발에 관하여 능력주의에 바탕한 선발기준을 마련하지 아니하고 해당
공직이 요구하는 직무수행능력과 무관한 요소, 예컨대 성별·종교·사회적 신분
·출신지역 등을 기준으로 삼는 것은 국민의 공직취임권을 침해하는 것이 된다.

다만, 헌법의 기본원리나 특정조항에 비추어 능력주의원칙에 대한 예외를
인정할 수 있는 경우가 있다. 그러한 헌법조항으로는 여자·연소자근로의 보호,
국가유공자·상이군경 및 전몰군경의 유가족에 대한 우선적 근로기회의 보장을
규정하고 있는 헌법 제32조 제4항 내지 제6항, 여자·노인·신체장애자 등에 대
한 사회보장의무를 규정하고 있는 헌법 제34조 제2항 내지 제5항 등을 들 수
있다.

나) 가산점 제도의 공무담임권 침해성

제대군인 지원이라는 입법목적은 예외적으로 능력주의를 제한할 수 있는
정당한 근거가 되지 못하는데도 불구하고, 가산점 제도는 능력주의에 기초하지
아니하는 불합리한 기준으로 공무담임권을 제한하고 있다. 가산점 제도에 의한

---

14) 「국가공무원법」 제26조는 "공무원의 임용은 시험성적·근무성적 기타 능력의 실증에 의하여
행한다."고 규정하고 있으며, 「국가공무원법」 제35조는 "공개경쟁에 의한 채용시험은 동일한
자격을 가진 모든 국민에게 평등하게 공개하여야 하며 … "라고 규정하고 있다.

공직취임권의 제한은 위 평등권침해 여부의 판단부분에서 본 바와 마찬가지 이
유로 그 방법이 부당하고 그 정도가 현저히 지나쳐서 비례성원칙에 어긋난다.
결론적으로 가산점 제도는 능력주의와 무관한 불합리한 기준으로 여성과 장애
인 등의 공직취임권을 지나치게 제약하는 것으로서 헌법 제25조에 위배되고, 이
로 인하여 청구인들의 공무담임권이 침해된다.[15]

마. 결 론

「제대군인지원에관한법률」 제8조 제1항 및 제3항, 동법시행령 제9조는 청
구인들의 평등권과 공무담임권을 침해하는 위헌인 법률조항이므로 관여재판관
전원의 일치된 의견으로 헌법위반을 선언한다.

4) 제대군인 가산점 제도의 대안 모색

1999년 제대군인 가산점 제도의 위헌결정 이후 제대군인 가산점 제도의 대
안으로 그동안 논의되어온 것은 군가산점 제도의 재도입, 군가산점 제도와 자원
봉사활동 가산점제의 병행,[16] 그리고 재정적 보상방안 마련이다.

군가산점 제도의 재도입 논의는 18대 국회에서 국방위원회의 심의까지 통
과한 김성회·주성영의원이 발의한 「병역법」 일부개정안이었는데 가점을 각 과
목별 득점의 2.5%의 범위 내에서 대통령령으로 하고, 가점을 받아 합격하는 사
람은 선발예정인원의 20%을 초과할 수 없도록 하였다. 또한 응시 횟수 및 기간
을 대통령령으로 제한하도록 하였다. 이러한 수정안이 1999년 헌법재판소에서
다룬 평등권의 엄격한 심사기준에 충족하는지 여부는 이러한 가점제도가 가져

---

15) 이러한 헌법재판소의 결론에 대하여 제대군인 가산점 제도는 능력주의를 완전히 배제하는 것
    이 아니고 공익적 이유로 일부 제한하는 것이라고 보면서, 만약 능력주의의 일부 제한도 위헌
    이라고 한다면 여성공무원채용목표제도 결과적으로 남성의 공무담임권을 침해하여 위헌이라
    고 해야 할 것이며, 가산점 제도 자체를 위헌이라고 할 수는 없고 단지 그 비율이 지나치게
    과도한 것이 문제라는 견해도 있다. 정연주, "가산점 제도의 헌법적 문제점", 헌법판례연구 제
    2호, 한국헌법판례연구학회, 2000, 180면; 188-189면.
16) 이러한 논의의 범주 내에서 '공공봉사가산점', '자원봉사가산점', '사회봉사가산점' 등의 이름으
    로 논의가 진행되고 있다. 나아가 사회복무제 내지 대체복무제 논의, 여군인력 확대방안, 모
    병제의 모색 등이 같은 범주 내에서 대안으로 제시된다. 김선택, "군가산점제 부활, 헌법적·
    정책적으로 타당한가?", 한국공법학회 공법제도개선 토론회 발표문, 한국공법학회 공법제도개
    선위원회, 2010. 10. 26, 21-25면.

올 차별의 효과 등을 면밀히 검토하여야 할 것이다.

군가산점 제도와 함께 여성 및 장애인 등 군복무 의무가 없는 사람들을 대상으로 한 자원봉사활동 가산점제를 병행하여 추진하자는 것도 하나의 대안으로 검토될 수 있다. 인구 고령화 등 급속한 사회 환경의 변화로 다양한 분야의 사회봉사활동이 필요해졌다. 사회복지 및 의료시설, 환경보호, 교통질서, 재해복구 등 구조구급, 공공기관 등의 영역에서 상당한 자원봉사활동이 이루어지고 있다. 정부도 2005년에 「자원봉사활동기본법」을 제정하였다. 봉사활동의 가산점은 군가산점 2.5%를 고려하여 2.5% 범위내로 하고, 봉사활동 시기는 군입영과 제대를 고려하여 19세에서 24세까지로 하며, 봉사활동 시간은 현역병 21개월을 고려하여 주당 2-3시간으로 하는 방안도 생각해 볼 수 있다.

재정적 보상방안은 봉급 현실화, 전역지원금 지급, 국민연금보험료 지원, 제대자 취업시 세금감면, 대학 등록금지원 등이 있다.[17] 이러한 재정적 보상방안 이외에도 군복무중의 상담지원과 교육지원, 군제대시의 취업지원 등이 같은 범주 내에서 대안으로 논의되고 있다. 이는 대규모의 정부예산이 수반되는 문제가 있다.[18]

5) 국가유공자와 그 유족 등에 대한 10%가산점 제도와의 비교

국가유공자와 그 유족 등 취업보호대상자가 국가기관이 실시하는 채용시험에 응시하는 경우에 10%의 가점을 주도록 한 사건에서 가산점 제도가 평등권과 공무담임권을 침해하는지 여부에 관하여 헌법재판소는 제대군인 가산점 제도와는 달리 합헌판결을 하였지만, 이후에 취업보호대상자의 범위를 축소해석하는 판결도 이루어졌다.

가. 국가유공자와 그 유족 등에 대한 헌법상 우대 명령

국가유공자와 그 유족 등 취업보호대상자가 국가기관이 실시하는 채용시험

---

17) 김선택, "군가산점제 부활, 헌법적·정책적으로 타당한가?", 한국공법학회 공법제도개선 토론회 발표문, 한국공법학회 공법제도개선위원회, 2010. 10. 26, 25-31면.
18) 조규동, "병역의무 이행자에 대한 합리적인 보상방안: 군가산점 제도 재도입과 그 대안을 중심으로", 고려대 행정대학원 석사논문, 2011, 53-71면.

에 응시하는 경우에 10% 가산점의 혜택을 부여하는 것은 그 이외의 자들에게는 공무담임권 또는 직업선택의 자유에 대한 중대한 침해를 의미한다. 제대군인 가산점 제도의 결정에서처럼 차별적 취급으로 인하여 관련 기본권에 대한 중대한 제한을 초래하게 되는 경우에는 원칙적으로 비례심사를 하여야 한다. 그러나 구체적인 비례심사의 과정에서는 헌법 제32조 제6항이 근로의 기회에 있어서 국가유공자 등을 우대할 것을 명령하고 있는 점을 고려하여 보다 완화된 기준을 적용하여야 할 것이다.

국가유공자 등에 대한 가산점 제도의 입법목적은 국가유공자와 그 유족 등에게 가산점의 부여를 통해 헌법 제32조 제6항이 규정하고 있는 우선적 근로의 기회를 제공함으로써 이들의 생활안정을 도모하고, 다시 한 번 국가사회에 봉사할 수 있는 기회를 부여하기 위한 것으로서 그 목적의 정당성이 인정된다. 이러한 가산점 제도는 위와 같은 입법목적을 달성함에 있어 정책수단으로서의 적합성을 가지고 있으며, 헌법 제32조 제6항에서 국가유공자 등의 근로의 기회를 우선적으로 보호한다고 규정함으로써 그 이외의 자의 근로의 기회는 그러한 범위 내에서 제한될 것이 헌법적으로 예정되어 있는 이상 차별대우의 필요성의 요건을 엄격하게 볼 것은 아니므로, 차별대우의 필요성의 요건도 충족되었다고 할 것이다. 국가유공자 등에 대한 가산점 제도에 의한 공직취임권의 제한은 헌법 제32조 제6항에 헌법적 근거를 두고 있는 능력주의의 예외로서, 평등권 침해 여부와 관련하여 비례의 원칙 내지 과잉금지의 원칙에 위반된 것으로도 볼 수 없다.[19]

나. 취업보호대상자의 축소해석

유치원교사 및 공립 중등학교교사 임용후보자 선정경쟁시험에 응시한 청구인들이 「국가유공자등 예우 및 지원에 관한 법률」등에 따른 가산점규정 때문에 평등권, 공무담임권, 직업선택의 자유를 침해받았다고 제기한 헌법소원심판에서 헌법재판소는 앞에서 다룬 합헌결정과 달리 취업보호대상자를 축소하여 해석하였다.[20]

---

19) 헌재 2001. 2. 22. 2000헌마25.
20) 헌재 2006. 2. 23. 2004헌마675·981·1022(병합).

헌법재판소는 종전 결정에서 헌법 제32조 제6항의 '국가유공자·상이군경 및 전몰군경의 유가족'은 법률이 정하는 바에 의하여 우선적으로 근로의 기회를 부여받는다는 규정을 넓게 해석하여 국가유공자 본인뿐 아니라 그 가족들에 대한 가산점의 근거가 될 수 있다고 보았다. 그러나 오늘날 국가유공자와 그 가족의 수가 비약적으로 증가하였고 그 가족이 차지하는 비율이 높아져 앞서 조항을 엄격히 해석할 필요가 있게 되었다. 즉, 가산점 수혜대상자를 '국가유공자', '상이군경', '전몰군경의 유가족'으로 좁게 해석하였다. 헌법재판소는 이 사건에서 국가유공자 가족들에 대하여 취업마다 10%의 높은 가산점을 부여할 필요성은 긴요한 것이라고 보기는 어렵다고 판단하였고, 공무담임권에 대한 차별효과가 지나친 것으로 입법목적과 그 달성 수단 간의 비례성을 현저히 초과한 것으로 헌법불합치 결정을 하였다.

③ 양심적 병역거부에 관한 헌법재판소 결정

국민개병제(皆兵制)에 따르는 사회적 문제 중 하나가 양심적 병역거부 문제이다.[21] 양심의 자유에 대한 내용과 한계, 그리고 양심의 자유와 국가 안전보장 내지 질서와의 관계를 구체적으로 분석한 양심적 병역거부에 대한 헌법재판소의 결정을 살펴본다.[22]

1) 사건 개요와 심판 대상

당해사건의 피고인 겸 제청신청인은 현역입영대상자로서 현역병으로 입영

---

21) 양심적 병역거부란 평화주의 또는 비폭력주의를 추구하는 양심에 따라 전쟁이나 무력행위에 참가하는 것과 군복무를 반대하여 병역 일반 또는 집총병역을 거부하는 행위를 말한다. 이준일, 「인권법」(제4판), 홍문사, 2012, 158면.

22) 이하의 내용은 헌재 2004. 8. 26. 2002헌가1(「병역법」 제88조 제1항 제1호 위헌제청) 결정 원문을 이해하기 쉽도록 편집·구성하였다. 이와 관련된 헌법학계의 논의로는 김병록, "양심적 병역거부의 헌법이론적 검토", (「헌법학연구」 제9권 제1호, 한국헌법학회, 2003, 39-58면); 이상명, "양심적 병역거부와 양심의 자유", (「고려법학」 제49호, 고려대학교 법학연구원, 2007, 911-933면) 등이 있다.

하라는 병무청장의 현역입영통지서를 받고도 입영일로부터 5일이 지나도록 이에 응하지 아니하여 「병역법」 제88조 제1항 제1호 위반으로 서울지방법원 남부지원에 공소제기되어 재판계속 중이다. 이에 제청신청인은 위 공소사실에 적용된 「병역법」 제88조 제1항 제1호가 종교적 양심에 따른 입영 거부자들의 양심의 자유 등을 침해한다고 주장하면서 법원에 위헌제청신청을 하였고, 이를 받아들인 법원은 위 규정에 대하여 헌법재판소에 위헌여부심판을 제청하였다.

「**병역법**」(1999. 2. 5. 법률 제5757호로 개정된 것)
제88조(입영의 기피) ① 현역입영 또는 소집통지서를 받은 사람이 정당한 사유 없이 입영 또는 소집기일부터 다음 각 호의 기간이 경과하여도 입영하지 아니하거나 소집에 불응한 때에는 3년 이하의 징역에 처한다. 다만, 제53조 제2항의 규정에 의하여 전시근로소집에 대비한 점검통지서를 받은 사람이 정당한 사유 없이 지정된 일시의 점검에 불참한 때에는 6월 이하의 징역이나 200만 원 이하의 벌금 또는 구류에 처한다. 1. 현역입영은 5일. 2. 생략.

---

2) 제청법원의 제청이유와 관계기관의 의견

제청법원 및 제청신청인의 위헌제청 이유는 다음과 같다. 현행 「병역법」은 양심상의 결정을 이유로 입영을 거부하는 이른바 양심적 병역거부에 대해서도 예외 없이 형사처벌을 하고 있는바, 이는 양심적 병역거부를 하는 자의 사상과 양심의 자유 및 종교의 자유, 나아가 인간의 존엄과 가치 및 행복추구권, 평등권 등을 침해할 가능성이 크다. 종교의 자유 중 신앙실현의 자유가 헌법 제37조 제2항이 정하는 한계 내에서 제한될 수 있다고 하더라도, 이 때 제한의 필요성 여부에 대한 판단기준은 명백하고 현존하는 위험의 법리나 과잉금지의 원칙일 것인데, 양심적 병역 거부자들은 극소수의 인원에 불과하여 국방상 명백하고 현존하는 위험으로 이어지지 아니하며 대체복무의 기회를 주지 않고 곧바로 형벌을 가하는 것은 과잉금지의 원칙에 위배되는 것이다. 대체복무제도를 인정할 경우 평등권위반이나 병역 기피자 양산 등의 문제가 발생할 수 있으나, 이것은 복무기간, 고역의 정도, 합숙생활 등에서 현역복무에 상응하는 대체복무제도를 실시하면 문제가 없고, 양심적 병역 거부자들이 징병인원의 0.2% 정도인 점과 현대전이 과학전으로 바뀌고 있는 양상 등에 비추어 볼 때, 대체복무제의 실시는 국방에 위해가 되기보다는 오히려 적절한 인력사용방법의 하나가 될 것이다.

　　이러한 주장에 대한 국방부장관의 의견은 다음과 같다. 양심적 병역거부는 양심의 자유나 종교의 자유에서 당연히 도출되는 헌법상의 권리가 아니라, 입법자의 입법에 의하여 비로소 인정되는 법률상의 권리에 지나지 않는다. 가사 양심적 병역거부권을 양심실현의 자유로 본다고 하더라도, 이것은 헌법 제37조 제2항에 의한 제한이 가능한 권리인바, 우리나라에 적대적인 무력집단의 전쟁야욕을 억제하고 국가적 정당방위차원에서 징집된 자에게 집총을 명하는 것은 타인의 생명권을 침해하는 것이 아니므로 전쟁을 거부하는 신념을 가진 자에게 국가가 평시에 병역의무를 요구하는 것은 신념에 위협을 주는 양심의 자유의 본질적인 침해라고 할 수 없다. 양심적 병역 거부자가 주장하는 대체복무는 기초 군사훈련과 8주간의 예비군훈련 그리고 전시동원소집의무까지도 면제해 달라는 것으로 이는 현행 「병역법」상의 보충역제도와도 그 성격이 다른 사실상의 병역면제를 의미한다. 징병제를 채택하고 있는 나라에서 대체복무를 선택 가능하도록 하는 것은 징병제의 본질인 획일성과 평등성에 반하며, 다른 종교 신봉자들은 물론 병역의무 이행자나 군대 내의 잠재적 병역 거부자들을 차별하는 결과를 야기한다. 우리나라와 같이 복무여건이 열악한 현실에서 대체복무를 인정하게 되면 병역 거부자가 급증할 우려가 있고, 더구나 양심적 병역 거부자를 가려내기 위한 심사절차의 엄격성이 확보되기 어려운 상황에서 징병제의 획일성과 통일성이 손상되어 징병제가 와해될 우려가 있다. 나아가 현역복무와 동등한 고역의 정도를 가진 업무를 군대 밖에서 찾는 것도 쉽지 않은 일이어서 대체복무제도를 국가안전보장과 조화로운 제도로 볼 수 없다. 현행 현역복무기간이 2년 내지 2년 4월임을 감안하면, 병역의무의 실효성확보를 위해 입영불응죄의 법정최고형을 3년으로 하고, 1년 6월 이상의 실형이 선고된 경우에는 제2국민역에 편입하여 더 이상 병역의무를 이행하지 않아도 되도록 한 것은 과잉금지원칙에 위반된다고 할 수 없다.

3) 쟁점과 판단

가. 이 사건 법률조항의 입법목적

이 사건 법률조항은 국민의 의무인 '국방의 의무'의 이행을 관철하고 강제함으로써 징병제를 근간으로 하는 병역제도하에서 병역자원의 확보와 병역부담의 형평을 기하고 궁극적으로 국가의 안전보장이라는 헌법적 법익을 실현하고자 하는 것이다.

나. 양심실현의 자유의 한계와 대체복무요구권

양심의 자유는 헌법상의 기본권에 의하여 보호되는 자유로서 실정법적 질서의 한 부분이며, 절대적 또는 무제한적으로 보장될 수 없다. 국가의 존립과 법질서는 국가공동체의 모든 구성원이 자유를 행사하기 위한 기본적 전제조건이다. 기본권의 행사가 국가공동체 내에서의 타인과의 공동생활을 가능하게 하고 국가의 법질서를 위태롭게 하지 않는 범위 내에서 이루어져야 한다는 것은 모든 기본권의 원칙적인 한계이며, 양심의 자유도 헌법적 질서 내에 자리 잡음으로써 모든 헌법적 법익을 구속하는 이러한 한계가 이미 설정되었다.

이 사건의 경우 헌법 제19조의 양심의 자유는 개인에게 병역의무의 이행을 거부할 권리를 부여하지 않는다. 양심의 자유는 단지 국가에 대하여 가능하면 개인의 양심을 고려하고 보호할 것을 요구하는 권리일 뿐, 양심상의 이유로 법적 의무의 이행을 거부하거나 법적 의무를 대신하는 대체의무의 제공을 요구할 수 있는 권리가 아니다. 따라서 양심의 자유로부터 대체복무를 요구할 권리도 도출되지 않는다.

다. 양심실현의 자유 제한의 경우 법익교량(較量)의 특수성

양심실현의 자유의 보장 문제는 '양심의 자유'와 양심의 자유에 대한 제한을 통하여 실현하고자 하는 '헌법적 법익' 및 '국가의 법질서' 사이의 조화의 문제이며, 양 법익 간의 법익형량의 문제이다. 그러나 양심실현의 자유의 경우 법익교량과정은 특수한 형태를 띠게 된다. 양심상의 결정이 법익교량과정에서 공익에 부합하는 상태로 축소되거나 그 내용에 있어서 왜곡·굴절된다면, 이는 이미 '양심'이 아니다. 이 사건의 경우 종교적 양심상의 이유로 병역의무를 거부하는 자에게 병역의무의 절반을 면제해 주거나 아니면 유사시에만 병역의무를 부과한다는 조건 하에서 병역의무를 면제해 주는 것은 병역 거부자의 양심을 존중하는 해결책이 될 수 없다. 양심의 자유의 경우에는 법익교량을 통하여 양심의 자유와 공익을 조화와 균형의 상태로 이루어 양 법익을 함께 실현하는 것이 아니라, 단지 '양심의 자유'와 '공익' 중 양자택일 즉, 양심에 반하는 작위나 부작위를 법질서에 의하여 '강요받는가 아니면 강요받지 않는가?'의 문제가 있을 뿐이다.

라. 이 사건 법률조항이 양심실현의 자유를 침해하는지의 여부

가) 입법자의 의무

이 사건 법률조항이 양심의 자유를 침해하는지의 문제는 '입법자가 양심의 자유를 고려하는 예외규정을 두더라도 병역의무의 부과를 통하여 실현하려는 공익을 달성할 수 있는지'의 여부를 판단하는 문제이다. 입법자가 공익이나 법질서를 저해함이 없이 대안을 제시할 수 있음에도 대안을 제시하지 않는다면, 이는 일방적으로 양심의 자유에 대한 희생을 강요하는 것이 되어 위헌이라 할 수 있다.

나) 대체복무제도의 찬·반 논거

이 사건 법률조항의 위헌여부는 '입법자가 대체복무제도의 도입을 통하여 병역의무에 대한 예외를 허용하더라도 국가안보란 공익을 효율적으로 달성할 수 있는지'에 관한 판단의 문제로 귀결된다. 입법자는 대체복무제를 도입할 것인지를 판단함에 있어서 국가의 전반적인 안보상황, 국가의 전투력, 병력수요, 징집대상인 인적 자원의 양과 질, 대체복무제의 도입시 예상되는 전투력의 변화, 한국의 안보상황에서 병역의무가 지니는 의미와 중요성, 병역의무이행의 평등한 분담에 관한 국민적·사회적 요구, 군복무의 현실적 여건 등을 종합적으로 고려해야 한다. 현재 우리의 안보상황에서 대체복무제를 도입하더라도 국가안보란 중대한 공익의 달성에 아무런 지장이 없는지에 관하여는 낙관적인 예상과 부정적인 예상이 가능하다.

다) 입법형성의 자유

입법자에게 인정되는 예측 판단권은 법률을 통하여 달성하고자 하는 공익
의 비중이 클수록, 개인이 기본권의 행사를 통하여 타인과 국가공동체에 영향을
미칠수록 즉, 기본권행사의 사회적 연관성이 클수록, 입법자에게는 보다 광범위
한 형성권이 인정된다. 이 경우 입법자의 예측판단이나 평가가 명백히 반박될
수 있는가 아니면 현저하게 잘못되었는가 하는 것만을 심사하게 된다. 이러한
한계를 넘지 않는 한 공익을 어떠한 방법으로 실현하고자 하는가의 판단은 입
법자의 형성권에 맡겨져야 한다.[23]

이러한 관점에서 볼 때, "국가가 대체복무제를 채택하더라도 국가안보란
공익을 효율적으로 달성할 수 있기 때문에 이를 채택하지 않은 것은 양심의 자
유에 반하는가?"에 대한 판단은 "입법자의 판단이 현저하게 잘못되었는가?" 하
는 명백성의 통제에 그칠 수밖에 없다. 한국의 안보상황, 징병의 형평성에 대한
사회적 요구, 대체복무제를 채택하는 데 수반될 수 있는 여러 가지 제약적 요소
등을 감안할 때, 대체복무제를 도입하더라도 국가안보라는 중대한 헌법적 법익
에 손상이 없으리라고 단정할 수 없는 것이 현재의 상황이라 할 것이다. 이러한
선행조건들이 충족되지 않은 현 단계에서 대체복무제를 도입하기는 어렵다고
본 입법자의 판단이 현저히 불합리하다거나 명백히 잘못되었다고 볼 수 없다.

병역의무와 양심의 자유가 충돌하는 경우 입법자는 법익형량과정에서 국가
가 감당할 수 있는 범위 내에서 가능하면 양심의 자유를 고려해야 할 의무가 있
으나, 법익형량의 결과가 국가안보란 공익을 위태롭게 하지 않고서는 양심의 자
유를 실현할 수 없다는 판단에 이르렀기 때문에 병역의무를 대체하는 대체복무
의 가능성을 제공하지 않았다면, 이러한 입법자의 결정은 국가안보라는 공익의
중대함에 비추어 정당화될 수 있는 것으로서 입법자의 '양심의 자유를 보호해야
할 의무'에 대한 위반이라고 할 수 없다. 그렇다면 이 사건 법률조항은 양심적
병역 거부자의 양심의 자유나 종교의 자유를 침해하는 것이라 할 수 없다.

---

23) 헌재 2002. 10. 31. 99헌바76등 참조.

마. 입법자에 대한 권고

입법자는 양심의 자유와 국가안보라는 법익의 갈등관계를 해소하고 양 법익을 공존시킬 수 있는 방안이 있는지, 국가안보란 공익의 실현을 확보하면서도 병역 거부자의 양심을 보호할 수 있는 대안이 있는지, 우리 사회가 이제는 양심적 병역 거부자에 대하여 이해와 관용을 보일 정도로 성숙한 사회가 되었는지에 관하여 진지하게 검토하여야 할 것이며, 설사 대체복무제를 도입하지 않기로 하더라도, 법적용기관이 양심 우호적 법적용을 통하여 양심을 보호하는 조치를 취할 수 있도록 하는 방향으로 입법을 보완할 것인지에 관하여 숙고하여야 한다.

바. 결 론

<u>이 사건 법률조항은 헌법에 위반되지 아니한다.</u>

4) 재판관 김영일과 재판관 전효숙의 반대의견

헌법 제39조에 의하여 입법자에게 국방에 관한 넓은 입법형성권이 인정된다 하더라도, 병역에 대한 예외인정으로 인한 형평과 부정적 파급효과 등 문제를 해결하면서 양심적 병역 거부자들의 양심보호를 실현할 수 있는 대안을 모색하는 것은 징집대상자 범위나 구성의 합리성과 같이 본질적으로 매우 광범위한 입법형성권이 인정되는 국방의 전형적 영역에 속하지 않으므로 그에 대한 입법자의 재량이 광범위하다고는 볼 수 없다.

양심적 병역거부자들의 병역거부를 군복무의 고역을 피하기 위한 것이거나 국가공동체에 대한 기본의무는 이행하지 않으면서 무임승차식으로 보호만 바라는 것으로 볼 수는 없다. 그들은 공동체의 일원으로서 납세 등 각종의무를 성실히 수행해야 함을 부정하지 않고, 집총병역의무는 도저히 이행할 수 없으나 그대신 다른 봉사방법을 마련해달라고 간청하고 있다. 그럼에도 불구하고 병역기피의 형사처벌로 인하여 이들이 감수하여야 하는 불이익은 심대하다. 특히 병역거부에 대한 종교와 신념을 가족들이 공유하고 있는 많은 경우 부자가 대를 이어 또는 형제들이 차례로 처벌받게 되고 이에 따라 다른 가족 구성원에게 더 큰 불행을 안겨준다. 우리 군의 전체 병력 수에 비추어 양심적 병역 거부자들이 현역집총병역에 종사하는지 여부가 국방력에 미치는 영향은 전투력의 감소를 논할 정도라고 볼 수 없고, 이들이 반세기 동안 형사처벌 및 유·무형의 막대한 불이익을 겪으면서도 꾸준히 입영이나 집총을 거부하여 온 점에 의하면 형사처벌이 이들 또는 잠재적인 양심적 병역 거부자들의 의무이행을 확보하기 위해 필요한 수단이라고 보기는 어렵다.

국방의 의무는 단지 「병역법」에 의하여 군복무에 임하는 등의 직접적인 집총병력형성의무에 한정되는 것이 아니므로 양심적 병역 거부자들에게 현역복무의 기간과 부담 등을 고려하여 이와 유사하거나 보다 높은 정도의 의무를 부과한다면 국방의무이행의 형평성회복이 가능하다. 또한 많은 다른 나라들의 경험에서 보듯이 엄격한 사전심사절차와 사후관리를 통하여 진정한 양심적 병역 거부자와 그렇지 않은 자를 가려내는 것이 가능하며, 현역복무와 이를 대체하는 복무의 등가성을 확보하여 현역복무를 회피할 요인을 제거한다면 병역기피 문제도 효과적으로 해결할 수 있다. 그럼에도 불구하고 우리 병역제도와 이 사건 법률조항을 살펴보면, 입법자가 이러한 사정을 감안하여 양심적 병역 거부자들에 대하여 어떠한 최소한의 고려라도 한 흔적을 찾아볼 수 없다.

④ 공직자의 병역사항 신고 및 공개에 관한 헌법재판소 결정

의무병 제도에서 파생되는 병역기피는 국민들의 큰 관심사이다. 이를 막기 위한 한 방법으로 4급 이상의 공무원의 경우 병역사항을 신고·공개하도록 하였다. 공무원의 범위가 너무 넓고, 공개할 병역사항에 모든 질병명(疾病名)까지 포함한 것은 헌법에 보장된 사생활의 자유와 비밀의 보장에 반한다는 헌법재판소의 결정을 살펴본다.[24]

---

24) 이하의 내용은 헌재 2007. 5. 31. 2005헌마1139(「공직자등의 병역사항 신고 및 공개에 관한 법률」 제3조등 위헌확인)의 결정 원문을 이해하기 쉽도록 편집·구성하였다.

1) 사건 개요와 심판 대상

청구인은 1990년 징병검사에서 한쪽 눈 실명으로 병역면제 처분을 받았다. 청구인은 2005년 3월부터 국회 정책연구위원으로 근무하고 있는 공무원으로서, 「공직자등의 병역사항 신고 및 공개에 관한 법률」에 따라 같은 해 8월 병역사항을 신고하였는데, 동법 제3조에 따라 병역처분을 할 때의 질병명을 신고하여야 하였고, 이 신고사항은 동법 제8조에 의하여 관보와 인터넷에 게재하는 방식으로 공개되었다. 이에 청구인은 질병명까지 신고·공개토록 하고 있는 「공직자등의 병역사항 신고 및 공개에 관한 법률」 제2조, 제3조 및 제8조 조항들이 자신의 사생활의 비밀과 자유, 직업선택의 자유 등의 기본권을 침해한다고 주장하면서 그 위헌확인을 구하는 헌법소원심판을 청구하였다.

「공직자등의 병역사항 신고 및 공개에 관한 법률」(2004. 12. 31. 법률 제7268호로 개정된 것)
제2조(신고의무자) 다음 각 호의 1에 해당하는 공직자는 제3조의 규정에 의한 신고대상자의 병역사항을 신고하여야 한다. 1-3. 생략. 4. 4급 이상의 일반직 국가 및 지방공무원과 이에 상당하는 보수를 받는 별정직공무원
제3조(신고대상자와 신고할 병역사항) 신고의무자는 본인 또는 본인의 18세 이상인 직계비속에 대한 다음 각 호의 병역사항(최종 병역처분을 할 때의 질병명 또는 처분사유를 포함한다)을 신고하여야 한다. 1-3. (생략) 4. 다음 각 목의 1에 해당하는 신고대상자의 경우에는 「병역법」 제11조의 규정에 의한 징병검사 시부터 동법 제72조의 규정에 의한 병역의무 종료 시까지의 병역사항
가. 제2국민역에 편입된 자
나. 병역이 면제되거나 병적에서 제적된 자
다. 현역 또는 보충역의 복무나 의무종사를 마치지 아니하고 병역의무가 종료된 자
제8조(신고사항의 공개 및 이의신청 등) ① 병무청장은 신고기관의 장으로부터 제4조 제3항의 규정에 의하여 병역사항을 통보받은 때에는 1월 이내에 관보와 인터넷에 게재하여 공개하여야 한다. 다만, 「공직선거및선거부정방지법」 제2조의 규정에 의한 선거에 당선되어 신고의무자가 된 경우에는 대통령령이 정하는 바에 따라 병역사항의 공개일자를 달리할 수 있다. ②-④ 생략.

---

2) 청구인의 주장과 관계기관의 의견

청구인의 주장은 다음과 같다. 병역사항을 신고함에 있어 개인의 질병명을

구체적으로 신고토록 하고, 이를 관보와 인터넷에 공개하는 것은 부정한 병역면 탈이라는 입법목적과 무관한 것으로서 신고의무자의 사생활의 비밀을 침해할 뿐 만 아니라 공무원이 되거나 공직후보자에 출마할 기회를 박탈하는 것이다. 국가 안전보장 및 국방 분야에 종사하여 비밀을 유지할 필요가 있는 자는 병역사항을 공개하지 않을 수 있도록 예외를 두고 있는 것에 비할 때 형평에 어긋난다.

이에 대한 병무청장의 의견은 다음과 같다. 병역사항 공개제도는 공직자 및 공직후보자와 그 직계비속의 병역사항 신고 및 공개를 제도화하여 공직을 이용한 부정한 병역면탈을 방지하고 공직사회의 투명성을 제고함으로써 병역의 무를 자진 이행하는 사회분위기를 조성함에 그 목적이 있다. 병역사항의 공개는 사생활영역의 범주를 벗어난 것이고, 설사 그렇지 않다 하더라도 공인의 사생활 은 공적 관심사로서 일반인의 알 권리의 대상이다. 병무행정의 투명성 제고와 부정한 병역면탈 방지, 국민의 알 권리 충족을 위하여 병역신고 대상자 본인에 대하여, 병역이 면제되었거나 병적에서 제적된 자 등에 한하여 최종 병역처분 할 때의 질병명을 신고토록 한 것은 최소한의 기본권 제한조치이다. 국가안전보 장 및 국방 분야에 종사하여 비밀을 유지할 필요가 있는 자에 대한 공개보류의 예외를 둔 것은 그로 인한 신분과 조직의 노출로 임무수행 등에 지장을 초래한 다면 국가적 손실이 크기 때문인 것으로서 합리적 이유에 근거하여 예외를 인 정한 것이다.

3) 쟁점과 판단

가. 사생활의 비밀과 자유의 의의와 제한

헌법 제17조는 "모든 국민은 사생활의 비밀과 자유를 침해받지 아니한다." 고 규정하여 사생활의 비밀과 자유를 국민의 기본권의 하나로 보장하고 있다. 사생활의 비밀은 국가가 사생활영역을 들여다보는 것에 대한 보호를 제공하는 기본권이며, 사생활의 자유는 국가가 사생활의 자유로운 형성을 방해하거나 금 지하는 것에 대한 보호를 의미한다. 구체적으로 사생활의 비밀과 자유가 보호하 는 것은 개인의 내밀한 내용의 비밀을 유지할 권리, 개인이 자신의 사생활의 불가침을 보장받을 수 있는 권리, 개인의 양심영역이나 성적 영역과 같은 내밀한 영역에 대한 보호, 인격적인 감정세계의 존중의 권리와 정신적인 내면생활이 침해받지 아니할 권리 등이다.[25]

「공직자등의 병역사항 신고 및 공개에 관한 법률」 제8조 제1항 본문 가운데 4급 이상의 공무원 본인의 질병명에 관한 부분은 국가가 신고의무 부과를 통하여 획득한 개인의 질병명을 관보와 인터넷에 게재하여 공개토록 하는 것인 바, 질병명은 신체상의 특징이나 건강상태에 관한 사적 정보이므로 이를 개인의 의사와 무관하게 일방적으로 공개하는 것은 그 개인의 사생활의 비밀과 자유를 제한하는 것이다. 사생활의 비밀과 자유는 공공복리 등을 위하여 법률로써 제한할 수 있으나 그 경우에도 기본권제한의 한계 원리인 비례성원칙의 한계를 벗어나서는 아니 된다(헌법 제37조 제2항).

나. 입법목적의 정당성 : 병역공개제도의 취지

「공직자등의 병역사항 신고 및 공개에 관한 법률」 제1조는 "이 법은 공직자 및 공직후보자와 그 직계비속의 병역사항 신고 및 공개를 제도화하여 공직을 이용한 부정한 병역면탈을 방지하고 병역의무의 자진이행에 기여함을 목적으로 한다."고 규정하고 있다. 병역의무의 부과를 통하여 국가방위를 도모하는 것은 국가공동체에 필연적으로 내재하는 헌법적 가치라 할 수 있다. '부정한 병역면탈의 방지'와 '병역의무의 자진이행에 기여'라는 입법목적을 어떻게 달성할 것인지는 국민의 준법의식, 병역 관련 법제도, 군 복무 환경, 국가 안보상황 등의 여러 가지 법적·제도적·문화적 요소들에 달려 있다. 입법자는 공정한 병무행정의 확립이 대단히 시급한 국가적 과제라고 보았으며, 과제의 시급성에 비추어 볼 때 그 속성상 장기적이고 근본적인 대책과 투자를 필요로 하는 본질적이고도 직접적인 대책 외에도 병역의무 이행의 사회적 풍토를 조성함으로써 간접적으로 그러한 과제 해결에 기여할 보조적인 수단이 긴요하다고 보았다. 그것이 바로 병역공개제도이고, 이러한 입법자의 판단과 선택이 불합리한 것이라 볼 수 없다.

---

25) 헌재 2003. 10. 30. 2002헌마518.

다. 질병명 공개의 범위와 방법

병역사항 공개의 일환으로 질병명을 공개하도록 한 것은 질병이 병역처분에 있어 고려되는 본질적 요소이기 때문이다. 병역의 감당 여부를 판정하기 위하여 징병검사를 실시하는데, 신체검사가 가장 중요하고 일차적인 기준이다(「병역법」 제11조, 제12조, 제14조). 질병 또는 심신장애로 병역을 감당할 수 없는 사람은 신체등위 6급 판정을 받으며, 신체등위가 6급인 사람은 병역면제 처분을 받는 것이다. 신체검사의 결과는 병역면제자들에 대한 병역사항 정보의 본질을 이루는 것이다. 이 때 그러한 결과를 단순히 '질병', '심신장애' 또는 '6급 판정'과 같이 표시만 하여서는 병역공개제도의 취지를 살릴 수 없을 것이다. 따라서 질병명에 대한 신고와 그 적정한 공개 자체는 필요하다 할 수 있다.

이와 같이 병역공개제도의 실현을 위해 질병명에 대한 신고와 그 적정한 공개 자체는 필요하다 할지라도, 질병명이라는 민감한 개인정보의 일방적 공개의 범위와 방법을 정함에 있어서는 사생활의 비밀과 자유를 보장하는 헌법규정의 의미와 작용을 충분히 감안하여야 한다. 이 사건 법률조항에 의하여 그 공개가 강제되는 질병명은 내밀한 사적 영역에 근접하는 민감한 개인정보로 특별한 사정이 없는 한 타인의 지득(知得), 외부에 대한 공개로부터 차단되어 개인의 내밀한 영역 내에 유보되어야 하는 정보인 것이다. <u>질병이 병역면제 처분과 불가결의 관계에 있는 요소라고 할지라도 공개 대상자의 사생활 침해가 최소화되도록 하는 방안을 강구하여야 한다. 인격 또는 사생활의 핵심에 관련되는 질병까지 무차별적으로 공개토록 하는 것은 사생활 보호의 헌법적 요청을 거의 고려하지 않은 것이라 하지 않을 수 없다.</u> 더욱이 병역공개제도는 병역면제 처분이 불법·부당히 이루어진 것인지를 불문하고 공개하는 것이어서 공정한 판정에 따른 정당한 면제처분을 받았던 공무원들의 질병명마저 공개된다. 해당 공직자의 사생활 보호에서 더 나아가 공직제도의 효율적 운용이라는 관점에서 보더라도, 이 사건 법률조항과 같은 무차별적인 질병명 공개제도는 해당 공직자의 사기와 충성심을 저하시키거나 공무원 조직 내에서의 인화와 단결을 저해할 수 있고, 경우에 따라서는 유능한 공직자를 상실하는 결과를 초래할 수 있다.

라. 공개대상 공무원의 범위

공무원은 국민 전체에 대한 봉사자로서 국민에 대하여 책임을 지는 지위에 있으므로(헌법 제7조), 그 병역의무 이행에 관하여 일반 사인(私人)에 비하여 보다 더 큰 책임이 부과될 수 있고, 이를 위해서는 병역사항에 관한 정보를 일반 국민들에게 제공할 필요가 있을 수도 있다. 그리고 병역형평에의 특별한 사회적 요구, 사회지도층의 병역특혜에 대한 사회적 불신이 존재하는 우리나라의 현실 하에서 공무원의 병역의무 이행에 관한 정보는 주권자로서 국민 일반이 지대하고 예민하게 관심을 가지는 사항이라 할 수 있다. 이와 같이 공적 성격을 띠는 정보이니만큼 정보 보유자인 공무원 개인을 위한 정보 보호의 요청은 어느 정도 후퇴할 수 있는 반면, 공적 관심사의 충족과 공정한 병역의무 이행이라는 공익실현에 필요한 한도 내에서는 어느 정도 공적 광장에 노출시켜야 할 필요도 있을 것이다.

그러나 이 사건 법률조항에서 일방적으로 공개를 강행하는 병역사항은 공무원 개인의 질병명이다. 4급 이상의 공무원 모두를 대상으로 삼아 내밀한 사적 영역에 근접하는 민감한 개인정보인 질병명을 공개토록 한 것은 지나치게 포괄적이고 광범위하다. 우리의 현실에 비추어 질병명 공개와 같은 비상한 처방을 통한 병역풍토의 쇄신이 설사 필요하다고 하더라도 그것은 이른바 특별한 책임과 희생을 추궁할 수 있는 소수 사회지도층에 국한되어야 할 것이다. 4급 공무원이면 주로 과장급 또는 계장급 공무원에 해당하며, 이들이 비록 실무책임자의 지위를 가진다 하더라도 주요 정책이나 기획의 직접적·최종적 결정권을 가진다고는 할 수 없고, 사회의 일반적 관념에 비추어 보면 평범한 직업인의 하나에 불과한 경우도 많을 것이다.

마. 결 론

이 사건 법률조항이 공적 관심의 정도가 약한 4급 이상의 공무원들까지 대상으로 삼아 모든 질병명을 아무런 예외 없이 공개토록 한 것은 입법목적 실현에 치중한 나머지 사생활 보호의 헌법적 요청을 현저히 무시한 것이고, 이로 인하여 청구인들을 비롯한 해당 공무원들의 헌법 제17조가 보장하는 기본권인 사생활의 비밀과 자유를 침해하는 것이다.

이 사건 법률조항에 대하여 재판관 이공현의 단순위헌의견, 재판관 조대현의 일부위헌의견, 재판관 이동흡, 재판관 송두환의 적용중지 헌법불합치의견이[26] 있었으나 단순위헌의견과 적용중지 헌법불합치의견을 계속적용 헌법불합치의견에 합산하면 법률의 위헌결정을 함에 필요한 심판정족수에 이르게 되므로 이에 계속적용을 명하는 헌법불합치결정을 하기로 한다. "「공직자등의 병역사항 신고 및 공개에 관한 법률」 제8조 제1항 본문 가운데 '4급 이상의 공무원 본인의 질병명에 관한 부분'은 헌법에 합치하지 아니한다. 이 법률조항 부분은 입법자가 2007. 12. 31.을 시한으로 개정할 때까지 계속 적용된다."고 판결한다.

5 종합 평가

1) 역사적 배경과 정치·경제적 환경

우리나라는 지정학적으로 강대국들의 사이에 위치하여 끊임없이 침략과 국가안보의 위협을 받으며 생존하여 왔다. 더욱이 남북 분단으로 인한 첨예한 군사적 대립과 갈등은 상존하고 있다. 이러한 환경하에서 국방정책은 국가의 최우선 과제이고 모든 국민은 국방의 의무를 지고 있으며 특히 남성은 병역의무를 부담한다. 그러나 개인 입장에서는 장기간의 병역복무는 열악한 환경하에서 기

---

26) 재판관 이공현의 단순위헌의견: 이 사건 법률조항에 의한 질병명 공개제도는 중대한 공적 이익을 달성하기 위한 불가피한 수단이라고 볼 사정이 없음에도 불구하고 국가가 일방적으로 개인의 사생활의 비밀과 자유의 근본을 심각하게 침해하는 것이어서 위헌이다. 헌법재판소로서는 인간의 존엄성과 인격의 핵심요소를 훼손하여 기본권을 침해하는 이러한 제도에 대하여 단순위헌을 선고하여 법질서에서 제거함으로써 헌법질서를 수호하는 단호한 태도를 취하여야 한다. 재판관 조대현의 일부위헌의견: 병역의무를 부정하게 감면받은 것으로 밝혀지지 아니한 경우에도 병역의무 감면사유를 구체적인 질병명까지 포함하여 무조건 공개하도록 하는 부분만 헌법에 위반되므로, 그 부분만 한정하여 위헌을 선언하여야 한다. 재판관 이동흡, 재판관 송두환의 적용중지 헌법불합치 의견: 계속적용 헌법불합치결정은 어디까지나 예외적인 것으로서 적용중지 헌법불합치결정이라는 원칙으로부터 벗어나는 것을 정당화하는 불가피한 예외적 사유가 존재할 경우에만 허용된다 할 것인데, 이 사건의 경우 계속적용을 명할 불가피한 예외적 사유가 없으므로 적용중지를 명하는 헌법불합치결정을 하여야 한다(헌재 2007. 5. 31. 2005헌마1139).

회비용의 손실이 막대하여 병역의무를 기피하려는 경향도 있다. 특히 고위공직자 등 사회지도층의 병역기피는 늘 존재해온 비리이기도 하다.

1980년대 후반 이후 민주화가 이루어지고 비약적인 경제발전으로 병역환경이 개선되었으며, 복무기간의 단축과 근무환경의 개선으로 병역에 대한 부정적인 생각이 변화하고 있다고 할 수 있다. 특히 제대군인에 대한 가산점 제도의 대안으로 다양한 재정적 지원 방안도 모색할 정도로 국가의 재정적 경제적 환경이 좋아졌다.[27] 또한 민주주의의 발전은 개인으로 하여금 권리의식을 높여 양심의 자유와 종교의 자유 등을 이유로 병역대체 근무를 요구하는 현상이 발생하고, 사생활 자유 침해를 이유로 공직자의 병역공개 요구를 다툴 정도가 되었다.

2) 추구하는 기본가치

병역의무에서 추구하는 기본가치는 국민개병제와 관련하여 병역부과의 공정성 내지 형평성 확보라 할 수 있다. 이런 관점에서 헌법 제39조 제2항은 "누구든지 병역의무의 이행으로 인하여 불이익한 처우를 받지 아니한다."라고 규정하고 있다. 제대군인 가산점 제도가 이러한 배경하에 운영되었으나 그 방법이 잘못되어 지나치게 여성과 장애인 등 비병역자와 차별효과를 가져와 위헌결정이 된 것이다. 한편 병역관리 측면에서는 효율성을 기본적인 가치로 추구하게 되는바, 이는 복무기간의 단축과 과학화 및 질적 정예화를 추구하는 국방계획으로 구체화된다.

병역의무와 관련되는 쟁점으로 양심의 자유를 이유로 한 병역거부 사건은 헌법에 보장된 정신적 기본권의 핵심인 양심의 자유 내지 신앙의 자유의 한계 문제이다. 이러한 자유가 중요하긴 하지만 기본권 제한의 일반기준인 국가안전보장 및 질서유지와의 충돌을 어떻게 조화시키느냐가 문제된다. 또한 공직자 등의 병역 공개사항 사건도 헌법상의 사생활의 자유 및 비밀보호의 권리와 병역기피 내지 비리 예방을 위한 국가적 이익을 어떻게 조화시키느냐가 문제된다.

---

27) 경제적 지원의 구체적인 방안으로 제대군인 지원금(전역수당) 지급, 제대 후 일정기간 실업수당 지급, 무이자 내지 장기저리 융자로 학자금 지원, 일부 장교나 부사관에게만 제공되고 있는 면세혜택의 확대 등이 제시된다.

3) 입법부의 역할

국회가 헌법상에 보장된 개인의 기본권을 제한하는 입법을 할 때에는 항상 기본권 제한의 일반원리인 과잉금지원칙을 염두에 두어야 한다. 제대군인 가산점 사건에서도 제대군인에게 가산점을 줄 경우에 그 정책수단을 정교하게 만들어 '지나친' 차별효과를 가져오지 않도록 했어야 했다. 만점의 5% 내지 3%라는 정책수단보다는 완화된 수단, 예컨대 득점의 1.0%로 했더라면 다른 결과를 가져왔을 것이다. 국회에서 입법할 때 미국 의회에서처럼 전문성 있는 입법보조자의 확보가 시급한 과제라고 생각한다. 공무원 등의 병역사항 공개사건도 마찬가지이다. 공개되는 질병명을 '모든' 질병으로 하지 않고 좀 더 구체적인 기준으로 공정한 심사절차를 거치도록 입법하였더라면 결과는 달랐을 것이다.

4) 정책집행 과정상의 법적 쟁점

병역의무는 격리된 장소에서 장기간동안 전쟁에 대비한 집총훈련을 의미하므로 개인의 기본권이 제한됨은 물론 매우 큰 경제사회적 불이익을 가져온다. 따라서 병역기피, 특히 사회지도층의 병역기피현상이 '병역비리'로 이어져 오랫동안 청산하지 못한 우리의 악습이 되어 왔다. 이러한 병역 비리 내지 부정을 막기 위하여 공직자 등의 병역 공개제도가 만들어진 것이다. 이러한 병역비리를 예방하기 위하여 관련 공무원들의 청렴의무 내지 윤리의식이 강조되어야 하며, 병역 행정과정의 전산화에 의한 투명한 운영이 뒤따라야 할 것이다. 그리고 관련 법률을 행정부에서 입안할 때에는 헌법상 개인의 기본권 보장과 그러한 기본권을 제한할 때 적용되는 법 원리, 특히 과잉금지원칙을 고려하여야 할 것이다.

5) 사법적 판단 및 사회적 영향

안보가 절대적으로 강조되어 온 점과 남성 중심의 우리나라의 전통 문화를 고려하면, 제대군인 가산점 같은 제도에 대하여 위헌 판결하기는 쉽지 않았을 것이다. 그러나 제대군인 가산점 제도는 가산점의 비중을 줄이고 가산점에 의한 합격자의 범위와 가산점이 부여되는 응시횟수를 제한하는 등 비제대군인에 대한

불평등한 영향을 줄인다면 합헌일 수 있는 소지는 남아있다고 할 수 있다.[28]

　또한 양심적 병역거부 사건에서 병역 면제 내지 대체 복무제도는 현실적으로 악용될 소지가 크므로 쉽게 용인하기는 어렵다는 헌법재판소의 결정은 국민 다수의 생각을 반영한 것으로 이해할 수 있을 것이다. 그러나 비록 소수이지만 반대의견은 헌법상의 기본권 보장의 의미를 깊이 있게 생각하게 하는 미래지향적인 입장을 보이고 있다. 형벌 집행이 아닌 대체복무제를 도입하여 달라는 주장이 '진지한' 종교적·양심적 명령에 다른 것이라는 점을 유의할 필요가 있다.[29] 공무원 등의 병역사항 공개에서 보여준 헌법재판소의 꼼꼼한 헌법적 잣대는 제대군인 가산점 제도 위헌 결정과 함께 사회적으로 큰 영향을 끼쳤던 사건이라 할 수 있다.

---

28) 이상훈, "제대군인 가산점 제도의 위헌 여부", 대법원 헌법연구회, 「헌법 판례 해설」, 2010, 190면.
29) 김정운, "양심적 병역 거부", 대법원 헌법연구회, 「헌법 판례 해설」, 2010, 367-358면.

토론 주제

1. 우리나라에서 국민개병제를 대체할 방법에는 어떤 것이 있으며 어떤 문제점이 있는가? 선거공약으로 자주 등장하는 군 복무기간 단축(18개월)안은 어떤 문제가 있는가?

2. 제대군인 가산점 제도의 재도입 논의에 관하여 새로운 정책수단(가산점 방법)은 무엇인가? 어떤 논거로 그러한 방법은 위헌을 피해갈 수 있다고 생각하는가?

3. 현재의 우리 안보상황에 대체복무제를 도입하더라도 국가안보에 큰 지장이 없는지에 관하여 낙관론과 비관론이 가능하다. 각각의 논거는 무엇인가?

4. 진지한 양심 내지 신앙에 근거한 병역거부자에 대하여 형사 처벌하는 것이 어떤 문제를 가져오는가? 신앙에 대한 '진지한' 믿음을 어떻게 판단할 수 있는가?

5. 공무원 등의 병역사항 공개에 관한 사건에서 관련 법률이 어떻게 규정되었어야 위헌성을 피할 수 있었을까? 병역기피 내지 병역비리를 예방할 수 있는 방법에는 무엇이 있는가?

국가균형발전 정책 《 제3장

　　우리나라는 인구가 서울과 수도권에 집중되어 있고 주요 정치·경제 활동도 수도권을 중심으로 이루어지고 있다. 따라서 국가 균형발전이 중요한 정책과제이다. 본장에서는 첫째, 노무현 참여정부가 핵심 국정과제로 추진했던 신행정수도의 기본 구상 내지 내용을 살펴보고, 정책내용을 구체화시킨 「신행정수도의건설을위한특별조치법」(약칭 '신행정수도특별조치법')의 주요 내용을 소개한다. 둘째, 신행정수도특별조치법에 대한 헌법재판소의 위헌결정 내용을 자세히 분석한다. 셋째, 신행정수도특별조치법의 위헌판결로 인한 후속조치인 행정중심복합도시의 정책과 관련 법률 「신행정수도 후속대책을 위한 연기·공주지역 행정중심복합도시 건설을 위한 특별법」(약칭 '행정도시특별법')을 살펴본다. 넷째, 이명박 정부가 행정중심복합도시를 교육과학중심의 경제도시로 변경시키려 했던 이유와 실패 과정 내지 결과를 지적하고, 「세종특별자치시 설치 등에 관한 특별법」의 내용도 살펴본다. 다섯째, 정책과 헌법재판소의 결정에 대한 종합평가를 한다.

1 신행정수도 건설의 구상과 「신행정수도의 건설을 위한 특별조치법」의 내용

노무현 참여정부가 국토의 균형발전을 핵심정책으로 추진하면서 신행정수도 건설 정책이 구체화되었다. 행정수도 건설 추진의 과정과 「신행정수도의 건설을 위한 특별조치법」의 기본적인 내용을 살펴본다.

1) 행정수도 건설의 추진

박정희 대통령은 1977년에 서울 인구가 750만 명을 넘어서자 행정수도 건설을 위한 백지계획을 본격적으로 추진했다. 서울에 대학과 공장 건설을 막고 그린벨트를 설치하는 등 서울 인구 억제를 위한 각종 조치를 단행했지만 번번이 실패하였다. 또한 휴전선에서 불과 50㎞ 거리 안에 인구 750만 명과 육·해·공군 사령부, 행정기관이 모두 있다는 것은 전략상 치명적일 수밖에 없었다. 북한의 수도 평양과 비슷한 거리인 휴전선에서 70㎞ 이상 떨어진 거리, 인구 50만 명 내지 100만 명 규모, 국토 중심부에 있어야 한다는 등 몇 가지 새 행정수도 선정 기본원칙을 정하고 계획을 세웠다. 15년 정도 걸리는 단계별 장기계획을 세우고 국민의 엄청난 동요, 부동산 가격급등과 투기 등 부작용들을 염려해서 비밀리에 작업을 진행하였다. 당시는 북한의 군사전력이 남한을 상회하였고 남침야욕을 노골화하였던 시대였다. 행정수도 건설계획은 '안보'와 '수도권 과밀화 해소'라는 두 가지 목적에서 추진되었다. 당시 계획은 행정수도를 중심으로 각 권역의 중핵 도시들과 산업기지를 유기적으로 연결해 한반도 전체를 거대한 유통산업 기지화하여 선진국가로 발전하려는 구상이었다.

임시행정수도 건설에 선행하여 지가의 현저한 변동과 부동산의 투기를 미연에 방지하고 각종 계획을 조정함으로써 임시행정수도건설의 원활한 추진을 위한 목적으로 1977년에 「임시행정수도 건설을 위한 특별조치법」(법률 제3007호)을 제정하였다. 그러나 이 법은 8개 조문에 불과해서 현실적인 적용이 미흡하였다.[1] 박정희 대통령의 사망으로 행정수도 건설 계획은 수포로 돌아갔고, 오랫동

---

1) 이 법률의 주요 내용은 정부가 임시행정수도건설에 적합한 일정지역과 대통령령이 정하는 그

안 방치되었던 「임시행정수도 건설을 위한 특별조치법」은 2004년 1월 16일에 폐지되었다.[2]

2002년 9월 30일에 새천년민주당의 대통령후보 노무현은 선거공약으로 "수도권 집중 억제와 낙후된 지역경제를 해결하기 위해 청와대와 정부부처를 충청권으로 옮기겠다."는 행정수도 이전계획을 발표하였다. 제16대 대통령에 당선된 노무현은 2003년 4월에 신행정수도 건설추진 기획단 등의 구성 및 운영에 관한 규정을 제정하였고, 청와대 산하의 신행정수도 건설추진 기획단과 건설교통부 산하의 신행정수도 건설추진 지원단이 신행정수도 건설에 관한 정책입안, 후보지역 조사 등의 업무를 수행하였다.[3] 노무현 대통령의 참여정부는 국가균형발전을 핵심 국정과제로 추진하였는바, 「국가균형발전특별법」, 「신행정수도 건설을 위한 특별조치법」, 「지방분권특별법」이 3대 핵심법률이었다.

2) 참여정부의 신행정수도 건설의 기본 구상

신행정수도의 건설이념은 '상생과 도약'이다. '상생'은 지역 간·세대 간·계층 간 갈등이 해소되고 사람과 자연이 공존하며, 전국이 고루 잘 사는 '조화로운 한국'을 의미한다. '도약'은 미래지향적이고 진취적인 기상으로 세계 발전에 기여하며, 동북아 경제발전을 주도할 '역동적인 한국'을 뜻한다.

신행정수도의 이전범위 및 도시기능으로는 원칙적으로 행정부·입법부·사법부 등 3부 모두를 이전하는 것이 바람직한 것으로 보고 이를 전제로 기본 틀을 마련하였으며, 국가중추기능의 이전대상 종사자 수는 약 2만5천 명으로 추정하였다. 신행정수도의 인구규모는 전문가의견조사 및 해외사례, 수도권 인구분산효과, 자족기능, 이전기능의 수용, 충청권내 도시체계 등의 측면에서 검토한

지역에 연접한 주변지역을 임시행정수도건설 예정지역으로 지정할 수 있다는 것이었다. 그리고 예정지역 지정의 공고가 있는 날로부터 건설에 관한 기본계획이 확정될 때까지는 토지의 형질변경 등의 행위를 하고자 하는 자는 대통령령이 정하는 바에 의하여 관할도지사의 허가를 받아야 한다는 개발행위의 제한규정도 두었다. 그 밖에 토지거래의 허가제, 토지 수용 등에 관한 규정을 두고 있었다.

2) http://contents.archives.go.kr(국가기록원 홈페이지)에서 임시행정수도 건설을 위한 특별조치법 검색(2013. 10. 17. 최종검색)

3) http://archives.knowhow.or.kr(노무현 사료관 홈페이지)에서 세종시 검색 후 사료이야기 내용 참조(2013. 10. 17. 최종검색)

결과 50만 명 수준으로 설정하였다.

신행정수도 건설에 필요한 총건설비용은 2030년까지 45.6조 원이 소요될 것으로 보이며, 정부재정이 약 11.3조 원, 민간부문이 약 34.3조 원 투입되어야 하는 것으로 분석되었다. 재원조달방안으로는 안정적 재원확보를 위하여 '신행 정수도특별회계'를 설치하고 정부청사 매각대금 등을 통하여 일부 재정 부담이 완화될 수 있음을 검토하였다. 또한 부동산 투기를 방지하기 위하여 후보지 공 개와 입지선정 단계에서부터 부동산 투기대책을 적기에 시행하고 충청권 내 국 민임대주택 공급물량의 확대와 택지개발사업의 조기추진 등을 통한 주택공급 확대대책을 수립하는 방안을 검토하였다.[4]

3) 입지선정 및 건설의 파급효과

신행정수도 입지기준을 작성하기 위해 수도 입지의 기본원리를 검토하였 다. 수도의 기능과 역할을 검토하여 수도이전의 국내외 사례를 통하여 수도입지 의 기본원리로서 상징성·통합성, 중심성, 기능성, 환경성·안전성의 네 가지를 설정하였다. 전국을 권역별로 나누어 수도입지의 기본원리를 적용해 본 결과 충 청권이 상대적으로 우수한 것으로 드러났다. 상징성과 환경성, 안정성 등은 권 역별로 차이를 보이지 않았으나, 중심성과 기능성의 측면에서 충청권은 타 지역 에 비해 신행정수도 입지지역으로 적합한 것으로 판단되었다. 충청권은 국토의 중심에 위치하여 전국으로부터의 접근성이 가장 좋은 지역이며, 발전 잠재력의 지방 확산이 용이하여 결과적으로 신행정수도 건설목표인 국가균형발전효과를 극대화시키는 데에도 가장 적합한 지역으로 판단되었다.[5]

신행정수도 안에 따르면 충청권에 인구 약 50만 명 규모의 신도시형으로 건설하며 이전기관은 중앙행정기관을 비롯하여 입법, 사법부까지 이전하는 것 으로 예정하였으며 2003년부터 2011년까지 건설하여 2012년부터 이전을 시작하 는 것이었다. 건설 추진에 따른 효과는 수도권인구 과밀완화와 지역균형발전이

---

4) 진영환, 박재길, 신동진, 정윤희, 김중은, 김상호, 김재영, 민범식, 지대식, 정일호, 강미나, 「신 행정수도건설 추진을 위한 기본구상」, 국토연구원 연구보고서, 2003. 12. 31.
5) 진영환, 최영국, 박은관, 박세훈, 김영숙, 김태영, 「신행정수도 입지선정 및 평가기준 연구」, 국토연구원 연구보고서, 2003. 12. 31.

다. 건설후의 예상되는 문제점이나 과제로는 수도권의 경제활동축소와 수도권 자치단체의 공공재정 상태의 약화 등이었다. 신행정수도 건설은 우리나라 지역 경제와 국토공간에 적지 않은 영향을 미칠 것으로 분석되었다.[6)]

4) 「신행정수도의 건설을 위한 특별조치법」의 제정 배경과 내용

참여정부는 위에서 검토한 신행정수도 건설 기본구상을 법제화하기 위하여 '신행정수도의 건설을 위한 특별조치법안'을 제안하였다. 신행정수도 건설사업 의 효율적인 추진을 위하여 입지선정, 개발절차, 부동산투기방지대책 등에 관한 법률의 입법화가 필요하므로 법률적 근거를 마련하고 국민적 공감대를 높이는 효과를 기대하며 특별조치법이 제정되었다. 2003년 12월 29일 국회 본회의는 이 법안을 투표의원 194인 중 찬성 167인으로 통과시켰으며(반대 13인, 기권 14인), 2004년 1월 16일 「신행정수도의 건설을 위한 특별조치법」은 법률 제7062호로 공포되었고 부칙 규정에 따라 2004년 3월부터 시행되었다. 이 법률은 전문 제8 장 제61조와 부칙으로 구성되어 있으며, 그 주요내용은 다음과 같다.[7)]

신행정수도위원회는 이전기관, 이전방법, 이전시기 및 소요예산 등을 포함 하는 이전계획을 마련하여 대통령의 승인을 거쳐 확정하되 국회·법원 등 헌법 기관이 포함된 경우에는 해당기관과 협의, 공청회를 거친 다음 국회의 동의를 얻는다(제6조). 위원회는 국가의 균형발전전략 및 주요 중앙행정기관 등의 이전 계획 등을 토대로 신행정수도건설기본계획을 수립하여 관계기관과 협의하고 공 청회를 거쳐서 대통령의 승인을 얻어 확정(제7조)한다.

예정지역과 주변지역은 대전광역시·충청권의 지역 중에서 지정(제8조)하되, 위원회는 충청권에 대한 인문·자연환경·토지이용현황 등을 조사하고, 효율적 인 조사를 위해 관계기관·단체 등에 조사를 의뢰할 수 있다(제9조). 위원회는 예 정지역 등의 지정을 위한 조사과정에서 난개발과 부동산투기가 우려되는 경우 당해 지역에 대해 개발행위허가·건축허가 제한 요청(제10조)과 토지거래허가구

---

6) 박상우, 김상욱, 박형서, 「신행정수도 건설의 사회·경제적 파급영향 분석연구」, 국토연구원보 고서 국토연 2003-20, 2003. 12. 31.

7) http://contents.archives.go.kr(국가기록원 홈페이지)에서 신행정수도의 건설을 위한 특별조치 법 검색(2013. 10. 17. 최종검색).

역, 투기지역, 투기과열지구로 지정요청(제11조)할 수 있다. 예정지역 지정 후에는 토지형질변경, 건축물의 건축 등에 관해서는 관할광역시장 또는 군수의 허가를 받도록 한다(제16조).

　　개발사업 경험이 많은 정부투자기관을 사업시행자로 선정하여 위원회가 지정한다. 개발사업의 촉진, 민간부문의 기술 활용 등을 위해 개발사업 일부를 민간사업자에게 대행하며 건교부장관은 조성토지의 공급계획승인, 준공검사, 보고 등을 통해 사업시행자를 감독한다. 사업시행자지원을 위해 자금융자, 조세감면, 국공유재산의 수의계약 양도 및 전기·가스 등은 공급자가 설치 및 비용을 부담한다(제18조). 신행정수도건설업무를 효율적으로 추진하기 위하여 국무총리와 민간인 공동위원장 체제로 운영하며 대통령소속으로 신행정수도 건설 추진위원회를 설치한다. 위원회는 재경부, 교육부, 국방부, 행자부, 문광부, 농림부, 산자부, 환경부, 건교부, 예산처 장관으로 11인의 관계부처장관과 국회사무총장, 법원행정처장과 신행정수도건설관련 학식과 경험이 풍부한자(17인 이내) 등 30명 이내의 위원으로 구성한다. 위원회는 기획적 집행업무와 심의·의결업무를 함께 수행한다(제27조-29조).

2 신행정수도 건설에 관한 헌법재판소 결정

　　신행정수도 건설을 반대하는 서울시 등은 「신행정수도 건설을 위한 특별조치법」이 위헌이라는 헌법소원을 제기하였고 2004년 10월 21일 헌법재판소는 동 신행수도특별조치법 전부에 대해서 위헌결정을 하였다.[8] 그 심판내용을 살펴본다.[9]

---

8) 이하의 내용은 헌재 2004. 10. 21. 2004헌마554, 566(병합)(신행정수도 건설을 위한 특별조치법 위헌확인) 결정 원문을 이해하기 쉽도록 편집·구성하였다.

9) 이 결정과 관련하여서는 그 법리적 타당성에 관하여 학계에서도 많은 평석이 이어졌다. 이에 관한 논문으로는 전광석, "수도이전특별법 위헌결정에 대한 헌법이론적 검토", (「공법연구」 제33집 제2호, 한국공법학회, 2005, 113-138면); 방승주, "수도가 서울이라는 사실이 과연 관습헌법인가", (「공법학연구」 제6권 제1호, 한국비교공법학회, 2005, 31-53면); 정연주, "신행정수도의건설을위한특별조치법 위헌결정에 대한 헌법적 검토", (「공법학연구」 제7권 제1호,

1) 사건 개요와 심판 대상

청구인들은 서울특별시 소속 공무원, 서울특별시 의회의 의원, 서울특별시에 주소를 둔 시민 혹은 그 밖의 전국 각지에 거주하는 국민들로서, 「신행정수도특별조치법」이 헌법 개정 등의 절차를 거치지 않은 수도이전을 추진하는 것이므로 법률 전부가 헌법에 위반되며 이로 인하여 청구인들의 국민투표권, 납세자의 권리, 청문권, 평등권, 거주이전의 자유, 직업선택의 자유, 공무담임권, 재산권 및 행복추구권을 각 침해받았다는 이유로 같은 해 7. 12. 위 법률을 대상으로 그 위헌의 확인을 구하는 헌법소원 심판을 청구하였다.

이 사건 심판의 대상은 앞에서 설명한 「신행정수도의 건설을 위한 특별조치법」 전부이다.

2) 청구인들의 주장과 관계기관의 의견

청구인들의 주장은 다음과 같다. 첫째, 이 사건 법률은 대통령의 선거공약 이행의 차원에서 제정된 법인데 실질적인 수도 이전을 계획·추진하는 것을 내용으로 한다. 서울이 대한민국의 수도라는 사실은 헌법적으로 볼 때 불문헌법에 속한다. 따라서 수도이전에는 헌법 개정에 버금가는 절차인 국민투표를 하여 국민적 합의를 도출하여야만 헌법적 정당성을 갖추게 된다. 또한 이 사건 법률은 국가안위에 관련된 중요한 국가정책에 관한 사항을 담았고 국민투표 실시를 위한 충분한 시간적 여유도 있었으므로 그 제정시에 헌법 제72조 소정의 국민투표를 반드시 거쳤어야 할 것임에도 이를 거치지 아니한 것은 헌법에 위반되며, 청구인들의 국민투표권을 침해한 것이다. 둘째, 수도이전에 소요되는 막대한 비용은 국민이 납부하는 세금으로 조성된 국가예산에서 지출될 것인바, 이러한 지출은 재정투자의 우선순위를 도외시하고 헌법원칙을 무시한 위헌적인 것이다. 이와 같은 위헌적인 국가재정지출의 근거가 되는 이 사건 법률은 헌법 제37조 제1항의 '헌법에서 열거되지 아니한 권리'로서 보장되어야 하는 납세자의 권리를 침해한 것이다. 셋째, 수도이전은 국가 또는 국토의 재편계획에 해당하는 것

한국비교공법학회, 2006, 267-292면) 등이 있다.

으로서 국민 모두가 지대한 이해관계를 가지므로, 적법절차의 원칙상 법률제정 과정에서 청문회 등 각계 각층의 다양한 의견 수렴을 위한 절차를 필요적으로 거쳐야 함에도 불구하고 이러한 절차를 거치지 아니한 것은 청구인들을 포함한 국민의 청문권을 침해한 것이다. 넷째, 서울특별시 의회의원과 공무원인 청구인 들에게는 이 사건 법률의 제정으로 인하여 서울특별시 공무원으로서 공직수행 과정에서 누렸던 지위와 권리가 박탈되어 그러한 이익이 침해될 것이 예상되는 데 이는 그들의 공무담임권과 직업수행의 자유를 침해하는 것이다. 다섯째, 이 사건 법률은 신행정수도의 건설을 위한 절차적 사항을 정하기 위한 법률임에도 불구하고 실체적 사항에 관한 내용을 다루고 있고, 수도이전계획에 대하여 대통 령이 승인하기 전에 국회에서 먼저 정하도록 하여 국회가 대통령의 하위기관인 것처럼 규정하고 있으며, 수도이전지역을 특정지역으로 확정하고 있어서 법규 범상호 간에 준수되어야 할 체계의 정당성이 결여되었다. 또한 수도이전지역으 로 규정된 충청권에 비하여 합리적 이유 없이 다른 지역을 차별하는 것으로 평 등권을 침해하고 있다. 수도권에 거주하는 청구인들에게는 수도의 이전으로 인 하여 경제·사회생활에서 불이익을 받을 것이 예상되는데 이는 동 청구인들의 직업선택의 자유와 거주이전의 자유 및 행복추구권을 침해하는 것이다.

이에 대한 대통령, 건설교통부장관, 법무부장관 및 신행정수도건설추진위 원회의 의견은 다음과 같다. 첫째, 청구인들이 침해받았다고 주장하는 기본권들 은 모두 그 침해의 개연성이 없다. 이 사건 법률의 내용은 수도 이전의 추진에 관한 일반적 사항뿐으로서 개개 국민의 기본권 침해와 관련성을 가지지 못하며, 또한 구체적인 집행행위를 매개하지 않고는 직접 기본권을 침해할 수 없다. 둘째, 이 사건 법률은 2003. 12. 29. 국회에서 의결되어 2004. 1. 16. 공포되었으므로 그날로부터 90일 이내에 헌법소원을 제기하여야 함에도 이를 경과하여 2004. 7. 12.에야 헌법소원을 제기하였으므로 이 사건 심판청구는 청구기간을 넘겨 부적 법하다. 셋째, 헌법 제72조의 국민투표권은 대통령이 그 부의권을 행사할 때 비 로소 발생하는 권리이므로 이 사건의 경우 문제될 수 없다. 수도문제는 헌법 개 정이 필요한 사항이 아니며, 서울이 수도인 것은 법률적 근거를 가지고 있을 뿐 이어서 헌법적 효력을 가지는 불문헌법으로 볼 수 없다. 또한 불문헌법을 개정함에 있어서도 헌법개정절차를 거칠 필요가 없으므로 이 사건 법률은 헌법 제 130조의 국민투표권을 침해할 수 없다. 넷째, 국민들이 납세자이긴 하나 정부가 세금을 어떻게 적재적소에 사용하는지 여부에 대하여 소송을 제기할 권리가 부여된 것은 아니다. 이는 오직 국민의 대표자인 국회를 통하여 감시되고 통제될 뿐이다. 따라서 청구인들이 주장하는 납세자로서의 권리는 당초부터 침해될 수 없다. 다섯째, 청구인들은 청문권의 침해를 주장하나 정부가 법률안을 만드는 과정에서 이미 공청회를 개최한 바 있으며 입법예고도 시행하였고 국회의 입법 과정에서도 국회소관 위원회에서 국회법에 의거하여 공청회 개최를 생략하기로 의결한 바 있으므로 적법절차를 위배한 것이 아니다. 따라서 청문권을 침해한 바가 없다. 여섯째, 이 사건 법률의 내용상 각 조항 간은 물론 다른 법률과 모순 되거나 저촉되는 바가 없으므로 체계정당성의 원리를 위배한 것이 아니다. 일곱 째, 수도이전 예상지역을 대전·충청권으로 정하고 있다고 하더라도 이는 국가 의 균형발전·수도권의 집중 해소 등 합리적 이유가 있으므로 청구인들의 평등 권을 침해한다고 볼 수 없다. 여덟째, 청구인들은 수도의 이전으로 단순히 사실 상 경제적 반사이익만이 관계되고 있을 뿐이므로 직업선택의 자유, 거주이전의 자유, 행복추구권 등은 침해될 수 없다.

3) 쟁점과 판단

가. 적법성에 관한 판단

우리나라의 수도가 서울인 점이 불문의 관습헌법에 속하는 것임이 확인된 다면 이 사건 법률은 헌법 개정에 있어서 청구인들이 갖는 참정권적 기본권인 국민투표권을 침해할 소지가 있으므로 그 권리침해의 개연성이 인정된다. 여기 서 침해되는 기본권은 국민으로서 가지는 참정권의 하나인 헌법 개정의 국민투 표권인바, 이 사건 법률에 대하여 권리 침해의 자기관련성이 있음은 명백하며, 직접성과 현재성도 인정된다. 대통령 등은 청구인의 헌법소원 청구가 청구기간 을 도과하였다고 주장하나 이 사건 헌법소원심판청구는 이 사건 법률이 시행된 2004. 4. 17.부터 90일 이내인 2004. 7. 12. 및 2004. 7. 15.에 제기되었으므로 청구기간도 준수하였다.

대통령 등은 신행정수도를 건설하는 문제 또는 수도를 이전하는 문제는 고도의 정치적인 문제로서 이에 관한 대통령이나 국회의 결정은 사법심사의 대상이 되지 않는다는 이유로 이 사건 헌법소원심판청구가 부적법한 것이라고 주장한다. 그러나 헌법재판소는 헌법의 수호와 국민의 기본권보장을 사명으로 하는 국가기관이므로, 비록 고도의 정치적 결단에 의하여 행해지는 국가작용이라고 할지라도 그것이 국민의 기본권침해와 직접 관련되는 경우에는 당연히 헌법재판소의 심판대상이 될 수 있다.

나. 헌법상 수도의 개념 및 신행정수도 이전의 헌법적 의미

일반적으로 한 나라의 수도는 국가권력의 핵심적 사항을 수행하는 국가기관들이 집중 소재하여 정치·행정의 중추적 기능을 실현하고 대외적으로 그 국가를 상징하는 곳을 의미한다. 헌법기관들 중에서 국민의 대표기관으로서 국민의 정치적 의사를 결정하는 국회와 행정을 통할하며 국가를 대표하는 대통령의 소재지가 어디인가 하는 것은 수도를 결정하는 데 있어서 특히 결정적인 요소가 된다. 이 사건 법률은 신행정수도를 "국가 정치·행정의 중추기능을 가지는 수도로 새로 건설되는 지역으로서 … 법률로 정하여지는 지역"이라고 하고(제2조 제1호), 신행정수도의 예정지역을 "주요 헌법기관과 중앙행정기관 등의 이전을 위하여 … 지정·고시하는 지역"이라고 규정하여(같은 조 제2호), 결국 신행정수도는 주요 헌법기관과 중앙 행정기관들이 소재하여 국가의 정치·행정의 중추기능을 가지는 수도가 되어야 함을 명확히 하고 있다. 따라서 이 사건 법률에 의한 신행정수도의 이전은 곧 우리나라의 수도의 이전을 의미한다.

다. 성문헌법체제에서 관습헌법의 인정 여부와 효력

우리나라는 성문헌법을 가진 나라로서 기본적으로 우리 헌법전이 헌법의 법원(法源)이 된다. 그러나 성문헌법이라고 하여도 그 속에 모든 헌법사항을 빠짐없이 완전히 규율하는 것은 불가능하고 또한 헌법은 국가의 기본법으로서 간결성과 함축성을 추구하기 때문에 형식적 헌법전에는 기재되지 아니한 사항이라도 이를 불문헌법 내지 관습헌법으로 인정할 소지가 있다. 특히 헌법제정 당시 자명하거나 전제된 사항 및 보편적 헌법 원리와 같은 것은 반드시 명문의 규정을 두지 아니하는 경우도 있다. 그렇다고 해서 헌법사항에 관하여 형성되는 관행 내지 관례가 전부 관습헌법이 되는 것은 아니고 강제력이 있는 헌법규범으로서 인정되려면 엄격한 요건들이 충족되어야만 하며, 이러한 요건이 충족된 관습만이 관습헌법으로서 성문의 헌법과 동일한 법적 효력을 가진다.

라. 관습헌법의 성립요건

관습헌법이 성립하기 위하여서는 관습법의 성립에서 요구되는 일반적 성립요건이 충족되어야 한다. 첫째, 기본적 헌법사항에 관하여 어떠한 관행 내지 관례가 존재하고, 둘째, 그 관행은 국민이 그 존재를 인식하고 사라지지 않을 관행이라고 인정할 만큼 충분한 기간 동안 반복 내지 계속되어야 하며(반복·계속성), 셋째, 관행은 지속성을 가져야 하는 것으로서 그 중간에 반대되는 관행이 이루어져서는 아니 되고(항상성), 넷째, 관행은 여러 가지 해석이 가능할 정도로 모호한 것이 아닌 명확한 내용을 가진 것이어야 한다(명료성). 또한 다섯째, 이러한 관행이 헌법관습으로서 국민들의 승인 내지 확신 또는 폭넓은 컨센서스를 얻어 국민이 강제력을 가진다고 믿고 있어야 한다(국민적 합의).

마. 수도의 위치가 헌법사항인지 여부

헌법기관의 소재지, 특히 국가를 대표하는 대통령과 민주주의적 통치원리에 핵심적 역할을 하는 의회의 소재지를 정하는 문제는 국가의 정체성(正體性)을 표현하는 실질적 헌법사항의 하나이다. 여기서 국가의 정체성이란 국가의 정서적 통일의 원천으로서 그 국민의 역사와 경험, 문화와 정치 및 경제, 그 권력구조나 정신적 상징 등이 종합적으로 표출됨으로써 형성되는 국가적 특성이라 할 수 있다. 수도를 설정하는 것 이외에도 국명(國名)을 정하는 것, 우리말을 국어(國語)로 하고 우리글을 한글로 하는 것, 영토를 확정하고 국가주권의 소재를 밝히는 것 등이 국가의 정체성에 관한 기본적 헌법사항이 된다고 할 것이다. 수도를 설정하거나 이전하는 것은 국회와 대통령 등 최고 헌법기관들의 위치를 설정하여 국가조직의 근간을 장소적으로 배치하는 것으로서, 국가생활에 관한 국민의 근본적 결단임과 동시에 국가를 구성하는 기반이 되는 핵심적 헌법사항에 속한다.

바. 서울이 수도인 사실의 관습헌법성 인정 여부

서울이 바로 수도인 것은 국가생활의 오랜 전통과 관습에서 확고하게 형성된 자명한 사실 또는 전제된 사실로서 모든 국민이 우리나라의 국가구성에 관한 강제력 있는 법규범으로 인식하고 있는 것이다. 서울이 우리나라의 수도인 것은 조선시대 이래 600여 년간 우리나라의 국가생활에 관한 당연한 규범적 사실이 되어 왔으므로 전통적으로 형성되어 있는 계속적 관행이라고 평가할 수 있고(계속성), 이러한 관행은 변함없이 오랜 기간 실효적으로 지속되어 중간에 깨어진 일이 없으며(항상성), 서울이 수도라는 사실은 우리나라의 국민이라면 개인적 견해 차이를 보일 수 없는 명확한 내용을 가진 것이며(명료성), 나아가 이러한 관행은 오랜 세월간 굳어져 와서 국민들의 승인과 폭넓은 컨센서스를 이미 얻어(국민적 합의) 국민이 실효성과 강제력을 가진다고 믿고 있는 국가생활의 기본사항이라고 할 것이다. 따라서 서울이 수도라는 점은 관습헌법으로 성립된 불문헌법에 해당한다. 관습헌법의 제 요건을 갖추고 있는 '서울이 수도인 사실'은 단순한 사실명제가 아니고 헌법적 효력을 가지는 불문의 헌법규범으로 승화된 것이며, 사실명제로부터 당위명제를 도출해 낸 것이 아니라 그 규범력에 대한 다툼이 없이 이어져 오면서 그 규범성이 사실명제의 뒤에 잠재되어 왔을 뿐이다.

사. 관습헌법의 개정가능성과 절차

어느 법규범이 관습헌법으로 인정된다면 그 개정가능성을 가지게 된다. 관습헌법도 헌법의 일부로서 성문헌법의 경우와 동일한 효력을 가지기 때문에 그 법규범은 최소한 헌법 제130조에 의거한 헌법 개정의 방법에 의하여만 개정될 수 있다. 따라서 재적의원 3분의 2 이상의 찬성에 의한 국회의 의결을 얻은 다음(헌법 제130조 제1항) 국민투표에 붙여 국회의원 선거권자 과반수의 투표와 투표자 과반수의 찬성을 얻어야 한다(헌법 제130조 제3항). 한편 이러한 형식적인 헌법 개정 외에도, 관습헌법은 그것을 지탱하고 있는 국민적 합의성을 상실함에 의하여 법적 효력을 상실할 수 있다. 관습헌법은 주권자인 국민에 의하여 유효한 헌법규범으로 인정되는 동안에만 존속하는 것이며, 관습법의 존속요건의 하나인 국민적 합의성이 소멸되면 관습헌법으로서의 법적 효력도 상실하게 된다.

아. 결 론

서울이 우리나라의 수도인 점은 불문의 관습헌법이므로 헌법개정절차에 의하여 새로운 수도 설정의 헌법조항을 신설함으로써 실효되지 아니하는 한 헌법으로서의 효력을 가진다. 이 사건 법률은 헌법개정사항인 수도의 이전을 헌법개정의 절차를 밟지 아니하고 단지 단순법률의 형태로 실현시킨 것으로서 결국 헌법 제130조에 따라 헌법개정에 있어서 국민이 가지는 참정권적 기본권인 국민투표권의 행사를 배제한 것이므로 동 권리를 침해하여 헌법에 위반된다. 헌법재판소의 다수의견에 대해 재판관 김영일은 다수의견과 결론은 같이 하나 판결이유를 달리하는 별개의견을 개진하였다.[10]

4) 재판관 전효숙의 반대의견

첫째, 역사적으로 수도의 소재지는 국가 정체성에 관한 중요한 사항이었으나, 자유민주주의와 입헌주의를 주된 가치로 하는 우리 헌법은, 국가권력의 통제와 합리화를 통하여 국민의 자유와 권리를 최대한 실현하려는 것이 그 목적이며, 수도의 소재지가 어디냐는 그 목적을 위한 "도구"에 불과하다. 그러므로 헌법상 수도의 위치가 반드시 헌법제정권자나 헌법개정권자가 직접 결정해야 할 사항이라 할 수 없다. 또한 서울이 수도라는 사실이 오랫동안 우리 민족에게 자명하게 인식되어 온 관행에 속한다 하더라도, 우리 국민이 그것을 강제력 있

---

10) 수도이전에 관한 의사결정은 헌법 제72조 국민투표의 대상이다. 수도의 위치는 국가존재의 의미에 영향을 미치는 것이어서 국가안위에 관한 문제이고, 통일과정 및 통일의 전후에 있어 중요한 의미를 가지기 때문에 통일에 관한 문제이며, 국가방위전략에 중요한 고려요소가 되기 때문에 국방에 관한 문제이므로, 수도이전에 관한 의사결정은 헌법 제72조가 정한 '국방·통일 기타 국가안위에 관한 정책'에 해당한다. 대통령의 국민투표부의행위는 자유재량행위이지만, 수도이전에 관한 의사결정을 국민투표에 부치지 아니하는 것은 재량권을 일탈·남용한 것으로서 재량권이 부여된 근거되는 법규범인 헌법 제72조에 위반된다. 우리 국민은 수도이전에 관한 의사결정을 대통령이나 국회와 같은 대의기관에 위임하지 아니하고 직접 결정하겠다는 의사를 가지고 있다고 볼 상당한 이유가 있고 신행정수도로 이전하는 것에 반대하는 의사를 가지고 있다고 볼 상당한 이유가 있다. 그러므로 이를 국민투표에 부치지 아니하는 것은 재량권을 일탈·남용하는 것이다. 헌재 2004. 10. 21. 2004헌마554, 556(병합).

는 법규범으로 확신하고 있었다고 인정하기 어렵다.

둘째, 성문헌법을 지닌 법체제에서, 관습헌법을 성문헌법과 '동일한' 혹은 '특정 성문헌법 조항을 무력화 시킬 수 있는' 효력을 가진 것으로 볼 수 없다. 성문의 헌법전은 헌법제정권자인 국민들이 직접 '명시적' 의사표시로써 제정한 최고법규범으로서 모든 국가권력을 기속하는 강한 힘을 보유하는 것이며, 그 내용의 개정은 엄격한 절차를 거치도록 하고 있는데, 그러한 성문헌법의 강한 힘은 국민주권의 명시적 의사가 특정한 헌법제정절차를 거쳐서 수렴되었다는 점에서 가능한 것이다. 관습만으로는 헌법을 특징화하는 그러한 우세한 힘을 보유할 수 없다.

셋째, 관습헌법이란 실질적 의미의 헌법사항이 관습으로 규율되고 있다는 것을 뜻할 뿐이며, 관습헌법이라고 해서 성문헌법과 똑같은 효력이 인정된다고 볼 근거가 없다. 또한 헌법의 개정은 '형식적 의미'의 헌법, 즉 성문헌법과 관련된 개념이므로, 관습헌법의 변경은 헌법의 개정에 속하지 않으며 헌법이 마련한 대의민주주의 절차인 법률의 제정, 개정을 통하여 다루어질 수 있다.

넷째, '서울이 수도'라는 관습헌법의 변경은 헌법개정에 의해야 한다면, 이는 관습헌법에 대하여 헌법이 부여한 국회의 입법권보다 우월적인 힘을 인정하는 것이 된다. 수도이전과 같은 헌법관습의 변경의 경우에도, 별도헌법규정이 없으므로, 국회의 입법으로 가능하다. 이 사건 법률은 국회의원들의 압도적 다수로 통과되었는데, 그러한 입법이 국민의 민의를 제대로 반영하지 못하였다는, 혹은 민의를 배신하였다는 정치적 비난을 받을 수 있는 것은 별도로 하고, 헌법적 측면에서 그것이 "국회의원들의 권한이 아니다."라고 단정할 수 없는 것이다. 이러한 이유에서 이 사건 법률이 헌법 제130조 제2항의 국민투표권을 침해할 가능성은 없다. 결국 청구인들의 국민투표권 침해 주장은 권리의 침해가능성 자체가 인정되지 않으므로 부적법하다. 청구인들의 다른 기본권 침해 주장 역시 기본권 침해의 자기관련성, 직접성 혹은 현재성 요건을 갖추지 못하였다. 이 사건은 기본권 침해를 구제하기 위한 헌법소원절차에서 헌법재판소가 본안판단을 하기에 부적법한 것이다.

3 행정중심복합도시 건설에 관한 헌법재판소 결정

1) 제정 배경과 경과

신행정수도 건설을 위한 특별조치법의 위헌결정으로 행정수도의 건설을 할 수 없게 되었다. 노무현 참여정부는 그 후속대책을 마련하기 위해 '신행정수도 후속대책위원회'를 구성하였고, 후속대책으로 중앙행정기관 및 그 소속기관(대통령 제외)이 이전하여 행정기능이 중심이 되는 행정중심복합도시를 건설하기로 하였다. 국회 역시 '신행정수도 후속대책 및 지역균형발전 특별위원회'를 구성하여 후속대책을 논의하였다. 2005년 2월 5일에 열린우리당 의원들을 주축으로 한 국회의원 151명은 '신행정수도 후속대책을 위한 연기·공주지역 행정도시건설 특별법안'을 발의하였고, 이후 이 법안은 위 국회특별위원회에서 결정한 내용에 따라 국회건설교통위원회에서 그 명칭을 「신행정수도 후속대책을 위한 연기·공주지역 행정중심복합도시 건설을 위한 특별법」(약칭, 행정도시특별법)으로 변경하고 이전대상에서 제외되는 중앙부처를 규정하는 등의 내용으로 수정·의결되었다. 같은 해인 2005년 3월 2일에 국회본회의는 이와 같이 수정된 위 법안을 재적의원 총 177명 중 찬성 158인(반대 15인, 기권 4인)으로 통과시켰고, 같은 달 18일에 공포되어 부칙규정에 따라 그로부터 2월 후부터 시행되었다.

행정중심복합도시 건설추진위원회는 2006년 12월 21일에 행정중심복합도시의 명칭을 국민공모과정을 통하여 '세종시'로 확정하였다. 세종(世宗)이란 나라의 중심에 위치하고 나라행정의 근간이 되는 도시라는 의미가 있고 발음이 뚜렷하고 영문표기도 쉬워 국제성을 갖추었다는 평가를 받았다.

2) 법률의 주요 내용

행정도시특별법의 주요내용은 다음과 같다.[11]

---

11) 동법률은 2005년 3월 18일 법률 제7391호로 제정되었고, 2005년부터 2013년까지 47차에 걸쳐 개정되었으며, 전문 8장 71조와 부칙으로 구성되었으며 시행령이 있다.

가. 법률의 목적 및 도시건설의 기본방향

행정도시특별법은 수도권의 과도한 집중에 따른 부작용을 시정하기 위하여 행정중심복합도시를 건설하는 방법 및 절차에 관하여 규정함으로써 국가의 균형발전과 국가경쟁력의 강화에 이바지함을 목적으로 한다(동법 제1조). 행정중심복합도시 건설의 기본방향은 국가균형발전을 선도할 수 있는 행정기능 중심의 복합형 자족도시, 자연과 인간이 어우러지는 쾌적한 친환경도시, 편리성과 안전성을 함께 갖춘 인간중심도시, 문화와 첨단기술이 조화되는 문화·정보도시이다(제6조).

나. 예정지역 등의 지정 및 관리

국토해양부장관은 예정지역 및 주변지역의 개발행위허가 또는 건축허가를 제한할 수 있다(제8조). 예정지역 등의 지정을 위한 조사를 진행하는 과정에서 부동산투기가 우려되는 지역에 대하여는 관계법령의 규정에 불구하고 국토해양부장관은 토지거래허가 구역으로 지정할 수 있다(제9조). 안전행정부장관은 중앙행정기관 등을 행정중심복합도시로 이전하는 계획을 수립하여 대통령의 승인을 얻어야 한다. 외교부, 통일부, 법무부, 국방부, 안전행정부, 여성가족부는 이전대상에서 제외된다(제16조).

다. 행정중심복합도시 건설 사업 및 추진기구

국토해양부장관은 정부투자기관 중에서 위원회의 심의를 거쳐 사업시행자를 지정하여야 한다(제18조). 국토해양부장관은 행정중심복합도시 건설에 관한 기본계획을 수립하여야 한다. 기본계획에는 행정중심복합도시 건설 사업의 개요, 인구배치 및 토지이용의 기본구상, 이전대상 중앙행정기관 등의 배치방향, 도시교통 및 경관·환경보전의 기본방향, 교육·문화·복지시설 설치의 기본방향, 도로, 상·하수도 등 주요 기반시설 설치의 기본방향, 재원조달방안, 개발계획 수립의 지침, 그 밖에 대통령령이 정하는 사항이 포함되어야 한다(제19조). 행정중심복합도시 건설의 효율적 추진을 위한 관련 중요정책을 심의하기 위하여 국토해양부장관 소속하에 행정중심복합도시 건설추진위원회를 둔다(제29조).

라. 행정중심복합도시 건설 특별회계 및 사업시행자 등에 대한 지원

행정중심복합도시 건설에 관한 사업을 재정적으로 지원하기 위하여 행정중심복합도시건설특별회계(이하 "회계"라 한다)를 설치한다. 회계는 건설청장이 관리·운용하며, 회계를 관리·운용함에 있어서 대통령령이 정하는 중요한 사항에 대하여는 미리 위원회의 심의를 거쳐야 한다(제44조).

3)「신행정수도 후속대책을 위한 연기·공주지역 행정중심복합도시 건설을 위한 특별법」에 대한 헌법소원심판

가. 사건 개요와 심판 대상

「신행정수도 후속대책을 위한 연기·공주지역 행정중심복합도시 건설을 위한 특별법」(행정도시특별법)에 반대하는 서울시 정무부시장, 서울시의회 의원, 경기도의회 의원, 과천시의회 의원, 공공기관 종사자 또는 충남 공주시와 연기군에 거주하는 주민들을 포함한 전국 각지에 거주하는 일반 국민들인 청구인들은 위 법률이 우리나라의 수도는 서울이라는 불문의 관습헌법에 위반되며 청구인들의 국민투표권, 납세자의 권리, 청문권 등 기본권을 침해한다는 이유로 2005년 6월 15일에 이 사건 헌법소원심판을 청구하였다.[12]

심판대상은 앞에서 설명한「신행정수도 후속대책을 위한 연기·공주지역 행정중심복합도시 건설을 위한 특별법」 전부를 대상으로 한다.

나. 청구인들의 주장과 관계기관의 의견

청구인들의 주장 요지는 다음과 같다. 첫째, 위헌결정의 기속력은 위헌으로 결정된 법률을 적용한 행정처분이나 법원의 판결은 물론 당해 법률과 중요한 부분에서 내용이 동일한 새 입법에도 효력이 미친다. 이 사건 법률은 법명만 변경하였을 뿐 헌법재판소가 위헌결정을 한 신행정수도법과 실질적인 면에서 동일성을 유지하는 대체입법이므로 헌법재판소 결정의 기속력에 반하는 것이다. 둘째, 수도란 최소한 정치·행정의 중추적 기능을 수행하는 국가기관의 소재지

---

12) 이하의 내용은 헌재 2005. 11. 24. 2005헌마579·763(병합)(행정중심복합도시 건설 특별법에 대한 헌법소원 심판) 결정 원문을 이해하기 쉽도록 편집·구성하였다.

를 뜻하므로 행정부의 경우 대통령의 소재지와 행정의 중추적 기능을 수행하는 국가기관이 수도인 동일지역에 존재하여야 한다. 연기·공주지역에는 12부 4처 2청에 국무총리를 위시한 부총리 3인과 경제, 교육, 과학, 사회, 복지, 문화 등을 관장하는 국무위원이 자리 잡게 되고 이미 정부의 외청 대부분은 대전광역시에 내려와 있으므로, 행정의 중추기관은 충청권으로 이전하는 것이 되며 행정부가 2원화되는 것으로 볼 수 있다. 이는 사실상 수도분할 또는 수도해체에 해당하는 것으로 우리나라의 수도는 서울이라는 불문의 관습헌법에 위반된다. 셋째, 대통령제 정부형태를 취하는 우리나라의 경우 헌법이 명시하고 있지 않더라도 국무총리가 대통령과 같은 지역에 있으면서 보좌하고 그의 명을 받아 행정각부를 통할하는 것은 헌법전을 만든 이래 대통령제를 운영한 오랜 기간 그 누구도 의심치 않은 일종의 불문 헌법적 관습이다. 넷째, 이 사건 법률과 같이 헌법에 위반되는 내용의 법안이 의원입법의 형식으로 발의되어 국회를 통과하면 이를 송부받은 대통령은 헌법 제130조의 국민투표권의 행사대상인지를 판단하여 국민투표에 부치거나 거부권을 행사하여 재의를 요구하여야 한다. 그럼에도 불구하고 국민투표 없이 그대로 공포하였으므로 국민의 국민투표권을 침해한다. 다섯째, 납세의무자인 국민은 납부한 세금을 국가가 효율적으로 사용하는지 여부를 감시하고 이에 대하여 이의를 제기하거나 잘못 사용되는 경우 중지할 것을 요구할 수 있는 헌법상의 권리가 있다. 이 사건 법률에 의하여 재정투자의 우선순위를 무시하고 청구인들의 세금을 정략적으로 헌법에 위반되는 천문학적인 행정중심복합도시 건설비용으로 사용하는 것은 청구인들의 납세자의 권리와 재산권을 침해하는 것이다. 여섯째, 나아가 모든 국민은 자신의 이해관계에 관하여 불이익한 결과를 초래할 수 있는 공권력 행사에 있어서 의견을 개진할 권리인 청문권을 가진다. 행정중심복합도시의 건설은 국가 또는 국토의 재편계획에 해당하는 것으로서 청구인들을 포함한 국민 모두가 이로 말미암아 불이익을 받을 수 있는 등 이해관계가 크므로 법률제정과정에서 의견을 충분히 청취하여 반영할 필요성이 크다. 그럼에도 불구하고 국회가 의원입법의 형식을 취하면서 실질적으로 국민의 의견청취절차를 생략한 것은 청구인들의 적법절차의 원칙에서 파생되는 청문권을 침해한 것이다. 일곱째, 이 사건 법률은 중앙행정기관 등의 이전지역을 연기·공주지역으로 명시하고 있어 그 외의 지역에 거주하는 청구인들의 경우 수도가 거주 지역으로 이전될 수 있는 동등한 기회가 상실되었고 특히 이 사건 법률은 선거에서의 특정지역의 표를 얻으려는 목적으로 만들어진 자의적 법률이므로 청구인들의 평등권을 침해한다. 여덟째, 공공기관에 근무하는 청구인들은 이 사건 법률로 인하여 수도권에서 각 지방자치단체로 분산·배치됨으로써 직업의 자유 및 거주이전의 자유가 침해되며, 행정중심복합도시로 이전할 중앙행정기관 등의 공무원들의 경우도 강제적으로 지방으로 주거를 옮겨야 하므로 마찬가지로 직업의 자유와 거주이전의 자유를 침해받는다.

관계기관으로 법무부장관, 건설교통부장관 및 행정중심복합도시건설추진위원회, 대전광역시장, 충청남도지사, 충청북도지사 의견의 요지는 다음과 같다. 첫째, 이 사건 법률은 그 목적이 수도권의 과도한 집중에 따른 부작용을 시정하기 위하여 행정중심복합도시를 건설하는 것으로 국가중추기능을 분산하기 위하여 신행정수도를 건설하려는 신행정수도의 건설을 위한 특별조치법과 구별되고, 그 결과도 대통령을 비롯한 헌법기관은 그대로 서울에 두고 정부부처 중 12부 4처 2청만을 이전하는 것에 불과하여 이전 법률과 전혀 다르다. 둘째, 수도 여부를 결정함에 있어서 결정적 요소가 되는 것은 대통령과 국회의 소재지이며 이 사건 법률에 의하면 이들이 여전히 서울에 소재하고 여기에 더하여 그 직무수행에 지장이 없도록 최소한의 보좌기관과 함께 전통적이고 기본적인 국가기관인 외교·국방 등 정부기능을 담당하는 기관이 소재하게 되므로 서울이 수도임을 의심할 여지가 없다. 또한 국무총리 및 정부부처의 소재지는 수도성 여부를 판단함에 있어 독자적이고 결정적인 요소로서의 의미를 가지지 않으므로 이 사건 법률에 의하여 연기·공주지역이 또 하나의 수도가 되지 않음은 명백하다. 따라서 이 사건 법률에 의하면 수도가 분할되지 않으므로 헌법 개정에 관한 국민투표권을 침해할 가능성은 존재하지 않는다. 셋째, 국무총리와 행정각부의 위치는 헌법적으로 규율하여야 하는 사항이 아니며 행정기능의 효율적 행사와 관련하여 결정될 사항일 뿐이다. 심지어 헌법은 구체적으로 행정각부로서 어느 부를 설치할 것인지에 대하여 아무런 규정도 가지고 있지 않다. 게다가 정보통신기술의 발전으로 인하여 얼마든지 장소의 이격성을 극복하고 원활하게 그 기능을 수행할 수 있으므로 물리적인 거리는 헌법적으로 중요하고 기본적인 사항이라 할 수 없다. 따라서 국무총리와 행정의 중추기관들이 대통령과 같은 지역에 소재하여야 한다는 관습헌법의 존재는 인정되지 않는다. 넷째, 헌법 제72조의 국민투표권은 대통령이 중요정책을 국민투표에 부의한 경우 이에 참가하여 표결을 행사할 권리를 말하며 헌법상 국민투표 부의 여부는 대통령의 임의적이고도 독점적인 권한으로 재량권 일탈·남용의 법리는 적용될 수 없다. 설사 그러한 법리가 적용된다 하더라도 이 사건 법률이 도모하는 수도권 집중의 해소와 지역 간 불균형 해소 등의 공익을 생각하면 그러한 일탈·남용이 있다고 할 수 없다. 다섯째, 우리 헌법은 납세자의 기본권에 대하여 아무런 규정을 두고 있지 않으며, 납세자로서 특정한 구체적 손해나 위험성을 입증하지 못한 채 일반국민의 일반화된 불만에 대한 주장만으로는 당사자 적격이 인정되지 않는다. 또한 이 사건 법률에 의하여 행정중심복합도시가 건설되어 그에 따른 건설비용 등 재정지출이 이루어진다 하더라도 이는 국민전체의 부담이지 청구인들만의 부담은 아니며 이 사건 법률이 특히 청구인들에게 직접 납세의무를 부과하거나 그 재산권의 사용·수익·처분에 제한을 가하는 등 어떤 침해도 하지 않는 이상 자기관련성 또는 직접성을 인정할 수 없다. 여섯째, 청문권은 자신의 이해관계에 관하여 불이익한 결과를 초래할 수 있는 공권력 행사에 있어서 의견을 개진할 권리를 말한다. 그러나 이 사건 법률은 청구인들의 사실적, 반사적, 경제적 이해관계에 영향을 미칠 뿐 권리를 제한하거나 의무를 부과하는 등 법적 지위에 직접 영향을 미치지 않으며, 연기·공주지역에 거주하는 청구인들의 경우 일부 권리의 제한을 받는다 하더라도 이는 행정청의 별도 집행행위를 통하여 이루어지므로 이 사건 법률에 대한 청문권을 인정할 근거가 될 수 없다. 일곱째, 평등권 침해와 관련하여 청구인들에게 자기관련성이 인정되려면, 비교집단에게 혜택을 부여하는 법규정이 위헌으로 선고되어 혜택이 제거되는 경우 비교집단과의 관계에서 청구인들의 법적 지위가 상대적으로 향상될 수 있어야 한다. 이 사건 법률에 의한 행정중심복합도시 건설지역이 연기·공주지역으로 지정되어 있는 상태가 제거된다 하더라도 청구인들이 받을 수 있는 혜택은 자신들의 거주지역에 그러한 도시가 건설될 수 있다는 막연한 기대 또는 가능성에 불과하고, 실제 당해 지역에 행정중심복합도시가 건설된다 하더라도 이로써 받는 혜택은 생활편의의 증대, 부동산 가격 상승 등 반사적, 사실적, 간접적, 경제적 이익에 불과하여 어떠한 법적 지위에 변화가 있다고 할 수 없다. 따라서 청구인들의 평등권에 대한 자기관련성이 인정될 수 없다.

다. 쟁점 및 판단

이 사건에서의 핵심 쟁점은 다음 네 가지였다. 첫째, 행정도시특별법에 의하여 연기·공주지역에 건설되는 행정중심복합도시가 수도로서의 지위를 획득하는지 여부이다. 행정중심복합도시로 이전하는 기관은 국무총리를 비롯한 총 49개 기관이며 이들을 수평적인 권한 배분면에서 보면 이전기관들의 직무범위가 대부분 경제, 복지, 문화 분야에 한정되어 있고 경제의 주요부문인 금융정책을 결정하는 기관들은 제외되어 있다. 수직적인 면에서 보아도 여전히 정부의 주요정책은 국무회의의 심의를 거쳐 대통령이 최종적으로 결정하며, 국무총리는 헌법상 대통령의 보좌기관으로서 그 명을 받아 행정각부를 통할하고 각부의 장은 정해진 정책을 구체적으로 실현할 뿐이다. 특히 정보통신기술이 발달한 현대사회에서는 서로 장소적으로 떨어진 곳에 위치하더라도 대통령과 행정각부 간의 원활한 의사소통수단이 확보되기만 하면 대통령이 의사결정을 통한 통제력을 확보하는 것은 어렵지 않다. 따라서 행정중심복합도시에 소재하는 기관들이 국가정책에 대한 통제력을 의미하는 정치·행정의 중추기능을 담당하는 것으로 볼 수 없다. 이 사건 법률에 의하여 건설되는 행정중심복합도시는 수도로서의 지위를 획득하는 것으로 평가할 수는 없고, 수도가 행정중심복합도시로 이전한다거나 수도가 서울과 행정중심복합도시로 분할되는 것으로 볼 수 없다.

둘째, 행정중심복합도시의 건설로 서울의 수도로서의 지위가 해체되는지 여부이다. 이 사건 법률에 의하면 행정중심복합도시가 건설된다고 하더라도 국회와 대통령은 여전히 서울에 소재한다. 국회는 국민의 대의기관으로서 입법기능을 담당하며 모든 국가작용은 헌법상의 법치국가원칙에 따라 법률에 기속되며, 대통령은 행정권이 속한 정부의 수반으로서 정부를 조직하고 통할하는 등 행정에 관한 최고책임자로서 행정과 법집행에 관한 최종적인 결정을 하고 정부의 구성원에 대하여 최고의 지휘·감독권을 행사한다. 따라서 서울은 여전히 정치·행정의 중추기능을 수행하는 곳이라 할 수 있다. 이와 같이 <u>서울은 이 사건 법률에 의한 행정중심복합도시의 건설에도 불구하고 계속하여 정치·행정의 중추기능과 국가의 상징기능을 수행하는 장소로 인정할 수 있으므로 이 사건 법률에 의하여 수도로서의 기능이 해체된다고 볼 수 없다.</u>

셋째, 행정중심복합도시의 건설로 권력구조 및 국무총리의 지위가 변경되는지 여부이다. <u>이 사건 법률은 행정중심복합도시의 건설과 중앙행정기관의 이전 및 그 절차를 규정한 것으로서 이로 인하여 대통령을 중심으로 국무총리와 국무위원 그리고 각부 장관 등으로 구성되는 행정부의 기본적인 구조에 어떠한 변화가 발생하지 않는다.</u> 나아가 청구인들은 대통령과 국무총리가 서울이라는 하나의 도시에 소재하고 있어야 한다는 관습헌법의 존재를 주장하나 이러한 관습헌법의 존재를 인정할 수 없다.

넷째, 행정중심복합도시의 건설이 헌법 제72조의 국민투표권 등을 침해할 가능성이 있는지 여부이다. <u>헌법 제72조는 국민투표에 부쳐질 중요정책인지 여부를 대통령이 재량에 의하여 결정하도록 명문으로 규정하고 있고 헌법재판소 역시 위 규정은 대통령에게 국민투표의 실시 여부, 시기, 구체적 부의사항, 설문 내용 등을 결정할 수 있는 임의적인 국민투표발의권을 독점적으로 부여하였다고 하여 이를 확인하고 있다.</u> 따라서 특정의 국가정책에 대하여 다수의 국민들이 국민투표를 원하고 있음에도 불구하고 대통령이 이러한 희망과는 달리 국민투표에 회부하지 아니한다고 하여도 이를 헌법에 위반된다고 할 수 없고 국민에게 특정의 국가정책에 관하여 국민투표에 회부할 것을 요구할 권리가 인정된다고 할 수도 없다.

그밖에 청구인들이 주장하는 청문권, 평등권 등의 기본권 침해에 대하여서도 다음과 같은 이유로 받아들일 수 없다. 국민들이 선출한 국회의원들이 의회에서 공개적인 토론과 타협을 통하여 적법한 절차를 거쳐 제정하는 법률에 대하여, 그 내용이 기본권을 제약하는 법률이라는 이유로 국민들에게 사전 청문절차를 보장하지 않았다고 다투는 것은 대표를 통하여 국민의 의사를 국가정책에 반영하는 의회주의와 대의민주주의의 기본취지에 부합되지 않는다. 국회입법에 대하여는 원칙적으로 일반 국민의 지위에서 적법절차에서 파생되는 청문권은 인정되지 아니하므로 청구인들의 경우 이 사건 법률에 의하여 그러한 기본권을 침해받을 가능성은 없다.

청구인들은 납세의무자인 국민의 열거되지 않은 기본권(헌법 제37조 제1항)으로서 자신이 납부한 세금을 국가가 효율적으로 사용하는지를 감시하고 그 사용에 대해 이의를 제기하거나 잘못된 사용의 중지를 요구할 수 있는 권리를 가진다고 주장한다. 그러나 헌법상 조세의 효율성과 타당한 사용에 대한 감시는 국회의 주요책무이자 권한으로 규정되어 있어(헌법 제54조, 제61조) 재정지출의 효율성 또는 타당성과 관련된 문제에 대한 국민의 관여는 선거를 통한 간접적이고 보충적인 것에 한정되며, 재정지출의 합리성과 타당성 판단은 재정분야의 전문성을 필요로 하는 정책판단의 영역으로서 사법적으로 심사하는 데에 어려움이 있을 수 있다.

라. 결 론

「신행정수도 후속대책을 위한 연기·공주지역 행정중심복합도시 건설을 위한 특별법」은 헌법에 위반되지 아니한다.

마. 재판관 권성과 재판관 김효종의 반대 의견

첫째, 행정 각 부처 중 73%가 행정도시에 소재하고 그 분야도 국방과 외교 등을 제외한 거의 전 분야에 걸치며, 경제 분야의 행정을 관장하는 모든 부처 및 정부의 경제활동을 전반적으로 기획하고 관리하는 기획예산처를 행정도시에 위치시키고 있다. 국무총리가 행정도시에 위치하게 됨에 따라 국정통할기능 중 매우 중요한 부분이 행정도시에서 수행되며, 정부의 정책을 심의하는 국무회의의 기능이 상당 부분 국무총리의 주재로 사실상 행정도시에서 수행되게 된다. 예산규모의 면에서 볼 때 국가행정예산의 대략 70%가 행정도시권에서 집행의 지휘를 받는다. 또한 행정도시에서 수행되는 행정기능은 최고수준의 고차원의 행정에 해당하므로 따라서 행정도시에서 수행될 행정기능은 행정의 중추기능에 해당한다고 말하지 아니할 수 없다. 따라서 이 사건 법률에 의한 중앙행정기관 등의 이전은 우리나라의 수도를 서울과 행정도시의 두 곳으로 분할하는 수도분할의 의미를 갖는다.

앞서와 같이 이 사건 법률에 의한 행정도시의 건설과 운영이 수도의 분할에 해당함이 분명하므로 이 사건 법률은 헌법 개정의 절차에 따라 국민투표에 의하여 국민이 결단할 사항인 수도의 분할 문제, 그리고 관습헌법이 규정하고 있는 기존의 단일수도를 분할하여 복수의 수도로 변경하는 헌법개정문제를 법률만으로 처리하여 버림으로써 헌법 개정을 위한 국민투표에 참여할 국민의 정치적 기본권을 침해한 것이다.

둘째, 이 사건 법률은 정부가 종전에 추진해 오던 신행정수도 건설사업을 계속적으로 추진하기 위하여 의원입법의 형식으로 마련한 것이다. 이 사건 법률은 이전범위를 축소한 것 외에는 신행정수도법과 그 체제나 내용에 있어서 대부분 동일하고, 건설되는 도시의 규모도 크게 다르지 아니하다. 행정도시가 정치·행정의 대부분 또는 상당 부분의 중추기능을 수행하여 수도로서의 지위를 가지는 이상 이 사건 법률이 비록 이전대상기관을 일부 축소하였다 하더라도 그것이 위헌성을 배제시킬 만큼 본질적인 것은 아니며 오히려 위헌성을 호도하는 형식적 분식에 그친다. 그러므로 이 사건 법률은 신행정수도법과 실질적으로 동일하여 그것이 가지고 있던 위헌성을 그대로 대유한다.

④ 과학교육중심도시로의 변경 무산과 세종특별자치시특별법 제정

1) 이명박 정부에로의 정권교체

행정중심복합도시 추진도 위헌이라는 헌법소원이 2005년 6월 15일에 각하되어 행정중심복합도시는 합헌성을 얻고 계속 추진되었다. 이렇듯 탄력을 받는 듯했던 행정중심도시 특별법에 의한 세종시 건설은 2007년 12월 행정부처 이전을 정면으로 반대하던 한나라당 이명박 후보의 대통령 당선으로 다시 한 번 운명의 갈림길에 서게 됐다. 세종시 수정론이 수면 위로 떠오른 것은 2009년 9. 3 개각 이후였다. 당시 정운찬 국무총리 후보자는 개각 발표 직후 "세종시는 경제

학자인 내 눈으로 볼 때 효율적인 모습은 아니다."라며 수정론에 불을 지폈다. 충청권에 정치적 기반을 둔 자유선진당을 비롯한 야당들은 거세게 반발했다. 또한 수정 반대론자인 한나라당 박근혜 전 대표는 세종시 수정 문제를 당 존립의 문제로 규정하면서 이른바 '원안 플러스 알파'를 요구하는 등 여·야 간, 여권 내 이명박 계파와 박근혜 계파 간 공방이 가속화됐다. 한동안 침묵을 지키던 이명박 대통령은 2009년 11월 27일 '국민과의 대화'를 통해 대국민 사과를 하면서 세종시 수정안의 역사적 당위성을 역설하고 청사진을 제시했다. 정부는 세종시 민관합동위를 발족시키는 등 수정안 마련에 한층 속도를 냈다. 정 총리는 충청 지역을 10여 차례나 방문해 직접 충청민들의 이해와 협조를 구하기도 했다.13) 이명박 정부는 합리적인 세종시 발전안 마련을 위한 추진체계로 2009년 11월 6일에 세종시 민관합동위원회를 구성·운영하였고, 3개 국책연구기관(국토연구원, KDI, 한국행정연구원)의 공동연구로 발전안을 마련하였다. 그 주요 내용을 살펴본다.14)

2) 행정중심복합도시 건설의 문제점 제기

신행정수도 후속대책을 위한 연기·공주지역행정중심복합도시 건설을 위한 특별법 및 동법 시행령에 근거한 행정중심복합도시 건설15)의 문제점으로 지적된 것은 첫째, 중앙부처 분산이전에 따른 국정비효율 문제가 경시되었다. 부처 분할에 따른 국회·부처 간 협의지연과 소통미흡 등으로 정책품질과 국가경쟁력이 저하되고 이동시간의 비용을 초래한다.16) 화상회의 등 IT기술이 가진 의사소통 측면에서의 내재적 한계를 간과하여 시스템 구축 후 무용지물화되고 있다.

---

13) http://weekly2.cnbnews.com/category/read.html?bcode=5820 CNB저널 216호, 2011. 4. 4.
14) 국토연구원, 세종시발전안 및 법률개정방향 공청회 자료, 2010. 2. 16, 국토연구원 공청회자료 #252.
15) 행정중심복합도시의 사업 현황은 다음과 같다. 위치·면적은 충남 연기·공주와 충북 청원 일원 총 297㎢(예정지역 72.91㎢ + 주변지역 223.77㎢)이다. 사업계획의 목표는 2030년까지 50만 명 규모의 행정중심복합도시 건설('15년까지 인구 15만, '20년까지 30만, '30년까지 50만 목표)이고, '12~'14년까지 9부2처2청 등 36개 행정기관을 단계별로 이전하는 것이다. 총사업비는 22.5조원(정부재정 8.5조원+LH공사 14조원)인데 이중 5.7조원(25.5%, '09.12 기준)이 집행되었다(그 중 4.9조원을 용지비로 집행함). 행정중심복합도시의 지위·구역·명칭 등을 규정한 세종시설치법안은 국회에 계류 중이었다.
16) 한국행정연구원은 국정비효율 문제로 인해 연간 3~5조원 비용이 발생되며, 향후 20년간 100조원 이상의 비용 발생을 추정하였다.

둘째, 자족용지부족, 인센티브미비 등으로 인구 50만 도시 실현이 불가능하다. 기존 계획상 자족기능이 크게 미흡하다. 원안은 거점 자족기능으로 중앙행정 외에 과학연구·대학·산업·국제교류 등을 제시하고 있으나, 이를 실제로 유치하기 위한 자족용지 비율이 6.7%에 불과하여, 실제 인구 50만 달성이 불가능한 상태다. 자족기능 유치를 위한 인센티브도 미비하다. 토지저가공급·세제 및 재정지원 등 구체적 유치 수단이 거의 없어 자족용지 6.7%마저도 채우기 어려운 상태다.

3) 새로운 발전모델(과학비즈니스벨트) 제시

새로운 발전모델로 제시된 것은 인구 50만의 자족도시로 미래 신성장동력 과학비즈니스벨트 거점도시로 한다는 것인 바, 그 기본 원칙은 다음과 같다. 중앙행정기관 대신 인구유발·경제적 파급효과가 큰 거점 자족기능을 유치하고, 과학벨트 거점도시로 육성하여 원안보다 알차고 실천 가능한 방안을 제시하였다. 도시조성을 2030년에서 2020년으로 사업기간을 10년 단축하여 도시를 조기에 활성화한다. 지역균형발전 효과가 큰 기업·대학 등을 중점 유치하여 실효성 있는 지역균형발전의 초석을 마련한다. 국가자원을 효율적으로 활용하며, 신속하고 확실한 실행을 담보한다.

세종시 발전모델은 글로벌·녹색성장시대에 세계적 경쟁력을 갖춘 도시로 건설하기 위해 과학(Science), 교육(Education), 경제(Economy), 녹색(Green), 글로벌(Global) 등 5대 신성장 기능을 중점 육성한다. 교육·과학 중심 경제도시를 조성하는 방안은 다음과 같다. 1. 도시자족성 확보를 위해 기업·대학 등 입지를 위한 자족용지를 3배 확대하여 약 25만개 일자리를 확보한다. 2. 교육·과학·산업 등 5대 자족기능[17]을 확보한다. 3. 맞춤형 부지공급 등 투자유치를 위한 인센티브를 마련한다. 4. 고품격 문화 공간 조성 등 우수한 정주여건을 조성한다. 5. 빠르고 편리한 도시·광역교통체계를 구축한다. 6. 주민지원 대책을 보강한다. 7. 과학비즈니스벨트를 활용한 연계구축 등 주변지역과 연계를 통한 지역균형

---

17) 5대 자족기능이란 국제과학비즈니스벨트 지정, 첨단·녹색기업 육성, 창조적 인재육성과 연구기반 조성을 위한 우수대학 유치, 환경과 성장이 조화되는 녹색도시 조성, 교육·과학 특화형 글로벌 투자유치 기반조성이다.

발전효과를 확산시킨다.

4) 행정도시특별법의 개정시도와 무산

행정중심복합도시 추진원안과 이명박 정부가 제시한 발전안의 차이는 도시의 기본성격을 '행정중심도시'에서 '교육과학중심의 경제도시'로 바꾸는 것이다. 그리고 사업기간을 '30년까지 단계적 개발에서 '20년까지 집중 개발하는 것이다. 목표인구는 50만(예정지역40만+주변지역10만)으로 같지만 산업·대학·연구기능을 대폭보강하고, 총고용(일자리)을 8.4만명에서 24.6만명으로 3배를 늘리는 것이다. 이를 위한 입법조치로 행정도시특별법을 개정하기 위한 입법예고(2010. 1. 27)를 한다. 그리고 국제과학비즈니스벨트 특별법을 제정하여 세종시를 과학벨트 거점지구로 지정한다.

2010년 3월 23일 세종시 수정 관련 5개 법안이 국회에 제출됐다. 그러나 2009년 6. 2. 지방선거에서 여권이 참패하자 여권 일각에서 세종시 '출구전략'의 필요성이 대두됐으며, 야당은 물론 '여당 내 야당'인 박근혜 계파도 수정안 폐기를 요구하고 나섰다. 이명박 대통령은 2010년 6월 14일 생방송 연설을 통해 "이제는 국회에서 결정해줄 것을 요청한다. 정부는 국회가 표결로 내린 결정을 존중할 것"이라며 공을 국회로 넘겼다. 한나라당과 민주당은 우여곡절 끝에 수정안을 6월 22일 국토교통위원회 전체회의에 상정해 토론 및 표결 절차를 거친 결과 찬성 12인, 반대 18인, 기권 1인으로 부결시켰다. 이후 한나라당 일부의원들이 세종시 수정안의 본회의 부의를 요구했고, 의원 66명의 서명을 받아 본회의에 제출했다. 여야는 6월 28일 세종시 수정안이 본회의에 상정되면 표결 처리키로 합의했고, 6월 29일 본회의 상정 및 표결을 통해 세종시 수정안을 부결시켰다. 수정안은 전체의원 291명 가운데 275명이 참여한 표결에서 찬성 105표, 반대 164표, 기권 6표로 부결됐다.[18] 이에 따라 9개월간 정국을 뜨겁게 달궜던

---

18) 박근혜 전 한나라당 대표는 이날 반대 토론자로 나서 "신뢰가 깨진다면 뒤집기와 분열이 반복될 것"이라며 "전 정권의 정책마다 뒤집는다면 이를 반대하는 국민들은 정권교체만 기다릴 것이고, 수정안이 우려하는 행정 비효율은 그것보다 작을 것"이라고 수정안 부결을 촉구했다. 이에 한나라당 임동규 의원은 "세종시 문제는 노무현 전 대통령의 선거공약으로 잘못된 정책으로 수도분할이자 행정비효율이 불러올 국가경쟁력의 문제"라며 "허허벌판에 세워진 행정타운은 자족기능은커녕 밤이면 불 꺼진 유령도시가 될 것"이라고 수정안의 본회

세종시 문제는 일단락됐다. 이후 행정안전부는 2010년 8월 20일 세종시로 이전할 정부기관을 9부 2처 2청 등 36개 기관으로 하는 '중앙행정기관 등 이전계획 변경'을 확정·고시했다.[19)]

5) 「세종특별자치시설치 등에 관한 특별법」 제정

2010년 12월 27일에 국회는 「세종특별자치시설치 등에 관한 법률」(법률 제 10419호)을 제정하여 세종시의 법적지위를 '직할' 특별자치시로 규정하고(동법 제5조), 동법률을 2012년 7월 1일부터 시행하기로 하였다. 동법률은 세종특별자치시를 설치함으로써 수도권의 과도한 집중에 따른 부작용을 시정하고 지역개발 및 국가 균형발전과 국가경쟁력 강화에 이바지함을 목적으로 하고 있다(동법 제 1조).

국가는 세종특별자치시의 지방자치 정착과 지역발전 실현에 필요한 관련 법령의 지속적인 정비 등 입법·행정상 조치를 하여야 한다. 국가는 세종특별자치시와 인접 지역이 상생발전을 이룰 수 있는 시책과 지원방안을 마련하여야 한다(제3조). 동법률은 세종특별자치시의 관할구역을 충청남도 연기군 전체(종전 연기군 폐지), 그리고 충청북도 청원군과 충청남도 공주시의 관할구역에서 일정 지역을 제외한 지역으로 확정하였다(동법 제6조). 세종특별자치시가 지역발전과 국토균형발전에 기여할 수 있도록 세종특별자치시의 중장기적 발전방안에 관한 사항, 세종특별자치시의 행정·재정 자주권 제고 및 사무처리 지원에 관한 사항 등을 심의하기 위하여 국무총리 소속으로 세종특별자치시지원위원회를 둔다.

중앙행정기관의 장은 각종 시책사업을 시행하는 경우에는 세종특별자치시를 우선적으로 지원할 수 있다(제11조). 동법률은 재정 특례도 규정하고 있다. 세종특별자치시장은 「지방세기본법」 제8조 제1항 및 제3항에도 불구하고 광역시세 및 구세 세목을 세종특별자치시세의 세목으로 부과·징수한다. 「지방교부세법」 제6조 제1항에도 불구하고 행정안전부장관은 세종특별자치시 설치 후 최초 도래하는 회계연도부터 5년 동안 세종특별자치시에 교부하는 보통교부세는 대

의 통과를 요청했다. '후대에 잘못된 포퓰리즘 정책으로 기록될 것'이라는 반대토론도 있었다. http://www.asiae.co.kr/news/view.htm?idxno=2010062916335089742 아시아경제, 2010. 6. 29.

19) http://weekly2.cnbnews.com/category/read.html?bcode=5820 CNB저널 216호, 2011. 4. 4.

통령령으로 정하는 바에 따라 매년 같은 법 제7조에 따른 기준재정수요액과 같은 법 제8조에 따른 기준재정수입액의 차액과 그 차액의 100분의 25의 이내의 금액을 더한 규모로 산정되도록 기준재정수요액을 보정할 수 있다(제12조).

「세종특별자치시 설치 등에 관한 특별법」에서는 세종시 의회 신설시 의원 선거를 실시하지 않고 연기군 의회의원 등에게 자격을 취득하도록 하는 동특별 법 부칙 제4조 제1항, 제2항[20])이 연기군 주민의 선거권 및 공무담임권을 침해 하는지에 관하여 연기군 주민 101명이 헌법소원을 제기하였다. 헌법재판소는 동특별법 부칙은 연기군 의회의원 등의 임기를 최대한 보장하고 의원선거 실시 로 인한 비용과 노력의 소모를 막아 세종시 의회를 안정적으로 구성하여 세종 시를 차질 없이 출범시키고자 하는 입법 목적이 정당하고, 연기군 의원들에게 자격을 부여한 것은 적절한 수단이며, 부칙조항은 연기군 주민의 의원선거권 내 지 피선거권 행사시기가 늦춰진 것에 불과하다고 심판하였다.[21])

5 종합 평가

1) 역사적 배경과 정치·경제적 환경

행정수도 건설에 대한 첫 시도는 1970년대 박정희 대통령이 하였는데, 그 배경은 서울인구의 과밀해소와 북한의 군사적 위협에 대한 대비책이었다. 그의 사망으로 행정수도 건설 계획은 무산되었고, 2002년 9월 30일에 새천년민주당 의 대통령후보 노무현은 선거공약으로 '수도권 집중 억제와 낙후된 지역경제를 해결하기 위해 청와대와 정부부처를 충청권으로 옮기겠다.'는 행정수도 이전계 획을 발표하였다. 제16대 대통령에 당선된 노무현은 국토의 균형발전을 핵심정

---

20) 부칙 제4조 제1항: 연기군 의회의원과 연기군에서 선출된 충남도 의회의원은 세종시 의회의 원 자격을 취득, 임기는 2014년 6월 30일까지이다. 부칙 제4조 제2항 전단: 선거구 해당구역 의 일부가 세종시에 편입된 공주시와 충남 도의회의원, 청원군과 충북 도의회의원은 세종시 가 설치된 날부터 14일 이내에 자신이 속할 지방의회를 선택하여 해당 의회에 서면 신고하고, 세종시 의회 선택 시 종전 지방의회 의원자격은 상실하고 세종시 의회의원 자격을 취득하며 그 임기는 2014년 6월 30일까지이다.

21) 헌재 2013. 2. 28. 2012헌마131.

책으로 추진하면서 2003년 4월에 신행정수도 건설추진 기획단을 발족하여 본격적으로 신행정수도 건설정책을 추진하였다. 대통령 선거에서 충청도민의 표심을 잡기위한 정치적 이유도 있었겠지만, 서울 내지 수도권에로의 인구와 경제·문화 등 모든 것의 집중에 대한 사회적 비용 내지 문제점이 오랫동안 정부의 큰 국정과제로 등장한 것이 주된 배경이 되었다고 할 수 있다.

2) 추구하는 기본가치

행정도시 건설의 목적 내지 추구가치는 국토의 균형발전이다. 국토의 균형발전은 헌법상의 가치라 할 수 있다. "국가는 국민 모두의 생산 및 생활의 기반이 되는 국토의 효율적이고 균형 있는 이용개발과 보전을 위하여 법률이 정하는 바에 의하여 그에 필요한 제한과 의무를 부과할 수 있다."고 규정하고 있으며(헌법 제122조), "국가는 지역 간의 균형 있는 발전을 위하여 지역경제를 육성할 의무가 있다."고 규정하고 있다(헌법 제123조 제2항). 노무현 참여정부는 국가균형발전을 핵심 국정과제로 추진하였는바, 「국가균형발전특별법」, 「신행정수도 건설을 위한 특별조치법」, 「지방분권특별법」이 그 3대 핵심법률이었다.

신행정수도 건설이 서울이 수도라는 관습헌법 논리로 위헌 결정된 후, 후속조치로 추진된 행정중심복합도시는 대통령을 제외하고 국무총리와 일부 행정부서만 이전하는 것이므로 행정의 효율성을 크게 떨어뜨리는 문제가 제기되었다. 이명박 정부가 행정부서를 옮기지 않는 대안으로 교육과학중심의 경제도시를 추진했지만 입법부에서 부결되었다. 입법부의 부결 배경은 다수 의석을 차지한 집권당의 내부갈등의 산물이었지만, 정책의 일관성 내지 신뢰라는 가치를 행정의 효율성보다 더 중요하다고 판단한 면도 없지 않다.

3) 입법부의 역할

신행정수도 특별조치법의 경우 국회가 2003년 12월 29일 투표의원 194인 중 찬성 167인으로 압도적으로 통과시켰지만(반대 13인, 기권 14인), 헌법재판소의 위헌 결정으로 동 특별법은 시행되지 못했다. 위헌 논리인 서울이 수도라는 것이 관습헌법이므로 헌법개정절차에 따랐어야 한다는 것은 성문법 체제에서 수용하기 어려운 법논리로 생각된다. 관습헌법 논리는 국회의원들도 사전에 생각할 수 없었던 논리였을 것이다. 그러나 수도 이전은 매우 중요한 결정이므로 적극적으로 대국민 홍보와 설득이 필요하지 않았나 하는 아쉬움이 있다.

한편 행정중심복합도시특별법의 경우에는 행정의 비효율 발생이 비교적 명확하고 누적되는 문제이므로 이명박 정부가 제시한 교육과학도시라는 정책대안을 입법부가 더 깊이 고민했어야 했다. 특히 다수당인 여당내의 반발로 동특별법의 개정안이 부결된 것은 대통령의 정치적 능력문제이기도 하다. 대통령이 중요 정책을 추진할 경우에는 여당이건 야당이건 반대의견을 가진 국회의원들을 설득하는 것이 대통령의 주요 역할임을 알 수 있게 해준 좋은 사례가 된다.

4) 정책집행 과정상의 법적 쟁점

앞서 지적한 것처럼 행정중심복합도시특별법은 헌법재판소에서도 합헌으로 결정되었으므로 대통령은 성실히 집행했어야 했다. 행정의 비효율이 명확함을 이유로 대통령이 이를 집행할 수 없다고 판단하여 교육과학중심의 경제도시로 변경하려는 시도는 대통령의 소신으로 이해할 수는 있지만 그런 경우 정운찬 국무총리를 앞세우기보다는 대통령이 직접 반대의원들을 설득하는 등 전면에서 직접 했어야 했다. 국회에서 행정중심복합도시특별법의 개정안이 부결된 다음에는 성실히 동 법률을 집행했어야 하는데, 4대강 사업에 많은 예산이 집중되어 행정중심복합도시 건설사업 진행에는 소극적이었다는 평가를 받았다. 정책 집행과정에서 입지 선정과 평가, 토지 수용과 보상, 이주민 대책 등은 전문적이고 기술적인 측면도 있지만 비교적 공정하게 원만히 추진되었다고 평가된다. 세종시는 우여곡절을 겪으며 2013년 12월 말 현재 국무총리실과 중앙부처 상당수가 이전하였다. 그러나 행정의 비효율성은 여전히 남아있는 과제이다. 이미 투자된 비용으로 이제 새롭게 변경할 수도 없는 상태로 진척되어 있다. 어떻게 효율적으로 잘 운영할 수 있는지가 앞으로의 과제라 할 수 있다.

5) 사법적 판단 및 사회적 영향

신행정수도특별조치법의 위헌결정은 우리 국민들로 하여금 헌법에 대한 관심을 일으킨 가장 대표적인 결정이다. 관습헌법을 인정할 것인지, 또, 인정하더라도 관습헌법의 효력을 성문헌법과 동일하게 취급할 것인지 많은 학리상의 쟁점을 던져주고 있다.[22] 성문헌법주의를 채택하고 있는 국가에서 헌법전에 규정되지 않은 불문헌법(대표적인 예로 관습헌법)을 인정할 것인가는 부정설과 긍정설로 나뉜다. 헌법재판소는 일정한 요건이 충족되면 관습헌법이 성립되는 '제한적 긍정설'의 입장이다. 그리고 관습헌법의 요건으로 헌법적 관행의 존재와 관행의 반복·계속성 및 관행의 항상성이 필요하다. 주관적 요소로 법공동체의 확신, 형식적 요소로 법규적 명확성이 요구된다. 이러한 요건을 충족한 관습헌법은 성문의 헌법과 동일한 효력을 가지며, 폐지의 절차도 헌법 제130조에 의한 헌법개정 절차에 따라야 한다는 것이 헌법재판소의 입장이다. 행정수도 이전사건은 헌법재판소가 관습헌법의 존재와 효력을 처음으로 확인한 사례로 헌법이론의 발전에 기여한 것으로 평가되기도 한다. 그러나 수도 서울에 대한 헌법적 확신, 헌법 제정자의 규율의사 등 성립요건을 갖추었는지의 사실인정여부가 핵심쟁점인데 결국은 이러한 사실인정여부가 독립된 사법기관의 전권이라는 점에서 한계가 있다.[23]

한편, 수도이전 문제를 헌법사항이라고 판단하고 이러한 정치문제를 헌법적 기준에 따라 판단하고 특별법을 위헌 결정함은 사법에 의한 정치적 개입의 성격이 짙다. 역으로 행정부에 의한 사법에 대한 정치적 개입시도가 이루어질 수 있음을 우려하는 지적에 귀를 기울일 필요도 있다.[24] 미국에서 1930년대 대공황 탈출을 위한 뉴딜입법정책을 연방대법원이 위헌결정하자, 루즈벨트 대통령이 시도한 대법원개혁안(Court Packing Plan)이 그러한 대표적 예이다.

신행정수도특별조치법에 대한 헌법재판소의 심판은 많은 논란을 가져온 결정이다.[25] 성문법 체계의 국가에서 서울이 수도라는 것이 관습헌법이라는 논거

22) 김상겸, "성문헌법국가에 있어서 관습헌법의 의미에 관한 연구", 「헌법학연구」 제11집 제1호, 2005, 295-315면.
23) 장석조, "관습헌법 및 불문헌법", 대법원 헌법연구회, 「헌법 판례 해설 1」 2010, 15-25면
24) 전광석, "수도이전특별법 위헌결정에 대한 헌법 이론적 검토", 「공법연구」 제33집 제2호, 2005, 23면.
25) 관련 논문에 김배원, "국가정책, 관습헌법과 입법권에 대한 헌법적 고찰", (「공법학연구」 제5권 제3호, 한국비교공법학회, 2004, 147-188면); 방승주, "수도가 서울이라는 사실이 과연 관습헌

는 쉽게 받아들이기에 어려운 문제가 있는 결정이었다. 수도의 이전은 명백한 성문법규에 위반되지 않는 한 '정치적' 판단의 문제로 대통령이나 입법부에서 결정함이 더 합리적이라고 생각되는 문제이다. 사법적 관여의 한계를 생각하게 하는 좋은 사례가 되었다. 헌법재판소의 위헌 결정으로 행정수도 건설이라는 국가 대형정책은 중지될 수밖에 없는 엄청난 영향을 가져왔다. 그리고 결과적으로는 행정부의 일부만 이전하는 '행정중심복합도시'가 되어 비효율이 수반되는 정책집행으로 미래의 큰 과제로 남겨진 모습이다. 이는 정책결정 과정의 중요성을 보여주는 좋은 사례가 아닐 수 없다.

법인가", (「공법학연구」 제6권 제1호, 한국비교공법학회, 2005, 153-175면) 등이 있다.

토론 주제

1. 국가의 균형발전 정책은 왜 필요하며, 어떤 정책이 추진되고 있는가?

2. 행정수도 이전은 왜 필요하며 수도가 서울이라는 것은 관습헌법이라고 할 수 있는가? 행정수도 특별법에 대한 헌법재판소의 위헌 결정은 타당한가?

3. 행정도시 특별법에 대한 헌법재판소의 결정은 행정수도 특별법에 대한 위헌 결정과 어떤 점에서 다르게 심판하였는가? 행정도시 특별법의 헌법소원 사건에서 제기된 청구인과 관계기관의 여러 가지 상반된 주장에 대하여 어떤 입장인가?

4. 행복도시 건설은 행정부를 분할하여 비효율이 발생하는 것이 확실한데 왜 추진되었는가? 이명박 정부가 수정하려던 교육과학중심의 경제도시는 어떤 문제가 있었는가? 정책결정에 대한 신뢰를 지키는 것이 행정의 효율성가치를 지키는 것보다 더 중요한가? 이런 문제를 어떤 절차로 해결했어야 했는가?

5. 대통령의 중요 정책결정이 성공하려면 누구와 사전협의가 되어야 하는가? 대통령이 입법부 및 사법부와 어떤 관계를 유지하여야 국정을 잘 운영할 수 있는가?

6. 세종시의 미래는 어떠할까? 성공하기 위한 핵심요소는 무엇인가?

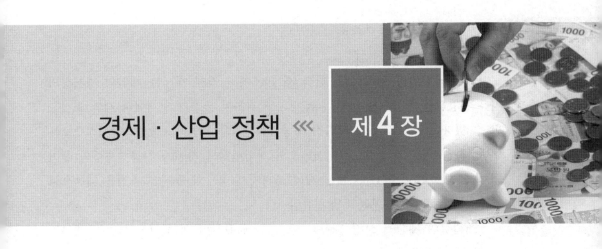

경제 · 산업 정책 ≪ 제**4**장

우리가 살아가는 과정에서 누구나 경제생활을 피할 수 없다. 본장에서는 경제 정책에서 가장 핵심인 재산권, 특히 토지재산권의 제한에 관련되는 정책의 법적 측면을 살펴본다. 첫째, 헌법에서 채택하고 있는 시장경제주의 원리의 핵심 내용인 재산권의 보장과 제한 원리를 언급한다. 둘째, 토지재산권의 제한에 대하여 구체적인 논점들이 잘 분석된 '토지거래허가제'의 위헌성 문제를 다룬 헌법재판소의 결정을 분석한다. 셋째, 토지소유 상한제 규제에 관한 결정을 분석한다. 넷째, 개발제한 구역의 토지이용 제한에 관한 결정을 살펴본다. 다섯째, 정책과 결정에 대한 종합적인 평가를 한다.

① 재산권의 보장과 제한에 관한 헌법규정

1) 헌법상의 재산권 보장

제1부 제2장에서 언급한 바와 같이 민주주의가 정치적 공동체로서의 한국 헌법의 원리라면 사회적 시장경제주의 또는 복지국가의 원리는 경제적 공동체

로서의 한국헌법의 원리이다. 헌법 제119조에서 경제 질서는 개인의 경제상의 자유와 창의를 바탕으로 하되, 사회정의를 위하여 국가가 경제에 규제와 조정을 할 수 있다는 규정을 두어 사회적 시장경제원칙을 선언하고 있다. 구체적으로는 헌법 제23조의 재산권 보장과 제15조의 직업선택의 자유가 시장경제주의 실천의 핵심 내용이고, 제120조에서 제127조까지가 국가의 규제와 조정을 내용으로 하는 사회주의 경제 원리의 실천규범이다.

헌법상의 재산권 보장 내용과 그 제한에 관하여 살펴본다. 헌법은 제23조 제1항에서 "모든 국민의 재산권은 보장된다."고 하는 재산권 보장에 대한 일반적인 원칙규정을 두고 있으며, 아울러 제13조 제2항은 소급입법에 의한 재산권의 박탈을 금지하고, 제119조 제1항은 "대한민국의 경제 질서는 개인과 기업의 경제상의 자유와 창의를 존중함을 기본으로 한다."고 규정하고 있다.

토지소유권이 그 핵심인 재산권이라는 관념은 그것이 생겨난 이후 오늘에 이르기까지 끊임없이 변천되어 온 역사에 기초를 두고 있으므로 헌법에 규정된 재산권보장의 성격을 명백히 파악하기 위해서는 토지소유권 관념에 대한 역사적 이해가 필요하다.[1]

2) 재산권의 특징과 제한

이와 같은 추세에 따라 우리 헌법도 재산권은 보장하되 "그 내용과 한계는 법률로 정한다."(헌법 제23조 제1항 후문)라고 하여 법률로 재산권을 규제할 수 있음을 명백히 하고 있을 뿐만 아니라 "재산권의 행사는 공공복리에 적합하도록

---

1) 근대 초기자본주의하에서의 토지소유권의 개념은 개인적 재산권으로서 타의 제약을 받지 않는 절대적 사권(私權)으로서 존중되게 되었으며, 토지소유권의 불가침성, 자유성, 우월성을 의미하는 토지소유권의 절대성은 1789. 8. 27. 불란서 인권선언 제17조의 「소유권은 신성불가침」이라는 규정으로 극명하게 표현되었던 것이다. 그러나 위와 같은 개인주의·자유주의에 바탕을 둔 자본주의도 빈부의 격차가 현격해지고 사회계층 간의 분화와 대립갈등이 첨예화하는 사태에 이르게 됨에 따라 대폭 수정되게 되었다. 토지소유권은 신성불가침의 것이 아니고 실정법상의 여러 의무와 제약을 감내하지 않으면 안 되는 것으로 되었으니 이것이 이른바, 「토지공개념 이론」인 것이다. 1919년에 제정된 독일의 바이마르(Weimar)헌법 제153조가 "소유권은 헌법에 의해서 보장된다. 그 내용과 한계는 법률로 정한다.", "소유권은 의무를 진다. 소유권의 행사는 동시에 공공의 복리에 대한 봉사이어야 한다."고 규정한 것은 위와 같은 소유권의 개념변화를 잘 표현하고 있는 것이다. 우리나라의 경우도 재산권 관념의 변천에 상응하여 재산권의 상대성, 재산권 행사의 공공복리 적합의무를 명시하고 있다(헌재 1989. 12. 22. 88헌가13).

하여야 한다."(헌법 제23조 제2항)라고 하여 재산권행사의 사회적 의무성도 강조하고 있는 것이다.

　재산권행사의 공공복리 적합의무는 헌법상의 의무로서 입법형성권의 행사에 의해 현실적인 의무로 구체화되고 있는데, 「국토의 계획 및 이용에 관한 법률」 외에도 「국토기본법」, 「건축법」, 「주택법」, 「공익사업을 위한 토지 등의 취득 및 보상에 관한 법률」, 「산업입지 및 개발에 관한 법률」, 「낙농진흥법」, 「한국농어촌공사 및 농지관리기금법」, 「농어업·농어촌 및 식품산업 기본법」, 「농지법」, 「산림기본법」, 「대기환경보전법」 기타 여러 법률에서 토지소유자에게 각종의 의무와 부담을 과하고 있는 것이다.

　재산권행사의 사회적 의무성은 헌법 또는 법률에 의하여 일정한 행위를 제한하거나 금지하는 형태로 구체화된다. 토지는 수요가 늘어난다고 해서 공급을 늘릴 수 없기 때문에 시장경제의 원리를 그대로 적용할 수 없으며, 고정성, 인접성, 본원적 생산성, 환경성, 상린(相隣)성, 사회성, 공공성, 영토성 등 여러 가지 특징을 지닌 것으로서 자손만대로 향유하고 함께 살아가야 할 생활터전이다.

　토지의 자의적인 사용이나 처분은 국토의 효율적이고 균형 있는 발전을 저해하고 특히 도시와 농촌의 택지와 경지, 녹지 등의 합리적인 배치나 개발을 어렵게 하기 때문에 사회는 토지에 대하여 다른 재산권의 경우보다 더욱 강하게 사회공동체 전체의 이익을 관철할 것을 요구하는 것이다. 그래서 토지에 대하여서는 헌법이 명문으로 "국가는 국민 모두의 생산 및 생활의 기반이 되는 국토의 효율적이고 균형있는 이용·개발과 보전을 위하여 법률이 정하는 바에 의하여 그에 관한 필요한 제한과 의무를 과할 수 있다."(헌법 제122조)라고 하여 일반 재산권규정(헌법 제23조)과는 별도로 규정하고 있다.

　우리 국민의 토지에 대한 강한 소유욕은 전통적으로 내려 온 가족주의적 농업사회에서 비롯된 것인데, 농업사회에 있어서는 토지가 생계의 절대수단이고 가족중심적 가치관은 토지를 후대에 상속시켜 안전한 생활을 보장해주려는 의식을 낳게 하였던 것이다. 이러한 관념은 고도의 산업사회가 된 오늘날에 와서도 그대로 이어져 기업가나 개인이나 생산과 주거에 필요한 면적이상의 토지를 보유하여 토지가격의 등귀를 치부의 수단으로 하려는 경향이 있는 것이다.

그렇기 때문에 토지재산권에 대하여서는 입법부가 다른 재산권보다 더 엄격하게 규제를 할 필요가 있으며 이에 관한 입법부의 입법재량의 여지가 넓다.[2]

2   토지거래허가제에 관한 헌법재판소 결정

토지정책과 관련한 가장 대표적인 결정은 1989년에 있었던 '토지거래허가제'이다. 헌법재판소는 이 결정에서 재산권의 사회적 의무성과 토지재산권의 본질적인 내용을 다루었는 바, 동 결정을 분석해 본다.[3]

1) 사건 개요와 심판 대상

이 사건은 「국토이용관리법」 위반사건의 피고인인 강○해가 위 재판의 전제가 된 「국토이용관리법」 제21조의3 제1항, 제31조의2의 위헌여부심판을 제청신청함에 따라 1988년 12월에 서울지방법원이 헌법재판소에 위 법률의 조항들에 대한 위헌여부의 심판을 제청한 것이다. 강○해는 도지사의 허가 없이 1988년3월 중순경부터 같은 해 5월말 경까지의 사이에 규제구역으로 고시된 충남 당진군 송악면 소재 임야 2,000평 외 5건 도합 5,690평을 미등기 전매하여 2,275만원의 전매차익을 취득한 혐의 등으로 구속 기소되어 징역 1년의 구형을 받은 자이다.

「국토이용관리법」(1982. 12. 31. 법률 제3642호로 일부개정된 것)

제21조의3 ① 규제구역 내에 있는 토지에 관한 소유권 또는 지상권 기타 사용·수익을 목적으로 하는 권리로서 대통령령이 정하는 권리를 이전 또는 설정을 체결하고자 하는 당

---

2) 재산권행사의 사회적 의무성을 헌법 자체에서 명문화하고 있는 것은 사유재산제도의 보장이 타인과 더불어 살아가야 하는 공동체생활과의 조화와 균형을 흐트러뜨리지 않는 범위 내에서의 보장임을 천명한 것으로서 재산권의 악용 또는 남용으로 인한 사회공동체의 균열과 파괴를 방지하고 실질적인 사회정의를 구현하겠다는 국민적 합의의 표현이라고 할 수 있으며 사법(私法)영역에서도 신의성실의 원칙이라든가 권리남용금지의 원칙, 소유권의 상린관계 등의 형태로 그 정신이 투영되어 있는 것이다(헌재 1989. 12. 22. 88헌가13).

3) 이하의 내용은 헌재 1989. 12. 22. 88헌가13(토지거래허가제에 대한 위헌법률심판 사건) 결정 원문을 이해하기 쉽도록 편집·구성하였다.

사자는 공동으로 대통령령이 정하는 바에 의하여 관할도지사의 허가를 받아야 한다. 허가받은 사항을 변경하고자 할 때에도 또한 같다.
제31조의2 다음 각 호의 1에 해당하는 자는 2년 이하의 징역 또는 500만원 이하의 벌금에 처한다. 다만, 제5호의 경우에는 3년 이하의 징역 또는 500만원 이하의 벌금에 처한다.
1. 제21조의3 제1항의 규정에 위반하여 허가없이 토지 등의 거래계약을 체결하거나 사위(詐僞) 기타 부정한 방법으로 토지 등의 거래계약허가를 받은 자.

「국토이용관리법」 제21조의2에서 건설부장관은 토지의 규제지역을 지정할 수 있게 하였고,4) 제21조의4에서 허가기준을 규정하고 있다.5)

2) 제청이유와 관계기관의 의견

제청법원과 제청신청인의 위헌심판제청 이유는 다음과 같다. 헌법 제23조는 사유재산권을 보장하고 있고, 헌법 제37조 제2항에 의하면 이러한 재산권은 법률로써 제한할 수 있으나, 그 경우에도 재산권의 본질적인 내용이 침해될 수 없다. 「국토이용관리법」 제21조의3 제1항, 제31조의2는 재산권의 주된 내용인 처분의 자유를 제한(허가)내지 금지(불허가)하는 것이므로 헌법 제23조, 제37조 제2항에 위반되는 규정이라고 해석될 여지가 있으므로 위헌여부의 심판을 제청한다. 법률에 의한 기본권의 제한은 헌법 제37조 제2항에 나타나 있는 최소제한의 원칙과 본질적 내용 침해금지의 원칙에 따라야 한다. 그런데 토지거래허가제는 토지의 처분과 취득을 금지하는 것이므로 이는 계약자유의 원칙을 완전히 부정하고 재산권의 본질적 내용을 침해하는 것인 동시에 토지거래규제에 있어서 가장 극단적인 방법에 해당되어 최소제한의 원칙도 부정하고 있는 것이다.
이러한 주장에 대하여 법무부장관과 건설부장관의 의견은 다음과 같다. 헌

---

4) 「국토이용관리법」 제21조의2(규제구역의 지정) ① 건설부장관은 토지의 투기적인 거래가 성행하거나 성행할 우려가 있고, 지가가 급격히 상승하거나 상승할 우려가 있는 구역을 5년 내의 기간을 정하여 규제구역으로 지정할 수 있다.
5) 「국토이용관리법」 제21조의4(허가기준) ① 도지사는 제21조의3 제1항의 규정에 의한 허가신청이 다음 각 호의 1에 해당하는 경우에는 허가를 하여서는 아니 된다. 1. 토지소유권이전의 경우 그 계약예정금액이 표준지가(標準地價)에 대통령령이 정하는 적정률을 곱한 금액과 당해 토지에 대하여 대통령령이 정하는 취득·관리에 소요된 비용액의 원리금을 합산한 금액을 초과한 경우. 2. 토지 등의 거래로 취득한 토지의 이용목적이 다음 각 호의 1에 해당되지 아니한 경우. 가. 자기의 거주용 주택용지에 공(供)하고자 하는 것인 때.

법 제23조 제1항 후문 및 제122조에 의하면 사유재산권 특히 토지소유권의 내용과 한계는 법률로 정하도록 되어 있다. 그런데 「국토이용관리법」 소정의 토지거래허가제는 투기적인 거래라고 인정되는 경우 일정한 기간 동안만 토지의 처분권을 제한하는 것이므로 헌법상의 재산권 법정주의(財産權法定主義)에 형식적으로나 실질적으로 합치되는 것이어서 위헌이라고 볼 수 없고, 오히려 토지의 정상적인 거래를 유도함으로써 헌법 제23조 제2항의 이념을 실현시키는 것이다. 재산권의 본질적인 내용의 침해라 함은 그 침해로 재산권이 그의 본래 목적을 달성할 수 없을 정도로 유명무실하게 되는 것을 말하는데, 토지거래허가제는 토지의 처분을 전면적으로 금지하는 것이 아니라 특정지역에 한해서 일정한 기간을 정하여 정상거래가 아닌 투기적 거래 등일 경우에만 제한하는 것이다. 또한 구제절차로서 토지소유자에게 불허가처분에 대한 이의 신청권과 토지매수청구권을 부여하고 있으므로 사유재산권의 본질적인 내용을 침해하는 것이라고 할 수 없다. 토지거래허가제에 따른 제한은 국민 모두가 수인(受忍)하여야 할 토지재산권에 내재된 부담으로서 토지재산권의 본질적인 내용을 침해하는 것으로 볼 수 없다.

3) 쟁점과 판단

입법부라고 할지라도 수권의 범위를 넘어 자의적인 입법을 할 수 있는 것은 아니며 사유재산권의 본질적인 내용을 침해하는 입법을 할 수 없음은 물론이다(헌법 제37조 제2항 후단). 재산권의 본질적인 내용을 침해하는 경우라고 하는 것은 그 침해로 사유재산권이 유명무실해지고 사유재산제도가 형해화(形骸化)되어 헌법이 재산권을 보장하는 궁극적인 목적을 달성할 수 없게 되는 지경에 이르는 경우라고 할 것이다. 사유재산제도의 전면적인 부정, 재산권의 무상몰수, 소급입법에 의한 재산권박탈 등이 본질적인 침해가 된다. 토지거래허가제가 재산권의 본질적 침해인가에 관하여서는 철학과 가치관의 여하에 따라 결론이 달라질 수 있는 것이다. 그리고 기본권의 본질적인 내용의 침해가 설사 없다고 하더라도 과잉금지의 원칙에 위반할 수는 없다.

가. 토지거래허가제와 사유재산제도의 본질적인 내용 침해 여부

사유재산제도하에서 재산권의 핵심적인 요소라고 할 수 있는 처분권을 제한 또는 금지하고 있는 토지거래허가제는 재산권의 본질적인 내용을 침해하는 것이라는 견해에 대하여 살펴본다. 「국토이용관리법」이 규제하고자 하는 것은 모든 사유지가 아니고 투기의심지역 또는 지가폭등지역의 토지에 한정하고 있다는 점과 규제기간이 5년 이내인 점, 설사 규제되더라도 거래목적, 거래면적, 거래가격 등에 있어서 기준에 위배되지 않는 한 당연히 당국의 거래허가를 받을 수 있어 처분권이 완전히 금지되는 것은 아닌 점 및 당국의 거래불허가처분에 대하여서는 불복방법이 마련되어 있는 점 등을 종합해볼 때 토지거래허가제는 사유재산제도의 부정이라 보기는 어렵고 다만 그 제한의 한 형태라고 봐야 할 것이다. 생산이 자유롭지 않은 토지에 대하여 처분의 자유를 인정하지 않고 이를 제한할 수밖에 없음은 실로 부득이한 것이며 토지거래허가제는 헌법이 명문으로 인정하고 있는(헌법 제122조) 재산권 제한의 한 형태로서 재산권의 본질적인 침해라고는 할 수 없는 것이다.

나. 토지거래허가제와 사적자치의 원칙 내지 보충의 원리 위배 여부

우리 헌법 제23조 제1항, 제119조 제1항에서 추구하고 있는 경제 질서는 개인과 기업의 경제상의 자유와 창의를 최대한도로 존중·보장하는 자본주의에 바탕을 둔 시장경제질서이므로 국가적인 규제와 통제를 가하는 것도 보충의 원칙에 입각하여 어디까지나 자본주의 내지 시장경제질서의 기초라고 할 수 있는 사유재산 제도와 아울러 경제행위에 대한 사적자치의 원칙이 존중되는 범위 내에서만 허용될 뿐이다. 토지거래허가제는 위 기본원칙, 특히 그 중에서도 사적자치(私的自治)의 원칙에 대한 중대한 침해이므로 위헌이라는 주장에 대한 다수의견인 합헌 논거는 다음과 같다.

국민의 건전한 양식과 양심에 따른 자율적 규제로 토지투기가 억제되기 어렵다는 것은 수많은 토지투기의 사례와 지가폭등의 현실이 이를 잘 보여 준다. 이에 대한 정부의 규제는 불가피한 것이라고 아니할 수 없는 것이다. 토지거래허가제는 헌법이 정하고 있는 경제 질서와도 아무런 충돌이 없다고 할 것이므로 이를 사적자치의 원칙이나 헌법상의 보충의 원리에 위배된다고 할 수 없을 것이다.

다. 토지거래허가제와 헌법상 과잉금지의 원칙의 위배 여부

국가가 어떠한 목적을 달성함에 있어서는 어떠한 조치나 수단 하나만으로서 가능하다고 판단할 경우도 있고 다른 여러 가지의 조치나 수단을 병과하여야 가능하다고 판단하는 경우도 있을 수 있으므로 과잉금지의 원칙이라는 것이 목적달성에 필요한 유일의 수단선택을 요건으로 하는 것이라고 할 수는 없는 것이다. 토지의 투기적 거래 억제라는 목적달성을 위하여서도 한 가지 또는 여러 가지의 조치나 수단을 취할 수 있다고 할 것이고, 그 방법의 선택은 현실의 토지의 상태, 투기적 거래의 상황, 정도 등 여러 요인들에 의해서 결정될 성질의 것이며, 이는 입법권자의 입법재량의 범위에 속하는 문제라고 할 것이다.

결국 토지거래허가제가 과잉금지의 원칙에 위반되느냐는 토지소유권의 상대성, 토지소유권 행사의 사회적 의무성, 우리나라의 토지문제와 그와 밀접히 결부된 산업·경제상의 애로, 주택문제의 심각성, 토지의 거래실태, 투기적 거래의 정도 등을 종합하여 판단하지 않을 수 없다. 현재 그것이 전혀 목적에 적합하지 아니하다거나 따로 최소 침해의 요구를 충족시켜 줄 수 있는 최선의 방법이 제시되어 있다거나 아니면 쉽게 찾을 수 있다거나 함과 같은 사정이 없는 상황에서는 토지거래허가제를 비례의 원칙 내지 과잉금지의 원칙에 어긋난다고 할 수는 없다고 할 것이다.

라. 벌칙규정과 과잉금지의 원칙 위반 여부

토지거래허가제가 합헌이라고 할지라도 그 행위의 법률적 효력을 부인하였으면 벌칙은 벌금형 정도로 족하다고 할 것인데도 자유형까지 규정하고 있는 것은 과잉금지의 원칙에 위배되는 전형적인 사례라 할 것이라는 견해에 대하여 살펴본다.6)

---

6) 「국토이용관리법」은 무허가의 토지거래계약을 무효로 하고 있고(「국토이용관리법」 제21조의3 제7항), 관할등기소에서는 무허가거래의 등기접수를 거부하고 있으므로(「부동산등기법」 제40조 제1항 제4호), 물권적 변동을 가져오는 무허가거래라는 것은 당초부터 있을 수가 없는 것이다. 따라서 물권변동이 뒤따르지 않는 거래행위에 대하여 자유형까지 규정하고 있는 「국토

토지의 투기적 거래가 국민경제에 미치는 악영향이라든가 건전한 근로의욕의 침해 등 국민의 건전한 정신과 생활을 오염시키는 면이 크다. 또 투기에서 얻어지는 이득은 막대하여 벌금형으로서는 그 범죄에의 유혹을 차단하기 어렵고 따라서 벌칙의 일반 예방적 기능을 기대하기 어렵기 때문에 벌금형으로 투기적 거래를 억제하는 데는 스스로 한계가 있다고 할 것이다. 그리고 우리나라에서는 중간생략의 등기와 명의신탁제도가 오랜 판례법으로 인정되고 있는 실정이기 때문에 등기가 뒤따르지 않는 사실상의 토지거래가 얼마든지 행하여질 수 있을 것이라는 것도 쉽게 예상할 수 있다. 국가가 행정의 실효성을 보장하기 위하여 통상의 가벼운 수단으로 그 목적을 달성할 수 없는 경우에는 자유형으로 처벌할 수 있다. 토지투기 억제를 위하여 벌금형으로 미흡하다고 판단될 경우 자유형으로 규제하는 것은 부득이하다고 할 것이고 따라서 벌금형과 선택적으로 징역형을 규정한 것은 입법재량의 문제이며 과잉금지의 원칙에 위반된다고 할 수 없는 것이다.

마. 토지거래허가제와 매수청구제와의 관계(재판의 전제성 유무)

「국토이용관리법」은 토지거래허가제의 구제방법으로 제21조의5에서 이의신청제를 규정하고 있으며, 제21조의15에서 매수청구제를 규정하고 있다. 불허가의 처분을 받은 토지 등의 소유자로 하여금 도지사에 대하여 당해 토지 등에 관한 권리의 매수를 청구할 수 있게 하고 있고, 이때 "매수청구를 받은 도지사는 당해 토지 등에 대하여 국가·지방자치단체·한국토지주택공사 기타 대통령령이 정하는 정부투자기관 및 공공단체 중에서 매수할 자를 지정하여 토지를 예산과 같은 법률 제21조의4 제1항 제1호에 규정된 가격의 범위 내에서 매수하게 하여야 한다."라고 규정하고 있는 것이다.

매수청구제는 이의신청제와 함께 토지거래허가제에 따르는 피해를 줄이기 위한 구제의 한 방법으로 규정되어 있는 것이므로 제도의 구조논리상 매수청구제는 토지거래허가제와 상호 관련이 있는 제도이기는 하지만 그것이 심판상 불가분의 일체관계에 있는 제도는 아니라고 할 것이다. 본건의 경우 위헌제청이

이용관리법」 제31조의2의 벌칙규정은 지나친 것이라는 견해가 있을 수도 있는 것이다.

된 심판의 대상은 토지 등의 거래계약에 대한 허가규정과 그 벌칙규정의 위헌 여부에 관해서이고 매수청구권문제와는 직접 관련이 없으므로 장차 매수청구권 과 관련하여 위헌여부심판제청이 있다면 그때 가서 위헌여부를 가리는 것이 구 체적 규범통제절차를 채택하고 있는 우리헌법이나 헌법재판소법의 규정취지에 합당하다.

4) 결 론

토지거래허가제 규정은 헌법에 위반되지 아니한다(5인합헌). 벌칙규정은 위 헌의견(5인)이 과반수이나 위헌결정의 정족수에 미달이어서 헌법에 위반된다고 선언할 수 없다.

5) 재판관 한병채, 재판관 최병률, 재판관 김문희, 재판관 김진우의 반 대의견

토지거래허가제로 인한 재산권침해의 구제방법의 하나인 「국토이용관리 법」 제21조의15[7]가 헌법이 요구하는 재산권의 보장과 정당한 보상의 원리에 어 긋난다는 점이다. 매수청구제도가 토지거래허가처분을 받지 못한 토지 등에 관 한 소유자가 그 권리를 정당한 값으로 환가할 수 있는 적정한 수단이 되기 위하 여서는 우선 그 매수청구권이 실효성이 있어야 하고, 그러기 위하여서는 토지 등의 소유자로부터 매수청구를 받은 도지사는 의무적으로 이를 매수하여야만 하도록 규정되어야 한다. 뿐만 아니라 의무적으로 매수됨에 있어 형성되는 매매 가격은 적어도 공공필요에 의하여 재산권이 수용될 때 이루어지는 보상가격에 준하여 결정되지 않으면 안 된다. 그렇지 않으면, 헌법 제23조 제3항이 규정한 정당보상의 원리에 반하는 것이다.

「국토이용관리법」 제21조의15는 토지 등에 관한 권리의 매수청구를 받은

---

7) 「국토이용관리법」 제21조의15(토지 등에 관한 매수청구) ① 제21조의3 제1항의 규정에 의한 허가신청을 한 경우에 있어서 불허가의 처분을 받은 토지 등의 소유자는 도지사에 대하여 당 해 토지 등에 관한 권리의 매수를 청구할 수 있다. ② 제1항의 규정에 의한 토지 등에 관한 권리의 매수청구를 받은 도지사는 당해 토지 등에 대하여 국가·지방자치단체·한국토지개발 공사 기타 대통령령이 정하는 정부투자기관 및 공공단체 중에서 매수할 자를 지정하여 당해 토지를 예산과 제21조의4 제1항 제1호에 규정된 가격의 범위 내에서 매수하게 하여야 한다.

도지사에게 당해 토지 등에 관하여 매수할 자를 지정하여 그로 하여금 당해 토지를 예산과 표준지가를 근거로 하여 산출한 가격의 범위 내에서 매수하게 하도록 규정하고 있을 뿐이다. 위 법률의 조항은 불허가의 처분을 받은 토지 등의 소유자가 당해 토지 등에 관한 권리의 매수청구를 하였다고 하더라도 도지사와의 사이에 매매관계가 형성되게 하는 것이 아님은 물론, 도지사로부터 당해 토지를 매수할 자로 지정을 받은 단체로 하여금 매수에 응하게 하는 강제수단에 관한 규정을 두고 있지도 않다. 따라서 위 법률의 조항이 규정한 매수청구권은 도지사에게 매수의 의무를 강제한 형성권이 아닌 단순한 매매의 알선을 촉구하게 하는 내용의 것에 불과하고, 그 결과 당해 토지를 매수할 자로 지정을 받은 단체가 예산상의 이유를 들어 매수에 불응하게 되면, 토지 등의 소유자는 그 소유의 토지에 대한 처분할 기회를 봉쇄당할 수밖에 없다. 또한, 매수할 자로 지정된 단체가 매수에 응하는 경우라고 하더라도 그 가격은 예산의 범위 내에서 표준지가를 산출근거로 하여 결정되는 금액을 상한으로 하는 반면, 하한에 대한 아무런 제한을 받지 않게 규정하고 있다.

「국토이용관리법」 제21조의15는 토지거래허가제에 대한 헌법의 정신에 합치하는 적절한 구제방법으로 볼 수 없어 헌법에 위반되고, 나아가 위 제21조의3 역시 정당한 보상 등 적절한 구제수단 없이 개인의 재산권의 행사를 제한하는 것이어서 헌법 제23조 제1항 및 제3항에 위반되게 된다. 토지거래허가제 자체의 위헌성을 인정하는 이상 그에 대한 처벌법규인 같은 법률 제31조의2도 당연히 헌법에 위반된다고 보아야 하고, 위 법률조항이 형사처벌을 규정한 법규임을 고려할 때, 즉시 주문에서 위헌임을 선언하여야 한다고 판단한다.

③ 택지소유상한제에 관한 헌법재판소 결정

「택지소유상한에관한법률」에 관한 헌법소원 결정을 살펴본다.[8]

---

8) 이하의 내용은 헌재 1999. 4. 29. 94헌바37(택지소유상한제에 대한 헌법소원심판 사건) 결정 원문을 이해하기 쉽도록 편집·구성하였다.

1) 사건 개요와 심판 대상

청구인들은 서울, 부산, 대전 등에서 소유상한을 초과하여 택지를 소유하는 사람들로서 택지초과소유부담금 부과처분에 대해서 법원에 취소소송을 제기하고 소송계속 중에 법원에 위헌법률심판제청을 신청하였으나 법원이 이를 기각하여 헌법소원심판을 청구하였다. 심판의 대상은 「택지소유상한에관한법률」 제7조 제1항 제1호, 제19조 제1호·제2호, 제24조 제1항, 부칙 제2조 제1항·제2항 등이다.

「택지소유상한에관한법률」(1989. 12. 30. 법률 제4174호로 제정된 것)

제7조 ① 이 법에서 따로 정하는 경우를 제외하고는 1가구의 구성원 전부가 소유할 수 있는 택지의 총면적의 한계(이하 "가구별 소유상한"이라 한다)는 다음 각호와 같다. 1. 특별시 및 광역시 지역의 택지: 660제곱미터

제19조 다음 각호의 1에 해당하는 택지에 대하여는 초과소유부담금(이하 "부담금"이라 한다)을 부과한다. 1. 가구별 소유상한을 초과하는 가구별 택지 2. 법인이 소유하는 택지

제24조 ① 부담금의 부과율은 다음 각호와 같다. 1. 제19조의 규정에 의한 부과대상택지에 해당하게 된 날부터 2년이내인 택지에 대하여는 년 100분의 6(주택이 건축되어 있는 택지인 경우에는 년 100분의 4) 2. 제19조의 규정에 의한 부과대상택지에 해당하게 된 날부터 2년을 초과하는 택지에 대하여는 년 100분의 11(주택이 건축되어 있는 택지인 경우에는 년 100분의 7) 3. 제11조 제1항 제3호의 규정에 의하여 허가를 받고 취득한 택지에 대하여는 년 100분의 7 4. 제16조 또는 제18조의 규정에 의한 처분 또는 이용·개발 의무 기간내에 처분 또는 이용·개발하지 아니한 택지에 대하여는 년 100분의 11

부칙 제2조 ① 이 법 시행당시(제7조 제1항 제2호 및 제3호의 지역의 경우에는 당해 지역의 택지에 대한 이 법의 시행당시를 말한다. 이하 같다) 가구별 소유상한을 초과한 택지 및 법인소유의 택지는 제10조 내지 제15조의 규정에 의한 허가를 받거나 신고 또는 통보를 한 택지로 본다. ② 제1항의 규정에 의한 택지의 소유자는 이 법 시행일부터 대통령령이 정하는 기간내에 제10조 내지 제15조의 규정에 의한 사용계획서를 제출하여야 한다.

---

2) 청구인들의 주장과 제청신청기각 이유

청구인들의 주장은 다음과 같다. 개인의 경우에는 가구별로 극히 제한적으로 정하여진 상한을 초과하여 택지를 소유하고 있다는 이유만으로, 그리고 법인

의 경우에는 택지를 소유하고 있다는 이유만으로, 그 소유의 경위나 형태에 대한 배려나 적절한 매수청구 제도의 보완 없이 처분의무 등을 부과하고, 이를 이행하지 않을 경우 일률적으로 연 4% 내지 연 11%의 고율의 부과율에 의한 초과소유부담금을 부과하는 것은, 실질적으로 수년 내에 재산을 무상으로 몰수하는 결과가 되어 비례의 원칙 내지 과잉금지의 원칙에 반하고, 사유재산제를 근간으로 하는 헌법의 재산권 보장의 원칙에 위반되어 그 본질적 내용을 침해하는 것일 뿐만 아니라, 개인과 기업의 경제상의 자유와 창의를 존중함을 기본으로 하는 헌법상의 자유경제질서의 기본원리에 위반되고, 나아가 헌법 제23조 제3항이 규정하는 정당보상의 원칙에도 위반될 뿐더러, 택지에 대하여만 부과함으로써 택지소유자를 다른 토지소유자 또는 다른 재산소유자에 비하여 차별하는 것이 되어 평등의 원칙에도 위반된다.

부칙 제2조, 제3조 제1항에 의하여 법 시행 이전부터 택지를 소유하고 있는 자에게도 부담금을 부과하도록 한 것은 소급입법에 의한 재산권의 박탈을 금지한 헌법 제13조 제2항을 위반하여 재산권의 본질적 내용을 침해한 것인 동시에 개인과 기업의 경제상의 자유와 창의의 존중을 규정한 헌법 제119조 제1항에 위반되고, 이미 소유하고 있던 택지의 처분 등을 강요하는 셈이 되어 거주이전의 자유 및 직업선택의 자유 내지는 영업활동의 자유마저 침해하는 것이 된다.

법원의 위헌심판제청신청 기각결정 이유의 요지는 다음과 같다. 법은 택지의 유한한 물적 특성과 가용택지의 과점에서 기인하는 폐해를 방지하기 위하여 택지를 소유할 수 있는 면적의 한계를 정하여 국민이 택지를 고르게 소유하도록 유도하고 택지의 공급을 촉진함으로써 국민의 주거생활의 안정을 도모하고 사회공동체의 동화적 통합을 추구하기 위한 것이고, 국토의 효율적이고 균형있는 이용·개발과 보전 등 공공복리의 목적을 달성하기 위한 것이다. 이러한 입법목적과 소유상한, 처분 또는 이용·개발의무, 부담금 등 법에 의한 규제의 내용으로 보아, 법에 의한 제한이 사유재산권 자체를 부인하거나 재산권 등 헌법상 기본권의 본질적인 내용을 침해하는 정도로 과도하다고 할 수 없다. 법은 부칙 제1조에 의해 공포 후 2월이 경과한 날부터 시행하되, 부칙 제3조 제1항에 의하여 시행일부터 2년이라는 상당한 기간 동안 부담금 부과를 유예함으로써 그 기간 내에 택지를 처분하거나 이용·개발하여 부담금의 부과라는 제재를 벗어날 수 있도록 하고 있을 뿐 아니라, 납부의무자는 원하는 경우 제31조의 규정에 의하여 건설교통부장관에게 당해 택지의 매수를 청구할 수 있도록 하고 있다. 또한 법이 시행되기 전부터 택지를 소유하고 있는 사람에게도 부담금을 부과할 수 있도록 하고 있는 것은 과거의 사실에 관하여 새로운 부담을 지우는 것이 아니라 계속된 사실 또는 새로운 법규 시행 후에 발생한 부과요건에 대하여 새로운 법령을 적용하는 것이다. 그러므로 법 시행 이전부터 택지를 소유하고 있는 자에게도 부담금을 부과할 수 있다고 하더라도 헌법에 위반된다고 할 수 없다.

3) 쟁점과 판단

가. 특별시·광역시에 있어서 택지의 소유상한을 200평으로 정한 것이 과잉금지원칙에 어긋나는지 여부

재산권은 개인이 각자의 인생관과 능력에 따라 자신의 생활을 형성하도록 물질적·경제적 조건을 보장해 주는 기능을 하는 것으로서 재산권의 보장은 자유 실현의 물질적 바탕을 의미한다. 특히 택지는 인간의 존엄과 가치를 가진 개인의 주거로서 그의 행복을 추구할 권리와 쾌적한 주거생활을 할 권리를 실현하는 장소로 사용되는 것이라는 점을 고려할 때, 소유상한을 지나치게 낮게 책정하는 것은 개인의 자유 실현의 범위를 지나치게 제한하는 것이라고 할 것이다. 소유목적이나 택지의 기능에 따른 예외를 전혀 인정하지 아니한 채 일률적으로 200평으로 소유상한을 제한함으로써, 어떠한 경우에도, 어느 누구라도, 200평을 초과하는 택지를 취득할 수 없게 한 것은, 적정한 택지공급이라고 하는 입법목적을 달성하기 위하여 필요한 정도를 넘는 과도한 제한으로서, 헌법상의 재산권을 과도하게 침해하는 위헌적인 규정이다.

나. 「택지소유상한에관한법률」시행 이전부터 택지를 소유하고 있는 사람
   에게도 일률적으로 택지소유상한제를 적용하는 것이 신뢰이익을 해하
   는지 여부

택지를 소유하게 된 경위나 그 목적 여하에 관계없이 법 시행 이전부터 택
지를 소유하고 있는 개인에 대하여 일률적으로 소유상한을 적용하도록 한 것은,
입법목적을 달성하기 위하여 필요한 정도를 넘는 과도한 침해이자 신뢰보호의
원칙 및 평등원칙에 위반된다.

다. 기간의 제한 없이 고율의 부담금을 계속적으로 부과하는 것이 재산권
   에 내재하는 사회적 제약에 의하여 허용되는 범위를 넘는지 여부

10년만 지나면 그 부과율이 100%에 달할 수 있도록 아무런 기간의 제한도
없이 매년 택지가격의 4% 내지 11%에 해당하는 부담금을 계속적으로 부과할
수 있도록 하는 것은 짧은 기간 내에 토지재산권을 무상으로 몰수하는 효과를
가져 오는 것이 되어, 재산권에 내재하는 사회적 제약에 의하여 허용되는 범위
를 넘는 것이다.

라. 매수청구 후에도 부담금을 부과하는 것이 과잉금지원칙에 위반되는지
   여부

부담금 납부의무자가 건설교통부장관에게 매수청구를 한 이후 실제로 매수
가 이루어질 때까지의 기간 동안에도 부담금을 납부하도록 하는 것은 입법목적
을 달성하기 위하여 필요한 수단의 범위를 넘는 과잉조치로서 최소 침해성의
원칙에 위반되어 재산권을 과도하게 침해하는 것이다.

4) 결 론

택지소유의 상한을 정한 법 제7조 제1항, 법 시행 이전부터 이미 택지를 소
유하고 있는 택지소유자에 대하여도 택지소유 상한을 적용하고 그에 따른 처분
또는 이용·개발의무를 부과하는 부칙 제2조, 그리고 부담금의 부과율을 정한
법 제24조 제1항이 위헌으로 법 전부를 시행할 수 없다고 인정된다. 법 전부에

대하여 위헌결정을 한다.

5) 재판관 이영모의 반대의견

법이 660㎡ 이상으로 택지의 소유상한 한도를 정한 것은 그 지역이 6대 대도시인 점을 감안하면, 이 법 제정당시의 심화된 택지부족현상, 주택의 열악한 수급상황, 부동산 투기로 인한 부의 집중, 무주택자의 상대적 소외감 등 여러 정책요인을 고려할 때, 입법목적 실현을 위한 합리적인 불가피한 수단이므로 필요한 정도를 넘는 과도한 제한이나 합리적인 비례관계를 벗어난 것은 아니다.

법 시행 이전부터 소유하고 있는 택지에 대하여 어떤 목적으로 소유하는지를 묻지 않고 일률적으로 법 시행 이후에 취득하는 택지와 마찬가지로 처분 또는 이용·개발의무를 지우면서, 유예기간을 일률적으로 정한 것은 입법자가 재량의 범위를 뚜렷하게 벗어나 기존 택지소유자의 신뢰이익과 재산권을 과도하게 침해하거나 또 평등원칙에 위반되는 것으로 볼 수 없다.

부담금의 부과율은, 입법목적 달성의 시급성·효율성과 부담금에 따른 재산권 침해의 정도를 감안한 필요성·합리성에 터잡은 입법자의 판단이 정책적·기술적인 재량의 범위를 뚜렷하게 벗어나지 않는 한, 헌법위반으로 볼 것은 아니다. 법이 정한 저율 및 고율의 부담금의 부과를 통한 택지재산권의 제한정도와 입법목적 달성을 위한 공익의 높은 비중 및 긴급성을 종합적으로 비교 형량할 때, 법이 추구하는 목적과 법이 선정한 입법수단 사이에는 균형적인 관계가 성립한다.

---

4 개발제한구역(그린벨트) 지정에 관한 헌법재판소 결정

개발제한구역을 지정한 「도시계획법」 제21조에 대한 위헌소원 결정을 살펴본다.[9]

---

9) 이하의 내용은 헌재 1998. 12. 24. 89헌마214, 90헌바16, 97헌바78(병합)(개발제한구역 지정에 대한 헌법소원심판 사건)결정 원문을 이해하기 쉽도록 편집·구성하였다. 이 결정은 헌법 제21조 제1항과 제3항의 관계에 있어 헌법재판소가 기존의 경계이론(Schwellentheorie)을 버리

1) 사건 개요와 심판 대상

사건의 개요는 다음과 같다. 청구인 배○섭, 김○복, 김○수는 「도시계획법」 제21조 제1항에 따라 1972. 8. 25. 건설부 고시 제385호에 의하여 개발제한구역으로 지정된 토지 위에 관할관청의 허가를 받지 아니하고 1978년경부터 1980년경까지 사이에 건축물을 건축하여 소유하고 있다는 이유로 인천 서구청장으로부터 위 건축물에 대한 철거대집행계고처분 등을 받고, 서울고등법원에 위 서구청장을 상대로 위 건축물철거대집행계고처분 등의 취소를 구하는 행정소송을 제기하였다. 위 청구인들은 위 소송계속중 서울고등법원에 법 제21조가 재판의 전제가 된다고 주장하면서 위헌심판제청을 신청하였으나 위 신청이 기각되자, 이 사건 헌법소원심판을 청구하였다.

「도시계획법」(1971. 1. 19. 법률 제2291호로 제정되어 1972. 12. 30. 법률 제2435호로 개정된 것)
제21조 ① 건설교통부장관은 도시의 무질서한 확산을 방지하고 도시주변의 자연환경을 보존하여 도시민의 건전한 생활환경을 확보하기 위하여 또는 국방부장관의 요청이 있어 보안상 도시의 개발을 제한할 필요가 있다고 인정되는 때에는 도시개발을 제한할 구역의 지정을 도시계획으로 결정할 수 있다. ② 제1항의 규정에 의하여 지정된 개발제한구역 안에서는 그 구역지정의 목적에 위배되는 건축물의 건축, 공작물의 설치, 토지의 형질변경, 토지면적의 분할 또는 도시계획사업의 시행을 할 수 없다. 다만, 개발제한구역 지정당시 이미 관계법령의 규정에 의하여 건축물의 건축·공작물의 설치 또는 토지의 형질변경에 관하여 허가를 받아(관계법령에 의하여 허가를 받을 필요가 없는 경우를 포함한다) 공사 또는 사업에 착수한 자는 대통령령이 정하는 바에 의하여 이를 계속 시행할 수 있다. ③ 제2항의 규정에 의하여 제한될 행위의 범위 기타 개발제한에 관하여 필요한 사항은 대통령령으로 정하는 범위 안에서 건설교통부령으로 정한다.

고 분리이론(Trennungstheorie)을 채택한 것으로 평가되는 기준이 된다. 독일연방통상법원(BGH)이 발전시켜온 경계이론(문턱이론)에 따르면 재산권의 사회적 제약이나 공용수용은 모두 재산권에 대한 제한으로서 별개의 제도가 아니며, 따라서 보상이 필요하지 않은 재산권의 사회적 제약은 '재산권제한의 정도'가 일정 수준을 넘으면 자동적으로 보상이 필요한 공용수용으로 바뀌게 된다. 즉 이 이론에서는 보상이 필요 없는 사회적 제약과 보상이 필요한 공용수용 사이의 경계설정, 다시 말해 보상의무가 시작되는 경계선이 어디인지가 핵심적인 문제로 등장한다. 이에 반해 독일연방헌법재판소가 '자갈채취판결'을 통해 발전시킨 분리이론에 따르면 재산권의 내용과 수용은 헌법적으로 서로 다른 독립된 제도로서 재산권제한의 효과가 아니라 입법의 형식과 목적에 따라 구분된다고 한다. 허완중, "재산권의 보장과 위헌심사"(헌법재판 심사기준 2012-C-1), 헌법재판연구원, 2012, 17-30면.

2) 청구인들의 주장과 제청신청기각 이유

청구인들의 주장은 다음과 같다. 첫째, 국민의 재산권을 제한하는 사항은 반드시 법률로써 정하여야 하고 다른 국가기관에 이를 위임할 수 없는데, 이 사건 법률조항은 개발제한구역의 지정을 법률로써 정하지 아니하고 이를 건설교통부장관 및 건설교통부령에 의하여 할 수 있도록 위임하였으므로, 재산권보장을 규정한 헌법 제23조에 위반된다. 뿐만 아니라, 법 제21조 제1항이 규정하고 있는 '도시의 무질서한 확산을 방지'한다는 문구는 그 뜻이 모호하고, '도시주변의 자연환경을 보전하여 도시민의 건전한 생활환경을 확보'한다는 문구도 그 개념이 지나치게 광범위하고 그 뜻이 모호하므로, 위 법률조항은 헌법에 위반된다. 둘째, 개발제한구역에 있어서는 법 제18조 및 제19조에 의한 일반도시계획 제한과는 달리 예외적으로 건설교통부령에 의하여 제한적으로 규정된 개발행위만 허용함으로써 토지 및 지상물 관련행위가 포괄적으로 전면 금지되고 있다. 그러므로 법 제21조는 재산권의 본질적인 내용을 침해하는 것이고, 입법목적에 비추어 볼 때 개인의 재산권을 지나치게 제한하는 것이므로 헌법 제37조 제2항에도 위반된다. 셋째, 개발제한구역 내의 토지에 대한 사용제한은 토지 소유자에 대하여 손실보상을 요하는 특별한 희생에 해당한다. 그럼에도 불구하고 이 법에는 제21조에 의하여 개발제한구역으로 지정된 토지에 대하여 손실보상을 위한 아무런 규정을 두고 있지 아니하다. 그러므로 손실보상 없이 재산권을 제한하는 법 제21조는 헌법 제23조 제1항·제3항에 위반된다. 넷째, 개발제한구역으로 지정된 토지에 대하여는 주변 환경이나 주거환경의 변화가 허용되지 않는 결과 부득이 다른 지역으로 거주지를 이전할 수밖에 없게 되거나, 그나마 재력이 충분하지 아니한 경우에는 토지를 매도하려고 해도 적시에 적정한 가격으로 매도하기가 어려워 거주의 이전이 쉽지 아니하고, 그 결과 직업선택도 제한되고 있다. 그러므로 법 제21조는 개발제한구역 내에 거주하는 주민의 헌법상 보장된 거주이전의 자유와 직업선택의 자유를 침해하므로 헌법 제14조, 제15조에 위반된다.

서울고등법원은 다음의 이유로 위헌제청 신청을 기각결정 하였다. 법 제21

조 소정의 제한은 재산권의 행사는 공공복리에 적합하도록 하여야 한다는 헌법 제23조 제2항의 규정에 따른 재산권의 내재적 제약의 범위 내에 속하는 일반적인 제한으로서 누구도 그 제한을 수인하지 않으면 안 되는 것이다. 이는 특정인에 대하여 특별한 재산상의 희생을 강제하는 것이라고도 볼 수 없으므로 이와 같은 제한을 부과함에 있어서는 이에 대한 손실보상을 요건으로 할 필요가 없다. 따라서 이 사건 법률조항이 재산권행사의 제한에 따른 보상규정을 두고 있지 아니하였다 하여 헌법 제23조 제3항에 위반된다고 볼 수 없다.

3) 쟁점과 판단

가. 토지재산권의 사회적 의무성과 토지재산권 제한의 내용

헌법상의 재산권은 토지소유자가 이용가능한 모든 용도로 토지를 자유로이 최대한 사용할 권리나 가장 경제적 또는 효율적으로 사용할 수 있는 권리를 보장하는 것을 의미하지는 않는다. 입법자는 중요한 공익상의 이유로 토지를 일정 용도로 사용하는 권리를 제한할 수 있다. 따라서 토지의 개발이나 건축은 합헌적 법률로 정한 재산권의 내용과 한계 내에서만 가능한 것일 뿐만 아니라 토지재산권의 강한 사회성 내지는 공공성으로 말미암아 이에 대하여는 다른 재산권에 비하여 보다 강한 제한과 의무가 부과될 수 있다.

개발제한구역을 지정하여 그 안에서는 건축물의 건축 등을 할 수 없도록 하고 있는 「도시계획법」 제21조는 헌법 제23조 제1항, 제2항에 따라 토지재산권에 관한 권리와 의무를 일반·추상적으로 확정하는 규정으로서 재산권을 형성하는 규정인 동시에 공익적 요청에 따른 재산권의 사회적 제약을 구체화하는 규정이다. 토지재산권은 강한 사회성, 공공성을 지니고 있어 이에 대하여는 다른 재산권에 비하여 보다 강한 제한과 의무를 부과할 수 있으나, 그렇다고 하더라도 다른 기본권을 제한하는 입법과 마찬가지로 비례성원칙을 준수하여야 하고, 재산권의 본질적 내용인 사용·수익권과 처분권을 부인하여서는 아니 된다.

개발제한구역 지정으로 인하여 토지를 종래의 목적으로도 사용할 수 없거나 또는 더 이상 법적으로 허용된 토지이용의 방법이 없기 때문에 실질적으로

토지의 사용·수익의 길이 없는 경우에는 토지소유자가 수인해야 하는 사회적
제약의 한계를 넘는 것으로 보아야 한다.

나. 「도시계획법」 제21조의 위헌 여부

「도시계획법」 제21조에 의한 재산권의 제한은 개발제한구역으로 지정된 토
지를 원칙적으로 지정 당시의 지목과 토지현황에 의한 이용방법에 따라 사용할
수 있는 한, 재산권에 내재하는 사회적 제약을 비례의 원칙에 합치하게 합헌적
으로 구체화한 것이라고 할 것이다. 그러나 종래의 지목과 토지현황에 의한 이
용방법에 따른 토지 사용을 할 수 없거나 실질적으로 사용·수익을 전혀 할 수
없는 예외적인 경우에도 아무런 보상없이 이를 감수하도록 하고 있는 한, 비례
의 원칙에 위반되어 당해 토지소유자의 재산권을 과도하게 침해하는 것으로서
헌법에 위반된다.

다. 헌법불합치결정을 하는 이유와 그 의미

「도시계획법」 제21조에 규정된 개발제한구역제도 그 자체는 원칙적으로 합
헌적인 규정인데, 다만 개발제한구역의 지정으로 말미암아 일부 토지소유자에
게 사회적 제약의 범위를 넘는 가혹한 부담이 발생하는 예외적인 경우에 대하
여 보상규정을 두지 않은 것에 위헌성이 있는 것이다. 보상의 구체적 기준과 방
법은 헌법재판소가 결정할 성질의 것이 아니라 광범위한 입법형성권을 가진 입
법자가 입법 정책적으로 정할 사항이므로, 입법자가 보상입법을 마련함으로써
위헌적인 상태를 제거할 때까지 위 조항을 형식적으로 존속케 하기 위하여 헌
법불합치결정을 하는 것이다. 입법자는 되도록 빠른 시일 내에 보상입법을 하여
위헌적 상태를 제거할 의무가 있고, 행정청은 보상입법이 마련되기 전에는 새로
개발제한구역을 지정하여서는 아니 되며, 토지소유자는 보상입법을 기다려 그
에 따른 권리행사를 할 수 있을 뿐 개발제한구역의 지정이나 그에 따른 토지재
산권의 제한 그 자체의 효력을 다투거나 위 조항에 위반하여 행한 자신들의 행
위의 정당성을 주장할 수는 없다.

라. 보상입법의 의미 및 법적 성격

입법자가 「도시계획법」 제21조를 통하여 국민의 재산권을 비례의 원칙에 부합하게 합헌적으로 제한하기 위해서는, 수인의 한계를 넘어 가혹한 부담이 발생하는 예외적인 경우에는 이를 완화하는 보상규정을 두어야 한다. 이러한 보상규정은 입법자가 헌법 제23조 제1항 및 제2항에 의하여 재산권의 내용을 구체적으로 형성하고 공공의 이익을 위하여 재산권을 제한하는 과정에서 이를 합헌적으로 규율하기 위하여 두어야 하는 규정이다. 재산권의 침해와 공익 간의 비례성을 다시 회복하기 위한 방법은 헌법상 반드시 금전보상만을 해야 하는 것은 아니다. 입법자는 지정의 해제 또는 토지매수청구권제도와 같이 금전보상에 갈음하거나 기타 손실을 완화할 수 있는 제도를 보완하는 등 여러 가지 다른 방법을 사용할 수 있다.

4) 결 론

그러므로 이 사건 법률조항은 헌법에 위반되나 보상에 관한 새로운 입법이 이루어질 때까지 그 효력을 형식적으로 존속하도록 함이 상당하여 다음과 같이 결정한다. <u>「도시계획법」 제21조는 헌법에 합치되지 아니한다.</u> 재판관 조승형은 이 사건의 경우는 단순위헌결정을 하여야 한다는 의견을 제시한다.

5) 재판관 이영모의 반대의견

모든 국민이 건강하고 쾌적한 환경에서 생활할 수 있는 환경권(헌법 제35조)은 인간의 존엄과 가치·행복추구권의 실현에 기초가 되는 기본권이므로 사유재산권인 토지소유권을 행사하는 경제적 자유보다 우선하는 지위에 있다. 「도시계획법」 제21조는 국가안전보장과 도시의 자연환경·생활환경의 관리·보전에 유해한 결과를 수반하는 환경오염을 미리 예방하기 위한 필요한 규제입법으로 헌법상 정당성을 갖추고 있다. <u>이 규제입법으로 말미암아 나대지의 이용이 제한되고 사정변경으로 인하여 토지를 사용하는 데 지장이 생겼다고 할지라도 입법목적에 어긋나지 않는 범위 안에서 이를 이용할 수 있는 방법이 있고 또 소유권</u>

자의 처분을 제한하는 것도 아니므로, 이와 같은 규제는 성질상 재산권에 내재
된 사회적 제약에 불과하다고 보는 것이 상당하다. 법익의 비교 형량면에서도
토지소유권자가 입는 불이익보다 국가안전보장과 공공복리에 기여하는 이익이
더 크고, 입법목적 달성을 위한 합리성·필요성을 갖추었으므로 헌법 제37조 제
2항 소정의 기본권제한 한계요건을 벗어나는 것도 아니다. 뿐만 아니라 제한구
역 내의 다른 토지와 서로 비교하여 보아도 나대지와 사정변경으로 인한 토지
의 특성상 재산권의 박탈로 볼 수 있는 정도의 제한을 가한 합리성이 없는 차별
취급으로 인정되지 아니하므로 평등원칙을 위반한 것도 아니다.

5 종합 평가

1) 역사적 배경과 정치·경제적 환경

재산, 특히 토지재산권은 오랜 역사를 통하여 개인의 생존 내지 경제 수단
으로 가장 중요시해왔다. 특히 1980 – 90년대에는 한국의 비약적인 경제 발전으
로 토지와 아파트에 대한 투기가 심해졌고, 그러한 과정에서 재산권에 대한 강
도 높은 제한 정책이 생긴 것이다. 투기지역에 대한 토지거래허가제, 택지소유
상한제가 모두 90년대 전후에 발생한 쟁점이었다. 개발제한구역 설정은 무분별
한 개발로 인한 환경보호라는 다른 측면도 있지만 쟁점이 된 계기는 개인 재산
권 행사에 대한 지나친 제한에 대한 반발이었다. 토지뿐 아니라 아파트 같은 부
동산에 대한 투기열풍은 2000년대에 와서도 계속되었으며, 본장에서는 다루지
않았지만 종합부동산세 제도를 만들어 세금을 통한 투기억제 정책을 추진하였
으며, 현재도 부동산 정책은 국민들이 가장 예민하게 생각하는 정부의 핵심 정
책이라 할 수 있다.

2) 추구하는 기본가치

본장에서 다룬 경제정책 분야의 주요 사례들은 개인의 재산권 보장이라는

헌법상의 기본권 가치와, 한편으로 투기 억제와 같은 정부의 공익실현 가치를 비교 형량하는 것이었다. 양 당사자의 이익 내지 추구가치 간에 충돌이 생길 경우 그 조정원리는 헌법에 규정된 재산권 제한 원리와 그 한계 논리이다. 토지거래허가제의 사례에서 헌법재판소는 세밀하게 양자의 상충된 이익 내지 주장을 비교형량하고 있다. 양당사자의 주장을 보면 일응 양쪽 모두 일리가 있는 주장들인데, 정부측의 주장은 비교적 현실적 선택이고, 개인의 재산권 보장 논리는 비교적 권리존중의 이상적인 주장인 경우가 많다. 그러나 우리사회가 '민주화' 내지 실질적 법치주의를 구현하는 국가로 발전할수록 개발제한구역을 지정한 도시계획법의 위헌판결처럼 후자의 권리 보장이 더 강조되고, 보호받는다는 점을 유의할 필요가 있다.

3) 입법부의 역할

재산권 제한의 한계에서 자주 활용되는 조정 장치가 과잉금지 원칙인데, 헌법재판소는 경제영역, 특히 재산권의 제한의 경우에는 엄격한 심사기준이 아닌 합리성 심사에 의존하고 있다. 따라서 재산권 제한시 명백히 잘못된 또는 과잉으로 기본권을 제한하는 정책수단이 아니면 입법형성의 자유로 입법부의 권한으로 인정해주고 있음을 분석된 사례에서 알 수 있다. 따라서 국회는 경제영역에서 정책수단의 선택에 비교적 폭 넓은 재량권을 가진 셈이다. 그런데도 위헌판결이 나오는 법률이라면 입법과정에서 전문성이 부족하였거나 이해관계인의 의견수렴을 제대로 하지 않은 졸속입법의 결과일 것이다. 국회는 최근에 「개발제한구역의 지정 및 관리에 관한 특별법」(2014. 5. 21 시행, 법률 제12633호)을 제정하여 개발제한구역 주민의 생활편익과 복지증진 및 생활비용의 보조 등을 위한 지원사업과 훼손지 복구사업을 할 수 있도록 하였다(동법 제16조). 그리고 개발제한구역의 토지를 종래의 용도로 사용할 수 없어 효용이 크게 감소되거나 토지의 사용 및 수익이 사실상 불가능한 경우에 토지매수를 청구할 수 있고, 국토교통부장관은 5년 범위에서 대상토지를 매수하도록 하고 있다(동법 제17조 – 제20조).

4) 정책집행 과정상의 법적 쟁점

경제정책은 매우 복잡하여 공무원들의 전문지식이 더욱 중요하다. 관련 공무원들은 법률안을 입안할 때는 물론이고 그 집행과정에서 발생할 효과, 특히 부작용 등을 세밀히 사전에 분석하여야 한다. 본장에서 분석된 판례들에서 알수 있듯이 공무원들이 공공이익을 위한 정당한 입법목적만 있다고 그 집행을 위한 정책수단을 행정 편의적으로 쉬운 방편을 찾아서는 위헌판단을 받을 수 있음을 알아야 한다. 토지거래허가제가 합헌판단은 받았지만 4명이나 위헌의견이 있었고, 택지소유상한제와 보상방안 없는 개발제한구역 지정이 대표적인 예라 할 수 있다.

5) 사법적 판단 및 사회적 영향

경제정책 분야의 심판은 위헌성이 있더라도 그 영향력이 크고, 국가의 재정 등과 연계되어 있어 단순위헌으로 선언하기보다 많은 경우 입법부에게 관련 법률을 개정하도록 헌법불합치라는 변형결정을 하는 경우가 많다. 개발제한구역을 지정한 도시계획법 결정이 그러하였다. 개발제한구역을 지정한 도시계획법 결정은 재산권 제한에 관한 종래의 경계이론을 따르지 않고 분리이론을 채택하여 헌법 제23조 제1항과 제2항에 의한 재산권의 내용과 한계와 제23조 제3항에 의한 '공용침해'를 구분하였다. 즉, 보상을 요하지 않는 '사회적 제약'(제23조 제1항, 제2항)과 보상을 요하는 '수용'(제23조 제3항)은 별개의 제도가 아니고 재산권 제한의 정도에 따른다는 것이 경계이론이다. 그러나 분리이론은 재산권의 내용 및 한계규정과 재산권의 수용이 분리된 별개의 제도로 보고 재산권의 자유보장적 의미를 강조하며, 재산권의 존속보장이 가치보장(보상)으로 대체될 수 없다는 논리이다. 따라서 재산권 제한의 유형에 보상을 수반하지 않는 내용규정, 보상 의무 있는 내용규정, 보상을 요하는 공용침해로 구분한다. 개발제한구역을 설정한 도시계획법 제21조는 헌법 제23조 제1항 및 제2항에 의한 내용규정인데, 예외적으로 가혹한 부담이 부과되는 경우에 '공용제한'으로 전환되는 것이 아니고 '보상 의무 있는 내용규정'에 해당하며 그러한 보상 규정이 없으므로

재산권에 대한 과도한 침해로 위헌이 된다고 설명된다.[10]

　　문민정부 이후의 헌법재판소는 과거와는 달리 많은 위헌 결정을 하여 국민의 헌법상의 기본권을 실질적으로 구현하는 데 큰 기여를 하고 있다고 할 수 있다. 특히 정부에 많은 부담을 주는 경제영역에서도 적극적인 위헌 내지 헌법불합치 결정을 하고 있음을 본장의 사례분석에서 알 수 있다. 이러한 결정들이 사회에 미치는 영향은 당사자의 권리보호는 물론이고 제도의 변화를 가져와 그 파급효과가 매우 크다 하겠다.

---

10) '공용제한'은 국가의 구체적인 공적 과제를 수행하기 위하여 이미 형성된 구체적 재산권을 전면적 또는 부분적으로 박탈하거나 제한하는 것이다. 배인구, "개발제한구역과 토지재산권의 사회적 제약", 대법원 헌법연구회, 「헌법 판례 해설 1」 2010, 514-518면.

토론 주제

1. 재산권이 왜 중요하며, 재산권을 제한하는 헌법 원리는 무엇인가? 재산권 보장과 공공복리 내지 공익달성 간에 충돌이 생기는 경우 그 조정 방법은 무엇인가?

2. 토지의 특수성은 무엇이며, 헌법재판소에서 다룬 토지거래허가제의 다섯 가지 쟁점은 무엇인가?

3. 토지소유 상한제와 개발제한구역의 토지이용 제한에 관한 헌법재판관의 합헌 논거와 위헌 논거는 무엇인가?

4. 토지초과이득세법(토초세법)에 대한 헌법재판소의 헌법불합치결정(1994. 7. 29. 92헌바49)의 내용은 무엇인가?

5. 종합부동산세의 과세방법을 '인별합산'이 아니라 '세대별 합산'으로 규정한 「종합부동산세법」(2005. 12. 31. 법률 제7836호로 개정된 것)의 법적 쟁점들은 무엇이었으며 헌법재판소는 어떤 결정을 하였는가?(2008. 11. 13. 2006헌바112).

6. 2012년 대통령 선거에서 정책공약으로 제기된 '경제민주화'의 구체적인 내용은 무엇이며, 그것을 실현시킬 수 있는 정책수단에는 어떤 것이 있는가?

환경보호 정책 ≪ 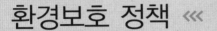 제5장

개발위주의 빠른 경제발전은 생활을 풍요롭게 하였지만, 그 부작용으로 심각한 환경 파괴를 수반하게 된다. 본장에서는 첫째, 개발에 따른 환경보호의 중요성과 헌법적 보장, 그리고 환경영향평가의 중요성을 언급한다. 둘째, 대규모 국책사업이었던 새만금사업의 추진과정 및 현황, 환경단체와의 논쟁, 새만금사업의 과제와 전략을 살펴본다. 셋째, 개발과 환경보존 가치가 구체적으로 쟁점화되었던 새만금사업에 대한 대법원의 판결을 분석한다. 넷째, '4대강 살리기 마스터플랜'에 따른 '한강 살리기 사업'의 사업실시계획승인처분에 대한 효력정지 가처분신청 사례도 살펴본다. 다섯째, 정책과 판례에 대한 종합적인 평가를 한다.

1 개발과 환경권

1) 지속가능한 개발

우리나라는 1960년대 이후 '경제개발5개년계획'을 통하여 비약적인 경제발전을 이루었다. 개발위주의 국가발전 전략은 경제발전에 큰 기여를 하였지만,

한편으로 환경의 파괴 내지 오염이라는 부작용을 수반하게 되어 환경에 대한 보호의 필요성이 최근에 부각되고 있는 실정이다. 개발과 환경보호는 상호 충돌되는 측면이 있어 그 절충방안으로 '지속가능한 개발', '지속가능한 성장'이라는 새로운 개념이 등장하고 있다.1)

한국헌법은 제120조 제2항에서 "국토와 자원은 국가의 보호를 받으며, 국가는 그 균형 있는 개발과 이용을 위하여 필요한 계획을 수립한다."고 규정하고 있다. 또한 헌법 제122조에서 "국가는 국민 모두의 생산 및 생활의 기반이 되는 국토의 효율적이고 균형적인 이용·개발과 보전을 위하여 법률이 정하는 바에 의하여 그에 관한 필요한 제한과 의무를 과할 수 있다."라고 규정하고 있다.

2) 환경권의 보장

국가가 발전하고 생존하기 위하여 개발은 피할 수 없는 과제이지만 그 부작용이 심각해지자 그 동안 소홀히 취급된 환경에 대한 중요성을 인식하고 환경보호를 강조하게 되었다.2) 한국헌법에서도 균형 있는 국토개발 원칙 이외에도 개인의 환경권을 보장하고 있으며, 구체적인 실현을 위한 관련법령도 제정 시행되고 있다. 한국헌법은 제35조 제1항에서 "모든 국민은 건강하고 쾌적한 환경에서 생활할 권리를 가지며 국가와 국민은 환경보전을 위하여 노력하여야 한다."고 환경권과 환경보전의무를 규정하고 있으며, 제2항에서 "환경권의 내용과 행사에 관하여서는 법률로 정한다."고 하여 환경권에 대한 법률유보를 규정하고 있다.3) 우리나라는 환경관련 법률로 1963년에 「공해방지법」, 1977년에 「환경보

---

1) 1972년 '로마클럽'의 제1차 보고서인 「성장의 한계」에서 환경과 개발에 관한 강한 우려를 표명하면서, '지속가능한 발전(sustainable development)'이란 용어를 사용한다. 그 후 1980년 국제자연보호연합(IUCN)·국제연합환경계획(UNEP)·세계자연보호기금(WWF)에 의해 「세계환경보전전략」이 공동으로 작성되었다. 여기서 생태계, 생명계의 유지, 생물종의 다양성 보전, 자원의 지속적 이용의 확보가 거론되었다. 또한, '지속가능한 사회(sustainable society)', '지속가능한 생활(sustainable living)' 등 유사한 단어들이 등장하였다. 두산백과.

2) 환경보호의 중요성은 제1부 제2장에서 지적한 바 있다. 독일의 요나스(Jonas)는 인간의 존엄과 가치를 구현하기 위하여 자연환경을 보존할 의무가 있다고 지적하며, 이는 후손의 삶의 가능성에 대한 책임이라 하였다.

3) 이러한 헌법조항에 대한 해석 논문에는 김종보·김배원, "환경권의 헌법적 의미와 실현방법", (「법학연구」 제53권 제1호, 부산대학교 법학연구소, 2012, 29-58면)이 있다. 특히 이러한 헌법상의 규정을 '주관적 권리'로 볼 것인지, 아니면 '국가의 의무' 또는 '국가목표'로 볼 것인지에 관하여 헌법학계의 논쟁이 있다. 이에 관한 논문에는 홍성방, "환경기본권 — 한국 헌법 제

전법」과 「해양오염방지법」을 제정하였다. 1980년에는 헌법에 환경권 및 환경보
전의무를 규정하였다. 그리고 1990년에 「환경정책기본법」을 제정하여 환경보전
정책의 기본방향을 설정하였고, 이어 「자연환경보전법」, 「토양환경보전법」, 「대
기환경보전법」, 「수질환경보전법」, 「소음진동규제법」, 「유해물질규제법」, 「환경
분쟁조정법」, 「환경영향평가법」 등을 제정하였다.[4]

환경권의 구체적 내용은 공해예방(환경보전)청구권, 공해배제(환경복구)청구
권, 쾌적한 주거생활권이다. 그 법적 성격은 인간의 존엄과 가치 구현을 이념으
로 하며, 청구권, 인간다운 생활권, 사회적 기본권, 보건에 관한 권리 등 복합적
성격을 갖는 특성이 있다.

환경권의 침해와 구제 분야에서 자주 원용되는 이론이 수인한도론과 개연
성(蓋然性) 이론이다. 수인한도론이란 가해자측과 피해자측 및 지역적 특성 등을
비교·형량할 때 일반인으로 하여금 통상 견딜 수 있는 한도를 넘어선 경우에
위법성이 있다는 주장이다. 어느 정도가 수인할 정도인가는 구체적인 상황에 따
라 객관적으로 판단할 수밖에 없다. 개연성 이론이란 인과관계의 입증에서 환경
분쟁의 경우 과학적으로 엄밀한 증명을 요하지 아니하고 침해행위와 손해발생
사이에 인과관계가 존재한다는 상당한 정도의 개연성이 있음을 입증함으로써
족하다는 이론이다.[5]

3) 국제환경법의 등장

환경오염은 국경을 넘어 발생하므로 국제적인 공동 노력 없이는 실효적인
대책을 세울 수가 없다. 특히 1960년대 후반부터 발생하고 있는 산성비의 피해,

35조에 대한 해석론적·입법론적 소고—", (「환경법연구」 제22권, 한국환경법학회, 2000, 474
면 이하); 최윤철, "우리헌법에서의 환경조항의 의미—기본권 보장 또는 환경보호?—", (「환
경법연구」 제27권 제2호, 한국환경법학회, 2005, 378면 이하); 정극원, "헌법체계상 환경권의
보장", (「헌법학연구」 제15권 제2호, 한국헌법학회, 2009, 403면 이하); 문광삼, "기본권으로서
의 환경권과 국가목표로서의 자연환경", (「환경법연구」 제22권, 한국환경법학회, 2000, 240면
이하); 김종세, "환경권과 국가목표로서 환경보호에 관한 고찰", (「환경법연구」 제28권 제1호,
한국환경법학회, 2006, 616면 이하) 등이 있다. 한편 환경권을 공동체적 연대에 기초한 '제3세
대 인권'으로 이해하기도 한다. 이에 관한 논문에는 고문현, "제3세대 인권으로서 환경권",
(「환경법연구」 제27권 제4호, 2005, 273면 이하)이 있다.
4) 권영성, 「헌법학원론」, 법문사, 2009, 696-697면.
5) 상게서, 703면.

화석연료 사용 증가로 인한 지구온난화와 해수면 상승, 잦은 기상이변, 산림훼손에 따른 생물종의 멸종, 폐기물에 의한 해양 및 토양의 오염 등으로 환경에 대한 인식이 크게 바뀌고 국가 간의 협력이 필수적이라는 인식이 확산되었다. 유엔은 1972년에 스톡홀름에서 인간환경회의를 개최하여「인간환경선언」을 채택하였고 유엔환경계획(UNEF)을 설립하였다.「인간환경선언」은 1982년의「세계자연헌장」, 1992년의「리우 환경개발선언」을 통하여 더욱 구체화되었다. 지구환경 문제는 모든 국가들이 협력하여야 대처할 수 있으므로 많은 국제환경협약이 체결되었다.[6)]

「인간환경선언」을 모체로 하여 국제환경법이 국제법의 새로운 영역으로 탄생하였다. 국제환경법의 일반원칙은 다음과 같다. 첫째, 국가는 자연자원에 대하여 영구주권을 가지며, 다른 국가의 환경에 피해를 주지 아니할 의무가 있다. 둘째, 국가는 환경에 유해할 수 있는 행위를 감소, 제한, 통제하기 위해 필요한 조치를 취하여야 한다. 셋째, 미래세대의 필요성 충족 능력을 손상시키지 않으면서 현대세대의 필요성을 충족시키는 '지속가능한 개발'을 하여야 한다. 지속가능한 개발원칙은 세대 간 형평성 원칙, 지속가능한 이용의 원칙, 공평한 이용의 원칙, 환경과 개발의 통합원칙을 내용으로 한다. 그 밖에도 사전예방주의 원칙, 공동의 그러나 차별적인 책임의 원칙, 국제협력의 원칙, 환경비용의 오염자부담 원칙 등이 있다.[7)]

4) 환경영향평가의 중요성

최근 우리나라에서도「환경영향평가법」이 시행되고 있어 각종 개발사업시 환경영향평가를 중요시하여야 한다. 이에 관련된 사례로 환경영향평가를 받아야할 대상인데 이를 받지 않은 행정처분의 효력에 관하여 대법원은 구「환경영향평가법」상 환경영향평가를 실시하여야 할 사업에 대하여 환경영향평가를 거

---

6) 지구온난화 방지를 위한 '기후변화에 따른 유엔기본협약'(1994)과 부속의정서인 교토의정서, 생물다양성협약(1992)과 생명공학안전성 의정서, 오존층 보존을 위한 비엔나협약(1985)과 몬토리올 의정서, 유해폐기물의 국가 간 이동 규제에 관한 바젤협약(1989)과 책임배상의정서, 멸종위기 동식물 교역에 관한 워싱턴협약(1993), 폐기물 해양투기에 관한 런던협약(1972) 등이 있다. 오윤경 외 20인「현대국제법」, 서울: 박영사, 2001, 469–484면.

7) 상게서, 461–469면 참조.

치지 아니하였음에도 승인 등 처분을 한 경우, 그 처분의 하자가 행정처분의 당
연무효사유에 해당하는지 여부는 해당 법령의 목적 의미 등을 종합적으로 고려
하여, 중대하고 명백한 경우에는 당연 무효이나, 단순히 사전에 거쳐야하는 자
문의 의미라면 당연 무효가 아니라고 판시하였다.[8] 동 사건에서 갑 외 243인이
국방부장관을 피고로 환경영향평가를 받지 않은 국방군사시설사업실시계획승인
처분무효확인에서 승소하였다. 구 「환경영향평가법」(1999. 12. 31. 법률 제6095호로
폐지되기 전의 것) 제4조에서 환경영향평가를 실시하여야 할 대상사업을 정하고,
제16조 내지 제17조에서 환경영향평가서를 제출하여 환경부장관과 협의하고 장
관은 평가서를 검토하여 조정·보완조치를 하도록 한 취지에 비추어 보면, 대상
사업에 대하여 그러한 환경영향평가를 거치지 아니하였음에도 승인 등 처분을
하였다면 그 처분은 위법한 것이다.[9]

한편, 행정처분이 당연 무효라고 하기 위하여서는 처분에 위법사유가 있다
는 것만으로는 부족하고 그 하자가 법규의 중요한 부분을 위반한 중대한 것으
로서 객관적으로 명백한 것이어야 하며, 하자가 중대하고 명백한 것인지 여부를
판별함에 있어서는 그 법규의 목적, 의미, 기능 등을 목적론적으로 고찰함과 동
시에 구체적 사안 자체의 특수성에 관하여도 합리적으로 고찰함을 요한다.[10]

구 「환경영향평가법」 규정의 취지는 대상사업이 환경을 해치지 아니하는
방법으로 시행되도록 함으로써 당해 사업과 관련된 환경공익을 보호하려는 데

---

8) 대판 2006. 6. 30. 2005두14363.
9) 「환경영향평가법」은 1993. 6. 11. 법률 제4567호로 제정되어 1993. 12. 12. 시행되었다. 동법률
  은 1999. 12. 31. 「환경·교통·재해등에관한영향평가법」으로 변경되었다가 2008. 3. 28. 다시 「환
  경영향평가법」으로 명칭이 바뀌었다. 구 「환경영향평가법」(1999. 2. 8. 개정된 법률 제5864호)
  의 주요내용은 다음과 같다. 대상사업의 사업계획을 수립·시행함에 있어서 미리 당해 사업이
  환경에 미칠 영향을 평가·검토하여 환경적으로 건전하고 지속 가능한 개발이 되도록 함으로
  써 쾌적한 환경을 유지·조성함을 목적으로 한다(제1조). 국가 및 지방자치단체는 각종 정책
  또는 계획을 수립·시행하고자 할 때에는 환경영향을 고려하고 이에 대한 대책을 강구하여야
  하고, 환경에 영향을 미치는 사업을 하고자 하는 자는 환경보전의 중요성을 깊이 인식하여 당
  해 사업의 시행으로 인한 환경영향이 최소화될 수 있도록 하여야 한다(제3조). 환경영향평가
  를 실시하여야 할 사업은 다음과 같다. 1. 도시의 개발, 2. 산업단지 조성, 3. 에너지 개발, 4.
  항만건설, 5. 도로건설, 6-15(생략), 16. 기타 환경에 영향을 미치는 대통령령이 정하는 사업
  (제4조). 사업승인기관의 장 등은 환경영향평가서에 대하여 환경부장관과 협의하여야 하고(제
  16조), 환경부장관은 사업계획 등이 환경영향을 초래할 위험이 있는 경우에는 사업계획의 조
  정 또는 보완 등 필요한 조치를 할 것을 요청할 수 있다(제17조).
10) 대판 1995. 7. 11. 94누4615(전원합의체); 2005. 6. 24. 2004두10968.

그치는 것이 아니라, 당해 사업으로 인하여 직접적이고 중대한 환경피해를 입으리라고 예상되는 환경영향평가대상지역 안의 주민들이 전과 비교하여 수인한도를 넘는 환경침해를 받지 아니하고 쾌적한 환경에서 생활할 수 있는 개별적 이익까지도 보호하려는 데에 있는 것이다. 그런데 환경영향평가를 거쳐야 할 대상사업에 대하여 환경영향평가를 거치지 아니하였음에도 불구하고 승인 등 처분이 이루어진다면, 사전에 환경영향평가를 함에 있어 평가대상지역 주민들의 의견을 수렴하고 그 결과를 토대로 하여 환경부장관과의 협의내용을 사업계획에 미리 반영시키는 것 자체가 원천적으로 봉쇄되는 것이다. 이러한 행정처분의 하자는 법규의 중요한 부분을 위반한 중대한 것이고 객관적으로도 명백한 것이라고 하지 않을 수 없다.

이러한 취지에서 원심이 환경영향평가를 거쳐야 할 대상사업인 이 사건 국방·군사시설 사업에 대하여 사업자가 주민의 생존에 직결되는 상수원문제 등에 대한 환경영향평가를 실시하지 않았음에도 불구하고 환경부장관과의 협의 없이 사업실시계획을 승인한 피고의 이 사건 처분은 당연 무효라고 판단한 제1심판결을 유지한 것은 정당하다.

2 새만금사업 추진 현황 및 과제

1) 새만금사업의 구상 및 착수 배경

1960년대의 한국 경제는 매우 열악하였다. 특히 1968과 1969년의 극심한 가뭄과 1970년의 세계적인 식량파동은 '보릿고개'로 상징되는 기아에 허덕이던 시기였다. 가뭄 피해 없이 많은 양의 식량을 생산하기 위해서는 기존 농경지에 대한 농업용수 개발 등 농업생산기반 정비와 함께 간척과 야산 개발 등을 통한 새로운 농경지 확대가 절실하였다.

새만금[11]사업의 구체적인 구상은 1971년 농림수산부가 전북 옥구군과 충

---

11) '새만금'의 유래는 1986년경 전라북도의 김제(金堤)평야와 만경(萬頃)평야를 합쳐 금만평야로 불렀으며 그 당시 사업명칭을 고민하던 농림수산부와 전라북도 관계자들은 지역의 여건을 반

남 서천군 일대를 중심으로 한 관개배수사업과 금강, 만경강, 동진강 하구를 둘러싼 갯벌을 개발하여 새로운 농지를 조성하는 내용의 옥서지구농업종합개발계획 수립에서 시작되었으나 무산되었다. 그러나 1986년 5월 정부는 서남해안 간척 장기개발계획을 수립하고 1989년 11월 16일 새만금간척사업 기본계획을 확정지었다. 농림수산부는 이 계획을 전두환 대통령에게 보고하고 관계기관 검토회의를 걸쳐 새만금사업이 민정당 제13대 대통령 선거공약 사업으로 선정되었다. 노태우 대통령후보가 대통령으로 당선되자 새만금사업은 '대통령 공약 코드넘버 20-07-29'로 관리되기 시작했으나 사업 예산이 확보되지 않아 공사에 착수하지 못하고 있었다. 그러나 1991년 7월 16일 노태우 대통령과 김대중 신민당 총재의 영수회담에서 새만금사업 예산 확보에 대한 김대중 총재의 건의를 노태우 대통령이 수락하고, 새만금사업비 200억 원을 확보하여, 1991년 8월 13일 새만금 간척 종합개발사업 시행계획을 확정하게 되었다. 농림수산부 고시 91-23호(91. 8. 19)로 고시되었으며 마침내 1991년 11월 28일 공사가 착공되었다.[12]

새만금사업의 기본방침은 구「농촌근대화촉진법」제93조 제2항의 규정에 따라 사업시행자를 농림수산부장관으로 하고 농어촌진흥공사에 조사설계, 공사발주, 공사 감리 등 공사 시행에 관한 업무를 위탁했고, 농림수산부장관은 전라북도에 동의서 징구, 시행계획 열람 및 이의신청 처리, 보상(용지 및 어업)에 관한 업무를 위탁하였다.[13]

2) 새만금사업의 주요 내용 및 추진과정

새만금사업의 주요 내용과 추진과정을 살펴본다.[14] 새만금사업은 전라북도

영하여 '금만'을 '만금'으로 바꾸고 '새로운 땅이 생긴다.'고 하여 '만금'의 앞에 '새'자를 붙여 '새만금'이라고 불렀다. 새만금이라는 사업명칭이 본격적으로 사용된 시기는 1987년 7월 정부가 새만금간척종합개발사업을 발표하면서부터이다. 국무총리실 새만금사업추진기획단, 「기회와 약속의 땅, 새만금」, 2011. 12. 1, 225면.

12) 새만금사업은 2010년 4월 27일 준공함으로써 길이 33.9km, 평균높이 36m, 평균 저폭 290m이며, 2010년 8월 20일 세계에서 가장 긴 33.9km의 방조제로써 영국 기네스월드레코드에 등재되었다. 국무총리실 새만금사업추진기획단, 전게서, 92-180면.

13) 상게서, 24면.

14) 김홍균, "새만금 소송의 의의와 과제", 「저스티스」제81호, 한국법학원, 2004. 10, 92-94면.

부안군 변산면 대항리에서 남가력도, 북가력도, 신시도, 야미도, 비응도, 오식도를 축으로 방조제를 축조하여, 서울 면적의 3분의 2에 해당하는 국토 401㎢(토지=283㎢, 호소=118㎢, 땅의 비율 70%)를 확장하고, 수자원 4억6천만 톤을 확보하여 농업용수 및 생활용수를 공급하며, 동진·만경강 유역의 배후지 수해상습지역(1,020㎢)의 배수를 개선하는 것이었다.

사업이 착공은 했지만 환경단체의 사업 중단 요구가 계속되던 1999년 정부는 새만금 환경논쟁의 합리적인 해결을 위해 국무조정실에 수질개선기획단을 설치하여 새만금사업 관련 정책을 총괄·조정토록 하였다. 2006년 3월 16일 환경단체에서 제기한 항고심에서 대법원 확정판결로 환경 분쟁을 마무리한 정부는 2006년 방조제 끝물막이 공사를 완료하고 2007년 새만금 개발계획을 변경하여 농업 이외 산업·관광 기능을 추가하였다. 새만금사업 추진체계를 정책조정은 국무조정실 농수산팀, 사업관리는 농림수산부, 환경관리는 농림수산부(호내수질)와 환경부(상류수질) 그리고 해양수산부(해역관리)가 맡았다.

2008년 이명박 대통령의 대선공약에 따라 정부는 새만금 내부개발 구상을 농업용지를 30%, 산업·관광·환경 등이 어우러진 복합용지를 70%로 변경하고 변경된 개발구상을 제도적으로 뒷받침하기 위해 「새만금사업 촉진을 위한 특별법」을 제정 국무총리 소속으로 '새만금위원회'를 설치하고, '종합개발계획'을 수립하여 내부개발의 기틀을 마련하여 마침내 2010년 4월 27일 새만금 방조제 33.9km 전체를 준공하였다. 방조제 건설 사업비는 보상비를 포함하여 총 2조 9천억 원이 소요되었으며 재원은 농지기금으로 충당했다.

새만금사업의 추진 과정에서 지역주민과의 용지 매수 및 어업 보상 협상문제, 축산단지 대책, 환경단체의 반대 등 많은 분쟁들이 발생하였다. 이곳에서는 환경단체와의 분쟁만을 간략히 살펴본다. 1991년 8월 13일 새만금간척종합개발사업 시행계획을 확정하고 사업시행자인 농림수산부장관은 전라북도에 사업에 대한 동의서 징구 및 이의신청 처리, 용지 및 어업 보상 등에 관한 업무를 위탁하여 이를 근거로 전라북도는 조례로 새만금간척지원사업소를 설치하고 용지 매수보상 및 어업보상에 관한 업무를 시행했으나 특히 환경단체의 반대운동으로 많은 어려움을 겪었다.

1996년 국제습지보호조약인 「람사르 협약」15)가입과 시화호의 오염된 담수
방류사건을 계기로 환경단체를 중심으로 갯벌의 가치와 해양생태계의 영향에
대해 논의하면서 만경강 수질개선 및 새만금호의 수질보전대책이 주장되었다.
환경단체인 김제 정의실천시민연합·녹색연합·군산녹색주민연대 주관의 심포
지엄, 전북환경운동연합의 새만금사업 재검토 주장의 성명, 녹색연합·환경운동연
합의 갯벌 살리기 등 습지보전 운동 선언, 환경운동연합의 새만금사업 중단·재
검토를 위한 민관합동조정위원회 구성 요구 등이 있었다. 1999년에는 시민단체
들이 새만금사업 백지화 100일 운동에 돌입했다.16)

정부는 공정한 사업 진행을 위해 민관 공동조사 계획안을 확정하여 1999년
5월 국무조정실 민관 공동조사단이 발족되어 수질, 해양, 경제성 등 3개 분야의
조사를 시작하고 새만금사업 추진 의지를 강력히 밝히었다. 새만금사업 백지화
를 위한 종교인 1000인의 생명평화 선언식이 있었고, 200여개 환경·사회·종교
단체가 망라된 '새만금 갯벌 생명평화연대'가 공식 발족하는 등 새만금사업에
대한 환경·시민·종교단체의 반대운동은 끊임없이 계속되자 방조제 완공 후 오
염요인이 적은 동진수역을 우선 개발하고 후에 만경수역을 개발하는 '친환경적
순차개발 방식'을 최종 확정하고 방조제공사가 재개되었다.

정부의 친환경 순차개발 방침이 확정된 후 1년여 동안 잠잠했던 새만금사
업 반대운동이 일부 종교인과 환경단체가 주도하여 부안 해창에서 서울 청와대

15) 「람사르 협약」(Ramsar Convention)은 습지의 보호와 지속가능한 이용에 관한 국제 조약이다.
공식 명칭은 「물새 서식지로서 특히 국제적으로 중요한 습지에 관한 협약」(the convention on
wetlands of international importance especially as waterfowl habitat)이다. 줄여서 「습지에 관
한 협약」(Convention on Wetlands)이라는 약어를 사용하기도 한다. 1971년 2월 이란의 람사
르에서 18개국이 모여 체결하였으며, 1975년 12월 21일부터 발효되었다. 2008년에 157개국이
이 협약에 가입되어 있다. 대한민국은 101번째로 「람사르 협약」에 가입하였으며, 2008년에는
경남 창원에서 「람사르 협약」의 당사국 총회인 "제10차 람사르 총회"를 개최하였다. 대한민국
의 람사르 등록 습지는 창령 우포늪, 태안 두웅습지, 신안 장도습지, 서천갯벌, 무안갯벌 등
총 18개소, 176.782㎢이다. http://ko.wikipedia.org/wiki.
16) 시민사회종교단체가 주장한 사업 중단 이유는 다음과 같다. 새만금 갯벌에는 뭇 생명이 있다.
새만금간척은 농업에 도움되지 않는 실패한 농업정책이다. 새만금간척으로 어민들의 생존권
이 유린되고 있다. 새만금간척사업은 경제성이 없고, 제2의 시화호를 만들 뿐이다. 해양생태
계와 육상생태계까지 파괴시키는 복합환경오염 사업이다. 밑 빠진 독에 물 붓는 대표적인 국
민혈세 낭비사업이다. 환경단체 대부분이 반대하는 세계 최대 환경파괴 사업이다. 새만금간척
사업은 헌법에서 보장된 환경권에 대한 침해이다. 세대 간 책임과 세대 간 형평성을 명시한 지속가
능한 개발이념을 위반하고 있다. 새만금 갯벌은 우리 미래 세대들의 것이다.

까지 64일간(2003. 3. 28～5. 31) 문규현 신부와 수경스님을 주축으로 삼보 일배를 실시하고 이것이 언론에 대대적으로 보도되면서 또 다시 새만금사업에 대한 찬반 논쟁이 일어났으며, 마침내 법적으로 새만금사업을 중단시키기 위해 법원에 소송을 제기하였다. 환경단체와 지역어민들은 새만금사업의 매립면허 자체를 취소시키기 위해 행정소송 3건, 헌법소원 1건,[17] 효력정지신청 1건 등 총 5건의 소송을 제기하였다.

2003년 6월 12일에는 환경단체 최○ 등 3인이 '새만금공사중지 가처분신청'을 제기했고, 이를 서울행정법원에서 본안소송 판결 시까지 집행정지하도록 결정(2003년 7월 15일)함에 따라 공사가 중단되었다. 정부는 서울행정법원의 집행정지 결정 후 즉시 항고를 제기하였으며 항고심에서 정부 측이 승소함에 따라 2004년 1월 29일 공사를 재개하였다. 그 후 원고 측에서 재항고 후 소를 취하함으로써 2005년 1월 12일 정부가 최종적으로 승소하였다. 2001년 8월 조경훈 외 3538명이 낸 공유수면매립면허 등의 무효 및 취소를 구한 행정소송은 2006년 3월 16일 대법원 전원합의체에서 최종 판결로 정부가 승소하였다. 이 판결을 본장에서 자세히 분석한다. 마지막으로 2005년 7월 27일 이화순 외 61인이 매립면허 등 취소신청 거부처분 취소 소송을 냈으나, 2006년 3월 21일 정부가 승소하여 사업을 마무리 할 수 있었다.

3) 새만금사업의 과제와 전략

새만금사업의 주요 과제인 내부개발사업, 수질관리, 명소화 사업,[18] 그리고 추진체계와 예산문제를 지적한다.

가. 내부개발사업

1989년 '새만금 간척사업 추진계획'은 정부가 조치계획을 발표하였음에도

---

17) 2001. 8. 6. 국무총리와 농림부장관이 새만금사업 후속 세부실천계획을 확정·발표하여 사업을 재개하였는바 이에 3,539명의 지역주민과 환경단체 회원 등이 사업으로 인해 환경권, 직업의 자유, 주거 및 거주이전의 자유 등을 침해받았다고 주장하여 헌법소원을 청구하였다. 헌법재판소는 국무총리의 새만금사업 정부조치계획·지시사항 시달, 농림부장관의 후속 세부실천계획 및 새만금사업 공사재개행위가 헌법소원 대상이 되는 공권력행사에 해당하지 않는다고 판단하였다(헌법재판소 2003. 1. 30. 2001헌마579).

18) 국무총리실 새만금사업추진기획단, 전게서, 67면, 187-221면.

불구하고 시민단체와 지역 주민 등이 제기한 정부조치계획 취소와 매립면허 무효 확인을 내용으로 하는 소송에서 정부 측이 승소함에 따라 2006년 4월에 방조제 축조공사가 다시 본격적으로 진행되었고, 2010년 4월 방조제 공사가 마무리되면서 본격적으로 새만금 내부개발 방향에 대한 논의가 시작되었다.

2007년 4월 3일 농지와 기타용지 비율을 7 : 3으로 개발한다는 '새만금 내부토지개발 기본구상'을 발표하였으나 2007년 대통령선거에서 새만금을 동북아 경제중심지로 새만금을 농업 위주에서 산업 위주의 용지로 개발하는 것으로 결정되었고, 2008년 정부는 새만금을 국제도시로 개발한다는 취지에서 농지와 기타용지 비율을 3 : 7로 바꾼 새로운 개발구상인 '새만금 내부토지개발 기본구상 변경(안)'을 확정하였으며, 이에 따라, 새만금 개발방향이 농지 위주 개발에서 복합용도 위주의 개발로 기본구상 변경안을 마련하여 공청회를 걸쳐 2010년1월 28일 새만금위원회 심의를 걸쳐 종합개발계획을 확정 발표하여 본격적으로 내부 개발이 시작되었다.

나. 수질개선대책

1996년 국제습지보호조약인 「람사르 협약」 가입과 시화호의 오염된 담수 방류사건을 계기로 환경단체를 중심으로 갯벌의 가치와 해양생태계의 영향을 논의하면서 만경강 수질개선 및 새만금호의 수질보전대책이 필요하여 민·관 공동으로 '새만금사업 환경영향민관공동조사단'을 구성하였다. 2001년 '물 관리 정책조정위원회'를 개최하여, 방조제는 준공하되, 수질이 양호한 동진수역을 우선 개발하고 만경수역은 수질이 목표기준에 적합하다고 평가될 때까지 개발을 유보하는 것을 골자로 하는 '친환경 순차개발' 방침에 따라 1, 2단계 수질개선대책을 마련하였다.

다. 방조제 명소(名所)화 사업

새만금위원회에서는 새만금 방조제 33.9km와 천혜의 섬 고군산군도와 연결하고 새만금 방조제 축조 시에 조성한 다기능부지(420㏊)를 활용하여 새만금 지역을 관광지로 개발하기 위해 다기능부지 중 200㏊에 대하여 공공부문사업 2,445억 원과 민간부문사업 1조33억 원을 민간 제안 공모를 통해 2010년부터 단계적으로 추진하여 새만금 방조제 및 주변 부지에는 휴양숙박시설, 생태·체험 공원, 해양수변활동·위락시설, 주차 휴게시설 등을 설치하여 향후 세계적인 관광명소로 개발할 계획이다.

명소화 사업의 목적은 방조제와 제방주변의 부속 토지를 활용하여 관광객과 지역민들을 위한 관광휴양 레저공간으로 조성하여 지역경제 및 국가경제에 기여하고, 낙후된 서해안 지역 경제 활성화 및 국내외 관광객과 지역민의 여가공간으로 육성하며, 관광객의 다양한 욕구를 충족시킬 수 있는 시설을 도입·육성하여 물리적 공간의 방조제를 위락·휴양·생태의 커뮤니티 공간으로 조성하는 것이다.[19]

1991년 새만금 간척공사가 진행된 이후 20년이 된 2010년에 방조제가 준공되었다. 2010년 1월 수립된 새만금 내부개발 기본구상과 종합실천계획은 농지 위주로 개발하려던 새만금 토지이용계획을 산업·관광 등 복합용도 위주로 전환하여 '동북아 경제중심지로서 미래 성장엔진으로의 도약'을 목표로 하고 있다. 2011년 새만금종합개발계획이 확정되면서 농업단지, 첨단 산업단지, 관광단지, 배후도시, 국제업무단지, 신항만물류단지, 과학연구단지 등 종합적인 지역개발 사업으로서 전환하였다.

라. 추진체계와 예산

현행 새만금개발 사업은 분산된 사업추진체계로 인한 사업지연, 다부처 사업으로 인한 계획 간 상충 및 중복 우려, 새만금위원회의 조정 기능의 한계 등 다양한 난관에 직면하고 있다. 사업 추진과정의 집행 역량을 강화하기 위해서는 새만금관련 전담 조직으로 새만금개발청을 신설할 필요가 있다.[20]

새만금사업이 종합개발계획처럼 성공하려면 가장 중요한 것은 안정적인 예

---

19) 명소화 사업의 내용은 첫째, 신시도 휴게시설을 건설하는 것이다. 방조제 준공 및 도로 개통 후 급증하는 방문객들에게 편의와 체류공간을 제공하기 위해 전망 중심 복합휴게시설을 우선 건설한다. 둘째, 메가리조트 개발사업을 한다. 메가리조트 개발사업은 숙박, 레저, 오락, 휴양 등 관광 인프라가 집적된 복합해양레저단지를 조성하는 사업이다. 셋째, 기타방조제 명소화사 업으로 북가력도, 남가력도, 1호 방조제 시점 부지 등도 국내외 투자 여건을 고려하여 점진적으로 개발을 추진할 계획이다. 제중심지로 개발하기 위해 기본계획을 수립하고, 첨단기술과 자연환경이 만나는 지역으로 개발할 계획이다.

20) 이창원, "새만금개발청조직설계방안: 임무와 기능을 중심으로", 한국행정학회, 「새정부의 새만 금비전, 사업과 추진체계」 토론회(2013. 1. 16. 한국프레스센터) 발표자료.

산확보라 할 수 있다. 현재까지 1조2천억 원이 주로 방조제 공사비와 도로 건설비에 투입되었다. 종합개발계획에 필요한 총 재정투자는 총 20조원의 재정투자가 필요한 것으로 예측이 된다. 1단계 사업이 마무리되는 2017년까지 소요되는 예산이 13.2조로 이중 국비는 7.42조로 예측된다. 이러한 막대한 재원을 안정적으로 확보할 수 있는 다양한 방안이 모색되어야 한다.[21]

3 새만금사업에 관한 대법원 판결

새만금사업과 관련된 대법원의 판례를 살펴본다.[22]

1) 사건 개요 및 관련 법령

이 사건 새만금간척종합개발사업은, 국가의 주무장관인 구 농림수산부장관이 1991. 10. 17. 구「공유수면매립법」제4조에 근거하여 이루어진 공유수면매립면허처분과, 같은 해 11. 13.「농촌근대화촉진법」제96조 및 구「공유수면매립법」제9조의2에 근거하여 이루어진 새만금사업 시행인가처분을 근거로 하여, 전라북도에 위치한 만경강과 동진강의 하구해역에 방조제를 설치하고 공유수면을 매립·간척하여 28,300ha의 농지와 11,800ha의 담수호를 조성하는 것을 내용으로 하는 매립 및 간척사업으로서 구「환경정책기본법」제26조의 환경영향평가 대상사업에 해당한다. 그리고 새만금사업의 환경영향평가 대상지역은 군산시, 김제시, 전북 부안군 전 지역이다.

원고이며 상고인인 조ㅇ훈외 3538인은 농림부장관을 피고인으로 하여 정부의 공유수면매립면허허가처분과 새만금사업시행인가처분을 취소해달라는 행정소송을 하였다. 이들은 서울고등법원에서 패소하자[23] 대법원에 상고하게 되

---

21) 이원희, "새만금사업의 안정적 재원확보방안", 한국행정학회, 상게 발표자료.
22) 이하의 내용은 대법원 2006. 3. 16. 2006두330(정부조치계획 취소 등) 판결 원문을 이해하기 쉽도록 편집·구성하였다. 새만금과 관련된 각종 소송의 경과에 관한 논문에는 김홍균, "새만금 소송의 의의와 과제", (「저스티스」제81호, 한국법학원, 2004. 10, 94-99면)가 있다.
23) 서울고법 2005. 12. 21. 2005누4412.

었다. 대법원은 2006년 3월에 상고를 모두 기각 판결하고 상고비용은 보조참가로 인한 비용을 포함하여 모두 원고들이 부담하도록 하였다.

공유수면매립면허처분과 농지개량사업(새만금사업)시행인가처분의 근거 법규는 「공유수면매립법」(1997. 4. 10. 법률 제5337호로 개정되기 전의 것을 구 「공수법」이라 하고, 1999. 2. 8. 법률 제5911호로 개정된 「공유수면매립법」은 「공수법」이라 한다), 구 「농촌근대화촉진법」(이하 「농근법」이라 한다), 구 「환경보전법」 및 동시행령, 구 「환경정책기본법」 및 동시행령 등이다.

2) 상고 이유

원고들이 무효 이유로 사업의 경제성 결여, 사업의 필요성 결여, 적절한 환경영향평가 결여, 담수호 수질 미달로 사업 목적달성 결여라는 네 가지 쟁점을 주장하였다. 원고들은 농림부장관이 허위 또는 부정한 방법으로 새만금사업의 사업성·경제성을 인정받았고, 사업의 예정공정이 현저히 미달하였고, 보상이 완료되지 않았으며, 예상하지 못한 사정변경이 발생하여 새만금사업이 취소되어야 한다고 농림부장관에게 사업취소를 신청하였는데 이를 거부한 처분은 부당하다고 그 취소를 구하였다.

3) 쟁점과 판단

가. 원고적격

행정처분의 직접 상대방이 아닌 제3자라 하더라도 당해 행정처분으로 인하여 법률상 보호되는 이익을 침해당한 경우에는 그 처분의 무효 확인을 구하는 행정소송을 제기할 자격이 있다.[24] 주민들이 공유수면매립면허처분 등과 관련하여 갖고 있는 위와 같은 환경상의 이익은 주민 개개인에 대하여 개별적으로 보호되는 직접적·구체적 이익으로서 그들에 대하여는 특단의 사정이 없는 한 환경상의 이익에 대한 침해 또는 침해우려가 있는 것으로 사실상 추정되어 공

---

[24] 법률상 보호되는 이익이라 함은 당해 처분의 근거 법규 및 관련 법규에 의하여 보호되는 개별적·직접적·구체적 이익이 있는 경우를 말하고, 공익보호의 결과로 국민 일반이 공통적으로 가지는 일반적·간접적·추상적 이익이 생기는 경우에는 법률상 보호되는 이익이 있다고 할 수 없다(대판 1995. 6. 30. 94누14230; 2004. 8. 16. 2003두2175 등 참조).

유수면매립면허처분 등의 무효 확인을 구할 원고적격이 인정된다고 할 것이다.

나. 각 처분의 무효 관련 상고이유에 대한 판단

행정처분이 당연 무효라고 하기 위하여서는 처분에 위법사유가 있다는 것만으로는 부족하고 그 하자가 법규의 중요한 부분을 위반한 중대한 것으로서 객관적으로 명백한 것이어야 한다는 것이 대법원의 확립된 판례이다.[25] 원고들이 행정처분의 하자가 객관적으로 명백할 필요는 없이 그 하자가 중대하면 행정처분이 당연 무효로 된다는 주장은 받아들이지 아니한다. 원고들이 무효 이유로 제시한 사업의 경제성의 결여, 사업의 필요성 결여, 적절한 환경영향평가의 결여, 담수호 수질 미달로 사업 목적달성의 결여라는 네 가지 쟁점을 살펴본다.

가) 사업의 경제성 결여

관련법령을 종합하여 보면 공유수면매립면허를 부여함에 있어서는 그 사업목적이 공공의 이익을 증진하고 국민경제의 발전에 기여할 수 있어야 하고, 국토의 종합적인 기능과 용도에 맞아야 하며, 이와 같은 사정을 반영한 공익상의 가치와 아울러 경제상의 가치를 함께 갖추어야 할 것이다. 한편 공공사업의 경제성 내지 사업성의 결여로 인하여 위 각 처분이 무효로 되기 위하여서는 공공사업을 시행함으로 인하여 얻는 이익에 비하여 공공사업에 소요되는 비용이 훨씬 커서 이익과 비용이 현저하게 균형을 잃음으로써 사회통념에 비추어 위 각 처분으로 달성하고자 하는 사업 목적을 실질적으로 실현할 수 없는 정도에 이르렀다고 볼 정도로 과다한 비용과 희생이 요구되는 등 그 하자가 중대하여야 할 뿐만 아니라 그러한 사정이 객관적으로 명백한 경우라야 할 것이다.

경제상의 가치 평가에 있어 간척지의 매립사업과 같이 어떠한 항목을 편익이나 비용항목에 넣을 수 있는지 여부와 그러한 항목에 대한 평가방법이나 기법에 관하여 확립된 원칙이나 정설이 존재하지 아니한 경우에는, 경제성 내지 사업성 평가 당시의 공공사업의 투자분석 이론이나 재정학 또는 경제학 이론 등에 따라 그 분야의 전문가들에 의하여 가능한 한 가장 객관적이고 공정한 방법을 사용하여 편익과 비용을 분석한 후 공공사업에 경제성 내지 사업성이 있

---

25) 대판 1995. 7. 11. 94누4615(전원합의체), 2005. 6. 24. 2004두10968 판결 등 참조.

는지 여부를 평가하는 것이 바람직하다고 할 것이다. 이 사건 각 처분에서 채택한 한국산업경제연구원의 경제성의 타당성이 있다는 분석이 충분하지 아니한 일부의 하자가 있다고 하더라도, 이를 법규의 중요한 부분을 위반한 중대한 것으로서 객관적으로 명백하다고 할 수 없다.

나) 사업의 필요성 결여

농지개량사업의 시행을 인가함에 있어서는 농근법에 따라 농지개량사업을 시행할 필요가 있어야 하는바, 사업의 필요성 결여로 인하여 사업이 무효라고 보기 위하여서는 그 하자가 중대하고 객관적으로 명백하여야 한 경우라야 할 것이다.

농림부에서는 새만금사업의 기본계획을 확정할 당시 국토의 간척 가능면적과 개발면적 및 개발중인 면적을 밝히면서 국토 공간의 과밀화와 경제사회 발전으로 인한 토지수요 증대에 종합적으로 대처하고 농지잠식과 한계농지를 대체하며 일정수준의 식량자급을 유지하기 위한 우량농지 확보와 수자원 개발로 해안지역 용수개발을 위하여 간척사업이 필요하다고 보았다. 한국산업경제연구원의 신규창출이 요구되는 논의 면적 추정치가 잘못되었다고 하더라도 새만금사업의 필요성이 없다거나 그 하자가 새만금사업을 당연 무효라고 할 만큼 중대·명백하다고 할 수 없다.

다) 적법한 환경영향평가의 결여

환경영향평가법령에서 정한 환경영향평가를 거쳐야 할 대상사업에 대하여 그러한 환경영향평가를 거치지 아니하였음에도 승인 등 처분을 하였다면 그 처분은 위법하다 할 것이다. 그러나 그러한 절차를 거쳤다면 비록 그 환경영향평가의 내용이 다소 부실하다 하더라도 그 부실의 정도가 환경영향평가 제도를 둔 입법 취지를 달성할 수 없을 정도이어서 환경영향평가를 하지 아니한 것과 다를 바 없는 정도의 것이 아닌 이상, 그 부실은 당해 승인 등 처분에 재량권 일탈·남용의 위법이 있는지 여부를 판단하는 하나의 요소가 됨에 그칠 뿐, 그 부실로 인하여 당연히 당해 승인 등 처분이 위법하게 되는 것이 아니다.[26]

---

26) 대법원 2001. 6. 29. 99두9902 참조.

이 사건에서 환경영향평가가 부실하고 그 부실의 정도가 환경영향평가 제도를 둔 입법 취지를 달성할 수 없을 정도여서 환경영향평가를 하지 않은 것과 다를 바 없는 정도의 것이라고 할 수 없다.

라) 담수호 수질기준 미달로 사업목적 달성의 불능

공유수면을 매립하여 조성된 매립간척지에 농지와 담수호를 만들기 위하여 공유수면매립면허처분과 사업시행인가처분이 이루어졌다가 그 후 위 각 처분으로 인하여 조성되는 담수호가 농업용수로서의 수질기준을 달성하지 못할 것이 예상되는 경우에는 농지 및 담수호를 조성하려는 사업목적을 달성할 수 없게 될 것이므로 그 경우에는 위 각 처분이 무효로 될 것이다. 담수호가 농업용수로서의 수질기준을 달성하지 못함으로써 사업목적을 달성할 수 없을 것인지 여부는 수질대책이 실현가능한지 여부와 수질대책비용이 사회통념상 감당할 수 없는 정도에 이른 것인지 여부 등에 따라 판단되어야 한다. 수질대책 수립 당시의 과학적 수준과 수질예측에 관한 각종 상황 등에 비추어 보아 수질대책이 실현가능하고, 또한 수질대책비용이 사회통념상 감당할 수 없는 정도에 이르지 않은 경우라면 위 각 처분에 의하여 조성되는 담수호가 농업용수로서의 수질기준을 달성하지 못함으로써 사업목적을 달성할 수 없는 경우에 해당한다고 볼 수는 없을 것이다.

새만금사업 기본계획이나 환경영향평가 당시에는 오염 부하량의 산정이나 수질대책이 미흡한 상태에서 사업을 시행하는 등의 하자가 있었지만, 그 후 정부는 환경부 수질보전종합대책 시안과 민관공동조사단의 수질분석 결과 및 환경부의 수질예측 결과를 반영하여 정부조치계획을 수립함으로써 그 하자를 보완하였다.

다. 이 사건 거부처분이 취소되어야 한다는 상고이유에 대한 판단

원고는 첫째로 허위 또는 부정한 방법으로 새만금사업의 사업성·경제성을 인정받았고, 둘째로 사업의 예정공정이 현저히 미달하였고, 셋째로 보상이 완료되지 않았으며, 넷째로 예상하지 못한 사정변경이 발생하여 새만금사업이 취소되어야 한다고 농림부장관에게 사업취소를 신청한 바 있으나 거부된바 있다.

이 거부처분이 취소되어야 한다는 원고의 주장을 원심은 배척한 바, 원심의 사실인정과 판단은 정당하고, 심리미진, 채증법칙 위배 등의 위법이 없다.

라. 예상하지 못한 사정변경

가) 취소사유로서의 사정변경 및 공익상 필요성/입증책임

「공수법」 제32조 제3호[27] 등의 관련 규정을 종합하면, 농림부장관은 매립공사의 준공인가 전에 공유수면의 상황 변경 등 예상하지 못한 사정변경으로 인하여 공익상 특히 필요한 경우에는 「공수법」에 의한 면허 또는 인가 등을 취소·변경할 수 있는바, 여기에서 사정변경이라 함은 공유수면매립면허처분을 할 당시에 고려하였거나 고려하였어야 할 제반 사정들에 대하여 각각 사정변경이 있고, 그러한 사정변경으로 인하여 그 처분을 유지하는 것이 현저히 공익에 반하는 경우라고 보아야 할 것이며, 위와 같은 사정변경이 생겼다는 점에 관하여는 그와 같은 사정변경을 주장하는 자에게 그 입증책임이 있다고 할 것이다.

나) 사업목적상의 사정변경

농업기반공사가 1994년부터 1998년까지 작성한 사업시행계획서의 토지이용계획부분에 당초의 농지조성 및 용수개발이라는 사업목적이 유지되어 왔고, 2001. 5. 25. 정부조치계획 및 세부실천계획 등에서는 당초의 계획대로 농지조성 및 용수개발이 주된 사업목적으로 유지되어 왔다. 그 동안 농업기반공사나 전라북도가 복합산업단지 개발을 검토하고 대통령이 공단과 국제항 조성에 관한 종합개발계획 추진안에 관한 발언을 하였다고 하더라도 그 사정들만으로는 현재 농지조성과 농업용수 개발을 주목적으로 한 새만금사업의 토지이용계획이 복합산업단지 개발로 변경되었다고 볼 수 없고, 또한 향후 사업목적의 변경 가능성이 있다고 하여 현재의 사업목적 달성이 불가능하다거나 법률적으로 또는 실질적으로 사업목적이 변경되었다고 볼 수 없다.

---

27) 공수법 제32조(면허의 취소 등): 해양수산부 장관은 매립공사의 준공인가 전에 다음 각호의 1에 해당하는 사유가 있는 경우에는 이 법에 의한 면허 또는 인가 등을 취소·변경하거나 매립공사의 시행구역 안에 있는 공작물 기타 물건의 개축·제거 또는 원상회복 기타 필요한 처분을 할 수 있다. 1~2. (생략) 3. 공유수면의 상황변경 등 예상하지 못한 사정변경으로 인하여 공익상 특히 필요한 경우.

다) 농지의 필요성에 대한 사정변경

쌀 공급과잉 현상으로 쌀 재배면적을 감소시킬 필요성이 있다고 하더라도 일정수준의 식량자급을 유지하기 위한 우량농지의 확보의 필요성이 줄어든 것은 아니므로, 필요 이상의 과다한 우량농지가 전용되고 있다는 사정만으로 농지의 필요성이 줄어들었다고 단정할 수 없다고 할 것이다.

라) 경제적 타당성에 대한 사정변경

1988년 당시 한국산업경제연구원의 경제성 분석보고서 및 새만금사업 기본계획에서는 새만금 갯벌의 경제적·생태적 가치를 예상하였으면서도 그에 대한 가치를 구체적으로 산출하지 아니하였으나, 이 사건 각 처분 후 민관공동조사단에 의하여 이루어진 경제성 분석에서는 새만금 갯벌의 가치를 비용으로 계상하고 그 밖에 국가·사회적인 편익과 환경문제와 같은 국가·사회적인 손실을 반영하여 경제성을 분석한 후 10개의 시나리오를 작성하여 검토한 결과 모두 경제성이 있는 것으로 나타났다. 원고가 주장하는 갯벌 내지는 환경 보전의 중요성을 참작한다고 하더라도 새만금사업을 통하여 이루려고 하는 국가의 발전이라는 실질적인 목적을 달성할 수 없을 정도로 과다한 비용과 희생이 요구되어 경제성 내지는 사업성이 없다고 인정하기에 부족하므로, 결국 새만금사업의 경제적 타당성에 있어서 이 사건 공유수면매립면허처분 등을 취소하여야 할 만큼 예상하지 못한 사정변경이 있다고 할 수 없을 것이다.

마) 수질관리상의 사정변경

새만금사업 기본계획이나 환경영향평가 당시에는 오염 부하량의 산정이나 수질대책이 미흡한 상태에서 사업을 시행하는 등의 하자가 있었지만, 그 후 환경부 시안과 민관공동조사단의 수질분석 결과 및 환경부의 수질예측 결과를 반영하여 정부조치계획을 수립함으로써 하자를 보완하였다. 또한 새만금 담수호는 농업용수로서의 수질기준에 적합할 것으로 예상되고 있으며, 실제로 정부조치계획에 따른 각종 대책이 정상적으로 추진되고 있고, 수질예측 결과도 당초 예측보다 초과하여 달성되고 있는 것으로 나타난 상황 등에 비추어 보면, 장차 형성될 새만금 담수호에서 농업용수로서의 수질을 유지하는 것이 사회통념상 불가능하다고 할 수 없으므로, 피고의 수질개선대책 수립의 실현가능성이 불확실하다거나 그 수질개선대책을 시행하더라도 목표수질을 달성할 수 없는 사정변경이 생겼다고 할 수는 없다.

바) 해양환경상의 사정변경

사후에 발생한 해양환경상의 사정변경으로 인하여 공유수면매립면허처분을 취소하기 위하여서는 당초부터 개발 사업으로 인한 해양환경의 변화를 예상하지 못하였거나 당초에 예상한 것 이상으로 현저한 해양환경의 변화가 있고 그로 인한 해양환경의 피해가 공유수면매립면허처분 전과 비교하여 수인한도를 넘는 경우라야 할 것이므로, 위와 같은 점이 입증되지 않으면 공유수면매립면허처분을 취소할 만한 사정변경이 생겼다고 할 수는 없을 것이다. 방조제 축조로 인하여 생길 수 있는 자연적인 해안선의 변화나 물질순환의 차단, 퇴적환경이 달라지는 등의 해양환경상의 영향은 새만금사업시행계획 당시부터 예상하였던 것으로서 이를 들어 예상하지 못한 사정변경이라고 할 수 없다.

사) 결 론

농지의 필요성, 수질관리, 해양환경 및 경제적 타당성 등에 있어서 「공수법」 제32조 제3호에서 말하는 예상하지 못한 사정변경이 발생하였다고 볼 수 없거나 사정변경이 있더라도 새만금사업의 목적을 달성할 수 없을 정도로 중대하거나 이 사건 각 처분의 취소가 공익상 특히 필요하다고 보기 어렵다는 이유로 그 사정변경을 이유로 한 취소 주장을 배척한 원심의 판단은 정당하다.

4) 대법관 김영란과 대법관 박시환의 사정변경 판단에 관한 반대의견

가. 자연환경의 가치와 지속가능한 개발

인류를 비롯한 지구상의 모든 생명체는 지구라는 환경에 기초하여 생존하고 있다. 인간의 생존은 지구환경에 절대적으로 의존하고 있으며 그 환경조건의 변화에 따라 생존 자체가 위협받기도 하고 엄청난 재앙에 맞닥뜨리기도 한다. 자연환경은 그 속성상 한번 파괴되면 이를 회복하는 것이 어려울 뿐만 아니라, 현재 세대의 생존의 기초가 되는 동시에 장래 세대에 대하여도 생존의 기초로 유지되어야 할 공동의 자산이기 때문에 현재 세대가 자신의 필요를 충족시키기 위하여 이를 소모하고 훼손하는 방식으로 활용하여서는 안 되는 것이며, 그 가치와 기능을 보전하여 장래 세대를 위해서도 생존의 기초로 기능할 수 있도록 지속가능한 개발을 하여야 하는 한계를 갖고 있다.[28]

나. 대규모 개발 사업에서 사정변경의 기준

자연환경을 보전할 필요성 못지않게 국민경제의 균형 있는 발전을 위하여 개발사업을 추진할 필요성 또한 부인할 수 없는 것이므로, 개발사업을 추진할 것인지 여부는 당해 사업으로 얻을 수 있는 국민경제적인 가치와 이로 인하여 훼손되는 자연환경의 가치를 비교하여 결정할 수밖에 없고, 이러한 가치비교를 위해서는 일단은 개발사업의 가치와 자연환경의 가치를 모두 경제적인 가치로 환산하여 비교·교량하는 방법을 따를 수밖에 없다고 할 것이다. 그러나 훼손되는 자연환경의 가치를 경제적인 가치로 환산할 수 있는 부분만을 평가하여 개발사업의 가치와 비교·교량하는 것만으로 자연환경의 가치를 충분히 고려하였다고 할 수 없고, 개발사업의 국민경제적인 이득이 당해 사업에 소요되는 비용과 이로 인하여 훼손되는 자연환경 가치의 경제적 평가액 등의 손실을 합한 것보다 상당한 정도로 우월한 경우에 비로소 개발 사업을 추진할 수 있는 당위성이 인정될 수 있다고 할 것이다.

개발 사업을 취소하여야 할 정도의 사정변경이 생겼는지 여부를 판단함에 있어서도 환경 변화로 인하여 나타날 구체적 위험성이나 훼손될 환경 가치의 중대성 등에 관하여 어느 정도의 가능성까지는 입증하였지만 정확하게 확인되는 정도까지는 이르지 못한 입증의 중간영역이 있을 때에, 그 사업이 대규모 사업으로서 환경 변화의 영향력이 미치는 범위가 아주 넓고 예측되는 환경 변화의 폐해가 심각한 것이어서 혹시라도 그 가능성이 현실화되는 것을 도저히 용

---

28) 「환경정책기본법」, 「자연환경보전법」 등 환경관련 법령은 위와 같은 취지에 따라 환경오염을 사후에 제거하는 방식이 아닌 사전에 오염의 발생을 방지하여야 한다는 '사전예방의 원칙', 개발사업에서 환경보전을 우선적으로 고려하여 사전에 배려하는 조치를 하여야 한다는 '사전배려의 원칙', 미래 세대가 그들의 필요를 충족시킬 수 있는 능력을 저해하지 않으면서 현 세대의 필요를 충족시키는 개발을 하여야 한다는 '지속가능한 개발의 원칙' 등 환경보전의 기본원칙을 천명하고 있다. 「환경정책기본법」 제1조, 제2조, 제7조의2, 「자연환경보전법」 제3조 등.

인하기 어려운 사정이 있는 경우라면, 무조건 원고측이 그 사정변경과 취소의 필요성에 대하여 입증을 다하지 못한 것으로 보아 원고의 청구를 기각할 것이 아니라, 희생되는 환경의 가치나 환경 훼손으로 인한 폐해의 위험성과 관련하여 경제성이나 안전성이 확인되지 않은 것으로 보아 사업의 강행을 재고할 상황에 처한 것으로 판단하는 것이 더 합리적이라 할 것이다.

다. 「공수법」 제32조 제3호 소정의 사정변경 사유가 있는지 여부

가) 농지의 필요성에 대한 사정변경

새만금사업 지구를 제외하더라도 신규 농경지 간척규모 등이 향후 농지 수요량에 크게 부족하지 않아 보이고, 그동안 지속적인 쌀 소비량 감소 및 생산량 증가로 인한 쌀 재고량의 과잉과 아울러 자유무역협정으로 쌀 수입개방이 현실화된 현 시점에서 새로운 농지를 확보할 필요성이나 농지의 경제적인 가치는 상대적으로 줄어들고 있는 것으로 보인다.

나) 수질관리상의 사정변경

감사원의 감사 결과 그 환경영향평가는 내부 간척지에서 발생되는 오염 부하량을 참작하지 않고 유역 내 인구 및 축산폐수 배출량 등을 적게 추정하여 수질예측을 하는 등 부실하게 이루어진 것으로 밝혀졌고, 환경부의 수질예측 결과에서도 만경수역의 경우 농업용수로서의 수질기준을 달성하기 어려울 것으로 예측되었다.

다) 해양환경상의 사정변경

한국해양연구원의 연구조사 결과에서는 방조제 연결 이후 남북방향의 해수순환이 고군산열도에 의하여 차단되어 남북으로 이원화되고, 유속이 감소하여 부유물 침하, COD 악화 등으로 주변 해역의 수질악화가 불가피하며, 방조제 내측에서는 해수의 성층이 형성됨에 따라 저층에서의 수질악화가 우려된다고 예측하였다.

라) 경제적 타당성에 대한 사정변경

민관공동조사단의 경제성 분석 결과에 의하면 10개의 시나리오 모두에서 경제성이 있다고 분석되었으나, 전문가들 사이에서조차 편익 과다계상, 이중계산 등의 오류가 있다는 비판이 제기될 뿐만 아니라, 그 평가방법, 평가항목 등 거의 전 범위에 걸쳐 상당한 견해 차이를 보이고 있어 그 분석 결과를 그대로 받아들여 새만금사업에 경제성이 있다고 단정하기에는 부족하다.

라. 사업을 취소하여야 할 공익상 필요성

새만금간척종합개발사업에는 농지의 필요성, 수질관리, 해양환경 및 경제적 타당성과 사업성 등의 측면에서 당초 예상하지 못한 사정변경이 생겼다고 할 것이다. 그와 같은 사정변경은 사업을 계속 시행하는 경우 과다한 비용과 희생이 요구됨으로써 사업을 통하여 달성하고자 하는 종국적인 목적을 실현할 수 없을 정도로 중대한 경우에 해당한다. 새만금간척종합개발사업을 위한 공유수면매립면허처분 및 농지개량사업 시행인가처분을 취소하여 새만금간척종합개발사업 자체를 중단하는 것 외에 다른 조치 또는 처분만으로 적절하게 대응하기 어렵다고 보이므로, 새만금간척종합개발사업을 취소할 공익상 필요가 있다고 봄이 상당하다. 따라서 위 공유수면매립면허처분 등을 취소해 달라는 신청을 받았음에도 필요한 처분을 하지 아니한 채 이를 거부한 것은 재량권을 일탈·남용한 것으로 위법하다.

4 '한강살리기사업' 실시계획승인에 대한 효력정지가처분 사례

1) 서울행정법원의 결정[29]

가. 사건 개요

갑 외 신청인 6000명은 국토해양부 장관을 피신청인으로 하여 "4대강 정비사업에 대한 정부기본계획, 국토해양부 고시 제2009-1084호로 한 한강살리기 7공구(중원지구)사업 실시계획승인, 기타 6공구(여주4지구)사업 실시계획승인, 3공

---

29) 이하의 내용은 서울행법 2010. 3. 12. 2009아3749 판결 원문을 이해하기 쉽도록 편집·구성하였다.

구(여주1지구) 사업 실시계획승인 등과 서울지방국토관리청 고시로 한 각 하천공사시행계획은 각 이 법원 2009구합50909 하천공사시행계획취소청구 등 사건의 판결 선고 시까지 그 효력을 정지한다."라는 취지의 효력정지가처분 신청을 하였다.

4대강 정비 사업은 하천법에 따른 유역종합치수계획 및 하천기본계획, 그 밖의 관련 법령에 따라 한강, 낙동강, 금강, 영산강 등 4대강에 대하여 시행되는 사업 중 홍수·가뭄을 방지하여 물 문제를 해결하고, 하천생태계를 복원·활용하며, 지역균형발전과 지역경제 및 문화·관광을 활성화하기 위하여 체계적·중점적으로 관리·시행하는 사업이다.

국토해양부, 환경부, 문화체육관광부, 농림수산식품부 등 4개부는 2009. 6. 8. 4대강 정비사업의 기본방향을 제시하기 위하여 4대강 살리기 마스터플랜을 발표하였고, 4대강 살리기 추진본부는 2009. 8. 24. 4대강 살리기 마스터플랜의 최종보고서를 발간·배포하였다. 4대강 살리기 마스터플랜에 따른 한강 살리기 사업의 주요 내용은, 한강 유역에 0.5억㎥의 퇴적토 준설, 2개의 강변저류지 설치, 131㎞의 노후제방 보강, 3개의 다기능 보 설치, 12개의 농업용저수지 증고, 55개의 하·폐수처리장 등 환경기초시설 확충 및 고도화, 13㎞의 하천 내 농경지 정리 및 생태습지 조성, 193㎞의 수계 내 생태하천 조성, 305㎞의 자전거 도로 설치 등이다. 이 사건 사업을 위한 세부계획으로 한강 유역을 여러 공구로 나눈 다음 각 공구별로 구체적인 사업시행계획을 담아, 피신청인 서울지방국토관리청장은 서울지방국토관리청 고시로 각 사업에 대한 하천공사시행계획을 고시하였다. 피신청인 국토해양부장관은 각 실시계획을 승인한 다음 이를 고시하고, 2010. 2. 5. 같은 부 고시 제2010-57호 내지 60호로 한강 살리기 3, 4, 6, 7 공구 사업에 대한 각 실시계획변경(1차)을 승인한 다음 이를 고시하였다.

나. 신청인 주장

신청인들은 다음과 같은 회복하기 어려운 손해가 있고, 이를 예방하기 위한 긴급한 필요가 있다고 주장하였다. 첫째, 신청인들은 이 사건 사업으로 인하여 토지 소유권 기타 권리를 수용당하고 이로 인하여 정착지를 떠나 타지로 이

주를 해야 하며, 더 이상 농사를 지을 수 없게 된다. 둘째, 이 사건 사업구간 내
위치한 여주, 이천, 광주·용인 취수장이나 한강수계 취수장에서 식수를 공급받
는 신청인들은 공사 중 또는 공사 후 발생하는 탁수, 퇴적토, 조류 등에 의한 상
수원 수질 악화로 오염된 식수를 공급받는 등 환경상 불이익과 건강권에 대한
손해를 입게 된다. 셋째, 공사현장 부근이나 여주 시가지에 거주하는 신청인들
이 홍수 등 침수피해로 생명·신체에 대한 침해를 받을 우려가 있다. 넷째, 이
사건 사업으로 인하여 단양쑥부쟁이와 같은 희귀종이 멸종할 위기에 처하는 등
수생태계에 악영향을 미치고 자연환경이 파괴된다.

다. 결정 요지

가) 집행정지의 요건에 관한 법리

행정소송법상의 집행정지는 형식적 요건으로 그 대상인 처분 등이 존재하
고, 적법한 본안소송이 법원에 계속 중이어야 하며, 실체적 요건으로 회복하기
어려운 손해를 예방하기 위하여 긴급한 필요가 있고, 공공복리에 중대한 영향을
미칠 우려가 없어야 한다(동법 제23조 제2항). 행정소송법 제23조 제2항에서 정하
고 있는 집행정지 요건인 '회복하기 어려운 손해'라 함은 특별한 사정이 없는
한 금전으로 보상할 수 없는 손해로서 이는 금전보상이 불능인 경우 내지는 금
전보상으로는 사회 관념상 행정처분을 받은 당사자가 참고 견딜 수 없거나 또
는 참고 견디기가 현저히 곤란한 경우의 유형, 무형의 손해를 말한다. '긴급한
필요'라 함은 회복하기 어려운 손해의 발생이 시간적으로 절박하여 손해를 회피
하기 위하여 본안판결을 기다릴 여유가 없는 것을 말하는바, 이러한 집행정지의
적극적 요건에 관한 주장·소명책임은 원칙적으로 신청인 측에 있다.[30] 회복하
기 어려운 손해는 신청인의 개인적 손해에 한정되고, 공익상 손해 또는 신청인
외에 제3자가 입은 손해는 포함되지 않는다.

나) 수용으로 인한 손해에 대한 판단

토지 소유권 기타 권리의 수용은 재산적 처분에 해당하여 수용의 당사자는
이를 원인으로 한 각종 보상을 받게 되는 점, 이 사건 사업구간에 편입되는 팔

---

30) 대판 1999. 12. 20. 99무42, 대판 2004. 5. 12. 2003무41 등 참조.

당지역 농지 대부분이 국가 소유 하천부지로 유기농업에 종사하는 신청인들 대부분은 하천점용허가를 받아 경작을 해온 점, 행정청이 위 신청인들에게 하천점용허가를 하면서 공익상 또는 법령이 정하는 바에 의하거나 하천정비 사업을 시행하는 경우 허가변경·취소 등을 할 수 있다는 조건을 부과하였던 점 등에 비추어 보면, 신청인들 주장의 위 손해는 통상적인 금전보상이 불능인 경우 내지는 금전보상으로는 사회 관념상 행정처분을 받은 당사자가 참고 견딜 수 없거나 또는 참고 견디기가 현저히 곤란한 경우의 손해라고 보기 어렵다.

다) 식수 오염 등 환경상 이익 관련 손해에 대한 판단

이 사건 사업에는 하수처리시설을 확충하고 오염물질 유입을 관리하는 수질개선대책도 포함되어 있는 점, 공사 중 발생하는 탁수의 농도는 홍수기에 발생하는 탁수의 농도에 비하여 훨씬 낮은 수준인데, 홍수기에 발생하는 탁수가 평소 별다른 문제없이 정화 처리되어 식수원 등으로 공급되어 온 점, 이 사건 환경영향평가서에서 취수시설 이전이나 취수탑 신설 등 안정적인 용수확보책을 나름대로 제시하고 있는 점 등 기록에 나타난 반대정황도 함께 놓고 보면, 신청인들이 제출한 자료만으로는 신청인들 주장의 위 손해가 구체적으로 수인한도를 넘어 어떠한 형태로 어느 정도 발생되는지에 대한 소명이 충분히 이루어졌다 보기 어렵다.

라) 침수피해 등 손해에 대한 판단

한강에 설치되는 3개의 보는 가동보로서 수문을 개방하여 물을 방류할 수 있으므로 보의 구체적인 운영 과정에서 홍수위 조절이 가능할 것으로 보이는 점, 이 사건 사업에 준설과 하천환경정비 등의 내용도 포함되어 있는 점 등에 비추어 보면, 신청인들이 제출한 자료만으로는 신청인들 주장의 위 손해가 막연히 가능한 정도를 넘어 구체적, 확정적으로 발생된다는 점에 대한 소명이 충분히 이루어졌다 보기 어렵다.

마) 생태계 파괴 등 손해에 대한 판단

수생태계에 미치는 악영향, 자연환경의 파괴, 미래 세대의 환경권 침해 등의 손해는 신청인들의 개인적 손해가 아니라 공익상 손해 또는 제3자가 입는 손해

라 할 것이므로, 집행정지 요건인 회복하기 어려운 손해에 해당하지 않는다.

바) 결 론

따라서 각 처분으로 인하여 신청인들의 주장과 같은 회복하기 어려운 손해
가 있고, 이를 예방하기 위한 긴급한 필요가 있다고 보기 어렵다. 신청인들의
이 사건 신청은 이유 없으므로 이를 모두 기각한다.

2) 위 사건에 대한 대법원의 재항고 결정[31]

가. 사건의 개요 및 관련법률

원고 1 외 6,179인은 국토해양부장관을 상대로 서울고법의 위 사건 결정을
재항고하였다.[32] 대법원은 서울고법의 결정을 수용하여 재항고를 모두 기각하
였다. 관련 법률은 행정소송법 제2조 제1항 제1호,[33] 행정소송법 제23조 제2
항[34]이다.

나. 결정 요지

첫째, 항고소송 대상이 되는 행정청의 처분이란 원칙적으로 행정청의 공법
상 행위로서 특정사항에 대하여 법규에 의한 권리의 설정 또는 의무의 부담을
명하거나 기타 법률상 효과를 직접 발생하게 하는 등 국민의 권리의무에 직접
관계가 있는 행위를 말하므로, 행정청의 내부적인 의사결정 등과 같이 상대방
또는 관계자들의 법률상 지위에 직접 법률적 변동을 일으키지 않는 행위는 그
에 해당하지 아니한다.

---

31) 대판 2011. 4. 21. 2010무111(전원합의체).

32) 서울고법 2010. 6. 25.자 2010루121 결정.

33) 「행정소송법」 제2조(정의) ① 이 법에서 사용하는 용어의 정의는 다음과 같다. 1. "처분등"이
라 함은 행정청이 행하는 구체적 사실에 관한 법집행으로서의 공권력의 행사 또는 그 거부와
그 밖에 이에 준하는 행정작용(이하 "처분"이라 한다) 및 행정심판에 대한 재결을 말한다.

34) 「행정소송법」 제23조(집행정지) ② 취소소송이 제기된 경우에 처분등이나 그 집행 또는 절차
의 속행으로 인하여 생길 회복하기 어려운 손해를 예방하기 위하여 긴급한 필요가 있다고 인
정할 때에는 본안이 계속되고 있는 법원은 당사자의 신청 또는 직권에 의하여 처분등의 효력
이나 그 집행 또는 절차의 속행의 전부 또는 일부의 정지(이하 "집행정지"라 한다)를 결정할
수 있다. 다만, 처분의 효력정지는 처분등의 집행 또는 절차의 속행을 정지함으로써 목적을
달성할 수 있는 경우에는 허용되지 아니한다.

'4대강 살리기 마스터플랜' 등은 4대강 정비사업과 주변 지역의 관련 사업을 체계적으로 추진하기 위하여 수립한 종합계획이자 '4대강 살리기 사업'의 기본방향을 제시하는 계획으로서, 행정기관 내부에서 사업의 기본방향을 제시하는 것일 뿐, 국민의 권리·의무에 직접 영향을 미치는 것이 아니어서 행정처분에 해당하지 않는다.

둘째, 「행정소송법」 제23조 제2항에서 정하고 있는 효력정지 요건인 '회복하기 어려운 손해'란, 특별한 사정이 없는 한 금전으로 보상할 수 없는 손해로서 금전보상이 불가능한 경우 내지는 금전보상으로는 사회관념상 행정처분을 받은 당사자가 참고 견딜 수 없거나 참고 견디기가 현저히 곤란한 경우의 유·무형의 손해를 일컫는다. 그리고 '처분 등이나 그 집행 또는 절차의 속행으로 인하여 생길 회복하기 어려운 손해를 예방하기 위하여 긴급한 필요'가 있는지는 처분의 성질과 태양 및 내용, 처분상대방이 입는 손해의 성질·내용 및 정도, 원상회복·금전배상의 방법 및 난이 등은 물론 본안청구의 승소가능성 정도 등을 종합적으로 고려하여 구체적·개별적으로 판단하여야 한다.

사업구간에 편입되는 팔당지역 농지 대부분이 국가 소유의 하천부지이고, 유기농업에 종사하는 주민들 대부분은 국가로부터 하천점용허가를 받아 경작을 해온 점, 위 점용허가의 부관에 따라 허가를 한 행정청은 공익상 또는 법령이 정하는 것에 따르거나 하천정비 사업을 시행하는 경우 허가변경·취소 등을 할 수 있는 점 등에 비추어, 본건의 경우 더 이상 농사를 지을 수 없게 되고 팔당지역의 유기농업이 사실상 해체될 위기에 처하게 된다고 하더라도, 그러한 손해는 행정소송법 제23조 제2항에서 정하고 있는 효력정지 요건인 금전으로 보상할 수 없거나 사회관념상 금전보상으로는 참고 견디기 어렵거나 현저히 곤란한 경우의 유·무형 손해에 해당하지 않는다.

셋째, 행정처분의 효력정지나 집행정지를 구하는 신청사건에서는 행정처분 자체의 적법 여부를 판단할 것이 아니고 행정처분의 효력이나 집행 등을 정지시킬 필요가 있는지 여부, 즉 행정소송법 제23조 제2항에서 정한 요건의 존부만이 판단대상이 된다. 나아가 '처분 등이나 그 집행 또는 절차의 속행으로 인한 손해발생의 우려' 등 적극적 요건에 관한 주장·소명 책임은 원칙적으로 신청인

측에 있으며, 이러한 요건을 결여하였다는 이유로 효력정지 신청을 기각한 결정에 대하여 행정처분 자체의 적법 여부를 가지고 불복사유로 삼을 수 없다.

다. 대법관 박시환, 대법관 김지형, 대법관 이홍훈, 대법관 전수안의 반대 의견

가) 본안청구의 승소가능성에 대한 판단

환경문제가 포함된 이 사건을 처리함에 있어서는 환경문제의 특성을[35] 충분히 고려함으로써 현재의 잘못된 정책으로 인하여 이 사건 사업지역 인근에 거주하거나 한강을 상수원으로 삼는 재항고인들뿐만이 아닌 미래의 세대인 우리들 자손의 중요한 삶의 터전이 될 환경이 오염되거나 훼손되지 아니하도록 각별한 주의를 기울일 필요가 있다. <u>정당한 이익형량의 결여, 상위계획과의 정합성 결여, 효율성에 대한 검토의 결여, 불충분한 대안검토, 현장조사 없는 사전 환경성 검토, 수질 부분 환경영향평가의 부실이라는 이유로 본안청구에서 승소 가능성이 있다.</u>

나) 회복하기 어려운 손해와 예방의 긴급한 필요에 대한 판단

이 사건 하천공사시행계획 등은 형량에 흠이 있다고 볼 여지가 많다. 상대방들이 이 사건 하천공사시행계획 등을 입안·결정하는 과정에서 관련 이익을 정당하게 비교·교량하지 아니한 탓에 상대방들의 예측이 빗나가 이 사건 사업의 시행으로 수질오염 등이 발생할 경우, 이 사건 사업지역 인근에 거주하거나 한강을 상수원으로 삼는 재항고인들의 생명이나 건강이 침해될 것이다. 이러한 피해는 금전으로 보상할 수 없으며, 일단 수질이 오염되는 등 자연환경이 훼손되면 이를 회복하기가 극히 어려울 것이다. <u>이런 사정을 종합적으로 고려하면, 이 사건 하천공사시행계획 등으로 인하여 생길 회복하기 어려운 손해를 예방하기 위하여 긴급한 필요가 있다고 인정할 수 있다.</u>

---

35) 환경문제는 문제의 발생과 이로 인한 영향이 현실로 나타나기까지 상당한 시차가 존재하고, 어느 정도의 환경악화는 환경이 갖는 자체 정화능력에 의하여 쉽게 원상회복될 수 있지만 그 자체 정화능력을 초과하는 경우에는 환경악화가 가속화될 뿐만 아니라 심한 경우에는 원상회복이 어렵거나 불가능하게 되는 시차성, 탄력성 및 비가역성 등과 같은 특성을 가진다.

5 종합 평가

1) 역사적 배경과 정치·경제적 환경

1960-80년대는 경제개발위주의 성장강조 시대였다. 박정희 군사정부는 경제개발5개년계획을 세워 개발과 경제성장에 정책의 초점을 두어 비약적인 경제적 발전을 이루는 데 큰 기여를 하였다고 할 수 있다. 그러나 1990년대 이후는 그러한 성장위주의 개발정책이 가져온 환경파괴에 대한 부작용 문제를 해결하기 위하여 환경권이 부각되고 있다 할 수 있다. 환경권에 대한 각종 입법조치가 이루어져 본격적인 환경보전의 정책이 이루어지기 시작한 것이다. 특히 국가의 각종 개발시 적용되는 환경영향평가는 환경권의 실체적 구체화에 큰 기여를 하고 있다 할 수 있다.

2) 추구하는 기본가치

개발이 추구하는 기본가치는 국토의 효율적 이용과 국가의 경제성장이라 할 수 있다. 한편 환경권이 추구하는 가치는 쾌적한 환경에서 살 인간다운 생활권이며 장기적 관점에서는 미래세대의 삶에 대한 책임성 확보라 할 수 있다.

개발과 환경보전이라는 두 가치는 상충되기 쉽다. 그 해결 방안은 두 가치를 비교·형량하는 것인 바, 시대 상황의 변화에 따라 강조점이 달라질 수 있다. 새만금 사건과 4대강 마스터플랜에 의한 '한강 살리기' 사업 관련 대법원 판결에서 아직은 다수의 의견이 국가의 개발정책에 더 강조점을 두었지만 반대의견에서 환경의 중요성과 환경권의 특수성을 지적하고 있음을 유의할 필요가 있다. 환경 문제는 더욱 심각해질 것이며, 환경의 중요성 내지 보전 필요성이 더 강조될 것으로 보인다.

3) 입법부의 역할

한국헌법은 제35조 제1항에서 "모든 국민은 건강하고 쾌적한 환경에서 생

활할 권리를 가지며 국가와 국민은 환경보전을 위하여 노력하여야 한다."고 환
경권과 환경보전의무를 규정하고 있으며, 제2항에서 "환경권의 내용과 행사에
관하여서는 법률로 정한다."고 하여 환경권에 대한 법률유보를 규정하고 있다.

　　이러한 헌법규정하에서 입법부는 환경관련 법령을 상당히 적극적으로 제정
하여 시행하고 있다. 1963년의 「공해방지법」, 1977년의 「환경보전법」과 「해양
오염방지법」은 환경권 및 환경보전 의무를 규정한 1980년 헌법 이전에 제정되
었지만, 1990년대에 「환경정책기본법」을 위시하여 각론 성격의 「자연환경보전
법」, 「토양환경보전법」, 「대기환경보전법」, 「수질환경보전법」, 「소음진동규제법」,
「유해물질규제법」, 「환경분쟁조정법」, 「환경영향평가법」 등을 제정하였다. 이러
한 구체적인 환경관련 법률이 타당성과 실효성을 갖고 있는지 입법평가가 필요
한 부분이기도 하다.

4) 정책집행 과정상의 법적 쟁점

　　개발과 환경관련 정책은 집행과정이 가장 중요한 부분이라 할 수 있다. 왜
냐하면 이 분야는 정부정책에 대한 과학적이고 구체적인 평가에 의하여 그 정
책의 법적 타당성 또는 경영상의 효율성이 평가되기 때문이다. 그러나 장래 시
행할 사업에 대한 경제성 분석이란 그 분석방법이나 고려요소 여하는 물론 분
석을 담당한 전문가의 견해 차이에 따라 분석결과가 크게 달라질 수 있고, 환경
에 미치는 영향분석 내지 평가는 더욱 그러하다. 새만금 사업에서 간척지 매립
사업의 경우 편익항목과 비용항목의 요소와 각 항목에 대한 평가방법이 그러
한 한 예이다. 정책평가 분야에서 계량분석방법이 적극 활용되고 장려되어야
하겠다.

5) 사법적 판단 및 사회적 영향

　　개발과 특히 환경 관련 법적 쟁점의 경우 사법부가 판단하는 데는 한계가
있음을 유의할 필요가 있다. 사법적 판단은 초점이 관련 법률의 해석이므로 형
식성이 강조되는데, 개발이나 환경문제의 정책에는 정교한 기술적인 분석과 평
가가 수반되므로 제1부 제5장에서 언급한 바와 같이 사법부 판단에 한계가 있

음을 유의하여야 한다.

환경문제는 문제의 발생과 이로 인한 영향이 현실로 나타나기까지 상당한 시차가 존재하고, 환경오염이 심한 경우에는 원상회복이 어렵거나 불가능하게 되는 시차성, 비가역성 등과 같은 특성을 가지고 있다. 사법부가 이러한 환경문제를 법적으로 다룰 경우에 환경권의 특수성을 고려하여 대법원의 소수의견에서도 주장되었던 수인이론과 개연성 이론 등을 반영할 필요가 있다고 생각한다.

토론 주제

1. 개발과 환경보호의 상충되는 이해관계를 조정하는 방안으로 등장하고 있는 '지속가능한 개발'이란 무엇이며, 어떤 구체적 예가 있는가?

2. 새만금사업의 추진과정에서 다투어진 환경단체의 주장은 무엇이며 어떻게 조정되었는가? 새만금사업의 토지이용계획이 당초의 농지 개발에서 경제산업단지 중심의 복합용지로 변화하였는바, 어떤 평가를 할 수 있는가?

3. 새만금사업 관련 대법원 판결에서 '사정변경'에 관한 판단이 다수의견과 반대의견이 상이한 바, 각 주장의 논거는 무엇이며 어떤 평가를 할 수 있는가?

4. '4대강 살리기 마스터플랜'에 따른 '한강 살리기 사업' 시행계획승인처분에 대한 효력정지 가처분신청 사례에서 대법원 다수의견 결정과 반대의견의 논거는 무엇이며, 어떤 평가를 할 수 있는가?

제3부
교육·문화 정책 분야 판례 분석

제1장 학생의 권리와 생활지도 정책
학생체벌 (헌재 2006. 7. 27. 2005헌마1189)

제2장 교육의 기회균등 정책
거주지 기준의 고등학교 배정 (헌재 1995. 2. 23. 91헌마204)

제3장 사교육 억제 정책
과외금지 조치 (헌재 2000. 4. 27. 98헌가16)

제4장 지방교육자치 정책
교육위원회의 지방의회에로의 통합 (헌재 2009. 3. 26. 2007헌마359)

제5장 문화 정책
영상물등급위원회의 영상물 등급제 (헌재 2001. 8. 30. 2000헌가9)

제6장 성평등 가족 정책
호주제 (헌재 2005. 2. 3. 2001헌가9)

학생의 권리와 ·생활지도 정책 《《 제1장

　학생은 교육과정 및 정책에서 가장 중심적인 대상이어야 한다. 교육과정 및 정책의 궁극적인 목표는 학생의 성장이어야 하기 때문이다. 본장에서는 첫째, 최근에 급격하게 변화하는 학교 환경을 살펴본다. 둘째, 학생의 법적 지위와 권리 그리고 학생인권조례의 문제점을 짚어본다. 셋째, 학생 생활지도 수단으로 빈번히 사용되어온 체벌에 관한 헌법재판소의 판례를 분석한다. 넷째, 직접체벌을 금지한「초·중등교육법시행령」개정안을 살펴보고, 생활지도 수단으로 간접체벌의 허용여부를 언급하며, 학생생활지도에 관한 법적 지침을 제시한다.[1] 다섯째, 정책과 분석된 판례에 대한 종합적인 평가를 한다.

1 학교환경의 변화

　가속화되고 있는 세계화[2] 경향은 우리를 더욱 치열한 경쟁사회로 이끌고

---

[1] 학교환경의 변화, 학생의 법적지위와 주요권리, 그리고 학생생활지도 정책 현안과 기본방향의 내용은 표시열, 조석훈, 임종수, 김효정, 구교정, 송두록, "학생 생활지도의 바람직한 방향",「체벌금지 이후 바람직한 학생 생활지도 방안 모색」, (2011. 10. 13. 한국교총 교육정책연구소 정책세미나) 자료를 일부 수정·편집한 것이다.

[2] 세계화(globalization)는 오늘의 시대를 규정하는 시대정신임에는 틀림없지만, 각자의 인식관

있다. 우리나라는 부존자원이 부족한 좁은 영토이지만 다행히 교육 중시의 오랜 전통으로 뛰어난 인적 자원의 양성을 통하여 세계의 경쟁구도에서 선도적으로 잘 헤쳐 나가고 있는 셈이다. 그러나 치열한 경쟁의 부작용도 만만치 않다. 나만 알고 상대방을 적대시하는 이기주의가 팽배하고, 경쟁에서의 낙오자는 점점 사회에서 소외되어 반항하고 탈선하게 된다. 학생들의 욕설과 폭력행위, 교사의 학생지도에 대한 불응이 심각한 수준으로 우려가 된다. 특히 가정환경의 급격한 변화가 학교환경에 큰 영향을 미치고 있다. 예컨대 이혼 건수의 증가와 한부모 가구 수의 증대는 결과적으로 학교 밖 청소년과 학교부적응 학생의 증가로 이어져 학교환경을 변화시키고 있다.

더욱이 체벌이 완전히 금지되고 학생 인권이 강화됨에 따라 교사의 정당한 교육적 지시에 대한 학생의 불이행과 반발이 급증하고, 학생·학부모에 의한 교사 폭언과 폭행 등 교권 침해 현상이 증가하고 있다.[3] 교사들이 생활지도상의 어려움을 호소하고 있으나 이에 대한 교육행정기관의 지도 및 대책이 미흡한 실정이다. 학교생활에 적응하지 못하거나 폭력 성향의 학생에 대하여 집중적인 별도의 조치가 필요하며, 교사의 정당한 교육적 훈육에 불응하거나 교사에게 반항·폭언·폭행 등 문제를 일으키는 학생들을 통제할 수 있는 교권이 학생인권과 함께 보장되어야 한다. 학생인권 보호의 강화는 일부 학생에 의한 다수의 선량한 학생의 학습권을 침해하고 있으므로 다른 학생을 보호할 수 있는 교사의 질서유지 권한을 강화하여야 한다.

일부 시·도에서 시행 내지 추진하고 있는 학생인권조례는 학생권리에 대한 인식을 변화시킬 수 있다는 점에서 긍정적인 측면도 있다. 그러나 현실여건을 충분히 고려하지 않고 교원들에게 지나친 의무를 부여하고 있으며, 휴식권 등 많은 이상적인 인권들을 나열하여 학생들이 책임감 없이 권리만 주장하게

심과 접근방법에 따라서 다양하게 규정되고 있는 실정이다. 실제로 세계가 하나의 체계로서 상호 관련성이 증대·심화되고 있는 현상을 일컬어 세계화라고 말할 수 있겠지만, 이 개념에 대해서 사회적으로 합의가 이루어지고 있지는 않다. 세계화 개념에 대한 논문에는 이상돈, Klaus Günther, 변종필, "세계화에 따른 법문화의 변화와 법 개혁의 과제", (「법철학연구」 제7권 제1호, 한국법철학회, 2004, 7–11면)가 있다.

3) 인권조례가 시행된 2010년은 교권침해가 지난 5년간 발생한 건수의 절반을 차지할 정도로 심각한 수준이다(국회교육과학기술위자료 기호일보, 2011. 8. 24.).

된다면 학생지도를 더욱 어렵게 만들 것이라는 우려의 목소리도 크다. 최근에 중학교 교사가 학생의 볼을 잡고 뺨을 3~4대 정도 때린 것에 대한 견책처분은 과중하다고 보아 불문경고로 감경처분하기도 하였고,[4] 학생에게 5초간 엎드려 뻗쳐를 시킨 교사에 대한 불문경고처분은 부당하다며 교원소청심사위원회는 징계를 취소하기도 하였다.[5]

체벌 금지 이후 학생인권 강화와 함께 체벌을 대체할 제도로 벌점제가 확대·도입되고 있으나 상당한 부작용이 나타나고 있다.[6] 벌점 누적으로 퇴학당하는 학생 수가 늘고 있는 바, 이는 교사가 학생 지도를 제한된 범위 내에서만 소극적으로 하는 등 학생을 바람직한 인격체로 성장시키고자 하는 사명감이 부족하고 생활규정의 형식적 절차에 따라 벌점을 누가하여 학교에서 퇴학시키는 경우가 증가하기 때문이다.

한편, 우리는 군사정부와 권위주의 시대를 벗어나 민주화 시대에 살고 있는데 학교 현장에서는 아직도 통제와 규제위주의 학생 지도를 벗어나지 못하고 있는 측면도 있다. 개방화와 다양화로 학생들의 의식은 빠르게 변화하는데 교사들의 강압적인 학생지도 방식이 변화하지 않는다면 교사와 학생 간의 신뢰는 쌓일 수가 없을 것이다. 종전에는 학생을 단순한 교육의 대상자로 생각하였지만, 이제는 시대가 변하여 학생을 인격적 주체로 대하여야 한다. 학생은 권리의 주체로 존중되어야 하지만, 동시에 교사의 수업권과 다른 학생의 기본권을 침해해서는 안 된다는 것을 인식해나가도록 교육하는 것도 중요하다. 민주주의는 권리와 의무라는 쌍무적 관계에 있는 것이다. 학생의 권리와 책임에 관한 학교 규정의 합리적인 정립과 그 실천이 필요하며, 그 과정에 학생의 참여를 보장하여 자주적인 수범 의식을 제고하여야 한다.

요컨대, 사회 환경의 빠른 변화에 맞추어 학생을 인격주체로 인식하고 기본적인 권리를 보장·실현하여야 하는 것은 시대적 요청이다. 동시에 학생의 책임의식 제고와 교원의 수업권 보장을 통하여 학교가 '민주주의'의 산실이 되어

---

4) 교원소청심사위원회 사건: 2011-261 견책처분 취소 청구에 대한 결정 2011. 6. 22.
5) 교원소청심사위원회 사건: 불문경고 취소 청구에 대한 결정 2011. 9. 14.
6) 중앙일보 2011. 9. 29.

야 한다. 이런 점에서 자율과 존중의 '학교문화' 정착이 가장 중요하고 시급한
교육정책의 과제라 할 수 있다.

② 학생의 법적 지위와 주요 권리

1) 학생의 법적 지위

교육의 핵심주체는 학생이다. 학부모, 교사, 정부가 갖고 있는 교육에 관한
제반 권리 내지 권한은 학생의 교육을 받을 권리를 보장하기 위한 것이다. 이런
점에서 학생의 법적 지위가 재조명되어야 한다.[7] 관습적으로 "교사는 학부모의
입장에 서 있다."는 원리로 초·중등학교에서 교사는 학생들에 대하여 광범위한
학생지도권을 행사하여 왔으며, 법적 측면에서는 '특별권력관계'이론[8]으로 개별
적 법률의 근거 없이도 교육·지도 목적을 위한 범위 내에서 학생들의 기본권을
제한할 수 있었다. 그러나 이제는 "교사는 학부모의 입장에 서 있다."는 이론도
쇠퇴하여 가고 있으며, 특별권력관계에 있다 하더라도 기본권은 보장되며 그 제
한에는 헌법이나 개별 법률의 근거를 요한다는 것이 다수의 견해이다. 헌법재판
소도 아동과 청소년을 단순한 교육의 객체가 아닌 독자적인 인격체로서 보고
헌법상 기본권의 주체로 파악하고 있다.[9]

---

7) 표시열, 「교육법: 이론·정책·판례」, 박영사, 2008, 223-227면.
8) "특별권력관계이론은 시민적 법치국가적 사고에 기초한 19세기 독일 공법이론의 산물로서,
국민을 '일반국민'과 '특별관계에 있는 국민'으로 구분하여 '특별관계에 있는 국민'에게는 기본
권이 적용되지 않는다는 이론이다. 공무원과 국가의 관계, 학생과 국가의 관계, 수형자와 국
가의 관계, 군인과 국가의 관계가 이에 해당한다. 국가와 특수한 관계에 있는 국민에 대하여
기본권보호의 사각지대를 인정한 특별권력관계이론은 오늘날 이미 오래전에 극복된 이론에
속한다. 군인, 공무원, 학생, 수형자도 일반국민과 마찬가지로 기본권의 주체이며, 이러한 신
분관계에서도 기본권은 예외 없이 적용된다. 단지, 이러한 관계에서는 일반국민이 부담하는
의무보다 더 많은 의무를 부과할 수 있고, 역으로 일반국민보다 더 많은 권리를 인정할 수도
있다는 점에서 일종의 '특수한 신분관계'에 지나지 않는다." 한수웅, 헌법학, 2013, 382면.
9) 아동과 청소년은 인격의 발전을 위하여 어느 정도 부모와 학교의 교사 등 타인에 의한 결정을
필요로 하는 아직 성숙하지 못한 인격체이지만, 부모와 국가에 의한 교육의 단순한 대상이 아
닌 독자적인 인격체이며, 그의 인격권은 성인과 마찬가지로 인간의 존엄성 및 행복추구권을
보장하는 헌법 제10조에 의하여 보호된다. 따라서 헌법은 국가의 교육권한과 부모의 교육권
의 범주 내에서 아동에게도 자신의 교육에 관하여 스스로 결정할 권리, 즉 자유롭게 교육을

아동·청소년이 헌법상의 기본권의 주체임을 인정하더라도 기본권 보장의 범위와 한계는 구체적인 상황에서 관련 이익을 비교·형량하여 결정된다. 헌법재판소는 18세 미만의 소년은 당구장 출입을 금지시킨 「체육시설의 설치·이용에 관한 법률 시행규칙」 제5조의 헌법소원 심판에서 행복추구권의 침해라고 심판하여 기본권의 주체성을 인정하였다.10) 반면에 「풍속영업의 규제에 관한 법률」 제3조 제5호의 위헌확인 심판에서 노래연습장에 18세 미만자의 출입을 금지시킨 것은 청소년의 정신적·신체적 성숙 정도를 고려할 때 행복추구권을 침해한 것이라고 할 수 없다고 심판하여 청소년에 대한 보호의 객체성을 강조하였다.11)

요컨대, 헌법재판소는 청소년의 기본권주체성을 인정하나, 기본권행사시 청소년의 정신적·육체적 미성숙이라는 특수성을 고려하여 '보호의 객체'라는 측면도 기본권보장과 함께 강조하고 있다. 초·중등학생도 청소년과 마찬가지로 헌법상의 기본권 주체로 인정되고 있으나 기본권 행사시 미성숙에 기인한 보호의 필요성과 학교의 특수성, 예컨대 수업방해의 예방, 교내질서유지 등 때문에 제한의 정도가 일반 성인과는 다르다고 말할 수 있다.12)

2) 학생인권조례

경기도 교육청은 2011년에 학생들에게 광범위한 권리를 보장하는 학생인권조례를 제정·실시하고 있으며, 서울시 교육청도 2012년 1월에 학생인권조례를 공포하였다.13) 경기도 학생인권조례와 서울특별시 학생인권조례에서는 체벌을

받을 권리를 부여한다(헌법재판소 2000. 4. 27, 98헌가16, 판례집 제12권 1집, 456).

10) 헌재 1993. 5. 13. 92헌마80.

11) 헌재 1996. 2. 29. 94헌마13.

12) 유엔아동권리협약(Convention on the Rights of the Child)에서는 아동(18세 미만)의 생존, 보호, 발달, 참여의 권리 등 어린이 다양한 인권을 보장하고 있으며 협약 가입 당사국은 협약상에 있는 아동의 권리실현을 위한 조치(입법, 행정, 사법 등)를 취할 의무를 지게 된다. 동 협약은 체벌을 금지하고(동 협약 제37조), 아동의 표현의 자유도 보장하고 있는데(동 헌장 제13조), 권리행사의 한계로 '타인의 권리 또는 신망의 존중', '국가안보, 공공질서, 공중보건 또는 도덕의 보호'를 들고 있다.

13) 학생인권조례란, 학교교육과정에서 학생의 인권이 보장될 수 있도록 전국 시·도 교육청별로 제정한 조례이다. 예컨대, 서울특별시 학생인권조례(서울시교육청, 2012. 1 26.)가 보장하고 있는 학생의 주요권리는 다음과 같다. 차별받지 않을 권리, 폭력으로부터 자유로울 권리, 정규교과 이외의 교육활동의 자유, 두발, 복장 자유화 등 개성을 실현할 권리, 소지품 검사 금지, 휴대폰 사용 자유 등 사생활의 자유 보장, 양심·종교의 자유 보장, 집회의 자유 및 학생 표현의 자유 보장.

전면적으로 금지하고 있는 바, 도구나 신체를 이용한 직접체벌만 금지한 「초·중 등교육법 시행령」에 위반이 되는가에 관하여 상반된 입장이 대립되어 왔다.14)

조례의 범위에 관하여 헌법은 '지방자치단체는 법령의 범위15) 안에서 그 사무에 관하여 조례를 제정할 수 있다.'고 규정하고 있다(헌법 제117조 제1항). 다 만, 주민의 권리 제한 또는 의무 부과에 관한 사항이나 벌칙을 정할 때에는 법 률의 위임이 있어야 한다(지방자치법 제22조). 조례가 법령에 위반되는지 여부는 법령과 조례의 각각의 규정 취지, 규정의 목적과 내용 및 효과 등을 비교하여 양자 사이에 모순·저촉이 있는지의 여부에 따라서 개별적·구체적으로 결정하 여야 할 것이다.16)

체벌을 전면 금지한 경기도 학생인권조례가 「초·중등교육법시행령」에 위 반이라는 견해의 논거는 다음과 같다. 「초·중등교육법시행령」 제31조 제8항은 "도구, 신체 등을 이용하여 학생의 신체에 고통을 가하는 방법을 사용하여서는 아니 된다."고 규정하고 있는 바, 이는 도구나 신체를 이용하지 않은 '간접체 벌'17)은 허용된다고 해석된다. 따라서 체벌을 전면적으로 금지하는 조례는 부분 적으로 허용되고 있는 교원의 '간접체벌'이라는 학생 지도권을 침해하는 것으로 법령 위반에 해당한다.

한편, 위반이 아니라는 견해의 논거는 다음과 같다. 「교육기본법」은 학습자 중심의 교육 및 학습자의 인권보호를 주요 정신으로 하여 제정되었고, 「초·중

---

14) 강인수, 표시열, 조석훈, "학생의 권리보호와 학교교육의 사명, 어떻게 조화시킬 것인가?", 2010. 8. 18.(공청회자료) 5-7면.

15) '법령의 범위'에 대해 대법원은 "'법령의 범위 안에서'라 함은 '법령에 위반되지 아니하는 범위 내에서'를 말하고, 지방자치단체가 제정한 조례가 법령에 위반되는 경우에는 효력이 없다."(대 법원 2009. 4. 9. 2007추103)고 하여 법령에 위반되지 않아야 함을 의미한다고 하였으며 구체 적으로 법령위반의 판단기준에 대한 대법원의 판례에는 다음과 같은 것이 있다. "주민의 권리 제한 또는 의무부과에 관한 사항이나 벌칙에 해당하는 조례를 제정할 경우에는 그 조례의 성 질을 묻지 아니하고 법률의 위임이 있어야 하고 그러한 위임 없이 제정된 조례는 효력이 없 다."(대법원 2007. 12. 13. 선고 2006추52판결).

16) 대법원 2004. 4. 23. 선고 2002추16 판결, 대법원 2009. 10. 15. 선고 2008추32 판결.

17) 간접체벌에 대한 개념정의가 명확하게 있는 것은 아니나, 신체에 직접적인 고통을 가하지 않 는 훈육·훈계 등의 방법을 의미한다. 그러나 이에 대해서도 찬반의 견해가 극명하게 대립하 며, 국가인권위원회에서도 「초·중등교육법시행령」 일부 개정령안을 검토함에 있어 이러한 간 접체벌을 허용하는 규정을 신설하는 것은 인권침해의 소지가 있다고 반대 의견을 표명한 바 있다(국가인권위원회 상임위원회, 「초·중등교육법시행령」 일부 개정령안에 대한 의견표명, 2011. 3. 2).

등교육법」 제18조의4는 학교의 설립자·경영자와 학교의 장은 헌법과 국제인권
조약에 명시된 학생의 인권을 보장하여야 한다고 규정하고 있다. 따라서 학생인
권조례안은 이러한 법령의 취지를 더 효과적으로 실현하고자 하는 것으로 학생
의 인권보장 자체가 학교장이나 교원의 교육권을 직접적으로 제한하거나 침해
하는 것으로 보기는 어렵다.

생각건대, 위반이라는 견해는 법령체계의 형식을 강조하는 현실적 입장이
고, 위반이 아니라는 견해는 관련법령의 취지나 내용을 강조하는 이상적 입장이
다. 학생인권조례의 시행으로 인해 학교의 안전 및 교육활동 보호를 위한 대체
수단의 확보가 매우 곤란한 경우나 대체 수단의 확보를 위한 부담이 매우 큰 경
우에는 합리적인 입법 범위를 벗어난 것으로 판단될 수 있을 것이다. 학생인권
조례의 위반에 대한 벌칙 조항은 법령의 위임이 있어야 하며 그렇지 않은 경우
벌칙은 무효가 될 것이다.

3) 학생의 주요 권리

학생도 헌법상의 기본권 주체이므로 헌법에 보장된 모든 기본권을 학생들
도 향유한다. 그러나 학교현장에서 학생지도와 직접적으로 관련되는 학생의 주
요 권리에는 학교폭력과 체벌의 금지, 사생활의 자유와 표현의 자유의 보장, 징
계관련 적법절차의 원리의 적용, 위험시설로부터의 안전 등이 있다. 이들 주요
권리에 관하여 간략히 언급한다.

가. 학교폭력과 체벌의 금지

따돌림, 집단 괴롭힘, 성폭력 등 모든 물리적 및 언어적 폭력으로부터 자유
로울 권리는 교육의 전제라고 할 수 있는 바, 학교 현장에서 중요한 과제로 부
각되고 있다. 「학교폭력 예방 및 대책에 관한 법률」은 학교폭력의 예방과 대책
에 필요한 사항을 규정하고, 피해학생의 보호, 가해학생의 선도·교육 및 피해학
생과 가해학생 간의 분쟁조정 등을 잘 규정하고 있다.[18] 이러한 법령상의 정비

---

18) 「학교폭력 예방 및 대책에 관한 법률」은 경기도조례안보다도 학교폭력의 유형을 구체적이고
포괄적으로 규정하고 있으나 제2조 제1호에서 학교폭력을 '학생 간에 발생한 행위'로 제한하
여 학생을 상대로 한 교직원에 의한 학교폭력은 적용대상으로 보고 있지 않다.

에도 불구하고 학생 간의 폭력문제는 현실적으로 심각한 문제이다.

학생체벌은 형법상의 상해(제257조), 폭행(제260조), 업무상 과실치사상(제268조)에 해당할 수 있다. 그러나 형법 제20조는 위법성 조각사유의 하나로 정당행위를 규정하고 있는 바, 이는 법령에 의한 행위, 업무로 인한 행위, 기타 사회상규에 위배되지 않는 행위는 벌하지 않는다는 것이다.

「초·중등교육법」 제18조 제1항에서는 교육상 필요한 경우 징계 외에 '기타의 방법으로' 지도할 수 있다고 규정하고 있다. 종전 「초·중등교육법시행령」 제31조 제7항에서는 이러한 '기타의 방법'을 '교육상 불가피한 경우를 제외하고는 학생에게 신체적 고통을 가하지 아니하는 훈육·훈계 등의 방법'으로 하도록 제한하고 있었다. 학생체벌에 관하여 대법원은 정당업무로 인정할 수 있는 기준으로 '사회 상규에 어긋나지 않을 것'을 강조해 왔다. 학생체벌에 관한 이러한 대법원의 판례와 헌법재판소의 최근 판례는 다음 절에서 자세히 분석된다.

종전의 법령에서 체벌에 대한 원칙적 금지, 예외적 허용은 학교현장에서 잘못 인식되어 남용되는 사례가 많았고 사회적 쟁점이 되기도 하였다. 정부는 2011년 3월에 「초·중등교육법 시행령」을 개정하여 도구나 신체를 이용하여 학생의 신체에 고통을 가하는 '직접체벌'은 금지하였다. 그러나 아직도 직접체벌의 악습은 근절되지 않고 있으며, 간접체벌의 허용여부와 그 범위 등에 관하여 학교현장에서는 혼란스러워하고 있다. 간접체벌까지 금지할 경우에는 교원의 학생지도의 어려움은 물론 학생 '징계'가 더 늘어날 수 있다는 점도 유의할 필요가 있다.

나. 사생활의 자유

두발 규제, 휴대폰에 대한 단속, 엄격한 용의·복장 규정 등에 대한 학생의 이의제기가 빈번하게 나타나고 있다. 이들 문제는 법적으로 사생활의 자유 보장 문제가 된다. 사생활의 자유를 제한하는 경우에 교육상 필요한 범위 내에서 최소한에 그쳐야 한다는 헌법상의 요구를 수용하면서도 학교의 교육활동과 학교 내 질서 유지를 위한 적정한 균형점을 찾아야 하는 상황이다. 헌법 제17조는 '모든 국민은 사생활의 비밀과 자유를 침해받지 아니할 권리'를, 그리고 제12조

제1항에서 '법률에 의하지 아니하고는 체포·구속·압수·수색 또는 심문을 받지 아니할 권리'를 규정하고 있다. 그러나 사생활의 자유를 직접 규정한 교육관련 법률은 없고, 「교육기본법」 제12조[19]가 간접적으로 관련되는 조문이다.

두발 등의 규제는 미성숙한 학생을 보호하고 공동체 가치 규범을 가르치는 학교의 사명에 비추어 정당한 교육적 이익을 위한 것이라는 관점이 있다. 반면에 사생활에 대한 획일적인 규제는 학습자의 자기결정권에 부정적인 영향을 미치며, 학생이 유행에 민감하고 퇴폐적 상업주의에 빠져 비행 청소년이 되기 쉬우므로 두발 등을 일률적으로 규제하여야 한다는 견해는 단순한 우려나 예측에 의한 기본권 제한으로 타당하지 않다는 관점도 있다. 학생의 사생활 분야는 학생의 참여에 의해 민주적으로 제정·개정되는 학칙 내지 학생생활규정에 반영되도록 함으로써 학생의 자율적인 책임의식을 제고할 필요가 있다.

다. 학생의 표현의 자유

표현의 자유의 중요성과 기본적인 법 원리는 이미 제1부 제2장에서 다루었다. 학생의 인권의식이 높아지고 교육과정에서도 자기 주도적인 학습이 강조되는 가운데 학교 운영 및 사회적 문제에 대한 학생의 의사표현의 자유에 대한 요구가 늘어나고 있다. 학생자치활동이 활발해지면서 집회·시위에 대한 보장 요구도 증대되고 있는데 국내 판례는 거의 없는 관계로 아직까지 보장 범위나 제한 기준에 대한 기준이 불분명한 상태이다. 학생의 표현의 자유에 관한 이정표적 사건은 미국 연방대법원의 팅커(Tinker) 판결이다.[20]

---

19) 교육기본법 제12조 제1항은 '학생을 포함한 학습자의 기본적 인권은 학교교육 또는 사회교육의 과정에서 존중되고 보호된다.'고 규정하고 있으며, 제2항은 '교육내용·교육방법·교재 및 교육시설은 학습자의 인격을 존중하고 개성을 중시하여 학습자의 능력이 최대한으로 발휘될 수 있도록 마련되어야 한다.'고 규정하고 있다. 제3항에서 '학생은 학습자로서의 윤리의식을 확립하고, 학교의 규칙을 준수하여야 하며, 교원의 교육·연구 활동을 방해하거나 학내의 질서를 문란하게 하여서는 아니 된다.'고 규정하고 있다.

20) 이 사건은 학생들이 베트남 전쟁에 반대하는 검은 완장을 차고 등교하자 학칙위반으로 정학 처분을 내린 것인데, 이는 연방헌법상의 표현의 자유 보장에 반한다는 판결이었다(Tinker v. Des Moines Independent Community School District, 393 U.S. 503(1969)). 이 판결에서 미연방대법원은 막연한 혼란의 우려나 염려만으로는 표현의 자유를 제한할 수 없고, 학교운영에 필요한 규율을 구체적이고 실질적으로 침해하였는지를 기준으로 판단하여야 한다고 하였다. 또한, 학생은 정부가 전달하고자 하는 것만을 받아들이는 폐쇄회로가 아니며 교실은 다양한 의견이 교류되는 사상의 시장(marketplace of ideas)이 되어야 한다고 지적한 바 있다.

표현의 자유는 민주주의의 핵심적인 기본권으로 헌법에서 잘 보장하고 있으며,21) 「교육기본법」 제12조가 간접적으로 관련되는 규정이다. 학생의 의사표현의 자유는 개인의 정신적 성장에 큰 영향을 미치며, 민주주의의 핵심가치이므로 교육 관련법령이나 학생생활규정에 적절히 반영되어야 한다. 그러나 소란을 피워 수업을 방해하기 쉬운 학생들의 집회, 그리고 교지 등 학교가 후원하거나 학교 교육활동의 일부로 행해지는 표현의 자유의 경우에는 일정한 한계를 규정하고, 잘 준수하도록 교육되어야 한다. 학생의 표현의 자유를 무조건적으로 보장할 경우 교육적 사명을 다하기 어려워지므로 「교육기본법」 제12조 제3항의 기준이나 미국 팅커 판결에서 강조된 합리적인 제한기준이 함께 강조되어야 한다.

라. 학생징계와 적법절차 원리

적법절차의 개념과 법 원리에 관하여서도 이미 제1부 제2장에서 다루었다. 적법절차란 개인의 기본권을 보호하고 실현하기 위하여 오랫동안 영국의 법원에서 재판을 통하여 수립되어 온 사법적 절차에 관한 규칙이다. 이를 '자연적 정의(natural justice)'라고도 한다. 미국 헌법상의 적법절차 원리도 영국에서 발전되어 온 자연적 정의의 정신을 기본으로 하고 있으나 그 적용대상이 신체의 자유에 대한 침해는 물론이고 그 밖의 자유권과 재산권의 침해 경우까지 확대 적용되고 있다. 절차적 보호 장치인 적법절차가 오판의 위험성을 최소화하기 위한 것이므로 적어도 사전통지와 청문의 기회제공은 필수적 내용이다.

우리나라 헌법에서도 신체의 자유를 규정한 제12조에 적법절차 개념을 도입하고 있다.22) 행정영역에서는 「행정절차법」이 제정, 실시되고 있다. 공무원은

---

21) 헌법 제21조에서 '모든 국민은 언론·출판의 자유와 집회·결사의 자유를 가진다.', '언론·출판에 대한 허가나 검열과 집회·결사에 대한 허가는 인정되지 아니한다.', '다만, 언론·출판은 타인의 명예나 권리 또는 공중도덕이나 사회윤리를 침해하여서는 아니 된다.'고 규정하고 있다.

22) 적법절차의 내용은 광범위하고 다양하기 때문에 우리 헌법 제12조에 규정된 적법절차의 내용이 무엇인가 하는 문제가 제기되고 이에 관하여 국내 학계의 견해는 아직 정리되지 못한 상태인데, 헌법재판소는 이를 신체의 자유와 관련한 영역뿐 아니라 입법과 행정의 영역으로 확대함으로써 다음과 같이 영미법상의 포괄적인 적법절차 조항으로 이해하고 있다. "현행 헌법에 규정된 적법절차의 원칙을 어떻게 해석할 것인가에 대하여 표현의 차이는 있지만 대체적으로 적법절차의 원칙이 독자적인 헌법 원리의 하나로 수용되고 있으며 이는 절차의 적법성뿐만 아니라 절차의 적정성까지 보장되어야 한다는 뜻으로 이해하는 것이 마땅하다. 다시 말하면 형식적인 절차뿐만 아니라 실체적 법률내용이 합리성과 정당성을 갖춘 것이어야 한다는 실질적인 의미로 확대 해석하고 있다. 이러한 적법절차의 원리가 형사절차 이외 행정절차에도 적

절차적 정의의 중요성을 인식하고 적법절차 원리를 직무수행의 지침으로 삼아야 한다. 특히 한국행정의 경우 기정사실화(fait accompli)하는 관례, 업적과 능률 위주의 서두르는 행정풍토, 오랜 지배·복종관계의 수직적 관민관계 등을 고려하면 공무원들의 적법절차 준수는 시급한 과제이다.[23]

이러한 민주주의 핵심원리인 적법절차 원리가 이미 학생의 징계와 관련하여 「초·중등교육법」에 반영되어 있다. 즉 동법률 제18조 2항에서 "학교의 장은 학생을 징계하고자 하는 경우 해당 학생 또는 학부모에게 의견진술의 기회를 부여하는 등 적정한 절차를 거쳐야 한다."고 규정하고 있는 것이다.

③ 체벌에 관한 헌법재판소 결정

1) 체벌의 개념과 현행법령

체벌이란 교사가 교육현장에서 교육목적을 달성하기 위하여 학생의 신체에 직접·간접으로 유형력(有形力)을 행사하는 행위로 한국의 가정과 학교에서 오랫동안 사용되어 왔다. 그러나 체벌은 사인(私人)에 의한 직접적인 신체의 자유에 대한 침해이므로 법치주의에 반한다. 따라서 체벌금지는 「아동권리협약」의 기본원리인 아동의 생명·생존·발달권의 핵심적 내용(동협약 제2조)이라 할 수 있다. 동협약 제19조는 체약국은 부모, 법정보호자 또는 기타의 아동양육자에 의한 아동에 대한 모든 형태의 신체적 또는 정신적 폭력, 침해, 학대, 방임, 성적 학대로부터의 보호조치를 하도록 하고 있다. 동협약 제28조 제2항은 체약국은 학교 징계가 아동의 인간의 존엄과 일치하는 방향으로 행해질 것을 보장하기 위하여 적합한 조치를 취하여야 한다고 규정하고 있다.

현행 「초·중등교육법」은 제18조(학생의 징계) 제1항에서 "학교의 장은 교육

용되는가에 관하여 우리 헌법재판소는 이 적법절차의 원칙의 적용범위를 형사소송절차에 국한하지 않고 모든 국가작용에 대하여 문제된 법률의 실체적 내용이 합리성과 정당성을 갖추고 있는지 여부를 판단하는 기준으로 적용된다고 판시하고 있다(헌재 1998. 5. 28. 96헌바4, 판례집 10-1, 610, 617-618)."

23) 표시열, 「교육법: 이론·정책·판례」, 박영사, 2008, 60-61면.

상 필요할 때에는 법령 및 학칙이 정하는 바에 의하여 학생을 징계하거나 기타의 방법으로 지도할 수 있다." 라고 규정하고 있다. 그리고 동법 구 시행령 제31조 제7항은 "학교의 장은 법 제18조 제1항 본문의 규정에 의한 지도를 하는 때에는 교육상 불가피한 경우를 제외하고는 학생에게 신체적 고통을 가하지 아니하는 훈육·훈계 등의 방법으로 행하여야 한다."고 규정되어 있었다. 구「초·중등교육법 시행령」 제31조 제7항의 해석은 원칙적으로 체벌을 금지하되, 교육상 불가피한 경우에만 예외적으로 또는 매우 제한적으로 허용될 수 있다고 해석되므로 체벌을 정당행위로 주장하려면 '교육상 불가피'하였다는 것을 가해자가 입증하여야 했다.

한국의 경우 학생에 대한 생활지도의 수단으로 체벌이 허용될 수 있는가? 허용된다면 그 한계는 무엇인가의 문제는 학교현장에서 늘 겪고 있는 문제이며 쟁점이 되는 주제이다. 체벌의 교육적 찬반 논거와 법적 논리, 그리고 관련 판례를 분석한다.[24)]

2) 체벌에 대한 찬반 논거

가. 교육적 찬반 논거

교육학자들은 체벌에 대한 긍정적 논거로 체벌을 통하여 자기규율을 학습시키며, 사회화에 기여하고, 체벌의 효과가 신속하며, 학교질서 유지의 중요 수단이 됨을 들고 있다. 체벌에 대한 부정적 논거로는 체벌의 효과는 일시적이며, 공포심을 자극하여 탐구정신을 억압하고, 교사와 학생 간의 신뢰관계를 해치며 궁극적으로 인간의 존엄성을 해친다는 것을 든다.

나. 체벌에 대한 법적 논거

체벌은 형법상 폭행죄나 상해죄에 해당된다. 교사의 체벌에 대한 위법성 조각사유로 들 수 있는 것은 정당행위이다. 형법 제20조는 "법령에 의한 행위 또는 업무로 인한 행위, 기타 사회상규에 위배되지 아니하는 행위는 벌하지 아니한다."고 규정하고 있다. 교사의 체벌이 정당행위라고 하려면 법령에 의하여 허용된 교육행위에 따르는 업무상의 행위로 사회상규에 위배되지 않는 행위여

---

24) 표시열, 전게서: 236-237면.

야 한다.

3) 체벌 관련 대법원 판례와 체벌허용의 기준

체벌에 관한 대법원 판례 몇 개를 간단히 언급한다. 담임교사가 결석이 잦은 이유를 물었으나 대답을 하지 않아 다른 학생들에게 경각심을 주기 위하여 뺨을 두 번 가볍게 때린 사건과 다른 교사가 수업 태도가 좋지 않은 학생에게 지휘봉으로 등을 3, 4번 때렸으나 신경증성 억울증(抑鬱症)이 있다는 진단으로 입원한 사건에서 담임교사의 그러한 행위는 사회상규를 벗어나지 않은 정당업무로 판결하였다.[25] 그러나 음주·흡연을 하고 폭행을 휘두른 학생에게 담임교사가 대걸레 자루로 체벌하던 중 피하다가 머리를 맞아 중상을 입은 사건에서 대법원은 교육상 필요에 의한 체벌이었다는 점은 인정하지만 이 사건의 경우 체벌의 방법과 정도에 있어서 사회 관념상 비난받지 아니할 객관적 타당성이 없다고 위법성을 인정하였다.[26]

체벌을 인정하는 경우에 사회상규(社會常規)의 판단이 중요한데, 그 기준은 행위의 동기와 목적이 정당한가, 행위의 수단이나 방법이 상당(相當)한가, 보호이익과 침해이익 간에 균형성을 유지하는가, 긴급성을 요하는가, 다른 수단은 없었는가(보충성원리) 등이다.

대법원은 여자중학교 체육교사의 학생에 대한 체벌과 모욕적인 언사가 당시의 상황, 동기, 그 수단, 방법 등에 비추어 사회통념상 객관적 타당성을 갖추지 못하여 정당행위로 볼 수 없다고 판결하여 「초·중등교육법상」의 체벌규정을 엄격히 해석하였다. 동 판결에서 대법원은 사회통념상 객관적 타당성을 인정할 수 없는 경우를 다음과 같이 예시하였다. 교정의 목적에서 나온 지도행위가 아니어서 학생에게 체벌, 훈계 등의 교육적 의미를 알리지도 않은 채 지도교사의 성격 또는 감정에서 비롯된 지도행위라든가, 다른 사람이 없는 곳에서 개별적으로 훈계, 훈육의 방법으로 지도·교정될 수 있는 상황이었음에도 낯모르는 사람들이 있는 데서 공개적으로 학생에게 체벌·모욕을 가하는 지도행위라든가, 학생의 신

---

25) 대판 1979. 9. 11. 79다522.
26) 대판 1988. 1. 12. 89다카2240.

체나 정신건강에 위험한 물건 또는 지도교사의 신체를 이용하여 학생의 신체 중 부상의 위험성이 있는 부위를 때리거나, 학생의 성별·연령·개인적 사정에서 견디기 어려운 모욕감을 주어 방법이나 정도가 지나치게 된 지도행위 등은 특별한 사정이 없는 한 사회통념상 객관적 타당성을 갖추었다고 보기 어렵다.[27]

4) 체벌 관련 헌법재판소 판례

2006년에 헌법재판소도 교사가 학생의 행동을 바로 잡으려는 의도에서 체벌을 하였다고 하더라도 체벌의 불가피성이 인정되지 아니하고 절차와 방법이 적정하지 아니하며 체벌의 정도도 가볍지 아니하므로 사회통념상 용인되는 객관적 타당성을 갖추었다고 보기 어려운 경우, 교사의 체벌을 폭행죄로 인정하고 기소유예 처분한 검사의 행위를 정당하다고 결정하였다.[28] 이 결정은 학생의 체벌에 관하여 자세히 다루고 있으므로 구체적으로 살펴볼 필요가 있다.

가. 사건 개요 및 심판 대상

청구인은 ○○고등학교 여교사이고 김○훈은 위 학교 1학년에 재학하던 남학생이었는데 그의 어머니는 청구인을 폭행죄 등으로 고소하였는바, 고소사실의 요지는 다음과 같다. 청구인은 (1) 2005. 5. 23. 09 : 25경 김○훈이 수업에 지각하였다는 이유로 손바닥으로 김○훈의 뺨을 1회 때려 약 2주간의 치료를 요하는 좌측 와우진탕의 상해를 가했다. (2) 같은 달 26. 위 학교에서 김○훈을 교무실로 데리고 가 세워놓고 '너는 왜 그리 못되었느냐'고 꾸지람을 하여 교무실에 있던 다른 교사들마다 지나가면서 김○훈의 머리를 주먹으로 쥐어박거나 막대기로 때리도록 함으로써 김○훈을 폭행하였다. (3) 같은달 28. 위 학교에서 김○훈의 같은 반 급우들이 보고 있는 가운데 김○훈에게 '너는 내 손으로 뺨을 때렸지만 너 같은 것은 내 손으로 뺨을 때릴 가치도 없는 놈이다, 너의 행동은 퇴학감이다'라고 말을 하고 이어서 김○훈을 교무실로 데리고 가 교사들이 보고 있는 가운데 교무실에 있던 교사들에게 '김○훈 이거 퇴학감 맞지요'라고 소리치는 등 김○훈의 명예를 훼손하였다.

---

27) 대판 2004. 6. 10. 2001도5380.

28) 이하의 내용은 헌재 2006. 7. 27. 2005헌마1189 판결 원문을 이해하기 쉽도록 편집·구성하였다.

피청구인은 수사결과 (2)항에 대하여는 청구인이 직접 폭행하지 아니하였다는 이유로, (3)항에 대하여는 관련자들의 진술이 엇갈려 혐의를 입증할 증거가 부족하다는 이유로 혐의 없음 처분을 하고, (1)항에 대하여는 폭행죄의 혐의는 인정된다고 보고 여러 가지 정상을 참작하여 2005. 10. 21. 청구인에 대하여 기소유예처분을 하였으며, 청구인은 같은 해 12. 8. 이 사건 헌법소원심판을 청구하였다.

이 사건 관련 법령의 내용은 다음과 같다.

「교육기본법」(2005. 3. 24. 법률 제7399호로 일부개정된 것)

제12조 제1항: 학생을 포함한 학습자의 기본적 인권은 학교교육 또는 사회교육과정에서 존중되고 보호된다. 제2항: 교육내용, 교육방법, 교재 및 교육시설은 학습자의 인격을 존중하고 개성을 중시하여 학습자의 능력이 최대한으로 발휘될 수 있도록 강구되어야 한다.

「초중등교육법」(2004. 1. 29. 법률 제7120호로 일부개정된 것)

제18조 제1항: 학교의 장은 교육상 필요한 때에는 법령 및 학칙이 정하는 바에 의하여 학생을 징계하거나 기타의 방법으로 지도할 수 있다.

「초중등교육법시행령」(2005. 1. 29. 대통령령 제18690호로 일부개정된 것)

제31조 제7항: 학교의 장은 법 제18조 제1항 본문의 규정에 의한 지도를 하는 때에는 교육상 불가피한 경우를 제외하고는 학생에게 신체적 고통을 가하지 아니하는 훈육·훈계 등의 방법으로 하여야 한다.

「○○고등학교 학생생활규정」제58조와 제59조에서[29] 체벌의 기준·절차·방법을 구체적으로 규정하고 있다.

---

29) 학교생활규정 제58조(학생 체벌) 초중등교육법시행령 제31조 제7항의 '교육상 불가피한 경우'를 체벌규정으로 정하고, 이를 특수하고 예외적인 상황으로 제한 해석하여야 하며, 학생에게 체벌을 주고자 할 때에는 각 호의 사항을 준수해야 한다. (1) 교사는 감정에 치우친 체벌을 해서는 안 되며 체벌기준에 따라야 한다. (2) 교사가 체벌할 때에는 사전에 학생에게 체벌 사유를 분명히 인지시킨다. (3) 체벌 시행은 다른 학생이 없는 별도의 장소에서 반드시 제3자(생활지도부장이나 교감)를 동반하여 해당 학생을 체벌해야 한다. (4) 체벌하기 전에 교사는 학생의 신체적·정신적 상태를 점검해서 이상이 없는지를 반드시 확인해야 하며, 이상이 있다고 판단되는 경우 체벌을 해서는 안 되며, 이때 체벌을 연기하여 실시할 수 있다. (5) 체벌 도구는 지름 1.5cm 내외로 길이는 60cm 이하의 나무로 하며, 직선형이어야 한다. (6) 체벌 부위는 둔부로 한다. 단, 여학생의 경우는 대퇴부로 제한한다. (7) 1회 체벌 봉 사용 횟수는 10회 이내로 하고, 해당 학생에게 상해를 입혀서는 안 된다. (8) 해당 학생이 대체 벌을 요구할 수 있으며, 해당 교사는 학교장의 허가를 얻어 학생의 보호자를 내교토록 하여 학생지도문제를 협의할 수 있다. 제59조(체벌의 기준) 체벌은 교육상 필요하고 다른 수단으로는 교정이 불가능한 경우에 한하며, 다음 각 호의 기준에 따른다. (1) 교사의 훈계나 반복적인 지도에 변화가 없는 경우 (2) 남의 권리를 침해하거나 신체·정신·인격적 피해를 입히는 행위 (3) 다른 학생을 이유 없이 괴롭히는 경우 (4) 남의 물건 및 물품을 의도적으로 손상시키는 행위 (5) 학습태도가 불성실한 경우 (6) 본교에서 운영하는 벌점규정에 의하여 벌점 기준을 초과했을 경우.

나. 청구인의 주장과 관계기관의 의견

청구인은 청구인의 체벌행위가 징계권의 한계를 벗어나지 아니하는 정당행위로서 폭행죄가 성립되지 아니함에도 피청구인이 그 혐의를 인정하여 기소유예처분을 함으로써 청구인의 평등권과 재판청구권을 침해하였다고 주장한다.

한편 피청구인의 답변은 다음과 같다. 체벌은 학생들의 기본권을 침해하는 것이므로 허용될 수 없을 뿐 아니라 교육관련 법령에 의하면 교육상 불가피한 경우에만 체벌을 할 수 있도록 규정되어 있는데, 청구인은 교육상 불가피한 사유가 없는데도 개인적인 감정을 이유로 흥분된 상태에서 체벌을 행하였으니 이는 징계권의 범위를 일탈하여 사회상규에 위반된다. 따라서 청구인의 폭행죄 혐의를 인정하고 여러 가지 사정을 참작하여 기소를 유예한 이사건 처분은 정당하다.

다. 쟁점과 판단

가) 쟁 점

이 사건 쟁점은 교사인 청구인의 체벌행위가 정당행위에 해당하는지 여부이다. 형법 제20조는 "법령에 의한 행위 또는 업무로 인한 행위 기타 사회상규에 위반되지 아니하는 행위는 벌하지 아니한다."고 규정하고 있는데, 사회상규에 위반되지 아니하는 행위라 함은 법질서 전체의 정신이나 그의 배후에 놓여 있는 사회 윤리, 도의적 감정 내지 사회통념에 비추어 용인될 수 있는 행위를 말하는 것이어서, 어떠한 행위가 사회상규에 위배되지 아니하는가는 구체적 사정 아래서 합목적적·합리적으로 고찰하여 개별적으로 판단되어야 한다.

나) '정당행위'의 판단 기준

심한 체벌은 대상학생의 신체의 자유를 제한하고 인격권 내지 인격성장의 권리에 손상을 가져 올 수 있다. 다만 정도가 심하지 않은 체벌은 체벌대상 학생에게도 학습의 효과를 높여주고, 질서가 유지된 상태에서 공부할 수 있도록 함으로써 다른 학생들의 학습권을 보호할 가능성이 있다. 또 교육목표를 실현하는 과정에서 훈계와 벌, 지도와 징계 등이 필요할 수 있으므로 교사는 체벌을 효과적인 교육방법의 하나로 여길 소지가 있다. 이처럼 학교체벌에는 체벌대상 학생과 교사, 다른 학생의 이해관계가 얽혀 있으므로 그 규율의 형식과 내용, 절차는 법령에 의해 엄격하게 정해져야 한다. 이미 교육관련 법령에서 체벌은 자유롭게 선택할 수 있는 교육방법이 아니라 극히 제한적인 지도방법으로 정하였고 학생생활규정은 이를 구체화하는데, 이는 학교가 민주주의를 학습하는 기본적인 장소이므로 교사가 먼저 인권과 적법절차를 중시하는 모범을 보여야 하기 때문이다.

교사들이 관심영역과 개성이 다른 많은 학생들을 효과적으로 교육하기가 어려운 것이 현실이지만, 그렇다고 하더라도 학생들의 눈높이에 맞추어 적절한 교육방법을 택하지 아니하고 체벌로 쉽게 학생들을 통제하려는 것은 교육자로서의 바람직한 태도가 아니다. 진정한 벌이나 지도란 학생이 스스로 깨달음을 얻도록 도와주는 것이다. 자칫 심각한 인권침해를 불러올 수 있는 체벌보다 학생의 잘못에 대해 책임을 일깨우고 민주적 가치와 인권의식을 체화시키는 대안적 훈육방법, 효과적인 학급경영기법 및 학생지도능력을 강화하여 개발하는 것이 바로 교육담당자의 직무인 것이다.

그래서 학교체벌이 사회적 상당성을 충족할 수 있는 범위는 매우 좁다고 해야 할 것인데, 좀 더 구체적으로 현행 교육관련 법령 아래서 사회통념상 체벌의 객관적 타당성 여부를 판단하는 기준을 정리해 보면 다음과 같다.

첫째, 체벌은 "교육상 불가피한 경우"에만 행해져야 한다. "교육상 불가피한 경우"란 훈육이나 훈계 등 다른 교육적 수단으로는 교정이 불가능하여 체벌을 할 수밖에 없는 경우를 말한다. 교사의 성격에서 비롯되거나 감정을 내세워 행해지는 폭력행위는 교육상 필요한 목적을 위한 것이라고 하기 어렵고 다른 대체수단으로 지도할 수 있음에도 체벌을 하는 경우에는 체벌의 불가피성을 충족하기 어렵다. 둘째, 체벌의 절차를 준수해야 한다. 체벌 전에 학생에게 체벌의 목적을 알리고 훈계하여 변명과 반성의 기회를 주고, 신체의 이상 유무를 살핀 후 시행해야 한다. 만약 학칙에서 정한 체벌 절차가 따로 있는 경우에는 특별한 사정이 없는 한 그에 따라야 한다. 셋째, 방법이 적정해야 한다. 체벌은 부득이한 사정이 없는 한 정해진 체벌 도구를 사용해야 하고 위험한 도구나 교사의 신체를 이용하여서는 아니 된다. 체벌의 장소는 가능한 한 비공개 장소에서 개별적으로 행해야 한다. 체벌 부위는 상해가 발생할 위험이 적은 둔부 등이어야 한다. 넷째, 그 정도가 지나치지 않아야 한다. 학생의 성별·연령·개인적인 사정에 따라 수인할 수 있는 정도이어야 하고, 특히 견디기 어려운 모욕감을 주어서는 아니 된다.

다) 청구인 행위의 정당성 여부

이제 위에서 검토한 법리를 이 사건에 적용해 본다. 우선, 체벌의 불가피성이 인정되지 아니한다. 김○훈이 수업시간에 지각한 행위는 지도를 요하는 행위임에는 틀림없으나, 그러한 행위를 고치기 위하여 반드시 뺨을 때려야 하는 것은 아니다. 수업시간에 또는 수업이 끝난 후 타이르거나 담임선생님이나 생활지도부에 넘겨 면담, 훈계 등을 받도록 할 수 있었음에도 뺨을 때린 것으로서 교육상 체벌을 해야 할 불가피한 사유가 있다고 보기 어렵다.

또, 절차와 방법을 준수하지 아니하였다. 위 학생생활규정에, 교사가 체벌을 하려면 사전에 체벌의 사유를 분명히 인지시키고 체벌시행은 다른 학생이 없는 별도의 장소에서 반드시 제3자(생활지도부장이나 교감)를 동반하여 하되, 체벌 전에 학생의 신체적, 정신적인 상태를 점검하며, 일정한 규격의 나무 체벌봉으로 둔부에 시행하도록 규정되어 있으며, 교사의 신체를 이용한 체벌이나 얼굴에 가하는 체벌은 금지되어 있다. 그런데 이러한 절차를 지킬 수 없을 만큼 급박하거나 부득이한 사정이 있다고 할 수 없는데도 청구인은 김○훈 등이 수업시간에 늦게 들어오자 바로 다른 학생들이 주시하는 가운데 공개적으로 자신의 손바닥으로 뺨을 때렸다.

끝으로, 체벌의 정도가 가볍지 아니하다. 사람의 얼굴은 그의 정체성과 인격을 나타내는 부위로서 소중하게 여겨지는바, 비록 남학생이라고 하더라도 감수성이 예민한 고등학교 1학년의 어린 학생이 공개적으로 뺨을 맞게 되면 신체적 고통보다 인격적인 모욕감을 더 느껴 마음에 커다란 상처를 입을 수 있다.

청구인이 김○훈의 행동을 바로 잡으려는 의도에서 체벌을 하였다고 하더라도, 체벌의 불가피성이 인정되지 아니하고 절차와 방법이 적정하지 아니하며,

체벌의 정도도 가볍지 아니하므로 사회통념상 용인되는 객관적 타당성을 갖추었다고 보기 어렵다.

라) 결 론

결국 피청구인이 청구인의 체벌행위를 폭행죄로 인정하고 평소 김○훈의 학습태도나 청구인의 교사로서의 근무자세 등 여러 가지 사정을 감안하여 기소를 유예한 처분은 타당하다고 할 것이다. 청구인의 평등권이나 재판청구권을 침해하였다고 보기 어렵다. 그렇다면 이 사건 청구는 이유 없으므로 6인의 일치된 의견으로 이를 기각한다.

라. 재판관 권 성, 재판관 김효종, 재판관 조대현의 반대(합헌)의견

청구인이 김○훈의 뺨을 때린 행위는 형법 제20조의 "사회상규에 위배되지 아니하는 행위"에 해당되므로 이 사건 기소유예처분은 취소되어야 한다.

가) 교사의 학생 훈육 책임

초·중등학교의 교사는 학생들에게 지식을 가르침과 아울러 그들의 인격이 올바로 형성되도록 지도하는 직무를 담당한다. 초·중등학교의 학생들은 인격을 형성하는 단계에 있으므로 그들의 인격을 올바르게 훈육하는 일은 학생에게 지식을 가르치는 것 못지않게 중요하다. 학생의 인격을 올바르게 육성시키는 일은 학생 본인에게 유익할 뿐만 아니라 사회의 공동이익에 이바지하는 일이다. 그러므로 교사는 미성년 학생의 인격을 올바르게 형성시키기 위하여 또는 그릇된 인격을 바로잡기 위하여 필요한 경우에는 학생을 훈계할 수 있고 훈계하여야 한다. 교사는 훈계의 필요성 유무를 판단하고 훈계의 시기와 방법을 결정하여 시행하여야 하고, 필요한 경우에는 학생에 대하여 신체적·정신적 고통을 가하는 체벌을 훈계의 수단으로 선택하는 것도 허용되어야 한다. 이는 교사의 정당한 직무수행이고 책임이다.

나) 이 사건 체벌행위의 정당행위 여부

청구인이 김○훈의 뺨을 때린 행위는 폭행죄의 구성요건에 해당된다. 그런데 형법 제20조는 "법령에 의한 행위 또는 업무로 인한 행위 기타 사회상규에

위배되지 아니하는 행위는 벌하지 아니한다."고 규정하고 있다. 사회상규에 위배되지 아니하는 정당행위로서 위법성이 부정되기 위해서는, 행위의 동기나 목적이 정당하고, 행위의 수단이나 방법이 꼭 필요하고 상당하며 다른 수단이 없어야 하고, 보호이익과 침해이익이 법익균형성을 갖추어야 한다. 그러므로 청구인의 김○훈에 대한 폭행행위가 정당행위의 요건에 해당되는지 살펴본다.

(가) 이 사건 체벌행위의 목적

청구인은 고등학교 1학년생인 김○훈을 가르치는 교사로서, 김○훈이 다른 학생 3명과 함께 수업시간에 25분이나 늦게 들어오자, 김○훈을 포함한 학생 4명에게 뺨을 한 대씩 때린 것이다. 김○훈 등 4명의 학생들이 수업시간에 관한 규칙을 어겼을 뿐만 아니라 정상적으로 진행되고 있던 다른 학생들의 수업을 방해한 것이다. 청구인이 김○훈의 뺨을 때린 목적은 김○훈의 잘못을 훈계하기 위한 것임이 명백하다. 청구인의 폭행은 교사의 교육목적의 훈계행위로서 정당한 직무행위에 해당된다.

(나) 이 사건 체벌행위의 불가피성과 상당성

학생의 인권도 존중되어야 하고 학생에게 신체적·정신적 고통을 가하는 체벌은 교육상 불가피한 때에만 허용되어야 함은 두말할 필요가 없다. 체벌의 교육적 효과에 관해서는 논란이 있다. 그리고 교육수단으로서 채찍보다 사랑이 더욱 더 효과적이라는 점도 부정할 수 없다. 그러나 학생체벌에 대한 교육적 평가와 형사법적 평가는 구분되어야 한다.

김○훈은 결석과 지각·수업이탈이 잦았고 학교 규율을 지키지 않고 교사의 지도조차 거부하는 학생이었다. 청구인으로부터 뺨을 맞자 "씹할 좆같네"라고 욕하면서 교실을 뛰쳐나가기까지 했다. 그 후 부모와 교사의 설득에도 불구하고 교사의 지도를 거부하다가 학교 생활선도협의회로부터 퇴학결정까지 받았다. 이러한 김○훈의 성행에 비추어 보면 김○훈에 대한 체벌의 필요성과 불가피성은 매우 현저하였다고 볼 수 있다. 따라서 김○훈은 교사의 지도를 거부하는 학생이기 때문에 그를 훈육하기 위해서는 육체적·정신적 고통을 가하는 체벌이 불가피하고 유일한 훈계수단이라고 판단한 것이 부당하다고 보기 어렵다.

때린 사람은 여교사이고 맞은 학생들은 고등학교 1학년의 남학생들이다. 김○
훈 등의 잘못을 훈계하기 위한 수단으로서 폭행의 정도가 지나치다고 보기 어
렵다. 김○훈의 어머니는 김○훈이 와우진탕이라는 상해를 입었다는 진단서까
지 발급받아 청구인을 고소하였지만, 그 진단서는 이 사건 체벌행위가 있은 후
26일이 지난 뒤에 귀가 멍하다고 말하여 발급받은 것에 불과하다. 그래서 검사
도 상해죄는 유죄로 인정하지도 않았다.

청구인이 ○○고등학교의 학생생활규정이 정한 학생체벌의 절차와 방법
을 지키지 않은 점은 있다. 그러나 김○훈 등의 규율위반행위는 수업시간 도중
에 이루어져 수업을 받고 있던 모든 학생들에게 이미 공개되어 즉석에서 공개
리에 훈계할 필요가 있었다고 볼 수 있으므로, 그러한 규정을 준수하지 않았다
고 하여 청구인의 체벌행위가 사회적 상당성을 잃어 형사처벌의 대상에 해당
된다고 보아서는 안 된다. 교사의 학생에 대한 체벌이 형법 제20조의 정당행
위에 해당되는지 여부는 법질서 전체의 정신에 비추어 규범적으로 평가되어야
한다.

(다) 이 사건 체벌행위의 법익균형성

청구인의 체벌행위는 김○훈의 뺨을 한 대 때린 행위로서 형식적으로만 보
면 김○훈에 대한 폭행죄를 구성하고 그의 신체의 자유를 침해한다. 그러나
그것은 교사가 김○훈을 올바르게 훈육하기 위한 훈계행위이다. 뺨 한 대로
침해되는 학생의 신체의 자유보다 학생의 잘못을 훈계하여 올바로 훈육하는
것이 더 가치 있는 일이라고 생각한다. 학생의 그릇된 성행을 방치하는 것보
다 체벌을 통해서라도 그의 인격을 올바르게 훈육함으로써 인격의 가치를 높
이는 것이야말로 학생의 인권을 더 존중하고 더욱 소중하게 여기는 길이라고
믿는다.

그리고 미성년 학생들에 대한 인성교육은 교사에게 맡겨진 직책이므로, 교
사가 미성년 학생의 올바른 훈육을 위하여 체벌을 훈계수단으로 선택하였다고
하더라도 학생의 신체의 자유보다 교사의 훈육책임을 더 중시하여야 한다. 교사
의 체벌행위가 훈계권의 남용이라고 인정되지 않는 이상 정당한 직무행위로서
보호되어야 한다. 이것은 교사의 권리나 권위를 보호하기 위한 것이 아니라 학

생을 올바르게 훈육하여 성숙한 사회적 인간으로 육성한다는 공익성 때문이다. 이 경우에 학생의 신체의 자유를 앞세워 교사의 체벌행위를 형사처벌하는 것은 가치체계를 전도시키는 것이고 학생들의 잘못에 대한 교사의 훈계를 주저하게 함으로써 학생들의 올바른 훈육을 포기하는 것이다. 그 결과는 국민들의 사회성을 빈약하게 하여 공동체 전체의 불이익으로 돌아갈 것이다.

다) 결 론

청구인의 김○훈에 대한 체벌행위는 직무상의 정당한 훈계행위로서 사회상규에 위배되지 아니하는 행위에 해당된다고 보아야 한다. 따라서 이 사건 기소유예처분은 취소되어야 한다.

라) 재판관 권 성의 보충(합헌)의견

선생님은 교육의 현장에서 구체적인 상황에 대처하여 때로는 덕망으로, 때로는 위엄으로, 때로는 이 양자를 함께 베풀어, 잘못을 저지른 학생을 올바른 방향으로 인도하여야만 하는데 그 구체적인 방법은 당연히 선생님이 그 재량으로 결정하고 선택하여야만 할 것이다. 그러므로 문제는 실제의 경우에 행사된 선생님의 재량이 적절한 것이었는가 또는 재량의 한계를 일탈하거나 재량을 남용한 것은 아니었는가 하는 것에 귀착된다.[30]

문제의 학생은 수업일수 91일 중 결석이 39일, 지각이 6일, 조퇴가 2일, 수업시간 불참이 21회나 되었고 평소 성행이 불량하고 교사의 지도에 불응하는 태도를 보였으며 사건 당일에는 다른 학생 3인과 함께 식당에서 라면을 먹고 1교시 수업시간에 25분이나 늦게 들어왔다. 이러한 경우에 이를 질책함이 없이 그대로 방임한다면 문제의 학생 자신 및 다른 학생들에게, 규칙을 무시하고 태

---

30) 재량권 남용 및 일탈의 기준으로 다음 다섯 가지를 고려하여야 한다. 첫째로, 체벌의 대상이 된 학생의 부덕 내지 비행이 얼마나 중대한 것인지 하는 점이 고려되어야 할 것이다. 둘째로, 설혹 잘못이 있다고 하여도 이를 덮어주고 모르는 척 하는 것이 오히려 잘못을 고치게 하는 더 효과적인 방법이 되는 경우도 있는 것처럼 과연 그 잘못에 대하여 체벌이 필요한 것이었는지 하는 점에 대한 검토가 있어야 할 것이다. 셋째로, 선생님 자신의 폭력적 성향을 충족시키기 위하여 또는 그러한 성향의 발로로 말미암아 의식, 무의식 간에 체벌이 선택된 것은 아니었는지 하는 점이 고려되어야 할 것이다. 넷째로, 잘못을 저지른 학생 이외의 다른 학생에 대하여 체벌이 미치는 교육적 효과 또는 반교육적 효과에 대하여 고려하여야 할 것이다. 다섯째로, 체벌의 내용과 정도가 비행에 비하여 과도한 것은 아니었는지 하는 점이 검토되어야 할 것이다(2006. 7. 27. 2005헌마1189).

만을 부리고 건방을 떨고 안하무인으로 행동하여도 괜찮다는 반교육적 분위기
와 인식을 만연시킬 우려가 있어 이는 사소한 잘못이라고는 도저히 볼 수 없다.
나아가 청구인이 시도한 체벌이라는 것도 여자의 손바닥으로 뺨을 한차례 가볍
게 때리는 것 정도이었으므로 이를 잘못에 비하여 과중한 체벌이었다고는 역시
도저히 인정하기 어렵다. 뿐만 아니라 청구인의 이러한 체벌행위가 그 자신의
폭력적 성향이나 기질에서 연유한 것이라고 볼 자료도 전혀 없다. 회초리를 휴
대하지 않았다거나 가까운 곳에 이것이 비치되어 있지 않은 경우, 상황에 따라
서는, 즉석에서 체벌과정을 끝내고 곧이어 수업을 재개할 수 있도록 현장을 정
리하기 위하여, 회초리의 사용 이외의 다른 대체수단을 재량으로 선택할 수도
있는 것이므로 청구인이 이 사건에서 한 바와 같은 선택을 재량의 남용이나 한
계의 일탈이라고는 볼 수 없다.

4 학생생활지도 정책 현안과 기본 방향

1) 정부의 학생생활지도 정책

정부는 2003년부터 학생생활지도 방향을 '학생의 인권·자율·책임 중시'로
설정하였고, 2006년에는 '학생인권보호 종합대책' 수립을 위한 기본계획을 수립하
였다. 2007년에는 시·도교육청의 학생생활지도시 준수사항으로 학생의 인권·자
율성·책임·자치활동 보장 및 인성교육 강화를 제시하였고, 체벌 없는 학교 만
들기 추진 대책을 수립하였고, 32개 학생인권정책연구학교를 운영하였다. 2010
년에는 규칙과 약속이 살아 움직이는 학교문화 조성을 위하여 '그린마일리지(상
벌점제)디지털시스템'을 추진하였다.

정부는 학교문화 선진화 방안에서 학생지도의 기본방향으로 자율과 책임
중시의 학생자치 활성화, 자율과 책임 존중의 학생지도 확대, 가정과 지역이 함
께하는 인성교육 강화를 3대 추진 과제로 제시하고 있다. 자율과 책임중시의 학
생자치 활성화를 위하여 학칙 제·개정시 학생참여를 확대하고, 학생의견 수렴

을 상시체제로 구축하며, 학생자치활동을 활성화한다. 자율과 책임존중의 학생 지도를 위하여 학칙에 대한 학교의 자율성을 제고하고, 문제행동에 대한 책임지도를 강화하며, 교원의 학생지도 전문성을 강화한다. 가정과 지역이 함께하는 인성교육을 위하여 실천중심의 언어교육을 강화하고, 나눔 및 봉사활동을 활성화하며, 학부모의 자녀교육 지원을 확대한다.[31]

이러한 기본방향에서 정부는 최근에 학교현장에서 생활지도 수단으로 자주 쓰였던 체벌을 완전히 금지하였고, 학생을 지도할 경우 학칙으로 정하는 훈육·훈계 등의 방법으로 하도록 하였다. 즉, 2011년 3월 18일에 「초·중등교육법시행령」을 개정하여 학생을 지도할 경우 학칙으로 정하는 훈육·훈계 등의 방법으로 하되, 도구나 신체 등을 이용하여 신체에 고통을 가하는 방법은 금지하였다. 이는 '직접체벌'을 완전히 금지한 것이며, 기타의 학생지도 방법은 학칙으로 정하도록 하였고, 학생들의 학교생활과 관련되는 학칙사항을 제·개정할 경우에는 학생들의 의견을 반영하도록 의무화하였다.

2) 정책 현안 : 체벌금지 이후 학교문화의 변화

정부의 2011년 3월 18일의 체벌금지 조치는 신체나 도구를 이용한 '직접체벌'을 완전히 금지한 것이나, 손들고 서있기 등의 '간접체벌'은 학칙으로 정할 수 있도록 단위학교에 위임된 것으로 해석된다. 그러나 일선학교의 경우에는 직접체벌의 악습을 아직 근절시키지 못하고 있으며, 간접체벌의 허용 여부, 그 범위나 절차 등에 관하여 모호하게 느끼고 있는 실정이다.

더욱이, 일부 시·도 교육청의 경우에는 조례를 통하여 체벌을 완전히 금지하고 있어 이 경우에 간접체벌도 금지대상에 포함되는지 여부에 관하여 혼선이 생기고 있다. 체벌이란 신체적 고통을 주는 벌이므로 엄격한 의미, 또는 넓은 의미에서는 간접체벌도 포함된다고 할 수 있다. 그러나 이 경우에는 상위법인 「초·중등교육법시행령」에서의 간접체벌 허용규정과의 상충문제가 제기된다. 조례에서 규정하고 있는 체벌을 좁은 의미의 체벌, 즉 도구나 신체를 이용한 직접체벌로 해석한다면 시행령과의 상충문제가 해결될 것이다.

---

31) 교육과학기술부, 학교문화 선진화 방안(안), 6-12면.

학생생활지도, 특히 체벌금지에 관한 2011년 3월의 「초·중등교육법시행령」 개정 후의 당면한 정책현안은 다음과 같다. 첫째, 2011년 3월에 직접체벌을 금지한 「초·중등교육법시행령」 개정 후 학교현장에서 어떤 변화가 있는가? 직접체벌 금지는 잘 시행되고 있는가? 일부 시·도에서 금지한 간접체벌의 경우 어떤 문제가 발생하고 있는가? 간접체벌은 허용되어야 하는가? 허용된다면 그 한계는 무엇인가? 둘째, 일선학교에서 학생지도를 비교적 성공적으로 잘하고 있는 구체적인 사례에는 어떤 것이 있는가? 그 성공요인은 무엇인가? 이러한 성공사례를 통해 알 수 있는 학생지도의 핵심적인 지도 기준 내지 요령은 무엇인가? 학생지도의 주요 수단이었던 직접·간접의 체벌 문제에 대한 첫 번째 과제는 전국의 초·중·고등학교별로 교원·학생·학부모를 대상으로 질문지를 돌려 의견을 수렴하여 실증 분석을 하였고, 두 번째 과제는 성공사례를 수집 분석하였는바, 그 내용은 다음과 같다.

가. 체벌금지 이후 학교환경 변화에 대한 교원, 학생, 학부모 인식변화

체벌이 금지된 이후 학교 환경변화에 대한 교사, 학부모, 학생의 인식을 조사[32] 분석한 결과의 몇 가지 특징은 다음과 같았다.

첫째, 체벌금지 이후 교사의 생활지도 방법의 변화에 대하여 교사의 67.0%가 갈등상황을 회피하거나 학생의 문제행동에 소극적으로 대처한다고 응답한 반면, 학부모나 학생은 다양한 대체지도 방법을 모색하거나 상담 등을 통해 공감대 형성을 위해 노력한다는 응답이 많았다. 둘째, 체벌, 징계, 대체지도의 세 가지 생활지도 유형의 사용에 대해 교원, 학부모, 정부, 학생 등의 참여하에 중장기적인 발전방안을 설계하는 것이 시급하다. 설문조사에서도 교육벌의 필요성에 대해서 교원, 학부모, 학생이 어느 정도 공감을 표시하고 있는 것은 체벌, 징계, 대체지도의 조합에 대한 합의의 가능성을 시사한다. 셋째, 학교 구성원은 생활 지도와 관련된 문제를 학교 구성원이 함께 고민하고 결정해야 한다는 필

---

32) 질문지는 전국 16개 시·도에서 초·중·고등학교 각 2개교를 무선 표집하여 총 96개교에 배부되었다. 질문지는 2011년 9월 20일부터 9월 30일에 걸쳐 회수되었다. 96개교 중 56개교의 질문지가 회수되었으며, 응답자별 질문지 회수율은 교사 41.4%(1588/3840), 학부모 52.8%(1478/2800), 학생 58.7%(1643/2800)이었다.

요성을 느끼고 있다. 교사와 학부모 모두 생활지도와 관련된 문제를 해당 학교 구성원이 결정하도록 한 점을 긍정적으로 생각하고 있었으며, 학생들도 학생 자치 활동을 통하여 학생생활 규정에 관한 학생들의 의견 수렴이 원활하게 이루어질 경우 이를 보다 잘 지킬 것이라 생각하고 있었다.[33]

나. 학생생활지도 성공사례 분석

성공적으로 학생지도를 하고 있는 학교중에는 예방적 생활지도를 통하여 교사와 학생 그리고 학부모가 공동으로 노력하여 성공한 경우도 있고, 학칙이나 생활규정에 규정된 교육벌을 효율적으로 잘 활용하여 성공한 학교도 있었다. 그리고 학생자치법정을 운영하여 학교생활 속에서 법 체험을 통한 책임감을 높여 성공한 사례도 있었다.

우수사례를 분석한 결과 초등학교의 경우 예절 인증제 등 예방적 생활지도에 중점을 두고 문제 학생에 대한 1스승 1제자 결연, 친구 멘토링제, 바른생활 점검표, 학교 폭력예방지킴이 점검제도 등을 시행하여 학교폭력 예방과 문제아 지도에 효과가 있는 것으로 나타났다. 중학교의 경우 단계별 생활지도를 적용한 상벌점제 프로그램이 기본생활 질서 정착에 도움이 되었으며 또한 학생들이 생활벌점제와는 무관하게 행동하는 측면도 있었으므로 이 경우에는 교육벌을 적용하여 행동 수정의 효과를 볼 수 있었다. 정서적으로 불안하고 자아의식이 부족한 부적응학생에 대해서는 명상프로그램, 전통문화체험, 산행, 올레길 걷기, 친구의 소중함 익히기, 즐거운 학교생활 등 다양한 체험 학습 프로그램이 건전한 인성 함양에 도움이 된 것으로 나타났다. 고등학교의 경우 학생자치법정을 운영하여 학생들에게 교칙이라는 규범을 수동적으로 적용받게 하는 것이 아니라 자치법정 안에서 사실 관계를 확인하고 적극적으로 규범을 적용하도록 경험하게 하여 생활지도에 대한 긍정적 인식을 향상시킬 수 있었으며, 학생들이 사소하게 여겼던 교칙 위반 행동에 대하여 책임감을 갖게 해 줌으로써 학교폭력

---

33) 이는 개정된 「초·중등교육법시행령」에서 "학칙으로 정하는 바"에 따라 훈육·훈계를 하도록 한 것이 바람직하다는 것을 의미한다. 해당 학교 구성원의 중지를 모아, 교육벌 및 생활 지도에 관한 세부 사항이 학칙으로 결정되는 것이 가지는 교육적 의의는 매우 크다. 학생의 실효성 있는 규정 준수를 이끌어낼 수 있으며, 학생 자치 활동을 통해 관련 내용을 결정하는 과정 자체가 학생에게 중요한 교육적 경험이 된다는 점에서 그 교육적 의의를 찾을 수 있다.

등 비행으로 발전할 수 있는 가능성을 미연에 방지하는 데 효과가 있는 것으로 나타났다.

3) 학생생활지도의 기본 방향 및 지침

학생생활지도의 기본적인 접근은 교육학 내지 심리학 분야의 이론에 바탕을 두어야 할 것이나,[34] 이곳에서는 주로 법적인 접근과 현실적인 정부 정책을 고려하여 학생생활지도의 기본 방향을 몇 가지 제시해 본다. 첫째, 학생을 인격주체로 인정하여 그들의 기본권을 존중하는 학교장과 교사의 인식과 태도의 변화가 필요하다. 학생도 분명히 헌법에 보장된 기본권의 주체이며 그들을 소중히 대하여야 함은 법적인 의무일 뿐 아니라 교육적으로도 중요하다. 학생도 기본권의 주체로 작은 '어른처럼' 인격체로 소중히 대해져야 한다. 둘째, 한편 학생은 배우는 입장에 있는 미성숙한 측면이 있으므로 공동체생활에서 필요한 일정한 규범을 준수하여야 한다는 것을 학교에서 가르쳐야 한다. 권리에는 책임 내지 의무가 따른다는 것과 자기 권리행사의 한계로 남에게 피해를 주지 않을 것 등을 구체적으로 가르쳐야 한다. 이는 자율과 책임 중심의 학생자치활동 활성화를 통하여, 또 교원의 전문적인 학생지도를 통하여 이루어질 수 있는 일이다. 셋째, 학생 지도는 인성교육과 직결되는바 인성의 형성은 학교교육만으로 이루어지는 것이 아니므로 어려서부터의 가정교육이 중요하다. 이점에서 학부모와의 협력이 불가피하다.

학생생활지도 과정에서 유의하여야 할 몇 가지 지침을 예시해본다. 첫째, 학생생활지도는 그 목적이 학생의 교육에 있어야 한다. 생활지도는 학생의 바른 인성교육을 위한 것이므로 교육학과 심리학의 기본적인 이론에 바탕을 두어야 한다. 또한 학생생활지도 과정에서 사적인 감정이 작용되지 않도록 침착하고 공정하여야 한다. 학생들은 어려도 교사들이 애정을 가지고 벌을 주는지, 개인적인 감정을 가지고 벌을 주는지 민감하게 잘 안다고 한다. 둘째, 학생생활지도는 기본적으로 단위학교에서 구성원들이 자율적으로 일정한 준칙을 만들어 스스로

---

34) 학생생활지도의 이론으로 행동수정 모델, 엄격지도 모델, 논리적 결과이용 모델이 있다. 교사가 사용하는 생활지도의 전략을 텐스콤(Denscombe)은 지배전략, 협상전략, 경영전략으로 분류하였다. 박병량, "학교 훈육문제에 대한 고찰", 「지방교육경영」 제29권, 1999, 401-418면.

준수하도록 하여야 한다. 학생자치활동이 강조되는 이유는 자기 관련 일에 참여하게 되면 준칙을 자율적으로 준수하게 되고, 참여의 경험은 능력향상의 지름길이라는 교육적 의미가 크기 때문이다. 특히 사생활의 자유 분야에서 참여가 강조된다. 셋째, 학생생활지도의 수단에는 여러가지가 있는 바,[35] 크게 세 가지로 분류할 수 있다. 벌이 아닌 지원행위로 상담, 연수, 칭찬 및 상점제, 분노조정 등의 교육훈련이 하나이고, 고통 내지 불이익이 따르는 (교육)벌의 성격이 있는 훈육·훈계가 두 번째 유형이고, 교육관계법에서 규정하고 있는 징계벌이 세 번째 유형이다. 이들 학생지도 수단을 적용할 때는 학생에게 불이익이 적은 순서로 단계적으로 하여야 한다. 학생생활지도의 일차적인 지도방법은 적극적이고 긍정적인 교육 상담과 교육 프로그램 같은 지원행위이다. 이는 교육 본래의 영역으로 교사들이 지향하여야 하는 학생지도의 근본이라 할 수 있다. 학생생활지도의 이차적인 지도방법은 잘못에 대한 훈육과 훈계 방법이다. 훈육·훈계 방법에는 신체적 고통을 주는 교육벌[36]이 포함될 수 있다. 그러나 도구나 신체를 이용한 '직접체벌'은 「초·중등교육법시행령」에서 명시적으로 금지하고 있으므로 행사할 수 없다. 팔 들고 서있기 같은 '간접체벌'은 허용된다고 해석된다. 다만 이 경우에는 종전 예외적으로 체벌이 인정될 경우 법원에서 적용한 일정한 한계들, 예컨대 교육목적이어야 하고, 방법이나 정도가 사회상규에 어긋나지 않아야 하는 등 일정한 한계 내에서 행사될 수 있음을 유의하여야 한다. 교육벌은 신체적·정신적 고통 또는 재산·신분상의 불이익을 포함한 개념이므로 학칙에 규정되어야 한다. 세 번째 마지막 단계의 학생지도는 징계(벌)이다. 징계벌은 특수신분관계(특별권력관계)에 있는 학생의 비위행위에 대하여 학교장이 행하는 벌로 법률에 근거를 두어야 하며 적법절차의 원리가 적용되는 분야이다. 「초·중등

---

35) 생활지도 수단은 매우 다양하며 분류도 일정하지 않다. 생활지도 수단으로 가장 일반적으로 사용되는 용어는 훈육(품성이나 도덕을 가르침), 훈계(잘못에 주의를 줌)라 할 수 있다. 훈육·훈계는 교육학적 의미에서 인격함양과 교육목적을 위하여 학생에게 내리는 상, 대화, 상담 등을 포괄하는 개념으로 이해된다. 법적 측면에서는 징계 이외의 학생지도 방법이라고 할 수 있다. 고통을 주려는 의도가 없다는 점에서 벌과 다르다고 할 수 있다.

36) 벌이란 일정한 법이익의 보호나 질서 유지를 위하여 위법한 행위를 한 자에게 가하는 '고통'이라고 할 수 있으며 신체적·정신적 고통은 물론 재산상 또는 신분상의 불이익을 포함한 개념으로 파악할 수 있다. 따라서 교육벌은 징계벌은 물론이고 교육상의 여러 가지 불이익처분이나 고통을 포함하는 넓은 개념이라 할 수 있다.

교육법」 제18조에서는 징계벌의 종류로 학교 내의 봉사, 사회봉사, 특별교육이수, 1회 10일 이내/연간 30일 이내의 출석정지, 퇴학 처분을 규정하고 있다. 학업성적에 대한 벌점제도(academic penalties)도 훈육·훈계 수단으로 활용되고 있으나, 그 영향력의 중대성 때문에 징계벌의 성격을 갖는다고 할 수 있다.

학생생활지도와 관련하여 학교현장의 어려움을 해결하기 위한 몇 가지 제언을 하면 다음과 같다. 첫째, 학생지도 수단으로 가장 많이 이용되는 다소의 육체적 고통이 따르는 교육벌(손들고 서있기 등)의 인정 여부와 그 한계에 관하여 어느 정도 공통적인 인식이 필요하다. 「초·중등교육법시행령」 제31조 제8항에 관하여 교육부는 동조항이 다소의 신체적 고통이 따르는 교육벌까지 금지한 것이 아니라는 명백한 유권해석을 일선학교에 해주어야 한다. 또한 체벌을 완전 금지한 일부 시·도교육청도 조례에서 금지하고 있는 '체벌'은 좁은 의미로 도구나 신체를 이용하여 신체에 고통을 주는 벌(직접체벌)이라고 유권해석 해주어야 한다. 구체적인 정책 내지 법령은 이상을 지향하지만 현실에 발을 딛고 있다는 것을 유념할 필요가 있다. 둘째, 학생지도에 성공한 학교의 경우 대부분 교육청이나 학교에서 규정한 일방적인 규정이 아닌 학생·교사·학부모의 참여에 의한 학교 규정으로 생활지도가 자율적으로 이루어졌다. 학칙 특히 학생의 권리와 관련되는 생활규정의 경우에는 학교 구성원의 의견을 수렴하고 충분한 토론을 거쳐 제·개정되어야 실효성 있는 준수가 기대된다. 단위학교의 자율성은 현행 교육감의 학칙인가권 조정과 함께 학교장의 권한과 책임을 법령에 구체적으로 명시하여야 한다. 셋째, 권리의 남용을 예방하기 위하여 학생 권리 행사시 준수하여야 하는 기준을 학칙이나 생활규정에 구체적으로 규정할 필요가 있다. 권리의 보장과 책임 내지 의무가 쌍무적 관계임을 교육현장에서 강조하여야 민주시민을 양성할 수 있는 기반이 될 것이다. 조례 중에서 전라남도교육공동체 인권조례안이 학생의 책임분야를 별개의 절로 설정하여 비교적 자세히 규정하고 있다.37) 넷째, 학교생활 부적응 학생에 대한 심리 및 상담치료 같은 정부차원의

---

37) 전라남도교육공동체 인권조례안 제5장 교육공동체의 책임 제1절 학생의 책임: 제36조(인권 존중 생활) 학생은 학교생활 중에 다른 학생 및 교직원의 인권을 존중해야 한다. 제37조(학교 규정의 준수) 학생은 교육 공동체 구성원 간 합의하에 제·개정된 학교 규정을 준수하여야 한다. 제38조(교원에 대한 존중) 학생은 교원의 교육 활동에 대한 정당한 권리를 존중하여야 한

특별한 지원 대책이 필요하다. 학생지도의 가장 큰 어려움은 부적응 학생 문제이므로 상담치료를 위한 프로그램과 인적·물적 인프라를 구축하는 것이 시급한 과제이다. 또한 부적응 학생에 대한 징계수단인 출석정지나 전학 등은 학칙을 통한 제한된 엄격한 기준에 따라 학교장이 선택할 수 있도록 검토할 필요도 있겠다. 특별교육이수도 일종의 개선 프로그램이므로 그 효과를 얻기 위해서는 보호자의 동의를 받아서 보호자의 참여와 협력을 유도하도록 필요가 있다.

초·중·고 학교생활은 12년이나 되는 긴 기간이고, 평생 동안 유지될 가치관을 형성하게 되는 중요한 시점이다. 우리가 성숙한 민주주의를 이루려면 학교생활에서부터 개인의 인권이 존중되고 실천되는 연습이 필요하다. 이런 관점에서 한국도 이제 학생을 인격체로 존중하고, 학교현장에서 민주주의의 핵심적인 기본권을 구현시켜야 하겠다. 한편으로 학생의 권리보장에는 책임이 동반된다는 것이 강조되어야 한다. 교육당사자들은 원활한 의사소통을 통하여 공동 목표인 학생의 인권 신장과 학교의 사명인 창의적인 '교육'을 효율적으로 달성하여야 할 것이다. 우리나라가 경제적으로 크게 성장하였는데, 가장 부족한 부분은 성숙한 토론과 타협의 문화가 정착되지 못한 점이라고 할 수 있다. 정치 분야는 물론이고 교육 분야에서도 그러하다. 나와 생각이 다르지만 상대방의 이견(異見)도 경청하고 타협도 할 줄 아는 아량이 성숙한 민주주의의 한 지표이다.

학생지도는 궁극적으로 학교장 중심의 단위학교가 좀 더 자치적으로 운영되어야 실효성 있는 학생지도가 이루어질 것이다. 아울러 가정교육을 통한 협력적 도움이 불가결의 요소가 되겠다. 자기 아이만 소중히 여겨 감싸주는 가정환경은 학교에서의 학생지도를 어렵게 만드는 한 요소가 되기 때문이다. 학교에서 교사에 의한 학생의 생활지도에는 한계가 있다. 동서고금을 불문하고 학생생활지도는 가장 어려운 과제이며, 개인의 성장과 성숙한 민주사회의 밑바탕이 되는 핵심요소라 할 수 있다. 교사의 학생 권리 존중, 학생의 책임의식 향상과 교육권 존중이 함께하는 새로운 학교문화의 정착을 위하여 교육당사자 모두의 노력이 요망된다. 어려운 환경 속에서도 많은 교원들의 헌신적인 학생지도가 이루어

다. 제39조(폭력의 배제) 학생은 타인에게 정신적, 신체적, 언어폭력 등을 행사해서는 아니 된다. 제40조(수업에 대한 참여) 학생은 교사의 수업권을 존중하고 학습활동 중에 다른 학생의 학습권을 침해해서는 아니 된다. 전라남도교육청 공고 제2012-127호, 2012. 2. 9.

지고 있음에 한국의 밝은 희망을 본다.

⑤ 종합 평가

1) 역사적 배경과 정치·경제적 환경

종래에는 "교사는 학부모의 입장에 있다."는 원리와 학생은 학교 내지 정부와 특별권력관계에 있어 법률의 근거 없이도 특별권력관계 설정 목적 범위 내에서 기본권을 제한할 수 있다는 전통적인 독일행정법 이론에 근거하여 교사는 학생들에게 비교적 광범위한 학생지도감독권을 행사하여 왔다. 그러나 이러한 원리나 행정법 이론은 이제 쇠퇴해가고 있으며 특별권력관계에 있다고 하여도 기본권 제한에는 법률의 근거를 요한다는 것이 최근의 경향이다. 특히, 한국은 군사정권과 권위주의 시대를 벗어난 1980년대 후반 이후 민주화를 급속히 이루었고 개방화되어 학생들의 의식 변화로 인권문제가 정책 현안으로 등장하였다.

체벌의 역사는 교육의 역사라고 할 정도로 오래되었다. 조선시대 김홍도의 풍속화 '서당'에서 훈장의 회초리가 등장하며, 교편(教鞭)의 의미에 채찍의 뜻도 담고 있다. 서양에서도 매를 아끼면 아이를 망친다(Spare the rod, spoil the child)는 속담이 있듯이 체벌은 교육의 유용한 수단으로 여기었다. 학생 체벌의 금지가 제도화된 것은 비교적 최근의 일이다. 독일에서는 1983년에, 영국에서는 공립학교는 1987년에 사립학교는 2003년에 체벌이 금지되었다. 일본은 1947년에 법률로 금지하였으나 실제로는 상당 수준으로 이루어지고 있다. 미국의 경우 상당수의 주에서 체벌이 금지되고 있다.[38]

2) 추구하는 기본가치

학생지도 정책에서 추구하는 기본가치는 학생의 인권보장과 교사의 수업권 내지 지도감독권이다. 종전에는 교사의 수업권 내지 지도감독권이 강도되었지

---

38) 박광현, "체벌의 정당성에 대한 법률적 고찰", 「법학논총」 제25권 제1호, 국민대학교 법학연구소, 2012.

만, 민주화 이후 수요자인 학생을 권리 주체로 인정하고 교육행정의 초점도 학생의 성장과 발전에 두고 있다. 학생의 기본권 중에서 교육의 기회균등, 표현의 자유, 적법절차 그리고 최근에는 복장·두발 규제 등과 관련하여 사생활 형성의 자유와 사생활 비밀 보호가 중요한 가치로 등장하였다.

3) 입법부의 역할

학생의 기본권 보장과 관련한 입법부의 역할은 매우 소극적이었다고 평가할 수 있다. 「초·중등교육법」에 학생의 권리와 의무에 관한 구체적 보장을 규정하였어야 했는데 학생 징계시 적법절차 조항을 규정하고 있는 정도이다. 본장에서 분석한 헌법재판소의 학생 체벌에 관한 부정적인 결정을 반영하여 관련 법령이 수정되어야 하는데 「초·중등교육법」 개정이 없었고 교육부가 「초·중등교육법시행령」을 개정하였을 뿐이다.

4) 정책집행 과정상의 법적 쟁점

교육부는 「초·중등교육법시행령」을 개정하여 도구나 신체 등을 이용하여 신체에 고통을 가하는 방법은 금지시켰다. 도구나 신체를 이용하지 않은 간접체벌에 관하여서는 해석상 논란이 있어 일부 진보교육감들은 학생인권조례 형식으로 체벌을 전면금지하여 간접체벌도 포함시킨 반면에 중앙정부인 교육부는 해석상 간접체벌은 제외하고 있어 일선 생활지도 교사들은 혼란을 겪고 있다. 체벌금지 이후 일선 생활지도 교사들 대부분이 학생들과의 갈등 상황을 회피하거나 학생지도에 소극적으로 대처하며 생활지도의 어려움을 호소하고 있다. 정책집행이 제대로 되려면 교육현장의 현실을 감안한 실현 가능한 정책이어야 한다.

5) 사법적 판단 및 사회적 영향

헌법재판소의 학생체벌에 관한 판결은 학생체벌의 찬반 논거에 대하여 6대 3의 견해다툼으로 나누어졌다. 생각건대 해당 학생의 성향이 매우 불량하여 다른 교육훈계 방법이 없었다고 판단한다면 징계로 해결하여야 하지 뺨 한 대로 교육된다고 생각할 수는 없다. 체벌은 교육적으로 바람직하지 않고, 불가피하게 허용되는 경우에도 현실적으로 준수가 어려운 한계를 지켜야 하므로 교사 자신의 보호를 위하여서도 금지되어야 한다. 체벌이 아닌 다른 훈육대안을 찾을 수 있을 것이므로 '교육상 불가피하였다'는 것을 거증하기가 쉽지 않을 것이다. 현실적으로 간접체벌은 상당기간 인정되어야 하는 측면도 있지만, 장기적으로는 한국에서도 유엔아동위원회의 권고대로 입법적으로 체벌을 금지하여 새로운 학교문화를 만드는 계기로 삼을 필요가 있다고 판단된다.

이러한 헌법재판소의 체벌인정에 대한 소극적인 판결은 그동안 관행적으로 학생지도의 주된 수단으로 사용되어온 교사들의 관행에 큰 제동을 걸었으며, 일부 진보적 교육감에 의한 학생인권조례에서 체벌의 전면금지를 담는 한 계기가 되었다. 정부도 관련 「초·중등교육법시행령」을 개정하여 적어도 직접체벌은 금지하게 된 결과도 가져왔다고 할 수 있다.

1. 학교환경이 어떻게 변화되고 있는가? 학교생활에서 중요시되는 학생의 권리에는 어떤 것이 있으며, 현실적으로 잘 적용되고 있는가?

2. 학생지도 수단인 체벌에 관한 헌법재판소의 판결에 동의하는가? 반대의견의 논거는 무엇인가?

3. 경기도 및 서울시 학생인권조례의 구체적인 내용은 무엇이며, 어떤 문제가 있는가?

4. 적절한 학생생활지도를 위한 정책 방향은 무엇이며, 현장에서 활용할 수 있는 구체적인 지침은 무엇인가?

5. 학생생활지도를 성공적으로 한 구체적인 사례에는 어떤 것이 있는가?

교육의 기회균등 정책 ≪ 제2장

  교육의 중요성때문에 교육정책의 핵심 법원리는 교육의 기회균등이라 할 수 있다. 본장에서는 첫째, 교육과 교육의 기회균등의 중요성을 언급하고, 교육의 기회균등에 관한 법 원리를 살펴본다. 둘째, 교육의 기회균등을 구체적으로 제도화시킨 의무교육의 주요 쟁점을 살펴본다. 특히 무상급식과 관련한 서울시의 분쟁사례를 예로 들고자 한다. 셋째, 교육의 기회균등과 관련된 대표적인 판례로 거주지 기준 학교 배정과 학교 선택권 문제를 다룬다. 넷째, 아동과 학생에 대한 부당한 차별이 구체적으로 어떻게 나타나고 있는가를 국가인권위원회의 결정례를 통하여 분석한다. 다섯째, 이곳에서 다루어진 정책과 헌법재판소의 결정에 대한 종합적인 평가를 한다.

1 교육의 중요성과 교육의 기회균등 법 원리

1) 교육의 중요성

우리나라에서는 전통적으로 교육의 중요성이 강조되어 왔는데, 조선시대의 유교이념이 상당한 영향을 미친 것으로 생각된다. 유교에서는 사람의 본성이 악하다면 그것을 개선하기 위하여, 또 사람의 본성이 선하다면 그러한 잠재력을 이끌어내기 위하여 교육이 중요하다고 믿었다. 또한 조선의 엄격한 신분사회에서 과거시험에의 합격만이 신분상승의 유일하고 확실한 길이었다. 오늘날 한국인들이 자기생활을 희생하면서까지 자식에 대한 과열된 교육열을 보이고 있는 것도 이런 역사적 배경에서 이해될 수 있다.

미국의 경우에도 교육의 중요성이 강조되었다. 영국 식민지시대에는 청교도의 영향이 컸다. 청교도에서는 인간을 게으르고 악하다고 보기 때문에 자녀들이 어릴 때부터 교육을 통하여 청교도의 교리를 주입시켜 자녀들이 청교도 생활에 익숙해지도록 하려 하였다. 19세기 말부터 20세기 초에 있었던 진보주의의 운동에는 산업화에 따른 제반 사회문제들을 해결하기 위하여 교육의 중요성과 그 개혁이 주장되었다.[1] 이와 같은 교육의 중요성에 대한 주장은 1950년대 흑인들의 민권운동에서도 나타난다. 흑인들이 백인들의 지배를 벗어나는 것은 자기들의 지위향상인데, 그것은 결국 백인과 균등한 교육을 받아야 가능하다고 믿었다. 따라서 1950년대 흑인들의 민권운동은 교육의 기회균등, 즉 그동안 당연히 여겨졌던 흑인학교와 백인학교의 분리정책을 타파하는 것이었다. 그 결과 획기적인 브라운(Brown)판결을 가져왔고, 이는 교육의 영역을 넘어 모든 분야에서의 흑백 차별정책을 개혁하는 데 있어서 결정적인 역할을 하게 되었다.[2]

2) 교육에 관한 헌법규정 및 의의

교육의 중요성과 한국국민의 강한 교육열은 상해임시정부의 건국강령에 '균학권'으로 보장되었다. 「건국강령」은 1941년 임시정부의 외무부장 겸 선전위원회 주임위원이었던 조소앙이 작성한 것인데, 균정권(均政權)·균리권(均利權)·균학권(均學權)이 핵심 내용이었다. 균학권의 구체적 내용으로 의무교육제의 시

---

1) 파커(Parker)는 교육을 자기발견의 탐구과정으로 보아 표현의 자유를 강조하였고, 이러한 사상은 듀이(Dewey)로 연결된다. 듀이는 교육을 통하여 모든 사람이 공동선의 창조에 참여할 수 있다고 지적하면서 교육이 민주사회를 이룩하는 최선의 방법임을 주장하였다. Alexander Rippa, *Education in a Free Society: An American History*, New York : Longman, 1984, 5-25면.
2) 표시열, 교육법: 이론·정책·판례, 박영사, 2008, 110면.

행, 학령 초과자에 대한 보습교육제의 실시, 교육기관의 설치기준과 지역적 안배의 도모, 교과서의 편찬과 공급의 국영화 등이 주장되었다.

1948년 최초의 대한민국 헌법에서도 국민의 평등권과 아울러 균등하게 교육을 받을 권리와 의무교육을 규정하였으며, 현행 헌법도 제31조에서 비교적 상세히 규정하고 있다.³⁾ 헌법재판소는 헌법 제31조 제1항에서 규정하고 있는 교육을 받을 권리 내지 교육의 기회균등의 의미와 기능을 다음과 같이 지적하고 있다. 첫째, 교육을 통해 개인의 잠재적인 능력을 계발시켜 줌으로써 인간다운 문화생활과 직업생활을 할 수 있는 기초를 마련해 준다. 둘째, 문화적이고 지적인 사회풍토를 조성하고 문화창조의 바탕을 마련함으로써 헌법이 추구하는 문화국가를 촉진시킨다. 셋째, 합리적이고 계속적인 교육을 통해서 민주주의가 필요로 하는 민주시민의 윤리적 생활철학을 어렸을 때부터 습성화시킴으로써 헌법이 추구하는 민주주의의 토착화에 이바지한다. 넷째, 능력에 따른 균등한 교육을 통해서 직업생활과 경제생활영역에서 실질적인 평등을 실현시킴으로써 헌법이 추구하는 사회국가, 복지국가의 이념을 실현한다.⁴⁾

3) 교육의 기회균등 법 원리

우리나라 헌법은 교육의 기회균등을 교육에 관한 기본원칙으로 천명하고 있다(동법 제31조 제1항).⁵⁾ 교육의 기회균등이란 국가가 모든 국민으로 하여금 능

---

3) 헌법 제31조: ① 모든 국민은 능력에 따라 균등하게 교육을 받을 권리를 가진다. ② 모든 국민은 그 보호하는 자녀에게 적어도 초등교육과 법률이 정하는 교육을 받게 할 의무를 진다. ③ 의무교육은 무상으로 한다. ④ 교육의 자주성·전문성·정치적 중립성 및 대학의 자율성은 법률이 정하는 바에 의하여 보장된다. ⑤ 국가는 평생교육을 진흥하여야 한다. ⑥ 학교교육 및 평생교육을 포함한 교육제도와 그 운영, 교육재정 및 교원의 지위에 관한 기본적인 사항은 법률로 정한다.

4) 헌재 1994. 2. 24. 93헌마192.

5) 헌법재판소는 헌법 제31조 제1항의 교육을 받을 권리와 기타 헌법규정의 관계에 대하여 다음과 같은 입장을 밝힌 바 있다. "헌법 제31조 제1항은 국민의 교육을 받을 권리(일명 "수학권 (修學權)")를 보장하고 있는데, 그 권리는 통상 국가에 의한 교육조건의 개선·정비와 교육기회의 균등한 보장을 적극적으로 요구할 수 있는 권리로 이해되고 있다. 수학권의 보장은 국민이 인간으로서 존엄과 가치를 가지며 행복을 추구하고(헌법 제10조 전문) 인간다운 생활을 영위하는데(헌법 제34조 제1항) 필수적인 조건이자 대전제이며, 헌법 제31조 제2항 내지 제6항에서 규정하고 있는 교육을 받게 할 의무, 의무교육의 무상, 교육의 자주성·전문성·중립성보장, 평생교육진흥, 교육제도 및 교육재정, 교원지위 법률주의 등은 국민의 수학권의 효율적인 보장을 위한 규정이라고 해도 과언이 아니다(헌재 1992. 11. 12. 89헌마88; 헌재 1999. 3. 25. 97

력에 따라 균등하게 교육을 받을 권리를 보장하는 것이다. 여기에서 '능력'이란 교육을 받는 데 적합한 재질을 의미하며, '균등하게'란 인종·성·종교·경제력 등에 의하여 교육을 받을 권리를 차별하지 않는다는 의미이다.

교육의 기회균등 법 원리는 평등권의 법 원리를 교육영역에 적용한 것이다. 평등권의 법 원리에 관하여서는 본서 제1부 제2장에서 다루었다. 평등권이란 본질적으로 평등한 것은 평등하게 동등하지 않은 것은 동등하지 않게 다루는 것인 바, 평등권의 핵심원리는 어떤 것이 합리적 차별이고, 어떤 것이 자의적 차별이냐에 있다. 그 심사기준에 완화된 심사척도와 엄격한 심사척도가 있다.[6)]

교육의 기회균등은 그 법적 성격이 불합리한 차별대우를 받지 않는 소극적 의미에서의 자유권이지만, 한편으로는 적극적 의미에서 생존권 내지 사회적 기본권의 성격도 아울러 갖는다. 따라서 국가는 교육을 받을 기회에 대한 차별을 금지하는 소극적 의무 뿐 아니라, 학교교육을 확장하고, 무상의 의무교육을 실시하며, 능력이 있어도 경제적 이유로 교육을 받을 수 없는 자를 위하여 장학정책을 시행하여야 하는 적극적 의무도 지고 있다.

기회균등은 소극적으로 차별을 받지 않게 할 것일 뿐만 아니라 적극적으로 실질적 평등을 실현하기 위한 우대조치(affirmative action)[7)]도 중요한 정책수단이다. 공무원 시험에서의 양성평등 채용목표제, 대학입시에서의 농어촌특례입학 등이 그러한 예이다. 그러나 우대조치는 자칫하면 역차별을 가져와 위헌일수도

헌마130)."

6) 이러한 심사척도의 구분이론은 미국 연방대법원의 판결을 통해 발전된 이론이며, 우리 헌법재판소는 지난 1999년의 이른바 '군가산점제도' 판결(헌재 1999. 12. 23. 98헌마363)에서 처음으로 이 이론을 수용하였다고 평가된다. 미국의 심사척도 구분이론에 관한 논문에는 김현철, "미국연방대법원의 평등심사에 대한 방법론적 기초와 심사기준의 변화", 「공법연구」 제37집 제3호, 한국공법학회, 2009, 137-164면; 조홍석, "평등심사에 관한 미국연방대법원의 현대적 경향", 「헌법학연구」 제6권 제2호, 한국헌법학회, 2000, 87-112면이 있다.

7) 적극적 평등실현조치란, 역사적으로 사회적 차별을 받아 온 특정 집단에 대하여 차별로 인한 불이익을 보상해 주기 위하여 그 집단의 구성원에게 취업·입학 등의 영역에서 직접 또는 간접적으로 이익을 부여함으로써 잠정적으로 우대하는 국가의 정책을 말한다. 한수웅, 헌법학, 법문사, 2013, 588면. 헌법재판소는 이러한 적극적 평등실현조치로 간주되는 여성공무원채용목표제와 관련하여 다음과 같이 판시하고 있다. "채용목표제는 이른바 잠정적 우대조치의 일환으로 시행되는 제도이다. … 잠정적 우대조치의 특징으로는 이러한 정책이 개인의 자격이나 실적보다는 집단의 일원이라는 것을 근거로 하여 혜택을 준다는 점, 기회의 평등보다는 결과의 평등을 추구한다는 점, 항구적 정책이 아니라 구제목적이 실현되면 종료하는 임시적 조치라는 점 등을 들 수 있다(헌재 1999. 12. 23. 98헌마363)."

있고 장기적으로 바람직하지도 않아 잠정조치로 이해되어야 하며 역차별이 되지 않도록 정교하게 시행되어야 한다.

2 의무교육과 주요 쟁점

1) 의무교육의 범위 및 내용

의무교육의 범위 및 내용을 살펴본다.[8] 헌법 제31조 제2항은 "모든 국민은 그 보호하는 자녀에게 적어도 초등교육과 법률이 정하는 교육을 받게 할 의무를 진다."고 의무교육을 규정하고 있다. 의무교육은 그 법적 성격이 인격형성에 관한 자유권이며 의무교육의 적극적 실현을 위하여 국가에 교육조건 정비를 청구하는 생존권의 성격도 갖는다.

헌법 제31조 제2항의 규정상 학부모가 교육을 받게 할 의무의 주체가 된다.[9] 피교육자인 아동이나 학생도 교육의 기회균등 실현을 위한 교육권의 주체이나 의무교육을 받아야 할 의무의 주체이기도 하다. 또 「초·중등교육법」 제12조에서 국가나 지방자치단체도 의무교육을 실시하고 의무교육에 제공되는 인적·물적 교육시설을 정비하고 교육환경을 개선하여야 하는 의무가 있음을 규정하고 있다.[10]

---

8) 표시열, 전게서, 113-114면.

9) 좀 더 구체적으로 헌법 규정의 문리해석상 의무교육을 받을 주체는 취학연령의 미성년자이고, 이들의 권리를 실효성 있게 행사할 수 있도록 하기 위해, 그 보호자에게, 피교육아동을 교육받게 할 의무를 부과하고 있다. 따라서 교육의무의 주체로 학령아동의 친권자 또는 후견인을 들 수 있고, 이 때 의무의 내용은 학령아동을 학교제도하의 학교에 취학시키는 것이다. 계희열, 「헌법학(중)」, 박영사, 2007, 741면; 김철수, 「헌법학개론」, 박영사, 2007, 975면; 성낙인, 「헌법학」, 법문사, 2008, 685면; 홍성방, 「헌법학」, 현암사, 2008, 561면.

10) 이와 같은 보호자의 학령아동 취학의무, 국가 및 지방자치단체에 대한 교육여건 조성의무 이외에도 교원의 교육의무를 도출할 수 있다는 견해도 존재한다. 정현승, "의무교육의 무상성", 「교육법학연구」 제17권 제1호, 대한교육법학회, 2005, 232면; 이종근, "한국의 교육헌법 연구 20년의 성과와 과제", 「교육법학연구」 제19권 제1호, 대한교육법학회, 2007, 175면. 한편 의무교육은 '어른들'사회 전체의 의무로 되어 있으며, 의무의 주체와 내용에 따라 (i) 보호자의 취학의무, (ii) 지방공공단체의 학교설치의무, (iii) 학령자녀 사용자의(의무교육 받는 것을 방해하지 않을) 금지의무, (iv) 지방교육행정당국의 취학원조(교육보조) 의무로 나누어진다는 견해도 존재한다. 강인수, "의무교육제도와 헌법판례", 「한국교육법연구」 제6·7집, 한국교육법

의무교육의 범위에 관하여 우리 헌법은 적어도 초등교육과 법률이 정하는 교육을 받게 할 의무가 있다고 규정하고 있다.[11] 구 「교육법」 제8조의 2에서 "3년의 중등교육에 대한 의무는 대통령령이 정하는 바에 의하여 순차적으로 실시한다."고 규정하였는 바, 이는 동조항과 관련하여 의무교육의 범위를 법률로 정하게 한 헌법 제31조의 제2항과 의무교육의 무상 원칙을 정한 헌법 제31조 제3항에 위배된다는 헌법 소원이 있었다.

헌법재판소의 다수의견은 "중등교육은 초등교육과는 달리 헌법 제31조 제2항에서 지칭하지 아니하고 단지 '법률이 정하는 교육'이라고 규정하였을 뿐이므로 중학교의 무상의무교육은 그 실시가 입법자의 형성의 자유에 속하는 사항으로 국가의 재정형편을 고려하여 국회가 입법 정책적으로 판단해서 법률로 구체적으로 규정할 때 비로소 헌법상의 권리가 된다"고 판결[12]하였다.

「초·중등교육법」 제13조는 초등의무교육의 취학연령을 만6세로 규정하고 있는 바, 수학능력이 있으나 연령미달인 학생에게 조기입학을 허용하지 않는 것은 헌법 제31조의 제1항 능력에 따라 균등하게 교육을 받을 권리에 반한다는 헌법소원이 있었으나 합헌으로 결정[13]한 바 있다. 인재의 조기교육과 취업주부

학회, 2002. 3, 98-99면.

11) 이 규정의 해석과 관련하여 의무교육의 연한을 정하는 방법에는 의무교육의 이행은 일정한 과정을 수료하는 것이라는 과정주의, 일정 연수 동안의 취학이라는 연수주의, 연령의 한계를 명시하는 연한주의 등이 있다. 이와 관련하여 헌법재판소는 현대국가에서 의무교육의 기간을 규정하는 방식으로 연령주의를 택하는 것이 일반적이며, 이를 통하여 일정 연령범위의 아동들, 특히 저소득 계층의 아동들도 노동으로부터 해방시켜 교육의 기회를 부여할 수 있다고 한다(헌재 1994. 2. 24. 93헌마192). 그러나 연령주의나 연수주의가 교육받는 아동들의 특성을 고려하지 않고 획일적인 의무교육 기간을 정하게 될 수 있으며, 아동이 빈곤으로 인하여 교육을 받을 수 없었던 과거의 상황이 많이 개선되었다는 점을 근거로, 과정주의를 실질화하여 일정한 내용의 교육을 교육과정 동안에 받을 수 있도록 하는 방안의 도입이 주장되기도 한다. 정현승, "의무교육의 무상성", 「교육법학연구」 제17권 제1호, 대한교육법학회, 2005, 247-248면.

12) 헌재 1991. 2. 11. 90헌가27.

13) 헌법 제31조 제1항에서 말하는 '능력에 따라 균등하게 교육을 받을 권리'란 법률이 정하는 일정한 교육을 받을 전제조건으로서의 능력을 갖추었을 경우 차별 없이 균등하게 교육을 받을 기회가 보장된다는 것이지 일정한 능력(예컨대 지능이나 수학능력 등)이 있다고 하여 제한 없이 다른 사람과 차별하여 어떠한 내용과 종류와 기간의 교육을 받을 권리가 보장된다는 것은 아니다." 따라서 "의무취학 시기를 만 6세가 된 다음날 이후의 학년초로 규정하고 있는 교육법 제96조 제1항은 의무교육제도 실시를 위해 불가피한 것이며 위와 같은 아동들에 대하여 만 6세가 되기 전에 앞당겨서 입학을 허용하지 않는다고 해서 헌법 제31조 제1항의 능력에 따라 균등하게 교육을 받을 권리를 본질적으로 침해한 것으로 볼 수 없다(헌재 1994. 2. 24. 93헌마192)."

의 직업의 자유를 보장하기 위하여 유아교육의 무상 실시가 필요한 바, 만 5세 아이에게 무상교육과 보육지원정책이 실시되고 있다.

의무교육의 내용은 첫째, 실질적 교육의 내용에 있어 다양한 식견과 지식을 갖추도록 하는 교육이어야 하는 바, 이를 위하여 교사의 교재선택권과 교육내용설정에 있어서 학부모의 참여권[14]이 보장되어야 한다. 둘째, 능력에 따른 기회균등의 보장이 중요한 바, 입학과 학교생활 과정에서 성별, 경제력 등에 의한 불합리한 차별을 받지 않아야 한다. 셋째, 생활기록부에 기록될 교육결과에 대한 공정한 평가가 필요한 바, 학생들의 성적, 인성 등을 공정히 평가하고 해당학생이 열람할 수 있어야 한다. 넷째, 의무교육은 무상이 원칙이나 무상의 범위에 관하여 좁게는 수업료로부터, 교과서, 급식, 통합버스 운용까지 요구되고 있다. 수업료 면제 이외의 무상의 범위는 국가재정 사정과 관련된다.[15]

2) 의무교육 관련 주요 쟁점

가. 학교급식비 징수

가) 사건 개요와 심판 대상

청구인들은 중학교 재학 당시인 2003. 3. 3.부터 2006. 2. 16.까지 급식비를 납부한 학생 및 그 부모로서, 의무교육인 중학교 과정에서 급식비를 학부모에게 부담하도록 하는 것은 의무교육을 무상으로 한다는 헌법규정에 위반된다며 대

---

14) 부모의 자녀교육에 대한 참여권에 대하여 헌법재판소는 다음과 같은 입장을 밝힌바 있다. "미성년자인 학생에 대한 교육은 한 인격체의 형성을 목표로 삼고 있다. 그런데 이 목표는 학부모와 학교 측의 공동과제에 속하고, 이 과제의 실현에는 양 교육주체의 효율적인 협력관계가 요청된다. 학부모의 교육권과 교육제도에 관한 국가의 책임은 상호 간에 조화와 조정을 필요로 한다. 미성년자인 학생의 교육문제에 관하여는 다양한 견해가 있을 수 있으므로 토론과 협의를 거쳐 최선의 교육과정을 마련하는 것이 목표달성을 위한 하나의 중요한 조건이다. 국가가 주도하는 교육과정에 학부모가 어떤 형태로든 참여해야 할 당위성을 수긍하는 이유가 바로 여기에 있다(헌재 1999. 3. 25. 97헌마130)."

15) 의무교육의 구체적인 무상의 범위와 관련하여 판례는 수업료 무상에 대해서 언급하고 있다(대판 1991. 10. 9. 91나19141). 이에 대해 학설은 법률이 정하는 바에 의한다는 무상범위법정설, 최소한에 해당하는 수업료는 면제해야 한다는 수업료면제설, 급식비, 교과서, 수업료, 입학금 등의 취학에 필수적으로 들어가는 비용들은 면제해야 한다는 취학필수비무상설 등을 제시하고 있다. 계희열, 「헌법학(중)」, 박영사, 2007, 742면. 한편 각국의 무상화의 구체적인 범위를 정리한 문헌으로는 정현승, "의무교육제도에 대한 법적 고찰", (「교육법학연구」 제14권 제1호, 대한교육법학회, 2002, 149−152면)이 있다.

한민국과 경기도 안양시를 상대로 부당이득반환청구의 소를 제기하였다. 그 소송 계속중 「학교급식법」 제8조 제2항과 제3항에 대하여 위헌법률심판제청신청을 하였으나 기각되자 2010. 4. 12. 이 사건 헌법소원심판을 청구하였다.[16]

> 구 「학교급식법」(1996. 12. 30. 법률 제5236호로 개정되고, 2006. 7. 19. 법률 제7962호로 개정되기 전의 것)
> 제8조(경비부담) ① 학교급식 실시에 필요한 시설·설비에 요하는 경비와 학교급식의 운영에 필요한 경비 중 대통령령으로 정하는 경비는 당해 학교의 설립경영자 부담을 원칙으로 하되, 대통령령이 정하는 바에 따라 후원회 또는 학부모가 그 경비의 일부를 부담할 수 있다. ② 제1항에 규정된 경비 이외의 급식에 관한 경비는 대통령령이 정하는 바에 따라 학부모 부담을 원칙으로 하되, 필요한 경우에는 국가 또는 지방자치단체가 지원할 수 있다.

나) 결정의 주요내용

의무교육 무상의 범위에 있어서 학교교육에 필요한 모든 부분을 무상으로 제공하는 것이 바람직한 방향이라고 하겠으나, 균등한 교육을 받을 권리와 같은 사회적 기본권을 실현하는 데는 국가의 재정상황 역시 도외시할 수 없으므로, 원칙적으로 의무교육 무상의 범위는 헌법상 교육의 기회균등을 실현하기 위해 필수불가결한 비용, 즉 모든 학생이 의무교육을 받음에 있어서 경제적인 차별 없이 수학하는 데 반드시 필요한 비용에 한한다고 할 것이다.

따라서, 의무교육에 있어서 무상의 범위에는 의무교육이 실질적이고 균등하게 이루어지기 위한 본질적 항목으로, 수업료나 입학금의 면제, 학교와 교사 등 인적·물적 시설 및 그 시설을 유지하기 위한 인건비와 시설유지비, 신규시설투자비 등의 재원 부담으로부터의 면제가 포함된다고 할 것이다. 그 외에도 의무교육을 받는 과정에 수반하는 비용으로서 의무교육의 실질적인 균등보장을 위해 필수불가결한 비용은 무상의 범위에 포함된다. 이러한 비용 이외의 비용을 무상의 범위에 포함시킬 것인지는 국가의 재정상황과 국민의 소득수준, 학부모의 경제적 수준 및 사회적 합의 등을 고려하여 입법자가 입법 정책적으로 해결

---

16) 이하의 내용은 헌재 2012. 4. 24. 2010헌바164(학교급식법 제8조 제2항 등 위헌소원)판결 원문을 이해하기 쉽도록 편집·구성하였다.

해야 할 문제이다.

학교급식이 교육적인 성격을 가지고 있다고 하더라도, 급식활동 자체가 의무교육의 실질적인 균등보장을 위한 본질적이고 핵심적인 부분이라고까지는 할 수 없으므로 학교급식 비용과 관련된 입법에 대하여는 입법자에게 입법형성의 재량이 인정된다고 보아야 한다. 이 사건 법률조항들은 비록 중학생의 학부모에게 급식관련 비용의 일부를 부담하도록 하고 있지만, 학부모에게 급식에 필요한 경비의 일부를 부담시키는 경우에 있어서도 학교급식 실시의 기본적 인프라가 되는 부분은 배제하고 있다. 또한 국가나 지방자치단체의 지원으로 학부모의 급식비 부담을 경감하는 조항이 마련되어 있고, 특히 저소득층 학생들을 위한 지원방안이 마련되어 있다는 점 등을 고려해 보면, 이 사건 법률조항들이 입법형성권의 범위를 넘어 헌법상 의무교육의 무상 원칙에 반하는 것으로 보기는 어렵다.

나. 서울시의 무상급식 분쟁사건

서울시 무상급식 추진 배경과 경과를 살펴본다.[17] 2000년대 중반부터 각 지방자치단체가 농어촌 초등학교를 대상으로 무상 급식을 실시하였다. 그러나 2009년 경기도 교육감이 취임 후 무상급식의 확대를 주장하였지만 경기도 의회에서 삭감되었고 무상급식 논쟁이 전국적으로 확산되었다. 2012년 6월 지방선거에서 한나라당과 민주당이 무상급식에 대하여 의무교육에 당연히 포함되는지 여부, 예산상의 문제, 포퓰리즘 선거정책 논란, 급식의 질 문제, 소득층에 따른 적용 범위 등을 두고 이견 차이를 보이면서 선거의 최대이슈가 되었다. 선거 후에 보수성향의 지방자치단체장과 진보성향의 교육감으로 구성된 경기도와 서울시에서는 무상급식에 대한 갈등이 더욱 현실적 문제가 되었다.

서울시의 경우 학교급식과 관련하여 단계별 무상급식을 공약으로 한 오세훈 후보가 시장에 당선되었지만, 서울시 의회는 전면무상급식을 주장한 민주당 의원들이 다수를 차지하게 되었다. 민주당 의원들은 급식은 예산의 문제가 아니라 철학의 문제라는 점을 부각시키면서, 무상급식은 모든 학생이 누려야 할 권

---

17) 송석휘, 박민지, 공공정책으로 인한 갈등 사례연구 — 서울시 무상급식 사례를 중심으로, 한국행정학회 동계학술대회 자료집, 2011.

리이자 평생 건강의 기틀을 마련하는 것이기 때문에 전면무상급식이 필요하다는 입장이었다. 이러한 갈등을 해결하기 위하여 서울교육행정협의회를 중심으로 서울시장, 시의회, 교육감 간에 협의가 있었지만 결국 결렬되었다. 서울시 의회는 2010년 12월 '친환경무상급식등지원에 관한조례안'을 민주당 소속 시의원들의 압도적인 찬성으로 통과시켰고, 무상급식 예산을 포함한 2011년도 서울시 예산안을 의결하였으며, 법령에 위반된다는 서울시장의 재의 요구가 있었지만 원안대로 '친환경 무상급식 조례안'을 재의결하였다.

서울시장은 무상급식으로 인해 교착상태에 빠진 서울시정을 방치할 수 없다며 '전면무상급식' 시행 여부를 주민투표로 결정하자고 시의회에 제안했지만 거부되었다. 이에 무상급식에 반대해 온 복지포퓰리즘추방 국민운동본부 같은 보수 성향단체들이 시민들의 유효 서명을 받아 주민투표 청구서를 제출하여 2011년 8월 24일 '서울시 무상급식 주민투표'를 실시하게 되었다. 주민투표 청구 취지는 소득에 관계없이 모든 학생에게 급식을 하는 전면무상급식은 경제 논리를 무시한 전형적인 세금급식이며, 급식에 드는 비용이 모두 국민의 세금에서 나오기 때문에 당장 중지되어야 한다는 것이었다. 청구이유는 전면무상급식은 한번 시작되면 항구적으로 매년 수천억씩 들어가 시, 교육청, 자치구에 막대한 재정 부담을 초래하므로, 형편이 어려운 학생부터 무상으로 급식을 실시하고 점진적으로 무상급식을 실시해서 재정 부담을 덜어주고 이 나라를 부채 없는 건강한 사회로 만들어야 한다는 것이었다.

주민투표는 무상급식 지원범위에 관한 정책에 투표를 하는 것으로 〈1안〉은 소득하위 50%의 학생을 대상으로 2014년까지 단계적으로 무상급식 실시, 〈2안〉은 소득 구분 없이 모든 학생을 대상으로 초등학교는 2011년부터, 중학교는 2012년부터 전면적으로 무상급식을 실시하는 것이었다. 〈1안〉은 오세훈 서울시장의 안으로 단계적 무상급식을 추진하자는 것이었으며, 〈2안〉은 서울시 교육청과 서울시의회의 안으로 전면적 무상급식을 실시하는 것이었다. 투표결과 최종 투표율이 25.7%로 나타났다. 주민투표가 33.3%를 넘지 못해 개표조차 하지 못하게 되자 2011년 8월 오세훈 서울시장은 무상급식 주민투표 패배의 책임을 지고 시장직을 공식 사퇴함으로 서울시 무상급식 논쟁은 마무리되었다. 박원순

시장이 취임하고, 2011년 11월부터 서울시 초등학교 전면무상급식이 시행되었다.

서울시 무상급식 분쟁과정에서 지원범위에 관한 주민투표청구가 적법한지에 관하여 법적 다툼이 있었는바, 주민투표에 대한 서울특별시장의 주민투표청구 수리·발의 처분은 주민투표청구수리처분무효확인[18] 등 사건의 판결선고 시까지 그 효력 내지 집행을 정지한다는 가처분신청이 있었으나 서울행정법원은 이를 기각 결정하였다.[19]

다. 학교운영지원비 징수 사건

이 사건은 중학교 학생으로부터 학교운영지원비를 징수하여 학교회계 세입항목에 포함시키도록 하는 구 「초·중등교육법」 제30조의2 제2항 제2호가 헌법 제31조 제3항에 규정되어 있는 의무교육 무상의 원칙에 위배되어 헌법에 위반된다고 결정한 사안이다.[20]

가) 사건 개요와 심판 대상

청구인들은 공립 및 사립 중학교에 재학 중이거나 졸업한 자녀를 두고 있는 부모로서 자녀가 재학 중이던 중학교에 학교운영지원비를 납부하였다. 청구인들은 위와 같이 납부한 학교운영지원비가 의무교육의 무상 원칙에 반하는 것이라고 주장하며, 대한민국, 서울특별시, 경기도, 경상북도, 광주광역시, 전라북도를 상대로 부당이득반환청구의 소를 제기하였으나 2009. 6. 17. 청구가 기각되자, 이에 항소하였다. 청구인들은 위 항소심 계속 중 학교운영지원비를 학교회계 세입항목에 포함시키고 학교운영지원비의 조성·운용 및 사용에 관한 사항을 학교운영위원회가 심의하도록 규정하고 있는 구 「초·중등교육법」 제30조의2

---

18) 서울행법 2011구합23412.

19) 실시되어서는 안 될 주민투표가 실시되어 발생할 수 있는 사회적 혼란 가중과 예산낭비의 손해를 예방할 필요가 있다는 측면과 주민에게 중대한 영향을 미치는 지방자치단체의 정책에 대한 주민 의사를 주민투표 방식으로 확인하여 신속하게 결정함으로써 사회적 갈등을 해소할 필요가 있다는 측면을 비교·교량하고, 본안소송에서 위 주민투표가 주민투표법에서 정한 주민투표 대상이 되지 않는다는 청구인의 주장은 받아들여지기 어려울 것으로 보이는 점 등 청구인의 본안소송 승소가능성이 높지 않아 보이는 점 등을 고려하여, 가처분 신청을 기각한다 (서울행법 2011. 8. 16. 2011아2179).

20) 이하의 내용은 헌재 2012. 8. 23. 2010헌바220(초·중등교육법 제30조의2 제2항 제2호 등 위헌소원)판결 원문을 이해하기 쉽도록 편집·구성하였다.

제2항 제2호 및 제32조 제1항 제7호에 대하여 위헌법률심판제청을 신청하였으나 기각되자 헌법소원심판을 청구하였다.

구 「초·중등교육법」(1999. 8. 31. 법률 제6007호로 개정되고, 2012. 3. 21. 법률 제11384호로 개정되기 전의 것)
제32조(기능) ① 국·공립학교에 두는 학교운영위원회는 다음 각 호의 사항을 심의한다. 7. 학교운영지원비의 조성·운용 및 사용에 관한 사항
구 「초·중등교육법」(2000. 1. 28. 법률 제6209호로 개정되고, 2012. 3. 21. 법률 제11384호로 개정되기 전의 것)
제30조의2(학교회계의 설치) ② 학교회계는 다음 각 호의 수입을 세입으로 한다. 2. 제32조 제7호의 학교운영지원비

나) 결정의 주요내용

헌법 제31조 제3항에 규정된 의무교육 무상의 원칙에 있어서 무상의 범위는 헌법상 교육의 기회균등을 실현하기 위해 필수불가결한 비용, 즉 모든 학생이 의무교육을 받음에 있어서 경제적인 차별 없이 수학하는 데 반드시 필요한 비용에 한한다고 할 것이며, 이에 따라 의무교육이 실질적으로 균등하게 이루어지기 위한 본질적 항목으로 수업료나 입학금의 면제, 학교와 교사 등 인적·물적 기반 및 그 기반을 유지하기 위한 인건비와 시설유지비, 신규시설투자비 등의 재원마련 및 의무교육의 실질적인 균등보장을 위해 필수불가결한 비용은 무상의 범위에 포함된다.

그런데 학교운영지원비는 그 운영상 교원연구비와 같은 교사의 인건비 일부와 학교회계직원의 인건비 일부 등 의무교육과정의 인적기반을 유지하기 위한 비용을 충당하는 데 사용되고 있다는 점, 학교회계의 세입상 현재 의무교육기관에서는 국고지원을 받고 있는 입학금, 수업료와 함께 같은 항에 속하여 분류되고 있음에도 불구하고 학교운영지원비에 대해서만 학생과 학부모의 부담으로 남아있다는 점, 학교운영지원비는 기본적으로 학부모의 자율적 협찬금의 성격을 갖고 있음에도 그 조성이나 징수의 자율성이 완전히 보장되지 않아 기본적이고 필수적인 학교 교육에 필요한 비용에 가깝게 운영되고 있다는 점 등을

고려해보면 이 사건 세입조항은 헌법 제31조 제3항에 규정되어 있는 의무교육의 무상원칙에 위배되어 헌법에 위반된다.

이 사건 세입조항은 학교운영지원비 징수의 근거가 되는 조항이 아니어서 당해 사건의 재판에 적용되는 조항이 아니므로, 이 사건 세입조항에 대한 심판청구도 재판의 전제성을 흠결하여 부적법하다는 재판관 1인의 의견이 있었다.

3 학교선택권에 관한 헌법재판소 결정

교육의 기회균등이 구체적으로 어떻게 우리의 일상생활과 관련되고 있는가를 헌법재판소의 다음 두 결정예를 통하여 살펴본다.

1) 거주지 중심의 중·고등학교 배정의 위헌성 여부

거주지를 기준으로 학교 입학을 제한하는 구「교육법시행령」제71조 등이 헌법상의 평등원칙에 위배되는지 여부에 대해 헌법재판소는 다음과 같이 심판하였다.[21]

가. 사건 개요와 심판 대상

청구인은 전북 순창군 순창읍에 거주하는 자로서 현재 초등학교 5학년, 중학교 1학년, 2학년에 재학 중인 자녀를 두고 있고, 장래 자녀들을 도시에 있는 중·고등학교에 진학시키기를 원하지만「교육법시행령」제71조 및 제112조의 6이 거주지를 기준으로 중·고등학교 입학을 제한하고 있어서 거주지를 도시로 이전하지 아니하고는 자녀를 도시에 있는 중·고등학교에 입학시킬 수 없으므로, 위 각 규정은 청구인의 기본권을 침해하여 위헌이라고 주장하면서 그 위헌확인을 구하기 위하여 헌법소원심판을 청구하였다.

---

21) 이하의 내용은 헌재 1995. 2. 23. 91헌마204 판결 원문을 이해하기 쉽도록 편집·구성하였다.

구 「교육법시행령」(1994. 10. 15. 대통령령 제14401호로 일부개정된 것)

제71조(중학교배정원서의 제출) 중학교에 입학하고자 하는 자는 그 출신 국민학교가 속하는 위원회에 중학교배정원서를 제출하여야 한다.

제112조의6(입학전형의 지원) ① 입학전형에 응시하고자 하는 자는 전기학교·후기학교의 구분 없이 동시에 그가 재학한 중학교가 소재하는 교육감에게 지원하여야 하되, 제80조의 규정에 의하여 중학교를 졸업한 자와 동등 이상의 학력이 있다고 인정되는 자 및 중학교 학구로 인하여 다른 시·도에서 수학한 자와 중학교를 졸업한 자로서 거주지가 이전된 자인 경우에는 거주지의 교육감에게 지원하여야 한다. 다만, 인접 시·도에 소재한 고등학교에 입학하는 것이 통학상의 거리 또는 교통으로 보아 편리하다고 인정되는 경우에는 그 관련되는 교육감이 협의하여 정하는 바에 따라 그 인접 교육감에게 지원할 수 있다. ② 제1항에서 "거주지"라 함은 민법 제909조의 규정에 의한 친권자 또는 제928조의 규정에 의한 후견인의 일상생활의 근거지를 말한다. ③, ④, ⑤ 생략.

나. 청구인의 주장과 관계인의 의견

청구인의 주장은 다음과 같다. 첫째, 이 사건 규정은 도시와 농어촌 사이에 존재하는 교육의 질적 차이를 고려하지 아니하고 합리적인 이유 없이 거주지를 기준으로 중·고등학교의 입학을 제한하기 때문에, 자녀를 도시에 있는 중·고등학교에 진학시키고자 하는 농어촌 거주학부모의 학교 선택권과 평등권을 침해한다. 둘째, 농어촌 거주학부모가 자녀를 교육여건이 우수한 도시에 있는 중·고등학교에 진학시키기 위하여서는 원하지 않는 경우에도 도시로 거주지를 이전하여야 하는바, 이는 헌법상의 거주이전의 자유를 침해한다.

교육부장관 및 법무부장관의 의견 요지는 다음과 같다. 첫째, 이 사건 규정의 입법목적은 중·고등학교에 만연되어 있던 과열 입시경쟁에 의한 초등학생, 중학생의 건전한 정신적·육체적 발달저해, 교육과정의 파행적 운영, 과중한 과외비용과 과외교육을 시킬 수 없는 학부모에 대한 실질적 불평등, 재수생의 증가로 인한 사회적 문제 등을 해결하기 위한 것이었다. 둘째, 이 사건 규정이 거주지를 기준으로 중·고등학교 입학을 제한하고 있지만, 이는 위와 같은 입법목적을 달성하기 위한 것이고 학부모가 원하는 지역에 있는 학교에 자녀를 입학시키기 위하여 거주지를 이전하는 것을 제한하지 아니하므로 교육을 받을 권리 및 거주이전의 자유를 침해한 것은 아니다. 셋째, 도시와 농어촌 학교의 교육환경에 질적인 차이가 없고 국가에서 농어촌 지역의 학생에 대한 교육을 차별할 의도가 없으므로 평등권을 침해한 것도 아니다.

다. 쟁점과 판단

첫 번째 쟁점은 자녀를 교육시킬 학교선택권의 침해 여부였다. 친권자에게는 미성년자인 자녀를 보호하고 교육할 의무가 있는 것처럼 부모는 아직 성숙하지 못하고 인격을 닦고 있는 초·중·고등학교인 자녀를 교육시킬 교육권을 가지고 있으며, 그 교육권의 내용 중 하나로서 자녀를 교육시킬 학교선택권이 인정된다. 그런데 이 사건 규정은 거주지를 기준으로 한 중·고등학교의 입학제도를 규정함으로써 부모의 자녀를 교육시킬 학교선택권을 제한하고 있으므로, 그 제한이 헌법 제37조 제2항에 규정된 기본권 제한 입법의 한계를 지킨 것인가에 관하여 문제가 된다.

과열된 입시경쟁으로 말미암아 발생하는 그와 같은 부작용을 방지하기 위한 이 사건 규정의 입법목적은 정당하다고 할 것이다. 입법수단에 관하여 살펴본다. 중·고등학교의 입시제도는 그 동안 여러 번 변천을 거듭하였고 현재도 고등학교 입시제도 등에 관하여 많은 개선책이 논란되고 있지만, 각 제도에 장·단점이 있으므로 그 개선책이 용이하게 확정되지 못하고 있는 실정이다. 중·고등학교의 입시제도는 입법권자에게 광범위한 재량권이 요구되는 분야라고 할 수 있다. 이 사건규정은 과열된 입시경쟁으로 말미암아 발생하는 부작용을 방지한다고 하는 입법목적을 달성하기 위한 방안의 하나이다. 도시와 농어촌에 있는 중·고등학교의 교육여건의 차이가 심하지 않으며, 획일적인 제도의 운용에 따른 문제점을 해소하기 위한 여러 가지 보완책이 상당히 마련되어 있다. 학부모의 자녀를 교육시킬 학교선택권을 최소한으로 제한하면서 입법목적을 달성할 수 있는 최선의 방법이 있다거나 이를 쉽게 발견할 수 없는 현 상황에서는 그 입법수단을 정당하다고 보아야 할 것이다.

두 번째 쟁점은 거주·이전의 자유의 침해 여부였다. 학부모는 원하는 경우 언제든지 자유로이 거주지를 이전할 수 있으므로 그와 같은 생활상의 불이익만으로는 이 사건 규정이 거주이전의 자유를 제한한다고는 할 수 없다. 설혹 이 사건 규정이 거주이전의 자유를 제한한다고 하더라도 앞서 본 바와 같이 그 입법목적 및 입법수단이 정당하므로 그 제한의 정도는 기본권의 본질적인 내용을 침해하였다거나 이를 과도하게 제한한 경우에 해당하지 않으므로 헌법 제14조 및 헌법 제37조 제2항에 위반되지 아니한다.

세 번째 쟁점은 평등권의 침해 여부였다. 학교별로 교육여건이 동일하지 아니하므로 교육여건이 상대적으로 열등한 학교에 자녀를 입학시켜야 하는 학부모의 경우에는 교육여건이 우수한 학교에 자녀를 입학시킬 수 있는 학부모에 비하여 차별을 받는다고 할 소지가 있다. 그러나 이 사건 규정은 그 입법목적 및 입법수단이 정당하고, 이 사건 규정이 적용되는 학교에 자녀를 입학시키고자 하는 학부모는 당해 학교에 지원하는 학생 수가 정원을 초과하지 아니하는 한 거주지를 이전함으로써 원하는 학교에 자녀를 입학시킬 수 있으므로 합리적인 이유 없이 차별한 것이라고 할 수 없다.

따라서 거주지 기준의 중·고등학교 입학 배정 방법을 정한 구「교육법시행령」관련 규정은 청구인의 헌법 제31조 제1항에 의하여 보장되는 자녀를 교육시킬 학교선택권, 헌법 제14조에 의하여 보장되는 거주이전의 자유, 헌법 전문과 헌법 제11조에 의하여 보장되는 평등권을 침해한 것이 아니므로, 청구인의 이 사건 심판청구는 이유가 없어 이를 기각한다.

2) 고교평준화지역에서 학교군별 추첨배정의 위헌성 여부

고교평준화지역에서 학교군별 추첨배정이 학부모의 학교선택권을 침해하였다는 헌법소원에 대한 헌법재판소의 결정을 살펴본다.[22]

가. 사건 개요와 심판 대상

청구인은 고등학교에 재학 중인 아들과 장차 고등학교에 진학하게 될 중학생 딸을 두고 있는 학부모로서 신입생에 대한 고등학교의 배정을 원칙적으로

---

22) 이하의 내용은 헌재 2009. 4. 30. 2005헌마514 판결 원문을 이해하기 쉽도록 편집·구성하였다. 이 사건 판결에 관한 평석으로는 장영철, "고교평준화제도의 위헌여부: 초·중등교육법시행령 제77조 제2항 등 위헌확인사건(2002헌마188)과 관련하여", (「헌법판례연구」 제4호, 박영사, 2002, 229면)가 있다.

교육감의 추첨에 의하도록 규정하고 있는 「초·중등교육법시행령」 제84조가 청구인의 자녀가 원하는 학교로 지원할 기회를 봉쇄하는 한편, 원하지 않는 학풍 혹은 종교교육을 실시하는 학교에 배정될 수 있도록 함으로써 청구인과 같은 학부모의 학교선택권과 종교교육권 및 행복추구권 등을 침해하여 위헌이라고 주장하며 헌법소원심판을 청구하였다.

「초·중등교육법시행령」(2009. 4. 30. 대통령령 제21375호로 일부개정된 것)
제84조(후기학교의 신입생 선발 및 배정방법) ② 제77조 제2항의 규정에 의한 교육과학기술부령이 정하는 지역의 후기학교 주간부 신입생은 고등학교 학교군별로 추첨에 의하여 교육감이 각 고등학교에 배정하되, 제81조 제5항의 규정에 의하여 2 이상의 학교를 선택하여 지원한 경우에는 그 입학지원자 중에서 추첨에 의하여 당해 학교정원의 전부 또는 일부를 배정할 수 있다.

나. 청구인의 주장과 관계기관의 의견

청구인의 주장 요지는 다음과 같다. 이 사건 시행령 제80조 제1항은 실업계 고등학교, 예·체능계 고등학교, 특수목적 고등학교, 특성화 고등학교를 제외한 일반 고등학교를 후기학교라고 규정하고, 이 사건 조항은 후기학교 주간부 신입생은 고등학교 학교군별로 추첨에 의하여 교육감이 각 고등학교에 배정하도록 규정하고 있는데, 이는 청구인의 자녀가 원하는 학교에 지원할 기회를 봉쇄하는 것으로서 부모인 청구인의 자녀 학교선택권과 행복추구권을 침해한다. 이 사건 조항은 공립과 사립학교를 구분하지 않은 채 추첨에 의해 학생들을 무차별적으로 배정하도록 규정하고 있어 자녀에 대한 종교 교육권을 과도하게 침해한다. 또한 특수목적 고등학교를 둔 것을 학교선택권 보장의 예로 들지만 이것은 특수한 경우이고 일반적인 사항이 아니다.

청구인의 이러한 주장에 대하여 교육과학기술부장관은 다음과 같은 요지의 의견을 제시하였다. 고등학교 입학·배정방식은 수학능력에 따라 교육을 받을 권리, 학부모와 학생의 학교선택권, 학교교육의 정상화, 학생의 건전한 교육과 성장 등의 요소를 고려하여 입법권자가 합리적으로 결정할 수 있는 사항이다. 현행 고등학교 입학·배정절차는 과열된 입시경쟁으로부터 중학교 교육 정상화,

고등학교 간 격차 해소, 지역 간 교육 균형발전, 사교육비 경감, 대도시 인구집중 억제를 목적으로 하고 있다. 한편 소재지를 근거로 한 배정을 원칙으로 하면서도 학생들의 학교선택권을 보장하고자 선복수지원·후추첨제도를 시행하고 있고, 각 시·도의 배정원칙에 따라 학생의 종교가 배정의 고려 사항이 될 수 있으며, 각 학교의 교과과정상 종교와 관련하여 복수의 과목을 설치하도록 하여 개인의 종교의 자유를 침해하지 않도록 하고 있으므로 청구인의 기본권을 침해한다고 볼 수 없다.

다. 쟁점과 판단

첫 번째의 쟁점은 고교평준화지역에서 일반계 고등학교에 진학하는 학생을 교육감이 학교군별로 추첨에 의하여 배정하도록 하는 「초·중등교육법시행령」 제84조 제2항이 학부모의 자녀 학교선택권을 침해하는지 여부이다. 두 번째 쟁점은 학교선택권을 법률이 아니라 대통령령으로 제한하는 것이 법률유보의 원칙에 반하는지 여부, 그리고 이 사건 조항이 수권법률의 위임 범위를 일탈하였는지 여부이다. 헌법재판소는 이를 기각결정하였는 바 그 판결 이유를 살펴보면 다음과 같다.

부모의 자녀에 대한 교육권은 비록 헌법에 명문으로 규정되어 있지는 아니하지만, 혼인과 가족생활을 보장하는 헌법 제36조 제1항, 행복추구권을 보장하는 헌법 제10조 및 국민의 자유와 권리는 헌법에 열거되지 아니한 이유로 경시되지 아니한다는 헌법 제37조 제1항에서 나오는 중요한 기본권이며, 이러한 부모의 자녀교육권이 학교영역에서는 자녀의 교육진로에 관한 결정권 내지는 자녀가 다닐 학교를 선택하는 권리로 구체화된다. 한편, 국가는 헌법 제31조에 의하여 학교의 제도, 조직, 학교유형, 교육목표, 수업의 내용 및 방법 등 학교교육에 관한 광범위한 형성권을 가지고 있다.

이 사건 조항은 고등학교 과열입시경쟁을 해소함으로써 중학교 교육을 정상화하고, 학교 간 격차 및 지역 간 격차 해소를 통하여 고등학교 교육 기회의 균등 제공을 위한 것으로서 입법목적이 정당하다. 또한 각 학교에 의한 입학생 경쟁 선발 방법이 아닌 교육감에 의한 입학전형 및 학교군별 추첨에 의한 배정

방식을 취하는 것은 수단의 적정성이 인정된다. 교육감 추천에 의한 입학전형에서는 학교분포와 통학거리 등을 고려하여 학생들을 인근 학교에 갈 수 있도록 하는 것이 가장 합리적이고 보편적인 방법이며, 「초·중등교육법시행령」에서는 학생과 학부모의 학교선택권에 대한 제한을 완화하기 위하여 선복수지원·후추첨방식과 같은 여러 보완책을 두고 있으므로, 이 사건 조항이 거주지에 의하여 학부모의 학교선택권을 과도하게 제한한다고 보기는 어렵다.

한편 '사립'학교선택권의 보장은 여러 교육여건이 갖추어진 뒤에 정책적으로 결정하여야 할 사항으로서, 우리나라도 특수목적고등학교, 자립형 사립고등학교, 자율형 학교의 증가로 사립학교선택권이 점차 보장되는 방향으로 가고 있다. 대부분의 시·도에서 선복수지원·후추첨방식을 채택하고 있어 제한적으로 종교학교를 선택하거나 선택하지 않을 권리를 보장하고 있고, 종교과목이 정규과목인 경우 대체과목의 설치를 의무화하고 있는 점들을 고려할 때, 이 사건 조항으로 인하여 학부모의 '사립학교선택권'이나 종교교육을 위한 학교선택권이 과도하게 제한된다고 보기도 어렵다.

고등학교 입학방법 및 절차에 관한 사항을 대통령령으로 정하도록 한 「초·중등교육법」 제47조 제2항은 교육감이 학생의 수요와 고등학교의 공급을 조절할 필요성의 정도, 해당 지역 주민들과 교육청의 의사 등을 고려하여 학생의 수요와 고등학교의 공급을 조절하여 교육시설을 효율적으로 활용할 수 있도록 하기 위한 것이라는 점에서 수권법률의 위임취지에 부합한다.

라. 재판관 김종대, 재판관 목영준, 재판관 송두환, 재판관 조대현의 반대 의견

4인의 반대 의견이 있었는바, 그 요지는 다음과 같다. 학교교육제도와 그 운영에 관한 기본적·본질적 사항으로서 학부모의 자녀 학교선택권을 제한하고 있는 '무시험 추첨배정에 의한 고등학교 입학전형제도'는 헌법 제31조 제6항에 따라 국회가 법률로써 직접 규율해야 할 사항임에도 불구하고, 「초·중등교육법」 제47조 제2항은 아무런 구체적 대강도 정함이 없이 이를 행정입법인 이 사건 조항에 백지위임하고 있어 헌법에 위반되며, 위헌인 위 법률의 위임을 받아 '무

시험 추첨배정에 의한 고등학교 입학방법'을 정하고 있는 이 사건 조항은 헌법
상 의회유보의 원칙에 위반하여 학부모의 자녀 학교선택권을 제한하고 있으므
로, 헌법에 위반된다.

　　이 사건 조항 중 학생이 진학할 고등학교를 선택하여 지원할 기회를 주지
않는 부분은 학생의 적성과 능력에 맞는 학교를 선택할 자유를 정당한 사유도
없이 부정함으로써 본질적으로 침해하고 그에 따른 학부모의 자녀교육권도 침
해하는 것이어서 헌법 제31조 제1항 및 제37조 제2항에 위반된다고 보지 않을
수 없다.

4 아동과 학생에 대한 부당한 차별 사례

　　국가인권위원회의 아동·학생 관련 차별시정 결정례에 나타난 차별사유별
대표적인 차별 사례를 살펴보고, 아동·학생에 대한 부당한 차별 방지 대책을
제시한다.[23]

1) 차별사유와 구체적 사례

가. 차별사유로서 성별

가) 성차별 사례

아동·학생에 대한 차별에서 많이 발견되는 차별사유는 '성별'이다. 구체적
으로 ① 초등학교에서 남학생에게 앞 번호를 부여하고 여학생에게 뒤 번호를
부여하는 것(2005. 9. 28. 05진차517), ② 대학교 신입생 모집시 여학생 수를 신입생
의 10%로 제한하는 것(2006. 5. 29. 06진차37), ③ 남성임을 이유로 미용고등학교
입학을 제한하는 것(2010. 5. 25. 09진차1218), ④ 해사고등학교의 여학생 입학제한
(2011. 11. 25. 11직권0002000)이 있다. 또 ⑤ 국군간호 사관학교 생도 모집시 입학자

---

23) 본 글은 2008년까지의 결정을 정리한 국가인권위원회 내부자료인 「아동인권 결정·판례 자료
집」과 국가인권위원회 공보 제7권(2009년), 제8권(2010년), 제9권(2011년), 제10권 제1호
(2012년) 등을 기반으로 작성하였다. 표시열, 유철희, "국가인권위원회 활동 10년의 평가: 아
동·학생의 인권분야", 「헌법학연구」 제18권 제2호, 한국헌법학회, 2012, 285~290면.

격을 여성으로 제한하고, 육군본부 간호장교 채용 조건보다 더 엄격한 키, 몸무게에 대한 제한조건을 적용하는 것(2006. 7. 18. 06직차6)처럼 성별에 용모 등의 신체조건이 차별사유로서 더해지기도 한다. ⑥ 미혼모에 대한 차별도 최근 사회적 문제가 되고 있다(09진차535).

청소년 미혼모와 관련된 사례로서 09진차535 결정례를 소개하면 다음과 같다. 진정인의 딸인 피해자는 ○○여자고등학교 3학년에 재학 중 임신을 하게 되었는데 태아의 아버지와 피해자는 양가에서 모두 교제를 허락한 상태였고 피해자가 고등학교를 졸업하는 대로 결혼을 할 예정이다. 그런데 피진정인 학교 측은 피해자의 임신사실을 알게 된 이후, 피해자에게 "임신한 상태로 학교에 등교하는 것을 허용할 수는 없다"며 "휴학할지 자퇴할지 빨리 결정하라. 교장 선생님이 아시면 당장 퇴학이다"라며 의사결정을 독촉하였으며, 피해자의 남자친구를 형사고발 할 수도 있다는 말을 해 자퇴서를 쓸 수밖에 없었다. 이에 대해 국가인권위원회는 피해자가 임신하였음을 이유로 하여 피해자로 하여금 학업을 중단하도록 한 것은 임신을 이유로 하여 교육시설 이용에 있어 특정인을 배제·구별하거나 불리하게 대우하는 행위에 해당한다고 판단하고 피해자를 재입학시켜 학업을 계속할 수 있도록 할 것을 권고하였다.

나) 교육영역에서 성차별 금지 관련 법령

교육영역에서의 성차별은 과거에는 유교문화의 영향으로 당연시되었지만, 최근에는 적어도 법률상(de jure)의 차별은 여성부가 중심이 되어 완전히 제거하였다. 다만 아직 남아있는 것은 사실상의(de facto) 차별문제이다. 교육영역에서 남녀차별 금지를 위하여 「교육기본법」에서는 다음과 같은 상세한 규정을 두고 있다.

「교육기본법」 제17조의 2(남녀평등교육의 증진): ① 국가와 지방자치단체는 남녀평등정신을 보다 적극적으로 실현할 수 있는 시책을 수립·실시하여야 한다. ② 국가 및 지방자치단체와 제16조에 따른 학교 및 사회교육시설의 설립·경영자는 교육을 할 때 합리적인 이유 없이 성별에 따라 참여나 혜택을 제한하거나 배제하는 등의 차별을 하여서는 아니 된다. ③ 제1항에 따른 시책에는 체육·과학기술 등 여성의 활동이 취약한 분야를 중점 육성할 수 있는 교육적 방안이 포함되어야 한다. ④ 학교교육에서 남녀평등을 증진하기 위한 학교교육 과정의 기준과 내용 등 대통령령으로 정하는 사항에 관한 교육부장관의 자문에 응하기 위하여 남녀평등교육심의회를 둔다. ⑤ 제4항에 따른 남녀평등교육심의회 위원의 자격·구성·운영 등에 필요한 사항은 대통령령으로 정한다. 또한「국가인권위원회법」에서는 성희롱도 대표적인 차별행위로 보고 있다.

나. 차별사유로서 학력 내지 성적

'학력 내지 성적'을 이유로 한 차별시정 결정례도 많았다. 구체적으로 ① 여자축구선수가 고교 졸업 후 곧바로 실업여자축구팀으로 진출하는 것을 불허하는「선수선발세칙」의 규정(2006. 2. 27. 05진차540), ② 중학교 학급 회장의 자격을 학업 성적이 80점 이상인 자로 제한하는 것(2006. 11. 28. 06진차449), ③ 고등학교에서 특정과목의 학업성적을 기준으로 상시적으로 성적 우수자반을 편성하는 것(2008. 5. 19. 07진차459), ④ 공립기숙학원생을 특정과목의 학업성적으로 선발하는 것(2008. 5. 19. 07진차1031), ⑤ 별도의 야간자율학습 공간의 입실자격을 성적우수자에게만 부여하는 것(2008. 1. 28. 08진차13), ⑥ 자율학습전용실에 성적우수자만 입실하게 하는 것(2008. 8. 25. 08진차158), ⑦ 사립 고등학교의 상설적인 우월반 편성(2010. 1. 21. 09진차1194) 등이 있다.

이 중 학력을 이유로 한 차별시정에 있어 대표적인 사례로서 07진차1031 결정례를 소개하면 다음과 같다. 문제가 된 옥천 인재숙은 지방자치단체의 예산으로 운영되는 공립기숙학원으로, 입사생은 군내 중학교 3학년부터 고등학교 3학년에 이르는 학생 중 각 학교별 학생 수에 비례하여 각 학교의 학교장이 추천하는 선발시험 응시대상 학생 중에서 국어, 영어, 수학 3과목의 선발시험을 통해 성적순으로 매년 200명을 선발하고 있다. 이에 대해 진정인들은 군 예산이 단지 국어, 영어, 수학 세 과목의 시험을 잘 보는 소수의 아이들에게만 집중적으로 배정·사용됨으로 인하여 인재숙에 들어가지 못한 다른 학생들은 그와 같은 예산 사용의 혜택을 받지 못하고 열패감에 시달리는 등 교육의 기회에 있어서 평등권을 침해당하고 있다고 주장하였다. 이에 대해 국가인권위회는 옥천 인재숙 운영 전반에서 관내 학생들에 대한 차별적 결과가 발생하지 않도록 대책을 수립할 것과, 옥천 인재숙을 운영함에 있어 이해당사자인 학생과 지역 주민의 의견을 충분히 반영할 수 있는 방안을 강구하는 등 옥천 인재숙의 선발방식, 운영주체, 운영방법을 공교육의 목적과 취지에 부합하도록 개선할 것을 권고하였다.

다. 차별사유로서 사회적 신분

'사회적 신분'에 의한 차별도 상당수 있다. 구체적으로 ① 공공시설 및 교통시설 이용요금의 할인에서 학생과 학생이 아닌 청소년을 구별하는 것(2003. 9. 15. 03진차127), ② 대학입학전형 중 수시모집에서 검정고시 출신자에 대한 응시를 제한하는 것(2006. 10. 6. 05진차100, 236, 534, 06진차29, 171(병합)), ③ 정학 이력을 이유로 전입학을 불허하는 것(2008. 11. 10. 08진차727), ④ 비학생 청소년의 국악대회 출전을 제한하는 관행(2010. 5. 4. 09진차1213), ⑤ 도시계획시설 사업구역 내에서 정당하게 거주한 사실이 인정되는 학생을 주거이전비 지급대상에서 제외하는 것(2010. 6. 17. 10진차118), ⑥ 학사 입사생 선발시 검정고시 출신자를 배제하는 것(2011. 6. 10. 11진정0066700) 등이다.

사회적 신분을 이유로 한 차별시정에 있어 대표적인 사례로서 03진차127 결정례를 소개하면 다음과 같다. 청소년은 공공시설 및 교통시설 이용시 할인을 받을 수 있는데, 일반적으로 청소년이라는 증명을 학생증으로 하고 있어 비학생 청소년은 할인을 받지 못하고 있어 문제가 되었다. 이에 대해 국가인권위원회는 청소년 육성정책을 총괄하고 있는 문화관광부장관에게 공공시설 및 교통시설 이용요금의 할인에서 학생과 학생이 아닌 청소년을 구별하는 관련 법령·제도·정책·관행의 개선을 권고하였다.

라. 차별사유로서 장애

사회적 신분과 함께 많이 발견되는 차별사유는 '장애'이다. 구체적으로 ① 대학입학전형에서 특수교육진흥법 제10조 제1항에 정한 장애종류 가운데 특정 장애 종류에 대하여서만 특수교육대상자 특별전형의 지원 자격을 부여한 사건(2004. 2. 16. 03진차27), ② 학교가 통학버스를 장애학생의 집까지 운행하지 않고 집에서 멀리 떨어진 곳에 장애아동을 승·하차시킴으로 인하여 실질적인 교육학습권을 보장하지 못하고 있는 것(2006. 12. 10. 06진차411), ③ 장애학생의 통합교육환경 마련을 위한 특수학급을 설치하지 않는 것(2007. 3. 28. 06진차418), ④ 특수학급설치를 거부하거나 연기하는 행위(2008. 5. 2. 08진차116, 117(병합)), ⑤ 장애아동들에 대한 폭행 및 학대행위(2010. 11. 15. 10진정0572400), ⑥ 지적장애인 시설에서의 장애아동에 대한 괴롭힘(2011. 12. 19. 11직권0001500) 등이다. 이처럼 장애를 이유로 한 차별의 경우에 핵심적인 내용은 '정당한 편의'가 제공되지 못함으로써 발생하는 차별과 장애인에 대한 '괴롭힘'(욕설, 비하발언, 모욕, 폭행 등)이라 할 수 있다.

이 중 정당한 편의가 제공되지 못한 사례로서 06진차418 결정례를 소개하면 다음과 같다. 해당 사건에서 피해자 학부모들은 장애학생 자녀들을 거주지에서 가까운 은평구에 소재한 공업계고등학교인 ○○고등학교 및 △△고등학교에 진학시키기 위해 이들 학교에 특수학급 설치를 요청하였고 감독기관인 서울특별시교육청에도 요청하였다. 그러나 이들 고등학교는 학교 여건이 어렵다는 이유로 특수학급 설치를 거부하였다. 이에 대해 국가인권위원회는 피해자 학부모들의 장애학생 자녀들이 휠체어를 사용하지 아니하며 혼자서도 등하교가 가능하므로 특수학급을 1층에 설치하거나 이동통로의 턱제거 및 미끄럼방지, 화장실 손잡이 개선 등과 같은 편의시설은 서울특별시교육청의 예산지원을 받아 점진적으로 확충이 가능하므로 진정인의 특수학급 설치 요구를 받아들이지 아니하는 것은 교육에 있어 장애학생들에게 정당한 편의를 제공하지 않은 차별 행위로 판단하였다.

마. 기타의 차별 사유

이외에도 대학의 입학시험에서 동점자 처리기준으로 연소자 우선원칙을 채택하거나(2002. 6. 18. 02진차22), 18세 미만인 자의 국회도서관 이용에 제한요건을 부과하는(2011. 4. 11. 10진정0431200, 0641600(병합)) 등 '나이' 또한 차별사유로서 발견된다. 또 크레파스의 색명으로 살색을 사용하는 것과 같은 '피부색'을 이유로 한 차별(2002. 7. 31. 01진차3), 초·중등교육법시행령 제21조 제3항의 "보호자"를 친권자 또는 후견인만으로 한정하여 친권자 또는 후견인이 아닌 사람의 보호를 받고 있는 초등학생을 적용에서 배제하는 것과 같은 '가족형태 또는 가족상황'을 이유로 한 차별(2003. 5. 7. 02진차70), 동성애를 표현한 매체물을 청소년 유해매체물로 지정하여 청소년들의 접근을 막는 것과 같은 '성적 지향'을 이유로 한 차별(2003. 3. 31. 02진차80, 130(병합)), 화교학교 학력을 인정하지 않는 것과 같은 '출신국가'를 이유로 한 차별(2006. 8. 29. 04진차386), 16세 때 받은 소년보호처분 전력으로 인하여 지방검찰청 청원경찰 특별채용시험에 탈락한 것과 같은 '형의 효력이 실효된 전과'로 인한 차별(2005. 8. 22. 05진차37), 임신을 했다는 이유로 학교가 휴학 또는 자퇴를 종용하는 것과 같은 '임신 또는 출산'을 이유로 한 차별(2009. 7. 6. 09진차535), B형 간염을 이유로 한 고등학교 기숙사 입사불허와 같은 '병력'(病歷)을 이유로 한 차별(2011. 4. 11. 10진정0768600) 등도 찾아볼 수 있다.

2) 아동·학생의 부당한 차별 방지 대책

사례 분석에서 알 수 있듯이 아동·학생의 기본적인 인권이 일상생활 특히 학교생활에서 다양한 형태로 침해되고 있다. 아동·학생의 부당한 차별을 방지할 수 있는 대책을 몇 가지 지적한다. 첫째, 국가인권위원회가 그러한 침해에 대하여 적극적인 노력을 해왔다고 평가되지만, 국가인권위원회의 활동 중에서 아동·학생에 대한 결정례의 비중은 상대적으로 매우 낮은 편이다. 국가인권위원회가 이 분야의 활동 비중을 더욱 늘려야 할 것이다. 특히 장애인에 대한 차별, 다문화 가족 아동에 대한 차별, 미혼모에 대한 차별, 부적응 학생에 대한 차별 등에 더 많은 관심을 가져야 할 것 같다. 그리고 국가인권위원회의 결정과 차별시정 결정이 어떻게 집행되었는지, 관련된 제도가 개선되어 유사한 인권침해가 예방되었는지 등에 관한 사후 점검이 중요하다. 국가인권위원회의 한계이기도 하지만, 국가인권위원회의 결정이 법적 구속력이 없는 권고 수준이므로 실효성 있는 결정이 되려면 사후 지속적인 모니터링이 필요하다. 권고만으로도 어느 정도 강제성이 있을 수 있지만, 관련 정부부처와 협조하여 국가인권위원회의 결정을 구현시키는 사후노력이 뒤따라야 할 것이다.

둘째, 학교에서 학생들의 인권이 침해되는 근본적인 원인 중 하나는 지나친 경쟁위주의 교육풍토에 있다고 할 수 있다. 자본주의 체제에서 경쟁은 피할 수 없는 명제라고 할 수 있지만, 한국의 경우 '지나치게' 과도한 입시위주의 교육은 학생들의 인성교육과 창의력 신장에 큰 걸림돌이 되고 있다. 학력중시의 오랜 전통은 극복되어야 할 과제이다.[24] 인성교육을 통하여 남에게 피해를 주지 않는 생활태도와 타인에 대한 존중 내지 배려로 함께하는 사회가 강조되어야 인권침해에 대한 근본적인 대책이 될 것이다. 이에 대한 적극적인 홍보와 교육이 국가인권위원회의 정책세미나 등을 통하여 활발히 이루어져야 하겠다.

셋째, 아동·학생의 인권은 침해되기 전에 예방하는 것이 더 중요하다. 이를 위하여서는 자율과 존중의 학교 문화가 정착되어야 한다. 정부의 정책 방향도 학교 구성원들이 학칙 제·개정에 참여하여 스스로 인권을 구현하고 책무성을 수행하도록 하고 있다. 이 문제는 장기적인 과제이지만 가정에서의 학부모 협조가 필수적인 사항이다. 아동·학생 인권의 궁극적인 과제는 아동·학생 본인은 물론 이들을 도와주는 학부모와 교원들이 핵심적인 헌법가치인 '인간의 존엄과 가치'에 관하여 구체적인 내용 내지 중요성을 잘 인식하여 실천하는 것이다. 인간의 존엄과 가치에서 도출되는 자기보존(안전과 건강)과 자기발전에 필수적인 수단들이 구체적인 권리로 보장·구현되는 것이 민주정부의 핵심 과제이며, 교육의 궁극적인 목표가 된다는 것이 강조되어야 한다. 특히 학생들로 하여금 자기가 매우 '소중'한 존재라는 것을 깨닫게 하는 것이 인권보장의 출발점이자 요체라고 생각한다.

결론적으로 경제적 발전도 중요하지만 앞으로는 한국이 '인권과 정의'의 문화국가로 발전하길 소원한다. 이렇게 변화하기 위하여서는 가정과 학교가 핵심 인권들을 적극적으로 수용하여 실천하는 장으로 변화되어야 한다. 국가인권위원회가 적극적인 아동·학생에 대한 인권보호 활동을 통하여 그 촉매제 역할을 할 것으로 기대한다.

---

24) 표시열, "한국 학교에서 아동권리협약의 적용과 과제: 체벌, 징계절차, 표현의 자유를 중심으로", 「교육법학연구」 제20권 제2호, 대한교육법학회, 2008, 170면.

5 종합 평가

1) 역사적 배경과 정치·경제적 환경

교육의 중요성은 한국의 오랜 유교문화의 영향이 컸다고 본다. 인간의 본성이 선하면 그 잠재력을 끄집어내기 위하여, 악하다면 그것을 교화하기 위하여 교육이 필요하다는 것이 유교의 중요한 특성이었다. 이러한 문화에 바탕하여 상해 임시정부 건국강령에서도 균학권으로 교육의 기회균등을 보장하는 규정을 두었고, 현행 헌법에서도 의무교육과 교육의 기회균등 등에 관하여 상세하게 규정하고 있다.

최근에는 빠른 경제성장으로 의무교육도 초등학교에서 중학교로 확대되었고, 고등학교 교육까지 의무화가 추진되고 있는 실정이다. 의무교육의 무상범위도 수업료 면제에서 교과서와 급식까지 확대되고 있다. 무상급식에 대한 논쟁이 정치와 선거의 핵심 쟁점으로 부각된 경험도 하였다. 학교영역에서 다양한 형태의 부당한 차별이 국가인권위원회에서 적발되어 시정 조치되고 있다. 성별에 의한 차별은 한국의 경우, 여성 천시의 유교문화의 영향으로 당연한 것으로 받아들여져 왔으나, 최근에는 많은 변화조짐을 보이고 있다. 따라서 앞에서 검토된 남녀학생 간의 입학시험 커트라인 차이, 남학교와 여학교의 분리, 체육활동을 포함한 과외활동에서의 여학생 제외, 임신여학생의 등교주장 등이 한국의 경우에도 앞으로 문제가 될 수 있다. 교육부문에서의 성차별은 근본적으로 일반국민과 교사가 남녀 성의 역할을 정형화시켜 그들을 달리 대하는 데 있다. 여성 스스로도 자기 자신의 미래에 대한 청사진을 갖지 못하고 결국 어떤 남편을 얻느냐에 자기운명이 좌우된다고 믿는다면 남성 위주의 사회적 편견은 단절되기 힘들 것이다.

2) 추구하는 기본가치

교육의 기회균등은 교육영역에서의 평등권 원리의 구현이라 할 수 있다.

평등권은 전제군주에서 근대 입헌주의에로의 변화의 상징이다. 따라서 자의적인 차별을 법규범으로 제한하는 평등권 원리는 한국 헌법의 핵심가치이며 모든 영역에서 적용되는 민주주의 기본원리라 할 수 있다. 교육의 중요성 때문에 한국헌법에서는 교육의 기회균등을 특별히 강조하여 헌법에 직접 규정하였다고 볼 수 있다. 이런 점에서 교육영역에서의 차별이 합리적인지, 자의적으로 위헌적인 차별인지를 판단하는 기준은 엄격한 심사기준에 따라야 한다.

이런 엄격한 심사기준에서 볼 때 거주지 중심의 고등학교배정은 학교선택권을 제한하는 위헌성의 소지가 있다고 판단된다. 수단의 불가피성을 엄격히 해석하여야 학교선택권을 덜 제한하는 다른 정책수단을 강구하게 할 것이다. 헌법재판소의 판례에서 최근에 이러한 목소리가 소수의견으로 나오고 있음을 유의할 필요가 있다.

서울특별시의 무상급식을 둘러싼 주민투표는 주민청구 방식으로는 처음 이루어진 투표라는 점에서 의의가 있다고 할 수 있다. 비록 투표율 부족으로 명쾌한 갈등 해결은 못했지만 서울시와 시의회가 갈등을 해결하지 못하고 혼란에 빠졌을 때 채택할 수 있었던 마지막 수단이 되었다. 주민투표는 주민발안, 주민소환과 함께 '참여'를 핵심 가치로 하는 직접민주주의를 구현하는 중요수단이다.

3) 입법부의 역할

거주지 중심의 중·고등학교 배정의 위헌성(91헌마204)사건은 1995년에 결정된 것이고, 고교평준화지역에서 학교군별 추첨배정의 위헌성(2005헌마514)사건은 2009년에 결정된 사건이다. 두 사건 모두 추첨배정의 합헌성을 인정한 점에서는 같은 결론이다. 그러나 2009년 사건에서는 추첨배정이 입법사항인데도 법률에 아무런 구체적 대강을 정하지 않고 시행령에 위임하여 학부모의 자녀학교선택권을 제한하고 있는 것은 위헌이라는 3인의 위헌의견, 추첨배정은 학생의 적성과 능력에 맞는 학교를 선택할 자유를 정당한 사유도 없이 부정하여 본질적인 교육권침해라는 1인의 위헌의견이 있었다는 점에서 큰 변화를 볼 수 있다. 학생과 학부모의 학교선택권을 보장할 수 있는 정책대안이 모색되어야 함을 강하게 암시하고 있다고 할 수 있다. 특히, 입법사항에 대한 입법부의 적극적인 역할이 필요함을 알 수 있다.

평등권, 특히 교육의 기회균등에 관한 입법은 비교적 상세히 잘 구비되어 있다고 할 수 있다. 「교육기본법」은 물론이고 「국가인권위원회법」에서 차별을 상세하게 금지하고 있다. 적어도 남녀 성별에 의한 법률상의 차별은 거의 없어 졌다고 할 수 있으나 아직도 사실상의 성차별은 남아있다고 할 수 있다. 국회는 이제 성차별보다 다른 영역 예컨대, 장애인, 다문화 아동 등에 대한 불합리한 차별을 금지하는 입법이 필요할 것이다.

4) 정책집행 과정상의 법적 쟁점

서울특별시의 무상급식 분쟁과정에서 경험한 아쉬움은 타협문화의 부재라 할 수 있다. 서울시장, 서울시교육감, 시의회간의 갈등을 협의와 타협이라는 정 치적 과정을 거쳐 이견을 조정할 줄 아는 성숙한 역량이 필요했다. 이점은 지방 정부 뿐 아니라 중앙정부와 국회의 경우도 적용된다. 우리의 민주주의 경험이 아 직은 짧은데 연유한다고 생각된다. 아동·학생에 대한 다양한 형태의 부당한 차 별은 정책집행 중에 의식하지 않고 관습적으로 이루어지는 경우도 많다. 정책집 행 과정 중 부당한 차별이 없도록 특별한 관심을 갖고, 법원리를 알아야 한다.

5) 사법적 판단 및 사회적 영향

무상급식에 관한 서울특별시와 시의회 간의 갈등해결 방법은 법령에 주로 의존하였던 바, 결국은 이념논쟁으로 번져 가치갈등을 더 확대시킨 부작용도 가 져왔다는 점을 유의할 필요가 있다. 거주지 중심의 중·고등학교 배정 내지 고 교평준화지역에서 학교군별 추첨배정이 학부모의 자녀 학교선택권 내지 행복추 구권을 침해하는가에 관한 헌법재판소의 입장은 소극적이다. 그러나 학생의 적 성과 능력에 맞는 학교를 선택할 자유는 교육권의 본질적인 내용이므로 앞으로 풀어야 할 과제라고 생각한다. 특히 사립학교나 종교 교육을 위한 학교선택권에 대한 (과도한) 제한은 조속히 해결되어야 한다. 아동과 학생에 대한 불합리한 차 별을 국가인권위원회가 적극적으로 시정 조치하도록 하고 있으나, 강제력이 없 는 권고적 효력만 있어 그 실효성은 미흡한 한계가 있다고 할 수 있다.

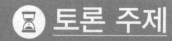

토론 주제

1. 교육의 기회균등은 동서고금을 막론하고 가장 중요한 인간의 기본권이다. 교육의 기회균등이 중요한 이유는 무엇인가? 한국 국민의 자식에 대한 지나친 교육열의 원인은 무엇이며 그것을 완화시킬 방안은 없는가?

2. 학교선택권 제한과 관련되는 거주지 기준의 중·고등학교 입학 배정에 관한 헌법재판소 판례의 입장은 무엇이며, 학교선택권을 어떻게 보장할 수 있는가?

3. 교육영역에서 어떤 사실상의 남·여 성차별이 있으며, 어떻게 극복할 수 있는가?

4. 교육영역에서 경제력에 의한 차별 문제는 없는지? 강남 8학군 문제는 어떻게 극복하여야 하는가?

5. 교육영역에서 우대조치라고 할 수 있는 정책에는 어떤 것이 있는가? 우대조치에서 역차별 문제는 어떻게 극복할 수 있는가?

사교육 억제 정책 ≪ 제3장

　　오늘의 지식기반 사회에서 교육은 평생 동안 이루어지는 삶의 한 과정이라 할 수 있다. 평생교육에서 학원을 비롯한 과외교습의 비중이 크다. 특히 대학 입학을 위한 과열된 사교육이 많은 부작용을 가져오면서 사교육 억제 정책이 한국사회에서 중요한 쟁점이 되고 있다.

　　본장에서는 첫째, 평생교육의 중요성과 법적 근거를 언급하고 평생교육법을 언급한다. 둘째, 사교육 현황과 사교육 대책을 살펴본다.[1] 셋째, 국가가 정책으로 사교육 영역에 어느 정도 개입할 수 있는가에 관한 헌법재판소의 판례를 자세히 분석한다. 넷째, 심야교습 금지의 서울특별시 조례에 대한 헌법소원을 다룬다. 다섯째, 이곳에서 다루어진 정책과 판례에 대한 종합적인 평가를 한다.

---

[1] 평생교육법상 "평생교육"의 정의는 "학교의 정규교육과정을 제외한 학력보완교육, 성인 문자해득교육, 직업능력 향상교육, 인문교양교육, 문화예술교육, 시민참여교육 등을 포함하는 모든 형태의 조직적인 교육활동을 말한다."고 되어 있다. 그러나 평생교육기관에는 「학원의 설립·운영 및 과외교습에 관한 법률」에 따른 학원 중 학교교과교습학원을 제외하고 있다. 그러나 사회문제로 비화되는 사교육 문제가 주로 학교교과교습학원을 둘러싸고 발생한다는 점에서 본 장에서는 학교교과교습학원에 관련된 논의를 중점적으로 다룬다.

1   평생교육의 중요성과 「평생교육법」의 제정취지

평생교육의 중요성과 「평생교육법」의 제정 취지를 살펴본다.[2]

1) 평생교육의 중요성과 법적 근거

정보화와 국제화를 특징으로 하는 21세기를 지식기반사회라고 한다. 지식기반사회에서는 지식이 가장 중요한 자원이 되며, 개인은 물론 국가의 생존과 발전의 열쇠가 된다. 이러한 미래사회의 국가경쟁력은 교육받은 노동력에 의하여 결정된다. 따라서 인간은 평생 동안에 자유롭게 학습활동을 영위할 권리를 보장받고 국가로부터 제도적 지원을 받아야 한다. 인간은 사물을 학습함으로써 성장·발달하는 존재이므로 평생교육에 관한 국가적 뒷받침이 요청된다.[3]

이러한 평생교육의 중요성 때문에 헌법은 1980년에 국가의 평생교육 진흥 의무 규정을 두었다. 즉, "국가는 평생교육을 진흥하여야"하며(헌법 제31조 제5항), "학교교육 및 평생교육을 포함한 교육제도와 그 운영, 교육재정 및 교원의 지위에 관한 기본적인 사항은 법률로 정하도록" 규정되어 있다(헌법 제31조 제6항). 1980년 헌법에서 국가의 평생교육진흥의무를 신설한 것은 위와 같은 논거 이외에도 당시의 학교교육을 둘러싼 내적·외적 변화에 적극적으로 대처하기 위한 방안이다. 즉, 학교교육의 제한과 과열과외에 대한 보완책이 필요하였고, 산업발전에 부응하는 인력수급이 필요했으며, 청소년 비행이 증가하여 청소년 선도의 필요성이 생겼고, 부녀자와 노인들에 대한 적응교육이 필요하였기 때문이다.[4]

「교육기본법」 제10조에서도 평생교육에 관하여 다음과 같이 규정하고 있다. ① 국민의 평생교육을 위한 모든 형태의 사회교육은 장려되어야 한다. ② 사회교육의 이수는 법령이 정하는 바에 의하여 그에 상응하는 학교교육의 이수

---

2) 표시열, 「교육법: 이론·정책·판례」, 박영사, 2008, 481−487면.

3) 이렇듯 현대사회의 요구에 적응할 수 있는 계속 교육은 어떤 특정한 시기나 목적에 한정 또는 구분되어서는 곤란하다. 교육은 이제 전 생애에 걸쳐 있으며, 지식은 하나의 거대한 네트워크화 되어 또 하나의 사회를 만들어 가고 있다. 이종상, "헌법상 평생교육권에 관한 연구", 경남대학교 박사학위논문, 1999, 8−11면; 13면.

4) 권두승, "평생교육 관계법의 주요과제", 「교육법학연구」 제11호, 대한교육법학회, 1999, 66면.

로 인정될 수 있다. ③ 사회교육시설의 종류와 설립·경영 등 사회교육에 관한 기본적인 사항은 따로 법률로 정한다. 「교육기본법」 제10조에 규정된 '평생교육'은 광의로 학교교육과 사회교육이 포함된 것으로 해석되지만, 「평생교육법」에서는 '평생교육'을 학교교육을 제외한 모든 형태의 조직적 교육활동으로 정의하고 있다(동법 제2조 제1호).

「평생교육법」이 평생교육에 관한 주된 법률이다. 그 밖의 중요 평생교육관계법으로 교육부 소관의 「학원의 설립·운영에 관한 법률」, 「독학에 의한 학위취득에 관한 법률」, 문화관광부 소관의 「도서관 및 독서진흥법」, 「청소년기본법」, 노동부소관의 「근로자직업훈련 촉진법」, 보건복지부소관의 「사회복지사업법」, 「노인복지법」, 「아동복지법」 등이 있다.[5]

2) 「평생교육법」의 제정 취지와 체계

1980년 제8차 개정 헌법에서 국가의 평생교육진흥의무를 신설한 후 1982년 최초로 「사회교육법」이 제정되었다. 「사회교육법」은 모든 국민에게 평생을 통한 사회교육의 기회를 부여하여 국민의 자질을 향상하게 함으로써 국가사회의 발전에 기여함을 목적으로 하고 있다(동법 제1조). 동법은 1980년 당시 군사독재 체제에 비판적인 노동야학과 같은 교육활동을 제도권 내에 편입시켜 어느 정도 순치시키려는 정치적 의도도 있었지만[6] 최초로 평생교육의 진흥과 그 필요성을 국가차원에서 인정하고, 국민의 학습권을 정규 학교교육 이외의 차원으로까지 확대함으로써 평생교육의 위치를 법적·제도적으로 확립한 의미가 있다. 2001년에 「사회교육법」을 전면 개정하여 「평생교육법」 형태로 제정하였다.[7]

---

5) 한편 미국의 평생교육법제에 관한 비교법적 연구로는 권두승, "미국의 평생학습법에 관한 연구", (「교육학연구」 제34권 제5호, 한국교육학회, 1996, 331-352면)가 있다.

6) 이 이외에도 사회교육에 관련된 다수의 특별법이 존재하고 있었고, 특히 사회교육법 제22조는 학원에 관해 따로 법률로 정한다고 규정하여 실제로 사회교육법이 적용될 여지가 거의 없었다는 점(김신일, "평생교육실현을 위한 사회교육 관련법령 정비에 관한 연구", 한국사회교육협회 연구보고서, 1990, 34-35면), 평생교육의 협의·조정의 부족, 평생교육기관의 영리추구 제한의 문제, 원격교육에 대한 지원 및 감독기능의 결여, 직업과 평생교육과의 연계 결여, 사회교육 행정체계의 조직 원리와 사회교육재정 확보 결여 등의 문제점이 지적되었다(이종상, 전게논문, 90-94면).

7) 「평생교육법」의 제정 취지는 다음과 같다. 첫째, 정보통신매체를 통한 원격교육 확대, 평생교육정보센터 및 평생 학습관의 운영 등 다양한 평생교육 제도를 마련하고 폭넓은 교육과정으

「평생교육법」은 8장 46개조로 구성되었다. 제1장은 총칙, 제2장은 평생교육진흥 기본계획 등, 제3장은 평생교육전담지원기구 설치운영, 제4장은 평생교육사, 제5장은 평생교육 기관, 제6장은 문자해득교육, 제7장은 평생교육결과의 관리인정, 제8장은 보칙으로 되어 있다.

3) 평생교육의 평가인정체제

평생교육이 실효성 있게 추진되기 위하여서는 다양한 평생교육시설에 의한 교육과 학습경험이 국가로부터 공정히 평가받아 학교교육기관과 연계되어야 한다. 이를 위하여 1997년에 제정된 「학점인정 등에 관한 법률」에서 학점은행제를 채택하고 있다. 학점은행제는 평생학습체제 실현을 위한 제도적 기반으로서 학교교육은 물론 다종다양한 사회교육의 학습의 결과를 사회적으로 공정하게 평가인정하고 이들 교육의 결과를 학교교육과 사회교육 간에 상호인정하며, 이들이 상호 유기적으로 연계를 맺도록 함으로써 개개인의 학습력을 극대화할 수 있도록 하자는 제도이다. 개인의 학습경험은 학점화되어 등록할 수 있고, 이러한 학점들이 누적되면 대학졸업학력 또는 전문대학졸업학력을 인정받고, 학사학위 또는 전문학사학위를 취득할 수 있게 된다.

능력중심의 사회로 전환하기 위하여 직업교육의 강화와 자격제도의 활성화가 필요한 바, 1997년에 「직업교육훈련촉진법」과 「자격기본법」이 제정·공포되었다. 「직업교육훈련법」은 직업교육과 직업훈련을 연계·운영한다. 「자격기본법」은 자격인정을 위한 평가방법, 자격에 부여되는 효과, 자격유지·갱신을 위한 교육 등을 규정하고 있다. 자격제도와 평생교육체제가 연계해 나갈 수 있는 방안

로 학습자중심의 학습기회를 제공한다. 둘째, 평생교육과정 이수자에게 학점, 학력인정, 각종 자격시험 및 승진·승급기회부여, 유급학습휴가 및 학습비지원 등 금전적·비금전적 보상을 통해 평생학습 의욕을 증진시킨다. 셋째, 성인의 경험학습인정, 사내검정 인정, 문하생 학력인정, 기술자격 학점인정 등을 통해 형식적 학력 위주에서 실질적 학력 위주의 사회로 변화시키기 위한 제도를 만든다. 넷째, 지역사회학교, 평생교육원, 사업장 및 언론기관 부설 평생교육시설 등 다양한 평생교육기관을 통하여 성인의 교육기회를 확대하고, 학점은행제, 사내대학 양성화, 원격대학 등 다양한 학력인정제도를 통해 고등교육수준으로 국민의 능력향상에 중점을 둔다. 다섯째, 국가 및 지방자치단체는 평생교육기관의 학습비 보조·평생교육기관의 네트워크 구축 등 평생교육기관에 행·재정지원을 강화한다. 또 민간사업을 통해 프로그램 개발 및 인력개발 사업을 한다.

모색이 필요하다.

2 사교육 실태와 대책

1) 사교육 실태

교육부와 통계청에서 공동으로 조사한 우리나라 초·중·고등학교 학생의 2013년 사교육 현황은 다음과 같다.[8] 사교육비의 전체 규모는 18조 6천억원으로 추정되며, 전체 학생 1인당 월평균 사교육비는 23만 9천원이며 월평균 사교육비 지출은 중학교(26만 7천원)가 가장 높고, 사교육 참여율은 평균 68.8%이며 초등학교(81.8%)가 가장 높았다. 1주당 사교육참여시간은 평균 5.9시간이었다.[9]

2) 2009년의 사교육비 경감 대책

교육과학기술부(현 교육부)가 2008년 사교육비 조사결과를 분석한 후 사교육비 경감 대책으로 다음과 같은 6개 방안을 제시하고 있다.[10] 이 6개 방안은 현재도 중요한 교육정책의 현안이므로 그 내용을 살펴 본다.

가. '사교육 없는 학교'의 발굴 및 전국 확대

사교육 없는 학교란 학교장과 교사가 교육에 진지한 열정을 갖고 있으며, 그에 대한 학부모와 학생의 믿음이 있는 학교로 학생 스스로 학습하는 습관을 길러주는 학교라 할 수 있다. 학생의 다양한 교육 수요를 충족하고 잠재력을 키워주며, 방과후학교를 활용하여 질 높은 맞춤형 교육프로그램을 제공하며, 인근 학교 및 졸업생 간 정보 교환과 협력이 활발하여 궁극적으로는 학생이 즐겁게 학습하고 다니고 싶어 하는 학교로 변신하는 것이라 할 수 있다. 사교육 없는 학교로 지원·선정되면 재정지원을 받아 학교장이 자율로 사용하며, 학사, 교육

---

8) 교육부, "2013년 사교육비·의식조사 결과 발표"(교육부 보도자료), 2014. 2. 28.
9) 교육부, 전게 보도자료.
10) 교육과학기술부, 2008 사교육조사결과 및 대책, 2009. 2. 27.

과정, 교원 운영의 특례를 인정하여 자율권을 확대해준다.

사교육 없는 학교가 되려면 교육력 신장으로 공교육 신뢰가 회복되어야 한다. 이를 위하여 시·도교육청 또는 학교 내에 '학생·학부모 학습지원센터'를 운영하여 자기주도 학습관리를 지원하며, '미래교육공동체포럼'에 학부모, 교사 및 지역사회 인사들의 참여를 활성화시켜 학교의 교육력 향상을 위한 장으로 활용한다. 그리고 교원의 전문성 향상을 위한 '교원평가제'를 실시하며, 교사의 수업 및 학생 지도와 교장·교감의 학교 운영 전반에 대하여 동료 교원과 학부모 등이 평가하고 결과를 인사에 반영한다. 또한 수준별 이동수업 활성화로 사교육 수요를 흡수한다. 교과목에 맞게 특성화된 교실로 학생들이 이동하며 수업을 받을 수 있는 교과교실제를 시행한다. '학교정보공시제'로 학교교육의 투명성을 제고하여 학교 교육력을 신장시키고 학부모의 알 권리를 충족시킨다.

사교육 없는 학교가 되려면 방과후학교를 활성화하여야 한다. 이를 위해 방과후학교 프로그램을 다양화하고 초등학교 방과후학교 교과 프로그램을 확대하며 교육방송(EBS), 에듀넷, 사이버가정학습 등 온라인 교육 콘텐츠를 활용한 인터넷TV(IPTV) 연계학습을 통해 다양하고 질 높은 맞춤형 학습을 실현한다. 또한 종일 돌봄교실을 운영하여 초등 보육교실의 교육기능을 강화하고 운영시간을 연장하여 학교가 '정규수업＋방과후 활동＋가정'의 기능을 하도록 지원한다. 지역 단위에서 방과후학교의 질 관리를 지원하는 '방과후학교 지원센터'도 시범 운영한다.

나. 입시제도의 선진화

사교육이 주로 대학입시에 기인하므로 대학교육협의회, 한국교원총연합회, 시·도교육감협의회, 교육부가 성적위주 학생선발에서 벗어나 사교육 부담이 경감되도록 하는 대학입학 제도 마련에 공동 노력한다. 학생의 잠재력과 적성, 발전 가능성 등을 종합 판단하여 선발하는 대학입학사정관제 지원을 확대하며 초·중등학교 전 과정의 진로이력(커리어 포트폴리오)을 대학 입학전형에 활용하도록 권장한다.

다. 영어 공교육의 강화

실용 영어 교육 강화를 위한 '영어회화 전문강사'를 선발·배치하며, 교사가 연수기관 및 연수 프로그램을 직접 선택하는 맞춤형 심화연수를 확대한다. 초등학교 영어수업 시수 확대에 따른 쉽고 재미있는 수업 진행 및 중등학교 회화 중심 수업을 주1회 이상 실시하고 영어교수학습 방법을 개발·보급한다. 초등학교 영어체험교실 및 중·고등학교 영어전용교실 등 모든 학교에 영어 전용공간을 확보하여 영어 친화적 교육환경을 구축한다.

라. 교육 격차의 해소

저소득층 학력증진 지원을 확대하며, 개별적으로 신청하고 각각 지원받던 '4가지 자녀 교육비(학비, 급식비, 방과후학교 자유수강권, 정보통신비)'를 한번 신청으로 해결한다. 저소득층 및 맞벌이 가정 자녀를 위하여 초등보육교실을 확대한다. 전체 초·중·고의 약 11%인 총 1,214개의 기초학력 미달학교에 대하여 학습보조 인턴교사 채용을 지원한다. 그밖에 방과후 교실 영어강사, 무료 영어캠프, 원어민 화상강의 등을 통하여 저소득층의 영어교육을 지원한다.

마. 직업교육 및 진로지도 강화

초·중등단계에서 직업교육 및 진로지도를 강화하며, 대학진학 없이도 전문 직업인으로 성공할 수 있는 직업교육체제를 구축한다. 마이스터고와 정부부처 지원 특성화 전문계고 등을 산업계 수요와 연계하여 집중 육성하며, 창업·비즈니스교육 강화 및 해외 명문 직업학교와 연계코스를 운영한다. 일과 학습을 병행하며 전문가로 성장하는 직업경로를 구축한다. 이를 위하여 전문계고-전문대학-산업체 간 '산학협력 취업 약정제' 사업을 추진하며, 사내대학, 계약학과, 학사학위 전공 심화과정, 사이버 대학 등 일과 학습을 병행하여 학위를 취득할 수 있는 프로그램을 활성화한다.

바. 학원비 안정화

불법·고액 학원비 징수 학원에 대한 집중 지도·단속을 하며, 학원비 공개 및 현금영수증 등 발급을 의무화한다. 매년 사교육비 실태에 대한 과학적인 조사 분석을 실시하여 원인별 사교육비 경감대책 마련을 효과적으로 지원한다.

3) 2012년 선행학습 대책

교육부는 최근 과도한 선행학습이 학생들의 인지적, 정서적, 교육 측면에서 많은 문제점이 있고 그 폐해가 심각함에 따라 우선 학교교육에서부터 이 문제를 바로잡기 위하여 다음과 같은 대책을 추진하고 있다.[11] 첫째, 학교교육에서의 선행학습 유발 여부를 철저히 점검하기 위해 17개 시·도교육청에서 고등학교와 중학교의 수학교과의 2012년 2학기 편성 교육과정과 운영(시험·평가 포함)이 일치하는지 여부에 대하여 철저하게 점검한다. 둘째, 선행학습 없는 교육과정 우수학교 사례를 발굴하여 다른 시·도교육청 및 학교로 확산할 것이다. 셋째, 내년부터 한국뇌연구원 등 전문연구기관에서 선행학습의 폐해·무용성에 대한 과학적·실증적 분석·연구를 실시할 예정이며, 동 연구결과에 따라 선행학습 근절을 위한 좀 더 실천적 근본방안을 추진할 계획이다. 넷째, 교원 연수 프로그램에 선행학습 관련 내용을 '2013년도 교원연수 중점 추진방향'에 반영하고, 학교현장에서 교육과정을 준수하는 문화가 당연시되고 정착될 수 있도록 학교장 연수회 등을 활용해 선행학습 없는 교육과정 운영을 지속 유도해 나갈 것이다.[12]

4) 2014년 사교육·입시부담 완화 정책

교육부는 2014년 업무보고를 통해 사교육·입시부담 완화 대책을 제시하였다. 사교육 부담 경감을 위한 대책으로 선행학습 유발 관행 근절 및 사교육 경감대책 수립·시행, 가계에 과도한 부담을 주는 영어 사교육비 부담 완화, 수능 필수과목으로 지정된 한국사 사교육 유발 요인 제거, 학원비 안정화의 지속적

---

11) 교육과학기술부(현 교육부)가 2012년 7월에 전국 1,250개 학교의 초3~고2 학년급 학생 100,667명을 대상으로 방과후 학습 활동 현황에 대한 온라인 조사를 한 결과 초등학생 60.2%, 중등학생 55.9%, 고등학생 47.4% 이상이 선행학습 사교육을 경험하였다. 모든 과목에서 초등학교 학생비율이 가장 높았고, 모든 학교급에서 수학(초 27.0%, 중 20.6%, 고 16.6%) > 영어(초 24.3%, 중 16.0%, 고 8.3%) > 국어(초 12.0%, 중 4.3%, 고 2.1%) 순이었다.

12) 교육과학기술부, 보도자료, 2012. 9. 25.

추진 등을 제시하였다.[13] 입시 불안 해소를 위한 대책으로 학생·학부모의 대입 준비 불안 해소, 대입 논술전형 준비 부담 완화, 고입·대입전형 외부 스펙 반영 제한, 고입 예측가능성 제고, 특목고 운영 정상화 등을 제시하였다.[14]

3 과외금지에 관한 헌법재판소 결정

앞에서 살펴본 바와 같이 학원중심의 과열된 사교육 문제는 교육정책의 핵심적인 과제가 되고 있다. 사교육 억제정책은 법적인 측면에서 보면 정부가 사적 영역인 사교육에 어느 정도 개입할 수 있는가의 문제이다. 여기에 관한 헌법재판소의 결정을 살펴본다.[15]

---

13) 사교육 부담 경감 대책 중 첫째, 선행학습과 관련하여서는 「공교육 정상화 촉진에 관한 특별법안」을 제정하여 학교교육과 각종 평가·입시의 선행학습 유발 요인을 해소하고 고교 및 대학의 입학전형에 대해서 선행학습 영향평가를 실시하여 학교 및 대학의 입학전형이 선행학습을 유발하는지에 대한 평가를 실시하고 그 결과를 다음해 입학전형 계획에 반영토록 한다. 둘째, 영어 사교육비 부담완화와 관련하여서는 학교에서는 기초적 실용영어 중심으로 가르치고 심화내용을 배우고자 하는 학생에게 적합한 인프라를 제공하고, 유치원 정규 교육과정 내에 영어프로그램을 금지하며, 입시에서 영어 과목의 영향력을 축소하거나 쉬운 수능영어 출제 등을 추진한다. 셋째, 한국사 사교육 유발 요인 제거를 위해 수능에서 한국사를 절대평가하고 EBS 한국사 강의를 대폭 확대한다. 넷째, 종래 추진되어 오고 있는 학원비 안정화는 학원의 허위·과장 광고 및 선행학습 광고 등을 규제하고 지자체의 조례로 학원의 교습시간을 제한하도록 유도하는 등의 정책을 지속적으로 추진한다. 교육부, "모두가 행복한 교육 미래를 여는 창의 인재"(2014 교육부 업무보고), 2014. 2. 13, 55–59면.

14) 입시 불안 해소를 위한 대책 중 첫째, 학생·학부모의 대입 준비 불안 해소와 관련하여서는 대입전형을 간소화하고 대입전형 사전예고 기간을 확대하며, 학교에서 맞춤형 진학지도 여건을 조성하고 표준화된 원서를 한번 작성하면 대학에 진학할 수 있는 공통원서 접수 시스템의 구축에 착수한다. 둘째, 대입 논술전형 준비 부담 완화와 관련하여서는 논술전형 및 논술 선발인원을 지속적으로 축소하고 논술문제는 '일반과목' 수준에서 출제하며 학교와 전문기관에서 제공하는 논술정보만으로 논술전형을 준비할 수 있는 여건을 조성한다. 셋째, 고입·대입전형 외부 스펙 반영 제한과 관련하여서는 고입 자기주도 학습전형, 대입 학생부 전형, 대입 특기자 전형 등에서 공인어학성적 및 외부수상 실적의 반영을 규제한다. 넷째, 고입 예측가능성 제고와 관련하여서는 고입전형 사전예고기간을 1년에서 2년 이상으로 확대한다. 다섯째, 특목고 운영 정상화와 관련하여서는 특목고 운영 성과평가단을 구성하여 설립목적에 맞게 입학전형과 교육과정이 이루어지고 있는지 5년 주기로 평가하고 성과 평가 미흡시 일반고로 전환한다. 교육부, 상계 업무보고, 55~59면.

15) 이하의 내용은 헌재 2000. 4. 27. 98헌가16; 98헌마429(병합) 판결 원문을 이해하기 쉽도록 편집·구성하였다.

1) 사건 개요와 심판 대상

이○선은 서울지방법원에 「학원의 설립·운영에 관한 법률」 제3조 위반으로 공소가 제기되었다.[16] 피고인은 "○○교육"의 대표로서, 1995년 12월 초순경부터 1997년 10월 중순경까지 사이에 PC 통신업체인 천리안, 미래텔에 개설한 "○○방"을 통하여 회원으로 가입한 2,415명으로부터 약 374백만원을 받고 수천회에 걸쳐 문제를 내고 질의·응답하는 방식으로 과외교습을 하였다. 1997년 7월 초순경부터 같은 해 10월경까지 사이에 지도교사로 하여금 교습비를 내고 가입한 회원의 집을 방문지도하게 하는 방식으로 과외교습을 하였다. 법원은 「학원의 설립·운영에 관한 법률」 제3조와 그 처벌에 관한 제22조 제1항 제1호가 헌법위반의 의심이 있다고 하여 직권으로 위헌여부의 심판을 제청하였다.[17]

작곡 전공 ○○대학교 음악대학 명예교수 겸 사단법인 한국음악협회 이사장, 피아노연주 전공 ○○대학교 음악대학장 등 5명의 전문음악가들도 음악에 재능이 있는 어린이들에 대한 과외교습을 금지하는 「학원의 설립·운영에 관한 법률」 제3조와 제22조 제1항 제1호가 청구인들의 기본권을 침해한다고 주장하면서 이 사건 헌법소원심판을 청구하였다.[18]

「학원의 설립·운영에 관한 법률」(1995. 8. 4. 법률 제4964호 개정된 것)[19]
제3조(과외교습) 누구든지 과외교습을 하여서는 아니 된다. 다만, 다음 각 호의 1에 해당하는 경우에는 그러하지 아니하다. 1. 학원 또는 교습소에서 기술·예능 또는 대통령령이 정하는 과목에 관한 지식을 교습하는 경우. 2. 학원에서 고등학교·대학 또는 이에 준하는 학교에의 입학이나 이를 위한 학력인정에 관한 검정을 받을 목적으로 학습하는 수험준비생에게 교습하는 경우. 3. 대학·교육대학·사범대학·전문대학·방송통신대학·개방대학·기술대학 또는 개별 법률에 의하여 설립된 대학 및 이에 준하는 학교에 재적중인 학생(대학원생을 포함한다)이 교습하는 경우
제22조(벌칙) ① 다음 각 호의 1에 해당하는 자는 1년 이하의 징역 또는 300만원 이하의 벌금에 처한다. 1. 제3조의 규정에 위반하여 과외교습을 한 자

---

16) 서울지방법원 98고단7799.
17) 헌재 2000. 4. 27. 98헌가16.
18) 헌재 2000. 4. 27. 98헌마429.
19) 과외금지에 관한 최초의 법률은 사설강습소에 관한 법률(1981. 4. 13. 법률 제3433호로 개정된

2) 청구인들의 주장과 관계기관의 의견

위헌 제청 이유 및 청구인들의 주장은 다음과 같다. 이 사건 법률조항은 학문과 예술의 자유(헌법 제22조 제1항), 교육을 받을 권리(제31조 제1항), 직업선택의 자유(제15조), 행복추구권(제10조) 등을 제한한다. 현직교사의 과외교습 금지와 같이 병리현상이 예상되는 경우에 한하여 예외적으로 기본권을 제한하는 방법을 선택하지 아니하고, 이와는 반대로 원칙적으로 모든 과외교습 행위를 금지하여 그에 위반된 경우 형사처벌을 하도록 하고, 예외적으로 일정한 요건에 해당하는 과외교습 행위만을 적법한 것으로 취급하였다. 그 결과 비난할 여지가 없거나 바람직한 과외교습 행위까지도 예외적 요건에 해당하지 않는 한 모두 범죄행위로 되었는데, 이는 헌법 제37조 제2항이 규정한 과잉금지의 원칙에 위반되고, 나아가 위 헌법상 기본권의 본질적 내용을 침해한다. 국가는 공적 부문에서만 아니라 사적 부문에서도 가르치고 배우는 것을 장려하고 보호해야 할 것인데, 이 사건 법률조항이 사적 부문의 가르치고 배우는 행위를 원칙적으로 금지하는 것은 국가를 사교육에 대한 보호자가 아닌 압제자로 작용하게 한다. 과외교습에 따른 일부 사회병리 현상을 해결하기 위하여 사교육의 영역을 원칙적으로 포기하는 것은 무한경쟁의 시대를 살고 있는 국민의 능력계발에 커다란 장애가 되고, 문화국가의 이념에 배치되며, 자유 민주국가에서는 도저히 받아들일 수 없는 철학에 기초하고 있다. 일부 고액과외의 폐단이 있다고 하여 국민의 가정경제가 파탄된다고 보거나 청소년들의 정상적 성장이 저해된다고 일반화하는 것은 타당하지 않다. 입시부정, 교수 등의 본업에의 불충실, 남의 궁박을 이용하는 부당이득자, 탈세 등의 행위에 대하여는 입시 제도를 개선하고, 엄격한 처벌과 제재에 의한 법의 지배를 확립함으로써 대처할 것이지 이러한 폐단을 막기 위하여 수월성의 추구와 가르치고 배우는 자유를 희생시키는 것은 본말이 전도된 것이다.

것)이다. 1989. 6. 16. 시행된 학원의 설립·운영에 관한 법률(1989. 6. 16. 법률 제4133호로 개정된 것)에 의하여 초·중·고등학생 등의 학원과외교습 및 대학(원)생 과외교습이 허용되면서 다시 증가하게 되어 1995. 8. 4. 같은 법률이 전문 개정되면서 법 제3조에서 과외의 원칙적 전면금지를 하게 되었다.

이러한 청구인의 주장에 대한 교육부장관의 의견은 다음과 같았다. 우리 헌법에서는 학교교육과 재가교육 중 양자택일할 권리가 인정되지 않는다고 볼 것이므로 재가교육의 일종인 과외교습을 받을 권리는 인정되지 아니한다. 또 과외교습을 교육을 받을 권리에 포함된다고 하여 이를 허용할 경우 부모의 경제상태에 따라 교육의 기회에 차별이 생길 것이므로 헌법 제31조 제1항의 '능력에 따라 균등하게 교육을 받을 권리'를 보장할 수 없게 된다. 과외는 그 효과가 별로 없는 반면 많은 폐해를 야기한다. 과외의 폐단으로서는 학생들이 자주적 학습태도를 결여하고 의존적 성격을 형성하게 된다는 점, 과도한 과외수업으로 인하여 건전한 신체적, 정서적 성장을 기대할 수 없게 되고, 경쟁의식으로 인하여 협동심, 공동체의식을 기를 수 없게 되는 점, 학교에서는 교사와 학생 모두가 학교교육을 소홀히 하여 학교교육이 황폐화되게 된다는 점, 가정에서는 특히 저소득층의 가정경제에 피해를 주고 사회 구성원 간에 위화감을 조성한다는 점, 음악교습의 경우 입시부정이 있는 점 등이 있다. 이 사건 법률조항은 이러한 폐단의 해소, 학교교육의 정상적 발전, 건전한 법질서의 확립을 위하여 마련된 것으로서 헌법 제37조 제2항의 국가안전보장, 질서유지, 공공복리를 위하여 필요한 자유의 제한에 해당한다. 「학원의 설립·운영에 관한 법률」법에서 제한하는 과외교습은 고액의 개연성이 강하고 사회문제를 일으킬 소지가 큰 일반인(현직 교사, 학원 강사 등)에 의한 것에 한정되고, 학교에서의 보충수업, 친족에 의한 과외교습, 대학생이나 대학원생의 과외교습, 학원수강, 교습소에서의 예능교습 등은 허용되는 것이므로 기본권을 지나치게 제한하였다고 할 수 없다.

3) 쟁점과 판단

가. 부모의 자녀교육권과 국가의 교육책임의 관계

가) 부모의 자녀교육권

헌법 제36조 제1항은 "혼인과 가족생활은 개인의 존엄과 양성의 평등을 기초로 성립되고 유지되어야 하며, 국가는 이를 보장한다."고 하여 혼인 및 그에 기초하여 성립된 부모와 자녀의 생활공동체인 가족생활이 국가의 특별한 보호를 받는다는 것을 규정하고 있다. 가족생활을 구성하는 핵심적 내용 중의 하나가 바로 자녀의 양육과 교육이다. 자녀의 양육과 교육은 일차적으로 부모의 천부적인 권리인 동시에 부모에게 부과된 의무이기도 하다. 부모가 자녀의 교육에 관하여 스스로 자유롭고 독자적으로 결정할 수 있는 경우에만, 가족은 자유민주적 문화국가에서의 자녀의 양육 및 교육이란 과제를 이행할 수 있고, 문화국가가 요구하는 교육의 다양성을 보장할 수 있다.

'부모의 자녀에 대한 교육권'은 비록 헌법에 명문으로 규정되어 있지는 아니하지만, 이는 모든 인간이 국적과 관계없이 누리는 양도할 수 없는 불가침의 인권으로서 혼인과 가족생활을 보장하는 헌법 제36조 제1항, 행복추구권을 보장하는 헌법 제10조 및 "국민의 자유와 권리는 헌법에 열거되지 아니한 이유로 경시되지 아니한다."고 규정하는 헌법 제37조 제1항에서 나오는 중요한 기본권이다.[20]

나) 교육에 대한 국가의 책임

그러나 부모는 헌법 제36조 제1항에 의하여 자녀교육에 대한 독점적인 권리를 부여받는 것은 아니다. 헌법 제31조 제1항은 "모든 국민은 능력에 따라 균등하게 교육을 받을 권리를 가진다."라고 규정하여 국민의 교육을 받을 권리를 보장하고 있다. 교육을 받을 권리는 국민이 인간으로서의 존엄과 가치를 가지며 행복을 추구하고(헌법 제10조) 인간다운 생활을 영위하는데(헌법 제34조 제1항) 필수적인 전제이자 다른 기본권을 의미 있게 행사하기 위한 기초이고, 민주국가에서 교육을 통한 국민의 능력과 자질의 향상은 바로 그 나라의 번영과 발전의 토대가 되는 것이므로, 헌법이 교육을 국가의 중요한 과제로 규정하고 있

---

20) 헌법재판소는 부모의 중등학교선택권을 제한한 것과 관련하여 "부모는 아직 성숙하지 못하고 인격을 닦고 있는 초·중·고등학생인 자녀를 교육시킬 교육권을 가지고 있으며, 그 교육권의 내용 중 하나로서 자녀를 교육시킬 학교선택권이 인정된다."고 판시한 바 있고(헌재 1995. 2. 23. 91헌마204), 국정교과서제도와 관련된 사건에서도 학교교육에서 교사의 가르치는 권리는 "자연법적으로는 학부모에게 속하는 자녀에 대한 교육권을 신탁받은 것이고, 실정법상으로는 공교육의 책임이 있는 국가의 위임에 의한 것이다"고 밝힘으로써(헌재 1992. 11. 12. 89헌마88) 이미 몇 개의 결정을 통하여 부모의 자녀교육권을 인정하였다. 한편 독일 기본법 제6조 제2항은 "자녀의 부양과 교육은 양친의 자연적 권리이고, 일차적으로 그들에게 부과된 의무이다. 그들의 활동에 대하여 국가는 감시한다."고 규정하고 있다. 2000. 4. 27. 98헌가16; 98헌마429 병합.

는 것이다.

헌법은 제31조 제1항에서 '교육을 받을 권리'를 규정함으로써 국가로부터 교육에 필요한 시설의 제공을 요구할 수 있는 권리 및 각자의 능력에 따라 교육시설에 입학하여 배울 수 있는 권리를 국민의 기본권으로서 보장하면서, 한편, 국민 누구나 능력에 따라 균등한 교육을 받을 수 있게끔 노력해야 할 의무와 과제를 국가에게 부과하고 있는 것이다.[21] '교육을 받을 권리'란 모든 국민에게 저마다의 능력에 따른 교육이 가능하도록 그에 필요한 설비와 제도를 마련해야 할 국가의 과제와 아울러 이를 넘어 사회적·경제적 약자도 능력에 따른 실질적 평등교육을 받을 수 있도록 적극적인 정책을 실현해야 할 국가의 의무를 뜻한다.

헌법 제31조 제6항은 "학교교육 및 평생교육을 포함한 교육제도와 그 운영, 교육재정 및 교원의 지위에 관한 기본적인 사항은 법률로 정한다."고 함으로써 학교교육에 관한 국가의 권한과 책임을 규정하고 있다. 위 조항은 국가에게 학교제도를 통한 교육을 시행하도록 위임하였고, 이로써 국가는 학교제도에 관한 포괄적인 규율권한과 자녀에 대한 학교교육의 책임을 부여받았다. 따라서 국가는 헌법 제31조 제6항에 의하여 모든 학교제도의 조직, 계획, 운영, 감독에 관한 포괄적인 권한, 즉, 학교제도에 관한 전반적인 형성권과 규율권을 가지고 있다.

학교교육의 영역에서도 부모의 교육권이 국가의 교육권한에 의하여 완전히 배제되는 것은 아니다. 학교교육을 통한 국가의 교육권한은 부모의 교육권 및 학생의 인격의 자유로운 발현권, 자기결정권에 의하여 헌법적인 한계가 설정된다. 그러나 학교교육에 관한 한, 국가는 헌법 제31조에 의하여 부모의 교육권으로부터 원칙적으로 독립된 독자적인 교육권한을 부여받았고, 따라서 학교교육에 관한 광범위한 형성권을 가지고 있다.[22]

학교제도에 관한 국가의 규율권한과 부모의 교육권이 서로 충돌하는 경우, 어떠한 법익이 우선하는가의 문제는 구체적인 경우마다 법익형량을 통하여 판단해야 하는데, 자녀가 의무교육을 받아야 할지의 여부와 그의 취학연령을 부

---

21) 헌재 1991. 2. 11. 90헌가27; 헌재 1992. 11. 12. 89헌마88 참조.
22) 헌재 1994. 2. 24. 93헌마192.

모가 자유롭게 결정할 수 없다는 것은 부모의 교육권에 대한 과도한 제한이 아니다. 마찬가지로 국가는 교육목표, 학습계획, 학습방법, 학교제도의 조직 등을 통하여 학교교육의 내용과 목표를 정할 수 있는 포괄적인 규율권한을 가지고 있다.

다) 부모의 교육권과 국가의 교육책임과의 관계

자녀의 교육은 헌법상 부모와 국가에게 공동으로 부과된 과제이므로 부모와 국가의 상호연관적인 협력관계를 필요로 한다. 자녀의 교육은 일차적으로 부모의 권리이자 의무이지만, 헌법은 부모 외에도 국가에게 자녀의 교육에 대한 과제와 의무가 있다는 것을 규정하고 있다. 국가의 교육권한 또는 교육책임은 무엇보다도 학교교육이라는 제도교육을 통하여 행사되고 이행된다. 자녀에 대한 교육의 책임과 결과는 궁극적으로 그 부모에게 귀속된다는 점에서, 국가는 제2차적인 교육의 주체로서 교육을 위한 기본조건을 형성하고 교육시설을 제공하는 기관일 뿐이다. 따라서 국가는 자녀의 전반적인 성장과정을 모두 규율하려고 해서는 아니 되며, 재정적으로 가능한 범위 내에서 피교육자의 다양한 성향과 능력이 자유롭게 발현될 수 있는 학교제도를 마련하여야 한다.

따라서 자녀의 양육과 교육에 있어서 부모의 교육권은 교육의 모든 영역에서 존중되어야 한다. 다만, 학교교육의 범주 내에서는 국가의 교육권한이 헌법적으로 독자적인 지위를 부여받음으로써 부모의 교육권과 함께 자녀의 교육을 담당하지만, 학교 밖의 교육영역에서는 원칙적으로 부모의 교육권이 우위를 차지한다.[23]

나. 헌법 제31조와 사교육과의 관계

헌법 제31조의 '능력에 따라 균등한 교육을 받을 권리'는 국가에 의한 교육제도의 정비·개선 외에도 의무교육의 도입 및 확대, 교육비의 보조나 학자금의 융자 등 교육영역에서의 사회적 급부의 확대와 같은 국가의 적극적인 활동을

---

23) 이 논점과 관련하여 현재 살펴보고 있는 과외금지 위헌결정을 제외하고는 기타의 교육관련 사건에서 국가의 교육권한을 다른 교육주체의 교육권에 우선하여 판단하였다는 평가가 존재한다. 양건, "교육주체 상호간의 법적 관계 — 교육권에 관한 헌법재판소 판례의 검토", 「교육법연구」 제8집 제1호, 대한교육법학회, 2005, 58면.

통하여 사인 간의 출발기회에서의 불평등을 완화해야 할 국가의 의무를 규정한 것이다.

그러나 위 조항은 교육의 모든 영역, 특히 학교교육 밖에서의 사적인 교육 영역에까지 균등한 교육이 이루어지도록 개인이 별도로 교육을 시키거나 받는 행위를 국가가 금지하거나 제한할 수 있는 근거를 부여하는 수권규범이 아니다. 오히려 국가는 헌법이 지향하는 문화국가이념에 비추어, 학교교육과 같은 제도교육 외에 사적인 교육의 영역에서도 사인의 교육을 지원하고 장려해야 할 의무가 있는 것이다.

경제력의 차이 등으로 말미암아 교육의 기회에 있어서 사인 간에 불평등이 존재한다면, 국가는 원칙적으로 의무교육의 확대 등 적극적인 급부활동을 통하여 사인 간의 교육기회의 불평등을 해소할 수 있을 뿐, 과외교습의 금지나 제한의 형태로 개인의 기본권행사인 사교육을 억제함으로써 교육에서의 평등을 실현할 수는 없는 것이다.

다. 본안 판결 : 과외교습을 금지한 「학원의 설립·운영에 관한 법률」제3조의 위헌성 여부

가) 기본권 제한의 한계로서의 비례의 원칙

과외교습을 금지하는 「학원의 설립·운영에 관한 법률」제3조에 의하여 제기되는 헌법적 문제는 교육의 영역에서의 자녀의 인격발현권·부모의 교육권과 국가의 교육책임의 경계설정에 관한 문제이고, 이로써 국가가 사적인 교육영역에서 자녀의 인격발현권·부모의 자녀교육권을 어느 정도로 제한할 수 있는가에 관한 것이다.

학교교육에 관한 한 국가는 교육제도의 형성에 관한 폭넓은 권한을 가지고 있지만, 학교교육 밖의 사적인 교육영역에서는 국가의 규율권한에는 한계가 있다. 국가는 개인의 기본권을 보장해야 하므로 국가가 과외교습과 같은 사적으로 이루어지는 교육을 제한하는 경우에는 특히 자녀인격의 자유로운 발현권과 부모의 교육권을 존중해야 한다는 것이 그것이다. 그러나 부모의 교육권, 자녀의 인격발현권, 과외교습을 하고자 하는 자의 직업의 자유가 절대적 기본권이 아니므로 당연히 다른 기본권과 마찬가지로 헌법 제37조 제2항에 의한 제한을 받을 수 있다. 다만, 기본권을 제한하는 경우에는 법치국가적 요청인 비례의 원칙[24] 을 준수하여야 한다.

나) 입법목적의 정당성

동법 제3조를 통하여 달성하고자 하는 입법목적이자 국민의 기본권에 대한 제한을 정당화하는 공익은 지나친 고액과외교습을 봉쇄하여 과외교습경쟁의 과 열을 방지함으로써 학교교육을 정상화하고, 비정상적인 과외교습경쟁으로 인한 학부모의 경제적 부담을 덜어주며, 국가적으로도 비합리적인 교육투자로 인한 인적, 물적 낭비를 줄이자는 것이다.

고액과외교습을 방지하여 사교육에서의 과열경쟁으로 인한 학부모의 경제 적 부담을 덜어주고 나아가 국민이 되도록 균등한 정도의 사교육을 받도록 하 려는 동법 제3조의 입법목적이 과연 헌법이 허용하는 정당한 공익이 될 수 있 는가에 대하여 강한 의문이 제기된다. 그러나 사교육의 영역에 관한 한, 우리 사회가 불행하게도 이미 자정능력이나 자기조절능력을 현저히 상실했고, 이로 말미암아 국가가 부득이 개입하지 않을 수 없는 예외적인 상황에서는 동법 제3 조가 의도하는 입법목적도 입법자가 '잠정적으로' 추구할 수 있는 정당한 공익 이라고 하겠다.

다) 수단의 적합성 및 최소침해성

「학원의 설립·운영에 관한 법률」 제3조가 학원·교습소·대학(원)생에 의한

---

24) 헌법재판소가 기본권 제한에 대한 정당화의 논증도구로서 사용하는 비례성원칙 또는 과잉금 지원칙에 관한 헌법학계의 논의는 김대환, "우리나라 헌법상 과잉금지원칙 — 특히 기본권의 본질적내용침해금지원칙과의 관계를 포함하여 —", (「공법학연구」 제6권 제3호, 한국비교공 법학회, 2005, 91-223면); 같은이, "헌법상 비례성원칙의 운용과 과제", (「경성법학」 제14집 제1호, 경성대학교 법학연구소, 2005, 1-17면); 같은이, "헌법재판의 심사기준의 다양화 가능 성과 과잉금지원칙의 헌법적 근거", (「세계헌법연구」 제12권 제2호, 국제헌법학회 한국학회, 2006, 25-46면); 이준일, "기본권제한에 관한 결정에서 헌법재판소의 논증도구", (「헌법학연 구」 제4권 제3호, 한국헌법학회, 1998, 264-292면); 같은이, "비례성원칙의 개념과 구조 및 구 체화", (「고시연구」 통권 371호(2005년 3월호), 고시연구사, 2005, 24-35면); 최갑선, "비례의 원칙에 따른 법률의 위헌심사", (「공법연구」 제25집 제4호, 한국공법학회, 1997, 652-671면); 한수웅, "헌법 제37조 제2항의 과잉금지원칙의 의미와 적용범위", (「저스티스」 통권 제95호, 한국법학원, 2006, 5-28면); 황치연, "과잉금지원칙의 내용", (「공법연구」 제24집 제3호, 한국 공법학회, 1996, 277-314면) 등이 있다.

과외교습을 허용하면서 그밖에 고액과외교습의 가능성이 있는 개인적인 과외교습을 광범위하게 금지하는 규제수단을 택하였고, 이러한 수단이 위 입법목적의 달성에 어느 정도 기여한다는 점에서 수단으로서의 적합성도 인정된다 하겠다.

그러나 다음과 같은 이유로 수단의 최소침해성 요건을 갖추지 못하였다. 사교육의 영역은 자녀의 인격발현권·부모의 자녀교육권이 국가의 규율권한에 대하여 원칙적으로 우위를 차지한다. 사적으로 가르치고 배우는 행위 그 자체는 타인의 법익이나 공익을 침해하는 사회적으로 유해한 행위가 아니라 오히려 기본권적으로 보장된 행위이자 문화국가가 장려해야 할 행위이다. 다만, 기본권의 행사과정에서 사회적 위험이 발생하는 등 예외적인 경우에 한하여 국가가 개입하여 규율해야 할 필요가 있을 뿐인 것이다.

그러므로 입법자가 과외교습에 대한 규제를 하고자 하는 경우에는 비록 사회적으로 중대한 위험을 방지하기 위하여 과외교습을 제한하는 경우에도 입법목적을 실현하기에 적합한 여러 수단 중에서 되도록 국민의 기본권을 존중하고 최소로 침해하는 수단을 선택해야 하고, 그 규제의 형식은 '원칙적인 금지'가 아닌 '반사회성을 띤 예외적인 경우'에 한하여 이를 금지하는 것으로 하여야 할 것이다.

동법 제3조는 과외교습이 그 성질에 비추어 반사회적인 것이 아닐 뿐만 아니라 기본권으로써 보장되는 행위이므로 이를 원칙적으로 허용하되 '반사회성을 띤 예외적인 경우'에 한하여 금지하도록 하여야 할 것임에도, 이를 '원칙적으로 금지하고 예외적으로 허용하는 방식'의 '원칙과 예외'가 전도된 규율형식을 취하고 있다. 뿐만 아니라 그 내용에 있어서도 규제의 편의성만을 강조하여 입법목적 달성의 측면에서 보더라도 금지범위에 포함시킬 불가피한 이유가 없는 행위의 유형까지 광범위하게 포함시키고 있다.[25] 따라서 입법자가 선택한 규제

---

25) 구체적인 예를 살펴보면 첫째, 고액과외교습은 과열된 사교육경쟁의 산물이며, 과열경쟁은 치열한 입시경쟁에 그 원인이 있으므로 입시경쟁과 관계없는 사교육의 영역, 즉 학교교과목이 아닌 분야의 지식, 예능, 기술의 영역에서 자기계발이나 취미, 여가의 활용 등의 목적으로 이루어지는 개인교습을 금지시키는 것은 입법목적을 달성하기에 필요한 기본권제한의 범위를 넘는 제한이다. 둘째, 초등학생의 교과목 학원수강을 금지하는 것도 입법목적의 달성에 필요한 수단의 정도를 넘는 제한이다. 셋째, 학원에서 이루어지는 과외교습이 법에 의하여 수강료

수단인 동법 제3조는 입법목적의 달성을 위한 최소한의 불가피한 수단이라고
볼 수 없다.

라) 법익의 균형성

입법자가 「학원의 설립·운영에 관한 법률」제3조를 통하여 실현하려는 공
익인 '고액과외교습의 방지'가 헌법적으로 허용되는 입법목적인가에 관하여 의
문의 여지가 있으며, 오늘의 교육현실과 같은 예외적인 상황을 인정하더라도 그
비중이 그다지 크다고 보기 어렵다. 또한 기본권의 제한을 통하여 얻는 공익실
현의 구체적인 효과인 고액과외교습의 억제효과도 불확실하다. 이에 반하여 동
법 제3조에 의하여 초래되는 기본권제한의 효과 및 헌법이 지향하는 문화국가
의 실현을 저해하는 효과는 매우 크다. 동법 제3조가 실현하려는 입법목적인
'고액과외교습 방지'의 헌법적 중요성과 그 실현효과에 대하여 의문의 여지가
있고, 반면에 동법 제3조에 의한 기본권제한의 효과가 중대하고 문화국가실현
에 현저한 장애가 되므로, 결국 동법 제3조는 그 제한을 통하여 얻는 공익적 성
과와 제한이 초래하는 효과가 합리적인 비례관계를 현저하게 일탈하고 있다고
하겠다.

마) 결 론

「학원의 설립·운영에 관한 법률」제3조는 침해의 최소성과 법익의 균형성
을 갖추지 못하여 비례의 원칙에 위반되어 국민의 자녀교육권, 인격의 자유로운
발현권, 직업선택의 자유를 침해하는 위헌적인 규정이다. 동법 제3조에 대하여
위헌결정을 하는 이유는 위에서 밝힌 바와 같이 고액과외교습을 금지하는 것
자체가 위헌이라는 것이 아니라, 고액과외교습을 억제하기 위한 방법의 선택이
잘못되어 고액과외교습의 위험성이 없는 과외교습까지도 광범위하게 금지함으
로써 국민의 기본권을 과도하게 침해한다는 데 위헌성이 있다는 것이다. 또한
동법 제22조 제1항 제1호는 동법 제3조를 위반한 경우 형벌에 처한다는 형벌조
항이므로, 처벌의 전제가 되는 동법 제3조가 헌법에 위반된다면 이에 따라 그

의 통제를 받는 이상, 초등학생의 교과목 학원수강도 고액과외교습의 위험이 없기 때문이다.
특히 음악, 미술 등 예술의 분야에서 뛰어난 예술인이 적정한 교습비용을 받고 가르치는 행
위, 컴퓨터통신을 통한 개인교습이나 학습지 등을 판매한 뒤 방문지도를 하는 행위 등과 같이
사회적 해악의 원인이 되지 않는 개인교습이 얼마든지 있을 수 있다(98헌가16, 446-447면).

형벌규정인 동법 제22조 제1항 제1호도 역시 위헌이 될 수밖에 없다.

이 사건 법률조항이 비례의 원칙에 위반하여 국민의 기본권을 과도하게 제한하는 것으로서 위헌적 규정이라는 점에 대하여는 다수의견과 견해를 같이하나, 이 사건 법률조항에 대하여 바로 위헌선언을 할 것이 아니라 헌법불합치의 선언을 하여 형식적으로는 계속 존속하게 한 다음, 입법자로 하여금 과외교습을 합헌적으로 규제할 수 있는 새로운 수단을 마련하도록 하여야 한다는 2인의 헌법불합치 의견이 있다.

4) 재판관 이영모의 반대의견

다수의견과는 달리 이 사건 법률조항은 다음과 같은 이유로 헌법에 위반되지 아니한다.

가. 국가의 교육정책에 대한 위헌심사기준: 합리성 판단

교육은 친권자가 그들의 자녀를 보호하고 교양할 권리의무의 일환에서 비롯된 것이므로, 인류역사와 그 기원을 같이하는 자연법상의 권리이다. 교육을 통하여 새로운 지식과 기능을 쌓는 것은 개인의 인격형성과 사회생활을 영위하기 위한 불가결한 수단에 해당한다. 민주국가의 국민이 국정을 이해하고 정치에 참여하는 데도 교육이 필요하므로, 헌법은 교육을 받을 권리를 기본권으로 명문화하고 있다. 자녀교육의 중요한 수단인 학교교육은 공공성을 가진 과제이므로 학교가 중심이 되어 조직적이고 체계적인 교육을 시행하고 있다. 그런데 "언제, 어디서, 누가, 무엇을, 어떻게, 가르치고 배울 것인가"라는 자녀교육의 내용을 결정하는 문제는, 국가와 학부모의 공동과제이자 의무로서 상호협력관계에 있으므로 조화와 조정을 필요로 한다.[26]

---

26) 헌법재판소는 학교교육과 관련하여, 중등교육을 의무교육으로 실시하여야 할 시기(헌재 1991. 2. 11. 90헌가27), 교과서를 검·인정제가 아닌 국정제로 정한 것이 정당한지(헌재 1992. 11. 12. 89헌마88), 거주지 기준으로 입학제한을 한 것이 정당한지(헌재 1995. 2. 23. 91헌마204), 사립학교에 운영위원회를 두는 것을 국·공립학교와 다르게 의무사항으로 하지 아니한 것이 정당한지(헌재 1999. 3. 25. 97헌마130), 등의 결정에서 모두 입법재량 및 정책결정의 문제라고 판단하였다. 이 결정들은 헌법 제31조 제6항이 학교교육과 평생교육을 포함한 교육제도와 그 운영, 교육재정 및 교원에 관한 기본적인 사항을 법률로 정하도록 규정한 것과 관련하여, 교육에 관한 기본정책 또는 기본방침은 국회의 제정법에 의하고 세부적인 사항은 법률의 위임

공공성을 가진 '학교교육의 목적'이 사교육 때문에 지장을 받는다면, 국가는 학교교육의 정상화를 위한 적절한 규제를 할 의무와 책임이 있다. 사교육이 학교교육의 공공성을 침해하는 경우 국가가 사교육에 대해서 취할 규제는, '학교교육의 목적'을 기초로 하여 사교육과 학교교육과정의 밀접불가분성, 사교육의 교과목이 학교교육과정과 사회에 미치는 영향 및 정도에 따라 달라진다. 그러므로 국가가 학교교육의 정상화를 위한 규제수단을 강구하는 문제는 규제입법 당시의 학교교육의 상황, 경제적·기술적·문화적 발전, 사회가 복잡해짐에 따라 교육요구의 질적 확대와 양적 증대에 대응할 필요성, 그밖에 사교육이 그들의 자녀에게 미치는 부정적인 영향 등을 헤아려서 결정하게 된다. 따라서 이러한 사항에 대한 국가의 판단은 헌법 제31조 제6항에서 규정한 학교교육 제도의 운영과 관련된 정책영역이므로, 이 영역은 재량의 한계를 지키고 있는 한 그 입법형성 및 정책결정을 위법한 것이라고 볼 수 없다.

학부모의 자녀교육 결정권과 자녀인 학습자의 배울 자유를 규제하는 이 사건 법률조항에 대한 위헌심판은 입법목적의 정당성과 수단의 합리성, 다시 말하면 규제대상인 개인 과외교습을 금지하는 행위에 대한 입법형성 및 정책결정이 합리적인 한계를 벗어난 것인지 여부가 심사대상이 된다. 한편, 경제적 자유권의 영역인 과외교습자의 직업선택·행사의 자유에 대한 규제입법이 헌법에 위반되는지 여부는 그 입법형성의 합리성이 심사기준이 된다.[27]

나. 이 사건 법률조항의 합헌성 판단

입법목적의 정당성과 수단의 합리성에 관한 반대 의견을 다음과 같이 밝혀둔다. 첫째, 과열된 고액 과외교습이 만연된 것이 오늘의 실정이며 많은 부작용을 갖고 있다. 개인의 능력보다 학력이 고용·임금·사회적 지위에 큰 영향을 미치는 것으로 인식되는 사회풍토하에서는 학부모는 오로지 자녀의 상급학교 진학을 위한 암기위주의 지식주입과 입학시험문제 풀이를 지도하는 과외교습에 신경을 쓸 수밖에 없는 것이 오늘의 실정이다. 둘째, 과외교습이 안고 있는 이

에 따른 행정부의 정책결정 영역이므로 재량의 범위를 크게 벗어나지 않는 한 헌법위반으로 볼 수 없다는 것을 그 이유로 들었다(헌재 2000. 4. 27. 98헌가16; 98헌마429(병합)).

27) 헌재 1999. 7. 22. 98헌가5.

와 같은 교육적·사회적 부작용과 병폐를 최소화하고 학교교육의 정상화를 도모하기 위하여, 학비보조제도의 일환으로 예외를 인정한 대학(원)생을 제외한 일반인(개인)이 일정기간 계속 또는 반복적인 소득활동으로 과외교습을 하려면 학원이나 교습소를 설립·운영하거나 강사로서 교습을 할 수 있게끔 제한한 것이다(동법 제2조 제1호, 제2호, 제15조). 이 사건의 쟁점이 된 개인 과외교습이 고액화·과열화를 부추기는 데 큰 몫을 차지한 것은 경험을 통해서 알고 있는 사실이다. 셋째, 국가는 공공성이 있는 학교교육의 정상화를 도모하기 위하여 개인 과외교습에 한하여 제한을 가하고 있을 뿐이다. 그러나 이 교습행위에 대한 제한도 일반인은 학원이나 교습소를 설립·운영하거나 강사로서 과외교습을 할 수 있고, 학습자는 학교의 보충수업, 동일호적 내의 친족의 과외교습, 대학(원)생의 개인 과외교습, 학원수강, 교습소의 예능교습 등을 통하여 과외교습을 받을 수 있다. 넷째, 동법 제3조가 원칙적인 금지와 예외적인 허용이라는 규율형식을 취하고 있다 할지라도, 그 실질을 보면 이 법에서 허용되는 과외교습은 학습이 부진한 학생들로 하여금 이를 보충하는 데 모자람이 없는 한편, 폐해의 소지가 현저하고 부작용이 보다 큰 개인 과외교습에 한하여 이를 금지하고 있을 뿐이다. 따라서 입법상의 형식이나 내용상의 사소한 결함 또는 법을 집행하는 과정에 어려움 및 부작용이 있다고 할지라도 그로 인하여 이 조항이 바로 위헌으로 되는 것은 아니다. 다섯째, 대학 입학시험을 자율이 아닌 수학능력시험(수능)으로 측정한 결과(점수)에 따르도록 되어 있는 현실에서는, 학교교육을 보충하는 개인 과외교습을 제한한 이 사건 법률조항 역시 획일적인 학부모의 중·고등학교 선택권의 규제를 합헌으로 결정한 것[28]과 같은 맥락에서 합헌으로 보아야 한다. 개인 과외교습의 허용 여부는 학교선택권의 자유 및 대학입학시험의 자율화와 그 궤(軌)를 같이 해야 하는 것이다.

결론적으로 교육적·사회적 정책목적 실현을 위한 이 사건 법률조항은 입법목적의 정당성은 물론 수단의 합리성을 갖춘 입법이므로 과외교습자와 학부모, 학습자의 기본권의 본질적인 내용을 침해하는 것이 아니므로 합헌이다.

---

28) 헌재 1995. 2. 23. 91헌마204.

4 **심야교습 금지에 관한 헌법재판소 결정**

헌법재판소의 2000년 위헌 판결로 과외가 전면적으로 허용은 되었지만 과외의 부작용은 여전하다. 학원의 교습시간을 밤 10시로 제한한 서울시 조례가 위헌인지 다툼이 있었던 바, 이에 관하여 살펴본다.

1) 사건 개요 및 심판 대상

서울(부산)의 학부모와 학생, 학원장, 학원강사들이 학원의 수업시간을 05 : 00 부터 22 : 00으로 제한하는 「서울특별시 학원의 설립 운영 및 과외교습에 관한 조례」 제5조 제1항은 자녀교육권과 직업의 자유 등을 침해한다고 헌법소원을 제기하였다.[29]

「서울특별시학원의설립·운영및과외교습에관한조례」(2008. 4. 3. 조례 제4624호로 개정된 것)
제5조(학교교과 교습학원 등의 교습 시간) ① 학교교과 교습학원 및 교습소의 교습시간은 05 : 00부터 22 : 00까지로 한다. 다만, 독서실은 관할 교육장의 승인을 받아 이를 연장할 수 있다.
「학원의설립·운영및과외교습에관한법률」(2006. 9. 22. 법률 제794호로 개정된 것)
제16조(지도·감독 등) ② 교육감은 학교의 수업과 학생의 건강 등에 미치는 영향을 고려하여 시·도의 조례로 정하는 범위에서 학교교과교습학원 및 교습소의 교습시간을 정할 수 있다. 이 경우 교육감은 학부모 및 관련 단체 등의 의견을 들어야 한다.

---

2) 쟁점과 판단

헌법재판소의 판결요지는 다음과 같다. 첫째, 학원의 교습시간을 제한하여 학생들의 수면시간 및 휴식시간을 확보하고, 학교교육을 정상화하며, 학부모의 경제적 부담을 덜어주려는 이 사건 조례의 입법목적의 정당성 및 수단의 적합성이 인정된다. 원칙적으로 학원에서의 교습은 보장하면서 심야에 한하여 교습시간을 제한하면서 다른 사교육 유형은 제한하지 않으므로 청구인들의 기본권

---

29) 헌재 2009. 10. 29. 2008헌마635.

을 과도하게 제한하는 것이라고 볼 수 없다. 이 사건 조항으로 인하여 제한되는 사익은 일정한 시간 학원이나 교습소에서의 교습이 금지되는 불이익인 반면, 이 사건 조항이 추구하는 공익은 학생들의 건강과 안전, 학교교육의 충실화, 부차적으로 사교육비의 절감이므로 법익 균형성도 충족한다. 따라서 이 사건 조항이 학교교과교습학원 및 교습소의 교습시간을 제한하였다고 하여 청구인들의 인격의 자유로운 발현권, 자녀교육권 및 직업수행의 자유를 침해하였다고 볼 수 없다.

둘째, 조례에 의한 규제가 지역의 여건이나 환경 등 그 특성에 따라 다르게 나타나는 것은 헌법이 지방자치단체의 자치입법권을 인정한 이상 당연히 예상되는 불가피한 결과이므로, 이 사건 조항으로 인하여 청구인들이 다른 지역의 주민들에 비하여 더한 규제를 받게 되었다 하더라도 평등권이 침해되었다고 볼 수는 없다.

셋째, 이 사건 조항은 학생 및 학부모인 청구인들이 22 : 00 이후에 개인과외교습을 받는 것 자체를 금지하는 것은 아니고, 개인과외교습을 받을 것인지 여부는 개인의 선택에 맡겨져 있으므로 이 사건 조항이 청구인들과 22 : 00 이후에 개인과외교습을 받는 자들을 차별하였다고 볼 수 없다.

넷째, 이 사건 조항이 학교, 교육방송 및 다른 사교육에 대하여는 교습시간을 제한하지 않으면서 학원 및 교습소의 교습시간만 제한하였다고 하여도 공교육의 주체인 학교 및 공영방송인 한국교육방송공사가 사교육 주체인 학원과 동일한 지위에 있다고 보기 어렵고, 다른 사교육인 개인과외교습이나 인터넷 통신강좌에 의한 심야교습이 초래하게 될 사회적 영향력이나 문제점이 학원에 의한 심야교습보다 적으므로 학원 및 교습소의 교습시간만 제한하였다고 하여 이를 두고 합리적 이유 없는 차별이라고 보기는 어려운바, 이 사건 조항이 학원 운영자 등의 평등권을 침해하였다고 보기는 어렵다.

3) 재판관 조대현, 재판관 김희옥, 재판관 이동흡, 재판관 송두환의 반대 의견

첫째, 이 사건 조항의 입법목적은 심야교습을 금지함으로써 학생들의 건강과 안전을 보호하고 학교교육의 충실화를 유도하기 위한 것이나 학교 밖의 교육영역에 있어서 교습시간 자체를 규제함으로써 학교교육의 충실화를 유도한다는 것은 정당한 입법목적이라고 보기 어렵고, 현 입시체제하에서 학원 등에서의 교습시간을 제한한다고 하더라도 위 입법목적을 달성하기에 적절한 방법이라고 보기 어렵다. 또한 교습시간을 제한함에 있어서도 실질적으로 학원의 교습이 가능한 시간이 확보되도록 하여야 하는바, 22:00까지만 학원 교습이 허용되어 사실상 강제적으로 실시되고 있는 야간 자율학습이 끝난 후에는 학원 교습이 불가능한 실정이다. 특히 고등학생의 경우에는 육체적 성장이 완성된 상태이고 전국적인 대학입시 경쟁에 직면해 있는 상황을 감안하면 고등학생조차 22:00까지만 학원 교습을 허용하는 것은 사실상 학원 교습을 불가능하게 하는 것이다. 그리고 학생들의 상황, 교습의 형태나 내용을 전혀 고려하지 않고 보호자의 동의가 있다고 하더라도 22:00 이후의 교습이 전면적으로 금지되어 청구인들의 기본권을 과도하게 제한하면서 오히려 적발의 위험성으로 인한 사교육비의 증가, 고액 개인과외교습 유발로 인한 경제적 불평등을 야기하게 될 것이다. 따라서 이 사건 조항은 기본권 제한의 비례원칙에 반하여 청구인들의 인격의 자유로운 발현권, 학부모의 자녀교육권 및 학원운영자의 직업수행의 자유를 침해하였으므로 헌법에 위반된다.

둘째, 대학교 및 일부 중등학교에의 진학 경쟁이 전국의 수험생들을 대상으로 이루어지는 현실에서 이 사건 조항은 사실상 학원교습이 불가능한 시간이다. 서울특별시 학원 및 교습소의 교습시간을 제한하여 학원 교습을 받고자 하는 학생들의 교습 기회를 아예 박탈하고 있다. 이는 결국 자치입법권의 한계를 넘어서는 것으로서 교습시간을 제한하지 않거나 이 사건 조항보다 교습시간을 상대적으로 늦게 규정하고 있는 지방자치단체의 학생들 및 학원영업자들과 비교하여 청구인들의 평등권을 침해한다.

셋째, 학생들의 건강과 안전 보호 및 학교교육의 충실화라는 이 사건 조항의 입법목적을 고려하면 학교, 교육방송 및 인터넷 강좌를 통한 심야교습도 제한되어야 함에도 이는 전혀 규제하지 않고 학원의 교습시간만을 제한하는 것은 합리적 이유 없는 차별이다. 또한 사교육에 있어서 고액의 비용 등을 이유로 개인과외교습으로 인한 폐해가 학원보다 더 큰 상황임에도 학원 및 교습소의 교습시간만 제한하는 것은 합리적 이유 없이 학원 및 교습소 운영자를 차별하는 것이다.

5 종합 평가

1) 역사적 배경과 정치·경제적 환경

사교육은 바람직하고 국가가 권장하고 지원하여야 할 사항인데, 우리나라는 반대로 정부가 어떻게 하면 사교육을 억제할 수 있는가를 고민하는 것이 핵심적인 정책과제가 되고 있다는 점은 매우 특이한 현상이다. 과열된 사교육 열풍은 국민들의 지나친 교육열 때문이라 할 수 있다. 역사적으로 오랫동안 과거제도를 시행하면서 시험합격이 출세의 지름길이었기에 교육을 중요시하였을 것이다. 또한 조선시대에는 성악설이라면 악한 성품을 길들이기 위하여, 성선설이라면 선한 성품을 이끌어내기 위하여 교육을 중요시 한 유교 철학이 교육을 중요시하게 된 배경이 될 것이다. 최근의 자본주의에 바탕을 둔 한국의 경제 발전은 우리사회를 더욱 치열한 경쟁사회로 변화시키고 있는 바, 교육영역에서도 마찬가지가 되었다. 교육을 중요시하는 전통은 인력개발과 자기발전이라는 장점도 있지만 부작용도 따르는 바, 학력이 개인의 사회적·경제적 지위를 결정하는 주된 요소가 되어 지나친 학벌위주의 사회가 되는 것이다. 따라서 부모들은 자녀의 교육을 위하여 할 수 있는 모든 노력과 투자를 다해야 한다는 정서가 형성되었으며, 제한된 고등교육의 기회를 얻기 위한 경쟁은 날이 갈수록 치열해졌다.

사교육관련 정책변화를 보면 1968년 7월 15일 중학교 무시험 입학, 1973년 2월 28일 고교평준화, 1980년 7월 30일 과외전면금지 및 보충수업 폐지, 1984년 4월 10일 고3학생 겨울방학 중 사설외국어학원 수강 허용, 1991년 7월 22일 초중고생 여름방학기간 중 학원수강 허용, 1995년 8월 4일 초중고생 학기 중 학원수강 허용, 1997년 8월 26일 교육방송 실지, 2000년 4월 27일 과외전면허용이 이루어졌다. 대학입시를 둘러싼 과외교습경쟁이 과도한 지경에 이른 1981년에 「사설강습소에 관한 법률」을 제정하였으며, 이를 1989년에 「학원의 설립·운영에 관한 법률」로 변경하였다. 1995년 8월에 동법률이 개정되면서 제3조에서 일정한 예외사항을 제외한 과외교습을 원칙적으로 금지시키게 되었다. 이러한 제한이 2000년에 위헌이라는 판결을 받았지만 오늘날도 과외교습에 의한 과도한 사교육비의 가계부담, 고등교육기회의 실질적인 격차 등의 부작용으로 그 해결방안이 핵심적인 정책 이슈로 제기되고 있는 실정이다.

2) 추구하는 기본가치

사교육에 대한 정부의 관여문제에는 경쟁에 바탕을 둔 자본주의 원리와 평등을 강조하는 사회주의 간의 가치갈등이 내재되어 있다. 우리나라는 헌법 제119조에서 경제의 기본원리는 자유와 경쟁을 바탕으로 한 자본주의원리를 근간으로 하고, 그 부작용을 막기 위하여 국가가 경제에 규제와 조정을 할 수 있도록 하는 사회적 시장경제질서를 채택하고 있다.[30] 사교육 영역에서의 국가관여의 정도문제에 관하여 헌법재판소는 개인의 자유 내지 학부모의 교육권이 국가의 교육권보다 우선한다고 판단한 것도 이러한 헌법 원리에 근거한 것으로 볼 수 있다. 한편, 교육의 중요성 때문에 헌법은 교육의 기회균등을 규정하면서 국가에게 많은 교육에 관한 권한을 부여하였고, 그것은 학교라는 제도, 즉 공교육 영역에서 주로 행사되는 것으로 이 영역에서는 합리적 이유가 있는 한 국가가 학부모의 교육권에 우선한다는 입장이다.

최근에 경쟁은 더욱 치열해지고 있으며, 경쟁에서 패한 사람은 비참해진다. 반대의견을 제시한 이영모 재판관은 자본주의의 단점인 우리사회의 양극화를 우려하면서 사교육영역에서도 정부의 관여 재량권이 넓게 인정되어야 한다는 지적에 유의할 필요가 있다.

3) 입법부의 역할

본장에서 핵심적으로 다룬 것은 「학원의 설립·운영에 관한 법률」 제3조의

---

30) 사회적 시장경제질서에 관한 헌법학계의 논문에는 이부하, "헌법상 경제질서와 재산권 보장", (「공법학연구」 제7권 제3호, 한국비교공법학회, 2006, 23-46면); 김문현, "헌법상 경제질서의 성격", (「고시연구」 통권 제311호, 고시연구사, 2000. 2, 84-95면); 한수웅, "한국헌법상의 경제질서", 「공법학의 현대적 지평」, (박영사, 1995, 173-196면) 등이 있다.

위헌 판단논리이다. 관련 판례에서 헌법재판소 다수의 의견은 '고액과외 규제' 자체가 문제가 아니고 규제방식인 입법형식이 잘못되었다고 지적하였다. 학생의 교육권 내지 학부모의 자녀교육권이 중요한 기본권이므로 이를 제한할 경우에는 그 제한 수단이 개인의 기본권을 최소한으로 침해하도록 하는 '과잉금지' 원리에 따라야 한다는 것이다. 그런데 동 법률 제3조에서는 과외의 원칙적인 전면금지, 예외적인 허용이라는 본말이 전도된 형식을 취했다는 것이다. 입법부가 동 법률의 제·개정 과정에서 헌법에서 가장 중요한 과잉금지 원리에 조금만 유의하여 실질적으로 유사한 내용을 규제하더라도 형식을 달리하였더라면 위헌성을 피할 수 있었을 것이다.

4) 정책집행 과정상의 법적 쟁점

본장에서 다룬 사교육에 대한 정부의 관여가 정당화되는 것은 비록 사적인 영역이지만 과외가 '지나치게' 심각한 수준으로 이루어져 가계부담이 크고, 경제적 약자에게 실질적인 교육의 기회균등이 보장되지 않는다는 논리를 전제하고 있다. 그렇다면 구체적으로 과외의 범위를 어디까지로 잡으며 어떻게 관련 통계 수치를 정확히 수집할 수 있는가라는 문제가 따른다. 또한 「학원의 설립·운영에 관한 법률」 제22조에서는 위반자에 대하여 1년 이하의 징역 또는 300만원 이하의 벌금에 처한다고 규정하고 있는데, 은밀하게 이루어지는 과외 단속을 과연 실효성 있게 할 수 있는가의 문제도 있다. 최근에는 정부도 이러한 교육통계의 중요성을 깨닫고 교육부 조직에 교육정보통계국을 두어 객관적인 통계자료에 근거한 정책입안을 추진하고 있음은 다행이라 할 수 있다.

한편, 과외교습의 금지에 대한 헌법재판소의 위헌결정의 영향으로 정부가 최근에 취하고 있는 사교육억제정책이 방법적인 측면에서 변화를 모색하고 있는 것으로 보인다. 종래에는 법률의 제정을 통해 사교육을 규제하였던 반면에 헌법재판소의 결정 이후에는 적극적 행정지도 및 단속을 통한 학원비 억제와 지방자치단체로 하여금 심야학습 조례를 제정토록 유도하는 등의 방법으로 변화하고 있다.

5) 사법적 판단 및 사회적 영향

과외를 금지한 「학원의 설립 및 운영에 관한 법률」 제3조의 위헌심판에서 헌법재판소 다수의견은 기본권 제한원리에서 엄격한 기준을 채택하여 정책수단의 최소피해성과 균형성을 엄밀히 추궁하였지만, 반대의견은 '합리성' 기준을 주장하면서 정책 목표의 정당성을 강조하고 정책수단의 채택은 입법부의 입법재량권으로 넓게 인정하여야 한다는 입장을 취하고 있다. 개인의 인권을 보장하는 측면에서는 다수의견의 입장이 바람직하지만, 현실적인 측면에서는 반대의견의 입장이 더 실질적으로 타당한 결론일 수도 있다는 생각을 해본다. 과열된 입시 위주의 과외가 2000년의 판결 이후에도 여전하며 오히려 일반화되어 그 부작용이 크다는 오늘의 우리 현실을 보면 더욱 그러하다. 규범적이고 이상적인 판결이 더 바람직한 면도 있지만, 사회 현실의 문제를 반영하여야 하는 과제가 따른다. 이는 제1부 제5장에서 언급한 사법적 판단의 한계 문제이기도 하다.

과외금지에 관한 헌법재판소의 위헌 결정은 학부모의 자녀교육권이 사적인 교육영역에서 다른 교육 주체보다 우위에 있으며, 원칙적으로 금지될 수 없음을 밝혔다는 점에서 의미가 크다. 특히 학부모 자녀교육권의 헌법적 근거를 혼인과 가족 생활을 보장한 헌법 제36조 제1항에서 찾음으로써 견해와 사상의 다양성을 본질로 하는 자유민주적 문화국가 이념을 강조하였다. 이는 향후 헌법해석에서 개인과 사회가 다양성과 개별성을 촉구하여야 한다는 것을 보여주었다는 점에서 큰 의미가 있다.[31]

공교육정상화를 교육분야 국정과제로 내세운 박근혜정부는 선행학습금지를 위한 법률을 제정하였지만 동법률의 적용범위가 학교 내 교육활동에 국한되었고, 학원 교습행위는 포함되어 있지 않다. 이로 인한 정책의 실효성논란이 제기되고 있지만, 이는 과거 헌법재판소의 위헌판결의 영향이라고 볼 수도 있다.

---

31) 정재오, "과외의 원칙적 금지 — 부모의 자녀 교육권 등 침해", 대법원 헌법 연구회, 「헌법 판례 해설 1」, 2010, 662-663면.

1. 교육열은 한국사회에서만 높은 것일까? 지나칠 정도의 높은 교육열의 사회적·정치적 배경은 무엇인가?

2. 삶은 배움의 과정이라고 할 수 있는 바, 학교교육에만 치우친 한국의 교육정책이 평생교육 체제로 전환하려면 어떤 변화가 필요한가?

3. 교육정책에서 학생의 교육권 내지 학부모의 자녀교육권과 국가의 교육권과의 관계는 어떠한 모습이어야 할까?

4. 원칙적으로 과외를 금지한 「학원의 설립·운영에 관한 법률」제3조의 위헌심판에서(헌재 98헌가16) 위헌 논거는 무엇이며, 합헌을 주장한 반대의견의 논거는 무엇인가? 위헌과 합헌 논거에 대하여 어떠한 평가를 할 수 있는가?

5. 정부가 최근에 추진하고 있는 과외단속의 사교육 정책은 무엇이며, 어떤 문제점들이 있는가? 박근혜 대통령이 선거시 공약하고 국회에서 입법하여 2014년 6월부터 시행예정인 「공교육 정상화 촉진 선행교육 규제 특별법」의 내용은 무엇이며 어떤 법적 문제점이 있는가? 선행학습 금지의 찬성 논거는 선행학습은 과다 경쟁을 유발하여 결국 입시를 통한 경쟁을 더욱 심화하고 공교육 활성화에 방해가 되며 사교육을 조장하는 것이다. 한편 반대 논거는 선행학습의 경계가 애매하여 법으로 규제하기 힘들며, 교육권 침해로 위헌 소지가 크다는 것이다. 어느 입장이 타당한가?

지방교육자치 정책 <<< 제4장

　　지방자치는 정책과정에 주민들의 참여를 용이하게 하므로 민주주의를 구현하는 핵심제도이다. 한편 교육은 일반 행정에 비하여 비권력성과 전문성을 특성으로 하므로 교육자치가 일반자치와 분리되어 별도로 운영되어 왔다. 본장에서는 첫째, 지방자치와 교육자치의 연혁, 지방자치와 교육자치와의 관계, 정책 환경의 변화를 다룬다. 둘째 지방교육자치가 추구하는 핵심가치를 분석하고, 지방교육자치의 주요 쟁점인 교육권한의 분권화 문제를 다룬다. 셋째, 교육위원회의 지방의회로의 통합문제를 헌법재판소 판례를 중심으로 분석한다. 넷째, 지방자치와 지방교육자치 간의 연계방안으로 행정·재정상의 연계방안과 교육거버넌스 측면에서 교육감 선출방안, 교육지원청의 개혁방안, 단위학교의 자율화, 그리고 지역사회와의 연계방안을 제시한다. 다섯째, 본장에서 다루어진 정책과 판례에 대한 종합적인 평가를 한다.

지방자치와 교육자치

1) 지방자치와 교육자치의 개념과 연혁

지방자치제도란 일정한 지역을 단위로 일정한 지역의 주민이 그 지방에 관한 여러 사무를 그들 자신의 책임하에 자신들이 선출한 기관을 통하여 직접 처리하게 함으로써 지방자치행정의 민주성과 능률성을 제고하고 지방의 균형 있는 발전과 아울러 국가의 민주적 발전을 도모하는 제도라고 할 수 있다. 정치적 의미의 지방자치는 주민이 지역 내의 정치·행정을 자신의 책임하에 처리한다는 주민자치를 말한다. 법률적 의미의 지방자치는 일정지역을 기초로 한 공법인(公法人)인, 지방자치단체가 자치권을 인정받아 자체의 기관을 가지고 자주적으로 단체의 의사를 결정한다는 단체자치를 말한다. 지방자치권의 본질은 국가성립 이전의 주민의 고유권능이라는 주장도 있지만 국가가 위임한 권능으로 보는 것이 일반적이다. 이러한 입장에서 지방자치제의 법적 성격은 지방자치제의 본질적 내용을 입법에 의하여 폐지하거나 유명무실하게 하여서는 아니 된다는 제도보장적 성격을 갖고 있다.

헌법 제117조 ①은 "지방자치단체는 주민의 복리에 관한 사무를 처리하고 재산을 관리하며, 법령의 범위 안에서 자치에 관한 규정을 제정할 수 있다."고 지방자치의 제도적 보장을 규정하고 있다. 지방자치단체의 주요 권능으로 자치행정권, 자치재정권, 자치입법권이 있다.[1] 지방자치제는 '민주주의의 원천이며 그 교실'이라고 한다. 한국의 경우 건국헌법에서 지방자치제에 관한 규정을 두었고, 1949년에 「지방자치법」도 제정하였다. 그러나 6·25전쟁으로 그 실시가 지연되었고, 장면정권(1960-61년)에서 시행되었으나 1961년 5·16군사쿠데타로 지방의회가 해산되고 「지방자치에 관한 임시조치법」으로 지방자치는 명목적인 것이 되었다. 1988년에 「지방자치법」을 전면 개정하였으며, 1991년에 지방의회를 구성하였고 1995년에 지방자치단체장 선거를 실시하여 본격적인 지방자치

---

1) 표시열, 「교육법: 이론·정책·판례」, 박영사, 2010, 299면.

를 실시하게 되었다.[2]

　일반 행정의 경우에도 중앙정부의 권력집중화 현상을 예방하고 지역주민의 참여를 통한 자치능력향상을 위하여 지방자치의 실시를 헌법에서 보장하고 있다. 교육은 일반 행정과는 다른 특수성이 있으므로 헌법에서 특별히 교육의 자주성·전문성·중립성 원리를 규정하고 있다. 따라서 교육에 관하여서는 지방자치에 맡기지 아니하고 별도의 (지방)교육자치제도를 확립하고 있다. 「지방교육자치에 관한 법률」 제1조는 "교육의 자주성 및 전문성과 지방교육의 특수성을 살리기 위하여 지방자치단체의 교육·기술·체육·과학 기타 학예에 관한 사무를 관장하는 기관의 설치와 그 조직 및 운영에 관한 사항을 규정함으로써 지방교육의 발전에 이바지함을 목적으로 한다."고 규정하고 있다.

　한국의 지방교육자치제도는[3] 1949년 「교육법」이 제정·공포되고 1952년 「교육법시행령」이 제정·공포되면서 기초단위부터 시작하였다. 그러나 이러한 지방교육자치제도는 1961년 5·16 군사쿠데타로 폐지되었고, 지방자치제의 휴면화로 말미암아 교육자치제 역시 약 30년간 제대로 실시되지 못하였다. 이 시기에는 문교부장관이 교육위원회 위원들을 임명하여 운영하였다. 실질적인 지방교육자치제도는 지방자치제가 본격화된 1991년에 「지방교육 자치에 관한 법률」을 제정·공포함으로 시작되었는바, 시·군·구의회(기초)가 2인씩 추천한 자 중에서 시·도의회(광역)에서 무기명투표로 교육위원을 선출하는 방식으로 지방교육자치제도가 운영되었다.

　그러나 그 시행과정에서 교육위원·교육감선거가 과열·혼탁해지고 각종 선거비리가 노정됨에 따라, 1997년에 선거인단에 의한 교육위원·교육감의 간선과 선거운동의 원칙적 금지를 골자로 하는 「지방교육 자치에 관한 법률」의 개정이 이루어졌다. 즉, 학교운영위원회에서 선출한 선거인과 교원단체에서 추천한 교원인 선거인으로 구성되는 선거인단에서 교육위원과 교육감을 선출하도

---

2) 권영성, 「헌법학원론」, 법문사, 2009, 240-241면.

3) 지방교육자치제도의 연혁에 관한 논문에는 정순원, "헌법상 교육자치의 법리와 지방교육자치법의 입법과제", (「교육법학연구」 제19권 제2호, 2007, 111-123면); 홍준현·하혜수·최진혁 저, 중앙대학교 산학협력단 국가정책연구소 편, "행정중심복합도시의 교육자치 등에 관한 연구", (2007, 12-16면); 법제처, 「자치입법실무」 (제10집, 2005, 65-68면) 등이 있다.

록 하였고, 선거공보의 발행·배포와 소견발표회의 개최 이외에는 일체의 선거운동을 금지하였다. 2000년에는 교육위원·교육감의 주민대표성을 제고하기 위하여 학교운영위원회 위원 전원으로 선거인단을 구성하도록 선거인을 대폭 증원하였다.

2006년 2월에는 「제주특별자치도 설치 및 국제자유도시 조성을 위한 특별법」을 제정하여 교육위원 및 교육감의 주민직선제와 교육위원회의 지방의회로에의 통합을 2006년 7월 1일부터 시범적으로 시행하였다. 그리고 2006년 12월 20일에 「지방교육 자치에 관한 법률」(법률8069호)을 개정하여 교육위원 및 교육감을 주민직선제로 하였고, 지방자치단체와 별도로 구성되어왔던 교육위원회를 시·도의회의 상임위원회로 통합하여 2010년 7월 1일부터 시행하고 있다. 2010년 2월 26일에는 「지방교육 자치에 관한 법률」을 개정하여 교육위원 선거구를 확정하였고(선거구별 1인 선출의 소선거제), 동법률의 교육위원회의 설치 및 교육의원의 선거규정을 2014년 6월 30일까지 효력을 갖는 것으로 규정하였다(동법 부칙 제2조). 그밖에도 교육위원후보자 및 교육감후보자의 정당원 경력 제한과 교육행정 경력도 완화하였다.[4]

생각건대, 한국의 지방교육자치제도는 1961년부터 1991년까지 30년은 타율적 임명제에 의한 형식적인 교육자치제도였다고 할 수 있다. 그리고 1991년 이후 지금까지 약 20년은 다양한 형태의 자율적 선거제를 실험해 온 시기라고 할 수 있다. 이제는 실질적인 지방교육자치가 정착될 시기인데도 아직 미흡함이 많다고 할 수 있다. 특히 일반지방자치와 교육자치 간의 원활한 연계 협력이 안되어 비능률과 갈등이 자주 노정되고 있으며 정책현안으로 대두하고 있다.

2) 지방자치와 교육자치의 관계

헌법 제31조 제4항은 교육의 자주성·전문성·정치적 중립성을 규정하고 있는바, 어떤 형태로 교육자치를 실현할 것인가를 언급하고 있지는 않다. 이에 따라 지방자치와 교육자치의 관계에 관하여 '분리론'과 '통합론'이 대립되어 왔다.

---

4) 표시열, "지방교육자치의 기본가치와 주요쟁점", 「교육법학연구」 제22권 1호, 2010, 대한교육법학회, 146-147면.

  분리론은 지방교육 행정기관을 지방자치단체의 일반 행정기관으로부터 분리하여 운영하여야 한다는 주장이다. 역사적으로 교육이 정치에 예속되어 온 경험을 강조하고, 헌법상의 교육의 자주성·전문성·정치적 중립성 보장을 논거로 하고 있다.5) 통합론은 교육자치는 지방자치의 일부이며 행정의 효율성을 위하여 통합 운영되어야 한다는 주장이다. 헌법상의 교육의 자주성·전문성·정치적 중립성은 교육행정이 아닌 '교육' 내지 '교육활동'의 자주성 내지 중립성을 보장하는 것으로 주장한다. 헌법 제31조 제4항에 대학의 자율성은 명문으로 규정하고 있지만 교육의 자치 내지 자율성은 명시되어 있지 않다는 주장도 한다.6) 교육행정과 일반행정의 분리는 행정의 비효율을 초래하고 정책갈등을 야기하므로 일원화할 필요성을 강조한다.

  생각건대, 교육행정은 일반행정과는 성격을 달리하는 특수성7)이 있으므로 헌법에서 특별히 교육의 자주성·전문성·정치적 중립성을 보장하고 있다고 판단된다. 헌법상의 이러한 교육의 자주성·전문성·정치적 중립성 가치는 교육행정기관을 일반행정기관과 분리·독립시켜 달성할 수도 있고, 통합운영하여 달성할 수도 있을 것이다. 지금까지는 일반행정기관과 교육행정기관을 분리 운영하였으나, 두 기관 간의 갈등이 야기되고 그로 인한 비효율을 최근에 경험하면서 통합운영의 필요성이 제기되고 있다. 그러나 통합운영을 할 경우에는 교육의 특수성이 존중되는 관례 내지 문화가 형성이 전제되어야 하므로 시간을 갖고 단계적 내지 점진적으로 추진되어야 할 것이다. 현 시점에서는 분리론과 통합론이라는 소모적인 갈등을 지양하고, 일반행정자치와 교육자치 간의 다양한 연계방안을 모색하며 기능중심의 '실질적'인 연계방안을 모색하여 실현하는 것이 당면한 정책과제라고 판단된다.

---

5) '교육의 자주성'을 교육내용과 교육기구가 교육자에 의하여 자주적으로 결정되고, 행정 권력에 의한 교육통제가 배제되어야 하는 것으로 정의하기도 하고(권영성, 2008), 교육자치제의 제도보장으로 주장하기도 한다(김철수, 2002).

6) 이기우, "지방교육자치제도의 개선방향", 「사회와 교육」, 1977, 37-99면.

7) 예컨대 교육은 정치적 이해관계에 의한 근시안적 판단이 아닌 미래를 내다보는 백년대계의 계획이 필요하며, 일반 행정에서 강조하는 효율성 추구보다 개인의 인격적 발전을 강조하는 민주성이 강조되고, 명령·통일의 지시 위주의 타율보다 참여와 경험을 통한 자율이 강조되는 등이다.

3) 정책 환경의 변화와 미국 워싱턴 디시 사례가 주는 시사점

가. 정책 환경의 변화[8]

가) 교육감 및 교육위원 선거제도 등 교육자치제도의 변화

1949년 제헌국회에서 「지방자치법」이 제정된 이래 교육감 선출제도는 현재까지 7차의 개정이 이루어졌으며, 지방교육자치제도의 역사는 크게 지방자율기(1949-1961), 중앙정부통제기(1962-1991), 지방의회통제기(1991-1997), 학교운영위원회통제기(1998-2006), 주민통제기(2007-현재)로 나누어 볼 수 있다. 2014년 6월에는 2010년 개정된 「지방교육자치에 관한 법률」에 근거하여 교육감의 경우는 현행과 같이 주민직선으로 선출하되, 정당가입 관련 이외에 현재와 같은 입후보 자격조건이 모두 없어졌다. 교육의원의 경우는 종전의 교육위원과 같이 별도의 선출·구성이 없어지고, 주민 직선에 의하여 당선된 일반 시·도의원 중에서 하나의 상임위원회인 시·도교육위원회에 교섭단체의 협의에 의하여 배정을 받는 형식으로 운영된다.

나) 시·도지사와 교육감의 관계변화

지방교육행정과 지방일반행정 간의 관계에 대하여 학계, 교육감 및 시·도지사 등 지방행정관계자, 교육부와 안전행정부 등 중앙 관계부처, 중앙과 지방의 정치권에서 갈등과 논쟁은 계속되고 있는 가운데, 시·도지사의 지방교육에 대한 역할이 계속 강화되는 방향으로 진행되어 왔다.

다) 교육자치와 지방자치의 연계·통합 요구

지방선거에서 보듯이 시·도지사의 경우도 교육투자뿐만 아니라 지방교육에 관한 공약이 계속 증가하고 있고, 시장 및 도지사와 교육감이 서로 다른 정책지향을 갖는 후보들이 당선되었을 경우에는 심한 갈등을 야기하고 있다. 특히, 초·중등학교 무상급식 문제로 오세훈 시장과 곽노현 교육감 간 대립·갈등으로 주민투표를 실시하여 오세훈 시장이 사임하고 보궐선거에 의하여 박원순

---

8) 표시열 외 4인, 교육자치와 지방자치의 연계통합 방안 연구 보고서, 지방행정체계 개편추진위원회 근린자치분과위원회, 2012. 12, 4-5면.

시장으로 교체되는 등 교육감과 시·도지사 간 갈등이 전 국민에게 교육자치와 지방자치 간의 연계·통합의 필요성에 대한 관심을 불러일으켰다. 「지방행정체제개편에 관한 특별법」(2010. 10.제정) 제40조는 "국가는 일반자치와 교육자치의 통합을 위하여 노력해야 한다"고 규정하고 있다. 이러한 통합정책 추진에 따라 교육감의 위상 및 선출방식 등을 둘러싸고 교육학계, 행정학계 등 학계와 교육부와 안행부 등 관계부처, 여·야 정치권에서 상당한 갈등이 예상된다.

나. 미국의 지방교육행정체제와 시사점

교육자치와 지방자치가 가장 잘 발달되었다고 하는 미국의 경우는 주정부가 교육에 관한 모든 권한과 책임을 가지고 있다. 미국의 교육운영 구조는 주정부 수준과 지방정부 수준으로 구분된다. 미국의 교육운영 구조의 가장 큰 특징은 상당수의 주에서 주지사가 교육위원이나 교육청장을 임명하고 학교교육을 매우 적극적으로 지원하고 있다는 점이다. K-12 교육에 대한 교원인사와 예산확보 등 모든 권한과 책임을 지고 있는 것은 기초학교구(local school district)이다. 기초학교구는 자치단체로서 일반행정의 자치단체와 구별되는 특별법인의 성격을 가지고 있다. 교육정책을 책임지는 교육위원회와 집행부서인 교육장으로 구성된다. 기초학교구는 중·소도시 유형과 대도시 유형으로 나누어지는데 중·소도시형은 대체로 교육행정과 일반행정의 분리형이며, 일부 대도시는 주민들이 시장에게 교육을 책임져 달라고 요구한 결과 통합형을 취하는 경향을 보이고 있다(예: 뉴욕, 시카고, 보스턴). 최근에 워싱턴 디시는 「2007년 디시 공교육 개혁수정법」(the District of Columbia Public Education Reform Amendment Act of 2007)을 통해 공교육에 대한 전권과 책임을 선출직 교육위원회에서 시장에게 맡기는 획기적인 변화를 가져와 주목을 받고 있다.9)

9) 이러한 변화를 요약하면 첫째, 시의회는 디시 정부의 집행부서로 시장에 종속되는 'DCPA'(District of Columbia Public School)를 실 수준으로 설치한다. 둘째, DCPA는 시장이 시의회의 동의를 받아 임명하는 집행수장(chancellor)에 의하여 관리된다. 셋째, 시의회는 DCPA와 별도로 시장에 종속되는 주교육부(department of education)를 설치하고 주교육 부시장이 주교육부의 수장이 된다. 넷째, 종전의 교육위원회(board of education)를 폐지하고, 주 교육위원회(state board of education, SBOE)를 설치한다. 다섯째, 주교육감을 수장으로 하는 주교육감실(office of the state superintendent of education, OSSE)를 설치한다. 표시열, "워싱턴 디시 2007년 공교육개혁 수정법의 주요 내용과 쟁점: 교육 거버넌스 변화를 중심으로", 교육법

이러한 교육의 시장(市長) 통제에 대한 찬반의 논쟁이 뜨거웠었는데, 찬성의 주요 논거는 다음과 같다. 첫째, 교육위원회가 선거직 또는 임명직으로 운영되었지만 그 동안 교육개선에 결코 성공하지 못하였다. 둘째, 그 동안의 복잡한 교육 거버넌스는 교육에 관한 책임을 분산시켜 공교육 조직에 유능한 사람의 유입을 막았다. 셋째, 개인이 아닌 위원회 형태의 교육위원회는 결정이 느리고 보수적이었으며, 교육감을 효과적으로 지휘할 힘이 없었다. 넷째, 시급히 요구되는 개혁과제에 대하여 교육위원회에서 토론 등을 거치며 승인을 받는 것은 너무 느려 적절하지 않다. 다섯째, 아동에 대한 서비스는 건강·오락·야외활동 등 다양한 것이 포함되는바 직접적인 시정부의 관여 없이는 불가능하다. 여섯째, 뉴욕, 시카고, 보스턴 같은 도시에서도 교육에 대한 시장통제가 효과적으로 이루어지고 있다.

이에 대한 반대 논거는 다음과 같았다. 첫째, 기존의 교육위원회는 높은 학력기준과 학력평가체제, 효과적인 교사충원프로그램과 연수 등에 관한 많은 교육개혁안을 마련하여 시행하고 있으며 머지않아 결실을 볼 것이다. 둘째, 지역주민과의 토론, 상담 등을 통한 정책결정의 지연은 민주주의의 중요한 요소로서 오판을 줄여 더 나은 결정을 할 수 있는 장점이 있다. 셋째, 교육에 대한 권한이 교육위원회와 시정부로 나누어져 책임이 분산되는 것은 견제와 균형의 원리에 맞으며 불가피한 민주주의의 요소이다. 넷째, 시장과 시의회는 교육 이외에도 책임을 져야 할 다른 업무가 많다. 다섯째, 시정부가 하고 있는 아동에 대한 서비스나 성인교육 등은 지금도 잘 못하고 있는데, 공교육까지 시정부가 맡는 것은 불합리하다. 여섯째, 시장이 교육을 통할하고 있다는 다른 도시의 경우 일반적으로 교육의 시장통제와 학업성취 개선 간에 상관관계가 별로 없었다.

미국의 지방교육행정체계에서 얻을 수 있는 시사점은 다음과 같다. 첫째, 기초자치단체를 중심으로 한 소규모형 자치가 주민들의 참여경험에 실질적이므로 우리나라도 광역형 지방교육행정체계보다는 기초단위 교육자치를 어떻게 구현할 수 있는지를 고민할 필요가 있다. 둘째, 미국의 경우 주 교육에 대한 형식적인 책임은 주지사에게 있으나, 실질적으로 주교육감과 주교육위원회에 초·중

학연구 제21권 2호, 대한교육법학회, 2009.

등교육에 관한 권한의 대부분을 위임하여 운영하고 있다. 우리나라의 경우 교육
자치가 지방자치와 통합이 되더라도 교육의 특수성이 존중되어 실질적으로 교
육감에게 권한이 위임되어 교육의 자주성과 전문성이라는 헌법가치가 존중되어
야 할 것이다. 셋째, 교육에 대한 시장의 통제는 워싱턴 디시의 경우에서 보듯
이 장단점이 뚜렷이 있음을 유의하여 매우 신중하게 검토되어야 할 것이다.

2 지방교육자치의 기본가치와 교육권한의 분권화 문제

1) 교육자치의 기본가치 : 교육의 자주성, 중립성, 전문성

아래에서 지방교육자치의 가치와 지방교육자치의 헌법적 본질에 관한 헌법
재판소의 입장을 살펴본다.[10] 교육자치의 기본가치는 헌법 제31조 제4항에서
규정하고 있는 '교육의 자주성 · 전문성 · 정치적 중립성'이라 할 수 있다. 「지방교
육자치에 관한 법률」 제1조에서도 "이 법은 교육의 자주성 및 전문성과 지방교
육의 특수성을 살리기 위하여 지방자치단체의 교육 · 과학 · 기술 · 체육 그 밖의
학예에 관한 사무를 관장하는 기관의 설치와 그 조직 및 운영 등에 관한 사항을
규정함으로서 지방교육의 발전에 이바지함을 목적으로 한다."고 규정하고 있다.

교육의 자주성[11]이란 교육내용과 교육기구가 교육자에 의하여 자주적으로
결정되고 행정 권력에 의한 교육통제가 배제되어야 하는 것으로 정의되기도 하
고,[12] 교육자치제의 '제도 보장'으로 주장되기도 한다.[13] 이와는 달리 교육의
자주성 개념이란 교원의 교육활동, 즉 교육내용과 방법을 결정하고 가르치는데

---

10) 표시열, "지방교육자치의 기본가치와 주요쟁점", 「교육법학연구」 제22권 제1호, 대한교육법학
    회, 2010, 147-153면.
11) 사람이 태어나서 성인이 되면 대외적으로 독립적인 법률행위를 하고 자기가 그 책임을 지게
    된다. 민주사회의 특징도 사회의 여러 조직이 각자 대외적으로 독립성을 갖고 자기책임 아래
    발전하는 것이다. 사회 여러 조직 중에서 특히 교육 분야는 대외적 독립성내지 자주성의 확립
    이 더욱 중요하다. 왜냐하면 교육조직은 급변하는 미래의 주인공들이 창의력을 갖고 새로운
    문화건설을 하도록 장기적 안목을 키우는 곳이기 때문이다. 표시열, 「교육법: 이론 · 정책 · 판례」,
    박영사, 2008, 131면.
12) 권영성, 「헌법학 원론」, 법문사, 2008, 266면.
13) 김철수, 「헌법학개론」, 박영사, 2002, 751면.

외부의 부당한 간섭과 침해를 받지 아니하고 자주적으로 결정할 수 있는 것으로 정의하여 교육자치와 일반지방자치행정의 통합론의 논거로 주장되기도 한다.14) 헌법재판소는 '교육의 자주성이란 교육이 정치권력이나 기타의 간섭 없이 그 전문성과 특수성에 따라 독자적으로 교육본래의 목적에 기하여 조직·운영·실시되어야 한다는 의미에서의 교육의 자유와 독립을 말한다고 일단 정의'하고 있다.15)

교육의 자주성은 모든 개인이 인간으로서의 존엄과 가치를 누리기 위하여 인간적으로 성장 발달할 권리인 학습권을 가진다는 것을 전제한다. 교육의 자주성 원리는 국가가 이러한 학습권과 교육을 받을 권리를 최대한 보장하기 위하여 공교육제도를 정비하는 동시에 교육에 대한 부당한 지배를 배제하고 교육의 자유와 독립을 스스로 확보하는 것을 의미한다고 할 수 있다. 따라서 교육의 자주성 원리는 학생의 교육을 받을 권리 내지 교육의 기회 균등, 학부모의 학교운영 참가권과 긴밀히 연결된다. 그리고 교육을 제대로 받기 위한 제도적 장치로 교원의 교육권 보장과 신분 보장, 교원의 전문성 보장에 따른 교육 내용 및 정책결정에의 참여권이 중요시된다.

교육의 자주성 확립을 위하여 헌법은 제31조 제6항에서 교육제도의 법정주의를 선언하고 있다. 백년대계의 교육제도와 그 운영이 특정 정치권력에 의하여 영향을 받지 않도록 법률의 형식으로 보장되어 일관성 있는 제도로 유지됨을 의미한다.16) 교육의 자주성 보장을 위한 제도적 장치로 중요한 것이 지방교육자치 내지 대학의 자치 보장이다. 지방교육자치는 업무의 분권화라는 측면도 있지만, 주민의 직접적인 참여를 통한 경험확대로 민주주의의 핵심요소와 관련되는 필수적 제도라 할 수 있다. 교육의 자주성 원리는 교육제도의 법정주의, 교사의 교육자유권, 교육자치제도, 그리고 교육의 중립성 원리와 밀접히 연관되는 포괄적인 주제이다.

---

14) 교육의 '자주성'뿐만 아니라 '전문성' 및 '정치적 중립성'에 관한 개념정의에서도 학설이 대립되어있다. 이에 관한 자세한 내용은 정순원, "헌법상 교육자치의 법리와 지방교육자치법의 입법과제",「교육법학 연구」제19권 제2호, 2007, 115면 참고.

15) 헌재 2002. 3. 28. 2000헌마283, 226-227면.

16) 이종근, "한국의 교육헌법연구 20년의 성과와 과제",「교육법학 연구 20년의 성과와 과제」(전국교육법학자대회 자료집), 2006, 20면.

교육의 중립성 원리는 교육은 외부세력 특히 정치세력과 종교의 부당한 압력이나 영향을 받지 않으며 자주적으로 운영되어야 한다는 내용이다. 교육의 정치적 중립은 교육을 받을 권리의 실질적 내용으로 특정 정당에만 유리한, 또는 불리한 교육을 해서는 안 되며, 법률의 규정과 교육자의 전문가로서의 양심에 따라 공정한 교육을 하여 객관적인 진리를 추구하여야 한다는 의미라고 할 수 있다.[17]

교육의 전문성이란 국가의 안정적인 성장·발전을 도모하기 위하여서는 교육이 외부세력의 부당한 간섭에 영향을 받지 않도록 교육자 내지 교육전문가에 의하여 주도되고 관할되어야 할 필요가 있다는 데서 비롯된 것이다. 이러한 전문성은 교육 그 자체뿐 아니라 교육행정영역에도 요구된다 하겠다. 헌법재판소는 지방교육위원선거에서 교육경력자가 선출인원의 2분의1 미만인 경우에는 득표율에 관계없이 경력자 중 다수득표자순으로 우선 당선시킨다는 구 「지방교육자치에 관한 법률」 제115조가 과잉금지의 원칙에 반하지 않는다는 심판을 한 바 있다. 이 사건에서 헌법재판소는 '교육의 전문성이란 교육정책이나 그 집행은 가급적 교육전문가가 담당하거나, 적어도 그들의 참여하에 이루어져야 함을 말한다.'고 밝힌 바 있다.[18] 교육행정에서 전문성이 요구되는 이유로 일반행정과 달리 교육행정은 인간행동의 변화를 본질로 한다는 점에서 성과의 비가시성을 띤다는 점, 활동의 대상이 인간이라는 점에서 전문적인 판단과 소양이 필요하다는 점 등을 들 수 있다.[19]

한편 지방교육자치제하에서의 교육위원의 활동은 직접적인 교육활동이 아니라 교육활동에 대한 행정·재정·기술상의 지원이기 때문에 요구되는 전문성은 높은 수준의 것이라고 할 수 없다. 교육위원회는 교육과 관련된 정치적, 경제적, 사회적 제반 문제들을 다루는 기관이라서 교육 이외의 다양한 분야의 전공자들이 참여할 수 있도록 하여야 할 필요도 있다.[20]

교육의 자주성과 전문성에 관하여 「교육기본법」 제5조 제1항에서 '국가 및

17) 표시열, 전게서, 135면.
18) 헌재 2003. 3. 27. 2002헌마573, 332면.
19) 윤정일·조석훈·윤홍주, 지방교육자치 쟁점분석 및 개선방안, 한국교원단체총연합회, 2004, 11면.
20) 헌재 2003. 3. 27. 2002헌마573, 333면.

지방자치단체는 교육의 자주성 및 전문성을 보장하여야 하며, 지역의 실정에 맞는 교육의 실시를 위한 시책을 수립·실시하여야 한다.'고 규정하고 있으며, 동법 동조 제2항에서 '학교운영의 자율성은 존중되며, 교직원·학생·학부모 및 지역주민 등은 법령이 정하는 바에 의하여 학교운영에 참여할 수 있다.'라고 규정하고 있다. 교육의 정치적 중립성에 관하여「교육기본법」제6조에서는 '교육은 교육 본래의 목적에 따라 그 기능을 다하도록 운영되어야 하며, 어떠한 정치적·당파적 또는 개인적 편견의 전파를 위한 방편으로 이용되어서는 아니 된다.'고 규정하고 있다.

2) 헌법재판소의 입장 : 민주주의, 지방자치, 교육자주의 조화

헌법재판소는 지방교육자치의 헌법적 본질은 헌법 제117조 제1항의 중앙권력에 대한 지방적 자치와 헌법 제31조 제4항에 근거한 문화적 자치라는 '이중의 자치'라고 지적하고, 이러한 본질에서 지방교육자치는 '민주주의·지방자치·교육자주'라고 하는 세 가지의 헌법적 가치를 골고루 만족시킬 수 있어야만 한다고 하였다. "민주주의의 요구를 절대시하여 비정치기관인 교육위원이나 교육감을 정치기관(국회의원·대통령 등)의 선출과 완전히 동일한 방식으로 구성한다거나, '지방자치'의 요구를 절대시하여 지방자치단체장이나 지방의회가 교육위원·교육감의 선발을 무조건적으로 좌우한다거나, '교육자주'의 요구를 절대시하여 교육·문화 분야 관계자들만이 전적으로 교육위원·교육감을 결정한다거나 하는 방식은 그 어느 것이나 헌법적으로 허용될 수 없다."21)

위에서 논의된 제 견해를 종합해 보건대 지방교육자치의 기본가치 내지 이념은 첫째로 교육의 자주성·중립성·전문성, 둘째로 중앙정부로부터의 분권화와 주민의 참여, 셋째로 국민의 대표성 내지 책임성을 의미하는 민주성, 넷째로 행정집행의 효율성이라 할 수 있다. 이들 가치 간에 갈등이 생길 경우 구체적인 상황에 따라 법적으로 더 보호되어야 할 가치가 비교·형량되어야 할 것이다. 이들 기본가치 내지 이념은 지방교육자치의 실제 운영을 평가하는데 중요한 지침이 된다.

요컨대, 지방교육자치에 관한 헌법재판소의 이러한 지적은 지방교육자치는

21) 헌재 2000. 3. 30. 99헌바113, 368-369면.

지방자치의 일환이지만 헌법 제31조 제4항을 근거로 지방자치와 구별되는 별도의 제도적 보장임을, 즉 지방교육자치의 독자성을 인정한 것이라 할 수 있다.[22]

3) 교육권한의 분권화 문제

가. 교육부와 지방자치단체의 교육 권한[23]

헌법 제66조 제4항은 행정권을 대통령을 수반으로 한 행정부에 부여하고 있으며, 제96조에서 행정각부의 설치·조직과 직무범위는 법률로 정하도록 하고 있다. 이에 따라 일반적인 국가행정에 관하여 규정한 법률이 「정부조직법」인 바, 동법에 따르면 교육부장관이 학교교육에 관한 사무를 관장하도록 하고 있다(동법 제29조 제1항). 이에 근거한 「교육부와 그 소속기관 직제」(대통령령) 제3조에서는 '교육부는 인적자원개발정책, 학교교육·평생교육, 학술에 관한 사무를 관장한다.'고 규정하고 있다.

한편 헌법 제117조 제1항은 지방자치단체는 주민의 복리에 관한 사무를 처리하고, 재산을 관리하며, 법령의 범위 안에서 자치에 관한 규정을 제정할 수 있다고 규정하여 지방자치단체의 자치사무권, 자치재정권 및 자치입법권을 각각 보장하고 있다. 이를 구체화하고 있는 「지방자치법」 제9조 제2항은 자치사무의 하나로 '교육'을 들고 있다. 교육에 관한 사무로서 각종 학교의 설치·운영·지도에 대해서도 구체적으로 적시하고 있다(동법 제9조 제2항 제5호 가목).

교육의 자주성 및 전문성과 지방교육의 특수성을 살리기 위하여 지방자치단체의 교육·과학·기술·체육 그 밖의 학예에 관한 사무(교육학예)를 관장하는 기관의 설치와 그 조직 및 운영에 관한 사항을 규정하고 있는 「지방교육자치에 관한 법률」에서도 교육·학예에 관한 사무는 특별시, 광역시 및 도의 사무로 한다고 규정하고 있으며(동법 제2조), 집행기관인 교육감의 지위와 권한(동법 제18조~20조)을 규정하고 있다.

---

22) 지방교육자치제는 제도보장이라는 것이 헌법재판소와 학계의 다수의견이지만 반대 의견도 있다. 예컨대 헌법 제31조 제4항의 교육의 자주성 원리와 교육자치는 서로 무관하며, 헌법상의 제도보장이 아니고 법률정책의 산물이라는 주장이다. 정종섭, 「헌법학원론」, 2010, 964면.

23) 정영수, 표시열 외, "중앙과 지방정부의 교육에 관한 권한 배분 및 법제화 방안", 「교육행정학연구」, 제27권 제1호, 5-6면.

나. 중앙정부와 지방자치단체의 교육 권한의 충돌

현행 법령상으로는 중앙정부와 지방자치단체 모두가 유·초·중등학교의 교육에 관한 권한을 갖고 있어 권한 행사시 충돌의 가능성이 있다.[24] 따라서 교육에 관한 권한이 본질적으로 누구에게 귀속하는가의 문제가 있다.

적어도 유·초등 및 중등학교의 교육에 관한 권한이 궁극적으로 중앙정부와 지방자치단체 중 누구의 권한이냐 하는 문제는 이론상 지방자치단체의 자치사무로 보아야 할 것이다.[25] 내용적으로도 교육자치는 헌법 제31조 제4항의 교육의 자주성 원리에 포함된 헌법상의 제도적 보장이라고 할 수 있으므로 교육에 관한 권한은 지방자치기관의 자치 업무 내지 고유 업무라고 해석할 수도 있다. 이러한 입장에서는 교육에 관한 권한은 원칙적으로 지방자치단체에 귀속하며, 중앙정부는 법령에서 정한 사항만 행사할 수 있어야 할 것이다. 현실적으로 중앙정부가 교육에 관한 전권을 행사하고 시·도교육청에 일방적으로 지시하는 잘못된 관례의 큰 원인 중 하나는 교육·학예에 관한 중앙정부와 지방자치단체 간의 권한을 명료하게 규정한 법률조항이 없는 것이다. 따라서 관련 법령의 개정을 통하여 이러한 잘못된 관행을 근본적으로 수정하여 중앙정부의 권한과 지방자치단체의 권한을 명확히 규정하여 민주적이고 효율적인 교육행정체계로 정비할 필요가 있다.[26]

---

24) 중앙정부와 지방자치단체의 충돌은 구체적으로 교육부와 교육청의 권한다툼으로 나타날 수 있다. 교육부와 교육청의 권한 다툼과 관련된 구체적 사례로 학교폭력 학교생활기록부 기재를 둘러싸고 경기도 교육감과 정부 사이에 벌어진 소송(대법원 2013. 6. 27. 2009추206), 교육과학기술부 장관이 서울특별시의회를 상대로 낸 '서울특별시 학생인권조례' 의결 무효확인 소송(대법원 2013. 11. 28. 2012추15), 시국선언 참여교사에 대한 징계권한 법적 다툼(대법원 2014. 2. 27. 2012추183, 2012추213) 등이 있다.

25) 교육에 관한 국가의 권한은 교육의 외적사항(교육의 여건 조성)에 관하여서는 논의되고 있으나, 교육의 내적사항에 관한 권한에 관하여서는 부정적인 견해가 다수이다. 예컨대, 국가는 교육의 내적사항에 관하여 권력적으로 결정할 수 없으며 지도·조언할 수 있을 뿐이라는 주장이다. 반면에 판례에서는 교육을 받을 권리와 공공의 이익 증진을 위하여 필요하다고 인정되는 상당한 범위 내에서는 국가에 교육내용을 결정할 수 있는 권한을 인정하여 교과서의 국정제도를 합헌 결정하여 학계의 경향과 상반된 견해를 보였다. 허종렬, 「교육에 관한 국가의 권한과 그 한계」, 성균관대학교 박사학위논문, 1993, 2-3면.

26) 정영수 외, 전게논문, 9면.

다. 중앙정부의 교육 권한에 대한 법제화 방안

법률적으로 초·중등교육에 대한 권한이 지방자치단체에 있다고 하더라도 중앙정부에게도 일정한 권한과 책임이 있다. 예컨대 다음과 같은 업무가 그러하다.[27] 기본 국가교육제도의 수립 및 법령 제·개정이 필요한 사항, 국가 표준 또는 전국적으로 통일된 기준 설정이 필요한 사항, 국가의 의무 이행에 관한 사항, 학생의 보건·안전에 관한 사항, 지역 간 교육격차 해소 및 교육기회 형평성 확보를 위해 필요한 사항, 국제법규 준수 또는 국제협력에 따른 정부의무 이행 사항, 전국적 통계·정보·자료의 수집이 필요한 사항, 국가 차원의 정책으로 추진되어야 할 사항, 지방교육재정 지원 및 교육여건 확보에 관한 사항, 교원 등 국가공무원의 정원관리에 관한 사항, 유·초·중등교육의 발전을 위하여 시·도가 요청하는 사항.

이러한 중앙정부의 11가지 권한을 「교육기본법」에 명시하고, 기타의 권한은 지방자치단체가 자주적으로 행사하도록 법령을 개정할 필요가 있다. 장기적 관점에서 법령 개편의 2단계는 학교장, 교사, 학생의 권한과 책무성 확보를 내용으로 하는 법령 개편이 이루어지면 각 교육기관의 창의적이고 자율적인 노력을 유발할 수 있는 토대가 될 것이다.

3 교육위원회의 지방의회에의 통합에 관한 헌법재판소 결정

앞에서 언급한 바와 같이 한국에서의 실질적인 지방교육자치는 1991년에 시행되었다고 할 수 있다. 그 동안 지방교육자치의 핵심적인 정책결정기구인 교육위원회의 구성방법과 위상 그리고 집행기관인 교육감의 선거 방법에 관하여 여러 가지 실험을 하여왔다. 지방의회와의 관계에서 교육위원회는 독립형 의결기관, 위임형 의결기관, 합의제 집행기관으로 나누어 볼 수 있다. 그동안 한국의 교육위원회는 형식은 독립형 의결기관이었으나 실질적 내용은 위임형

---

27) 상게논문, 12면.

의결기관에 가까웠다고 할 수 있다. 교육·학예에 관한 조례나 예산 같은 중요
사항은 교육위원회에서 사전 심의만 하고 지방의회에서 최종 심의를 하였기 때
문이다.

그래도 교육위원회가 형식상 독립 형태를 유지하여 왔는데, 2006년 개정된
「지방교육자치에 관한 법률」에서는 2010년 7월부터 교육위원과 교육감을 주민
직선으로 하되 시·도의회의 상임위원회(교육위원회)로 통합하기로 하였다. 그리
고 2010년 개정된 「지방교육 자치에 관한 법률」에서는 교육위원회의 설치 및
교육의원의 선거규정을 2014년 6월 30일까지 효력을 갖는 것으로 규정하여,
2014년 6월 30일 이후에는 지방의원이 교육위원의 역할을 수행한다. 본 절에서
는 교육위원회의 지방의회에로의 통합에 대한 학계의 논쟁을 살펴보고, 이와 관
련된 헌법재판소의 판례를 분석해본다.[28]

1) 교육위원회의 지방의회에의 통합에 대한 학계의 논쟁

2006년 「지방교육자치에 관한 법률」 개정의 핵심 내용은 전심기관이었던
교육위원회를 시·도의회 내 상임위원회(교육위원회)로 전환하고(동법 제4조) 그
구성을 교육전문가인 교육의원 1/2(단, 과반수) 와 시·도의회 의원 1/2로 구성하
며(동법 제5조), 교육의원 선출 방법을 주민의 보통·평등·직접·비밀선거로 선출
하여 주민직선제를 도입한 것이다(동법 제43조, 제51조).

지방교육자치의 최대 쟁점은 교육위원회의 지방의회에로의 통합에 대한 찬·
반 논쟁이었다. 교육학계에서는 교육자치제가 교육활동의 특수성 내지 전문성
에 대한 인식을 전제로 하여 교육행정의 조직과 운영 면에서 자주성·전문성·
민주성을 보장하는 제도이므로, 일반행정의 한 부분으로 예속되어서는 안 되고
분립·독립되어야만 한다는 주장이 대세를 이루고 있다.[29]

반면에 다수 행정학자는 세계 대부분의 국가에서 지방교육행정기관을 구성
하는 가장 일반적인 방식은 지방자치단체장과 지방의회가 궁극적으로 지방교육
에 대한 책임을 지도록 하는 것이라고 하면서, 지방자치단체장의 책임하에 교육

---

28) 표시열, 상계논문(2010), 153-157면.

29) 노종희, "지방교육자치제 운영의 개선방안", 교육인적자원정책위원회, 지방 교육행정체계개편
    방안 정책토론회 자료집, 2002, 1-27면.

기관을 보조기관으로 설치하여 운영하고 그에 대한 의사결정과 통제는 지방의
회에서 하도록 해야 한다는 주장을 지속적으로 전개하고 있다.[30] 지방교육행정
기관의 분리·독립이 지방교육자치의 필요조건이 아니며, 양 기관의 일원화로
행정, 재정, 인력자원의 효율적인 운영, 지방자치단체의 교육에 대한 관심과 지
원노력 유도, 주민통제의 강화를 통한 보다 책임 있는 교육활동의 전개가 가능
해질 수 있다는 것이 통합의 주요 논거이다.[31]

생각건대 헌법 제31조 제4항의 교육의 자주성 개념에는 교육의 핵심주체인
교사의 교육의 자주성 뿐 아니라, 교육정책을 입안하는 교육기구의 자치가 포함
된다고 해석하여야 한다. 그 이유는 첫째, 학교현장에서 이루어지는 교육이 사
실상 교육정책기구의 교육입법에 크게 영향을 받기 때문이다. 둘째, 조성·지원
을 주된 내용으로 하는 교육행정은 권력 작용을 주된 내용으로 하는 일반행정
과는 성격이 다르다. 특히 우리나라의 중앙집권적이고 지시위주의 획일적인 행
정문화를 고려하면 자치능력이 성숙할 때까지는 교육행정영역에서의 자치가 필
요하다.

유럽의 경우 지방자치단체가 교육문제를 그 특수성을 고려하여 우선적으로
다루어주는 전통이 확립되어 일반행정과 교육행정의 통합운영이 일반적 현상이
지만, 우리나라의 경우 정치기관인 지방의회가 교육적 관점에서 장기적 안목으
로 교육과 학예문제를 우선적으로 처리할 것을 기대하기는 어려운 것이 현실이
다. 교육행정을 효율성 관점에서 보면 일반행정과 통합·운영하는 것을 주장할
수 있겠지만, 교육내지 교육행정의 특수성을 생각하면 비효율적인 면이 있어도
일반 행정기관과는 분리·운영되는 것이 민주성의 가치측면에서 바람직하다. 효
율성 기준에서만 판단하지 말고 장기적인 교육적 관점에서 자치경험의 소중한
가치가 적어도 교육영역에서는 확립되는 것이 중요하다고 생각된다.[32]

---

30) 이기우, "지역주민과 지방교육행정체계", 지방교육자치에관한법률개정안공청회자료집, 2006,
1-23면.
31) 이승종, 「지방자치론」, 박영사, 2003, 127면.
32) 표시열, 「교육법: 이론·정책·판례」, 박영사, 2008, 307-309면.

2) 교육위원회의 지방의회 통합에 관련된 헌법소원

교육위원회의 지방의회 통합에 관한 헌법소원의 심판내용을 살펴본다.[33]

가. 사건 개요 및 심판 대상

이 사건 심판청구 당시 청구인 강○봉은 서울시 교육위원이고, 청구인 이○원은 교육의원 출마예정자, 청구인 남○현은 중학생, 청구인 이○희는 고등학교 교사, 청구인 김○철은 학부모이며, 청구인 전국 시·도 교육위원협의회는 교육위원들이 상호 교류와 교육발전을 위하여 구성한 비영리단체이다. 청구인들은 「지방교육자치에 관한 법률」이 개정 시행되자, 법 제4조, 제5조, 제13조 제1항, [별표]로 말미암아 지방의회와는 별도의 기관이던 시·도교육위원회가 시·도의회의 상임위원회로 전환되어 교육의원 및 일반 시·도의회 의원들로 구성됨으로써 학생들의 자주적·전문적·정치중립적 교육을 받을 권리, 학부모의 그러한 교육을 시킬 권리, 교사의 그러한 교육을 할 권리가 침해되고, 교육의원의 경우에는 공무담임권이 침해되며, 교육의원 1인과 시·도의회 의원 1인이 대표하는 지역과 유권자의 수에 있어서 합리적 이유 없는 차별로 인하여 선거권자인 청구인들의 평등권이 침해된다고 주장하며 이 사건 심판을 청구하였다.

「지방교육자치에 관한 법률」(2006. 12. 20. 법률 제8069호로 전부개정된 것)

제4조(교육위원회의 설치): 시·도의회에 교육·학예에 관한 의안과 청원 등을 심사·의결하기 위하여 상임위원회(이하 '교육위원회'라 한다)를 둔다.

제5조(교육위원회의 구성 등): ① 교육위원회는 시·도의회의원과 제10조 제2항의 규정에 따른 교육경력 또는 교육행정경력을 가진 자로서 제8조의 규정에 따라 별도로 선출된 의원(이하 '교육의원'이라 한다)으로 구성되어, 교육의원이 과반수가 되도록 구성한다.

② 교육위원회 위원 및 교육의원의 정수는 [별표]와 같다.

제13조(의안의 발의 및 제출): ① 교육위원회에서 심사·의결할 의안은 교육감이 제출하거나 시·도의회 재적의원 5분의 1이상 또는 의원 10인 이상의 연서로 발의한다.

[별표] 각 시·도별 교육위원회 위원 및 교육의원 정수(제5조 관련)

서울특별시 교육위원회의원 정수(15인)/교육의원 정수(8인)

---

33) 이하의 내용은 헌재 2009. 3. 26. 2007헌마359 판결 원문을 이해하기 쉽도록 편집·구성하였다.

나. 청구인 및 관계기관 의견

청구인의 주장은 다음과 같다. 학생은 헌법 제31조 제1항 및 제4항에 의하여 자주적이고 전문적이며 정치적으로 중립적인 교육을 받을 권리를 가지고, 학부모들은 헌법 제36조 제1항, 제10조, 제37조 제1항에 의하여 자녀에게 그러한 교육을 시킬 권리를 가지며, 교사, 학교 및 교육위원 등에게는 그와 같은 교육을 행할 권리가 각 인정된다. 헌법은 학생, 학부모, 교사 등 교육관련자에 대한 위 기본권을 보장하기 위하여 제31조 제4항으로 교육의 자주성·전문성·정치적 중립성을 특별히 보장하고 있는데, 법 제4조는 교육위원회를 시·도의회의 하급 전심기관인 상임위원회로 만듦으로써 그 위상과 기능을 축소시키고 지방자치단체로부터의 독립을 훼손하며, 법 제5조 제1항은 교육의원 이외에 일반 시·도의원이 아무런 자격요건도 없이 교육위원회에 포함되도록 함으로써 교육에 관한 전문성이 없는 자나 정치적 중립을 담보할 수 없는 정당 소속의 의원들도 교육위원회의 의원이 될 수 있도록 하고, 법 제13조 제1항은 교육의원 전원이라 하더라도 일반의원들의 협조 없이는 교육위원회에서 심의 의결할 안건을 발의조차 하지 못하게 하므로, 결국 이 사건 법률조항은 교육의 자주성·전문성·정치적 중립성을 침해하고, 이로 말미암아 학생·학부모·교사 등의 자주적이고 전문적이며 정치적으로 중립적인 교육을 받을 권리, 그러한 교육을 시킬 권리 및 그러한 교육을 할 권리를 침해한다. 또한 교육의원과 각 시도의회의원은 피선거권, 선거구와 유권자수(서울의 경우 시의회 의원 선거구는 48개, 교육의원 정수는 8명), 업무 내용과 권한, 정당 가입 여부 등에서 서로 다름에도 불구하고, 이 사건 법률조항은 교육의원과 시·도의원을 하나의 상임위원회에 혼합 구성하고 동일한 의결 및 표결권을 부여하여 같게 취급하고 있으므로, 헌법상 평등의 원칙에 반하며 유권자의 평등권과 선거권을 침해한다. 교육의원의 경우 교육위원회 이외의 상임위원회에는 참여할 수 없고 그 결과 의회 의장이 될 수도 없는 제약을 받고 있으므로 공무담임권이 침해되며, 일반 시도의원보다 적은 권한을 가지고 있어 평등권도 침해된다.

이러한 주장에 대하여 서울특별시의회 의장은 다음과 같은 의견을 제시하였다. 첫째, 교육의 자주성·전문성·정치적 중립성은 교육내용과 교육기구가 교육자에 의하여 결정되고 행정권력에 의한 교육통제가 배제되어야 한다는 취지로 헌법이 보장하는 제도적 보장의 한 내용일 뿐, 청구인들이 주장하는 바와 같이 교육을 받을 권리, 교육을 시킬 권리 및 교육을 할 권리에 포함되는 기본권적 권리가 아니므로, 이 사건 법률조항으로 인해 학생, 학부모, 교사 등의 지위에 있는 청구인들의 위와 같은 기본권이 직접적이고 구체적으로 침해되었다고 볼 여지가 없어 이 사건 심판청구는 부적법하다. 종전의 교육위원은 법 부칙 제2조, 제3조에 따라 그 임기만료일인 2010. 8. 31.까지 종전의 규정에 따라 권한을 행사할 수 있고, 이 사건 법률조항에 의하여 최초로 선출되는 교육의원은 2010년도에 실시되는 동시선거에서 선출되는 것으로 명시되어 있어, 이 사건 심판청구가 이루어진 현재에는 이 사건 법률조항에 따른 어떠한 선거도 이루어지지 않고 그 선거가 임박하여 일어날 여지 또한 없으므로, 이 사건 심판청구는 기본권 침해의 현재성을 결여하였다. 둘째, 지방의회는 지방자치의 근본이념인 주민자치를 구체적으로 실현하기 위하여 헌법이 규정한 지방자치단체의 의결기관인 만큼, 이 사건 법률조항에 의하여 일반 지방의회의원들이 교육위원회의 위원이 되어 그 지역의 교육·학예에 관하여 주민의 권리, 의무에 관계되는 주요한 사항을 최종적으로 의결하는 것은 주민자치의 원리에 부합하는 것이지 교육의 자주성·전문성·정치적 중립성을 침해하는 것이 아니다. 셋째, 교육의원 선거와 지방의회의원 선거는 각각 별개의 선거인 점 및 지방의회의원과 교육의원의 업무범위와 권한 등을 감안하면 지방의회의원 선거구와 교육의원 선거구가 동일하게 획정되어야 할 필요는 없다. 따라서 서울특별시의 경우 교육의원의 선거구가 지방의회의원의 선거구에 비해 6배 이상 차이나고 있음을 지적하며 유권자인 청구인들의 선거권 및 평등권 등을 침해하였다는 주장은 그 자체로 이유 없고 불합리하다. 또한 투표가치의 평등이라는 것은 동일한 지위에 있는 교육의원 사이에서 비교되어야 하는 것이므로 본질적으로 차이가 있는 시도의회의원과 교육의원을 단순히 비교하여 양자의 평등 여부를 논의하는 것은 무의미하다. 넷째, 교육의원이 교육위원회가 아닌 다른 상임위원회의 위원이 될 수 없는 것은 일반의원과 교육의원 사이의 본질적인 차이에 기인하는 만큼, 이것이 교육의원 또는 교육의원이 되려고 하는 자의 공무담임권을 침해한다고 볼 수 없다. 또한 교육의원이 일반 시도의원과 함께 상임위원회를 구성하여 동일한 권한과 표결을 할 수밖에 없다 하여도 이것이 청구인들의 공무담임권을 침해하는 것은 아니다.

다. 쟁점과 판단

「헌법재판소법」 제68조 제1항에 의하면 헌법소원은 공권력의 행사 또는 불행사로 인하여 헌법상 보장된 기본권을 침해받은 자가 그 심판을 구하는 제도로서, 이 경우 심판을 구하는 자는 심판의 대상인 공권력의 행사 또는 불행사로 인하여 자기의 기본권을 현재 직접적으로 침해받고 있는 자여야 한다. 이 사건의 적법여부를 판단한다.

(가) 청구인 강○봉, 이○원의 청구에 대하여

청구인 강○봉은 이 사건 법률조항으로 말미암아 공무담임권과 공무담임에 있어서의 평등권을 침해당한다고 주장하나, 법 부칙 제2조에 의하면 이 사건 법률조항의 시행 당시 종전의 규정에 따라 설치되어 있는 교육위원회 및 교육위원은 교육위원 임기만료일인 2010. 8. 31.까지 종전의 규정에 따르도록 되어 있고, 법 부칙 제3조 제1항에 따르면 법 제4조의 규정에 따른 교육위원회는 2010. 7. 1.부터 설치하되 2010. 8. 31.까지는 법에 따른 교육위원회의 권한 등에 관한 사항을 적용하지 아니하도록 되어 있으므로, 현 교육위원인 청구인 강○봉이 이 사건 법률조항으로 말미암아 공무담임권이나 공무담임에 있어서의 평등권을 현재 침해당하고 있다고 볼 수 없다.

위 청구인들은 법에 따라 새로 실시될 교육의원 선거에 입후보할 의사를 가지고 있음을 전제로 이 사건 법률조항으로 말미암아 공무담임권이나 공무담임에 있어서의 평등권을 침해당한다고 주장하나, 이 사건 법률조항이 위 청구인들의 공무담임권이나 공무담임에 있어서의 평등권을 침해할 가능성이 있게 되는 것은 장차 위 청구인들이 교육의원 선거에 입후보하여 교육의원에 당선된 이후라고 할 것이므로, 이 사건 법률조항에 관한 위 청구인들의 주장 또한 기본권 침해의 현재성이 인정되지 아니한다.

(나) 청구인 남○현, 김○철의 청구에 대하여

시·도의 교육·학예에 관한 중요사항을 심사·의결하는 기관인 교육위원회는 학생, 학부모에 대한 직접적인 교육행위의 주체는 아니므로, 그 설치·구성 및 운영에 관한 규율이 학생의 교육을 받을 권리, 학부모의 교육을 시킬 권리를 직접 침해할 수 없고, 이 사건 법률조항은 그러한 권리와 단지 간접적, 사실적인 관련성만을 지니고 있다. 따라서 학생인 청구인 남○현과 학부모인 청구인 김○철의 위 기본권에 관하여는 이 사건 법률조항과의 자기관련성 및 직접성을 인정할 수 없다.

한편, 청구인 김○철은 교육의원 선거의 선거권자로서 이 사건 법률조항으로 말미암아 선거에 있어서의 평등권을 침해당한다고 주장하나, 청구인 강○봉, 이○원의 같은 주장에 관하여 이미 본 바와 같이, 이 사건 법률조항에 따른 교육의원 선거에 관한 구체적인 법령이 아직 제정되지 아니한 이 사건에 있어서는 기본권침해의 현재성이 인정되지 아니한다.

(다) 청구인 이○희의 청구에 대하여

교사의 교육을 할 권리는 헌법상 보장되는 기본권이라 보기 어려울 뿐만 아니라, 이 사건 법률조항은 시·도의 교육·학예에 관한 중요사항을 심사·의결하는 기관인 교육위원회의 설치·구성 및 운영에 관한 규율로서 교사의 어떠한 권리를 직접 침해할 수 없으며 그러한 권리와 단지 간접적, 사실적인 관련성만을 지니고 있을 뿐이므로, 교사인 위 청구인의 교육을 할 권리와 관련하여 이 사건 법률조항은 자기관련성 및 직접성이 없다.

(라) 청구인 전국 시·도 교육의원협의회의 청구에 대하여

이 사건 법률조항은 교육위원회의 조직과 구성에 관한 규정들로서, 청구인 전국 시·도 교육의원협의회가 그 구성원인 교육의원들을 위하여, 또는 교육의원들을 대신하여 헌법소원을 청구할 수는 없으며, 그 밖에 위 청구인이 자신의 고유한 기본권 침해를 다투고 있지도 아니하므로, 위 청구인은 이 사건 법률조항에 대하여 기본권침해의 자기관련성이 없다 할 것이다.

라. 결 론

그렇다면 청구인들은 모두 이 사건 심판대상조항에 의하여 자기의 기본권을 현재 직접 침해당하고 있다고 보기 어려워 이 사건 심판청구는 모두 부적법하므로 재판관 전원의 일치된 의견으로 이 사건을 각하한다.

마. 헌법재판소 판단의 문제점

헌법재판소의 이러한 결정은 헌법소원 청구요건을 결하여 각하한 것임을 유의하여야 할 것이다.[34] 교육위원회의 시·도 의회통합을 내용으로 한 현행 「지방교육자치에 관한 법률」은 여전히 위헌성을 다툴 소지가 남아있다고 생각된다. 지방교육자치의 헌법적 본질 내지 기본가치에서 지적한 것처럼 헌법재판소도 지방교육자치의 '이중의 자치성'을 인정하여, "민주주의, 지방자치, 교육자치라는 세 가지 헌법적 가치를 골고루 만족시킬 수 있어야 한다."고 교육자치의 헌법적 가치를 강조한 바 있다.[35] 지방교육자치의 핵심 내용은 의사결정기구인 교육위원회에 있으므로 교육위원회가 사실상 자기의 고유기능을 할 수 없을 경우에는 헌법 제31조 제4항의 교육의 자주성·전문성·중립성 보장 이념에 반한다고 생각한다. 2010년 「지방교육자치에 관한 법률」의 개정에서 교육위원회의 설치 및 교육의원 선거 등에 관한 규정을 2014년 6월 30일까지 효력을 갖는다고(동법 부칙 제2조) 한 것은 충분한 의견 수렴을 통한 대안 마련도 없이 사실상 교육위원회를 폐지한다는 의미라면 위헌적인 내용이라고 생각한다.

교육의원과 시·도의원은 피선거권, 선거구와 유권자의 수, 업무내용과 권한, 정당소속여부 등이 확연히 다른데, 하나의 상임위원회에 혼합구성하고 동일한 의결 및 표결권을 부여하여 같게 취급하는 현행 「지방교육 자치에 관한 법률」은 명백히 비합리적이며 지방교육자치제를 '본질적'으로 훼손하는 성격이 강하다고 생각된다.[36]

---

34) 헌법소원의 경우 당사자 적격성, 즉 자기관련성, 직접성, 현재성 원칙을 결하여 상당히 많은 사례에서 각하되고 있는 실정인데, 어이없게도 이 점을 소홀히 하여 결과적으로는 본안 심의를 제대로 하지 못한 나쁜 사례가 되었다.

35) 헌재 2000. 3. 20. 99헌바113, 369면.

36) 표시열, "워싱턴 디시 2007년 공교육개혁 수정법의 주요 내용과 쟁점: 교육 거버넌스 변화를 중심으로", 「교육법학연구」 제21권 2호, 2009, 355면.

헌법재판소의 판결 중 쟁점이 되는 것은 "시·도의 교육·학예에 관한 중요사항을 심사·의결하는 기관인 교육위원회는 교사, 학생, 학부모에 대한 직접적인 교육행위의 주체는 아니므로, 그 설치·구성 및 운영에 관한 규율이 교사의 교육권, 학생의 교육을 받을 권리, 학부모의 교육을 시킬 권리를 직접 침해할 수 없고, 이 사건 법률조항은 그러한 권리와 단지 간접적, 사실적인 관련성만을 지니고 있으므로 자기관련성 및 직접성을 인정할 수 없다."는 부분이다.

기본권 침해의 직접성의 의미와 인정 범위에 관한 국내외 헌법재판의 선례 및 관련 이론들에 관하여 더 연구를 해볼 필요가 있다며, 교육위원회의 시·도의회로의 통합은 교육에 관한 각종 조례의 제·개정 과정에서 정파 간의 이해다툼이 벌어지고 정치적 판단이 작용하여 교육의 자주성, 정치적 중립성, 전문성을 해친다는 다음과 같은 지적을 유의할 필요가 있다. "교육위원회가 직접 가르치는 교육 주체가 아니라는 이유만으로 교육당사자들의 교육권을 침해하지 않는다는 것은 교육의 현실을 무시한 판단이다. 교육의 현실은 학교현장의 교육이 대부분 법률과 그것에 바탕을 둔 교육조례들에 의존한다. 조례들이 정치적 판단의 영향을 받는 한 교육 그 자체도 그 영향권하에 들어간다는 것은 자명한 이치이다. 그런데 이것을 간접적인 관계에 있다고 단언할 수 있는가?"[37]

4 교육자치와 지방자치의 연계 방안

지방교육자치와 지방자치 간의 연계방안을 인사조직 및 재정, 거버넌스 체제상의 연계방안으로 나누어 살펴본다.[38]

---

37) 허종렬, "현행 지방교육 자치법 개정방안", 한국교원단체총연합회 주최 발표자료(2009. 6. 5), 6면.

38) 표시열 외 4인, 「교육자치와 지방자치의 연계통합 방안 연구 보고서」, 지방행정체계 개편추진위원회 근린자치분과위원회, 2012. 12.

1) 인사조직 및 재정상의 연계방안

가. 인사조직상의 연계방안

일반행정과 교육행정은 조직 관리와 인사 관리의 차원에서는 현재 완전한 단절의 상황으로 인사 교류가 전혀 이루어지지 않고 있다.[39] 이러한 이원 조직으로 도청 행정 업무와 도 교육청 행정 업무를 수행함에 있어서 고유의 정책과 집행 업무 이외에 기획, 인사, 예산 등 지원 인력이 중복되고 있는 바, 연계하여 수행한다면 중복 인력의 비용을 줄일 수 있을 것이다. 이러한 문제점의 해결방안으로 광역자치단체와 교육청의 인사교류 방안, 광역자치단체와 교육청을 포괄하는 총액인건비제의 적용·확대 방안 등을 생각할 수 있다.

나. 지방교육재정의 구조와 재정상의 연계방안

우리나라 지방교육재정관계는 국가의 지원, 광역자치단체 및 기초자치단체가 광역교육청을 통해 지원하는 방식, 지방자치단체가 직접 교육 관련 지출을 하는 등 복잡한 방식이 혼재되어 있다. 직접 과세권이 없는 광역교육청이 광역자치단체로부터 재원을 이전받아 지출하는 과정에서 복잡한 관계가 형성된다.

국가는 내국세의 20.27%에 해당하는 금액을 지방교육재정교부금으로 지방교육청에 교부한다. 지방교육재정교부금은 대체로 지방교육세입의 70% 내외를 차지하는 가장 중요한 재정의 원천이다. 시·도의 경우 법정전출금과 비법정전출금으로 구분된다. 시·도는 「지방교육재정교부금법」 상의 시·도세의 일부, 담배소비세의 일부, 지방교육세의 전부, 학교용지 부담금 등 법률로 시·도 교육청이 관장하는 교육비특별회계에 전출하도록 규정되어 있는 법정전출금이 있다.[40] 그리고 법적 의무 없는 자발적 성격의 비법정전출금을 지방교육청에 전

---

39) 「지방자치법」 제121조는 지방자치단체의 교육·과학 및 체육에 관한 사무는 별도의 기관이 수행하도록 규정하고 있으며, 「지방교육자치에 관한 법률」 제18조는 시·도의 교육·학예에 관한 사무의 집행기관으로 시·도교육감을 두도록 규정하고 있다.

40) 특별시는 특별시세 총액의 10%, 광역시 및 경기도는 광역시세 및 경기도세 총액의 5%, 그 밖의 도는 도세의 3.6%를 전출함. 특별시와 광역시는 여기에 추가해서 담배소비세의 45%를 전

출한다. 한편 교육경비보조금은 비법정전출금과는 달리 각급 학교에 직접 지원하기 때문에 비교적 시·도지사의 공로를 주장하기가 쉬운 구조이다. 시·군·구의 경우 「지방교육재정교부금법」은 시·군·구의 시·도 교육비특별회계로의 전출을 허용하지 않고, 그 대신 시·도에 적용된 보조 대상의 제한 내에서 각급학교에 대한 교육경비를 보조할 수 있도록 허용하고 있다. 지방교육재정의 세입재정 구조는 복잡하다.[41)]

교육자치와 일반자치 간의 연계 협력에서 재정적 측면의 문제점이 지적되고 있다.[42)] 특히, 재원사용자와 재원부담자가 달라 시·도 교육청은 지방교육재정의 추가적인 확보만을 추구할 뿐, 교육재정의 효율화에 대한 관심을 가질 유인이 적다는 문제점이 있다. 그리고 시·도지사는 지역주민이 원하는 방향으로 혹은 자신의 정치적 이익에 도움이 되는 방향으로 지방교육에 개입하고 싶어

출함. 이외에도 시·도는 대규모 택지개발이 이루어진 경우에 학교용지 부담금을 시·도 교육청에 전출하여야 한다.

41) 지방교육재정의 세입재정구조는 다음 그림과 같다.

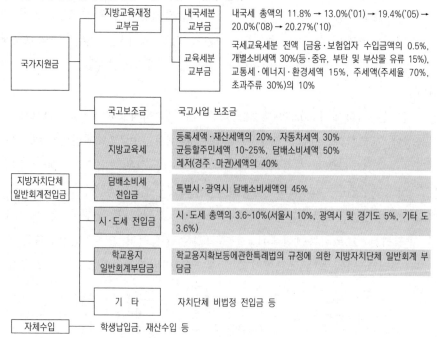

42) 김재훈, "좋은 교육 서비스를 위한 지방교육재정관계 평가: 효율성, 책임성 및 충분성을 중심으로", 「정부학연구」 제18권 제2호, 2010, 99–129면.

하는 반면, 시·도 교육청은 법령이 부여한 지방교육기능을 독점하고 싶어 하기 때문에 시·도와의 재정협력을 위한 적극적인 의지를 가지고 있지 않다. 그 결과, 시·도는 「지방교육재정교부금법」이 규정하고 있는 법정전출금의 이전에 매우 미온적이고, 시·도 교육청은 법정전출금 예산편성에 관련해서 동 법률이 규정하고 있는 시·도와의 협의 의무를 성실히 이행하지 않고 있다.[43] 이러한 측면은 최근의 무상급식 등 정치적 이슈로 인한 시·도 및 시·도교육청 간의 갈등이 발생하거나 시·도의 재정위기 등이 더욱 고조될 때, 더욱 심화되는 현상을 보이고 있다. 이러한 제반 재정적 측면에서의 문제점을 개선하는 방안으로 재정관리 제도의 일원화 방안, 예산편성 절차의 통합조정 방안, 지방교부세와 재정교부금의 총괄관리 방안 등이 제기되고 있다.

2) 교육거버넌스상의 연계방안

가. 교육감의 직선제의 문제점과 개선방안

가) 교육감 선출방법의 변천

교육감의 선출은 그동안 다양한 변천을 경험하여 왔다. 광복 후 1980년대까지는 대통령이 임명하는 중앙집권적인 방식으로 교육감이 선임되어 왔으나, 1991년 「지방교육자치에 관한 법률」이 제정된 이후부터 여러 차례 제도적 변천을 겪어왔다.[44]

나) 현행 교육감 직선제의 문제점

교육감 직선제의 대표적인 문제점은 다음과 같다. 지방 교육사무는 지방자치단체의 일반행정기관과 유기적인 협조하에 수행되어야 하는 것이 적지 아니함에도 불구하고 양 행정기관이 분리·독립되어 단체장과 교육감의 교육철학이 상충될 경우 양자 간의 협조가 잘 이루어지지 않고 대립적인 문제에 대하여는 통합과 조정이 곤란한 경우가 발생한다. 이는 결국 지방교육정책의 혼선을 초래

---

43) 「지방교육재정교부금법」 제11조 제4항은 "법정전입금으로 충당되는 세출예산을 편성하는 때에는 미리 당해 지방자치단체의 장과 협의하여야 한다."라고 규정하고 있다.

44) 최영출, "세종특별자치시 교육자치의 문제와 과제", 제4차 지역교육발전포럼 발표집, 충북대학교 한국지방교육연구소, 2011, 16–18면.

한다. 또한 양자의 분리로 인하여 교육재정지원을 비롯해 학교부지확보, 학교주변정화, 교육시설의 설치 및 관리에 있어서 일반행정기관으로부터 적극적인 지원과 협조를 기대하기 난망하다. 또한 광역지자체 단체장과 교육감 선거를 별도로 실시함으로써 비용의 이중 투자와 낭비가 발생한다.

그밖에도 현행 지방선거시스템에서는 자치단체장 선거에 유권자의 관심이 집중되는 반면, 교육감에 대한 관심은 상대적으로 미흡하여 투표율 저조로 교육감에 대한 주민 대표성이 약화된다. 또한 교육감 후보자에 대한 충분한 정보나 분석 없이 유권자가 투표에 참여하므로 주민의 의견을 대표할 적절한 후보자의 선택이 어렵다. 그리고 정치적 중립성을 가져야 할 교육감 선거가 보수 대 진보의 진영으로 구분되어 이념대립으로 정치화되기도 쉽다.

다) 교육감 선출방안

다양한 교육감 후보 선출방식에는 러닝메이트제, 공동등록제, 제한적 직선제, 교육감후보선출위원회 간선후 시도지사임명제, 교육관계자 직선후 지도지사임명제가 있다. 현행 교육감 제도의 문제점을 해결하고, 일반행정과 교육행정의 연계통합을 지향하는 대안으로 한시적 주민직선제, 공동등록제, 교육감후보선출위원회 간선과 지방의회 동의를 통한 시·도지사임명제 등이 대안으로 논의되고 있다.[45] 교육감의 전문성과 정치적 중립성 확보를 위해 교육계 경력 5년, 정당의 당적보유 금지 3년을 후보의 자격요건으로 강화할 필요가 있다.

나. 교육지원청의 기능개선

교육지원청은 시·도의 교육·학예에 관한 사무를 분장하기 위하여 1개 또는 2개 이상의 시·군·자치구를 관할구역으로 하여 설치된 시·도교육청의 하급 교육행정기관이다(지방교육자치에 관한 법률 제34조). 일반자치단체인 시·군·구는 독자적 법인격을 보유하고 있으나 교육지원청은 기초단위 교육자치 미실시로 인해 별도의 법인격을 갖추지 못하였다. 교육지원청의 관장사무는 「지방교육자치에 관한 법률」 및 동법 시행령에 따라 교육감으로부터 위임을 받아 교육장이

---

45) 이들 선출방법의 구체적인 내용과 장단점 비교 및 평가, 그리고 대안 논의에 관하여서는 표시열 외, 전게 보고서.

행한다.

이명박 정부는 교육지원청을 개혁하였는 바, 그 핵심 내용은 감독·점검 기능을 축소하고, 교사와 학교가 요청하는 경우 컨설팅을 해주거나 전문가를 연계해주는 '컨설팅 장학'으로 전환한 것이다. 또한 교육지원청의 '종합감사'는 본청으로 일원화하였고, 교육지원청의 '학교평가'는 NEIS를 통해 통계 DB자료가 집적, 관리되고 있는 시·도교육연구원 등으로 업무를 이관하도록 하여 학교평가를 학교정보공시 데이터 등 구축 자료에 근거해서 시행함으로써 평가업무량과 학교현장의 준비 부담을 최소화하도록 하였다. 그 밖에도 교육지원청과 본청 간의 기능을 재배분함으로써 교육지원청에 현장지원기능을 대폭적으로 부여하였다.

이러한 개혁에도 교육지원청의 성격은 기본적으로 도교육청 하급교육행정기관으로 자치능력이 미확보된 문제가 있다. 시·군·구 단위에 178개의 교육지원청이 설치되어 있어 유치원, 초등학교와 중학교 등에 관한 사무를 관장하고 있으나 독립된 의사결정능력이 없고 시·도교육청의 하급기관이다. 기초단위의 주민의 교육복지에 기여하기보다는 상급관청인 시·도교육감의 지시에 익숙하다. 또한 단위학교의 입장에서 보면 시·도교육청으로부터 직접 지시를 받고 또한 교육지원청으로부터 간섭을 받기 때문에 이중적인 간섭을 받는 것이 된다. 교육지원청의 기능 및 조직 개편 과정에서 드러난 문제들은 대부분 컨설팅 장학 같은 교육전문직 부족으로 연결된다.

교육지원청의 개선방안으로는 교육감은 지역교육장에게 시·군·구와의 행정협력을 촉진하는 사항에 관한 의사결정 권한을 위임하고 자율성을 확대하여야 한다. 또한 시·도교육청의 하급교육행정기관으로 설치된 교육지원청의 지위 및 역할에 대한 재규정이 필요하다.

다. 단위학교의 자율화: 학교장의 권한 강화

지방교육자치의 궁극적인 목표는 단위학교 자치의 활성화와 근린교육의 확대라 할 수 있으며, 이를 위한 방안으로 학교장의 구체적 권한 보장, 학교운영위원회 활성화, 근린교육을 통한 지역사회와의 협력이 필요하다. 현장에서의 단위학교 자율성에 대한 인식은 매우 낮은 상태인데 이에 대해 각 시·도교육감들은 구성원의 자율의지 부족과 핵심권한이 교육부와 교육청에 집중되어 있다는 점을, 학교장들은 핵심권한이 교육부와 교육청에 집중되어 있다는 점과 교육청의 감사, 평가 등 간섭이 심하다는 점을 그 원인으로 지적하고 있다. 특히 학교가 교육의 핵심적인 권한을 갖고 있지 않다는 점과 교육청의 간섭과 학교구성원의 자율의지 부족 등이 공통적으로 지적되고 있다.46)

학교장의 권한에 관하여 현행 법령은 "교장은 교무를 통할하고 소속 교직원을 지도·감독하며, 학생을 교육한다."(초·중등교육법 제20조)고 포괄주의를 채택하고 있다. 학교장은 구체적인 권한 규정이 없을 뿐 아니라 상급 행정기관의 관행적인 간섭으로 교육활동의 운영주체로서 기능을 못하고 있다. 이러한 문제점을 개선하기 위한 방안으로 학교장의 권한을 「초중등교육법」에 구체적으로 명시할 필요가 있다.47). 단위학교에 자율권이 부여되어야 할 핵심영역은 교육과정 편성과 운영, 교직원 인사권, 학생 진학 및 생활지도, 학생모집과 선발, 학사운영, 재정운영 등 6개 영역이다.48)

라. 지역공동체와의 협력

현대사회는 개방사회로 환경에 직접적인 영향을 받고 있다. 학교는 그동안 상대적으로 폐쇄체제였다. 이제는 학교도 지역주민과 지역사회와 긴밀히 연계·협력하여야 성공할 수 있다. 학교와 지역사회가 "교육공동체"를 구축하여 지역의 인적 물적 인프라를 효율적으로 활용하고 교실 밖 교육활동, 방과 후 학교지원에 공동 노력하여야 한다. 지역사회와 교육기관이 협력하는 방안은 단기적으로는 현행법령에 규정되어 있는 교육발전협의회를 강화 운영하는 것이며, 중기적으로는 읍·면·동 주민자치회와 학교운영위원회 간의 긴밀한 연락망 형성을 위한

---

46) 김경회, "단위학교 자율책임경영 확립을 위한 교육행정권한의 재분배와 법령정비 방안", 토론회 자료집, 2011, 4면.

47) 김경회, 상계자료, 12-14면.

48) 구체화 예시(김경회, 상게 자료, 8면). 초·중등교육법 제20조의 2(학교장의 업무) ① 학교장은 다음 각 호의 업무를 관장한다. 1. 학생의 선발과 전·편입학에 관한 사항. 2. 단위학교의 교육과정 편성과 운영에 관한 사항. 3. 학생의 진급, 유급, 졸업과 수업일 수 조정 등 학사관리에 관한 사항. 4. 학생 체벌, 두발, 복장지도 등 학생의 생활지도에 관한 사항. 5. 소속 교원 및 직원의 전보 등 인사, 복무에 관한 사항. 6. 단위학교 예산 편성과 운영에 관한 사항. 7. 기타 학생의 학력과 인성의 균형 있는 성장을 위해 필요한 사항.

방안을 모색하는 것이고, 장기적으로는 교육공동체를 형성하는 것이다.

5 종합 평가

1) 역사적 배경과 정치·경제적 환경

민주주의 체제에서는 자주성을 키우는 것이 개인은 물론이고 크고 작은 모든 조직에서도 필수적으로 요청된다고 할 수 있다. 특히 국가 체제에서 자주성을 보장하는 제도가 지방자치주의이다. 따라서 지방자치제는 '민주주의의 원천이며 그 교실'이라고 한다. 한국의 경우 건국헌법에서 관련 규정을 두었고, 1949년에 「지방자치법」도 제정하였으며, 장면정권(1960-61년)에서 시행되었다. 그러나 1961년 5·16군사쿠데타로 지방자치는 중지되었다. 1988년 「지방자치법」의 개정, 1991년 지방의회의 구성, 1995년 지방자치단체장 선거에서 지방자치의 본격적으로 이루어진 짧은 역사를 가지고 있다.

교육영역의 경우 일반행정과는 다른 특수성 때문에 한국헌법에서는 특별히 교육의 자주성·전문성·중립성 원리를 규정하고 있으며, 교육에 관하여서는 지방자치에 맡기지 아니하고 별도의 (지방)교육자치제도를 확립운영하고 있다. 실질적인 지방교육자치제도는 지방자치제가 본격화된 1991년에 「지방교육자치에 관한 법률」을 제정·공포함으로 시작되었다. 그러나 그 시행과정에서 교육위원·교육감선거가 과열·혼탁해지고 각종 선거비리가 노정됨에 따라 교육위원·교육감의 선거방법에 관하여 몇 차례의 변화가 있었다. 2006년에는 교육위원 및 교육감을 주민직선제로 하였고, 지방자치단체와 별도로 구성되어왔던 교육위원회를 시·도의회의 상임위원회로 통합하여 2010년부터 시행하고 있다. 최근에는 일반지방자치와 교육자치 간의 원활한 연계 협력이 안 되어 비능률과 갈등이 자주 노정되었다. 일부 진보교육감의 등장으로 학생조례, 무상급식 쟁점에서 이념 대립까지 확대되어 큰 사회적 갈등문제로 대두된 바 있다. 이를 계기로 일반지방자치와 교육자치의 연계통합 논의가 정책현안으로 부각되고 있다.

미국 워싱턴 디시의 2007년 교육 거버넌스의 변혁의 직접적인 원인은 워싱턴 디시가 미국의 수도인데도 학생들의 학업성취도가 최하위권이며 공교육에 대한 시민들의 불신이 매우 컸다는 데 있다고 한다. 한국의 경우도 공교육에 대한 시민의 불만이 매우 높은 가운데 교육위원회 통합이 이루어졌고 교육자치의 통합론이 추진되고 있음을 유의하여야 한다. 아무리 교육자치가 교육적으로 바람직해도 현실의 불만을 해결하지 못하면 새로운 변화를 피할 수 없다. 정치인들은 결과가 빨리 나타나는 변화를 바라므로 효율성 위주의 제도 변화를 선호하게 됨을 교육 종사자들은 염두에 두고 국민들의 교육에 대한 불만 해소를 위하여 획기적인 변화의 노력을 하여야 한다.[49)]

생각건대 지방자치와 교육자치 모두 중앙집권의 정치·행정체제에서 오랫동안 살아온 우리에게는 친숙하지 않다. 최근 몇 년의 지방(교육)자치를 경험하는 동안 비용낭비와 지역 이기주의 등 많은 부작용을 겪고 있지만, 이러한 부작용은 민주주의 발전을 한 비용 내지 대가라고 생각한다.

2) 추구하는 기본가치

지방자치주의의 핵심 가치는 자주성과 민주성의 확립이라 할 수 있다. 자주성 함양 수단으로 중앙정부로부터의 분권화와 주민의 정책 참여가 불가피하게 요청된다. 그리고 민주성 함양을 위하여 국민의 대표성과 책임성이 강조된다. 지방교육자치의 기본가치 내지 이념은 헌법 제31조 제4항에서 규정하고 있는 '교육의 자주성·중립성·전문성'이라고 할 수 있다. 헌법에서 어떤 형태로 지방교육자치를 실현할 것인가를 언급하고 있지는 않아 지방자치와 교육자치의 관계에 관하여 '분리론'과 '통합론'이 대립하고 있다. 분리론은 지방교육행정기관을 지방자치단체의 일반행정기관으로부터 분리하여 운영하여야 한다는 주장으로 헌법상의 교육의 자주성·전문성·정치적 중립성 보장을 논거로 하고 있다. 한편 통합론은 교육자치는 지방자치의 일부이며 행정의 효율성을 위하여 통합 운영되어야 한다는 주장으로 헌법상의 교육의 자주성·전문성·정치적 중립성은 교육

---

49) 표시열, "워싱턴 디시 2007년 공교육개혁 수정법의 주요내용과 쟁점: 교육거버넌스 변화를 중심으로", 「교육법학연구」, 제21권 제2호, 370면.

행정이 아닌 '교육' 내지 '교육활동'의 자주성 내지 중립성을 보장하는 것이라고 주장한다.

헌법재판소는 지방교육자치의 헌법적 본질은 헌법 제117조 제1항의 중앙권력에 대한 지방적 자치와 헌법 제31조 제4항에 근거한 문화적 자치라는 '이중의 자치'라고 지적하고, 이러한 본질에서 지방교육 자치는 '민주주의·지방자치·교육자주'라고 하는 세 가지의 헌법적 가치를 골고루 만족시킬 수 있어야만 한다고 하였다.

3) 입법부의 역할

교육자치와 지방자치의 연계통합방안은 수직적 관계에서 중앙정부와 지방정부 간의 권한 이양 문제가 있고, 수평적 관계로는 교육부와 안전행정부 간의 권한 조정 문제가 관련되는 복잡한 문제이다. 입법부는 상호 대립적인 이들 이해관계인들의 의견을 잘 수렴하여 합의를 도출하여야 할 정치적 책임이 있다. 2006년 개정 「지방교육 자치에 관한 법률」에서는 2010년 7월부터 교육위원과 교육감을 주민직선으로 하되 교육위원회를 시·도의회의 상임위원회(교육위원회)로 통합하기로 하였는바, 이해관계인의 충분한 합의가 없어 새로운 분쟁의 소재가 남아있다. 교육자치와 지방자치의 연계 통합안을 추진할 경우 이해관계인의 의견수렴이 가장 중요함을 유의할 필요가 있다.

교육위원회의 지방의회에의 통합은 지방교육자치는 지방자치의 일환이므로 그 의사결정기구의 조직 형태와 권한 등에 관하여 그 결정 내용이 현저하게 불합리하지 않은 한 입법자의 재량사항으로 볼 수 있다. 그러나 한편 헌법에서는 특별히 교육의 자주성·전문성·중립성을 보장하는 규정을 두고 있으며, 헌법재판소도 지방교육자치는 지방자치이며 동시에 문화자치라는 '이중의 자치'라는 특수성을 인정한 바 있다. 이점에서 교육위원회의 폐지 같은 것은 본질적 침해로 볼 수 있을 것이므로 헌법상의 교육의 자주성·전문성·중립성 원리에 반한다고 생각된다.

4) 정책집행 과정상의 법적 쟁점

「정부조직법」에서는 교육부에 교육에 관한 많은 권한을 부여하고 있고, 「지방자치법」에서는 교육을 지방자치의 고유권한으로 규정하고 있다. 생각건대 교육에 관한 중앙정부의 권한을 국가차원의 거시적 교육정책 결정에 한정하고 기타의 권한은 지방자치단체의 권한으로 하는 권한 이양에 관한 입법개정이 필요하다. 그러나 지금까지 집행해온 교육부가 자기의 권한을 대폭적으로 이양한다는 것이 쉽지 않은 과제이다. 그러나 권한 이양을 통한 분권화가 지방자치 및 교육자치의 선결과제임을 유의할 필요가 있다.

교육자치와 일반자치의 관계에 있어서 분리론과 통합론의 소모적인 대립보다는 어떤 제도이건 헌법에서 규정하고 있는 교육의 자주성과 중립성 및 전문성을 잘 구현할 수 있느냐가 궁극적인 평가기준이어야 할 것이다. 제도 개선도 중요하지만 운영을 합리적으로 잘하는 문제가 더 중요함을 잊지 말아야 할 것이다. 행정의 효율성만을 강조할 것이 아니라 교육에 관한 헌법가치와 조화되어야 할 것이며, 특히 통합추진은 단계적으로 자치능력 내지 교육존중 풍토의 조성 정도에 맞게 장기적 관점에서 서두르지 말고 추진되어야 한다.

5) 사법적 판단 및 사회적 영향

지방자치와 교육자치의 관계에서 법적인 핵심 쟁점은 교육자치의 지방자치에로 통합이 헌법상의 교육의 자주성, 중립성, 전문성 원리에 반하는 것인가이다. 이에 관련된 헌법소원이 2009년 3월에 있었다. 그러나 헌법재판소는 위헌여부를 심판하지 않고, 헌법소원의 요건을 결하였다고 각하 결정하여 그 위헌성 여부는 아직 미결정의 상태라고 할 수 있다. 즉, 헌법소원은 공권력의 행사 또는 불행사로 인하여 자기의 기본권을 '현재', '직접적'으로 침해받고 있는 자이어야 제기할 수 있는데, 청구인 교육위원의 경우 학생, 학부모에 대한 직접적인 교육행위의 주체는 아니므로 자기관련성 및 직접성을 인정할 수 없다는 것이었다. 교육의 현실은 학교현장의 교육이 대부분 법률과 그것에 바탕을 둔 교육조례들에 의존한다는 교육현실을 고려하였다면 직접성을 인정하고 본안에 대한 위헌성 여부를 심판할 수 있었을 것이라는 아쉬움이 남는 판례였다.

  법률은 국회의 권한이지만 교육자치의 경우 지방의회에서 조례를 통하여 중요한 결정을 하므로 법령과 조례의 관계에 관하여 알 필요가 있다. 지방자치단체는 법령의 범위 안에서 그 사무에 관하여 조례를 제정할 수 있다(헌법 제117조 제1항). 조례가 법령에 위반되는지 여부는 법령과 조례 규정의 각각의 취지, 규정의 목적과 내용 및 효과 등을 비교하여 양자사이에 모순 저촉이 있는지 여부에 따라 개별적 구체적으로 결정하여야 할 것이다.[50] 지방의회 의원들의 전문성과 역할이 중요하다 하겠다.

---

50) 대법원 2004. 4. 23. 2002추16.

토론 주제

1. 교육정책에 관한 중앙정부의 집권적인 정책결정의 원인은 무엇이며, 어떻게 극복할 수 있는가? 교육정책에 관한 거버넌스적 접근은 왜 필요하며 중요 협력망은 무엇인가?

2. 한국 지방교육자치제도의 지방자치와의 통합론과 분리론의 논거 내지 기본가치는 무엇이며, 어떻게 해결하여야 할 것인가?

3. 교육감의 선출의 부작용은 무엇이며, 어떤 방법으로 개선되어야 할 것인가?

4. 교육자치와 지방자치 간의 연계 내지 통합 방안에는 어떤 것이 있으며, 타당성의 근거는 무엇이며, 실현 가능성은 있는가?

5. 단위학교에서 학교장의 중요한 역할은 무엇이며, 지역사회와 어떻게 연계협력할 수 있는가?

문화 정책 ≪ 제5장

최근에는 정치·경제 못지 않게 문화활동이 중요시되고 있다. 본장에서는 첫째, 문화주의가 헌법상의 기본원리임을 지적하고, 표현의 자유 및 영화의 중요성을 언급한다. 둘째, 문화주의의 적극적 측면인 국산영화의 의무상영제에 관한 판례를 살펴본다. 셋째, 문화주의의 소극적 내용인 예술활동의 자유에 대한 행정기관의 간섭 최소화와 관련하여 공연윤리위원회의 영화사전심의제에 관한 헌법재판소 결정을 분석한다. 넷째, 같은 맥락에서 영상등급위원회의 영상물 등급제에 관한 헌법재판소의 결정을 분석한다. 다섯째, 본장에서 다루어진 정책과 판례에 대한 종합적인 평가를 한다.

1 문화주의와 영화

1) 헌법 원리로서의 문화주의

문화주의 내지 문화국가주의라 함은 국가로부터 문화 활동의 자유가 보장되고 문화가 국가로부터 보호·지원되는 원리이다.[1] 20세기에 들어와 문화가 경

---

1) 다른 헌법의 기본원리에 비해 상대적으로 최근에 조명을 받기 시작한 문화국가의 개념에 대

제에 종속되며, 계층 간의 문화에 불평등이 생기고, 제3세계의 문화가 선진국 문화에 종속되는 현상이 나타나자 국가의 문화기능의 중요성이 강조되고 있다.[2] 문화국가의 원리는 1966년에 유엔의 '경제적·사회적 및 문화적 권리에 관한 국제규약'을 통하여 문화적 권리의 보편성이 선언되었으며, 몇몇 나라의 헌법에 명문화되었다. 우리 헌법에서도 전문에 전통문화의 계승, 민족문화의 창달, 평생교육의 진흥을 명기하고 있다. 헌법 제34조의 '인간다운 생활'의 보장규정이 문화주의의 이념적 규정이며, 학문과 예술의 자유를 포함한 헌법상의 정신적 자유권과 교육을 받을 권리가 그 구체적 내용이다. 칠십 평생을 한결같은 마음으로 나라사랑에 모든 것을 바쳤던 민족주의자 백범 김구는 우리 민족 모두가 인의와 사랑을 나누는 참다운 문화민족으로서 세계의 모범이 되기를 열망한 바 있다.[3]

2) 표현의 자유의 중요성과 사전검열의 금지

표현의 자유는 민주주의의 핵심적인 기본권이다. 표현의 자유가 중요한 이유는 이미 제1부 제2장에서 지적한 것과 같이 표현의 자유가 개인의 잠재력을 발전시키는 정신적 탐구과정이며, 진리 발견의 필수적인 수단이기 때문이다. 그리고 사회구성원으로 하여금 공개적인 토론을 통하여 정책에의 참여의 기회를 제공한다는 점에서 민주주의의 기초가 된다. 이러한 표현의 자유는 헌법에 언론·출판·집회·결사의 자유로 보장되고 있다.[4]

한 학문적 논의는 휴버(Huber)가 언급한 문화국가 개념으로부터 지대한 영향을 받은 것으로 평가되고 있다. 휴버는 문화와 국가의 상호관계를 중심으로 문화국가 개념의 의미를 분석하여, 1) 문화의 국가적 자유, 2) 문화에의 국가적 기여, 3) 국가의 문화형성력, 4) 문화현상으로서의 국가 등의 다섯 가지로 나누어 설명하고 있다. 오세탁·김수갑, "문화국가의 개념과 과제", 「법학연구」 제4권 제1호, 충북대학교 법과대학 법학연구소, 1992, 17-23면. 문화국가주의에 대한 논문으로 김수갑, "한국헌법에서의 「문화국가」 조항의 법적 성격과 의의", (「공법연구」 제32집 제3호, 한국공법학회, 2004, 179-197면)가 있다.

2) 문화와 국가의 관계에 관한 역사적 고찰을 한 논문에는 전광석, "헌법과 문화", (「공법연구」 제17집, 한국공법학회, 1990, 161-178면)이 있다.

3) 김구, 「백범일지」, 김신 편, 백범김구선생기념사업회, 1971.

4) 헌법 제21조 ① 모든 국민은 언론·출판의 자유와 집회·결사의 자유를 가진다. ② 언론·출판에 대한 허가나 검열과 집회·결사에 대한 허가는 인정되지 아니한다. ③ 통신·방송의 시설기준과 신문의 기능을 보장하기 위하여 필요한 사항은 법률로 정한다. ④ 언론·출판은 타인의 명예나 권리 또는 공중도덕이나 사회윤리를 침해하여서는 아니 된다. 언론·출판이 타인의 명

표현의 자유에 관한 법 원리는 이미 제1부 제2장에서 언급하였다. 표현의 자유에 관한 법 원리 중 사전검열의 금지가 가장 역사적으로 오래된 핵심적인 법 원리라 할 수 있다. 존 밀턴은 1644년에 '아레오파지티카(Areopagitica)'에서 내용심사에 의한 출판의 사전검열이나 허가가 허용될 수 없는 이유로 사전검열은 햇빛을 보기도 전에 출판물이 재판을 받는 것이며, 무과실의 검열관은 없으며, 국민이 알아도 무방한 것과 아니 될 것을 당국이 선별하는 것은 필자와 국민에 대한 모독이라고 하였다.[5]

한국헌법은 언론·출판에 관하여는 검열을 금지한다고 명시하고 있지만 영화와 연예(演藝)에 관한 사전검열 금지는 명시되지 않아 영화와 연예의 경우도 사전검열이 금지된다는 해석과 공중도덕과 사회윤리 차원에서 사전 검열이 허용된다는 해석이 대립할 여지가 있었다. 그러나 헌법재판소는 「영화법」에서 규정하고 있는 영화에 대한 공연윤리위원회의 사전 심의제는 물론이고,[6] 영상물등급위원회의 등급분류보류제도 위헌이라고 판결하였다.[7]

3) 영화의 중요성과 영상물 등급제

영화는 흔히 종합예술이라고 한다. 영화에는 미술, 음악, 패션, 문학 등 모든 예술이 종합적으로 편성되어 한 작품을 이루기 때문이다. 현대사회는 영상문화의 시대이며 영화가 이 시대에 미치고 있는 영향력은 막중하다 할 것이다. 영화는 민족공동체의 문화적 창작력의 중요한 표현양식일 뿐 아니라 텔레비전, 종합유선방송, 위성방송 등 방송매체가 영화를 기반으로 성장하여 왔으며, 비디오, 컴퓨터게임 등의 관련 영상산업분야도 영화를 바탕으로 하여 제작 혹은 촉발되어지는 등 영화는 이 산업분야의 기반이 되는 고부가가치산업이라 할 것이다.[8] 영화는 또한 창의력을 바탕으로 하므로 문화국가의 상징적인 지표라고 할 수 있다. 이러한 영화는 법적으로 예술의 자유는 물론 표현의 자유와 가장 긴밀

예나 권리를 침해한 때에는 피해자는 이에 대한 피해의 보상을 청구할 수 있다.
5) 권영성, 「헌법학원론」, 법문사, 2009, 509-510면.
6) 헌재 1996. 10. 4. 93헌가13 등 병합.
7) 헌재 2006. 10. 26. 2005헌가14, 권영성, 전게서, 510면.
8) 헌재 1995. 7. 21. 94헌마125인.

히 관련된다. 한국헌법에서는 표현의 자유뿐 아니라 예술의 자유도 보장하고 있
는 바, "모든 국민은 학문과 예술의 자유를 가진다. 저작자·발명가·과학기술자
와 예술가의 권리는 법률로써 보호한다."고 규정하고 있다(헌법 제22조).

　　한편, 영화는 빠르고 광범위한 전파성 때문에 어느 정도의 제한이 불가피
한 측면이 있다. 우리나라는 「영화법」 제정(1962년 1. 20에 법률 제995호) 당시부터
영화에 대한 심의제, 즉 문공부장관에 의한 영화상영사전허가제를 채택하고 있
었다. 그리고 1984. 12. 「영화법」이 일부 개정되면서 심의주체는 공연윤리위원회
로 바뀌었으며 운영방식은 사전심의제의 형태를 띠었다. 1995년 「영화법」이 폐
지되고 「영화진흥법」이 제정되었지만 사전심의제는 여전히 채택되고 있었다. 그
러나 헌법재판소는 1996. 10. 4. 「영화법」 제12조 등에 대한 위헌제청 등의 사건
에서 이러한 공연윤리위원회에 의한 사전심의가 사전검열에 해당하는 것으로 판
단하여 위헌 선언하였다. 그 결과 1997. 4. 「영화진흥법」의 일부개정으로 상영등
급부여제도(사전등급제)가 도입되었는데, 이러한 등급부여를 위한 심의주체는 종
전의 공연윤리위원회에서 한국공연예술진흥협의회로 바뀌었으며, 등급 구분은
전체관람가, 12세관람가, 15세관람가, 18세관람가로 구분되었다. 그리고 이때부
터 본격적으로 등급부여보류제도가 신설되어 6개월 이내의 기간을 정하여 등급
부여를 보류할 수 있도록 하였다. 그리고 1999. 2. 「영화진흥법」의 개정으로 심
의주체가 다시 영상물등급위원회로 바뀌었으며, 등급 구분에 있어서도 '15세관
람가'등급이 삭제되었고, 등급보류기간도 6개월에서 3개월로 축소 변경되었다.9)

2 국산영화 의무상영제에 관한 헌법재판소 결정

　　국산영화 의무상영제도(screen quota)의 위헌성 여부에 관한 헌법재판소의
심판을 살펴본다.10)

---

9) 헌재 2001. 8. 30. 2000헌가9.
10) 이하의 내용은 헌재 1995. 7. 21. 94헌마125(영화법 제26조 등 위헌확인) 판결원문을 이해하기
　　쉽도록 수정·구성하였다.

1) 사건 개요와 심판 대상

청구인 유○근은 공연자등록을 하고 서울 영등포동에서 ○○예술소극장이란 상호로, 청구인 이○호는 공연자등록을 하고 충주시 ○○○소극장이란 상호로 각 공연장을 경영하고 있는바, 공연장의 경영자가 국산영화를 연간상영일수의 5분의 2 이상 상영하여야 한다는 「영화법」 제26조와 같은 법 시행령 제20조의3 규정은 청구인들에게 국산영화를 상영하도록 강제적으로 의무를 지우는 것으로서 청구인들의 직업의 자유와 평등권을 침해하는 규정이라 하여, 1994. 6. 23. 적법하게 이 사건 헌법소원심판을 청구하였다.

「영화법」(1984. 12. 31. 법률 제3776호로 개정된 것)
제26조(국산영화의 상영의무) 공연장의 경영자는 연간 대통령령이 정하는 일수 이상 국산영화를 상영하여야 한다.
「영화법시행령」(1985. 7. 3. 대통령령 제11720호 개정된 것)
제20조의3(국산영화의 상영의무) ① 공연장의 경영자는 법 제26조의 규정에 의하여 국산영화를 연간상영일수의 5분의 2 이상 상영하여야 한다. 다만, 문화체육부장관은 특히 필요하다고 인정되는 경우에는 국산영화의 연간상영일수를 20일의 범위 안에서 단축할 수 있다. ② 서울특별시·직할시 기타 문화체육부령이 정하는 시의 지역 안에 있는 공연장의 경영자는 외국영화를 상영한 다음에는 반드시 국산영화를 상영하여야 한다.

---

2) 청구인들의 주장과 관계기관의 의견

청구인들의 주장은 다음과 같다. 첫째, 청구인들에게 헌법에 의하여 보장된 직업선택의 자유는 청구인들이 선택한 직업을 자유롭게 수행할 권리를 포함하는 것이다. 청구인들이 영화의 상영을 목적으로 하는 공연장의 영업을 하면서 어떠한 종류의 영화를 상영할 것인가 하는 것은 그들이 자율적으로 결정할 사항이다. 그럼에도 불구하고 이 사건 심판대상 규정이 공연장의 경영자로 하여금 국산영화를 연간상영일수의 5분의 2 이상 상영하도록 하고, 또한 인구 30만 이상의 지역에서는 외국영화와 국산영화를 번갈아 상영하도록 강제하는 것[11]은

---

11) 이러한 청구인들의 주장에 잘 나타나 있듯이 '스크린 쿼터(screen quota)제'란 영화상영관(극장)의 연간상영일수 가운데 일정비율을 반드시 한국영화를 상영하도록 강제하는 '한국영화의 무상영제도'를 말한다. 경우에 따라서는 외국영화를 상영한 후에 반드시 한국영화를 교차로

청구인들의 헌법상의 권리인 직업선택의 자유에 대한 침해이다. 둘째, 이 사건 심판대상 규정은 설령 국산영화의 진흥이라는 정책목적을 달성하기 위하여 필요한 것이라 하더라도 유독 공연장의 경영자에게만 과도한 의무를 지우고 있다. 이는 공연장의 경영자를, 「영화법」의 적용을 받으면서 「영화법」의 위와 같은 정책목표달성에 협력할 의무가 공통적으로 부과되어 있다고 볼 수 있는 영화제작자, 외국영화수입업자, 영화인, 외국영화직배업자는 물론 타 분야의 영상산업 경영자들에 비하여 합리적 이유 없이 불리한 취급을 하는 것이 된다. 또한 인구 30만 이상의 지역에 있는 공연장의 경영자에게는 여기에 더하여 국산영화와 외국영화의 교호상영제를 강요하여 타 지역의 공연장의 경영자와 차별하고 있다. 위와 같은 것은 모두 평등의 원칙에 반한다. 셋째, 헌법 제75조는 법률에서 구체적으로 범위를 정하여 위임한 사항에 한하여 대통령령을 발할 수 있다고 규정하고 있다. 이 사건 심판대상 규정인 「영화법」제26조는 연간국산영화의무상영일수를 전적으로 대통령령에 위임하고 있으므로, 위와 같은 백지위임은 헌법에 위반된다. 나아가 이 사건 심판대상 규정들은 개인과 기업의 경제상의 자유와 창의를 존중함을 기본으로 하는 헌법 제119조 제1항 및 행복추구권에 관한 헌법 제10조에 위배된다.

이러한 주장에 대한 문화체육부장관의 의견요지는 다음과 같다. 영화는 문화적 상품으로 민족문화의 중요한 구성부분을 이루고, 다른 한편으로 최대부가가치산업인 영상산업의 가장 기초적인 분야이기도 하다. 이 사건 심판대상 규정들에 의한 국산영화 의무상영제는 국산영화의 존립을 보호하는 한편, 외국영화, 보다 구체적으로 미국영화가 한국영화시장을 독점적으로 지배하게 되는 것을 방지하기 위한 것이다. 국산영화 의무상영제를 규정한 이 사건 심판대상 규정은 민족문화의 창달의무에 관한 헌법 제9조 및 시장의 지배를 방지하기 위한 경제의 규제와 조정에 관한 헌법 제119조 제2항에서 그 정당성을 찾을 수 있으며 국산영화의무상영제가 국산영화의 존립자체의 보호를 위한 사실상의 유일한 제도적 장치라는 점을 감안하면, 이 사건 심판대상 규정들이 청구인들과 같은 공

상영하도록 요구하는 '교호(교차)상영제'와 결합되어 시행될 수도 있다. 이렇게 되면 더욱 강화된 형태의 한국영화상영의무제가 강제된다. 이준일, 「인권법」(제4판), 홍문사, 2012, 296면.

연장의 경영자의 직업수행의 자유를 제한하는 것은 헌법 제37조 제2항에 의한 공공복리를 위하여 필요한 최소한도의 제한이라고 보아야 한다. 교호상영제는 국산영화 의무상영제를 실질적으로 보장하기 위한 것으로서 이를 30만 이상의 대도시에 한정한 것은 대도시가 영화의 주된 소비시장임을 감안한 것이므로 합리적인 사유에 의한 차별이라 할 수 있다.

3) 쟁점과 판단

가. 직업선택의 자유 제한에 관한 판단

헌법 제15조에 의한 직업선택의 자유라 함은 자신이 원하는 직업 내지 직종을 자유롭게 선택하는 직업의 선택의 자유뿐만 아니라 그가 선택한 직업을 자기가 결정한 방식으로 자유롭게 수행할 수 있는 직업의 수행의 자유를 포함한다고 할 것인바, 이 자유는 각자의 생활의 기본적 수요를 충족시키는 방편이 되고 개성신장의 바탕이 된다는 점에서 주관적 공권의 성격을 가지면서도 국민 개개인이 선택한 직업의 수행에 의하여 국가의 사회질서와 경제질서가 형성된다는 점에서 사회적 시장경제질서라고 하는 객관적 법질서의 구성요소이기도 하다. 따라서 이와 같은 자유도 다른 기본권의 경우와 마찬가지로 국가의 안전보장·질서유지 또는 공공복리를 위하여 필요한 경우에는 제한이 가하여질 수 있는 것은 물론이지만 그 제한의 방법은 법률로써만 가능하고 제한의 정도도 필요한 최소한도에 그쳐야 하며 과잉금지의 원칙에 위배되거나 직업선택의 자유의 본질적인 내용을 침해하는 것이어서는 아니 된다고 할 것이다(헌법 제37조 제2항). 이 사건 심판대상 규정들이 위 직업선택의 자유에 대한 제한을 함에 있어서 앞서와 같은 한계를 일탈하였는지의 여부를 살핀다.

가) 목적의 정당성

국산영화의 창작기반은 극도로 열악한 반면에 대중적 흥행성이 높은 외국산 영화는 무제한으로 수입되어 일정한 통제가 가하여지지 아니하면 우리의 공연장을 독점할 위험이 지대하여 국산영화의 존립자체가 극도로 위태로운 지경에 이르고 있다는 실정을 감안하면, 이 사건 심판대상 규정이 국산영화 의무상영제를 두어 직업선택의 자유를 일부 제한하였더라도 위와 같은 공공복리를 위한 목적의 정당성은 인정된다고 할 것이다.

나) 방법의 적정성

영화의 제작은 많은 자본과 시간과 노력이 소요되는 것이지만 그 흥행 여부는 사전에 예측할 수 없고, 가사 예측이 가능하다 하더라도 그 예측이 반드시 실제와 부합하는 것은 아니므로 개봉관의 확보 여부는 영화제작의 사활문제라 할 수 있다. 따라서 이 사건 국산영화 의무상영제는 질과 양에 있어서 압도적 우위에 있는 외국영화의 홍수 속에서 국산영화로 하여금 상영의 기회를 가질 수 있게 하여 주는 것으로서 국산영화의 제작과 상영의 기회를 보장하는 가장 효과적이고 적정한 방법이라고 아니할 수 없다.

다) 침해최소성 및 비례성

국산영화를 연간상영일수의 5분의 2 이상 상영하여야 하더라도 공연장 등록자는 첫째, 그 기간 동안 국산영화이기만 하면 어떠한 내용이나 종류의 영화를 상영할 것인지의 여부는 전적으로 공연장의 경영자가 자유로이 결정할 수 있다. 둘째, 나머지 연간상영일수의 5분의 3에 대하여는 상영할 영화의 국적이나 내용 및 종류에 있어서 아무런 제한을 받지 아니한다. 이 사건 국산영화 의무상영제로 말미암아 청구인들과 같은 공연장의 경영자에게 가해지는 직업선택의 자유에 대한 제한은 국산영화의 존립과 진흥의 발판을 확보하여 장래의 발전을 도모하려는 입법목적의 달성을 위한 필요한 최소한도의 제한이라 아니할 수 없다. 이러한 제한으로 인하여 입게 되는 손해는 그 대가로서 기대되는 민족 공동체 전체의 이익과 합리적인 비례의 관계에 있다고 할 수 있어 과잉금지의 원칙에 반한다고는 볼 수 없다.

라) 본질적 내용의 침해

이 사건 심판대상 규정이 직업의 자유 중 직업수행의 자유를 제한하고 있고, 그것도 연간상영일수의 5분의 2 이상으로 한정하여 국산영화를 상영할 의무를 지우고 있으나, 국산영화를 상영하는 경우에도 어떠한 종류의 국산영화를 상영할 것인지의 여부는 공연장의 경영자의 전적인 자유에 맡겨져 있으므로, 직업선택의 자유에 대한 본질적 내용을 침해하는 것이라고는 할 수 없다.

나. 평등권 위반에 대한 판단

먼저 국산영화 의무상영제와 관련하여 다른 영상매체의 경우를 살펴보면 이 경우에도 공연장의 경영자와 마찬가지로 영상상품을 소비자에게 최종적으로 공급하는 위치에 있는 자에 대하여 같은 취지의 제한을 가하고 있다. 즉, 「방송법」 제31조 제3항, 같은 법 시행령 제29조 제3항은 외국에서 수입한 방송프로그램이 매주 전체방송시간의 100분의 20을 넘지 않도록 하고 있고, 「종합유선방송법」 제25조, 같은 법 시행령 제24조도 외국에서 수입한 방송프로그램이 매주 채널별 전체방송시간의 100분의 30을 넘지 않도록 규제하고 있다. 따라서 영화인이나 영화업자 혹은 영화수입업자와 비교하여 합리적인 이유 없이 자의적으로 청구인들과 같은 공연장경영자만을 차별하는 것이라고 보기는 어렵다.

교호상영제의 경우는 국산영화를 이른바 비성수기에 집중적으로 상영하는 것을 방지하고 성수기에도 상영의 기회를 갖도록 하여 국산영화 의무상영제를 실질적으로 보장하기 위한 제한이며, 이를 30만 이상의 대도시에 한정한 것은 대도시가 영화의 주된 소비시장임을 감안한 것이므로 합리적인 사유에 의한 차별이라 할 수 있다.

다. 위임입법의 한계에 관한 판단

헌법 제75조는 법률에서 구체적으로 범위를 정하여 위임한 사항에 관하여 대통령령을 발할 수 있다고 규정하고 있다. 따라서 법률의 위임은 반드시 구체적 개별적으로 한정된 사항에 대하여 행하여져야 할 것이다. 다만 구체적인 범위는 각종 법령이 규제하고자 하는 대상의 종류와 성격에 따라 달라진다 할 것이므로 일률적 기준을 정할 수는 없지만, 적어도 법률의 규정에 의하여 이미 대통령령으로 규제될 내용 및 범위의 기본사항이 구체적으로 규정되어 있어 누구라도 당해 법률로부터 대통령령에 규정될 내용의 대강을 예측할 수 있으면 족하고, 이 경우에 있어 그 예측가능성의 유무는 당해 특정조항 하나만을 가지고 판단할 것이 아니고 관련 법조항 전체를 유기적·체계적으로 종합 판단하여야 하며, 각 대상법률의 성질에 따라 구체적·개별적으로 검토하여야 할 것이다.[12]

---

12) 헌법재판소 1994. 7. 29. 93헌가12.

이 사건 심판대상인 「영화법」 제26조는 국산영화의 연간상영일수를 대통령령에 위임하고 있다. 위 규정은 공연장의 경영자가 일정한 기간 국산영화를 상영할 것을 전제로 하여, 다만 국산영화의무상영일수라고 하는 구체적 사항에 특정하여 연간상영일수를 기준으로 이를 대통령령에 정할 것을 위임하고 있다. 따라서 비록 위 규정이 의무상영일수의 상한이나 하한을 명시적으로 설정하고 있지는 않지만, 위와 같은 법률 규정의 취지에서 볼 때 대통령령에 규정될 내용이 연간상영일수의 일부를 대상으로 한다는 점에서 그 대강을 충분히 예측할 수 있다 할 것이므로 위임입법의 한계를 벗어난 것이라 할 수 없다.

라. 경제질서 및 행복추구권 위반여부에 관한 판단

헌법 제119조 제1항 규정이 대한민국의 경제 질서가 개인과 기업의 창의를 존중함을 기본으로 하고 있으나, 그것이 자유방임적 시장경제질서를 의미하는 것이 아님은 물론이다. 따라서 입법권자가 국내의 영화시장을 수요와 공급의 법칙만에 의하여 방치할 경우 외국영화에 의한 국내영화시장의 독점이 초래되고, 국내영화의 제작업은 황폐하여진 상태에서 외국영화의 수입업과 이를 상영하는 소비시장만이 과도히 비대해질 우려가 있다는 판단하에서, 이를 방지하고 균형 있는 영화산업의 발전을 위하여 국산영화 의무상영제를 둔 것이므로, 이를 들어 우리 헌법의 경제질서에 반한다고는 볼 수 없으며, 헌법이 보장하는 행복추구권이 공동체의 이익과 무관하게 무제한의 경제적 이익의 도모를 보장하는 것이라고는 볼 수 없으므로, 위와 같은 경제적 고려와 공동체의 이익을 위한 목적에서 비롯된 국산영화 의무상영제가 바로 청구인들의 행복추구권을 침해한 것이라고 보기도 어렵다.

4) 결 론

이 사건 심판대상의 법령조항들은 모두 헌법에 위반된다고는 보이지 아니한다. 이 사건 심판청구는 이유가 없으므로 관여재판관 전원의 일치된 의견으로 기각 결정한다.

3 영화 사전심의제에 관한 헌법재판소 결정

• 공연윤리위원회의 영화 사전심의제에 관한 헌법재판소의 심판을 살펴본다.[13]

1) 사건 개요와 심판 대상

서울지방법원은 제청신청인(피고인) 강ㅇ에 대한 「영화법」 위반 피고사건(92
고단 7586)을 심리하던 중 제청신청인의 위헌법률심판제청신청에 따라 「영화법」
제12조 제1항, 제2항 및 제13조 제1항의 위헌 여부가 위 영화법위반 피고사건의
재판의 전제가 되고, 언론·출판에 대한 사전허가인 검열을 금지하고 있는 헌법
제21조 제2항에 위반될 소지가 있다는 이유로 1993. 9. 5. 이 사건 위헌법률심판
제청을 하였다.[14]

「영화법」[15]
제12조 ① 영화는 그 상영 전에 공연법에 의하여 설치된 공연윤리위원회의 심의를 받아야
   한다. ② 제1항의 규정에 의한 심의를 필하지 아니한 영화는 이를 상영하지 못한다.
제13조 ① 공연윤리위원회 또는 방송심의위원회는 제12조 제1항 또는 제4항의 규정에 의
   한 심의에 있어서 다음 각 호의 1에 해당한다고 인정되는 영화에 대하여는 이를 심의 필
   한 것으로 결정하지 못한다. 다만, 그 해당 부분을 삭제하여도 상영에 지장이 없다고 인
   정될 때에는 그 부분을 삭제하고 심의필을 결정할 수 있다. 1. 헌법의 기본질서에 위배
   되거나 국가의 권위를 손상할 우려가 있을 때. 2. 공서양속을 해하거나 사회질서를 문란
   하게 할 우려가 있을 때. 3. 국제간의 우의를 훼손할 우려가 있을 때. 4. 국민정신을 해
   이하게 할 우려가 있을 때.
제32조 다음 각 호의 1에 해당하는 자는 2년 이하의 징역 또는 500만원 이하의 벌금에 처한
   다. 5. 제12조 제1항 또는 제4항의 규정에 의한 심의를 받지 아니하고 영화를 상영한 자

---

13) 이하의 내용은 헌재 1996. 10. 4. 93헌가13, 91헌바10(병합), (영화법 제12조 등에 대한 위헌제
   청) 판결원문을 이해하기 쉽도록 수정·구성하였다.
14) 이곳에서는 93헌가13 사건만 다룬다. 병합 판결한 91헌바10 사건의 개요는 다음과 같다. 청구
   인들은 그들이 공모하여 "오 꿈의 나라"라는 영화를 상영함에 있어서 상영 전에 공연윤리위
   원회의 심의를 받지 아니함으로써 법 제12조 제1항에 위반하였다는 공소사실로 기소되어. 항
   소심인 서울지방법원 89노6866으로 사건 계속 중, 위 법원에 법 제12조 제1항에 대하여 위헌
   제청신청을 하였으나 위 법원이 1991. 5. 7. 이를 기각하자 헌법재판소에 이 사건 헌법소원심
   판을 청구하였다(헌재 1996. 10. 4. 93헌가13).
15) 1962년에 제정된 「영화법」은 1995. 12. 30. 법률 제5130호로 제정 공포되고 1996. 7. 1.부터 시

2) 위헌법률심판 제청 이유와 관계기관의 의견

제청법원의 제청이유는 다음과 같다. 영화도 사상·양심 및 지식·경험 등을 표현하는 수단의 하나이므로, 영화의 자유도 언론·출판의 자유에 포함된다 할 것인데, 「영화법」 제12조 제1항, 제2항은 영화에 대한 사전심의제를 규정하고 있으므로, 언론·출판에 대한 사전허가나 검열을 금지하고 있는 헌법 제21조 제2항에 위반될 소지가 있다. 또한 이러한 사전심의제는 예술활동의 독자성과 창의성을 침해하여 예술 및 언론·출판의 자유를 포함한 표현의 자유의 본질적인 내용을 침해할 우려가 있어 예술의 자유를 규정하고 있는 헌법 제22조 제1항과 기본권 제한의 한계를 정한 헌법 제37조 제2항에도 위반될 소지가 있다. 「영화법」 제13조 제1항은 위 규정에 의한 공연윤리위원회의 심의기준의 하나로 '국제 간의 우의를 훼손할 우려가 있을 때(제3호)', '국민정신을 해이하게 할 우려가 있을 때(제4호)'를 들고 있는 바, 이는 지나치게 자의적이고 추상적이며 모호하기 때문에 표현의 자유의 규제에 관한 합헌성 판단기준의 하나인 '막연하기 때문에 무효'의 이론에 의하여 위헌의 소지가 있다.

제청신청인도 다음과 같은 이유로 사전심의제는 헌법에 위반된다는 의견을 제시하였다. 첫째, 우선 공연윤리위원회의 구성면에서, 공륜 위원은 문화체육부장관의 독자적 판단에 의하여 위촉하게 되어 있고, 위원장과 부위원장의 선출은 장관의 승인을 받아야 하며, 위원장은 심의결과를 장관에게 보고하여야 하고, 정부의 예산에 의하여 운영되고 있는 점에서 공연윤리위원회는 검열기관에 해당한다. 둘째, 또한 공륜은 영화에 대한 심의를 필하여 주지 않을 수도 있고 내용을 삭제하여 심의필을 할 수도 있으며, 더욱이 공륜의 심의를 받지 아니한 경우 행정적 수단이 아닌 형벌적 제재를 과할 수 있도록 한 점에서 공연윤리위원

행된 「영화진흥법」에 의하여 이미 폐지되었다. 그러나 「영화진흥법」은 제12조 및 제13조에 이 사건 심판의 대상인 법률조항과 같은 내용을 그대로 규정하고 있고, 같은 법 부칙 제6조(벌칙에 관한 경과조치)에는 "이 법 시행전 종전에 영화법에 위반한 행위에 대한 벌칙의 적용에 있어서는 종전의 영화법의 규정에 의한다."라고 규정하여 이 사건 심판의 대상인 법률조항을 적용하도록 규정하고 있다. 따라서 이 사건 법률조항은 비록 법이 폐지되었음에도 불구하고 아직도 재판의 전제성을 갖추고 있다 할 것이므로 나아가 위헌 여부를 가리기로 한다(헌재 1996. 10. 4. 93헌가13).

회의 사전심의제도는 본질적으로 사전검열제도에 해당한다. 셋째, 심의기준이 자의적으로 규정되어 있고, 실제의 심의과정에서도 검열자의 개인적인 사상, 기호나 영화의 구체적인 장면에 따라 다르게 적용되어 왔다는 점에 미루어 보더라도 심의기준 자체에 위헌성이 있음을 알 수 있다. 넷째, 공연윤리위원회의 심의에 대하여 즉각적인 구제방법이 보장되어 있지 않다.

이러한 주장에 대하여 문화체육부장관은 공연윤리위원회의 사전심의제도는 다음의 이유로 사전검열이라 할 수 없다는 의견을 제시하였다. 첫째, 공연윤리위원회 위원이 예술·언론·방송·출판·공연·교육 등에 관하여 학식과 경험이 풍부한 사람들 중에서 위촉되고 있으며, 특히 영화심의위원은 영화감독, 평론가 등 영화전문가와 신문사 논설위원, 대학교수, 여류작가, 여성·청소년단체간부 등 민간전문인들로 구성되어 결국 자율적인 심의체제로 운영되고 있다. 둘째, 심의 후 「영화법시행령」 제20조의2의 규정에 따라 심의필증을 미리 교부하고 5일 이내에 결과를 문화체육부장관에게 사후 보고하는데 지나지 아니하고, 심의 전이나 후의 행정부의 간섭이 없다. 언론·출판의 자유도 내재적 한계가 있고, 헌법 제37조 제2항에 따른 법률에 의한 제한이 있을 수 있다. 선진 외국에서도 영상매체에 대한 사전심의나 제약을 법률로써 제도화하고 있으며, 판례도 이를 합헌이라고 하고 있다. 특히, 영상매체는 신문·잡지 등 출판매체와는 달리 일반대중에게 영상이라는 생동감 있고 충격적인 방법으로 동시에 광역적으로 전달되기 때문에 파급되는 영향력이나 충격이 엄청나다는 특수성이 있다. 영화의 폭력, 음란화로 인한 청소년에 대한 폐해를 시정하기 위한 노력이 현재에도 세계적으로 행해지고 있는 추세에 있다. 공연윤리위원회의 심의기준은 법과 법시행령 및 공연윤리심의규정 등에 구체적이고도 명확하게 규정되어 있으므로 막연하기 때문에 위헌이라고 하는 주장은 성립될 수 없다.

3) 쟁점과 판단

가. 언론·출판에 대한 검열금지의 원칙

영화도 의사표현의 한 수단이므로 영화의 제작 및 상영은 다른 의사표현수단과 마찬가지로 언론·출판의 자유를 규정한 헌법 제21조 제1항에 의한 보장을 받는다. 영화는 또한 학문적 연구결과를 발표하는 수단이 되기도 하고, 예술표현의 수단이 되기도 하므로 그 제작 및 상영은 학문·예술의 자유를 규정하고 있는 헌법 제22조 제1항과 제2항에 의하여도 보장을 받는다. 헌법 제21조 제2항이 언론·출판에 대한 검열금지를 규정한 것은 비록 헌법 제37조 제2항이 국민의 자유와 권리를 국가안전보장·질서유지 또는 공공복리를 위하여 필요한 경우에 한하여 법률로써 제한할 수 있도록 규정하고 있다고 할지라도 언론·출판의 자유에 대하여는 검열을 수단으로 한 제한만은 법률로써도 허용되지 아니 한다는 것을 밝힌 것이다.

그러나 검열금지의 원칙은 모든 형태의 사전적인 규제를 금지하는 것이 아니고, 단지 의사표현의 발표여부가 오로지 행정권의 허가에 달려있는 사전심사만을 금지하는 것을 뜻한다. 그러므로 검열은 일반적으로 허가를 받기 위한 표현물의 제출의무, 행정권이 주체가 된 사전심사절차, 허가를 받지 아니한 의사표현의 금지 및 심사절차를 관철할 수 있는 강제수단 등의 요건을 갖춘 경우에만 이에 해당하는 것이다.

나. 공연윤리위원회의 사전심의의 위헌성

「영화법」에서는 영화는 상영 전에 공연윤리위원회의 사전심의를 받아야 하고(동법 제12조 제1항), 사전심의를 거치지 않은 모든 영화의 상영을 금지하고(동법 제12조 제2항), 사전심의를 받지 아니하고 영화를 상영한 자는 2년 이하의 징역 또는 500만원 이하의 벌금에 처하도록(동법 제32조 제5호) 규정하고 있다. 한편 동법 제13조 제1항은 영화에 대한 심의기준을 정하고, 심의기관인 공연윤리위원회가 그 기준에 적합하지 않은 영화에 대하여는 심의필 결정을 할 수 없으나, 해당 부분을 삭제하여도 상영에 지장이 없다고 인정되는 경우에는 그 부분을 삭제하고 심의필을 결정할 수 있도록 규정하고 있다. 이는 심의기관인 공연윤리위원회가 영화의 상영에 앞서 그 내용을 심사하여 심의기준에 적합하지 아니한 영화에 대하여는 상영을 금지할 수 있고, 심의를 받지 아니하고 영화를 상영할 경우에는 형사처벌까지 가능하도록 한 것이 그 핵심이므로 이는 헌법 제21조

제2항이 금지한 사전검열제도를 채택하고 있다고 볼 수밖에 없다.

헌법상의 검열금지의 원칙은 검열이 행정권에 의하여 행하여지는 경우에 한하므로 영화의 심의기관인 공연윤리위원회가 이에 해당한지에 대하여 의문이 있을 수 있다. 검열을 행정기관이 아닌 독립적인 위원회에서 행한다고 하더라도 행정권이 주체가 되어 검열절차를 형성하고 검열기관의 구성에 지속적인 영향을 미칠 수 있는 경우라면 실질적으로 보아 검열기관은 행정기관이라고 보아야 한다. 「공연법」에 의하면 공륜의 위원은 문화체육부장관에 의하여 위촉되고(동법 제25조의 3 제3항), 위원장과 부위원장의 선출은 장관의 승인을 받아야 하며(동법 시행령 제20조 제1항), 위원장은 심의결과를 장관에게 보고하여야 하고(동법 시행령 제21조), 공연윤리위원회는 국가예산의 범위 안에서 공륜의 운영에 필요한 경비의 보조를 받을 수 있도록(동법 제25조의 3 제6항) 규정하고 있다. 공연윤리위원회가 민간인으로 구성된 자율적인 기관이라고 할지라도 「영화법」에서 영화에 대한 사전허가제도를 채택하고, 「공연법」에 의하여 공연윤리위원회를 설치토록 하여 행정권이 공연윤리위원회의 구성에 지속적인 영향을 미칠 수 있게 하였으므로 공연윤리위원회는 검열기관으로 볼 수밖에 없다. 이러한 이유로 「영화법」 제12조 제1항 및 제2항, 제13조 제1항에 근거한 공연윤리위원회에 의한 영화에 대한 사전심의에 관한 부분은 헌법 제21조 제2항에 위배되는 검열제도라 할 것이므로 재판관 전원의 의견일치에 따라 헌법에 위반된다.

4 영상물 등급제에 관한 헌법재판소 결정

영상물등급위원회의 영상물 등급제에 관한 헌법재판소의 심판을 살펴본다.[16]

1) 사건 개요와 심판 대상

제청신청인은 이○상 감독이 연출한 영화(제목: 둘 하나 섹스)의 제작·배급사

---

16) 이하의 내용은 헌재 2001. 8. 30. 2000헌가9(영화진흥법 제21조 제4항 위헌제청) 판결원문을 이해하기 쉽도록 수정·구성하였다.

인 ○○의 대표로서 위 영화를 상영하기 위하여 영상물등급위원회에 상영등급
분류신청을 하였다. 위원회는 위 영화의 음란성 등을 문제 삼아 1999. 9. 27. 「영
화진흥법」 제21조 제4항에 의거하여 2개월의 상영등급분류보류결정을 하였고,
2개월의 보류기간이 경과한 다음 제청신청인이 다시 위 위원회에 상영등급분류
신청을 하자, 위 위원회는 1999. 12. 28. 마찬가지의 이유로 3개월의 상영등급분
류보류결정을 하였는바, 이에 제청신청인은 2000. 2. 24. 서울행정법원에 위 위
원회를 상대로 상영등급분류보류결정의 취소를 구하는 소를 제기하였다. 서울
행정법원은 당해사건을 심리하던 중 제청신청인의 위헌제청신청을 받아들여
「영화진흥법」 제21조 제4항의 위헌 여부가 당해사건 재판의 전제가 된다며 이
사건 위헌제청을 하였다.

「영화진흥법」(1999. 2. 8. 법률 제5929호로 전문개정된 것)

제21조(상영등급분류) ① 영화는 그 상영 전에 영상물등급위원회로부터 상영등급을 분류
받아야 한다. 다만, 다음 각 호의 1에 해당하는 영화는 그러하지 아니하다. 1. 대가를 받
지 아니하고 18세 이상의 특정인들에 한하여 상영하는 소형·단편영화. 2. 위원회가 추천
하는 영화제에서 상영하는 영화. 3. 위원회가 추천하는 단체 등이 제작하여 상영하는 영
화. 4. 기타 문화관광부장관이 등급분류가 필요하지 아니하다고 인정하는 영화. ② 제1
항의 규정에 의하여 상영등급을 분류 받지 아니한 영화는 이를 상영하여서는 아니 된다.
③ 제1항의 규정에 의한 영화의 상영등급은 다음 각 호와 같다. 다만, 예고편·광고영화
등 본편 영화 상영 전에 상영되는 모든 영화는 제1호에 해당하는 경우에 한하여 상영등
급을 분류 받을 수 있다.
1. "전체관람가": 모든 연령의 관람객이 관람할 수 있는 영화
2. "12세관람가": 12세 미만의 관람객은 관람할 수 없는 영화
3. "18세관람가": 18세 미만의 관람객은 관람할 수 없는 영화
④ 영상물등급위원회가 제3항의 규정에 의하여 상영등급을 분류함에 있어서 당해 영화
가 다음 각 호의 1에 해당된다고 인정되는 경우에는 내용검토 등을 위하여 대통령령이
정하는 바에 따라 3월 이내의 기간을 정하여 그 상영등급의 분류를 보류할 수 있다. 1.
헌법의 민주적 기본질서에 위배되거나 국가의 권위를 손상할 우려가 있을 때. 2. 폭력·
음란 등의 과도한 묘사로 미풍양속을 해치거나 사회질서를 문란하게 할 우려가 있을 때.
3. 국제적 외교관계, 민족의 문화적 주체성 등을 훼손하여 국익을 해할 우려가 있을 때.

2) 위헌법률심판제청이유 및 관계기관의 의견

제청법원의 위헌법률심판제청이유는 다음과 같다. 「공연법」에 의하면 영상물등급위원회는 대한민국예술원회장이 추천하고 대통령이 위촉한 자들로 구성되고(동법 제18조 제1항), 영상물등급위원회의 구성방법 및 절차에 관하여 필요한 사항은 대통령령으로 정하도록 하며(동법 제18조 제2항), 영상물등급위원회의 운영에 필요한 경비는 국고에서 보조할 수 있도록(동법 제30조) 규정하고 있다. 국가가 상영등급분류제도를 채택하기로 함에 따라 이와 관련된 공적인 임무를 위임하기 위해 「공연법」에 의하여 영상물등급위원회를 설치토록 하여 행정권이 영상물등급위원회의 구성에 지속적인 영향을 미칠 수 있게 한 다음, 영상물등급위원회에 국가의 행정업무에 속하는 상영등급분류제도와 관련한 일체의 임무를 수행하도록 위임한 것이라고 할 것이므로, 영상물등급위원회는 이와 같은 임무를 수행하는 한도 내에서는 실질상 검열기관인 행정기관의 지위에 있다고 할 것이다. 상영등급분류보류제도는 이전에 위헌 결정된 「영화법」상의 사전심의제도와는 그 제도의 명칭 및 구체적인 제도의 운용 실태에서만 약간의 차이가 있을 뿐 그 실질은 동일한 것으로서, 헌법 제21조 제2항이 금지한 사전검열제도에 해당한다.

문화체육부장관의 의견은 다음과 같다. 영상물등급위원회는 각 전문분야별 순수 민간인으로 구성된 기관·단체에서 선정한 사람을 대한민국예술원회장이 추천하여 대통령이 위촉하도록 하고 있어 위원회 구성에서 행정권이 조금이라도 영향을 미칠 여지가 없다고 할 것이고, 「공연법」의 입법취지 및 법규정을 종합하여 해석할 때 영상물등급위원회는 자율성이 보장된 민간기관으로 보아야 합당할 것이다. 강학(講學)상 연극·영화의 사전심의는 언론·출판과는 다른 해석을 하고 있다. 즉, 연극·영화의 경우 대중성·오락성·직접성 때문에 질서유지를 위해 강력한 제한을 받는다고 보고 있으며 당국의 일방적·강제적 사전검열제는 금지되지만, 자율기구에 의한 사전심의제는 허용된다. 영화의 상영으로 인한 실정법 위반의 가능성을 사전에 방지하기 위해 위법행위 여부를 사전에 심의하는 것은 대부분의 국가에서 인정하고 있다.

3) 쟁점과 판단

영상물등급위원회의 등급분류보류제도는 영화의 상영 이전에 영화의 내용을 검토하여 당해 영화의 내용이 일정한 기준을 충족하는 경우에는 그 상영을 금지함으로써, 폭력·음란의 과도한 묘사로부터 청소년 및 공서양속을 보호하고, 기타 국가안전보장이나 질서유지를 위해 대중성·오락성·직접성이 그 특징인 영화를 규제하기 위한 것으로 볼 수 있다. 이 사건 법률조항에 의해 인정되는 위와 같은 내용의 등급분류보류제도가 헌법 제21조 제2항이 금지하고 있는 사전검열에 해당하는지가 문제이다.

가. 영화의 법적 성격(헌법상의 언론·출판의 자유에 해당하는가?)

의사표현의 자유는 헌법 제21조 제1항이 보장하고 있는 언론·출판의 자유에 속한다. 의사표현의 매개체를 의사표현을 위한 수단이라고 전제할 때 의사표현의 매개체는 헌법 제21조 제1항이 보장하고 있는 언론·출판의 자유의 보호대상이 된다고 할 것이다. 그리고 의사표현·전파의 자유에 있어서 의사표현 또는 전파의 매개체는 어떠한 형태이건 가능하며 그 제한이 없다고 하는 것이 우리 재판소의 확립된 견해이다.[17] 이 사건에서 문제가 되고 있는 영화도 의사형성적 작용을 하는 한 의사의 표현·전파의 형식의 하나로 인정되며, 결국 언론·출판의 자유에 의해서 보호되는 의사표현의 매개체라는 점은 의문의 여지가 없다.

나. 헌법 제21조 제2항의 검열의 의미 및 요건

헌법 제21조 제2항은 언론·출판에 대한 허가나 검열은 인정되지 아니한다고 규정하고 있다. 여기서 말하는 검열은 그 명칭이나 형식과 관계없이 실질적으로 행정권이 주체가 되어 사상이나 의견 등이 발표되기 이전에 예방적 조치로서 그 내용을 심사, 선별하여 발표를 사전에 억제하는, 즉 허가받지 아니한 것의 발표를 금지하는 제도를 뜻하고, 이러한 사전검열은 법률로써도 불가능한 것으로서 절대적으로 금지된다.[18] 그러나 검열금지의 원칙은 모든 형태의 사전

---

17) 헌재 1993. 5. 13. 91헌바17.
18) 언론·출판에 대하여 사전검열이 허용될 경우에는 국민의 예술 활동의 독창성과 창의성을 침

적인 규제를 금지하는 것은 아니고, 의사표현의 발표여부가 오로지 행정권의 허가에 달려있는 사전심사만을 금지하는 것이다. <u>사전검열은 일반적으로 허가를 받기 위한 표현물의 제출의무, 행정권이 주체가 된 사전심사절차, 허가를 받지 아니한 의사표현의 금지 및 심사절차를 관철할 수 있는 강제수단 등이라는 3대 요건을 갖춘 경우에만 성립한다.</u>[19]

다. 이 사건 법률조항의 위헌성(검열의 3대 요건 충족여부)

이 사건 법률조항이 규정하고 있는 영상물등급위원회에 의한 등급분류보류제도가 과연 허가를 받기 위한 표현물의 제출의무, 행정권이 주체가 된 사전심사절차, 허가를 받지 아니한 의사표현의 금지 및 심사절차를 관철할 수 있는 강제수단 등의 요건을 모두 충족시키는 검열에 해당하는지 여부를 살핀다.

첫째, 허가를 받기 위한 표현물의 제출의무인지를 살펴본다. 「영화진흥법」 제21조 제1항은 영화가 상영되기 위해서는 상영 전에 영상물등급위원회로부터 상영등급을 분류받아야 할 것을 규정하고 있다. 우리 헌법재판소가 영화의 상영으로 인한 실정법위반의 가능성을 사전에 막고, 청소년 등에 대한 상영이 부적절할 경우 이를 유통단계에서 효과적으로 관리할 수 있도록 미리 등급을 심사하는 것은 사전검열이 아니라고 하여 사전등급제 그 자체는 사전검열에 해당되지 아니한다고 한 바 있지만, 사전등급제가 관철되기 위해서는 영화라는 표현물이 등급분류업무를 담당하는 기관에 상영 이전에 제출되어야 한다는 점은 분명하다. 이 사건 법률조항에 의해 인정되는 등급분류보류결정은 '허가를 받기 위한 표현물의 제출의무'라는 요건을 충족시킨다.

둘째, 행정권이 주체가 된 사전심사절차인지 여부를 살펴본다. 헌법상의 검열금지의 원칙은 검열이 행정권에 의하여 행하여지는 경우에 한하므로 영화의 심의 및 등급분류기관인 영상물등급위원회가 이에 해당하는지에 대하여 의문이 있을 수 있다. 영상물등급위원회가 행정기관인가의 여부는 기관의 형식에 의하

해하여 정신생활에 미치는 위험이 클 뿐만 아니라 행정기관이 집권자에게 불리한 내용의 표현을 사전에 억제함으로써 이른바 관제의견이나 지배자에게 무해한 여론만이 허용되는 결과를 초래할 염려가 있기 때문에 헌법이 절대적으로 금지하고 있는 것이다(헌재 1996. 10. 4. 93헌가13등; 헌재 1996. 10. 31. 94헌가6; 헌재 1997. 3. 27. 97헌가1; 헌재 1998. 2. 27. 96헌바2).

19) 헌재 1996. 10. 4. 93헌가13등; 헌재 1996. 10. 31. 94헌가6.

기보다는 그 실질에 따라 판단되어야 할 것이다. 등급분류보류결정권한을 갖고 있는 영상물등급위원회의 경우에도, 비록 이전의 공연윤리위원회나 한국공연예술진흥협의회와는 달리 문화관광부장관에게 보고 내지 통보의무는 없다고 하더라도, 「공연법」에 의하면 여전히 영상물등급위원회의 위원을 대통령이 위촉하고(동법 제18조 제1항), 영상물등급위원회의 구성방법 및 절차에 관하여 필요한 사항은 대통령령으로 정하도록 하고 있으며(동법 제18조 제2항, 동법시행령 제22조), 국가예산의 범위 안에서 영상물등급위원회의 운영에 필요한 경비의 보조를 받을 수 있도록 하고 있는 점(동법 제30조) 등에 비추어 볼 때, 행정권이 심의기관의 구성에 지속적인 영향을 미칠 수 있고 행정권이 주체가 되어 검열절차를 형성하고 있다고 보지 않을 수 없다. 따라서 이러한 영상물등급위원회에 의한 등급분류보류제도는 '행정권이 주체가 된 사전심사절차'라는 요건도 충족시킨다.

셋째, 허가를 받지 아니한 의사표현의 금지 및 심사절차를 관철할 수 있는 강제수단이 있는지를 살펴본다. 「영화진흥법」에 의하면, 영화가 상영되기 위해서는 그 상영 이전에 영상물등급위원회로부터 등급을 분류 받아야 하고(동법 제21조 제1항), 상영등급을 분류 받지 아니한 영화는 상영이 금지되며(동법 제21조 제2항), 만약 상영등급의 분류를 받지 않은 채 영화를 상영할 경우 과태료가 부과되고(동법 제41조 제1항 제2호), 상영등급을 분류 받지 아니한 영화가 상영되는 경우에는 문화관광부장관이 그 상영금지 혹은 정지명령을 발할 수 있으며(동법 제29조 제1호), 이러한 명령을 위반한 경우에는 형벌까지 부과할 수 있게 되어 있다(동법 제40조 제3호). 그런데 등급분류보류의 횟수제한이 설정되어 있지 않아 등급분류보류기간의 상한선이 없는 것과 마찬가지의 효과가 발생한다. 이 사건 법률조항에 의하면 3개월 이내의 기간을 정하여 등급분류를 보류할 수 있게 되어 있지만, 3개월 이내의 일정한 등급분류보류기간이 만료된 뒤에도 등급분류보류의 원인이 치유되지 않는 한, 즉 영화제작자가 자진해서 문제되는 내용을 삭제 내지 수정하지 않는 한 무한정 등급분류가 보류될 수 있다. 이는 비록 형식적으로는 '등급분류보류'에 의하더라도, 실질적으로는 영상물등급위원회의 허가를 받지 않는 한 무한정 영화를 통한 의사표현이 금지될 수 있다는 것을 의미한다. 따라서 영상물등급위원회에 의한 등급분류보류제도는 '허가를 받지 아니한 의사표현의 금지' 및 '심사절차를 관철할 수 있는 강제수단'이라는 요건도 충족시킨다.

위와 같은 이유로 이 사건 법률조항이 규정하고 있는 영상물등급위원회의 등급분류보류제도는 사전검열의 3대 요건을 충족하므로 우리 헌법이 절대적으로 금지하고 있는 사전검열에 해당하는 것으로서 「영화진흥법」 제21조 제4항은 헌법에 위반된다고 결정한다.

4) 재판관 송인준, 재판관 주선회의 반대의견

가. 헌법상 보호되지 않는 언론·출판

헌법 제21조 제1항에서 보호되는 '언론·출판'에 해당되지 아니하는 표현은[20] 헌법 제21조 제2항의 검열금지에 의한 보호의 대상이 될 수도 없으므로, 이와 같이 헌법상 보호되지 아니하는 표현을 여과하는 장치인 등급분류보류제도는 위헌이라 할 수 없다. 이 사건 법률조항은 당해 영화가 ① 헌법의 민주적 기본질서에 위배되거나 국가의 권위를 손상할 우려가 있을 때, ② 폭력·음란 등의 과도한 묘사로 미풍양속을 해치거나 사회질서를 문란하게 할 우려가 있을 때, ③ 국제적 외교관계, 민족의 문화적 주체성 등을 훼손하여 국익을 해할 우려가 있을 때에는 내용검토 등을 위하여 상영등급의 분류를 보류할 수 있도록 하고 있다. 주로 헌법상 보호되지 아니하는 표현을 대상으로 이를 여과하는 장치로서 그것도 절대적 금지나 일방적 삭제가 아닌 당사자의 자율적 재편집에 의한 등급분류 재신청을 상정한 것이다. 표현에 대한 위축효과를 최소화하면서도 영화의 상영으로 인한 실정법 위반의 가능성을 막고 국가사회의 건강성을 유지하는 기능을 수행하는 것이라고 할 수 있다.

---

20) 헌법 제21조 제4항은 "언론·출판은 타인의 명예나 권리 또는 공중도덕이나 사회윤리를 침해하여서는 아니된다."라고 규정하고 있다. 이는 표현의 자유에 있어서의 이러한 한계를 설정한 것으로서 헌법상 보호되지 않는 표현을 예시한 것이라고 할 것이다(헌재 1998. 4. 30. 95헌가16, 판례집 10-1, 327, 340). '인간존엄 내지 인간성을 왜곡하는 노골적이고 적나라한 성적 표현으로서 오로지 성적 흥미에만 호소할 뿐 전체적으로 보아 하등의 문학적, 예술적, 과학적 또는 정치적 가치를 지니지 않은 것'이라고 정의되는 음란표현은 사회의 건전한 성도덕을 크게 해칠 뿐만 아니라 사상의 경쟁메커니즘에 의해서도 그 해악이 해소되기 어려우므로 언론·출판의 자유에 의하여 보호할 수 없는 표현의 일례라 할 수 있다(헌재 1998. 4. 30. 95헌가16, 판례집 10-1, 327, 340-341).

나. 사전검증절차의 필요성

헌법상의 검열 금지를 어떠한 예외도 허용되지 않는 절대적인 것으로 보아야 하는가에 대하여는 의문이 있다. 영화는 시청각을 표현수단으로 하는 영상매체의 특수성으로 말미암아 일단 상영되고 나면 그 자극이나 충격이 매우 강하게 그리고 직접 전달되어 영향력이 아주 크다. 그 뿐 아니라, 비디오의 보급이 일반화되면서 그 파급효과가 광범위하게 이루어질 수 있게 되었고, 일단 소비자에게 보급되고 난 뒤에는 이를 효율적으로 규제할 방법마저 없다. 그러므로 영화를 상영 또는 보급하기 이전에 심사·규제해야 할 필요가 있다. 특히 청소년이 음란, 폭력 등 영화에 접근하는 것을 미리 막아야 할 절실함도 크다고 할 것이다.21)

다. 영상물등급위원회의 행정기관 해당 여부

설령 다수의견과 같이 헌법상 보호되지 않는 표현이라도 행정기관에 의해 사전검열이 될 수 없다고 한들 위 영상물등급위원회는 '행정기관'에 해당하지 아니하므로 영상물등급위원회에 의한 등급분류보류는 검열에 해당되지 아니한다. 영상물등급위원회는 각 전문분야별 순수 민간인으로 구성된 기관·단체에서 선정한 사람을 대한민국예술원회장이 추천하여 대통령이 위촉하도록 하고 있다. 대통령의 위촉행위는 단지 형식적인 것에 그칠 뿐이고, 행정부 공무원이 당연직 위원으로 위촉되는 경우도 없을 뿐더러 현 구성상 위원으로 되어 있지도 아니하므로 위원회 구성에서 행정권이 실질적으로 영향을 미칠 여지가 없다. 나아가, 「공연법」에는 임기 중 직무상 어떠한 지시나 간섭을 받지 아니하고 그의 의사에 반하여 면직되지 아니하도록 하고 있으므로(동법 제23조), 영상물등급위원회는 독립된 지위를 가진 민간자율기관으로 보아야 한다. 영상물등급위원회의 운영에 필요한 경비를 국고에서 보조할 수 있도록 되어 있으나, 실제로 국고에서 보조되는 것은 20%에도 미치지 못하므로, 이를 이유로 영상물등급위원회

---

21) 위와 같은 영화의 특성으로 인하여 대부분의 선진 자유민주주의국가에서도 어떤 형태이든 영화에 대한 사전제한을 수용하고 있고, 특히 미국처럼 표현의 자유에 대하여 특별한 헌법적 보장을 하여온 나라에서조차 영화검열 자체를 위헌이라고 보고 있지는 않다는 점을 주목할 필요가 있다. 헌재 1996. 10. 4. 93헌가13등, 판례집 8-2, 212, 224.

를 행정기관이라고 보는 것은 비약이다.

5 종합 평가

1) 역사적 배경과 정치·경제적 환경

사전검열은 일본 식민지시대는 말할 것도 없고, 해방 후 군부 독재정권에서도 정부입장을 옹호 내지 홍보하는 수단으로 악용되어 왔다. 이러한 역사적 배경 때문에 언론·출판에 대한 사전검열에 민감히 반대하는 측면이 있다고 본다. 그러나 영화와 같은 영상매체는 전파의 광범위성과 신속성, 막강한 영향력 때문에 일정한 제한이 불가피한 면도 있을 것이다. "표출된 후의 교정이 불가능한 해악으로부터 건전한 사회윤리의식과 청소년을 보호하여 국가사회의 건전성을 유지하는 것은 가치혼돈시대의 최소한의 보호 장치로서 포기될 수 없다."는 영상물등급위원회의 등급분류보류제도의 합헌성을 주장한 두 명의 반대의견에 유의할 필요가 있다. 오늘날처럼 통신수단의 발전으로 엄청난 영상매체의 영향력을 생각하면 자율적인 민간인이 등급위원회를 운영하여 헌법재판소에서 지적된 문제점을 보완하면서 합리적인 제한방법을 모색할 필요가 있다고 생각된다.

2) 추구하는 기본가치

영화는 다양한 가치와 창의적인 생각을 전달하는 것으로 학문 및 예술의 자유와 관련되며, 근본적으로는 행복추구권 내지 인간다운 생활권의 추구라 할 수 있다. 영화는 이러한 근본적인 가치를 전달하는 중요수단이라 할 수 있다. 한편 정부는 무분별한 표현이 가져오는 해악을 막기 위하여 적절한 규제 내지 제한 방법을 모색하지 않을 수 없다. 헌법에 보장된 개인의 본질적인 기본권 보호라는 가치와 정부의 공공이익 보호라는 두 가치가 충돌을 피할 수 없게 된다. 영화에 대한 대표적인 제한 방법이 공연윤리위원회의 사전검열과 등급위원회의 등급분류보류제이다. 이러한 제한 방법이 기본권 제한의 원리인 과잉금지 원칙을 준수하였는지를 분석하는 것은 두 가치의 조화방안을 찾는 데 유용한 지침이 된다.

3) 입법부의 역할

입법부가 영화와 같은 표현의 자유와 관련되는 법률을 제정할 경우에는 표현의 자유 제한시 적용되는 명확성의 원칙, 사전검열의 금지원칙, 지나치게 포괄적이고 애매한 제한문구는 무효라는 원리 등을 잘 이해하고 그에 반하지 않도록 하여야 할 것이다. 물론 기본권 제한의 일반원칙인 과잉금지원칙에서 적용되는 정책수단의 적절성, 피해의 최소성, 이익 균형의 원리 등도 자주 적용되는 위헌판결의 척도이다. 국산영화 의무상영제에서 쟁점이 되었던 포괄위임의 금지원칙도 영상매체 등 전문적이고 기술적인 영역의 입법 활동에서도 유의하여야 할 기준이다.

4) 정책집행 과정상의 법적 쟁점

영화의 사전검열 및 등급분류보류제의 위헌성 판단에서 중요한 쟁점 중 하나가 공연윤리위원회 내지 영상물등급위원회가 자율적인 민간인 조직인가 아니면 정부의 실질적인 영향력을 받고 있는 사실상의 정부기관적 성격을 갖는지여부였다. 정부는 아직도 다양한 위원회제도에서 위원임명, 운영과정, 예산지원 등을 통하여 실질적으로 관여하는 악습을 청산하지 못하고 있다. 본장에서 분석된 헌법재판소의 판례에서 그러한 악습을 구체적으로 지적하여 위헌 결정한 것은 향후 행정부의 위원회제도 운영에 많은 시사점을 준다고 할 수 있다.

5) 사법적 판단 및 사회적 영향

영상물 등급 관련 사건에서 헌법재판소는 영화도 언론·출판의 자유에 의하여 보호되는 의사표현의 매체라는 점을 명확히 하고, 헌법 제21조 제2항의 사전검열의 의미도 명확히 하였다. 영화의 파급성과 신속한 영향력 때문에 공연윤리위원회의 사전검열 또는 등급위원회의 등급분류보류제는 보통 당연한 것으로 받아들일 수 있는 주제인데, 헌법재판소에서 표현의 자유 제한에 대한 엄격한 심사기준을 적용하여 위헌 결정한 것은 매우 진보적인 결정으로 생각된다. 이는 헌법에 보장된 언론과 출판의 자유, 특히 사전검열 금지의 원칙을 구체적인 권리로 구현시킨 것으로 우리나라가 수준 높은 민주주의 국가로 발전하였음을 보여주는 한 예라고 할 수 있다. 영상물 분야에 관한 사전검열이 허용될 경우 가져올 수 있는 국민의 정신생활과 민주주의 발전에 대한 폐해를 우려한 헌법재판소의 시각은 향후 있을 수 있는 영상물 등급위원회의 지위 및 등급심사에서 가이드라인으로 기능할 수 있을 것이다.[22]

---

22) 이규홍, "영상물등급위원회에 의한 영상물등급분류제가 검열에 해당하는지 여부", 「헌법 판례 해설1」, 대법원 헌법연구회, 2010, 442－443면.

토론 주제

1. 문화주의란 무엇이며, 문화가 왜 중요한가?

2. 영화의 특성은 무엇이며, 영화가 인류의 문화발전에 어떤 기여를 하였는가?

3. 국산영화 상연 비율은 얼마나 되는가? 국산영화 의무상영제는 어떻게 변화하였으며, 국제화와 개방화 시대에도 지속되어야 하는가?

4. 공연윤리위원회의 구성 및 운영에서의 문제점은 무엇이었는가?

5. 등급분류보류제에서 사전검열 성립의 3대 요소는 무엇인가? 영화에 대한 적절한 제한 방법에는 어떤 것이 있는가? 등급위원회를 어떻게 구성·운영해야 하는가?

성평등 가족 정책 ‹‹‹ 제6장

가족은 사회생활의 근거지로서 건강한 사회의 밑바탕이 된다. 본장에서는 첫째, 성평등 가족 정책의 중요성과 헌법적 근거 내지 내용을 간략히 언급한다. 둘째, 가족 정책은 양성 평등에서 출발하므로 헌법제정 이후 최근까지 정부가 추진해온 성평등 정책을 살펴보고 영역별로 우리나라의 성평등 수준을 살펴본다. 셋째, 호주제도를 개관해보고 헌법상의 전통과 민주적 가족제도의 관계를 분석한다. 넷째, 양성평등의 가족 정책에서 이정표적인 역할을 한 헌법재판소의 호주제의 위헌 결정을 자세히 분석한다. 다섯째, 본장에서 다루어진 정책과 판례에 대한 종합적인 평가를 한다.

1 성평등 가족 정책의 중요성과 헌법적 근거

가족이라 함은 혼인, 혈연 또는 입양의 형태로 결합하여 동거하면서 상호 협동하는 비교적 영구적인 생활공동체를 말한다. 가족의 존립기반인 가정의 핵심적인 기능은 자녀를 보호·양육하여 사회 구성원으로 육성하며, 경제적 수요

와 정서적 만족을 충족시켜주는 기능을 수행한다.1) 가정은 사회생활의 출발점
이며 가정에서의 생활 기준 내지 생활 패턴은 사회생활의 길잡이가 되므로 민
주사회가 되려면 가정의 민주적인 조직과 운영이 전제되어야 한다. 가족제도는
역사적으로 가장(家長)중심의 봉건적 가족제도로부터 부부와 자녀중심의 시민적
가족제도로 변천해왔다. 우리나라에는 아직 봉건적인 가족제도의 색채가 남아
있으나 호주제의 위헌 판결로 법·제도상으로 민주적인 혼인·가족제도를 확립
하였다고 할 수 있다.

　　우리나라 헌법은 제36조 제1항에서 "혼인과 가족생활은 개인의 존엄과 양
성의 평등을 기초로 성립되고 유지되어야 하며, 국가는 이를 보장하여야 한다."
고 규정하고 있다. 민주적인 혼인제도와 가족제도를 보장한 헌법 제36조 제1항
은 혼인과 가정생활에 관한 헌법 원리를 선언한 원칙규범이며, 국가의 보장 의
무를 내용으로 하는 하나의 제도보장 조항이라 할 수 있다. 그리고 동 조항은
구체적인 입법이나 행정처분을 필요로 하지 아니하고, 그 자체로서 모든 국가기
관을 직접 구속하는 효력을 갖는 직접적 효력규정이라 할 수 있다. 또한 동 조
항은 사인(私人) 간에도 적용되어 이를 위반하는 법률행위는 헌법위반으로 무효
가 된다.2)

　　헌법이 보장하는 혼인제도의 내용은 개인의 존엄과 양성의 평등을 내용으
로 하므로 자유로운 합의를 조건으로 하는 혼인결정의 자유와 일부일처제를 기
본으로 한다. 여성근로자가 혼인을 하면 퇴직할 것을 조건으로 하는 혼인퇴직제
는 위헌무효이다.3) 혼인의 자유에 대한 예외로 미성년자의 부모 동의(민법 제808

---

1) 권영성, 「헌법학원론」, 법문사, 2009, 275면.

2) 상게서, 277-281면.

3) 대법원은 전화교환원의 정년을 43세로 규정한 한국전기통신공사의 인사규칙은 헌법상의 평등
　권과 근로기준법상의 남녀차별금지 규정에 위배된다고 판결한 바 있다(1988. 12. 27. 대판85다
　카657). 1980년대 중반 내지 1990년대에도 특정 전문직을 제외하고는 여성의 조기 퇴직을 당
　연한 것으로 받아들이는 분위기였다. 1985년에 A 물산에 다니던 이모씨가 교통사고를 당해 가
　해자를 상대로 손해배상 청구를 제기하면서 갑 회사에 계속 근무하는 것을 전제로 잃어버린
　수입을 계산하였으나, 1심 법원은 "한국여성은 통상적으로 25세에 퇴직한다. 그리고 한국여성
　의 평균결혼 연령은 26세이므로 손해배상 산정에 있어서 25세 이전까지는 A 물산에 근무하는
　것을 전제로 손해배상액을 정하지만, 그 이후는 가정주부로 살 것이고 가정주부는 따로 수입
　이 없으므로 도시일용 노동자의 임금에 준하여 일실 수익을 계산하여야 한다."고 판결하였다.
　그러나 서울 고등법원은 경제적 이유와 자기발전을 위하여 취업을 원하는 사람이 날로 증가
　하고 있으며, 결혼 후에도 계속취업을 희망하는 미혼여성의 비율도 높은 사실이 인정되므로

조), 배우자 있는 자의 중혼 금지(민법 제810조), 근친혼 금지(민법 제809조 제1항, 제2항)가 있다. 혼인관계 형성의 자유와 함께 혼인관계를 유지할 것인지 아니면 해소할 것인지의 자유도 허용되어야 한다.

헌법이 보장하는 가족제도의 내용은 개인의 존엄과 양성의 평등 원칙에 기초해야 하며 이는 부부관계와 친자관계에서도 적용된다. 개인의 존엄과 양성의 평등을 기초로 하는 부부관계란 각자의 인격을 존중하며 부부평등이 유지되는 것으로 부부 간의 협력의무와 공동생활 유지의무를 내용으로 한다. 부부평등과 관련하여 간통죄에 대한 형사처벌의 위헌여부가 문제되나 아직은 합헌으로 결정된 바 있다.[4]

친자관계에서의 개인의 존엄과 양성의 평등 원칙은 자녀의 양육과 교육권에서 적용된다. 자녀의 양육과 교육에 있어서 부모의 교육권은 교육의 모든 영역에서 존중되어야 하며, 학교교육의 경우는 국가가 부모의 교육권으로부터 독립된 독자적인 권한을 갖지만 학교 밖의 교육영역에서는 부모의 교육권이 우위를 차지한다.[5] 이밖에도 민법에서는 부모의 공동친권(민법 제909조)과 친족 간의 부양의무(민법 제974조)를 규정하고 있다.

2 성평등 정책의 현황

1) 성평등 정책의 추진 내용

성차별 문제는 오랜 사회적 관습에 뿌리를 두고 있어 정부의 정책적인 노

미혼의 직장여성이 결혼하면 반드시 퇴직하게 되는 것이라고 할 수 없다며, 미혼이지만 55세까지 근무하다 퇴직할 수 있는 것으로 보았다(서울고등법원 1986. 3. 4. 85나1683).

4) 헌법재판소는 간통죄의 형사 처벌규정이 합헌이라는 이유로 행복추구권에는 성적자기결정권이 포함되지만 헌법37조 제2항의 법률에 의한 제한이 가능하며, 간통은 선량한 성도덕이나 일부일처제에 반하며, 배우자에 대한 성실의무의 위반으로 이에 대한 규제는 필요 최소한의 제한이며, 배우자 모두에게 고소권이 인정되어 평등권에 반하지 않으며, 간통죄 처벌은 개인의 존엄과 양성의 평등을 기초로 하는 혼인과 가족생활의 유지의무의 이행에 부합한다고 하였다. 헌재 2001. 10. 25. 2000헌바60; 헌재 2002. 10. 31. 99헌바40.

5) 헌재 2000. 4. 27. 98헌가16.

력 없이는 그 변화가 쉽지 않다. 해방이후 최근까지의 성평등 관련 정책 및 법적 지원 내용을 준비기(1948-1986), 통합기(1987-1991), 정착기(1992-2002), 발전기(2003-2012)로 나누어 살펴보면 다음과 같다.6)

1948년 헌법의 제정 이후 남녀평등이 주창되었으며, 1962년에는 「윤락여성과 아동복지에 관한 법률」이 제정되었고, 1973년에는 「모자보건법」을 제정하여 출산억제 등 가족계획을 중점적으로 추진하였다. 1983년에는 여성개발원이 개원되고 여성정책심의원회가 발족되었으며, 1985년에 최초로 여성발전기본계획을 세워 여성정책 기본방향을 제시하였다.

제6공화국의 출발인 1987년에 여성발전계획이 경제사회발전 5개년계획(87-91)에 통합되었다. 1987년에 개정된 헌법에서는 경제영역에서의 여성차별금지와 모성보호에 관한 사항을 추가하였다. 1987년에 「남녀고용평등법」도 제정하였고, 1991년에 「영유아보육법」을 제정하여 여성의 잠재력을 국가발전에 활용하려는 다각적인 노력이 있었다. 제7차 경제사회발전계획(92-96)에서 여성개발부문을 독립시켰으며, 1995년에는 「여성발전기본법」을 제정하여 여성정책에 관한 기본계획을 5년마다 수립토록 하였으며 제1차 여성정책기본계획(1998-2002)이 수립되었다. 1997년에는 「남녀차별금지 및 구제에 관한 법률」을 제정하여 성희롱을 금지하였고, 「가정폭력방지 및 피해자보호 등에 관한 법률」을 제정하여 건전한 가정 육성을 추진하였다. 1999년에는 「남녀고용평등법」을 개정하여 인사에서의 여성차별을 금지하였다. 2001년에는 여성부를 신설하여 여성의 사회적 참여를 촉진하고 여성의 권익보장을 강조하였으며, 특히 2002년의 경우 생활 속의 평등문화와 의식의 정착을 위해 5대 생활문화개선운동과7) 호주제 개선 등 건강한 가족 정책을 주요 업무로 다루었다.

참여정부는 제2차 '여성정책기본계획'(2003-2007)을 세우고, 공약했던 보육

---

6) 김미경, "성평등·가족정책", 「한국행정 60년」 제3권 공공정책, 한국행정연구원, 2008, 527-531면.

7) 여성부가 추진하는 5대 생활문화개선운동의 내용은 함께 하는 살림문화, 함께 즐기는 명절문화, 함께 키우는 육아 문화, 함께 맡는 자녀교육문화, 함께 절제하는 회식문화로 요약될 수 있다. 여성부는 생활문화 개선운동이 우리 사회에 남아있는 성역할에 대한 고정관념을 바꾸고 평등한 부부, 화목한 가족공동체를 형성할 수 있는 의식전환의 계기가 될 것으로 전망하였다. 여성부 보도자료, 2001. 11. 9.

의 공공성 확대, 여성의 일자리 창출, 여성의 대표성 제고, 양성평등 가족정책, 가정과 직장의 양립지원, 폭력예방 및 인권보호 등을 실현하고자 하였다. 2005년에는 가족과 사회에서의 양성평등을 정책가치로 추진하여 여성가족부로 명칭을 변경하였고, 호주제의 폐지도 이루어졌다. 2006년에는 미혼모, 한부모 가족 등 다양한 가족에 대한 지원 대책도 마련되었다. 제3차 여성정책기본계획(2008-2012)은 '여성의 역량강화'와 '다양성과 차이 존중'을 2대 전략 목표로 하였다. 그리고 여성인력 활용, 여성권익 보호, 성평등 정책 추진기반 강화를 3대 정책과제로 하였으며, 14개의 중과제와 48개의 소과제를 추진하였다.[8]

　　2013년부터 2017년까지의 향후 계획은 다음과 같다. 제4차 여성발전기본계획(2013-2017)은 '여성의 경제적 역량강화'와 '여성에 대한 폭력근절'을 최우선 정책과제로 설정하고 있다. '돌봄'과 '일·가족 양립'을 위한 정책과제를 통합하여 장시간 근로관행 개선 등 남녀 모두를 포괄하는 과제를 포함하였으며 '복지 및 건강권'을 별도 과제로 부각하여, 여성노인·빈곤층, 한부모 등 다양한 집단을 위한 과제 및 여성의 건강권 보장을 위한 과제를 보완하는 한편, 여성의 대표성, 문화 미디어 분야 등 상대적으로 미진했던 분야의 정책과제를 적극 개발하도록 한다.[9]

---

8) 추진 실적 등 여기에 관한 자세한 내용은 여성가족부, 제3차 여성정책기본계획 참조. http://www.mogef.go.kr/korea/view/policy/policy02_02a.jsp?func=view&currentPage=0&key_type=&key=여성정책기본계획&search_start_date=&search_end_date=&class_id=0&idx=642578

9) 제4차 기본계획을 통해 정부가 추진할 주요 과제는 다음과 같다. 첫째, 여성의 경제적 역량을 강화하기 위하여 여성친화적 협동조합을 지원해 나가고, 여성 비정규직 근로자의 출산·육아기 고용지원금 지급요건을 완화한다. 둘째, 국·공립 어린이집의 보육분담률의 중장기적 목표치를 30%로 설정하고 이를 실행하기 위한 계획을 수립 및 관리하며, 근로시간 특례업종 범위를 합리적으로 조정해 나가는 등 일·가족 양립이 가능하도록 추진할 계획이다. 셋째, 성폭력·가정폭력 등 피해자에 대한 지원을 확대하고, 성인지 인권교육 운영을 확대하는 등 여성 대상 각종 폭력 방지정책의 실효성을 제고해 나갈 계획이다. 넷째, 한부모가족 아동양육비 지원단가를 단계적으로 확대하고 주거지원을 강화하는 한편, 청소년을 위한 여성적합형 체육 프로그램을 개발하는 등 여성의 건강권 보장을 강화해 나갈 계획이다. 다섯째, 고위공무원단 기관별 1인 이상 여성 임용권고, 공기업·준정부기관 경영평가에 여성 임원 비율 등 균형인사 지표 포함, 정부위원회 등에 위촉직 위원 여성 비율을 40% 수준으로 제고하는 등 여성의 대표성을 높여나간다. 여섯째, 평등의식과 문화의 확산을 위하여 교원능력개발평가에 양성평등 관련 지표를 반영하고, 대학 내 보육시설 설치 등 임신·출산 대학(원)생 권익을 보장하며, 성평등 확산에 기여하는 미디어를 지원해 나갈 계획이다. 일곱째, 아울러, 성별영향분석 평가 결과 및 개선실적 공표제도 도입, 중앙부처 및 지방자치단체 업무 평가에 성평등 관련 지표를

2) 한국의 성평등 수준

여성가족부가 한국여성정책연구원에 의뢰하여 작성된 '2012년 한국의 성평등 보고서'에 따르면 우리나라의 성평등 수준은 2011년 현재 시점으로 완전 평등을 100점으로 한 경우 63.5점이다. 2005년에(58.4점) 비해 5.1점 상승한 것으로 나타나 성평등 상황이 점진적으로 개선되고 있음을 보여주고 있다. 동 보고서는 성차별의 근원을 해결하여 지속가능한 발전을 이루기 위해서, 사회부문별 차별의 원인, 성평등 수준과 개선 정도를 객관적으로 파악하고 목표치를 설정하는 등 성평등 정책 전략을 체계화하는 작업이 필요하다는 취지에서 작성되었다.

동 보고서는 가족, 복지, 보건, 경제활동, 의사결정, 교육·직업훈련, 문화·정보, 안전 8개 부문, 21개 지표로 산정된다. 2011년 현재 성차별이 가장 적은 부문은 보건 부문, 가장 큰 부문은 의사결정 부문인 것으로 나타났다. 보건 부문 성평등 점수는 91.2점으로 가장 높으며, 그 다음으로 교육·직업훈련 부문이 78.1점, 문화·정보 부문이 73.6점, 경제활동 부문이 69.4점, 복지 부문이 68.4점 순으로 나타났다. 반면, 의사결정 부문의 성평등 점수는 19.3점으로 가장 낮았다. 향후 정치·행정·경제 등 각 분야 여성의 의사결정직 참여 확대를 위한 정책추진이 시급함을 나타내주고 있다. 이외에도 안전 부문(53.0점), 가족 부문이 60.4점 순이었다.

우리나라의 성평등 수준이 전반적으로 개선되고 있으며, 향후 국가 성평등 정책의 방향이 의사결정 부문, 안전 부문, 그리고 가족 부문 같은 남녀불평등이 심한 부문의 개선에 우선순위를 두고, 지속적이며 전략적으로 추진되어야 한다.[10]

반영하는 등 성평등 정책 추진 역량과 책무성을 강화해 나갈 계획이다. 여성가족부, 보도자료, 2012. 12. 4.

10) http://enews.mogef.go.kr/view/board/bbs/view.jsp 요약 편집함.

3 호주제 개관

아래에 호주제를 개관해보고, 헌법상의 '전통'과 '민주적 가족제도'의 관계를 살펴본다.[11]

1) 호주제 개관

가. 호주제

호주제의 개념을 정의한 법률조항은 따로 없었다. 호주제란 민법(2005. 3. 31. 법률 제7427호로 개정되기 전의 것. 이하 '민법'이라 한다) 제4편 제2장 '호주와 가족', 제8장 '호주승계'를 중심으로 일정한 법률조항들을 묶어, 이러한 법률조항들의 연결망이 형성하는 법적 상태를 지칭하는 말이다. 민법의 개별조항들이 담고 있는 내용들을 종합하여 보면 '호주제'란 '호주를 정점으로 가(家)라는 관념적 집합체를 구성·유지하고, 이러한 가를 원칙적으로 직계비속남자에게 승계시키는 제도'로, 남계혈통을 중심으로 가족집단을 구성하고 이를 대대로 영속시키는데 필요한 여러 법적 장치라고도 할 수 있다.

나. 호주제의 구성요소

민법에서 규정하고 있었던 호주제의 핵심적인 구성요소는 '가(家)의 구성', '호주의 권한과 의무', '호주승계'라고 할 수 있다.

가) 가(家)의 구성

민법은 가(家)의 개념을 여러 곳에서 사용하면서도 정의규정은 두고 있지 않다. 그러나 민법 제778조와 제779조 및 기타 관련조항을 모아 보면 가란 원칙적으로 호주와 가족으로 구성됨을 알 수 있다. 호주란 "일가(一家)의 계통을 계승한 자, 분가한 자 또는 기타 사유로 인하여 일가를 창립하거나 부흥한 자"를 말하고(민법 제778조), 가족이란 "호주의 배우자, 혈족과 그 배우자 기타 민법의

---

11) 이하의 내용은 헌재 2005. 2. 3. 2001헌가9·10·11·12·13·14·15, 2004헌가5(병합) 판결원문을 이해하기 쉽도록 수정·구성하였다.

규정에 의하여 그 가에 입적한 자"를 말한다(민법 제779조). 자(子)는 부가(父家)에 입적하고(민법 제781조 제1항 본문 후단), 처는 부(夫)의 가에 입적한다(민법 제826조 제3항 본문). 이러한 조항들을 통하여 호주와 가족으로 이루어지는 가의 기본형이 구성된다. 모든 국민은 호주 또는 가족으로서 반드시 어떤 가에 속하게 된다. 이러한 가의 구성은 법률상 강제된다.[12]

나) 호주의 권한과 의무

구 민법(1990년 개정 전의 것)상 호주는 가 내부에서 상당한 권한을 행사할 수 있었으나, 1990년의 민법개정으로 호주의 권한이 대폭 축소되었는 바, 그 내용은 다음과 같다. 첫째, 가족의 거가(去家)에 대한 동의권으로 가족이 그 모의 재혼가에 입적할 경우 종래의 호주는 거가에 대한 동의권을 가진다(민법 제784조 제2항). 둘째, 직계혈족을 입적시킬 권한으로 호주는 타가의 호주 아닌 자기의 직계존속이나 직계비속을 자신의 가에 입적시킬 수 있다(민법 제785조). 셋째, 친족회에 관한 권한으로 가정법원에 대하여 친족회 소집을 청구할 권한(민법 제966조), 친족회에 출석하여 의견을 개진할 수 있는 권한(민법 제968조), 친족회의 결의에 갈음할 재판을 청구할 권한(민법 제969조), 친족회의 결의에 대한 이의의 소를 제기할 권한(민법 제972조)을 갖는다. 넷째, 폐가할 수 있는 권한으로 일가창립 또는 분가로 인하여 호주가 된 자는 타가에 입양하기 위하여 폐가할 수 있고(민법 제793조), 여(女) 호주는 혼인하기 위하여 폐가할 수 있다(민법 제794조).

구 민법은 호주에 대하여 가족부양의무를 지우고 있었으나(제797조), 1990년 개정 시 삭제되었다. 이와 같이 1990년의 민법 개정으로 호주의 권한은 매우 빈약하게 되었고, 호주의 의무는 전혀 없게 되었다. 여기서 호주의 가부장적 권한이 거의 삭제되었으므로 호주제는 실질적으로 형해화(形骸化)된 것이고, 상징적

---

12) 법률상 강제의 대표적인 내용을 신분당사자별로 나누어 살펴보면, 첫째, 민법 제778조의 요건이 충족되면 본인의 의사와 무관하게 법률상 당연히 호주로 된다. 둘째, 장남자가 아닌 남자는 혼인하면 일가를 따로 거느리고 호주가 된다(민법 제778조, 제789조). 그러나 여자가 혼인하면 민법 제826조 제3항에 따라 '친정의 가족'에서 '남편이 호주인 가의 가족' 또는 '시가의 가족'으로 신분관계가 변동된다. 셋째, 자녀가 출생하면 당연히 부가(父家)에 입적한다(민법 제781조 제1항 본문 후단). 이혼한 여자가 자녀의 친권자와 양육자로 지정되어 자녀를 보살피며 생활공동체를 이루더라도 그 자녀는 어머니와 가를 이루지 못하고 여전히 아버지가 호주인 가의 가족으로 남는다.

인 의미만 있는 것이 아니냐는 의문이 있을 수 있다. 그러나 아직도 거가동의 권, 직계혈족 입적권과 같은 권리가 유보되어 있다는 점은 차치하더라도, 강제 적 가의 구성과 이에 수반되는 가족관계의 강제형성, 가의 승계라는 호주제의 요소는 엄존하고 있고, 이는 상징적인 의미만 지니는 것이 아니라 민사실체법적 효과를 지니고 있다.[13]

다) 호주 승계

민법 제980조는 호주가 사망한 때 등의 경우에 호주승계가 되도록 규정하고 있으며, 민법 제778조는 일가의 계통을 계승한 자는 호주가 된다고 규정하고 있다. 여기서 일가의 계통의 계승이란 곧 호주승계에 다름 아니다. 그런데 민법 제984조는 호주승계의 순위를, ① 직계비속남자 ② 가족인 직계비속여자 ③ 처 ④ 가족인 직계존속여자 ⑤ 가족인 직계비속의 처로 정하고 있다. 즉, 사망한 전 호주의 아들, 손자, 미혼의 딸, 처, 어머니, 며느리 순으로 되어 있어 철저히 남성우월적 서열을 매기고 있음을 알 수 있다. 이와 같은 호주승계제도를 통하여 가는 그 구성원의 사망, 혼인, 분가 등에도 불구하고 부단히 후세에 이어지게 되어 그 영속성이 보장되는바, 그 기초에는 남계혈통은 계승되어야 한다는 관념이 놓여 있다.

구 민법은 호주의 직계비속장남자의 임의분가를 금지하고(제788조 제1항 단서), 호주상속권은 이를 포기하지 못하도록 함으로써(제991조), 호주라는 법적 지위를 강제로 승계시키고 있었다. 그러나 민법(2005. 3. 31. 개정 이전의 것)은 호주의 직계비속장남자의 임의분가도 허용하고(민법 제788조 제1항), 호주승계권의 포기를 허용함으로써(민법 제991조) 강제적 호주승계의 제도는 해소되었다. 그러나 호주승계순위의 남성우월로 인하여 실제 직계비속남자들 모두 호주승계권을 포기하지 않는 한 호주의 지위는 남자에 의해 승계되므로, 호주승계포기조항으로 인

---

13) 가장 대표적인 사례만 보더라도, 여자가 혼인하면 친가의 가족에서 시가 또는 부가(夫家)의 가족으로 신분이 전환되고, 자녀가 이혼한 모를 따라 재혼가정에서 가족공동체를 꾸리고 있더라도 재혼 부가(夫家)의 가족이 될 수 없으며, 호주의 장남자가 사망하고 그 처와 자녀들이 시가와는 별도로 완전히 독립된 생활공동체로 살아가더라도 그 처를 중심으로 한 독립적인 가족관계를 따로 형성하지 못하고 여전히 그 처의 시아버지이자 그 자녀들의 할아버지인 호주와의 가족관계에 얽매이게 된다. 신분관계를 이와 같이 강제로 변화시키기도 하고 변화를 방해하기도 하는 것은 엄연한 법적 효과이다(2005. 2. 3. 2001헌가9·10·11·12·13·14·15).

하여 남계혈통의 계승이라는 호주제도 본래의 취지와 기능에 큰 변화가 생겼다
고는 평가하기 어렵다.

2) 헌법상의 전통과 민주적 가족제도의 관계

가. 헌법과 가족법의 관계

헌법은 한 국가의 최고규범으로서 입법·행정·사법과 같은 모든 공권력의
행사가 헌법에 의한 제약을 받는 것은 물론, 사법(私法)상의 법률관계도 직·간
접적으로 헌법의 영향을 받게 된다. 헌법재판소는 일찍이 "헌법은 국민적 합의
에 의해 제정된 국민생활의 최고 도덕규범이며 정치생활의 가치규범으로서 정
치와 사회질서의 지침을 제공하고 있기 때문에 민주사회에서는 헌법의 규범을
준수하고 그 권위를 보존하는 것을 기본으로 한다."고 설파한바 있다.[14] 가족제
도는 민족의 역사와 더불어 생성되고 발전된 역사적·사회적 산물이라는 특성을
지니고 있기는 하나, 그렇다고 하여 가족제도나 가족법이 헌법의 우위로부터 벗
어날 수 있는 특권을 누릴 수 없다. 오늘날 헌법은 가족생활관계도 이를 단순히
사인(私人) 간의 사적 문제로만 파악하지 않고 그것이 국민생활 내지 국가생활
의 한 요소가 될 수 있다는 것을 인정하고 이를 헌법사항에 포함시키기에 이르
렀다. 그리하여 오늘날 많은 국가의 헌법에서 가족생활관계에 대해서도 그 근본
이 되는 원칙을 헌법의 한 내용으로 다루고 있다.

나. 전통(헌법 제9조)과 민주적 가족제도(헌법 제36조 제1항)의 관계

헌법 전문은 '유구한 역사와 전통에 빛나는 우리 대한국민'을 강조하고 있
으며, 헌법 제9조는 "국가는 전통문화의 계승·발전과 민족문화의 창달에 노력
하여야 한다."고 규정하고 있다. 한편 헌법 제36조 제1항은 "혼인과 가족생활은
개인의 존엄과 양성의 평등을 기초로 성립되고 유지되어야 하며, 국가는 이를
보장한다."고 규정하고 있다. 여기서 헌법 제9조와 제36조 제1항 간의 관계를
어떻게 설정할 것인지, 어떻게 조화롭게 해석할 것인지 문제가 된다.

헌법 제36조 제1항은 헌법제정 당시부터 평등원칙과 남녀평등을 일반적으

---

14) 헌재 1989. 9. 8. 88헌가6.

로 천명하는 것(제헌헌법 제8조)에 덧붙여 특별히 혼인의 남녀동권을 헌법적 혼인 질서의 기초로 선언한 헌법적 결단의 표현으로 보아야 할 것이다. 이러한 헌법의 의지는 1980년 헌법에서 더욱 강화되었다. 양성평등 명령이 혼인관계뿐만 아니라 모든 가족생활로 확장되었고, 양성평등에 더하여 개인의 존엄까지 요구하였다. 여기에 현행 헌법은 국가의 보장의무를 덧붙임으로써 이제 양성평등과 개인의 존엄은 혼인과 가족제도에 관한 최고의 가치규범으로 확고히 자리 잡았다. 한편, 헌법 전문과 헌법 제9조에서 말하는 '전통', '전통문화'란 역사성과 시대성을 띤 개념으로 이해하여야 한다. '전통', '전통문화'란 오늘날의 의미로 재해석되지 않으면 안 된다. 가족제도에 관한 전통·전통문화란 적어도 그것이 가족제도에 관한 헌법이념인 개인의 존엄과 양성의 평등에 반하는 것이어서는 안 된다. 결론적으로 전래의 어떤 가족제도가 헌법 제36조 제1항이 요구하는 개인의 존엄과 양성평등에 반한다면 헌법 제9조를 근거로 그 헌법적 정당성을 주장할 수는 없다.

4 호주제에 관한 헌법재판소 결정

오랫동안 전통적으로 유지되어온 호주제의 위헌성 여부에 관한 헌법재판소의 심판내용을 아래에서 살펴본다.[15)]

1) 사건 개요와 심판 대상

이 사건은 2001헌가9·10, 2001헌가11·12·13·14·15, 그리고 2004헌가5 사건을 병합하여 다루었다. 2001헌가9·10 사건 개요는 다음과 같다. 혼인하였다가 이혼하고 일가를 창립한 자들이 전 부(夫)와의 사이에 태어난 그들 자(子)의 친권행사자이며 양육자인데도 그들 자(子)의 호적은 부(父)인 전 부(夫)가 호주로 있는 가(家)에 편제되어 있으므로 그들의 자(子)를 자신의 가(家)에 입

---

15) 이하의 내용은 헌재 2005. 2. 3, 2001헌가9·10·11·12·13·14·15, 2004헌가5(병합) 판결원문을 이해하기 쉽도록 수정·구성하였음. 이 판례에 대한 평석으로 방승주, "호주제의 위헌성 여부", 「고시연구」 통권 322호, 고시연구사, 2001, 59-74면)가 있다.

적시키기 위하여 2000. 10.경 관할 호적관청에 각기 입적신고를 하였다. 그러나 호적관청은 민법 제781조 제1항 본문을 들어 입적신고를 받아들이지 아니하였다. 이에 신청인들은 당해사건 법원에 각 호적관청의 처분에 대한 불복을 신청하였고, 그 재판계속 중에 민법 제778조, 제781조 제1항 본문이 위헌이라고 주장하면서 위헌법률심판제청신청을 하였고, 당해 사건 법원은 민법 제781조 제1항 본문 중 후단에 대한 신청은 받아들여 헌법재판소에 위헌법률심판을 제청하였다.

2001헌가11 내지 15 사건과 2004헌가5 사건에서 신청인들은 부(夫)가 호주로 되어 있는 가를 무호주, 즉 호주가 없는 가로 바꾸기 위하여 각기 관할 호적관청에 호주변경신고를 하였으나, 호적관청들은 현행법상 무호주제도는 인정되지 않는다는 이유로 호주변경신고의 수리를 거부하였다. 이에 신청인들은 당해 사건 법원에 각 호적관청의 수리거부처분에 대한 불복을 신청하였고, 그 재판계속 중에 민법 제778조, 제826조 제3항 본문이 위헌이라고 주장하면서 위헌법률심판제청신청을 하였는데, 당해 사건 법원은 민법 제778조에 대한 신청을 받아들여 헌법재판소에 위헌법률심판을 제청하였다.

> 민법(2005. 3. 31. 법률 제7427호로 개정되기 전의 것)
> 제778조 일가의 계통을 계승한 자, 분가한 자 또는 기타 사유로 인하여 일가를 창립하거나 부흥한 자는 호주가 된다.
> 제781조 ① 자는 부의 성과 본을 따르고 부가에 입적한다. 다만, 부가 외국인인 때에는 모의 성과 본을 따를 수 있고 모가에 입적한다.
> 제826조 ③ 처는 부의 가에 입적한다. 그러나 처가 친가의 호주 또는 호주승계인인 때에는 부가 처의 가에 입적할 수 있다.[16]

---

16) 그 밖의 관련조문은 다음과 같다. 민법 제779조(가족의 범위) 호주의 배우자, 혈족과 그 배우자 기타 본법규정에 의하여 그 가에 입적한 자는 가족이 된다. 민법 제784조(부의 혈족 아닌 처의 직계비속의 입적) ① 처가 부의 혈족 아닌 직계비속이 있는 때에는 부의 동의를 얻어 그 가에 입적하게 할 수 있다. ② 전항의 경우에 그 직계비속이 타가의 가족인 때에는 그 호주의 동의를 얻어야 한다. 민법 제785조(호주의 직계혈족의 입적) 호주는 타가의 호주 아닌 자기의 직계존속이나 직계비속을 그 가에 입적하게 할 수 있다. 민법 제787조(처 등의 복적과 일가창립) ① 처와 부의 혈족 아닌 그 직계비속은 혼인의 취소 또는 이혼으로 인하여 그 친가에 복적하거나 일가를 창립한다. ② 부가 사망한 경우에는 처와 부의 혈족 아닌 그 직계비속은 그 친가에 복적하거나 일가를 창립할 수 있다. ③ 전2항의 경우에 그 친가가 폐가 또는 무후되었거나 기타 사유로 인하여 복적할 수 없는 때에는 친가를 부흥할 수 있다. 민법 제788조

2) 위헌법률심판 제청이유와 관계기관의 의견

법원의 위헌법률심판 제청이유는 다음과 같다. 첫째, 민법 제778조는 헌법 전문 및 제4조, 헌법 제10조, 헌법 제36조 제1항에 위반된다. 호주제도는 호주에게 우월적 지위를 부여하여 일가를 구성하는 구성원들로 하여금 호주를 정점으로 강제적이고 일률적으로 순위 지워지게 함으로써 존엄한 인격을 가진 개인들이 평등한 차원에서 공동체를 형성하는 것을 불가능하게 하고 있으므로 위 법조는 민주적 기본질서를 규정한 헌법 전문 및 제4조에 위반된다. 호주제도는 개인에게 자신의 법적 지위를 스스로 형성할 기회를 부여하지 아니하는 결과 개인의 의사와 무관하게 각자를 지배·복종 관계에 강제로 편입시키고 호주 아닌 가족을 호주에게 종속시킴으로써 개인의 자율적인 법률관계 형성을 전면적으로 부인하고 열위의 지위를 강제하여 인격권을 침해하는 결과를 가져오므로 위 법조는 인간으로서의 존엄과 가치 및 행복추구권을 규정한 헌법 제10조에도 위반된다. 이러한 호주제도는 혼인과 가족생활에서 그 구성원 상호 간의 평등한 법률관계 형성을 막고 남성에게 호주가 되는 우선적인 지위를 인정함으로써 합리적 근거 없이 아내의 지위를 남편보다 하위에, 어머니의 지위를 아버지보다 하위에 각 위치하게 하는 정당성 없는 남녀차별을 초래하여 성별에 의한 차별을 금지한 헌법 제11조 제1항과 개인의 자율적 의사와 양성의 평등에 기초한 혼인생활과 가족생활의 자유로운 형성을 보장하는 헌법 제36조 제1항에 각 위반된다.

둘째, 민법 제781조 제1항 본문 후단은 부계중심주의 원칙을 채택하여 자

(분가) ① 가족은 분가할 수 있다. ② 미성년자가 분가함에는 법정대리인의 동의를 얻어야 한다. 민법 제789조(법정분가) 가족은 혼인하면 당연히 분가된다. 그러나 호주의 직계비속장남자는 그러하지 아니하다. 민법 제980조(호주승계개시의 원인) 호주승계는 다음 각 호의 사유로 인하여 개시된다. 1. 호주가 사망하거나 국적을 상실한 때. 2. 양자인 호주가 입양의 무효 또는 취소로 인하여 이적된 때. 3. 여호주가 친가에 복적하거나 혼인으로 인하여 타가에 입적한 때. 4. 삭제. 민법 제984조(호주승계의 순위) 호주승계에 있어서는 다음 순위로 승계인이 된다. 1. 피승계인의 직계비속남자. 2. 피승계인의 가족인 직계비속여자. 3. 피승계인의 처. 4. 피승계인의 가족인 직계존속여자. 5. 피승계인의 가족인 직계비속의 처. 민법 제991조(호주승계권의 포기) 호주승계권은 이를 포기할 수 있다. 호적법 제8조(호적의 편제) 호적은 시, 읍, 면의 구역 내에 본적을 정하는 자에 대하여 호주를 기준으로 하여 가별로 이를 편제한다.

녀가 속할 가를 원칙적으로 아버지의 가로 정하여 남녀의 성(性)에 따른 차별을 두고 있으므로 헌법 제11조 제1항 및 제36조 제1항에 위배된다. 민법 제781조 제1항 본문 후단을 비롯한 자녀의 입적에 관한 민법의 체제는 일단 아버지의 가에 속하게 된 자녀가 부모의 이혼 등으로 아버지와의 가족공동생활이 불가능하게 된 경우에도 자녀에 대한 어머니의 가(家)로의 전적의 여지를 두지 아니하고 있는데 이는 모자의 권리를 지나치게 침해하는 것으로서 헌법 제37조 제2항에 위배된다.

법무부장관은 기존의 호주를 중심으로 한 가족제도로 인한 사회적 문제를 해결함과 동시에 현실의 다양한 가족형태를 포용하고 국민의 변화된 가족관념과 새로운 가족제도 구성에 대한 국민적 여망을 반영하여, 호주제 폐지, 자녀 성(姓)결정에 있어 부성(父姓)강제 완화, 자녀의 복리를 위한 성의 변경 허용을 근간으로 하는 민법개정안을 국회에 제출하였다는 의견을 제시하였다.

3) 쟁점과 판단

가. 양성평등원칙 위반 여부

가) 성역할에 관한 고정관념에 기초한 차별

헌법 제36조 제1항은 혼인과 가족생활에서 양성의 평등대우를 명하고 있으므로 남녀의 성을 근거로 하여 차별하는 것은 원칙적으로 금지되고, 성질상 오로지 남성 또는 여성에게만 특유하게 나타나는 문제의 해결을 위하여 필요한 예외적 경우에만 성차별적 규율이 정당화된다. 과거 전통적으로 남녀의 생활관계가 일정한 형태로 형성되어 왔다는 사실이나 관념에 기인하는 차별, 즉 성역할에 관한 고정관념에 기초한 차별은 허용되지 않는다.

호주제는 남계혈통을 중심으로 인위적 가족집단인 가를 구성하고 이를 승계한다는 것이 그 본질인 바, 남계혈통 위주로 가를 구성하고 승계한다는 것은 성에 따라 아버지와 어머니를, 남편과 아내를, 아들과 딸을, 즉 남녀를 차별하는 것인데, 이러한 차별을 정당화할 만한 사유가 없다. 호주제의 남녀차별은 가족 내에서의 남성의 우월적 지위, 여성의 종속적 지위라는 전래적 여성상에 뿌리박은 차별로서 성역할에 관한 고정관념에 기초한 차별에 지나지 않는다.

나) 호주승계 순위의 차별

민법 제778조는 민법 제984조와 결합하여 호주 지위의 승계적 취득에 있어 철저히 남성 우월적 서열을 매김으로써 남녀를 차별적으로 취급하고 있다. 남자라는 이유만으로 어머니와 누나들을 제치고 아들이, 또한 할머니, 어머니를 제치고 유아인 손자가 호주의 지위를 차지하게 된다. 미혼의 딸도 아들이나 손자가 없을 경우에는 호주가 될 수 있으나, 나중에 혼인하게 되면 남편 또는 시아버지가 호주인 가의 가족원으로 입적되므로 평생을 미혼으로 지내지 않는 한 호주의 지위를 계속 유지한다는 것은 불가능하다. 호주제는 모든 직계비속남자를 정상적 호주승계자로 놓고 고안된 제도이며, 여자들은 남자들이 없을 경우 일시적으로 가를 계승시키기 위하여 보충적으로 호주 지위가 주어지는 잔여범주로서 존재하는 것이다.

다) 혼인 시 신분관계 형성의 차별

혼인이란 남녀가 평등하고 존엄한 개인으로서 자유로운 의사의 합치에 의하여 생활공동체를 이루는 것이어야 하므로 부부관계라는 생활공동체에 있어 남녀는 동등한 지위를 유지하여야 한다. 그런데 민법 제826조 제3항 본문에 의하여 여자는 혼인하면 법률상 당연히 부(夫)의 가에 입적하게 되는바, 이 조항은 민법 제789조와 결합하여 다음과 같은 법률효과를 일으킨다. 부(夫)가 호주의 직계비속장남자인 경우에, 부는 법정분가하지 않고 그대로 자신의 가에 머무는 반면, 처는 종래 소속되어 있던 자신의 가를 떠나 부의 가의 새로운 가족원이 된다. 부(夫)가 호주의 직계비속 장남자가 아닌 경우에, 부는 법정분가하면서 새로운 가의 호주가 되는 반면, 처는 부의 가에 입적되므로 입부혼을 제외하고는 그 가의 가족원이 될 뿐 호주지위를 획득할 수 없다. 부부는 혼인관계의 대등한 당사자로서 부부공동체에 있어 동등한 지위와 자격을 누려야 할 것임에도 불구하고 이러한 처의 입적제도는 처의 부에 대한 수동적·종속적 지위를 강제한다.

민법 제826조 제3항 단서는 처가 친가의 호주 또는 호주승계인인 때에는 부(夫)가 처의 가에 입적할 수 있도록 하고 있지만, 이러한 입부혼(入婦婚) 제도를 두었다 하여 본문조항의 남녀차별성이 상쇄될 수 없다. 현실적으로 입부혼이 거의 행해지고 있지 않을 뿐 아니라, 법률적으로도 처가 친가의 호주 또는 호주 승계인인 때로 한정하고 있는 점, 처가에의 입적 여부를 부가 자유롭게 결정할 수 있게 한 점에서 처의 부가(夫家)입적의 경우와는 분명히 차별적 취급을 하고 있는 것이다.

라) 자녀의 신분관계 형성의 차별

첫째로 부가입적(父家入籍)원칙에 다음과 같은 문제가 있다. 민법 제781조 제1항 본문 후단은 "자는 ⋯ 부가에 입적한다."고 규정하고 있다. 자녀가 태어나면 당연히 부가(父家)에 입적된다는 것은 그 자체로 가의 존재를 전제로 하여 자녀를 부계혈통만을 잇는 존재로 간주하겠다는 부계혈통 우위의 사고에 기초한 것인데, 이는 자녀가 부모의 양계혈통을 잇는 존재라는 자연스럽고 과학적인 순리에 반하며, 부에 비하여 모의 지위를 열위에 둠으로써 부당히 차별하는 것이다. 모가에 입적할 수 있는 예외적 규정을 두고 있지만 이는 모두 부가로의 입적이 불가능한 경우로 한정되어 그 범위가 너무 협소하므로 원칙적인 남녀차별성을 치유할 수 없다. 자를 부가에 입적시킨다는 이 민법조항의 본질적인 의의는 단순히 호적법상 호적편제의 기준에 그치는 것이 아니라 남계혈통을 통한 가의 계승이라는 호주제의 관철에 있다. 대부분 호주의 지위를 겸하고 있는 부의 가에 자녀를 편입시키는 것은 '호주 중심의 가의 구성'을 위한 불가결의 요소를 이루며, 또한 '후손을 통한 가의 계승'이라는 호주제의 또 다른 내용을 실현하기 위한 전제가 된다.

둘째로 부모가 이혼한 경우 다음과 같은 문제가 있다. 자(子)에 대한 신분법적 규율은 자의 복리향상에 그 목적을 두어야 하고, 가능한 한 친자관계 당사자의 자율적 결정을 존중하는 것이어야 한다. 그런데 일률적으로 자를 부가(父家)에 입적하도록 함으로써 부모가 이혼한 경우에 대단히 심각한 문제가 야기된다. 부모가 이혼한 경우에는 모가 자녀를 양육하는 경우가 훨씬 더 많으며, 우리 사회의 이혼율 증가와 더불어 이혼 후 모가 자녀와 함께 사는 모자가정의 수가 점점 더 늘어나고 있다. 그런데 현실적으로 모(母)가 자녀의 친권자와 양육자로 지정되어 생활공동체를 형성하더라도 자녀는 민법 제781조 제1항 본문 후단에 따라 여전히 부(父)의 호적에 남아 있게 된다. 그리하여 부의 양육권 포기, 재혼 등으로 부와 자녀 간의 교류가 전혀 단절되어 있더라도 자녀학대, 성추행, 폭행 등으로 가정파탄의 원인을 부가 제공한 경우에도, 당사자인 자녀가 아무리 부가를 떠나 모가에의 입적을 원하더라도, 부 스스로 자녀의 모가입적을 분명히 원하는 경우에도 그 자녀는 여전히 부가에 소속되고 그 부가 자녀들의 호주가 된다. 반면 모는 주민등록상의 '동거인'에 불과하게 된다. 모와 자녀가 현실적 가족생활대로 법률적 가족관계를 형성하지 못하여 비정상적 가족으로 취급됨으로써 사회생활을 하는데 여러모로 불편할 뿐 아니라 극심한 정신적 고통을 겪게 된다. 이러한 결과는 헌법에 반함은 물론 오늘날의 가족현실에도 전혀 부합하지 않는다.

셋째로 인수입적(引收入籍)의 경우 다음과 같은 문제가 있다. 처가 부(夫)의 혈족이 아닌 직계비속을 가에 입적시키려면 부의 동의가 있어야 하며, 이 경우에 그 직계비속이 타가(他家)의 가족인 때에는 그 호주의 동의를 얻어야 한다(민법 제784조). 그리하여 이혼 후 자녀를 양육하여 오다가 재혼한 처가 전부(前夫) 소생의 자녀들과 함께 살더라도 재혼한 부(夫)의 동의가 없으면 자녀들과 각기 다른 가의 구성원이 될 수밖에 없다. 설령 재혼한 부가 동의하더라도, 전부(前夫)가 동의하지 않으면 자녀들은 전부(前夫)의 가를 떠날 수 없다. 재혼율, 특히 여성의 재혼율이 점차 높아지고 있는 상황에서 이런 문제 또한 심각한 사회문제로 대두되고 있다. 부(夫)가 처의 혈족이 아닌 직계비속을 입적함에는 처의 동의라는 제한이 없는데 비하여, 처의 경우 위와 같은 제한을 둔 것은 부계혈족 아닌 혈족의 부가(夫家)입적을 제한하려는 것이고(제784조 제1항의 경우), 또한 가계계승을 고려한 것으로서(동조 제2항의 경우) 역시 남계혈통만을 중시하는 호주제의 정신과 맞닿아 있다.

넷째로 미혼모의 경우 다음과 같은 문제가 있다. 미혼모가 자녀를 출산한 경우 부가 인지하지 않으면 모가에 입적한다(민법 제781조 제2항). 그러나 생부가 인지하면 모나 자녀의 의사에 상관없이 부의 가에 입적된다. 생부가 모와 혼인할 의사가 없고, 자녀를 양육하지도, 그럴 의사가 없더라도 생부의 일방적 행위에 의하여 자녀는 가족관계의 엄청난 변화를 감수하여야 하는데, 이 또한 남성 우월적 사고에 터 잡은 것이다.

나. 개인의 존엄 위반 여부

헌법 제36조 제1항은 혼인과 가족생활은 개인의 존엄을 존중하는 가운데 성립되고 유지되어야 함을 분명히 하고 있다. 혼인과 가족생활은 인간생활의 가장 본원적이고 사적(私的)인 영역이다. 이러한 영역에서 개인의 존엄을 보장하라는 것은 혼인·가족생활에 있어서 개인이 독립적 인격체로서 존중되어야 하고, 혼인과 가족생활을 어떻게 꾸려나갈 것인지에 관한 개인과 가족의 자율적 결정권을 존중하라는 의미이다. 혼인과 가족생활을 국가가 결정한 이념이나 목표에 따라 일방적으로 형성하는 것은 인간의 존엄성을 최고의 가치로 삼고 민주주의원리와 문화국가원리에 터잡고 있는 우리 헌법상 용납되지 않는다. 국가는 개인의 생활양식, 가족형태의 선택의 자유를 널리 존중하고, 인격적·애정적 인간관계에 터 잡은 현대 가족관계에 개입하지 않는 것이 바람직하다.17) 따라서 혼인·가족제도가 지닌 사회성·공공성을 이유로 한 부득이한 사유가 없는 한, 혼인·가족생활의 형성에 관하여 당사자의 의사를 무시하고 법률의 힘만으로 일방적으로 강제하는 것은 개인의 존엄에 반하는 것이다. 그런데 호주제는 당사자의 의사와 자결권을 무시한 채 남계중심의 가제도의 구성을 강제하고 이를 유지하기 위하여 신분당사자의 법률관계를 일방적으로 형성한다.

이와 같이 호주제는 개인을 독립적 인격체로서 존중하는 것이 아니라 오로지 남계혈통 중심의 가의 유지와 계승이라는 목적을 위한 대상적·도구적 존재로 파악하고 있다. 호주제는 혼인과 가족생활 당사자의 복리나 선택권을 무시한 채 가의 유지와 계승이라는 관념에 뿌리박은 특정한 가족관계의 형태를 법으로써 일방적으로 규정하고 강요하는 것인데, 이는 혼인과 가족생활에서 개인의 존엄을 존중하라는 헌법 제36조 제1항의 요구에 부합하지 않는다.

다. 변화된 사회 환경과 가족상(家族像)

사회의 분화에 따라 가족의 형태도 매우 다변화되고 있다. 부모와 자녀로

---

17) 헌재 2000. 4. 27. 98헌가16등.

구성되는 전형적 가족뿐 아니라 자녀가 없는 부부만의 가족, 모와 자녀로 구성되는 가족, 재혼부부와 그들의 전혼소생자녀들로 구성되는 가족들도 많다. 이혼율 증가 등으로 여성이 가구주로서 가장의 역할을 맡는 비율이 점증하고 있다. 호주제와 가제도는 이러한 오늘날의 현실적 가족의 모습과 더 이상 조화되지 않으며 그 존립기반이 이렇게 무너진 지금 호주제를 더 이상 존치할 필요는 없다고 할 것이다.

라. 결론: 심판대상조항들의 위헌성과 헌법불합치 결정

민법 제778조는 당사자의 의사와 자결권을 외면한 채 법률로 호주의 지위를 강요한다는 점에서 개인의 존엄에 반할 뿐만 아니라 호주 지위의 획득에 있어 남녀를 차별하고 있다. 민법 제781조 제1항 본문 후단 및 민법 제826조 제3항 본문은 당사자의 의사와 자율적 선택권을 무시한 채 혼인 및 자녀에 관한 신분관계를 일방적으로 형성한다는 점에서 개인의 존엄에 반하고 나아가 정당한 이유 없이 남녀를 차별한다.

호주제를 전제하지 않는 새로운 호적정리체계로 호적법을 개정하는 데에는 일정한 시간이 소요되는 반면, 그동안 국민들의 신분관계의 변동사항을 방치할 수는 없으므로 부득이 헌법불합치결정을 선고하면서 호적법 개정 시까지 심판대상조항들을 잠정적으로 계속 적용케 하는 것이 필요하다. 입법자는 조속히 호적법을 개정하여 위헌인 호주제의 잠정적인 지속을 최소화할 의무가 있다.

이상과 같은 이유로 민법 제778조, 제781조 제1항 본문 후단, 제826조 제3항 본문은 헌법에 합치되지 아니하지만, 위 법률조항들은 입법자가 호적법을 개정할 때까지 계속 적용된다고 결정한다.

4) 재판관 김영일, 재판관 권성, 재판관 김효종의 반대의견

가. 호주제도, 가족제도의 변화와 헌법적 의미

첫째, 1990년 민법의 개정으로 호주상속제도를 호주승계제도로 변경하고 호주의 권한을 대폭 축소하는 등 대폭적인 수정이 가하여져, 호주의 권한은 매우 빈약하게 되었고, 호주의 의무는 전혀 없게 되었다. 또한 호주상속인에게 인정되었던 제사용 재산의 승계권이 제사주재자에게로 옮겨진 점(민법 제1008조의3) 등으로 인하여 호주의 가통계승자로서의 성격이 많이 탈색되었으나, 호주승계 제도가 있는 이상 호주는 적어도 상징적인 의미의 가통계승자로서의 지위를 여전히 보유하고 있다고 할 수 있다.

둘째, 우리나라가 농업사회에서 산업사회로의 이행과 도시화의 진전으로 인하여 가족공동체의 모습이 일반적으로 부모와 미혼자녀로 구성되는 핵가족의 형태로 바뀌었음은 부인할 수 없는 사실이다. 우리 민법도 이러한 현실을 감안하여 직계비속장남자를 포함하여 임의분가를 허용하고(민법 제788조 제1항), 혼인신고로 자동적으로 분가되는 법정분가의 제도(직계비속장남자는 제외)를 마련함으로써(민법 제789조), 호적과 현실생활공동체를 될 수 있는 대로 부합시키고 부부중심의 가족제도를 실현할 수 있도록 하고 있다. 또한 호적법 제19조의2 제2항 제1호에서 입양, 입양의 취소, 파양, 이혼 기타의 사유로 인하여 타가에 입적하여야 할 자에게 배우자나 직계비속이 있는 때에는 법정분가에 준하여 신호적을 편제하도록 하고 있는 것도 부부중심의 가족제도를 실현시키고자 하는 취지이다.

셋째, 헌법 제36조 제1항은 "혼인과 가족생활은 개인의 존엄과 양성의 평등을 기초로 성립되고 유지되어야 하며, 국가는 이를 보장한다."라고 규정함으로써 민주적인 혼인제도와 가족제도를 헌법적 차원에서 보장하고 있다. 그러나 혼인과 가족생활은 인류의 역사와 더불어 전통과 관습의 모습으로 존재하면서 오늘에까지 이어져 온 것이므로, 혼인과 가족관계를 규율하는 가족법은 전통성·보수성·윤리성을 강하게 가질 수밖에 없다. 그렇다면 헌법 제36조 제1항이 보장하고 있는 혼인과 가족생활에 대한 제도적 보장도 혼인과 가족생활의 민족문화적 전통성 때문에 당연히 이에 바탕을 둔 혼인제도와 가족제도의 보장을 뜻한다고 보아야 한다.

나. 양성평등의 원칙 위반 여부에 관한 판단

가) 심사의 기준: 비례심사

헌법 제36조 제1항은 혼인과 가족생활의 영역에서 특별히 남녀평등을 요구하고 있는바, 이러한 영역에서 남성과 여성을 달리 취급하는 호주제가 양성평등의 원칙에 위반되는지 여부를 심사함에 있어서는 비례심사를 해야 할 것이다.

나) 입법목적의 정당성

호주제의 입법목적이 정당한 것으로 인정되기 위해서는 부계혈통주의의 유지 필요성이 먼저 규명되지 않으면 안 될 것이다. 가족이나 친족집단의 존속과 통합을 꾀하기 위해서는 가통의 정립을 통한 최소한의 기준과 질서의 부여가 요청된다는 점은 이를 부인하기 어렵다. 부성주의(父姓主義) 등으로 대표되는 부계혈통주의는 부의 자에 대한 책임의식을 고취함으로써 모자관계에 비하여 소원할 수밖에 없는 부자 간의 유대강화에 이바지하고 나아가 가족의 존속과 통합에 크게 기여하였을 것으로 생각된다. 부계혈통주의는 가족 및 친족집단 나아가 인류사회에 질서를 부여함으로써 인류가 문명사회로 나아가는 데 커다란 기여를 하였고, 이에 입각한 가통계승제도는 인류로 하여금 천박한 당대주의(當代主義)에서 벗어나 문화의 전승을 가능하게 함으로써 인류문명에 폭과 깊이를 더하여 왔다는 점에서 그 의미를 과소평가할 수 없고, 이러한 사정은 지금에 와서도 크게 다를 것이 없다.

다) 차별대우의 적합성

현행 민법상 호주제를 구성하고 있는 대표적인 원칙 및 제도로서는 처(妻)의 부가(夫家)입적 원칙, 자(子)의 부가(父家)입적 원칙 및 호주승계제도를 들 수 있는바, 이들 중 처의 부가입적 원칙과 자의 부가입적 원칙은 부계혈통주의에 입각한 가의 구성을 위한 것이고, 호주승계제도는 부계혈통주의에 입각한 가통의 계승을 보장하기 위한 제도라고 할 수 있다. 따라서 호주제는 위와 같은 원칙 및 제도를 통하여 입법자가 추구하는 전통적인 가족제도의 계승 및 발전이라는 입법목적의 달성을 촉진하고 있다고 할 것이므로, 정책수단으로서의 적합성을 가지고 있다고 보아야 할 것이다.

라) 차별효과의 최소 침해성

호주제를 구성하고 있는 처의 부가입적 원칙, 자의 부가입적 원칙 및 호주승계제도가 구체적으로 차별효과의 최소 침해성을 충족하고 있는지를 본다.

첫째, 처의 부가입적 원칙과 자의 부가입적 원칙에서의 차별문제를 살펴본다. 여자가 혼인하면 부모를 떠나 남편의 가족이 된다는 관념은 농경사회 이래의 오랜 부계혈통주의 내지 부계중심사회의 전통하에서 당연한 것으로 자리 잡았고, 현재에도 대체로 세계적인 관행으로 받아들여지고 있다고 할 수 있다. 민법 제826조 제3항 본문에서 "처는 부의 가에 입적한다."라고 하여 처의 부가입적 원칙을 규정하고 있는 것은 혼인과 동시에 여자의 생활기반이 남편으로 이동하는 현실을 반영하는 동시에 부부가 같은 호적에 등재될 수 있도록 하기 위한 호적편성상의 기술에 관한 문제에 지나지 않는 것이고, 위와 같이 보편화된 가족생활관계를 반영한 단순한 호적기록의 변경을 두고 여자의 신분의 종속적 변경이라고 보는 것은 지나친 것이다. 또한 민법 제826조 제3항 단서에 이른바 입부혼에 관한 규정을 두어 처가 친가의 호주 또는 호주승계인인 때에는 부가 처의 가에 입적할 수 있는 길을 열어두고 있다.

둘째, 민법 제781조 제1항 본문 후단에서 정하고 있는 자의 부가입적 원칙은 처의 부가입적 원칙에 따른 부수적이고 필연적인 결과일 뿐만 아니라 우리 사회의 오랜 전통과 현실을 반영하고 있는 것이다.

셋째 호주승계제도에서의 차별문제를 살펴본다. 민법 제984조는 호주승계의 순위에 있어서 남자우선의 원칙을 규정하고 있는바, 이는 기본적으로 부계혈통주의에 입각한 가통의 계승을 보장하기 위한 것이지만, 처의 부가입적 원칙과 관련하여 우리의 전통 및 호적사무의 편의를 고려하여 호주승계에 있어 남자를 우선적으로 고려한 것일 뿐이므로, 여성에 대한 실질적 차별을 내용으로 하고 있는 것으로 보기 어렵다는 점에서 차별효과의 최소침해성을 충족시키고 있다고 할 것이다.

따라서 호주제를 구성하고 있는 처의 부가입적 원칙, 자의 부가입적 원칙 및 호주승계제도는 어느 것이나 차별효과의 최소침해성에 위배되지 아니하므로, 호주제는 차별효과의 최소침해성의 요건도 충족하고 있다고 할 것이다.

마) 법익의 균형성

호주제가 법익의 균형성 요건을 충족하고 있는지를 심사하기 위하여서 그로 인하여 초래되고 있는 차별효과와 호주제 유지로 얻게 되는 이익을 살펴본다. 호주제로 인하여 여성들에게 초래되는 차별효과로는 우선 호주제로 인하여 여성을 남성에 비하여 이차적·종속적·열위적 존재로 인식되게 함으로써 여성의 사회적 지위에 상징적·심리적으로 불리한 영향을 미칠 우려가 있음을 들 수 있다. 그 밖에 구체적인 경우의 실제적인 차별효과로서 부모가 이혼한 경우, 인수입적(引收入籍)의 경우, 미혼모의 경우 등에 여성이나 자가 겪게 되는 곤란 등을 들 수 있으나, 이는 주로 자의 부가입적의 원칙에 있어 그 예외설정의 협소함에서 비롯되는 것이라고 할 수 있다.

한편, 현행의 호주제를 통하여 달성될 수 있는 입법목적이나 호주제의 유지를 통하여 현실적으로 얻게 되는 이익을 살펴보면 다음과 같다. <u>호주제를 통하여 부계혈통주의에 입각한 가의 구성 및 가통의 계승을 핵심으로 하는 전통적인 가족제도를 계승·발전시킴으로써 우리 민족이 예로부터 중시하고 있는 가족 및 친족공동체의 존속·통합에 기여할 뿐만 아니라, 전통에 대한 존중의식을 고양함으로써 날로 팽배해져 가는 물질주의 및 개인주의의 폐단을 막아내고 완화시키는 데 기여할 수 있을 것이다.</u> 또한 호적기재에 있어 삼대 가족의 길을 열어 놓음으로써 상징적으로나마 우리의 전통적 미풍양속이라고 할 수 있는 부모를 모시고 봉양하는 전통을 고무하고 조장하는 데 도움이 되고, 이를 통하여 날로 심각해져 가는 노인문제의 해결에도 일조를 할 수 있을 것이다.

<u>구체적인 경우의 실제적인 차별효과는 호주제의 근간을 건드리지 않고서도 자의 부가입적의 원칙에 대한 수정·보완 등을 통하여 해결할 수 있는 문제라는 점을 고려한다면, 현행법상의 호주제가 법익균형성을 상실한 제도라고 단정하기는 어렵다.</u> 따라서 현행법상의 호주제는 남성에 비하여 여성을 비례의 원칙에 반하여 차별하는 것으로는 볼 수 없고, 따라서 평등의 원칙에 위반되지 아니한다.

다. 개인의 존엄 위반 여부에 관한 판단

현행 민법이 법제화하고 있는 가족제도의 내용을 살펴볼 때, 호주의 직계비속장남자의 경우도 임의분가가 가능하도록 하였으며(민법 제788조 제1항), 호주승계권을 포기할 수 있도록 하여 호주승계를 임의화 하였을 뿐만 아니라(민법 제991조), 호주가 가족에 대하여 행사할 수 있는 권한이 실질적으로 모두 소멸되어 호주의 지위가 호적기재의 기준 즉, 호적부상의 필두자 나아가 상징적인 의미의 가통계승자에 지나지 않는 점 등을 고려하면, 개인의 존엄을 실질적으로 침해하는 요소를 발견하기 어렵다고 할 것이므로, 이를 두고 혼인과 가족생활에서 개인의 존엄을 존중하라는 헌법 제36조 제1항의 명령에 위배되는 것으로는 보기 어렵다.

라. 결 론

<u>위에서 본 바와 같은 이유로 호주제는 헌법 제36조 제1항에 위반되는 것으로 볼 수 없다.</u> 다만, 구체적으로 이 사건 심판대상인 민법 제778조, 제781조 제1항 본문 후단, 제826조 제3항 본문의 위헌 여부에 대하여, 재판관 김영일의 견해는 민법 제778조, 제826조 제3항 본문은 헌법에 위반되지 아니하나, 제781조 제1항 본문 후단은 그 원칙에 대한 예외의 설정이 너무 좁게 한정되어 있어서 다수의견이 지적하는 바와 같이 현실에 맞지 않고 불합리하게 자의 의사를 지나치게 제한하고 모를 실질적으로 차별하므로 개인의 존엄 및 평등의 원칙에 반하여 헌법에 위반된다는 입장이다. 재판관 권성의 견해는 호주제가 헌법에 위반되는 것으로 볼 수 없는 이상 호주제의 주요 구성부분을 이루는 위 조항들 모두가 헌법에 위반되지 아니한다는 입장이다. 재판관 김효종의 반대의견은 민법 제778조는 가족제도의 보장을 위한 입법재량의 범위 내에서 이루어진 입법적 조치로서 헌법에 위반된다고 볼 수 없다는 입장이다.

5 종합 평가

1) 역사적 배경과 정치·경제적 환경

가족제도는 역사적 산물이라 할 수 있다. 한국의 가족제도는 조선시대의 유교사상과 농경사회에 그 바탕을 두고 있기에 봉건성이 잔재한 제도라 할 수 있다. 그런데 20세기 중반에 본격적으로 시작된 산업화의 진전은 우리 사회를 크게 변모시켰다. 농업중심사회에서 산업사회로의 이행이라는 생산관계의 변화는 경제뿐만 아니라 사회·정치·문화 등 모든 면에서 큰 변화를 초래하였다. 도시화의 진전과 핵가족의 정착으로 가족공동체의 모습과 생활원리가 크게 달라졌고, 대중교육의 확산과 여성의 사회진출 증가는 개인의 자유의식, 특히 여성의 인권의식을 크게 신장시켰다. 이러한 변화는 양성의 평등에 기초한 민주적 가족제도라는 헌법규범을 현실화시키게 되었는바, 그 이정표적 사건이 2005년의 호주제 위헌 판결이라 할 수 있다.

2) 추구하는 기본가치

가족제도에서 추구하는 기본가치는 남녀 양성평등에 기초한 혼인질서와 역사성을 가진 전통문화라 할 수 있다. 한국헌법은 제36조 제1항에서 양성평등과 개인의 존엄을 혼인과 가족제도에 관한 최고의 가치규범으로 선언하였다. 한편, 헌법 전문과 헌법 제9조에서는 '전통', '전통문화'를 중요한 가치로 규정하고 있는 바, 가족제도는 전통문화의 영향을 가장 많이 받는 영역이라 할 수 있다. 따라서 이 두 가치 간의 상충 내지 충돌이 병존해온 셈이다.

이러한 가치 간의 갈등에 관하여 헌법재판소는 호주제의 위헌 판결에서 "가족제도에 관한 전통·전통문화란 적어도 그것이 가족제도에 관한 헌법이념인 개인의 존엄과 양성의 평등에 반하는 것이어서는 안 된다는 한계가 도출되므로, 전래의 어떤 가족제도가 헌법 제36조 제1항이 요구하는 개인의 존엄과 양성평등에 반한다면 헌법 제9조를 근거로 그 헌법적 정당성을 주장할 수는 없다."고 판결하였다. 헌법 전문과 헌법 제9조에서 말하는 '전통', '전통문화'란 역사성과 시대성을 띤 개념으로서 헌법의 가치질서, 인류의 보편가치, 정의와 인도정신 등을 고려하여 오늘날의 의미로 해석하여야 하며, 가족제도가 비록 역사적·사회적 산물이라는 특성을 지니고 있다 하더라도 헌법의 우위로부터 벗어날 수 없으며, 가족법이 헌법이념의 실현에 장애를 초래하고, 헌법규범과 현실과의 괴리를 고착시키는 데 일조하고 있다면 그러한 가족법은 수정되어야 한다고 판시하여 획기적인 가족제도의 변혁을 가져왔다.

3) 입법부의 역할

남녀차별을 금지하고 여성을 보호하는 법률은 비교적 적극적으로 추진되어 왔다고 할 수 있다. 모자보건법, 영유아보호법, 남녀고용평등법, 가정폭력방지 및 피해자 등에 관한 법률 등이다. 사회의 급격한 변화에 대응하여 신속히 관련 법률을 제정하고 시행하는 것은 입법부의 중요한 역할이다.

그러나 호주제의 문제에 있어서는 그러하지 못하였다. 이혼한 여성의 자가 부의 가에 입적한 경우 자의 성(姓)이 달라 사회적 차별을 받는 경우처럼 호주 제도가 갖는 여러가지 문제점을 반영하여 관련 법률인 민법의 해당규정을 적시에 개정하였더라면 호주제도의 폐지와 같은 큰 제도적 변화를 막을 수 있었을 것이다. 헌법재판소의 2005년 호주제 폐지 판례는 입법부가 사회의 변화에 적절히 반응하여 관련 법률을 합리적으로 개정 유지함이 중요하다는 것을 시사하는 판례였다고 할 수 있다.

4) 정책집행 과정상의 법적 쟁점

호주제는 남계혈통을 중심으로 가족집단을 구성하고, 성역할에 관한 고정관념에 기초한 차별로서, 호주승계 순위, 혼인 시 신분관계 형성, 자녀의 신분관계 형성에 있어서 정당한 이유 없이 남녀를 차별하는 제도로 위헌 판결을 받았다. 여성단체들의 여성인권 향상을 위한 상당한 노력이 있었기에 2005년의 호주제 위헌판결이 가능했다고 본다. 위헌 판결 전후로 여성가족부는 여성의 인권 향상에 체계적인 노력을 한 집행부서이다. 특히 여성정책기본계획은 5년 단위로 여성의 인권과 양성의 평등을 위한 정책과제들을 체계적으로 전략화하여 목표를 정하고 집행 후 평가도 하여 소기의 목표를 달성하고 있다고 할 수 있다. 향후 과제인 여성의 경제적 역량강화와 일·가족 양립이라는 정책과제는 여성가족부 단독으로 집행하는 데는 한계가 있으므로 타 관련 부서와의 협력과 통합적 추진이 필요할 것이다.

5) 사법적 판단 및 사회적 영향

이 사건의 심판대상조항은 민법 제778조, 제781조 제1항 본문 후단, 제826
조 제3항 본문이었다. 이 세 가지 조항에 관한 헌법재판관들의 판단을 요약하면
다음 표와 같다.

	다수의견(6인)	반대의견(3인)		
		김영일	권 성	김효종
민법 제778조 (호주제)	위헌	합헌	합헌	합헌
민법 제781조 제1항 (자의 부입적, 자의 성)	위헌	위헌	합헌	위헌
민법 제826조 제3항 (처의 부입적)	위헌	위헌	합헌	위헌

결국 호주제도 자체도 6대 3의 의견으로 위헌 판결되었는바, 역사적으로
오랫동안 유지해온 가족제도의 근간이 해체되는 큰 사회적 영향을 남긴 판결이
되었다. 자의 입적과 자의 성과 본이 무조건 부를 따르도록 한 민법 제781조 제
1항과 처의 부입적에 관한 민법 제826조 제3항만 위헌이 되었더라면, 호주제의
형식은 남아 호주제가 같은 가(家)에 대한 긍지와 전통문화의 계승이라는 장점
도 구현할 수 있었을 것이라는 아쉬움이 남는 사례로 생각할 수도 있다. 사회적
변화에 따른 적극적인 용기 있는 판결인지, 아니면 3인의 소수의견처럼 사회변
화에 따른 실정 법률의 문제점만 수정 보완하여 오랫동안 유지해온 전통적 가
치를 양립시키는 판결을 했어야 했는지는 논쟁의 여지가 남아있다. 이 판결의
결과로 2005년 3월 31일 민법이 개정되어 호주제가 폐지되었고, 2008년 1월 1일
부터 개인의 존엄과 양성 평등의 헌법이념을 구체화한 새로운 가족관계등록제
가 시행되었다.[18]

---

18) 이은혜, "호주제 위헌 사건", 「헌법 판례 해설1」, 대법원 헌법연구회, 2010, 748면.

토론 주제

1. 남녀 간의 성차별의 근본원인은 무엇이고, 한국에서 영역별 성차별 수준은 어떠하며, 그 해결방안은 무엇인가? 최근 한국사회에서의 가족형태에 어떤 변화가 있으며, 그 원인은 무엇인가?

2. 한국 정부는 양성평등을 위하여 구체적으로 어떤 정책을 추진하여 왔으며, 그 정책은 성공하였는가? 양성평등정책의 성공·실패 요인은 무엇인가?

3. 가족 정책에 관하여 헌법에서 어떤 규정을 두고 있으며, 민주적 가족제도의 핵심 요소는 무엇인가?

4. 호주제란 무엇이며, 호주제의 장·단점은 무엇인가? 헌법재판소는 왜 호주제를 위헌이라고 판단하였는가? 호주제에 관한 3인의 합헌주장의 논거는 무엇인가?

참고문헌 및 판례

1. 국내 단행본

강인수·표시열·조석훈. (2010). 「학생의 권리보호와 학교교육의 사명, 어떻게 조화시킬 것
　　　인가?」, 한국교육정책연구소 공청회(2010. 8. 18) 자료.

계희열. (2007). 「헌법학(중)」, 박영사.

교육과학기술부. (2007). 「2007사교육실태 및 대책」.

_____. (2009). 「2008사교육비 조사결과 및 대책」.

국토연구원. (2010). 「세종시발전안 및 법률개정방향 공청회 자료」, 2010. 2. 16. 국토연구원
　　　공청회자료 #252.

권영성. (2005). 「헌법학원론」, 법문사.

_____. (2008). 「헌법학원론」, 법문사.

김 구. (1971). 「백범일지」, 김신 편, 백범김구선생기념사업회.

김남진. (2001). 「행정법 Ⅱ」, 법문사.

_____. (2002). 「행정법 Ⅰ」, 법문사.

김남진·김연태. (2011). 「행정법 Ⅰ」, 법문사.

김신일. (1990). 「평생교육실현을 위한 사회교육 관련법령 정비에 관한 연구」, 한국사회교
　　　육협회 연구보고서.

김영수. (2000). 「한국헌법사」, 학문사.

김재광. (2004). 「재량행위 투명화를 위한 법령정비지침 수립」, 2004년도 법제처 정책 연구
　　　개발 사업보고서.

김철수. (1990). 「한국헌법사」, 대학출판사.

_____. (2004). 「헌법학신론」, 박영사.

_____. (2007). 「헌법학개론」, 박영사.

남궁근. (2010). 「정책학: 이론과 경험적 연구」, 법문사.

노화준. (2003). 「정책분석론」, 박영사.

대한민국정부. (2009). 「유엔아동권리협약 제3·4차 통합국가 보고서 〈부표 4-1〉」, 보건복
　　　지가족부.

령목경부. (1988). 「법을 통한 조선식민지 지배: 식민지 통치법에 의한 민족교육과 독립사상의 탄압」, 고려대학교 박사학위논문.

류지성. (2008). 「정책학」, 대영문화사.

문흥수. (2004). 「사법권의 독립」, 박영사.

박상우·김상욱·박형서. (2003). 「신행정수도 건설의 사회·경제적 파급영향 분석연구」, 국토연구원보고서.

박영도. (1994). 「입법과정의 이론과 실제」, 한국법제연구원.

백승기. (2010). 「정책학원론」, 대영문화사.

법원행정처. (1995). 「법원사(法院史)」, 법원행정처.

_____. (2006). 「사법운영의 현황과 과제」, 법원행정처.

법제처. (2005). 「자치입법실무」 제10집, 법제처 행정법제국.

성낙인. (2004). 「헌법학」, 법문사.

연성진. (1998). 「공무원 부정부패의 실태 및 대책」, 한국형사정책연구원.

오석홍 편저. (2006). 「행정학의 주요이론」, 법문사.

오석홍. (2011). 「행정학」, 박영사.

오윤경 외 20인. (2001). 「현대국제법」, 박영사.

유민봉. (2005). 「한국행정학」, 박영사.

유민봉·박성민. (2013). 「한국인사행정론」, 박영사.

윤정일·조석훈·윤홍주. (2004). 「지방교육자치 쟁점분석 및 개선방안」, 한국교원단체총연합회.

이기우·하승수. (2007). 「지방자치법」, 대영문화사.

이세정. (2011). 「선진법치주의 실현을 위한 행정규칙 정비방안」, 법제연구원 연구보고 2011 − 06.

이승종. (2003). 「지방자치론」, 박영사.

이종상. (1999). 「헌법상 평생교육권에 관한 연구」, 경남대학교 박사학위논문.

이헌환. (1996). 「정치과정에 있어서의 사법권에 관한 연구: 한국헌정사를 중심으로」, 서울대학교 박사학위논문.

장경학. (1986). 「법률춘향전」, 을유문고.

장영수. (2006). 「헌법학」, 홍문사.

정영수 외. (2008). 「지방교육자치 내실화를 위한 관련 법령 개편 연구」, 지방교육연구센터 보고서.

정재황. (2001). 「헌법재판개론」, 박영사.

정정길. (2001). 「정책학원론」, 대명출판사.

정종섭. (2002). 「헌법재판강의」, 박영사.
_____. (2010). 「헌법학원론」, 박영사.
진영환·박재길·신동진·정윤희·김중은·김상호·김재영·민범식·지대식·정일호·강미나. (2003). 「신행정수도건설 추진을 위한 기본구상」, 국토연구원 연구보고서.
진영환·최영국·박은관·박세훈·김영숙·김태영. (2003). 「신행정수도 입지선정 및 평가기준 연구」, 국토연구원 연구보고서(2003. 12. 31.).
최종고. (2009). 「법학통론」, 박영사.
표시열. (2008). 「교육법: 이론·정책·판례」, 박영사.
_____. (2002). 「교육정책과 법」, 박영사.
_____. (2011). 「생활과 법률」, 청목출판사.
_____·조석훈·임종수·김효정·구교정·송두록. (2011). 「체벌금지 이후 바람직한 학생 생활지도 방안 모색」, 한국교총 교육정책연구소 연구보고서.
한수웅. (2013). 「헌법학」, 법문사.
허 영. (2004). 「한국헌법론」, 박영사.
허완중. (2012). 재산권의 보장과 위헌심사 「헌법재판 심사기준」(2012-C-1), 헌법재판연구원.
_____. (2007). 「한국헌법론」, 박영사.
헌법재판소. (1998). 「헌법재판소 10년사」.
헌법재판소. (2003). 「헌법재판소 공보」 제87호.
홍성방. (2008). 「헌법학」, 현암사.
홍준형. (1999). 「판례행정법」, 두성사.
_____. (2008). 「법정책의 이론과 실제」, 법문사.
_____. (2011). 「행정법」, 법문사.

2. 국내 논문

강경근. (2006). "감사원의 위상과 감사기능에 대한 헌법적 고찰", 「헌법학연구」 제9권 제2호, 한국헌법학회.
강승식. (2004). "미국연방대법원의 권한과 그 한계 — 사법심사권을 중심으로", 「헌법학연구」 제10집 제4호, 한국헌법학회.
강인수. (2002). "의무교육제도와 헌법판례", 「한국교육법연구」 제6·7집, 한국교육법학회.
강재규. (2007). "New Governance 구현 과제와 전망 — 지방정부 차원에서의 문제점과 과제를 중심으로", 「공법연구」 제36집 제2호, 한국공법학회.
강태수. (2006). "성범죄자의 신상공개제도에 관한 헌법적 고찰", 「공법학연구」 제7권 제2호, 한국비교공법학회.

강휘원. (2004). "미국 초기 연방대법원 판례에 의한 헌법원칙 강화", 「한국정책연구」 4권 2호, 경인행정학회.

계준호. (2005). "우리나라 예·결산심의과정의 개선에 관한 연구: 선진외국과의 비교를 중심으로", 명지대학교 석사학위논문.

고문현. (2005). "제3세대 인권으로서 환경권", 「환경법연구」 제27권 제4호, 한국환경법학회.

고 전. (2007). "지방교육자치에 관한 법률 관련 헌법소원 분석", 「교육법학연구」 제19권 2호, 대한교육법학회.

_____. (2009). "제주특별자치도법상 교육관련 쟁점 분석", 「교육법학연구」 제21권 1호, 대한교육법학회.

권두승. (1996). "미국의 평생학습법에 관한 연구", 「교육학연구」 제34권 제5호, 한국교육학회.

_____. (1999). "평생교육 관계법의 주요과제", 「교육법학연구」 제11호, 대한교육법학회.

권영설. (2004). "참심제와 배심제의 헌법적합성 논쟁", 「법과 사회」 제26권, 법과사회이론학회.

_____. (2007). "주요쟁점으로 본 우리 정치과정의 헌법문제", 「헌법학연구」 제13권 제2호, 한국헌법학회.

김강운. (1992). "한국에 있어서 위헌법률심사의 실제: 판례를 중심으로", 「법학연구」 제12권, 원광대학교 법과대학.

김경제. (2002). "청소년의 성 관련 범죄자 신상공개의 위헌성", 「토지공법연구」 제16집 제2호, 한국토지공법학회.

_____. (2005). "신행정수도의 건설을 위한 특별조치법 위헌결정의 헌법적 문제점, 적법성 요건판단과 관련하여", 「헌법학연구」 제11권 제1호, 한국헌법학회.

김남진. (1997). "관리행정법학의 모색", 「고시연구」 2월호, 고시연구사.

김대환. (2005). "우리나라 헌법상 과잉금지원칙 — 특히 기본권의 본질적내용침해금지원칙과의 관계를 포함하여 —", 「공법학연구」 제6권 제3호, 한국비교공법학회.

_____. (2005). "헌법상 비례성원칙의 운용과 과제", 「경성법학」 제14집 제1호, 경성대학교 법학연구소.

_____. (2006). "헌법재판의 심사기준의 다양화 가능성과 과잉금지원칙의 헌법적 근거", 「세계헌법연구」 제12권 제2호, 국제헌법학회 한국학회.

김동희. (2011). "한국의 법치주의에 대한 일고", 「공법연구」 제29집 제4호, 한국공법학회.

김명제. (2001). "인간복제와 존엄성", 「공법연구」 제30집 제1호, 한국공법학회.

_____. (2006). "배아연구의 법적 규제의 헌법적 문제", 「공법연구」 제34집 제3호, 한국공법학회.

김문현. (2000). "헌법상 경제질서의 성격", 「고시연구」 통권 제311호, 고시연구사.

김배원. (2004). "국가정책, 관습헌법과 입법권에 대한 헌법적 고찰", 「공법학연구」 제5권 제3호, 한국비교공법학회.

김병기. (2003). "신행정수도건설특별조치법(안)의 내용과 법적 문제점", 「공법연구」 제32집 제2호, 한국공법학회.

김병록. (2003). "양심적 병역거부의 헌법 이론적 검토", 「헌법학연구」 제9권 제1호, 한국헌법학회.

김상겸. (2003). "청소년의 성보호와 신상공개제도 : 청소년성범죄자 신상공개의 헌법합치 여부를 중심으로", 「헌법학연구」 제9권 제4호, 한국헌법학회.

_____. (2004). "생명권과 사형제도 ─ 사형제도 존치론을 중심으로 ─", 「헌법학연구」 제10권 제2호, 한국헌법학회.

_____. (2005). "성문헌법국가에 있어서 관습헌법의 의미에 관한 연구", 「헌법학연구」 제11집 제1호, 한국헌법학회.

_____. (2006). "권력분립과 정부형태에 관한 연구", 「헌법학연구」 제12권 제4호, 한국헌법학회.

김선택. (1997). "아동·청소년보호의 헌법적 기초 ─ 미성년 아동·청소년의 헌법적 지위와 부모의 양육권 ─", 「헌법논총」 제8집, 헌법재판소.

_____. (2005). "사형제도의 헌법적 문제점 ─ 사형의 위헌성과 대체형벌", 「고려법학」 제44호, 고려대학교 법학연구원.

_____. (2010). "군가산점제 부활, 헌법적·정책적으로 타당한가?", 한국공법학회 공법제도개선 토론회 발표문, 한국공법학회 공법제도개선위원회.

김수갑. (2004). "한국헌법에서의 「문화국가」 조항의 법적 성격과 의의", 「공법연구」 제32집 제3호, 한국공법학회.

김승대. (2004). "헌법관습의 법규범성에 대한 고찰", 「헌법논총」 제15집, 헌법재판소.

김승환. (2001). "대통령선거제도와 헌법개정", 「헌법학연구」 제7권 제2호, 한국헌법학회.

_____. (2004). "사법부 개혁의 올바른 방향", 「헌법학연구」 제10권 제4호, 한국법학회.

_____. (2005). "의원입법의 개선·발전방안 모색", 「공법연구」 제33집 제3호, 한국공법학회.

김유환. (2008). "초·중등학교 종교교육의 문제점과 해결방향", 「공법학연구」 제9권 제1호, 한국비교공법학회.

김재호. (2003). "신행정수도건설의 배경과 법적과제", 「공법연구」 제32집 제2호, 한국공법학회.

김종보·김배원. (2012) "환경권의 헌법적 의미와 실현방법", 「법학연구」 제53권 제1호, 부산대학교 법학연구소.

김종세. (2006). "환경권과 국가목표로서 환경보호에 관한 고찰", 「환경법연구」 제28권 제1호, 한국환경법학회.

김종철. (2004). "노무현대통령탄핵심판사건에서 헌법재판소의 주요논지에 대한 비판적 검토", 「세계헌법연구」 제9호, 세계헌법학회 한국학회.

_____. (2005). "헌법재판소 구성방법의 개혁론", 「헌법학연구」 제11권 제2호, 한국헌법학회.

_____. (2011). "병역정책의 형평성과 효율성 제고방안에 관한 연구", 고려대 행정대학원 석사논문.

김준한. (1996). "행정부와 대체적 분쟁해결 제도", 한국행정학회 1996년 동계학술 대회 발표문.

김태영. (2004). "행정수도 이전에 대한 찬·반론의 사례연구", 「한국정책학회보」 제13권 제15호, 한국정책학회.

김하열. (2009). "군가산점제도에 대한 헌법적 평가", 「젠더법학」 제1권 제1호, 한국젠더법학회.

김현철. (2009). "미국연방대법원의 평등심사에 대한 방법론적 기초와 심사기준의 변화", 「공법연구」 제37집 제3호, 한국공법학회.

김형남. (2005). "미국 헌법상 낙태 및 태아의 생명권에 대한 논의와 판례 분석", 「미국헌법연구」 제16권 제1호, 미국헌법학회.

김형성. (2003). "생명공학의 헌법적 가능성과 한계", 「공법연구」 제32집 제1호, 한국공법학회.

김홍균. (2004). "새만금 소송의 의의와 과제", 「저스티스」 제81호, 한국법학원.

김효전. (2011). "법치주의와 민주주의", 「공법연구」 제29집 제4호, 한국공법학회.

도회근. (1997). "낙태에 관한 헌법이론적 연구 — 미국 헌법학계의 논의를 중심으로", 「헌법학연구」 제3권, 한국헌법학회.

_____. (2011). "통일헌법의 권력구조", 「공법연구」 제40집 제2호, 한국공법학회.

문광삼. (2000). "기본권으로서의 환경권과 국가목표로서의 자연환경", 「환경법연구」 제22권, 한국환경법학회.

문재완. (2003). "성범죄자 신상공개제도 위헌성 재검토 — 미국 메간법 판결과의 비교를 중심으로 —", 「헌법학연구」 제9권 제2호, 한국헌법학회.

민병로. (2007). "인간의 존엄과 미출생 생명의 헌법상 지위", 「공법연구」 제35집 제3호, 한국공법학회.

박광기. (2008). "통일·대북정책", 「한국행정 60년, 3.공공정책」, 한국행정연구원.

박광현. (2012). "학생체벌의 정당성에 대한 법률적 고찰", 「법학 논총」 제25권 제1호, 국민

대학교 법학연구소.

박경신. (2001). "평등의 원초적 해석과 실질적 평등의 논리적 전개 — 제대군인가산점 위헌 결정 평석 —", 「헌법실무연구」 제2권, 헌법실무연구회.

박경철. (2009). "입법절차의 위법과 법률안가결선포행위의 효력", 「공법연구」 제38집 제2 호, 한국공법학회.

박병량. (1999). "학교 훈육문제에 대한 고찰", 「지방교육경영」 제29권, 지방교육경영학회.

박선영. (2003). "신상공개제도 합헌결정에 대한 비판적 검토: 2002헌가14를 중심으로", 「헌 법학연구」 제9권 제4호, 한국헌법학회.

_____. (2006). "생명과학기술의 발전과 인간의 존엄", 「미국헌법연구」 제17권 제2호, 미국 헌법학회.

박승호. (2010). "이른바 통치행위(정치행위)에 대한 헌법재판", 「헌법학연구」 제16권 제3 호, 한국헌법학회.

박영도. (2002). "입법평가제도에 관한 연구", 「법제」 2002년 3월호, 법제처.

박정훈. (2002). "행정소송법 개정의 기본 방향", 한국행정학회 2002년 동계학술대회 발표논 문집.

박종보. (2004). "국회의 대정부 통제권 — 대통령 탄핵을 중심으로 —", 「공법연구」 제32권 제5호, 한국공법학회.

박찬욱·원시연. (2008). "입법부와 행정부의 관계", 「한국행정60년. 1. 배경과 맥락」, 한 국행정연구원.

박호근. (2005). "지방교육 자치제도 개선 방안에 관한 연구", 「교육법학연구」 제17권, 제1 호, 대한교육법학회.

방승주. (2005). "수도가 서울이라는 사실이 과연 관습헌법인가", 「공법학연구」 제6권 제1 호, 한국비교공법학회.

법제예산실. (1999). "행정입법의 분석 검토", 「법제현안」 99−7호(통권92호).

서계원. (2004). "생명윤리법상 생명권과 인간배아복제의 문제", 「세계헌법연구」 제10호, 국 제헌법학회 한국학회.

서원우. (1997). "행정법과 행정법학의 대화", 「고시연구」 4월호, 고시연구사.

석인선. (2004). "미국의 의회 입법권과 위헌법률심사의 상호관계", 「헌법학연구」 제10집 제 3호, 한국헌법학회.

선정원. (2002). "행정학 논의의 발제를 위한 행정소송법 개정의 의의", 한국행정학회 2002 년 동계학술대회 발표논문집.

성낙인. (2009). "이원정부제(半대통령제)의 구체화를 통한 권력분점의 구현", 「공법연구」 제38집 제1−1호, 한국공법학회.

_____. (2012). "통일헌법의 기본원리 소고", 「서울대학교 법학」 제53권 제1호, 서울대학교 법학연구소.

송기춘. (2004). "종교학교에서의 종교교육과 학생의 종교의 자유 — 평준화지역의 중등학교를 중심으로", 「공법연구」 제33집 제1호, 한국공법학회.

송석휘·박민지. (2011). "공공정책으로 인한 갈등 사례연구 — 서울시 무상급식 사례를 중심으로", 한국행정학회 동계학술대회 자료집.

송요원. (2004). "학교 내에서 학생의 인권과 교원의 체벌 — 미국 법원의 판례를 중심으로 —", 「토지공법연구」 제21집, 한국토지공법학회, 2004.

신봉기. (2007). "한국의 행정절차와 행정정보에 대한 자유로운 접근", 「공법연구」 제35집 제4호, 한국공법학회.

신 평. (2002). "박정희 시대의 사법부, 그에 대한 헌법적 성찰: 사법권 독립의 문제를 중심으로", 「공법연구」 제31집 제2호, 한국공법학회.

심재우. (1985). "인간존엄의 법리와 국가윤리", 「현대사회와 전통윤리」, 고려대학교 민족문제연구소.

_____. (2001). "환경윤리와 책임의 원칙", 「고대법대소식」 제23호, 고려대학교 법과대학.

양 건. (2005). "교육주체 상호간의 법적 관계 — 교육권에 관한 헌법재판소 판례의 검토", 「교육법연구」 제8집 제1호, 대한교육법학회.

양현아. (2005). "여성 낙태권의 필요성과 그 함의", 「한국여성학」 제21권 제1호, 한국여성학회.

오세탁·김수갑. (1992). "문화국가의 개념과 과제", 「법학연구」 제4권 제1호, 충북대학교 법과대학 법학연구소.

오시영. (2007). "전효숙 헌법재판소장 임명파동과 사법적 효력에 관한 연구", 「법학논총」 제17집, 숭실대학교 법학연구소.

유은정·이영민. (2011). "제대군인 가산점제", 「헌법이론과 실무」(2011-A-3), 헌법재판연구원.

윤영미. (2008). "학생의 기본권에 관한 몇 가지 문제", 「헌법학연구」 제14권 제3호, 한국헌법학회.

윤용규. (2004). "교원의 학생체벌에 대한 형법적 고찰", 「형사법연구」 제21권, 한국형사법학회.

이규홍. (2010). "영상물등급위원회에 의한 영상물등급분류제가 검열에 해당하는지 여부", 「헌법 판례 해설1」, 대법원 헌법연구회.

이기우. (2006). "지역주민과 지방교육행정체계", 지방교육자치에관한법률개정안공청회자료집.

이부하. (2006). "헌법상 경제질서와 재산권 보장", 「공법학연구」 제7권 제3호, 한국비교공
　　　　법학회.

＿＿＿. (2009). "인간의 존엄에 관한 논의와 개별적 문제로의 적용", 「헌법학연구」 제15권
　　　　제2호, 한국헌법학회.

이상돈·Klaus Günther·변종필. (2004). "세계화에 따른 법문화의 변화와 법개혁의 과제",
　　　　「법철학연구」 제7권 제1호, 한국법철학회.

이상명. (2007). "양심적 병역거부와 양심의 자유", 「고려법학」 제49호, 고려대학교 법학연
　　　　구원.

이영록. (2005) "제 1공화국 헌법위원회 제도의 형성 ― 사법제도형성의 한 단면", 「헌법학
　　　　연구」 제11집 제2호, 한국헌법학회.

이욱한. (1999). "공무원임용에 있어서 제대군인에 대한 가산점제도의 문제점", 「사법행정」
　　　　제40권 제3호, 한국사법행정학회.

이원우. (2002). "시민과 NGO에 의한 행정통치 활성화와 행정소송", 한국행정학회 2002년
　　　　동계학술대회 발표논문집.

이은혜. (2010). "호주제 위헌 사건", 「헌법 판례 해설1」, 대법원 헌법연구회.

이종근. (2006). "한국의 교육헌법연구 20년의 성과와 과제", 「교육법학 연구 20년의 성과와
　　　　과제」 전국교육법학자대회 자료집.

이준일. (1998). "기본권제한에 관한 결정에서 헌법재판소의 논증도구", 「헌법학연구」 제4
　　　　권 제3호, 한국헌법학회.

＿＿＿. (1998). "평등원칙", 「안암법학」 제8호, 안암법학회.

＿＿＿. (2001). "법적 평등과 사실적 평등 ―'제대군인 가산점 제도'에 관한 헌법재판소의
　　　　결정을 중심으로 ―", 「안암법학」 제12호, 안암법학회.

＿＿＿. (2002). "어린이와 청소년의 기본권", 「공법연구」 제30집 제35호, 한국공법학회.

＿＿＿. (2004). "생명복제와 기본권", 「고려법학」 제42호, 고려대학교 법학연구원.

＿＿＿. (2005). "비례성원칙의 개념과 구조 및 구체화", 「고시연구」 통권 371호(2005년 3월
　　　　호), 고시연구사.

＿＿＿. (2009). "대법원의 존엄사 인정(대판 2009다17417)과 인간의 존엄 및 생명권", 「고
　　　　시계」 통권 제629호(2009년 7월호), 고시계사.

이창원. (2013). "새만금개발청조직설계방안: 임무와 기능을 중심으로", 한국행정학회, 새정
　　　　부의 새만금비젼, 사업과 추진체계 토론회(2013. 1. 16. 한국프레스센터) 발표자료.

임　웅. (2005). "낙태죄의 비범죄화에 관한 연구", 「성균관법학」 제17권 제2호, 성균관대학
　　　　교 비교법연구소.

임지봉. (2004). "사법적극주의와 사법권 독립: 철학과 현실사례를 중심으로", 「공법연구」

제31집 제2호, 한국공법학회.

_____. (2005). "적법절차조항의 우리 헌법에의 도입과 그 운용", 「헌법학연구」 제11권 제3
호, 한국헌법학회.

_____. (2008). "조약체결에 관한 국회의 통제권", 「헌법학연구」 제14권 제3호, 한국헌법
학회.

_____. (2011). "사립 고등학교에서의 종교교육과 학생의 인권", 「세계헌법연구」 제17권 제
2호, 세계헌법학회 한국학회.

장영수. (2010). "대북정책의 제도적 기초와 국민적 합의 도출을 위한 전제 — '남북관계 발
전에 관한 법률'의 정비를 중심으로", 「고려법학」 제59호, 고려대학교 법학연구원.

장영철. (2002). "고교평준화제도의 위헌여부: 초·중등교육법시행령 제77조 제2항 등 위헌확
인사건(2002헌마188)과 관련하여", 「헌법판례연구」 제4호, 한국헌법판례연구학회.

장용근. (2006). "예산법률주의로의 헌법 개정의 타당성과 통제에 대한 검토", 「헌법학연구」
제12권 제3호, 한국헌법학회.

전광석. (1990). "헌법과 문화", 「공법연구」 제17집, 한국공법학회.

_____. (2005). "수도이전특별법 위헌결정에 대한 헌법 이론적 검토", 「공법연구」 제33집
제2호, 한국공법학회.

전종익. (2012). "통일헌법의 기본권체계", 「법조」 제61권 제2호, 법조협회.

정극원. (2009). "헌법체계상 환경권의 보장", 「헌법학연구」 제15권 제2호, 한국헌법학회.

정만희. (2008). "대통령제에 있어서 분열정부의 헌법문제", 「헌법학연구」 제14권 제2호, 한
국헌법학회.

정순원. (2007). "헌법상 교육자치의 법리와 지방교육자치법의 입법과제", 「교육법학연구」
제19권 제2호.

정연주. (2000). "가산점제도의 헌법적 문제점", 「헌법판례연구」 제2호, 한국헌법판례연구학회.

_____. (2006). "신행정수도의건설을위한특별조치법 위헌결정에 대한 헌법적 검토", 「공법
학연구」 제7권 제1호, 한국비교공법학회.

정영수·표시열·김인희·박수정·이인회. (2009). "중앙과 지방정부의 교육에 관한 권한 배
분 및 법제화 방안", 「교육행정학연구」 제27권 제1호, 한국교육행정학회.

정재오. (2010). "과외의 원칙적 금지 — 부모의 자녀 교육권 등 침해." 「헌법 판례 해설1」,
대법원 헌법 연구회.

정태호. (2007). "대통령 임기제 개헌의 필요성과 정당성", 「헌법학연구」 제13권 제1호, 한
국헌법학회.

_____. (2009). "CCTV 감시에 대한 개인정보보호법의 규율에 대한 대안과 헌법적 평가",
「헌법학연구」 제14권 제1호, 한국헌법학회.

정현승. (2005). "의무교육의 무상성", 「교육법학연구」 제17권 제1호, 대한교육법학회.

조규동. (2011). "병역의무 이행자에 대한 합리적인 보상방안: 군가산점제도 재도입과 그 대안을 중심으로", 고려대 행정대학원 석사논문.

조석훈. (2009). "교육의원 선거제도 규정을 위한 '지방교육 자치에 관한 법률' 개정 방안", 지방교육연구센터 발표자료(2009.3.20).

조지형. (2000). "평등심사에 관한 미국연방대법원의 현대적 경향", 「헌법학연구」 제6권 제2호, 한국헌법학회.

_____. (2008). "적법절차의 발전과 대서양 세계의 법문화", 「세계헌법연구」 제14권 제2호, 세계헌법학회 한국학회.

조홍석. (2000). "평등심사에 관한 미국연방대법원의 현대적 경향", 「헌법학연구」 제6권 제2호, 한국헌법학회.

_____. (2001). "생명복제와 인간의 존엄", 「공법연구」 제30집 제1호, 한국공법학회.

지규철. (2008). "미국과 독일의 낙태판결에 관한 비교법적 고찰", 「공법학연구」 제9권 제1호, 한국비교공법학회.

최갑선. (1997). "비례의 원칙에 따른 법률의 위헌심사", 「공법연구」 제25집 제4호, 한국공법학회.

최윤철. (2005). "우리헌법에서의 환경조항의 의미 ─ 기본권 보장 또는 환경보호? ─", 「환경법연구」 제27권 제2호, 한국환경법학회.

최희경. (2007). "낙태절차규제의 위헌성여부에 관한 연구", 「헌법학연구」 제13권 제3호, 한국헌법학회.

표시열. (1989). "시민참여의 법적제도에 관한 연구 ─ 적법절차원리를 중심으로 ─", 「한국행정학보」 제23권 제1호, 한국행정학회.

_____. (1991). "교육의 기회균등에 관한 연구", 「공법이론의 현대적 과제」, 박영사.

_____. (1994). "행정의 효율성편향에 대한 헌법상의 제한", 「한국행정학보」 제28권 제4호, 한국행정학회.

_____. (1999). "행정학과 공법학의 가교를 위한 실천적 과제: 행정과정에서의 적법절차와 정보공개를 중심으로", 「한국행정연구」 제8권 제1호, 한국행정연구원.

_____. (2005). "행정부의 정책결정 주도에 다른 사법부의 역할변화와 그 한계", 「헌법학연구」, 제11권 제3호, 한국헌법학회.

_____. (2008). "행정부와 사법부의 관계", 「한국행정 60년 (1948 ─ 2008) 1. 배경과 맥락」, 한국행정연구원.

_____. (2008). "한국 학교에서 아동권리협약의 적용과 과제: 체벌, 징계절차, 표현의 자유를 중심으로", 「교육법학연구」 제20권 제2호, 대한교육법학회.

_____. (2009). "워싱턴 디시 2007년 공교육개혁 수정법의 주요 내용과 쟁점: 교육 거버넌스 변화를 중심으로", 「교육법학연구」 제21권 2호, 대한교육법학회.

표시열, 유철희. (2012). "국가인권위원회 활동 10년의 평가: 아동·학생의 인권분야", 「헌법학연구」 제18권 제2호, 한국헌법학회.

한수웅. (1995). "한국헌법상의 경제질서", 「공법학의 현대적 지평(심천 계희열 박사 화갑기념논문집)」, 박영사.

_____. (2004). "엄격한 기준에 의한 평등원칙 위반여부의 심사: 헌법재판소 "제대군인 가산점 결정"(헌재 1999. 12. 23. 98헌마363)에 대한 판례평석을 겸하여", 「법학연구」 제6호, 홍익대학교 법학연구소.

_____. (2006). "헌법 제37조 제2항의 과잉금지원칙의 의미와 적용범위", 「저스티스」 통권 제95호, 한국법학원.

함인선. (2006). "감사원의 위상 및 기능의 재정립에 대한 검토 — 최근의 회계검사 기능에 대한 국회이관론과 관련하여 — ", 「헌법학연구」 제9권 제2호, 한국헌법학회.

허 영. "국가보안법 제7조의 위헌여부", 「헌법재판자료집」 4집, 헌법재판소.

허종렬. (1993). "교육에 관한 국가의 권한과 그 한계", 성균관대학교 박사학위논문.

_____. (2007). "개정 지방자치법의 위헌요소 검토", 「교육법학연구」 제19권 2호, 대한교육법학회, 2007.

_____. (2009). "현행 지방교육 자치법 개정방안", 한국교원단체총연합회 주체 발표자료.

홍성방. (2000). "환경기본권 — 한국 헌법 제35조에 대한 해석론적·입법론적 소고 — ", 「환경법연구」 제22권, 한국환경법학회.

홍준형. (2006). "공공정책에 대한 사법적 결정의 법이론적 한계(1): 대법원의 새만금사건 판결을 중심으로", 「법제」 제580호.

_____. (2008). "정책과정에 있어 사법의 역할", 서울행정학회 동계학술대회 발표논문집, 서울행정학회.

_____. (2008). "국가 입법·정책결정에 대한 지방자치단체의 참여", 「공법연구」 제36집 제2호, 한국공법학회.

홍준현·하혜수·최진혁 저. 중앙대학교 산학협력단 국가정책연구소 편. (2007). 「행정중심 복합도시의 교육자치 등에 관한 연구」, 중앙대학교.

황치연. (1996). "과잉금지원칙의 내용", 「공법연구」 제24집 제3호, 한국공법학회.

3. 국내 판례

헌재 1989. 12. 22. 88헌가13.

헌재 1990. 4. 2. 89헌가113.

헌재 1990. 9. 3. 89헌가95.

헌재 1990. 10. 8. 89헌마89.

헌재 1990. 11. 19. 90헌가49.

헌재 1991. 2. 11. 90헌가27.

헌재 1992. 2. 25. 89헌가104.

헌재 1992. 10. 1. 92헌마68.

헌재 1992. 11. 12. 89헌마88.

헌재 1993. 5. 13. 91헌바17.

헌재 1993. 5. 13. 92헌마80.

헌재 1993. 7. 29. 92헌바48.

헌재 1994. 2. 24. 93헌마192.

헌재 1994. 7. 29. 92헌바49, 92헌바52(병합)

헌재 1994. 7. 29. 93헌가3.

헌재 1994. 7. 29. 93헌가12.

헌재 1995. 2. 23. 91헌마204.

헌재 1995. 7. 21. 94헌마125.

헌재 1996. 2. 29. 93헌마186.

헌재 1996. 2. 29. 94헌마13.

헌재 1996. 10. 4. 93헌가13.

헌재 1996. 11. 28. 95헌바1.

헌재 1997. 1. 16. 90헌사110등(병합)

헌재 1997. 1. 16. 92헌바6, 26; 93헌바 34, 35, 36(병합)

헌재 1997. 2. 20. 95헌바27.

헌재 1997. 3. 27. 96헌가11.

헌재 1997. 7. 16. 96헌라2.

헌재 1997. 10. 30. 96헌바92.

헌재 1997. 12. 24. 95헌마390.

헌재 1998. 2. 27. 95헌바59.

헌재 1998. 4. 30. 95헌가16.

헌재 1998. 5. 28. 96헌바4.

헌재 1998. 7. 16. 96헌바35.

헌재 1998. 12. 24. 89헌마214, 90헌바16, 97헌바78(병합)

헌재 1999. 3. 25. 97헌마130.

헌재 1999. 7. 22. 98헌가5.

헌재 1999. 12. 23. 98헌마363.

헌재 2000. 3. 30. 99헌바113.

헌재 2000. 4. 27. 98헌가16.

헌재 2000. 7. 20. 98헌바63.

헌재 2001. 2. 22. 2000헌마25.

헌재 2001. 8. 30. 99헌바92등.

헌재 2001. 8. 30. 2000헌가9.

헌재 2002. 3. 28. 2000헌마283.

헌재 2002. 4. 25. 98헌마425등.

헌재 2002. 8. 29. 2002헌마4.

헌재 2002. 10. 31. 99헌바76등.

헌재 2003. 1. 30. 2001헌마579.

헌재 2003. 3. 27. 2002헌마573.

헌재 2003. 10. 30. 2002헌마518.

헌재 2004. 4. 29. 2003헌아814.

헌재 2004. 5. 14. 2004헌나1.

헌재 2004. 8. 26. 2002헌가1.

헌재 2004. 10. 21. 2004헌마554.566(병합)

헌재 2005. 11. 24. 2005헌마579·763(병합)

헌재 2006. 2. 23. 2004헌마675.

헌재 2006. 5. 25. 2005헌바4.

헌재 2006. 7. 27. 2005헌마1189.

헌재 2006. 10. 26. 2005헌가14.

헌재 2007. 5. 31. 2005헌마1139.

헌재 2009. 3. 26. 2007헌마359.

헌재 2009. 4. 30. 2005헌마514.

헌재 2009. 9. 24. 2007헌마117.

헌재 2009. 10. 29. 2009헌라8.

헌재 2010. 2. 25. 2007헌바34.

헌재 2010. 2. 25. 2008헌마324, 2009헌바31(병합)

헌재 2010. 2. 25. 2008헌바10.

헌재 2012. 4. 24. 2010헌바164.

헌재 2012. 8. 23. 2010헌바220.

대판 1969. 3. 31. 68누179.

대판 1979. 9. 11. 79다522.

대판 1979. 12. 7. 79초70.

대판 1980. 1. 29. 79다1896.

대판 1988. 1. 12. 89다카2240.

대판 1990. 2 .27. 89다카16178.

대판 1991. 10. 9. 91나19141.

대판 1994. 12. 22. 93누21026.

대판 1995. 6. 30. 94누14230.

대판 1995. 7. 11. 94누4615(전원합의체)

대판 1997. 9. 30. 97누3200.

대판 1998. 12. 17. 97다39216.

대판 1999. 12. 20. 99무42.

대판 2000. 10. 13. 99두653.

대판 2001. 6. 29. 99두9902; 2006. 3. 16. 2006두330(전원합의체)

대판 2004. 4. 23. 2002추16.

대판 2004. 5. 12. 2003무41.

대판 2004. 6. 10. 2001도5380.

대판 2005. 6. 24. 2004두10968.

대판 2006. 3. 16. 2006두330.

대판 2006. 6. 30. 2005두14363.

대판 2006. 9. 8. 2003두5426.

대판 2007. 4. 12. 2005두1893.

대판 2007. 12 .13. 2006추52.

대판 2009. 4. 9. 2007추103.

대판 2009. 10.15. 2008추32.

대판 2010. 4. 22. 2008다38288.

대판 2011. 4. 21. 2010무111(전원합의체)

서울고법 2005. 9. 30. 2004누22697.

서울고법 2005. 12. 21. 2005누4412.

서울고법 2010. 6. 25. 2010루121.

서울행법 2010. 3. 12. 2009아3749.

서울행법 2011. 8. 16. 2011아2179.
서울지방법원 98고단7799.

4. 외국문헌 및 판례

1) Books

Alexander Rippa. (1984). *Education in a Free Society: An American History*, New York: Longman.

Barron, Jerome A. (2003). and C. Thomas Dienes. *Constitutional Law in a Nutshell*, West Group.

Beckett Julia and Hedi Koenig ed. (2005). *Public Administration and Law*, M. E. Sharpe.

Bodenheimer, Edgar. (1974). *Jurisprudence: The Philosophy and Method of Law*, Cambridge. Harvard University.

Cann, Steven J. (1998). *Administrative Law*, Sage Publications.

Cannon, Bradley C. (1998). Judicial Policies: Implementation and Impact, Congressional Quarterly Inc.

Corwin, Edward S. (1978). *The Constitution and What It Means Today*, Princeton University Press.

Dye, Thomas R. (1984). *Understanding Public Policy*, Prentice Hall Inc.

Easton, David. (1978). *A Framework for Political Analysis*, Englewood Cliffs, N.J. Prentice- Hall.

Emerson, T. (1966). *Toward a General Theory of the First Amendment*, New York: Random House.

Ferejohn, Jack Rakove. Jonathan Riley (ed). (2001) *Constitutional Culture and Democratic Rule*, Cambridge: Cambridge University Press.

Garvey, John H. and Others. (2004). *Modern Constitutional Theory*: A Reader, 5th ed. St. Paul: West.

Gee, Gordon and David Sperry. (1978). *Education Law and The Public Schools: A Compendium*, Allyn & Bacon.

Horowitg, Donald L. (1977). *The Courts and Social Policy*, The Brookings Ins.

John Macartney ed. (1982). *Congress and Public Policy*, The Dorsey Press.

Lacey, Michael J. and Haakonsen, K. ed. (1992). *A Culture of Right*, New York: Cambridge University Press.

Lane, Frederick S. (1990). *Current Issues in Public Administration*, Martin's.

Lee. Epstein, and Thomas G. Walker, (2004). *Constitutional Law for a Changing America: Institutional Power and Constraints*, Congressional Quarterly Press.

Michael L. Mezey. (1989). *Congress, the President, and Public Policy*, Westview Press, Boulder.

Mill, J. Shilelds, C. ed. (1956). *On Liberty*, Indianapolis: Bobbs-Merill.

Neier, Aryh. (1982), Only Judgement: *The Limits of Litigation in Social Change*, Wesleyan University Press.

Nonet, Phillippe and Selznick, Phillip, *Law and Society in Transition: Toward Responsive Law*, New York: Harper and Row Publishers.

Pateman, Carole, *Participation and Democratic Theory*, Cambridge University Press, New York, 1970.

Porto, Brian L. (2001). *May It Please the Court: Judical Process and Politics in America*, Longman.

Reuter, E. Edmund. (1882). *The Supreme Court's Impact on Public Education*, PhiDelta Kappa.

Robinson, Glen O. (1994). *Public Choice and Public Law*, University of Michigan.

Rohr, A. John. (1989). *Ethics for Bureaucrats: An Essay on Law and Values*, Marcell Dekker.

_____. (1986). *To Run a Constitution: The Legitimacy of Administrative State*, University Press of Kansas.

Rosenbloom, David H. (1989). *Public Administration: Understanding Management, Politics, and Law in Public Sector*, McGraw Hill Book Co.

Rosenbloom, David H. (1990). *Toward Constitutional Competence: A Casebook for Public Administrators*, Prentice-Hall, Inc.

Rosenbloom, David H. (2000). "Retrofitting the Administrative State to the Constitution: Congress and Judiciary's Twentieth Century Progress", *Public Administration and Law*. Julia and Hiedi Koening Beckett (ed). 2005: 48-58. New York: M. E. Sharpe.

Rosenbloom, David H. (2003). *Administrative Law for Public Managers*, Westview Press.

Sandel, Michael J., (2009). *JUSTICE: What's the right thing to do?*, 이창신 옮김, 「정의란 무엇인가?」, 김영사, 2010.

Shaferits, Jay M. and Albert C. Hyde. (1992). *Classics of Public Administration*, Brooks/Cole Publishing Company.

Smith, Christopher E. (1991). *Courts and Public Policy*, Nelson-Hall Publishers.

Spaeth, Harold J. (1979). *Supreme Court Policy Making*, Freeman and Company.

Warren, Kenneth. (1988). *Administrative Law in the Political System*, West Publishing Company.

2) Articles

Berka, Walter. (2000). "The Legal and Philosophical Meaning of Autonomy in Education", *Autonomy In Education*, Yearbook of the European Association for Educational Law and Policy.

Cooper, Phillip J. (2005). "Conflict or Constructive Tension: The Changing Relationship of Judges and Administrators", *Public Administration and Law*, 96-106. Julia and Hiedi Koening Beckett (ed). New York: M. E. Sharpe.

F. Shauer. (1978) "Fear, Risk and the First Amendment: Unraveling the Chilling Effect", 58 *B.U. L. Rev.*, 685.

Melnick, R. Shep. (1985). "The Politics of Partnership", *Public Administration and Law*, Julia and Hiedi Koening Beckett (ed). (2005 : 94-95) New York: M. E. Sharpe.

O'toole, Jr. L. J. (1987). "Doctrines and Developments: Separation of Powers, the Politics-Administration Dichotomy and the Rise of the Administrative State", *Public Administration Review*, Vol. 47, No. 1.

West, W. E. (1994). "Oversight Subcommittees in the House of Representatives", in Silbey, J. H. ed., *Encyclopedia of the American Legislative System: Studies of the Principal Structures, Processes, and Policies of Congress and the State Legislatures since the Colonial Era*, New York: Scribner Book Company.

3) Cases

Baker v. Carr, 369 U.S. 186 (1962).

Beeson v. Kiowa Country School District, 39 Colo. App. 174. (1977).

Brown v. Board of Topeka, 347 U.S. 483 (1954).

Cleveland Board of Education v. Loudermill, 470 U.S. 532 (1985).

Colegrove v. Green, 328 U.S. 549 (1946).

Dennis v. U.S., 341 U.S. 494.

Marbury v. Madison, 5 U.S. 137 (1803).

Miranda v. Arizona, 383 U.S. 436 (1966).

Ordway v. Hargraves, 323 F. Supp. 1155. D. Mass. (1971).

Plessy v. Ferguson, 163 U.S. 537 (1896).

Rankin. v. McPherson, 107 S. Ct. 2891 (1987).

Regents of the University of California v. Bakke, 438 U.S. 265 (1978).

Rodriquez v. San Antonio Independent School District. 411, U. S. 1. 1973.

Schenck, v. U.S., 249 U.S. 47 (1919).

Serrano v. Priest, 5 Cal. 3d 584. 1971

Snowden v. Hughes, 321 U.S 1 (1944).

Strander v. West Virginia, 100 U.S. 303 (1880).

Swann v. Charlotte-Mecklenburg Board of Education, 402 U.S. 1 (1971).

찾아보기

ㄱ

가족   485, 486

간접체벌   334, 352

감사원   132, 133, 134

개발제한구역(그린벨트)   282

개발제한구역의 지정 및 관리에 관한
   특별법   289

개별적 법률유보   56

개연성 이론   295

개인의 존엄   502

개인정보보호법   124, 126

개인정보 보호의 원칙   125

거버넌스(governance)   105

거주지 중심의 중·고등학교 배정   375

검열의 3대 요건   477

결산심사권   88

경계이론   290

경제적·사회적 및 문화적 권리에 관한
   국제규약   460

고유사무   106

고충민원 처리   126

공교육 신뢰   398

공동선(共同善)   10

공연윤리위원회   470

공유수면매립법   306

공익   54

공정성의 원칙   49

과잉금지원칙   56, 109

과학비즈니스벨트 거점도시   258

관습헌법의 성립요건   243

교육감   107

교육감 선출방안   450

교육경비보조금   448

교육공동체   452

교육벌   356

교육에 관한 권한   436

교육에 대한 국가의 책임   405

교육위원회   437

교육위원회의 지방의회에로의 통합   438,
   440

교육을 받을 권리   365

교육의 기회균등   365

교육의 자주성   431

교육의 전문성   433

교육의 중립성 원리   433

교육의 중요성   363

교육자치의 기본가치   431

교육제도의 법정주의   432

교육지원청   450

교호상영제   467

구성요건의 명확성   176

구속적부심사제도   48

국가기밀   181

국가보안법   172, 180

국가안전보장   167
국가유공자 등에 대한 가산점 제도   213
국가의 정체성   243
국가의 존립·안전   174
국가인권위원회   382
국무총리, 국무위원 등의 국회출석 요구권
    및 질문권   96
국무총리, 국무위원의 해임건의권   95
국무회의   102
국민권익위원회   126
국민 전체에 대한 봉사자   41
국민개병(皆兵)의 원칙   198
국민투표권   254
국방개혁에 관한 법률   199
국방외교 정책에 대한 동의권   95
국산영화 의무상영제도(screen quota)
    462
국정감사권   90
국정감사·조사권의 한계   92
국정조사권   90
국정통제에 관한 권한   67
국제환경법의 일반원칙   296
국토이용관리법   270
국회의 입법에 관한 권한   66
국회의 자율권   67
국회의 재정에 관한 권한   66
국회입법의 원칙   73
군 복무기간   200
권력분립주의   12
균학권   364
균형의회   72
균형 있는 국토개발   294
기관위임사무   106
기속행위   114

ㄴ

낙태   37
날치기 통과   77
남북교류협력에관한법률   180, 184, 189
남북합의서   179, 188, 190
농촌근대화촉진법   306
능력주의 원칙   210
능률성(efficiency)   55

ㄷ

단점정부   65
단체위임사무   106
당사자소송   129
대륙법계   26
대북포용정책(햇볕정책)   170
대체복무제도   218
대통령의 권한   101
대통령의 헌법상 지위   100
대통령제   63
도덕   25
도시계획법   283
두발 규제   336
등급분류보류제도   476

ㄹ

라우더밀(Laudermill) 사건   59
람사르(Ramsar Convention) 협약   301

ㅁ

매수청구제   275
맥퍼슨(McPherson) 사건   58
명백성의 통제   219
명백하고 현존하는 위험원칙   51
명확성의 원칙   52, 173

목적의 정당성　57
무죄추정의 원칙　47
문화규범　8
문화적 자치　434
문화주의　40, 459
미국의 지방교육행정체제　429
미란다(Miranda) 원칙　48
미혼모　501
민족자존과 통일번영을 위한 특별선언
　(7·7선언)　170
민주적 정당성　11
민주주의　38

ㅂ

반국가단체 찬양·고무죄　172
방과후학교　398
배키(Bakke) 사건　60
법관의 독립　149
법관의 신분상 독립　138
법규명령　109
법률상의 차별(de jure discrimination)
　144
법률우위의 원칙　108
법률유보의 원칙　108, 380
법률의 법규창조력　108
법문화　29
법 앞에 평등　43
법원사법의 원칙　138
법원의 권한　139
법익비례성　57
법정전출금　447
법정책학　19
법치주의　29
변호인의 조력을 받을 권리　47

병역공개제도　202, 224
병역의무　198
보상입법　287
복지국가의 원리　267
부가입적(父家入籍)원칙　500
부모의 교육권과 국가의 교육책임　407
부모의 자녀교육권　380
부모의 자녀에 대한 교육권　405
북한의 반국가단체성(反國家團體性)
　179
분리이론　290
분점정부　65
브라운(Brown) 판결　142, 143
비례심사　44
비례의 원칙　409
비례적 평등　9
비법정전출금　447
비젼 코리아 프로젝트　171

ㅅ

사교육 억제정책　401
사교육 없는 학교　397
4대강 정비 사업　316
사립학교선택권　381
사법권　13
사법권의 독립　138
사법권의 일반적인 한계　155
사법 독재자(imperial judiciary)　160
사법부의 정당성　161
사법부 정책 관여의 한계　154
사법소극주의　147, 158
사법자제론(judicial self-restraint)　158
사법적극주의　142
사생활의 비밀과 자유　223

사실상의 차별(de facto discrimination)
 144
사전검열의 금지   52, 461, 477
사전통지   49, 118, 119
사정변경   310
사형제도   36
사회상규(社會常規)   341
사회적 시장경제주의   39, 267
사회적 신분에 의한 차별   385
상호존중의 원칙   35
새만금사업   299, 305
새만금사업 반대운동   301
생산적 갈등이론   51
서울시 무상급식 주민투표   372
선행학습 대책   400
성차별   382
성평등 수준   490
성평등 정책   487
세종특별자치시설치 등에 관한 법률
 260
소망성   54
수단의 상당성   57
수도   242
수도의 분할   256
수도입지의 기본원리   236
수인한도론   295
시장의 실패   5
신국가보안법   177
신뢰보호의 원칙   109
신체의 자유   46
신행정수도의 건설을 위한 특별조치법
 237
신행정수도   235, 242
실질비성(實質秘性)   181

실질적 법치주의   27
실현가능성   55

ㅇ

아동권리협약   339
아동·학생 관련 차별시정 결정례   382
안락사   37
양성의 평등   486
양성평등원칙   498
양심실현의 자유   217
양심의 자유   217
양심적 병역거부   214
억압적인 법체계(repressive law)   28
엄격한 심사척도   207, 366
여성정책기본계획   488
여성채용목표제   205
연좌제(緣坐制)금지   47
영미법계   26
영상물등급위원회   477
영상물 등급제   473
영장(令狀)제도   47
영화   461, 476
영화법   469
영화사전심의제   469
영화진흥법   474
예산안 심의·의결권   84
5가 원칙   64
5불 원칙   64
완화된 심사척도   366
요비닉성(要秘匿性)   181
워싱턴 디시 공교육 개혁수정법   429
위임입법의 한계   468
위헌법률심판   141, 152
위험경향의 원칙   51

의무교육 367
의무교육 무상의 범위 370
의무교육의 내용 369
의무교육의 범위 368
의원내각제 64
의회주의 66
이원정부제 64
이중기준의 원칙 57
이중의 자치 434
인간의 복제 37
인간의 존엄과 가치 34
인격주체성 34
인수입적(引收入籍) 501
일반적 법률유보 56
일사부재리(一事不再理)의 원칙 47
입법권 13
입법부와 행정부의 관계 68
입법부의 통제 90
입법예고 120
입법조사처 81
입법평가 82
입법형성의 자유 219
입부혼(入婦婚) 제도 499

ㅈ
자기발전 의무 34
자기보존 의무 34
자연환경 보존의무 35
자유민주적 기본질서 174
자율적인 법체계(autonomous law) 28
자의금지 원칙 44
자치사무권 435
자치입법권 435
자치재정권 435

장애 처벌 385
재량권의 남용 116
재량의 일탈 115
재량행위 114
재량행위의 투명화사업 116
재산권 268, 285
재산권의 제한 286
재산권행사의 사회적 의무성 269
재정의 의회의결주의 84
재판상의 독립 138
재판의 독립 150
적극적인 우대조치(affirmative action) 45, 366
적법절차(due process) 원리 49, 338
절차적 정당성 11
정당행위 340, 344
정보공개법 123
정부업무평가 131
정부의 실패 5
정부의 입법과정 73
정의 9
정책과 법의 접점 20, 22
정책과정 4
정책에 대한 관리적 접근방법 15
정책에 대한 법적 접근방법 15
정책에 대한 정치적 접근방법 15
정책의 개념 4
정책평가 130
정책학 18
정치적 문제 156
제대군인 가산점 제도 202
제도보장 424
조례의 범위 334
조세법률주의 85

조세평등주의   85
죄형법정주의   47, 176
지방교육 자치에 관한 법률   425
지방교육자치와 지방자치 간의 연계방안
    446
지방교육자치제도   425, 435
지방교육재정교부금   447
지방교육재정의 구조   447, 448
지방의회   106
지방자치   105, 424
지방자치단체의 장   106
지방자치법   424
지방자치와 교육자치의 관계   426
지속가능한 개발   294
지식기반사회   394
직업공무원 제도   102
직업선택의 자유   465
질병명 공개   225
질서   8, 25
집행정지의 요건   317
징계벌   356

ㅊ
청문   49, 118
체벌   339, 345
취소할 수 있는 행정행위   113
7·4 공동성명   170

ㅌ
타인에 대한 존중의무   35
탄핵   93
택지소유상한에관한법률   277, 280
토지거래허가제   270, 273
토지재산권   285

통일의 당위성   168
통일 정책   169
통치구조의 원리   12
통치행위   156
팅커(Tinker) 판결   337

ㅍ
편견 배제원칙   49
평등권   43
평생교육   394
평생교육법   395
평생교육진흥의무   394
평화주의   41
평화통일 원칙   169
포괄위임금지의 원칙   191
표현의 자유   50, 176
피해의 최소성   57

ㅎ
하자 있는 행정행위   113
학교군별 추첨배정   378
학교급식비   369
학교문화(선진화 방안)   351
학교선택권   377
학교운영지원비 징수   373
학교장의 권한   452
학교폭력   335
학교환경   329
학력 내지 성적을 이유로 한 차별   384
학부모의 참여권   369
학생생활지도   351, 355, 356
학생생활지도 성공사례   354
학생의 법적 지위   332
학생의 표현의 자유   337

학생인권조례   333
학생체벌   336
학원의 설립·운영에 관한 법률   402
학점은행제   396
한강 살리기 사업   316
한국 법문화의 특징   25
한민족공동체통일방안   170
한반도 신평화구상   170
항고(抗告)소송   129, 319
행정 강제   116
행정국가의 정당성   16
행정국가화 경향   14
행정권   13
행정규칙   110
행정도시특별법   247
행정벌   117
행정부 수반   100
행정부와 사법부의 관계   148
행정부의 중요 가치   151
행정상 손실보상(공용침해)   127
행정상 손해배상(국가배상)   127
행정소송   129
행정수도 건설계획   234
행정심판   128
행정의 법률적합성 원리   108
행정의 투명성   122
행정입법   109, 110

행정절차   117
행정절차법   118, 120
행정절차상 하자의 효과   121
행정 정보의 공개   122
행정조직의 특성과 원리   103
행정중심복합도시   253
행정청   104
행정행위   112, 113
헌법가치   43
헌법기관 구성에 관한 권한   66, 94
헌법소원심판   141
헌법유보   55
헌법의 기본원리   38
헌법재판   139
헌법재판소   140
헌법합치적 법률해석   158, 174
형식적 법치주의   27
형평성(equity)   55
호주승계   493
호주의 권한   492
호주제   491
혼인제도   486
환경권   294
환경보전의무   294
환경영향평가   296
환경정책기본법   306
효과성(effectiveness)   55

저자약력

표시열(表時烈) : sypyo@korea.ac.kr
고려대학교 법과대학 행정학과
서울대학교 행정대학원 행정학석사
한국은행(자금부, 조사부)
미국 University of Iowa 국비유학(비교법석사, Ph. D. 교육행정법 전공)
미국 University of California, Berkeley. 방문학자
고려대학교 경상대학 학장, 경영정보대학원장, 행정대학원장
고려대학교 부총장(세종캠퍼스 총괄)
안전행정부 정책자문위원
교육부 대학교육개혁 평가위원
국무총리실 산하 인문사회연구회 평가위원
대통령자문 교육혁신위원회 고등교육분과 자문위원
광운학원 임시이사, 김포학원 임시이사
한국대학교육협의회 '대학교육' 편집위원
대한교육법학회 회장, 한국행정학회 이사, 한국정책학회 이사, 한국헌법학회 상임이사
세종특별자치시 소청심사위원회 위원장
현) 고려대학교 명예교수

주요저서 및 논문

「민주주의 정착과 대학의 개혁」(고려대학교출판부, 1996)
「행정학의 주요이론」(공저, 법문사, 2005)
「한국행정 60년」(공저, 한국행정연구원, 2008)
「교육법 : 이론·정책·판례」(박영사, 2008)
「생활과 법률」(청목출판사, 2011)
행정의 효율성 편향에 대한 헌법상의 제한(한국행정학보, 1994)
교육 분쟁조정 및 권리구제 제도의 합리적 개선방안에 관한 연구(교육법학연구, 1996)
행정학과 공법학의 가교를 위한 실천적 과제(한국행정연구, 1999)
행정부의 정책결정 주도에 따른 사법부의 역할 변화와 그 한계(헌법학연구, 2005)
개정사립학교법의 헌법적 주요쟁점(교육법학연구, 2006)
교육정책에 관한 사법부의 권한과 주요 결정(교육행정학연구, 2007)
한국 학교에서 아동권리협약의 적용과 과제(교육법학연구, 2008)
워싱턴 디시 2007년 공교육개혁 수정법의 주요 내용과 쟁점(교육법학연구, 2009)
지방교육자치의 기본가치와 주요쟁점(교육법학연구, 2010)
국가인권위원회 활동 10년의 평가 : 아동·학생의 인권분야(공동, 헌법학연구, 2012)
학교안전사고 관련 법리 검토와 판례 분석(공동, 교육법학연구, 2013)
Students' Constitutional Rights and Responsibilities : A Comparative Study of American and Korean Legal Culture with Implication for Korean Political Development(Ph. D. Dissertation, University of Iowa, 1986)

보정판

정책과 법 — 원리·판례 —

초판발행	2014년 8월 4일
보정판인쇄	2017년 1월 2일
보정판발행	2017년 1월 9일

| 지은이 | 표시열 |
| 펴낸이 | 안종만 |

편 집	배근하
기획/마케팅	박선진
표지디자인	조아라
제 작	우인도·고철민

펴낸곳	(주) **박영사**
	서울특별시 종로구 새문안로3길 36, 1601
	등록 1959. 3. 11. 제300-1959-1호(倫)
전 화	02)733-6771
f a x	02)736-4818
e-mail	pys@pybook.co.kr
homepage	www.pybook.co.kr
ISBN	979-11-303-0409-0 93350

* 잘못된 책은 바꿔드립니다. 본서의 무단복제행위를 금합니다.
* 저자와 협의하여 인지첩부를 생략합니다.

정 가   35,000원